CB080082

Stalking

Stalking

RESPONSABILIDADE CIVIL, RESPONSABILIDADE PENAL
E DIREITO COMPARADO

2024

Coordenadores

Armindo Madoz Robinson
Gustavo Menon

ALMEDINA

STALKING
RESPONSABILIDADE CIVIL, RESPONSABILIDADE PENAL E DIREITO COMPARADO
© Almedina, 2024

COORDENADORES: Armindo Madoz Robinson, Gustavo Menon

DIRETOR ALMEDINA BRASIL: Rodrigo Mentz
EDITORA-CHEFE: Manuella Santos de Castro
EDITOR PLENO: Aurélio Cesar Nogueira
PRODUTORA EDITORIAL: Erika Alonso
ASSISTENTES EDITORIAIS: Laura Roberti, Tacila da Silva Souza e Patrícia Romero

DIAGRAMAÇÃO: Almedina

DESIGN DE CAPA: Roberta Bassanetto

ISBN: 9788584937349
Junho, 2024

Dados Internacionais de Catalogação na Publicação (CIP)
(Câmara Brasileira do Livro, SP, Brasil)

Stalking : responsabilidade civil,
responsabilidade penal e direito comparado /
coordenação Gustavo Menon, Armindo Madoz Robinson.
São Paulo : Almedina, 2024.

ISBN 978-85-8493-734-9

1. Direito comparado – Brasil 2. Direito penal – Brasil
3. Perseguição 4. Responsabilidade (Direito) – Brasil
5. Responsabilidade civil – Brasil
6. Responsabilidade penal – Brasil I. Menon, Gustavo.
II. Robinson, Armindo Madoz.

24-206990 CDU-34(81)

Índices para catálogo sistemático:

1. Brasil : Direito 34(81)

Eliane de Freitas Leite – Bibliotecária – CRB 8/8415

Universidade Católica de Brasília – UCB
Reitora: Profa. Me. Adriana Pelizzari
Pró-Reitora Acadêmica: Profa. Me. Adriana Pelizzari
Pró-Reitor de Administração: Prof. Me. Weslley Rodrigues Sepúlvida
Coordenador de Internacionalização: Prof. Dr. Ir. Lucio Gomes Dantas
Coordenadora de Pesquisa e Extensão: Profa. Dra. Silvia Kéli de Barros Alcanfor
Coordenador do Programa de Pós-Graduação em Direito: Prof. Dr. Maurício Dalri Timm do Valle
Editor-Chefe do Convênio de Publicações: Prof. Dr. Maurício Dalri Timm do Valle

Este livro segue as regras do novo Acordo Ortográfico da Língua Portuguesa (1990).

Todos os direitos reservados. Nenhuma parte deste livro, protegido por copyright, pode ser reproduzida, armazenada ou transmitida de alguma forma ou por algum meio, seja eletrônico ou mecânico, inclusive fotocópia, gravação ou qualquer sistema de armazenagem de informações, sem a permissão expressa e por escrito da editora.

EDITORA: Almedina Brasil
Rua José Maria Lisboa, 860, Conj. 131 e 132, Jardim Paulista | 01423-001 São Paulo | Brasil
www.almedina.com.br

SOBRE OS COORDENADORES

Gustavo Menon

Pós-doutorado em Direitos Humanos pela Universidade de Salamanca (USAL-Espanha). Doutor pelo Programa de Pós-Graduação em Integração da América Latina na Universidade de São Paulo – PROLAM/ /USP. Graduado e Mestre em Ciências Sociais (Política) na Pontifícia Universidade Católica de São Paulo – PUC-SP. Coordenador no Grupo de Estudos de História, Direito, Democracia e Estado na América Latina (GEHDDEAL) e membro do Grupo de Trabalho "China e o Mapa do Poder Mundial", do Conselho Latino-americano de Ciências Sociais – CLACSO, Argentina. Docente no PROLAM-USP e na Universidade Católica de Brasília (UCB).

Armindo Madoz Robinson

Advogado. Mestre em Direito pela Universidade Católica de Brasília (2023). Especialista em Direito Processual Civil (2021). Bacharel em Direito pela Universidade Católica de Brasília (2020). Professor da Graduação em Direito do Centro Universitário Estácio de Sá/DF. Coordenador editorial assistente da Economic Analysis of Law Review – UCB. Pesquisador no projeto de Benefícios Fiscais junto à UCB-FAP/DF.

SOBRE OS AUTORES

Alícia Beatriz da Silva Oliveira
Bacharel e Mestranda em Direito pela Universidade Católica de Brasília. Advogada.

Armindo Madoz Robinson
Advogado. Especialista em direito processual civil. Mestre em direito pela Universidade Católica de Brasília. Coordenador editorial da Economic Analysis of Law Review. Pesquisador do Centro de Estudos Políticos e Constitucionais – CEPEC da Universidade Católica de Brasília – UCB. http://lattes.cnpq.br/8691358281696316. Endereço Eletrônico: armindomadoz@gmail.com.

Bruno Bastos de Oliveira
Doutor em Ciências Jurídicas – Direitos Humanos e Desenvolvimento – pela Universidade Federal da Paraíba (UFP). Mestre em Ciências Jurídicas pela UFP. Profcssor convidado do Programa de Pós-graduação em Direito da UNIMAR. Advogado e Professor. Consultor Jurídico, especialista na área fiscal. E-mail: bbastos.adv@gmail.com

Daniele Arcolini Cassucci de Lima
Mestranda em Direito (Ambra University, Flórida, EUA). Especialista em Direito Processual e Material do Trabalho (UNIFEOB). Especialista em Gestão Estratégica de Negócios (UNIFEOB). Especialista em Direito Processual (PUC – Minas). ProfessorA de Direito Internacional, Digital,

Civil e Penal (UNIFEOB). Professor da Pós-Graduação em Ciências Forenses (UNIFEOB). Advogada em São Paulo, Brasil. E-mail: daniele.cassucci@gmail.com

Deise Alice Regis
Advogada, Mestranda em Compliance pela AMBRA University – Formada em Direito em 2005, pela Universidade do Vale do Itajaí, Pós Graduada pela Universidade Federal de Santa Catarina em Direito Tributário, Especialista em direito Empresarial. E-mail: deisealcieregisadvogados@gmail.com

Denise de Melo Moreira
Juíza Federal Substituta da Justiça Militar. Mestranda em Direito pela Universidade Católica de Brasília (UCB). Especialista *lato sensu* em Direito Público, especialista *lato sensu* em Direito Penal, especialista *lato sensu* em Direito Penal Militar, pós-graduanda *lato sensu* em Direito Internacional, pós-graduanda *lato sensu* em Direito Tributário e graduada em Direito pela Universidade Católica de Brasília (UCB)

Deo Campos Dutra
Doutor em Direito pela Université Paris Ouest Nanterre la Défense (Paris X) e pela PUC-Rio. Mestre em Ciências Jurídicas pela PUC-Rio. Mestre em Direito Comparado pela Universidade Paris 1 – Pantheon-Sorbonne. Pós-doutorado pela École Normale Supérieure/Paris). Professor do Mestrado em Direito da Universidade Católica de Brasília. http://lattes.cnpq.br/3413737527464657 Endereço Eletrônico: deocamposdutra@gmail.com

Eder de Oliveira Assis
Doutorando em Sistema Constitucional de Garantia de Direitos pelo Centro Universitário de Bauru (ITE). Mestre em Constituição e Sociedade pelo Instituto Brasiliense de Direito Público (IDP). Advogado e Professor. E-mail: ederassis2@hotmail.com

Eduardo F. de Oliveira Jr.
Especialista em Metodologia do Ensino de Filosofia e Sociologia pela Faculdade São Luís (2018); Bacharel em Direito pela Faculdade Doctum

de Juiz de Fora-MG (2017). Advogado e Compositor. http://lattes.cnpq.br/0699137142066620 Endereço Eletrônico: efojr@outlook.com

Euclides de Almeida Silva Filho
Advogado. Mestrando em Ciências Jurídicas pela Ambra University. Pós-Graduado em Direito Público pela Universidade Estácio de Sá. Pós-Graduado em Direito Civil e Direito Processual Civil pela Universidade da Região de Joinville (UNIVILLE). Graduado em Direito pela Universidade da Região de Joinville (UNIVILLE).

Fernanda Schaefer
Pós-Doutorado no Programa de Pós-Graduação Stricto Sensu em Bioética da PUC-PR, bolsista CAPES. Doutorado em Direito das Relações Sociais na Universidade Federal do Paraná, curso em que realizou Doutorado Sanduíche nas Universidades do País Basco e Universidade de Deusto (Espanha) como bolsista CAPES. Professora do UniCuritiba. Coordenadora do Curso de Pós-Graduação em Direito Médico e da Saúde da PUC-PR. Assessora Jurídica CAOP Saúde MPPR.

Fernando Antônio Tavernard Lima
LL. Master of Laws – Universität des Saarlandes – Alemanha, reconhecido pela Universidade Católica de Brasília – UCB. Bacharel em Direito pela A.E.U.D.F. Juiz de Direito do Tribunal de Justiça do Distrito Federal e Territórios

Frederico E. Z. Glitz
Advogado. Pós-doutorado em Direito e Novas Tecnologias (Reggio Calabria). Mestre e Doutor em Direito das Relações Sociais pela Universidade Federal do Paraná. Professor de Direito Civil da Universidade Federal do Paraná. Componente da lista de árbitros da Câmara de Arbitragem e Mediação da Federação das Indústrias do Paraná (CAMFIEP) e da Câmara de Mediação e Arbitragem do Brasil (CAMEDIARB).

Geovana de Carvalho Filho
Advogada. Pós-graduanda em Compliance e Proteção de Dados Pessoais, pelo Instituto de Estudos Previdenciários, Trabalhistas e Tributários (IEPREV). Integrante da comissão de Compliance e Anticorrupção da

Ordem dos Advogados do Brasil (Seccional do Paraná). Integrante do Grupo de Estudos em Direito do Trabalho e Novas Tecnologias, da Escola da Associação dos Magistrados do Trabalho do Paraná (EMATRA). Integrante do Grupo de Pesquisa Virada de Copérnico, da Universidade Federal do Paraná (UFPR). Endereço do currículo lattes: http://lattes.cnpq.br/2264450057394735. Endereço eletrônico: geovanac47@gmail.com.

Glenda Gonçalves Gondim

Doutora e Mestre em Direito das Relações Sociais pelo Programa de Pós-Graduação em Direito da Universidade Federal do Paraná. Pesquisadora do Grupo de Estudos de Direito Civil do Programa de Pós-Graduação em Direito Civil da Universidade Federal do Paraná – Virada de Copérnico desde 2008. Conselheira Estadual da Ordem dos Advogados do Brasil, Seccional do Paraná, 2022/2024. Membro da Comissão de Educação Jurídica da OAB/PR desde 2019. Membro consultora da Comissão de Responsabilidade Civil da OAB/PR, triênio 2022/2024. Associada fundadora do Instituto de Estudos Brasileiros sobre Responsabilidade Civil (IBERC). Professora de Direito Civil. Professora Substituta de Negócios Imobiliários do SEPT da Universidade Federal do Paraná. Advogada. Parecerista. Endereço do currículo lattes: http://lattes.cnpq.br/1467343310523080. Endereço eletrônico: glendagondim@hotmail.com

Guilherme Roman Borges

Livre-Docente, Doutor e Mestre em Filosofia e Teoria Geral do Direito na USP. Estágio pós-doutoral em Filosofia e Teoria Geral do Direito na USP e em Teoria do Direito e Direito Comparado na Universidade de Paris I – Panthéon Sorbonne. Estudos de Filosofia Clássica com bolsa anual da CAPES na Faculdade de Filosofia da Universidade de Patras/Grécia. Ex-Bolsista no Max Planck de História do Direito de Frankfurt. Mestre em Sociologia do Direito e Bacharel em Direito na UFPR. Professor do Programa de Pós-Graduação s.s. da Universidade Católica de Brasília e da Escola da Magistratura Federal do Paraná. Juiz Federal Substituto. (guilherme.borges@p.ucb.br)

Gustavo Osna

Professor do Programa de Graduação em Direito da Universidade Federal do Paraná e de Pós-Graduação Stricto Sensu em Direito da Universidade

Católica de Brasília. Doutor em Direito Processual Civil pela Universidade Federal do Paraná (UFPR). Mestre em Direito Processual Civil pela Universidade Federal do Paraná (UFPR). Bacharel em Direito pela Universidade Federal do Paraná (UFPR), com o Prêmio Professor Francisco Ferreira Muniz de láurea acadêmica. Vencedor do II Prêmio Francisco Cunha Pereira (Instituto dos Advogados do Paraná) e do XIII Concurso Nacional de Monografias Jurídicas (Ministério da Justiça). Advogado e Sócio-Fundador da Mattos, Osna & Sirena Sociedade de Advogados. Membro Efetivo do Instituto Brasileiro de Direito Processual e da Associação Brasileira de Direito Processual Constitucional. Membro Externo do Núcleo de Direito Processual Comparado (UFPR). Autor de livros e de artigos publicados em revistas e em periódicos especializados

Helena Grassi Fontana
Mestra em Cultura Jurídica: Segurança, Justiça e Direito pela Universidade de Girona – UdG (Espanha) com dupla titulação pela Universidade Austral de Chile – UACh (Chile). Pós-graduada em Direito Público pela Universidade do Vale do Itajaí – UNIVALI e em Direito Administrativo pela Universidade Anhanguera. Bacharela em Direito (UNIVALI) e em Administração Pública (UDESC). Defensora Pública do Estado do Paraná – DPEPR

Heloísa Rodrigues da Rocha
Auditora federal de controle externo no Tribunal de Contas da União (TCU) desde 2012. Mestranda em Direito pela Ambra *University*. Especialização em Direito Digital e *Compliance* pela Damásio Educacional / IBMEC. Especialização em Segurança da Informação pelo Instituto de Educação Superior de Brasília (IESB). Especialização em Orçamento Público pelo Instituto Legislativo Brasileiro (ILB) / Senado Federal. Bacharelado em Direito pelo Instituto Brasileiro de Ensino, Desenvolvimento e Pesquisa (IDP). Bacharelado em Física pela Universidade Estadual de Campinas (Unicamp).

Hugo Sirena
Doutorando em Direito pela Universidade Federal do Paraná (UFPR – 2019). Mestre em Direito das Relações Sociais pela Universidade Federal do Paraná (UFPR – 2013). Bacharel em Direito pela Universidade Federal

do Paraná (UFPR – 2010). Licenciado em Letras Português/Inglês pela Pontifícia Universidade Católica do Paraná (PUC/PR – 2010). Advogado, sócio-fundador da Mattos, Osna & Sirena Sociedade de Advogados, com atuação específica nas áreas de Direito Civil, com ênfase em Contratos, Responsabilidade Civil, Direito das Famílias e Sucessões. Professor de Direito de Família no Centro Universitário Autônomo do Brasil – Unibrasil. Autor de livros especializados. Professor em cursos de especialização e de pós-graduação

Juliana Chevônica Alves de Lima
Bacharel e Mestre em Direito pela UFPR. Especialista em Direitos Humanos e Direito Constitucional e Administrativo. Professora conteudista de pós-graduação e em cursos preparatórios. Advogada

Letícia Crispim Mello
Bacharel em direito, possuindo experiência em direito imobiliário, bancário, cível geral, penal e trabalhista.

Livia Trentini
Mestranda em Direito Comparado pela Universidade de Direito Paris 1 – Panthéon Sorbonne; MBA em Gestão Empresarial pela Fundação Getúlio Vargas (2003); graduada em Administração de Empresas pela Universidade Presidente Antônio Carlos (2003) e Direito pelo Instituto Doctum (2019). E-mail: liviatrentini@gmail.com

Luane Silva Nascimento
Advogada e Professora nos programas de Graduação e Pós-Graduação. Possui título de Mestre em Ciências Jurídico-Políticas com menção em Direito Constitucional pela Faculdade de Direito da Universidade de Coimbra, Portugal, obtido em 2014 e validado pela Universidade de Brasília – UnB em 2015. Possui Pós-Graduação Lato Sensu em Direito Civil e Direito Processual Civil pelo Centro Universitário de Anápolis-GO concluída em 2010 e Graduação em Direito pela Faculdade Anhanguera de Anápolis concluída em 2009. Atua como advogada desde 2012 e atuou como assessora jurídica no Ministério Público do Estado de Goiás entre os anos de 2011 e 2012. É professora das disciplinas de Direito Constitucional, Direito Processual Civil e Direito Empresarial, coordena grupo de estudos

e participa na orientação de projetos de pesquisa científica. É pesquisadora com publicações em revistas indexadas, apresentações em congressos nacionais e internacionais e participação em debates institucionais. Como advogada atua no contencioso judicial e na advocacia preventiva nas áreas do Direito Constitucional, Civil e Empresarial.

Luís Roberto Cavalieri Duarte

Graduado em Direito pelo Centro Universitário Moacyr Sreder Bastos – RJ. Pós-graduado em Direito Penal. Pós-graduado em Atividade Processual. Mestre pela Universidade Católica de Brasília. Doutorando pelo Centro Universitário de Brasília- UniCEUB. Professor da Universidade Católica de Brasília e do Centro Universitário UniProcessus. Defensor Público do Distrito Federal

Maria Lohana Hexana de Moura Silva Siqueira

Mestre em Direito do Estado – Direito Tributário (UCB/DF, Graduada em Direito (CEULP/ULBRA), advogada ex-presidente da Comissão de LGPD (OAB/TO) e Analista em Privacidade e Proteção de Dados Pessoais. http://lattes.cnpq.br/9921650180542233 Endereço Eletrônico: marialohanadv@gmail.com.br.

Michael Procopio Ribeiro Alves Avelar

Mestre em Direito Penal (Faculdade de Direito da Universidade de São Paulo). Especialista em Justiça Constitucional e Tutela Jurisdicional dos Direitos Fundamentais (Università di Pisa). Especialista em Filosofia e Teoria do Direito (PUC Minas). Representante da AJUFE na Ação 08/2021 e na Ação 09/2022 da Estratégia Nacional de Combate à Corrupção e à Lavagem de Dinheiro (ENCCLA). Juiz Federal (Tribunal Regional Federal da 6ª Região). Ex-Juiz de Direito (Tribunal de Justiça do Estado de São Paulo). Professor de Direito Penal e de Direito Processual Penal em cursos de pós-graduação (IDP, Unyleya e Proordem Goiânia). Autor do Manual de Direito Penal – Parte Geral e Especial (Editora JusPodivm).

Nelson Chiteco Junior

Mestrando em Resolução de Disputas pela *Ambra University/FL*. Pós-graduado em Psicanálise. Pós-graduado em Direito Sistêmico. Pós-graduado em Arteterapia e Terapias Expressivas pela UNESP/SP. Pós-graduado em

Recuperação de Empresas e Falência pela Fadisp/SP. Pós-graduado em Direito e Processo do Trabalho e Direito Público com Magistério Superior, pelo Complexo Jurídico Damásio de Jesus/SP. Graduando em Ciências Contábeis. Bacharel e Licenciado em Teatro e Produção Cultural. Bacharel em Direito. Mediador, Advogado Colaborativo, Consultor, Administrador Judicial, Terapeuta e Professor. http://lattes.cnpq.br/1444141493648021. E-mail nelson@ncjr.com.br.

Oswaldo Hipólito de Almeida Júnior

Assessor Jurídico do Comando de Comunicações e Guerra Eletrônica do Exército. Mestrando em Direito, Ciências Instituições e Desenvolvimento pela Universidade Católica de Brasília. Mestrando em Economia pela Universidade de Brasília. Especialista em Governança Corporativa e *Compliance* pelo Serviço Nacional de Aprendizagem Comercial – DF, SENAC/DF. MBA Executivo em Gerenciamento de Crises pela Unyleya de Brasília. Especialista em Direito do Trabalho e Processo do Trabalho pela Universidade Cândido Mendes do Rio de Janeiro. Especialista em Ética e Filosofia Política pela Unyleya de Brasília. Especialista em Direito Militar pela Universidade Cândido Mendes do Rio de Janeiro. Especialista em Sistemas de Defesa Nacional pelo Instituto Superior de Educação Ibituruna de Montes Claros.

Rogerio Mollica

Doutor em Direito Processual pela Universidade de São Paulo (USP). Professor Assistente da Universidade de Marília (UNIMAR). E-mail: rogerio@caisadvogados.com.br. ORCID: https://orcid.org/0000-0001-9762-532X

Solange Teresinha Carvalho Pissolato

Doutoranda em Direito em Empreendimentos Econômicos, Processualidade e Relações Jurídicas pela Universidade de Marília (UNIMAR). Advogada e Professora Universitária. E-mail: solangepissolato.mestrado@gmail.com. ORCID: http://orcid.org/0000-0002-1447-5045

Thalles Teixeira Moreira Santos

Policial Militar. Especialista *lato sensu* em Direito Penal e Processual Penal, especialista *lato sensu* em Direito Público Aplicado, especialista *lato sensu* em Ciências Jurídico-Criminais aplicadas às atividades do Delegado, especialista *lato sensu* em Direito Militar, pós-graduando *lato sensu* em Inteligência de Estado e Inteligência Policial e graduado em Direito

Vivian Carla da Costa
Mestranda em Direito das Relações Sociais pela Universidade Federal do Paraná (UFPR). Membro do Núcleo de Estudos em Direito Civil Constitucional Virada de Copérnico. Membro, como relatora, da Comissão de Responsabilidade Civil da OAB/PR. Associada do Instituto Brasileiro de Direito Contratual — IBDCONT. Sócia do Costa & Costa Advogados em Curitiba/PR. E-mail: vivian@costaecostaadvocacia.com.br

Viviane Ramone Tavares
Mestranda em *compliance* na Ambra University. Advogada. Presidente da comissão de processo civil da OAB Uberlândia. Membro da Comissão de Processo Civil da OAB-MG. Membro da I2AI - Associação Internacional de Inteligência Artificial. Voluntária da Rede Governança Brasil - RGB - Comitê de Governança no Sistema de Justiça. Membro da Associação Brasileira de Lawtechs & Legaltechs - Grupo de Trabalho Inteligência Artificial e Ética. Membro da Associação Brasileira Elas no Processo - ABEP. E-mail: vivianeramone@yahoo.com.br.

APRESENTAÇÃO

A obra em questão é o resultado de estudos centrados no fenômeno conhecido internacionalmente como "*stalking*". Este tema ganhou destaque em decorrência da recente alteração no Código Penal Brasileiro, no qual se incluiu o crime de "perseguição" (art. 147-A). A partir dessa relevante modificação legal, tornou-se imperativo realizar uma análise aprofundada sobre os diversos aspectos do "*stalking*", culminando na produção deste livro.

Os capítulos examinam de maneira abrangente e multidisciplinar o fenômeno do "*stalking*", contemplando não apenas seus aspectos jurídicos, mas também sociais, psicológicos e econômicos, inclusive do direito comparado.

Essa aproximação ampla proporciona ao leitor entendimento completo e contextualizado do fenômeno do "*stalking*".

SUMÁRIO

PARTE I

PARTE II

PARTE I

1. A LOUCA OBSESSÃO: AS CARACTERÍSTICAS DE UM "*STALKER*"

NELSON CHITECO JUNIOR

Introdução

O presente artigo tem por objetivo principal abordar um estudo sobre o avanço da legislação brasileira sobre o crime de perseguição, apresentando as características de um *stalker.* O recorte metodológico utilizado será através de pesquisa epistemológica, por referências bibliográficas, legislações, artigos em revistas e em sítios da internet.

Entretanto, este crime ocorre desde as tragédias gregas, e, no Brasil, antes de ocorrer a positivação da Lei 14.132, de 2021, que alterou o Código Penal brasileiro para incluir o artigo 147-A, perseguição era considerada uma contravenção penal, de acordo com o Decreto-Lei 3.688, de 1941, com pena de quinze dias a dois meses ou multa. Ocorre que atualmente, tal atitude tomou outras perspectivas, fazendo se valer como um crime com pena de reclusão, de seis meses a dois anos e multa.

Este crime, nos tempos atuais, tem adquirido visibilidade, gerando então, tipificação penal mais severa. A perseguição, dita neste artigo como *stalking,* integra um conjunto de condutas ilícitas, podendo este agente, chamado de *stalker,* ser punido e até em concurso de crimes em seus atos de ofensa à integridade física, coação, ameaça, perturbação da vida privada, entre outros.

Stalking, para Santos[1], integra condutas direcionadas para a vítima, através de uma ou mais ocasiões, em tempo maior ou menor, por um ou

[1] ***Stalking* Parâmetros de Tipificação e o Bem Jurídico da Integridade Psíquica.** p. 19.

mais atos de perseguição, causando na vítima um sentimento permanente de medo e inquietação, podendo sentir uma limitação de sua liberdade pessoal ou profissional.

Segundo Gerbovic[2], o *stalker* é o perseguidor que escolhe a vítima por diversas razões molestando-a insistentemente, por atos persecutórios diretos ou indiretos, presenciais ou virtuais, promovendo uma caçada física ou psicológica contra a vontade da vítima.

Em suma, este artigo trará com caráter descritivo e será separado em três capítulos, respondendo questões sobre o tema, inicialmente, com: i) o que é *stalking*?; ii) quem é o *stalker* e quais são suas características?; e iii) quais são os desafios e avanços deste novo crime? Ao final, avançaremos com uma conclusão contando com uma hipótese dedutiva sobre os benefícios atualmente à sociedade com a positivação deste crime.

1. O que é *Stalking*?

Para Viegas[3], através de entendimento de Thompson Flores e Trindade, a palavra *stalking* tem origem no inglês antigo e é traduzida para o português como "caçada", "espreita", "perseguição", "enganador". E o uso do termo iniciou-se em meados dos anos 80.

Portanto, *stalking* é um termo em inglês em que a ação é a de um agente invadir a privacidade de uma pessoa através de perseguição, podendo ocorrer de diversas formas, tais como: mensagens, telefonemas, inquietação, ofensa, coação, frequentar os mesmos lugares com o intuito em causar medo, tirar a liberdade de movimentos, entre outros. Este fenômeno é reconhecido de forma jurídica, social ou médica, podendo demonstrar as características do comportamento dos sujeitos deste crime.

Para Gerbovic[4], citando Marcello Adriano Mazzola

> *Stalking* é o comportamento de quem (*stalker* ou caçador à espreita) molesta um sujeito (vítima) por meio de atos persecutórios e/ou intimidadores, de forma obsessivamente repetitiva, deixando a vítima em estado de alerta e relevante preocupação, quando não em profunda angústia.

[2] ***Stalking*****.** p. 21.

[3] ***Stalking*****: abordagens fenomenológica e jurídica Brasil e Portugal.** p. 17.

[4] ***Stalking*****.** p. 19.

Conforme expõe, Santos[5], os comportamentos do crime de *stalking* foram documentados no século XVIII, apesar de a primeira Lei ter surgido na Califórnia em 1990, seguida por Austrália, Reino Unido, Alemanha e demais países Europeus. A perseguição não aparecia na agenda social e legal até o surgimento do movimento feminista. Um ponto forte foi estudar o comportamento de *stalking*, que abrange uma diversidade de comportamentos que não compreende uma única ação, mas abrange uma diversidade de comportamentos que podem tomar lugar no decorrer de um período de tempo prolongado, considerados inofensivos, tais como: seguir uma pessoa, ficar rondando perto da sua casa ou no local de trabalho, e, também através de cartas, e-mails ou mensagens. Podendo existir: ameaças, agressão sexual e física contra a pessoa ou a terceiros ligados a ela. E, com o passar do tempo as definições de perseguição passaram por mudanças, mas envolvem primordialmente a intenção e um padrão de comportamento repetido.

Em sua dissertação "A Neocriminalização do *Stalking*", Marisa Nunes Ferreira David[6], expõe que mesmo que somente na década de 80 e 90 do século XX se tenha começado a dar atenção à temática do *stalking*, este fenômeno já existia desde as tragédias gregas e do direito Romano, constante em diversas obras literárias, como as de Shakespeare e Dante. No entanto, a influência para a criação da primeira Lei anti*stalking*, adotada pelo estado da Califórnia em 1990, foi a morte da atriz norte-americana Rebecca Schaeffer, em 1989, que foi assassinada na porta de sua casa por um fã, depois de tê-la perseguido por três anos, Robert Bardo, matou-a. Além deste caso, outras quatro mulheres foram assassinadas pelos seus ex-maridos ou ex-namorados. Estes casos, tiveram grande visibilidade. Até 1993, outros estados norte-americanos criminalizaram esta conduta, bem como, outros países anglo-saxônicos chegando, também, à Europa.

No Brasil, este tema tem um avanço com a Lei 14.132, de 2021[7], que alterou o Código Penal brasileiro, nele incluindo o artigo 147-A, que prevê

[5] ***Stalking*** **Parâmetros de Tipificação e o Bem Jurídico da Integridade Psíquica**. p. 39.

[6] **A Neocriminalização do *Stalking*.** p. 14.

[7] Lei 14.132/2021 – Art. 1º Esta Lei acrescenta o art. 147-A ao Decreto-Lei nº 2.848, de 7 de dezembro de 1940 (Código Penal), para prever o crime de perseguição. Art. 2º O Decreto-Lei nº 2.848, de 7 de dezembro de 1940 (Código Penal), passa a vigorar acrescido do seguinte art. 147-A: "Perseguição Art. 147-A. Perseguir alguém, reiteradamente e por qualquer meio, ameaçando-lhe a integridade física ou psicológica, restringindo-lhe a

o crime de perseguição. Mas antes mesmo de ocorrer a positivação desta Lei, a perseguição era considerada uma contravenção penal, de acordo com o Decreto-Lei 3.688 de 1941, demonstrado em se artigo 65[8] com pena de quinze dias a dois meses ou multa. Ocorre que atualmente tal atitude tomou outras perspectivas, fazendo se valer como um crime com pena de reclusão de seis meses a dois anos e multa, porém a pena será majorada da metade se a vítima for criança, adolescente, idoso ou mulher perseguida por razões da condição do sexo feminino. Além de, se o crime for praticado com o emprego de violência, o agente responderá pelo crime de perseguição em concurso formal impróprio com o crime violento, somando-se as penas de ambos os delitos, porque o legislador acolheu expressamente o sistema do cúmulo material obrigatório.

O artigo 147-A do Código Penal está no capítulo que protege a liberdade individual da vítima, liberdade da pessoa humana. O legislador não exigiu nenhuma finalidade específica animando a conduta do agente. No entanto, o crime é habitual com atos reiterados de perseguição, ou seja, a conduta de perseguir alguém reiteradamente e por qualquer meio, ameaçando-lhe a integridade física ou psicológica, restringindo-lhe a capacidade de locomoção, invadindo ou perturbando sua esfera de liberdade ou privacidade.

Para Gerbovic[9], o *stalking* trata-se de uma perseguição contumaz, colocada em prática pelas mais diversas razões, acontece principalmente por um rompimento de um relacionamento, contra a vontade de uma das partes, que passa a perseguir a outra, é uma espécie de caça que

capacidade de locomoção ou, de qualquer forma, invadindo ou perturbando sua esfera de liberdade ou privacidade. Pena – reclusão, de 6 (seis) meses a 2 (dois) anos, e multa. § 1º A pena é aumentada de metade se o crime é cometido: I – contra criança, adolescente ou idoso; II – contra mulher por razões da condição de sexo feminino, nos termos do § 2º-A do art. 121 deste Código; III – mediante concurso de 2 (duas) ou mais pessoas ou com o emprego de arma. § 2º As penas deste artigo são aplicáveis sem prejuízo das correspondentes à violência. § 3º Somente se procede mediante representação."Art. 3º Revoga-se o art. 65 do Decreto-Lei nº 3.688, de 3 de outubro de 1941 (Lei das Contravenções Penais). Art. 4º Esta Lei entra em vigor na data de sua publicação.

[8] Art. 65. Molestar alguém ou perturbar lhe a tranquilidade, por acinte ou por motivo reprovável: Pena – prisão simples, de quinze dias a dois meses, ou multa, de duzentos mil réis a dois contos de réis.

[9] ***Stalking***. p. 15-20.

pode causar danos de gravidade extrema. É um comportamento humano heterogêneo que consiste em um tipo particular de assédio, que pode ser cometido por homem ou mulher, por diversas condutas, através de uma comunicação direta, física ou virtual, perseguição física ou psicológica, contatos indiretos por meio de amigos, parentes e colegas de trabalho ou qualquer forma de intromissão continua e indesejada na vida particular ou íntima da pessoa.

Segundo Santos[10], o *Stalking* caracteriza-se por um conjunto peculiar de características que cumulativamente perfazem uma série de condutas delituosas que ainda não se encontram criminalizadas como um todo. Então, a prática dc condutas de perseguição prevê a incursão na esfera da intimidade e privacidade da vítima, a reiteração de comportamentos que causam prejuízo à saúde psicológica e emocional do sujeito passivo, além de, ofensa à sua idoneidade moral, modificação do seu estilo de vida e imposições à liberdade de ir e vir.

Ao pensar em liberdade de ir e vir, privacidade e intimidade da pessoa humana, faz-se relevância refletir sobre o artigo 5º da Constituição Federal Brasileira, que são invioláveis à intimidade, vida privada, honra e à imagem das pessoas. Não podendo violar sua casa e nem tirar o direito de ir e vir[11].

Além disso, o direito a privacidade e liberdade já tinha sido garantida no ano de 1948 pelo artigo 7º, I, da Convenção Americana dos Direitos e Deveres do Homem e da Declaração Universal dos Direitos Humanos[12].

Atualmente, Viegas[13] descreve que dentre os fenômenos de violência a estes direitos está o *stalking*, além de configurar um fenômeno complexo

[10] ***Stalking* Parâmetros de Tipificação e o Bem Jurídico da Integridade Psíquica**. p. 27.

[11] CF/88 Art.. 5º: "Todos são iguais perante a lei, sem distinção de qualquer natureza, garantindo-se aos brasileiros e aos estrangeiros residentes no País a inviolabilidade do direito à vida, à liberdade, à igualdade, à segurança e à propriedade, nos termos seguintes: (...) X – são invioláveis a intimidade, a vida privada, a honra e a imagem das pessoas, assegurado o direito à indenização pelo dano material ou moral decorrente de sua violação; XI – a casa é asilo inviolável do indivíduo, ninguém nela podendo penetrar sem consentimento do morador, salvo em caso de flagrante delito ou desastre, ou para prestar socorro, ou, durante o dia, por determinação judicial; (...) XV – é livre a locomoção no território nacional em tempo de paz, podendo qualquer pessoa, nos termos da lei, nele entrar, permanecer ou dele sair com seus bens".

[12] Decreto no. 678/1992: Convenção Americana sobre Direitos Humanos. Art. 7: Direito à Liberdade Pessoal. "1. Toda pessoa tem direito à liberdade e à segurança pessoais".

[13] ***Stalking:*** abordagens fenomenológica e jurídica Brasil e Portugal. p. 12.

é caracterizado como um conjunto de condutas realizadas pelo sujeito de forma reiterada e direcionada a um alvo específico, gerando medo, insegurança ou até modificação do estilo de vida do perseguido. Pode ocorrer em diversas esferas, tais como: social, psíquica ou jurídica, cabendo uma análise interdisciplinar de sua contextualização para que se busque um grau de compreensão para minimizar os impactos das vítimas.

São quatro as características de *stalking*[14], sendo: *stalking* das celebridades, com as perseguições de pessoas famosas, por motivos de ciúmes, inveja ou ódio; *stalking* emocional, como um tipo mais comum, relacionado ao término de um relacionamento amoroso, em que uma delas não se conforma com a perda da outra; *stalking* ocupacional, em que a perseguição começa no local de trabalho e o perseguidor invade a vida privada da vítima; e o *stalking* familiar, que é a perseguição que ocorre no âmbito de uma família.

Para Viegas[15], o estudo do *stalking* requer aprofundar os motivos que fizeram com que os sujeitos ativos tiveram este tipo de conduta. Observando este comportamento, pode-se analisar o perfil das vítimas destes *stalkers,* para compreender o processo social e psíquico de vulnerabilidade, buscando quais são os grupos mais frequentes. Esta compreensão é fundamental, para se observar a dinâmica destas condutas, pois, podem parecer comportamentos comuns e que no conjunto podem gerar as vítimas sentimentos de medo e insegurança. Após é importante observar o incidente de insanidade mental, realizado na esfera processual penal, com uma linha divisória para a culpabilidade, porque com o incidente de insanidade mental determinará o grau de capacidade ou de incapacidade do *stalker.* Ao final, precisa ser analisada a responsabilidade civil no tocante dos danos patrimoniais. Portanto, faz-se relevância adentrar as profundezas das características de um *stalker.*

2. Quem é o *Stalker* e quais são suas características?

O *stalking* é uma prática complexa que engloba, no mínimo, dois sujeitos: o ativo que é considerado como o agente "*stalker*" e do outro lado a "vítima de um *stalker*", que é o alvo e compreendido como sujeito passivo, podendo até afetar terceiros envolvidos com a vítima.

14 Gerbovic *apud* Micoli, Alessia. ***Stalking***. p. 37.

15 ***Stalking:* abordagens fenomenológica e jurídica Brasil e Portugal**. p. 12-13.

Os estudos de David[16], sobre a classificação proposta por Lorraine Sheridan e colaboradores, identificam a maioria destes ofensores como sendo homens, com idades compreendidas entre os 35 e os 40 anos, mais velhos do que outros criminosos, tendo existido entre eles e as vítimas uma relação afetiva prévia. No entanto, salientam que, apesar da maioria de os *stalkers* apresentar várias características comuns, existem muitas diferenças entre eles, pelo que não é possível identificar prontamente um ofensor. Existindo, por isso, a necessidade de estudar o comportamento de um *stalker* em três grupos: comportamentos de contato; comportamentos violentos; e comportamentos de procura de proximidade. Os comportamentos de contato acontecem em diversas formas de estabelecer contato com a vítima, como, por exemplo, tirar fotos sem sua autorização, telefonar continuamente no seu trabalho, enviar conteúdo sinistro ou bizarro, além de perseguição e ameaças. Os comportamentos violentos são os atos de violência verbal e física, tais como: uso de linguagem obscena ou ameaçadora, vandalizar a propriedade da vítima e ameaçar suicidar-se, entre outros. Já os comportamentos de procura de proximidade englobam atividades em que o *stalker* fica fisicamente próximo da vítima e incluem visitas regulares e indesejadas ao alvo, mudança de casa para ficar mais perto do local onde a vítima mora, etc.

Viegas[17], expõe estudo sobre fenômeno multifacetado realizados por Marlene Matos e Célia Ferreira, em que sustentam que em um crime de *stalking* pode acontecer diversas espécies de violência, tais como física, psicológica, sexual, entre outras, além de caracterizar por uma série de atos inócuos comuns que se considerados de forma isolada não configurariam conduta danosa. O processo de escalada, formulado por Marlene Matos, observa a frequência e a gravidade dos fatos, podendo ter essa sequência: i) envio de cartas românticas; ii) realização de telefonemas obscenos; iii) aparecer no local de trabalho; iv) envio de flores murchas; v) rondas no domicílio; vi) violência física. Mas para caracterizar o *stalking*, segundo a autora, delimitam-se um conjunto de elementos: 1. intenção; 2. ameaça; 3. medo; e 4. violência. Além dos elementos expostos, a repetição e o espaço de tempo entre as condutas, também devem ser observadas.

[16] **A Neocriminalização do *Stalking*.**

[17] ***Stalking*: abordagens fenomenológica e jurídica Brasil e Portugal.** p. 21-23.

Um outro ponto de grande relevância é o impacto do *stalking* na esfera mental e/ou física das vítimas.

Em uma amostra realizada por Marlene Matos em Portugal, em 2010[18], com 1210 indivíduos, que durante a sua vida 19,5% referiu ter sido vítima de *stalking*, sendo que nas mulheres a prevalência de vitimização era superior a 25% que os homens sendo 13,3%. A faixa etária em que se verificou um predomínio deste fenómeno foi nos jovens, com idades entre 16 e 29 anos, em que 26,7% deles admitiram ter sido vítimas deste tipo de condutas. Em média, as vítimas foram alvo de 3,6 comportamentos de *stalking*, os comportamentos mais frequentemente relatados, foram as tentativas de contato indesejado contando com 79,2% dos casos; aparecimento em locais habitualmente frequentados pela vítima 58,5%; perseguição em 44,5% dos casos; agressão física e/ou sexual 7,2%; filmagem ou fotografia sem consentimento em 4,2%. No total dos casos identificados como tendo sido vítima de *stalking*, 68% dos agressores eram do sexo masculino, sendo as mulheres, 91% dos casos, vítimas de *stalkers* masculinos e em 74,7% os homens vítimas de *stalkers* femininas. E, em 40,2% o *stalker* era alguém conhecido, contra 24,8% dos participantes, que desconheciam o seu *stalker*. Sendo que em 83,8% dos casos estes comportamentos ocorriam diariamente ou semanalmente. Em 21,7% dos casos o *stalking* durou mais de duas semanas e, em 31,9% prolongou-se até seis meses. Para 15,3% dos inquiridos a situação manteve-se por mais de dois anos.

Para Damásio de Jesus[19], *stalking* é uma forma de violência em que o perseguidor invade a esfera da privacidade da vítima, repetidas vezes, através de táticas e meios diversos, tais como: ligações, mensagens, telegramas, ramalhetes de flores, presentes, recados, faixas, entre outros. Frequentando muitas vezes os mesmos ambientes da vítima, supermercados, restaurantes etc. O *stalker* pode até espalhar boatos sobre a conduta profissional ou moral da vítima, com o objetivo em ganhar poder psicológico sobre ela. Essa postura, pode ocorrer por amor ou desamor, por vingança ou inveja, amor incontido, com o objetivo em perseguir incansavelmente o sujeito passivo. O comportamento do *stalker* pode conter peculiaridades como: 1 – invasão da privacidade da vítima; 2 – repetição de atos; 3 – dano à integridade psicológica e emocional do sujeito passivo;

[18] **Inquérito de Vitimação por *Stalking*:** Relatório de Investigação. p. 36 –49.

[19] ***Stalking*.** 2008.

4 – lesão a sua reputação; 5 – alteração do seu modo de vida; 6 – restrição à sua liberdade de locomoção.

Corroborando a isso, Santos[20] em pesquisa citada em sua obra, realizada pela Dra. Carla Alexandra dos Santos Paiva, constituem condutas típicas de um *stalker*, 89% em chamadas telefônicas indesejadas; 82% de amigos e familiares ameaçados; 82% perseguições na rua; em 79% o *stalker* fica vigiando a vítima no trabalho ou em casa; 75% perseguição na rua; 74% visitas não desejadas; 74% ameaça de violência; 70% envio de e-mails indesejados; 65% informações falsas; 64% danos na propriedade e 55% violência à vítima.

Para Gerbovic[21] apud Alessia Micoli

> "*Stalking* é uma forma de agressão psicológica e física direta, que visa sobrepujar a vontade da vítima, destruir sua moral e sua capacidade de resistência por meio de um gotejamento incessante, em um contexto de crescente perseguição, insistente como os pingos que, com o passar do tempo, escavam a pedra. O *stalker* persegue, ameaça, maltrata a vítima, fazendo com que nasça nesta um estado de ansiedade e medo que pode chegar a comprometer com o desenvolvimento normal do seu cotidiano. A manifestação externa do *stalker*, sob a forma de ameaça, é o instrumento válido para que ele se certifique de ser capaz de restringir a liberdade psicológica da própria vítima".

Segundo Santos[22], a imagem histórica do assediador pertencia a uma pessoa com patologia envolvido num curso de comportamentos delirantes contra uma celebridade. Além disso, muitos *stalkers* são mórbidos, relacionados com doença mental, distúrbios de personalidade, transtorno de apego e da literatura cientifica social. Esta última abordagem, pode ser conhecida quando um relacionamento termina e a permanência de um dos parceiros pode se tornar numa perseguição, com a tentativa de reconquistar esse relacionamento. Já a teoria do apego ela passa a ter relação com tendências de evitação e ansiedade. A vinculação e a teoria da ruminação obsessiva sugere que uma procura de relacionamento está fundamentada no objetivo do *stalker* possuir uma relação afetiva e esta relação tem que

[20] ***Stalking* Parâmetros de Tipificação e o Bem Jurídico da Integridade Psíquica**. p. 55-56.

[21] ***Stalking***. p. 19.

[22] ***Stalking* Parâmetros de Tipificação e o Bem Jurídico da Integridade Psíquica**. p. 40-43.

ter autoestima e felicidade, pois caso contrário, se o obsessor se frustrar surgirá pensamentos obsessivos e com o aumento das condutas típicas da perseguição.

Para Gerbovic[23], em média 80% dos casos são relacionados a algum distúrbio de personalidade do perseguidor que mantém ou manteve algum tipo de relacionamento com a vítima. É um comportamento obsessivo e invasivo causado pelo sujeito ativo que não necessariamente tem transtorno psicológico ou enfermidade, podendo ser extremamente capaz.

Santos[24] apresenta o *stalker* como uma pessoa individual, podendo ser capaz ou incapaz, mas as características deste sujeito não são facilmente discerníveis, no entanto, o que pode diferenciar esses indivíduos de outros parece ser a sua agressão e o seu narcisismo. A autora expõe que o agir fora de sua obsessão na perseguição e de violência é provavelmente devido a uma perturbação na sua economia narcisista, gerando, então, uma fantasia narcisista compensatória, por conta de uma rejeição crônica, levando-o a se julgar especial, amado, idealizado, admirado e muitas vezes superior. Esse sentimento de grandiosidade e orgulho, desencadeia sentimento de humilhação ou vergonha que são defendidos contra a própria raiva, que afasta o sentimento de tristeza. Qualquer contato é um reforço positivo intermitente e as tentativas não devem seguir o caminho da razão quando está em causa um indivíduo tão desarrazoado. Existem três critérios para dividir essa tipologia dos *stalkers* que são: 1 – quanto a desordem mental; 2 – quanto à relação com a vítima e 3 – quanto à motivação.

Quanto a desordem mental e ao pensar em louca perseguição obsessiva, uma série de comportamentos repetitivos podem acontecer, como causar a vítima: dor, sofrimento, prejuízo ou até mesmo levar a sua morte, por isso, há a necessidade de conhecer cada vez mais o agente perseguidor.

Com isso, pode-se fazer uma análise de acordo com Maria Lohana Hexana de Moura Silva Siqueira, em sua dissertação[25], que destaca uma classificação em três tipos de agentes perseguidores principais, apresentada em 1993, por Michael Zona *apud* Gregson, sendo: perseguidores erotomaníacos, românticos obsessivos e puramente obsessivos.

[23] ***Stalking***. p. 27.

[24] ***Stalking* Parâmetros de Tipificação e o Bem Jurídico da Integridade Psíquica**. p. 49-50.

[25] ***Stalking:*** um estudo conceitual sobre perseguição obsessiva e seus reflexos jurídicos no direito brasileiro. p. 37-41.

Os perseguidores erotomaníacos se tratam de um estado de amor crônico e imaginário em que o paciente se imagina ou tem uma ilusão delirante de ser amado por uma pessoa específica. Estes perseguidores são aqueles que acreditam plenamente que a pessoa objeto de sua obsessão é absolutamente apaixonada por eles, acredita que a vítima, que pode ser uma pessoa pública, está se comunicando secretamente com ele, este *"stalker"* possui, muitas vezes, transtornos psicológicos associados à esquizofrenia, visto que a erotomania está diretamente associada à Sindrome de Clérambault. Perseguidores românticos obsessivos são similares aos erotomaníacos, porém, diferenciam-se desses pois o perseguidor sofrerá de algum transtorno mental adicional além da erotomania, mesmo que seja portador de patologia psiquiátrica ou psicológica, para a finalidade jurídica, deve ser considerada a capacidade do perseguidor ao exercício da vida civil. Perseguidores puramente obsessivos são os tipos mais perigosos de *stalkers*, em que o agente teve relacionamento pessoal anterior com a vítima, este relacionamento não precisa necessariamente ter sido íntimo. A característica marcante desse grupo é que o comportamento de perseguição é quase sempre acionado por um único evento, seja o término do relacionamento ou a percepção do *stalker* que a vítima estaria o maltratando.

Uma pessoa rejeitada é o tipo clássico de *stalker*, que pode ser uma pessoa comum sem patologia e que está inconformado com o fim de um relacionamento. Levado pelo sentimento de frustração, pode perseguir por vingança, carência, paixão platônica, ilusão, acreditando que o seu amor está sendo correspondido. Por isso, é importante aprofundar os estudos sobre as características de um *stalker comum*.

Para Ramidoff[26], o *stalker* tem um padrão, mas procede com um ritmo diferente no começo, tomando cuidado para não aparecer, com intuito de convencer o mundo externo que ele é um indivíduo correto e comum. No entanto, o *stalker* pode passar a ter comportamentos mais forçados, principalmente, quando surgir o fracasso dos seus relacionamentos, tornando-se insensatos e indiferentes ao que as pessoas possam achar deles.

Viegas[27], em estudos aos autores Pathé e Pucell; Trindade e Calhau, elenca seis principais tipos de *stalker*: o rejeitado, o ressentido, o apaixonado mórbido, o pretendente incompetente, o predatório e o *paparazzo*.

[26] ***Stalking:*** atos persecutórios obsessivos ou insidiosos. p. 58-60.

[27] ***Stalking:*** abordagens fenomenológica e jurídica Brasil e Portugal. p. 25-38.

Como rejeitado pode ser compreendido aquele que tinha um relacionamento amoroso com a vítima e foi rejeitado. O propósito será fazer de tudo para retomar a relação ou até mesmo atuar com mentiras e outras situações em forma de vingança. Observa-se, este agente como o de maior risco, pois pode oferecer persistência em seus atos com violência, ocasionando até danos a vítima.

Os perseguidores rejeitados estão entre os mais persistentes e usurpadores, pois, acreditam na reconciliação do relacionamento perdido, acabarão por ter um padrão assediador difícil de ser alterado quando estabelecido. Os elementos essenciais são a raiva do perseguidor por ter suas esperanças e expectativas decepcionadas por uma separação unilateral de um relacionamento importante. A raiva pela rejeição é aumentada pela angústia na percepção injusta e humilhante de rejeição[28].

Já o ressentido se sente humilhado e injustiçado, o objetivo dele será intimidar a vítima, são indivíduos próximos ou conhecidos da vítima que utilizam normalmente da ameaça para atacá-las. Este indivíduo pode ter perturbações psicológicas e ideias paranoides.

O perseguidor ressentido, segundo Siqueira[29], terá como objetivo principal se vingar de sua vítima, não se importando em estabelecer um relacionamento direto e anterior com a vítima. Será esse tipo de perseguidor que decidirá se vingar de todas as mulheres que mantém um relacionamento porque alguma em específico lhe magoou.

O apaixonado mórbido já é solitário, ele idealiza na sua mente uma relação íntima com a vítima, as condutas deste sujeito não são violentas e ocasionam as vítimas danos psicológicos.

Já o pretendente incompetente ele é um cortejador inadequado que busca ter uma relação de proximidade com a vítima, mas tem uma dificuldade de relacionamento interpessoal, ele não percebe que por esta dificuldade passa a ser inconveniente. Não oferece um grande risco, mas pode ser ameaçador e intimidador.

O perseguidor à procura de intimidade e o pretendente incompetente, conta com as seguintes características: é um estranho completamente

[28] ***Stalking:*** um estudo conceitual sobre perseguição obsessiva e seus reflexos jurídicos no direito brasileiro. p. 42-44.

[29] ***Stalking:*** um estudo conceitual sobre perseguição obsessiva e seus reflexos jurídicos no direito brasileiro. p. 46.

obcecado pela vítima e a deseja, acreditando que ela o amará mesmo não se conhecendo, muito comum, com pessoas públicas.[30]

Como predatório é reconhecido o sujeito ativo que busca vítimas desconhecidas, com um alto risco de violência e conta com uma fase preparatória para agressão sexual.

Perseguidor predador é perigoso, pois, independentemente de ter uma relação prévia ou não com a vítima, esse tipo de sujeito passará boa parte do seu tempo fantasiando episódios de violência física e sexual e como irá atacá-la[31].

Por último, o *stalker paparazzo* que é reconhecido como fotógrafos profissionais responsáveis por fotos inusitadas das celebridades, abusando de seus direitos de exercício da profissão, causando um grave sofrimento as vítimas.

De acordo com Santos[32] o comportamento do *Stalker,* deve ser controlado, com a proteção da vítima e as medidas de atuar na coação são o reverso da moeda, ao tratar da proteção da vítima é proporcional a falar de medidas restritivas do agressor, para parar à continuação de sua conduta. Este é um ponto que precisa ser abordado como um desafio deste crime.

3. Quais são os desafios e avanços deste novo crime?

Como primeiro desafio, pode ser considerado o apoio a vítima, pois o sujeito passivo muda sua vida para se ver livre e tentar ter sua rotina de volta. Porque os estragos na vida da vítima são imensuráveis, pois de acordo com a saúde mental[33], o indivíduo pode desenvolver de transtorno de ansiedade a depressão. E, há ainda os impactos no dia a dia, segundo o *Stalking Resource Center,* 81% dos perseguidos trocam de emprego, 73% aprendem alguma modalidade de luta e 39% mudam de endereço. Mesmo as pesquisas indicando que apenas um em cada quatro casos termina em

[30] ***Stalking:*** um estudo conceitual sobre perseguição obsessiva e seus reflexos jurídicos no direito brasileiro. p. 47.

[31] ***Stalking:*** um estudo conceitual sobre perseguição obsessiva e seus reflexos jurídicos no direito brasileiro. p. 48.

[32] ***Stalking* Parâmetros de Tipificação e o Bem Jurídico da Integridade Psíquica.** p. 19.

[33] Disponível em: https://revistagalileu.globo.com/Sociedade/noticia/2021/11/saiba-o--que-diz-lei-que-criminaliza-o-*stalking*-e-veja-como-se-proteger.html#:~:text=Os%20estragos%20do%20*stalking*%20s%C3%A3o,e%2039%25%20mudam%20de%20endere%C3%A7o.

violência, a vítima não deveria mudar sua vida e sim enfrentar e buscar as autoridades policiais e competentes.

Conforme Viegas[34] o sistema de Mullen compõe a parte inicial sobre a tipologia do crime. Porém, deve se levar em consideração, também, a relação do sujeito ativo com o passivo, e até o seu grau de patologia. Ao descrever sobre o papel do ordenamento jurídico brasileiro, é preciso aferir diante das adversidades de tal crime, ao observar os contextos sociais e econômicos diversos, se está existindo resposta estatal que consiga amparar as vítimas de um *stalker.*

Neste desafio uma questão é cultural, este crime precisa ser mais falado, contendo mais conscientização sobre o tema tanto para as pessoas como autoridades estatais, para não distorcerem este crime e amparo às vítimas.

Já como segundo desafio do *stalking*, de acordo com David[35], pode ser compreendido como comportamentos comuns, cotidianos e aceitos pela sociedade, realizados pelo *stalker*, que de forma isolada, podem não ser apreendidos como atos lesivos para a vítima.

Um grande desafio a ser pensado neste crime é que o comportamento de um *stalker* é dito como comum e normal, pois são rotineiros, como o envio de flores, cartas, mensagens, ligações, mas o que deve ser analisado é a presença de perseguição obsessiva e recorrente, gerando incomodo, medo, insegurança a vítima.

Como terceiro desafio, pode-se refletir com a internet cada vez mais difundida deve-se observar uma nova figura que é o *cyberstalker*, envolvendo a presença de um perseguidor virtual, intrometendo-se nas vidas das vítimas de forma assustadora e imprevisível. Realizando com o uso da internet inúmeras intromissões indesejadas, podendo muitas vezes ser através de uma comunicação direta, em que envia o material ameaçador à vítima, podendo ou não ocultar sua identidade; comunicação indireta, quando a informação é publicada sobre a vítima na internet e como deturpação virtual da identidade da vítima para causar ofensa[36].

O quarto desafio é confundir o crime de *stalking* com violência doméstica, muitos casos de perseguição passaram a contar com a Lei Maria da

[34] ***Stalking:*** abordagens fenomenológica e jurídica Brasil e Portugal. p. 38.

[35] **A Neocriminalização do *Stalking*.** p. 17.

[36] ***Stalking* Parâmetros de Tipificação e o Bem Jurídico da Integridade Psíquica.** p. 141-142.

Penha. Precisa entender as semelhanças e diferenças destes crimes. Pois para Gerbovic[37], a mulher é tradicionalmente a maior vítima de um *stalker*. um obstáculo é que nos países que têm Leis contra violência contra a mulher, não é tratado como *stalking* e sim com outra tipificação.

O grande avanço na legislação brasileira foi com a Lei 14.132 de 2021, que incluiu o artigo 147-A do Código Penal que está no capítulo que protege a liberdade individual da vítima, prevendo o crime de perseguição. No passado, a perseguição era considerada uma contravenção penal, alterando uma pena de quinze dias a dois meses ou multa, para pena de reclusão, de seis meses a dois anos e multa, porém a pena será majorada.

Os benefícios para a sociedade com a positivação deste crime são inúmeros, além de uma alteração que visa bem-estar social, este crime vem com uma pena mais severa e com majoração a pena em casos específicos, tais como: majorada da metade se a vítima for criança, adolescente, idoso ou mulher perseguida por razões da condição do sexo feminino. Se o crime for praticado com o emprego de violência, o agente responderá pelo crime de perseguição em concurso formal impróprio com o crime violento, somando as penas de ambos os delitos, porque o legislador acolheu expressamente o sistema do cúmulo material obrigatório. Além disso, o crime é habitual com atos reiterados de perseguição, ou seja, a conduta de perseguir alguém, reiteradamente e por qualquer meio, ameaçando-lhe a integridade física ou psicológica, restringindo-lhe a capacidade de locomoção ou, de qualquer forma, invadindo ou perturbando a esfera de liberdade ou privacidade.

Por fim, para a promotora do Mato Grosso do Sul, o efeito da nova lei brasileira só poderá ser mensurado a médio e longo prazo. No entanto, seu impacto cultural é imediato: "Vamos separar o uso coloquial da expressão '*stalkear*', como algo jocoso e inofensivo, do seu sentido real, uma conduta capaz de atemorizar a vítima"[38].

Conclusões

Este artigo teve como escopo um estudo sobre o avanço da legislação brasileira sobre o crime de perseguição, apresentando as características

[37] ***Stalking***. p. 27.

[38] Disponível em: https://revistagalileu.globo.com/Sociedade/noticia/2021/11/saiba-o-que-diz-lei-quecriminaliza-o-*stalking*-e-veja-como-se-proteger.html

de um *stalker*. com a chegada da Lei 14.132 de 2021, que alterou o Código Penal brasileiro para incluir o artigo 147-A que prevê sobre o crime de perseguição.

Sendo assim, três questões foram levantadas: 1 – O que é *stalking*? 2 – Quem é o *stalker* e quais são suas características? 3 – Quais são os desafios e avanços deste novo crime? Como apresentado neste artigo e respondida as questões, compreendeu-se que atualmente este crime tem adquirido visibilidade, gerando então uma tipificação penal mais severa. A perseguição, dita neste momento como *stalking*, integra um conjunto de condutas ilícitas, podendo este agente, chamado de *stalker*, ser punido e até em concurso de crimes em seus atos ofensivos à integridade física, ameaça, perturbação da vida privada entre outros.

O *Stalking* é um termo em inglês que quer dizer perseguição e caçada, pode ser considerado como condutas direcionadas para a vítima, através de uma ou mais ocasiões, por um ou mais atos de perseguição, que causam na vítima um sentimento de muito medo e inquietação, com limitação de sua liberdade pessoal ou profissional.

O sujeito ativo deste crime é o *stalker* que é o perseguidor e não medirá esforços para conseguir o seu objetivo, que é ter o controle da vítima. Este agente utilizará todas as artimanhas para tal, escolhendo a vítima por diversas razões e por atos persecutórios diretos ou indiretos, presenciais ou virtuais, promove uma perseguição física ou psicológica contra à vontade da vítima. Este perseguidor pode ser considerado capaz ou incapaz, podendo ter comportamentos descritos em três grupos: comportamentos de contato, violentos e de procura de proximidade. Estes comportamentos podem caracterizar por uma série de atos inócuos, como: 1 – envio de cartas românticas; 2 – realização de telefonemas obscenos; 3 – aparecer no local de trabalho; 4-envio de Lflores murchas; 5 – rondas no domicílio; 6 – violência física. Mas para caracterizar o *stalking*, podem ser delimitados um conjunto de elementos: 1. intenção; 2. ameaça; 3. medo; 4. violência. Existindo, também na literatura, três critérios para dividir essa tipologia: 1 – quanto a desordem mental; 2 – quanto à relação com a vítima e 3 – quanto à motivação

Já as características do *stalker* pode ser vista através do pensamento de Michael Zona sendo: perseguidores erotomaníacos, românticos obsessivos e puramente obsessivos. E, em estudos dos autores Pathé e Pucell que elencam cinco principais tipos de *stalker*: o rejeitado, o ressentido, o apaixonado mórbido, o pretendente incompetente, o predatório e; Trindade e Calhau elencando o sexto como o *stalker* paparazzo.

Como desafios, a este novo crime, foram considerados quatro, tais como: o primeiro foi o apoio a vítima, pois o sujeito passivo muda sua vida para se ver livre e tentar ter sua rotina de volta, trazendo à tona, uma questão cultural, pois este crime precisa ser mais falado, contendo mais conscientização sobre o tema tanto para as pessoas como autoridades estatais, para não distorcerem este crime e amparo às vítimas; como segundo desafio pode ser compreendido como comportamentos comuns, cotidianos e aceitos pela sociedade, realizados pelo *stalker*, que de forma isolada, podem não ser apreendidos como atos lesivos para a vítima, os atos deste crime precisam ser sempre bem observados; já como terceiro pode-se refletir com o avanço da internet , pois, cada vez mais difundida deve-se observar uma nova figura que é o *cyberstalker* e por fim, o quarto desafio é confundir o crime de *stalking* com violência doméstica, muitos casos de perseguição passaram a contar com a Lei Maria da Penha, precisa entender as semelhanças e diferenças destes crimes.

Um grande avanço, deste crime, na legislação brasileira foi com a Lei 14.132 de 2021, que incluiu o artigo 147-A do Código Penal, que está no capítulo que protege a liberdade individual da vítima, prevendo o crime de perseguição. Entretanto, antes de ocorrer a positivação desta Lei, a perseguição era considerada uma contravenção penal, com pena de quinze dias a dois meses ou multa. Ocorre que atualmente tal atitude tomou outras perspectivas, fazendo se valer como um crime com pena de reclusão, de seis meses a dois anos e multa.

Conclui-se, porém, com o suporte de referências bibliográficas, legislações, artigos em revistas e em sítios da internet, que a hipótese dedutiva sobre os benefícios para a sociedade com a positivação deste crime atualmente são inúmeras, além de uma alteração que visa um bem estar social, este crime vem com uma pena mais severa e com majoração a pena em casos específicos. Além disso, a conduta de perseguir alguém, reiteradamente e por qualquer meio, ameaçando-lhe a integridade física ou psicológica, restringindo-lhe a capacidade de locomoção ou, de qualquer forma, invadindo ou perturbando a esfera de liberdade ou privacidade, é contrária à Constituição Federal brasileira e uma afronta aos direitos humanos.

Passa a se falar constantemente sobre *stalking* após a positivação na Califórnia na década de 90, mas este crime sempre ocorreu desde os primórdios com as tragédias, por isso, vale refletir sobre o tema com a peça "Otelo", de Shakespeare. Otelo levado por uma louca obsessão e por ciúmes mata sua esposa e depois se suicida ao descobrir que Desdêmona não o traia:

> "DESDÊMONA – Hoje, não; amanhã! Deixai-me viva!
> OTELO – Se resistires...
> DESDÊMONA – Meia hora apenas.
> OTELO – Não há trégua; está feito.
> DESDÊMONA – Ó tempo, apenas, de rezar uma vez.
> OTELO – É muito tarde. (Asfixia-a.)"

Por causa de uma trama criada por inveja e por um lenço, através de uma louca obsessão surgiram mortes banais, como tantas que ainda acontecem nos tempos atuais. Por fim, para que consigamos compreender mais sobre este crime e as características de um *stalker*, faz se relevância ao tema, concluir com a importância de não continuar com a ilusão, que não existe próximo a nós o crime de *stalking*, além de, despertar o olhar das vítimas e agentes estatais sobre observar quando está lidando com um *stalker*, para conseguir penalizar e resolver o crime com a tipificação correta, com a finalidade do bem estar social de todos.

Referências

BRASIL. Constituição da República Federativa do Brasil. Disponível em: http://www.planalto.gov.br/ccivil_03/constituicao/constituicaocompilado.htm. Acesso em: 27.set.2022.

BRASIL. Lei n. 14.133/21. Disponível em: http://www.planalto.gov.br/ccivil_03/_ato2019-2022/2021/lei/L14133.htm. Acesso em: 27.set.2022.

BRASIL. Decreto-Lei no. 3.688 de 1941. Disponível em: http://www.planalto.gov.br/ccivil_03/decreto-lei/del3688.htm. Acesso em: 27.set.2022.

BRASIL. Decreto no. 678/1992. Disponível em: http://www.planalto.gov.br/ccivil_03/decreto/d0678.htm. Acesso em: 27.set.2022.

DAVID, Marisa Nunes Ferreira. **A Neocriminalização do *Stalking***. Dissertação (Mestrado).- Faculdade de Medicina da Universidade de Coimbra. Coimbra, p. 95. 2017.

GERBOVIC, Luciana. ***Stalking***. São Paulo: Almedina, 2016.

JESUS, Damásio E.. ***Stalking.*** Disponível em: https://jus.com.br/artigos/10846/*stalking*. Acesso em: 22.set.2022.

MATOS, Marlene. **Inquérito de Vitimação por *Stalking*: Relatório de Investigação.** Grupo de Investigação sobre *Stalking* em Portugal, 2011. Disponível na internet: https://www.cig.gov.pt/siic/wp-content/uploads/2015/01/*stalking*.pdf. Acesso em: 22.set.2022.

RAMIDOFF, Mário Luiz; TRIBERTI, Cesare. ***Stalking:*** atos persecutórios obsessivos ou insidiosos. Belo Horizonte: Letramento. Casa do Direito, 2017.

Saiba o que diz a Lei que criminaliza o *Stalking* e veja como se proteger. Disponível em: https://revistagalileu.globo.com/Sociedade/noticia/2021/11/saiba-o-que--diz-lei-que-criminaliza-o-*stalking*-e-veja-como-se-proteger.html#:~:text=Os%20estragos%20do%20*stalking*%20s%C3%A3o,e%2039%25%20mudam%20de%20endere%C3%A7o. Acesso em: 29.set.2022.

SANTOS, Bárbara Fernandes Rito dos. ***Stalking* Parâmetros de Tipificação e o Bem Jurídico da Integridade Psíquica**. Coimbra: Almedina, 2017.

SHAKESPEARE, Willian. **Otelo**. Porto Alegre: L&PM, 1999.

SIQUEIRA, Maria Lohana Hexana de Moura Silva. ***Stalking:*** um estudo conceitual sobre perseguição obsessiva e seus reflexos jurídicos no direito brasileiro. Dissertação (Mestrado).- Faculdade de Direito da Universidade Católica de Brasília. Brasília, p. 89. 2017.

VIEGAS, Viviane Nery; MANSUR, Fernanda. ***Stalking:*** abordagens fenomenológica e jurídica Brasil e Portugal. Curitiba: CRV, 2019.

2. *STALKING* A CELEBRIDADES E À FIGURAS PÚBLICAS

Daniele Arcolini Cassucci de Lima

Introdução

O "*stalking*" é considerado um fenômeno diante dos diversos modos de agir que o classificam e com a evolução da sociedade e o avanço das tão conhecidas e utilizadas redes sociais sua importância levou à tipificação inserida no Código Penal, através do artigo 147-A.

A terminologia em inglês. ainda muito utilizada, pode ser traduzida como perseguição reiterada como demonstra a norma incriminadora. O proceder do "*stalking*" era assunto amplamente difundido em países como Estados Unidos nos anos 90 e Portugal no ano de 2015.

Stalking não é um comportamento atual, mas os estudos são recentes por conta da recorrência da prática e das consequências que esta vem causando ao longo dos anos.

A prática acontece com pessoas comuns, mas com as celebridades e figuras públicas, o assunto é recorrente. Quem não se lembra da atriz Carolina Dieckmann que foi perseguida pelos jornalistas do programa Pânico para a entrega das sandálias da humildade e acuada, a atriz ajuizou ação e recebeu indenização.

A atriz Ana Hickmann também foi vítima de "*stalking*" que acabou em morte de Rodrigo Augusto de Pádua e deixou a cunhada da atriz ferida.

O comportamento do *stalking* é curioso e, por essa e outras razões, questiona-se o fato de como acontece, posto que num momento se revela como amor excessivo e de outro se revela doentio e assustador.

No Brasil, desde a promulgação da Constituição Federal de 1988, os direitos à personalidade que são irrenunciáveis, imprescritíveis e vitalícios, trazem em seu mais íntimo escopo a proteção da liberdade, da vida, da honra, da intimidade e da vida privada. Nesse cenário, não é preciso ser um "expert" para compreender que a perseguição excessiva retira a privacidade e a intimidade.

O presente trabalho abordará as potenciais vítimas do "*stalking*", com ênfase nas celebridades e as figuras públicas são os mais atingidos pelas condutas características de pessoas que praticam o ato de *stalkear*.

Surge, então, a necessidade de responder a alguns questionamentos: por que as celebridades e as figuras públicas são mais afetadas? Esse comportamento pode ser traduzido como doença? Quais as consequências para a vida das pessoas vítimas de *stalking*? A exposição em redes sociais e o avanço da era digital fomenta esse comportamento?

1. Celebridades e figuras públicas

Quando o assunto é "*stalking*" é impossível não pensar em celebridades e figuras públicas que são as vítimas mais comuns na perseguição implacável do agente que pratica essa conduta.

A conduta é trazida num comportamento e não composta de um ato apenas, mas de vários. *Stalking*, de acordo com a recente tipificação do Código Penal, é o ato de perseguir alguém de forma reiterada ameaçando a integridade física ou psicológica, restringindo a capacidade de locomoção ou de qualquer forma invadindo ou perturbando a liberdade ou privacidade da vítima.[1]

O agente tem comportamentos que se traduzem na proximidade desmedida, no uso de comunicação não desejada, ao arquitetar encontros hostis, fazendo com que a vítima se sinta acuada ou sufocada, se porta de modo a controlar a vida da vítima, causando desconforto na vítima.[2]

Esse misto de ações dão o contorno ao "*stalking*" que não se trata de algo novo. Esses comportamentos sempre existiram e ganharam mais importância com a recorrência que vem ocorrendo no mundo.

[1] Art. 147-A. BRASIL. Decreto-Lei nº 2.848, de 7 de dezembro de 1940. Código Penal. Diário Oficial da União: 31 dez. 1940

[2] HUTZ, Cláudio S.; BANDEIRA, Denise R.; TRENTINI, Clarissa M.; et ai. Avaliação psicológica no contexto forense. Grupo A, 2020. E-book. ISBN 9788582715956. Disponível em: https://integrada.minhabiblioteca.com.br/#/books/9788582715956/. Acesso em: 22 out. 2022.

Entretanto, dentre as diversas vítimas do "*stalking*", existem diversos casos de celebridades que foram alvos dessas condutas, o que leva a crer que existe uma certa preferência por pessoas célebres ou figuras públicas.

As celebridades, assim como as figuras públicas, têm sua vida exposta de acordo com as atividades que exercem. Mas, afinal, quem são as celebridades? Quem são as figuras públicas?

O conceito de celebridade não é fácil de encontrar. Estudos sobre marketing que trazem o conceito de celebridade com base na credibilidade que pessoas que eram conhecidas possuíam.

O primeiro registro do emprego do termo celebridade foi em 1849 registrado pelo "The English Oxford Dictionnary" apud Renato Ortiz.[3]

A celebridade, nos dizeres de Boorstin[4], consiste num pseudoevento do ser humano, uma imagem fabricada daquilo que as expectativas da sociedade desejam ver. Não se trata da realidade, mas daquilo que se acredita ou espera.

Nos dizeres de Vera Franca e Paula Simões[5]: "O processo de construção das celebridades não é um fenômeno recente. Desde a Antiguidade, membros das elites políticas e religiosas buscam conquistar e manter uma distinção em relação aos outros".

Com o crescimento da mídia, da fotografia, do cinema, as figuras das celebridades começaram a surgir e a publicidade ocupou um espaço considerável. A publicidade, aliada à propaganda, também estuda o impacto de propagandas feitas por pessoas famosas.

Logo, um produto vendia muito mais se fosse anunciado por uma pessoa famosa, uma vez que passava credibilidade, isto é, o consumidor sempre deu crédito para os produtos ou serviços que pessoas famosas e conhecidas faziam referência até porque o nome era e é algo muito

[3] ORTIZ, R. As celebridades como emblema sociológico. Sociologia e Antropologia, Rio de Janeiro, v. 6, n. 3, p. 669-697, 2016.

[4] BOORSTIN, Daniel. The image: a guide to pseudo-events in America. Nova York: Vintage Books,1992.

[5] FRANÇA, Vera. SIMÕES, Paula. Celebridades como ponto de ancoragem na sociedade midiatizada. Revista FAMECOS, mídia, cultura e tecnologia. RevistaFAMECOSmídia, cultura e tecnologia. Porto Alegre, v. 21, n. 3, p. 1062-1081, setembro-dezembro 201. Disponível em: https://revistaseletronicas.pucrs.br/ojs/index.php/revistafamecos/article/view/16397/12576. Acesso em: 02 nov. 2022. p. 03.

valioso para ser atrelado a coisas que são ruins ou não condizem com o que afirmar ser.

O avanço nos estudos de marketing, publicidade, propaganda e direito do consumidor trouxeram à baila as celebridades. As celebridades sempre estiveram atreladas aos apelos publicitários e esse mundo está ligado à fama.[6]

A figura da celebridade, quando explorada mais a fundo, retrata uma espécie de patologia da humanidade que se traduz na necessidade de chamar atenção. Desde o nascimento, o ser humano é condicionado a ter atitudes que despertam a atenção uns dos outros.

Um bebê que se comunica através do choro e na tenra infância não sabe interpretar suas emoções se expressa quase que inteiramente de modo a chamar a atenção e ser atendido em suas necessidades:

> Sendo o que é, a natureza humana faz com que sempre tenham existido pessoas aflitas por um desejo patológico de atenção. Um exemplo chocante envolve o incendiário chamado Heróstrato, que colocou fogo no grande templo de Artemis em Éfeso, na Turquia, em 348 a.C. Sob tortura ele confessou que foi conduzido por um único motivo, o apetite insaciável pela celebridade[7]

Essa necessidade de atenção está intimamente ligada à fama. Ser famoso é diferente de ser celebridade. A fama pressupõe algo repentino, rápido e efêmero e célebre representa aquilo que é confiável do qual inclusive a imprensa dá importância.

> O que determina se a pessoa é famosa é a imprensa. Se está na imprensa, é porque tem potencial, é relevante. A imprensa não publica nada sem buscar provas ou que não tenha relevância. Até porque se publicar um fake news pode receber um processo e ainda perder a credibilidade e é disso que a imprensa vive. De audiência e credibilidade.[8]

[6] GAMSON, Joshua. Claims to fame: celebrity in Contemporary America. Berkeley, Los Angeles: University of California Press, 1994.

[7] Garland, Robert. (2010). Celebrity ancient and modern. Sociology, 47/6, p. 484-488.

[8] .Qualquer um pode ser famoso. Nem todos conseguem ser uma celebridade. Marina Gonçalves. Disponível em: <https://www.noticiasaominuto.com/fama/1420678/

Pode-se dizer que faz sentido o reconhecimento da imprensa que possui o genuíno dever de informar e passar credibilidade às notícias sem ser parcial, ou seja, sem ser tendenciosa.

Braudy[9] aponta que Alexandre o Grande foi a primeira pessoa a ser famosa diante da sua ânsia de ultrapassar limites para galgar seus feitos e ganhar notoriedade com isso.

De acordo com o Rojek[10], o surgimento das celebridades passou por processos históricos como o enaltecimento da mercadoria, a colocação do acesso do poder na mão do povo e a queda da religião predominante:

> o declínio da sociedade cortesã dos séculos XVII e XVIII implicou a transferência de capital cultural para homens e mulheres que venciam pelo próprio esforço. Com o desenvolvimento da sociedade moderna, as celebridades preencheram a ausência gerada pela decadência da crença popular no direito divino dos reis, e a morte de Deus. [11]

Na evolução da mídia e do seu importante papel sendo em alguns casos tratada como quarto poder, a busca por ser uma pessoa célebre e famosa se tornou algo quase que incontido. Isso quer dizer que as pessoas são capazes de quase tudo para chamarem atenção e ter o tão conhecido um minuto de fama: "Querendo ou não, a cultura da celebridade está conosco: envolve-nos e até nos invade. Dá forma ao nosso pensamento e conduta, estilo e modos. Afeta e é afetada não apenas por fãs engajados, mas pela população toda".[12]

Meados dos anos 2000, as redes sociais começaram a tomar conta da sociedade e da população mundial, conectando milhares de pessoas, facilitando a socialização e integração no círculo de amizades digitais e permitindo aproximar o ser humano e suas relações.

qualquer-um-pode-ser-famoso-nem-todos-conseguem-ser-uma-celebridade>. Acesso em 23/10/2022.

[9] BRAUDY, L. The frenzy of renown: fame and its history. Oxford: Oxford University Press; 1986. p. 7.

[10] ROJEK, Chris. Celebridade. Rio de Janeiro: Rocco, 2008. p. 15

[11] ROJEK, Chris. Celebridade. Rio de Janeiro: Rocco, 2008. p. 15-16

[12] CASHMORE, Ellis..Cultura de celebridades. Nova Iorque: Routledge; 2014. p. 6.

Paulo Jorge Scartezzini Guimarães afirma que:

> Com muita frequência veem-se e ouvem-se nos meios de comunicação visual, escritos e falados, comerciais em que celebridades, pessoas conhecidas, respeitadas e queridas pelo povo ou por um grupo social, apresentam e recomendam a aquisição de um produto ou de um serviço e, às vezes, até garantem os resultados prometidos nos anúncios. [13]

Desde sempre artistas faziam propagandas e anúncios publicitários e é inegável afirmar que, com o advento do Código de Defesa do Consumidor, a publicidade e a propaganda tiveram que se amoldar aos parâmetros exigidos, ficando, de certa forma, limitadas.

Além disso, com as redes sociais, a informalidade cresceu e pessoas desconhecidas passaram a ser referências para as propagandas e afins. Por terem custo infinitamente menor ou até mesmo zero, a internet se tornou terra fértil para a divulgação de todos os tipos de produtos e infoprodutos. Assim, surgiram várias pessoas em busca da fama.

A profissão denominada 'influenciador digital' que cada vez mais atrai milhares de seguidores, abriu portas para uma carreira informal na qual o dia a dia é mostrado. A privacidade é quase zero.

Ao abrir uma rede social, é possível você ter acesso a quase absolutamente tudo que uma pessoa faz, as preferências, os projetos, os gostos, os familiares, os amigos e a vida íntima em sua totalidade.

Poder-se-ia dizer que há mitigação de vida privada, da intimidade dessas pessoas haja vista que permitem e vivem dessa exposição contínua e diária.

De acordo com os estudos acerca das celebridades, os influenciadores digitais nem sempre ocupam essa posição, porquanto não possuem credibilidade reconhecida pela mídia ou imprensa e são alvos de páginas de fofoca da mesma rede. Tudo isso é feito sem nenhum critério, num primeiro momento.[14]

[13] GUIMARÃES, Paulo Jorge Scartezzini. A publicidade ilícita e a responsabilidade civil das celebridades que dela participam. 2. ed., rev., atual. e ampl. São Paulo: Editora Revista dos Tribunais, 2007. p. 19.

[14] O truque para ser uma celebridade começa na vontade, no querer ser uma e em seguida, buscar os meios certos para que se comece a popularizar. Ter aceitação pública para que

Sobre os influenciadores digitais, Karhawi aponta que:

> [...] enquanto uma celebridade está distante, sob holofotes, traçando um caminho de sucesso que parece muito distante de quem os assiste no cinema ou na televisão, os influenciadores digitais estão no Facebook, no Instagram, no Snapchat, em espaços ocupados por 'pessoas comuns' com quem dialogam em igualdade.[15]

O trabalho dos influenciadores consiste no compartilhamento da rotina e da vida pessoal, de maneira informal e, a partir disso, fazem com que as pessoas se identifiquem com aquilo que é apresentado e passem a consumir aquele conteúdo. Marcos Inácio Severo de Almeida *et al* alega que "influenciadores digitais são formadores de opinião virtual que representam uma alternativa para empresas que confiam na comunidade reunida em torno desses perfis como público-alvo de divulgação."[16]

Como se observa as celebridades possuíam grande poder de influência sobre as pessoas com o surgimento do rádio e da televisão, na era da internet, os influenciadores digitais são responsáveis por exercer esse papel.

As figuras públicas diferem das celebridades e podem ser reconhecidas como pessoas que são facilmente reconhecidas em qualquer meio, mas sua posição está intimamente relacionada ao papel que exercem na sociedade.

possa ser um famoso e logo depois uma celebridade. Todos têm um dom ou um talento. O dom nascemos com ele e o talento aprimoramos. O meu papel, por exemplo, é descobrir esses dons ou talentos e utilizá-los a favor da pessoa para que possa ser famosa. Lembrando que fama é igual a admiração, então o trabalho tem de ser dentro de uma propriedade intelectual sempre com a preocupação com a aceitação da personagem. Qualquer um pode ser famoso. Nem todos conseguem ser uma celebridade. Marina Gonçalves. Disponível em: <https://www.noticiasaominuto.com/fama/1420678/qualquer-um-pode-ser-famoso-nem-todos--conseguem-ser-uma-celebridade>. Acesso em 23/10/2022.

15 KARHAWI, Issaaf. Influenciadores digitais: o Eu como mercadoria. In: SAAD, Elizabeth Corrêa; SILVEIRA, Stefanie Carlan. (Orgs.). Tendências em comunicação digital. São Paulo: ECA/USP, 2016. p. 46.

16 ALMEIDA, Marcos Inácio Severo de et al. Quem Lidera sua Opinião? Influência dos Formadores de Opinião Digitais no Engajamento. Revista de Administração Contemporânea. Rio de Janeiro, v. 22, n. 1, p. 115-137, 2018.

Segundo França:

> Figuras públicas como as pessoas que ocupam cargos ou posições que dizem respeito à vida coletiva de uma sociedade e, nesse sentido, devem se ater à ideia de bem comum e interesse público, necessitando dar transparência às suas ações e delas prestar contas à coletividade.[17]

Diferentemente das celebridades, portanto, a visibilidade da figura pública justificar-se-ia como responsabilidade social e não como desejo de atrair atenção e de inserir-se nas conversações do dia a dia. A partir disto, pode-se assumir que, inicialmente, a expressão aparenta retratar o papel de uma pessoa que desenvolve atividade com importância para a sociedade, como políticos, médicos, jornalistas, cientistas, filósofos.

São pessoas conhecidas, porém não necessariamente com a fama das celebridades, não reúnem acercamento de pessoas. São pessoas conhecidas não pela arte, inerente à fama ou às celebridades, são pessoas sérias que exercem cargos importantes com viés da supremacia do interesse público sobre o interesse privado.

As figuras públicas não buscam a fama ou ser célebres, não estão atreladas à propaganda, à publicidade ou ao marketing, não vão aparecer no intervalo do jornal fazendo merchandising.

Contudo, despertam curiosidade por onde passam devido à importância do papel que desempenham para a sociedade. Inequivocamente despertam a curiosidade de serem investigados e terem suas intimidades e sua vida privada expostas.

A internet contribuiu para aguçar a curiosidade sobre a vida das pessoas, de modo geral. A exposição gratuita da intimidade, dos gostos, dos feitos, da vida cotidiana desperta imenso interesse da sociedade.

Logo, o aumento pelo saber da intimidade não teve crescimento apenas pelas celebridades ou figuras públicas, mas pela população em geral, fazendo com que pessoas comuns também fossem alvo dessa exposição da vida íntima.

> Tudo aquilo que antes concernia à pudica intimidade pessoal tem se "evadido" do antigo espaço privado, transbordando seus limites, para invadir

[17] FRANÇA, Vera. Celebridades no século XXI: transformações no estatuto da fama. Porto Alegre: Sulina, 2012, p. 16 e 17.

> aquela esfera que antes se considerava pública. O que se busca nessa exposição voluntária que anseia alcançar as telas globais é se mostrar, justamente: constituir-se como um personagem visível. Por sua vez, essa nova legião de exibicionistas satisfaz outra vontade geral do público contemporâneo: o desejo de espionar e consumir vidas alheias.[18]

Antes da internet, as notícias eram transmitidas apenas pela televisão no jornal, pelo rádio e por revistas e jornais impressos. Sites de fofoca não eram tão difundidos e não se tinha conhecimento de tudo que se tem hoje.

É inegável que o consumo pela internet aumenta cada vez mais, assim como a necessidade de expiar e acompanhar a vida das pessoas e daquilo que é de interesse.

Percebe-se aí que essa necessidade de acompanhar a vida das pessoas, sejam celebridades ou figuras públicas, se aproxima da conduta do *stalking* que vem se traduzindo num comportamento que precisa ser cada vez mais estudado e compreendido.

2. O limite entre a admiração e o *stalking*

Em se tratando da análise do *Stalking* às celebridades e às figuras públicas, é importante entender o limite entre a admiração e os comportamentos que permeiam o *Stalking*.

Celebridades e figuras públicas, especialmente com a exposição na internet e na mídia, são vigiados pela admiração, pela curiosidade, pela necessidade de notícia e até mesmo pelo ódio.

A admiração costuma ser predominante e não precisa ser nenhum *expert* no assunto para saber que as pessoas famosas ou as figuras públicas têm manifestações de carinho e os fãs os acompanham por toda parte para pedir autógrafos, tirar fotos, dentre outras manifestações.

O problema é quando essa admiração ultrapassa os limites da normalidade e acabam se tornando atitudes extremas que merecem atenção como as demonstrações de afeto exageradas, a limitação de locomoção quando a pessoa aparece na casa ou no local de trabalho da vítima sem ser convidada, dentre outras que podem ser interpretadas com tom ameaçador.

[18] SIBILIA, Paula. Celebridade para todos: um antídoto contra a solidão?. Ciência e Cultura, v. 62, 2010. p. 55.

O *Stalking* é um fenômeno envolvido por um complexo de ações cujas consequências podem ser diversas demonstrando a necessidade de constantes estudos em razão dos comportamentos que o configuram. Não se trata apenas de perseguição reiterada como é superficialmente conhecido.

Em outros países, como Estados Unidos, o assunto possui estudos avançados e tem reconhecimento como conduta criminosa. No Brasil, há tempos já era possível identificar os comportamentos de *Stalking*, mas faltava a tipificação da conduta criminosa que foi consolidada no artigo 147-A do Código Penal, pela Lei 14.132/2021, com a seguinte redação:

> Perseguir alguém, reiteradamente e por qualquer meio, ameaçando-lhe a integridade física ou psicológica, restringindo-lhe a capacidade de locomoção ou, de qualquer forma, invadindo ou perturbando sua esfera de liberdade ou privacidade.[19]

A conduta é a do *Stalking* e o crime recebeu o nome de perseguição.[20] O tipo penal traz ainda a necessidade de que a conduta seja reiterada, ou seja, a perseguição uma única vez não configura o tipo penal descrito por ausência expressa de previsão legal. A reiteração pressupõe a habitualidade do crime.

Em reportagem, escrita por Joyce Moysés e divulgada na AT Revista, tem-se que:

> O verbo stalkear, inicialmente usado para as pessoas que seguiam as bandas de que gostavam pelos lugares de shows etc., ficou ligado a algo pejorativo. Mas hoje, com as redes sociais, todos somos *stalkers*, na visão de Rafael Konda, relações públicas com pós em marketing digital: "Seguimos pessoas, curtimos fotos e comentamos em publicações de terceiros o tempo todo, porque é fácil e instantâneo[21].

[19] BRASIL. **Decreto-Lei nº 2.848**, de 7 de dezembro de 1940. Código Penal. Diário Oficial da União: 31 dez. 1940.

[20] GONÇALVES, Victor Eduardo R.; LENZA, Pedro. Esquematizado – Direito Penal – Parte Especial. São Paulo: Editora Saraiva, 2022. E-book. ISBN 9786555597738. Disponível em: https://integrada.minhabiblioteca.com.br/#/books/9786555597738/. Acesso em: 02 nov. 2022. p. 313.

[21] Qual o limite aceitável e como se proteger de alguém interessado demais na sua vida. Dsponível em: https://posocco.jusbrasil.com.br/noticias/339125547/qual-o-limite-

Dada à pertinência, o crime se caracteriza com o cerceamento da liberdade, da possibilidade de dano à integridade física ou psicológica da vítima e a perturbação da intimidade e da vida privada do ofendido.[22]

Quanto ao comportamento, nas palavras de Auriney Brito:

> O *stalking* é denominação americana atribuída às práticas reiteradas de invasão da esfera de privacidade de uma pessoa por outra que, por qualquer motivo, deseja chamar sua atenção, acabando por causar sérios danos à saúde mental da vítima. Geralmente envolve assédio ou comportamento ameaçador de um indivíduo à vítima, como na insistência de uma pessoa que aparece na casa desta ou no seu local de trabalho, fazendo telefonemas de assédio, deixando mensagens escritas ou objetos, ou vandalizando sua propriedade.[23]

Essas práticas podem ocorrer também na internet e costumam receber o nome de *cyberstalking.*[24]

Em seguimento, Elias Abdala elenca que não existe classificação uniforme para o fenômeno *Stalking*:

> *Stalking* é um termo em inglês sem uma tradução ideal para o português, definido como a imposição por parte do perpetrador de comportamentos de aproximação e comunicação não desejados que induzem medo na vítima. Engloba tentativas intrusivas, obsessivas e indesejadas de fazer contato com a vítima e controlar sua vida, de modo que tal comportamento pode até

aceitavel-e-como-se-proteger-de-alguem-interessado-demais-na-sua-vida. Acesso em 02 nov. 2022.

[22] GONÇALVES, Victor Eduardo R.; LENZA, Pedro. Esquematizado – Direito Penal – Parte Especial. São Paulo: Editora Saraiva, 2022. E-book. ISBN 9786555597738. Disponível em: https://integrada.minhabiblioteca.com.br/#/books/9786555597738/. Acesso em: 02 nov. 2022. p. 313.

[23] BRITO, Auriney. Direito penal informático. São Paulo: Editora Saraiva, 2013. E-book. ISBN 9788502209428. Disponível em: https://integrada.minhabiblioteca.com.br/#/books/9788502209428/. Acesso em: 02 nov. 2022. p. 50.

[24] BRITO, Auriney. Direito penal informático. São Paulo: Editora Saraiva, 2013. E-book. ISBN 9788502209428. Disponível em: https://integrada.minhabiblioteca.com.br/#/books/9788502209428/. Acesso em: 02 nov. 2022. p. 50.

mesmo ser bizarro e prolongado. Não existe uma classificação uniforme para o fenômeno.[25]

Com a compreensão de que o *stalking* é um conjunto de ações e não apenas uma ação isolada, existe certa dificuldade em medir comportamentos de afeto e carinho que são inerentes à admiração com comportamento que possam representar violência futura.

Vale a pena lembrar que, no filme "o guarda-costas", a personagem principal Rachel, interpretada por Whitney Houston, recebe ameaças que são rapidamente ligadas a um fã e, qualquer demonstração de carinho, passa ser observada como um anúncio de violência futura.

De modo geral, as pessoas famosas, celebridades e figuras públicas recebem diariamente diversas manifestações de afeto e algumas podem parecer estranhas. Contudo, dificilmente, serão interpretadas pelas pessoas nesta condição –*célebres e públicas*-, como um aviso de violência futura.

Numa pesquisa sobre as coisas mais estranhas que fãs fizeram para seus ídolos, consta que o ator Jared Leto, após interpretar o coringa no filme Esquadrão Suicida, recebeu uma orelha cortada de um fã, acompanhada da mensagem: "você está ouvindo?". Ainda OK Taec-yeon, um cantor sul coreano, recebeu um e-mail com foto de uma carta escrita com sangue menstrual. Alice Cooper recebeu um coração de gato todo ensanguentado numa caixa.[26]

Essas demonstrações de fãs podem ser consideradas bizarras e talvez pudessem ser interpretadas com uma simples manifestação de esquisitice. O *stalking*, como visto, não se trata de comportamento de um ato só, mas, sim de vários atos que permitem que a vítima acenda um sinal de alerta.

No mundo de artistas, famosos, celebridades e de figuras públicas muitas coisas estranhas acontecem, como acaloradas manifestações de admiração que, às vezes, podem esconder algo mais grave.

[25] ABDALA-FILHO, Elias. Psiquiatria Forense de Taborda. Grupo A, 2016. E-book. ISBN 9788582712825. Disponível em: https://integrada.minhabiblioteca.com.br/#/books/9788582712825/. Acesso em: 02 nov. 2022. p. 509.

[26] 7 coisas mais loucas que fãs enviaram para seus ídolos. Disponível em: <https://www.fatosdesconhecidos.com.br/7-coisas-mais-loucas-que-fas-enviaram-para-seus-idolos/>. Acesso em 01 nov. 2022.

O limite entre a admiração e o *Stalking* esconde situações que, muitas vezes, não são identificadas pela vítima, posto que coisas estranhas podem acontecer por parte dos fãs. Isso faz com que permaneça uma linha tênue entre um ato considerado "estranho" e um ato que enseja o comportamento do *Stalking*.

A admiração abrange tanto comportamentos naturais, quanto aqueles de pessoas que são mais criativas e que não tem certos limites na atuação para demonstrar seu carinho e admiração por seu ídolo.

Um artista que vai pra um show está sujeito a receber carinho e outras demonstrações mais acaloradas, como fãs invadindo o palco. Contudo, a celebridade está no ambiente de trabalho.

O *Stalking*, diferentemente da admiração e das demonstrações de afeto mais intensas, reside no fato quando a celebridade ou a figura pública se vê impedida de fazer coisas por receio, medo ou incômodo em razão de atitudes do perseguidor.

E são justamente essas condutas que foram tipificadas no artigo 147-A do Código Penal, a perseguição reiterada não importa a forma, a limitação dc locomoção e a perturbação da liberdade e da intimidade da pessoa.

A partir do momento que essas condutas acarretam para a vítima, direta ou indiretamente, restrições nos direitos de ir e vir, receio do exercício dos atos da vida cotidiana, preocupações com o lugar que está ou com o lugar para onde vai, com a segurança, a linha da admiração é ultrapassada e surge o *stalking*.

3. Casos conhecidos de *stalking* de celebridades e figuras públicas

Casos envolvendo celebridades ou figuras públicas despertam a curiosidade e o *stalking* a essas pessoas sempre aconteceu e está cada vez mais recorrente.

Talvez o caso mais famoso e que faz muitas pessoas se perguntarem se foi *stalking* foi o caso do ex-beatle, John Lenon, morto a tiros no final do ano de 1980 pelas mãos de seu fã, considerado obsessivo, Mark Chapman que ainda continua preso:

> O assassino, Mark Chapman, continua preso após 41 anos do crime. Em agosto do ano passado, a justiça norte-americana realizou uma audiência para analisar um pedido de liberdade condicional para o réu, negando tal pedido pela 11ª vez. Na ocasião, Mark Chapman declarou sua motivação para o delito:

"Eu o matei (...) porque ele era muito, muito, muito famoso e eu estava muito, muito, muito em busca de glória pessoal, algo muito egoísta". [27]

Uma das consequências do *Stalking* mais temidas é a agressão física e a morte. O assassino de John Lennon até hoje permanece preso por não possuir condições de sair da prisão e conviver em sociedade.

Vários outros famosos também foram vítimas de *stalking* como Sandra Bullock quando teve sua casa invadida por um homem que a obrigou a se esconder no armário e, quando os policiais chegaram, encontraram uma carta escrita à mão por um fã com os dizeres de que ela escolhia outras pessoas em vez dele e que ele estaria por perto.[28]

Continuando, Britney Spears também recebeu bilhetes e fotos com dizeres que estava sendo perseguida.

Justin Bieber também foi alvo de *stalking*:

> Em 2012, aos 18 anos, o cantor canadense Justin Bieber sofreu ameaças de uma mulher chamada Dana Martin. Mesmo estando detida em uma prisão no Novo México, condenada pelo homicídio de uma jovem de 15 anos, conseguiu planejar junto com dois colegas de prisão a castração e a morte de Bieber. Estes foram detidos antes de concretizarem o feito.[29]

No ano de 2020, a cantora Ariana Grande também foi vítima de *stalking* quando um rapaz invadiu sua casa com uma carta na qual se declarava. O rapaz foi preso e a cantora requereu ordem de restrição[30].

[27] *Stalking*: estamos sendo monitorados? Por Ludmilla Barros. Disponível em: <https://emtodolugar.facha.edu.br/2021/04/08/*stalking*-estamos-sendo-monitorados/>. Acesso em 01 nov. 2022.

[28] 'Você' da vida real: relembre artistas que foram perseguidos por *stalkers*. Por Bruna Lira. Disponível em: <https://www.opovo.com.br/vidaearte/2021/10/15/voce-da-vida-real-relembre-artistas-que-foram-perseguidos-por-*stalkers*.html>. Acesso em 01 nov. 2022.

[29] 'Você' da vida real: relembre artistas que foram perseguidos por *stalkers*. Por Bruna Lira. Disponível em: <https://www.opovo.com.br/vidaearte/2021/10/15/voce-da-vida-real-relembre-artistas-que-foram-perseguidos-por-*stalkers*.html>. Acesso em 01 nov. 2022.

[30] 'Você' da vida real: relembre artistas que foram perseguidos por *stalkers*. Por Bruna Lira. Disponível em: <https://www.opovo.com.br/vidaearte/2021/10/15/voce-da-vida-real-relembre-artistas-que-foram-perseguidos-por-*stalkers*.html>. Acesso em 01 nov. 2022.

Do mesmo modo, Beyoncé recebeu diversas cartas com ameaças e algumas continham plano de sequestro e alegava que a cantora era uma impostora e estava fingindo ser a verdadeira Beyoncé.[31]

Jodie Foster, atriz famosa de "O Silêncio dos Inocentes", nos anos 80, foi vítima de *stalking*. O perseguidor atirou no presidente dos EUA, no secretário de imprensa, num policial e num agente do serviço secreto. Ao ser preso, disse que o ataque foi para impressionar Foster, já que ele estava completamente obcecado por ela depois de ver o filme Taxi Driver mais de 15 vezes. [32]

Outro caso famoso é o da cantora Selena Quintanilla que teve a vida interrompida pela administradora do fã clube da artista. Yolanda Saldivar atirou em Selena enquanto as duas conversavam num quarto de hotel.[33]

Um fã obcecado pela atriz Sandra Bullock invadiu a casa dela e, de acordo com a polícia, o homem alegava ser o marido e pai do filho da artista. Posteriormente, o *Stalking* cometeu suicídio.[34]

Os atores Catherine Zeta-Jones e Michael Douglas foram perseguidos por uma fã com uma obsessão doentia ao crer que a atriz teria se casado por interesse. Por esta razão, além da reiterada perseguição, a mulher enviava cartas com ameaças direcionadas à atriz dizendo que iria cortá-la em pedaços para alimentar os cães.[35]

No Brasil, a apresentadora Ana Hickmann foi vítima de *stalking* e a perseguição acabou em tragédia. As ações começaram na internet e depois

[31] 'Você' da vida real: relembre artistas que foram perseguidos por *stalkers*. Por Bruna Lira. Disponível em: <https://www.opovo.com.br/vidaearte/2021/10/15/voce-da-vida-real-relembre-artistas-que-foram-perseguidos-por-*stalkers*.html>. Acesso em 01 nov. 2022.

[32] 'You' da vida real; 6 famosos que foram vítimas de *stalkers*. Por Thamires Viana. Disponível em: https://cineclick.uol.com.br/listas/famosos-que-foram-vitimas-de-*stalkers*. Acesso em 03 nov. 2022.

[33] You' da vida real; 6 famosos que foram vítimas de *stalkers*. Por Thamires Viana. Disponível em: https://cineclick.uol.com.br/listas/famosos-que-foram-vitimas-de-*stalkers*. Acesso em 03 nov. 2022.

[34] You' da vida real; 6 famosos que foram vítimas de *stalkers*. Por Thamires Viana. Disponível em: https://cineclick.uol.com.br/listas/famosos-que-foram-vitimas-de-*stalkers*. Acesso em 03 nov. 2022.

[35] You' da vida real; 6 famosos que foram vítimas de *stalkers*. Por Thamires Viana. Disponível em: https://cineclick.uol.com.br/listas/famosos-que-foram-vitimas-de-*stalkers*. Acesso em 03 nov. 2022.

Rodrigo de Pádua invadiu o hotel onde a artista estava hospedada e o cunhado da atriz atirou no rapaz que veio a falecer.

As atrizes Sophia Abrahão, Paolla Oliveira e Cleo Pires e a ex-panicat Dani Bolina já sofreram com fãs obcecados.[36]

A ex-deputada, Joana Amaral Dias, também foi vítima de *stalking* e o perseguidor descobriu o programa que ela fazia e estava na porta nos dias de gravação. *"Joana Amaral Dias contou que, numa situação, o homem que a perseguia conseguiu entrar dentro do estúdio. "Foi um filme de terror... Eu a fugir para o elevador, o segurança foi atrás dele..."* [37]

Em todos os casos apresentados de celebridades. famosos e figuras públicas, o perseguidor tem a necessidade de controlar a vida íntima das pessoas e pratica esse controle mediante a perseguição obsessiva.

Quando ao comportamento mencionado, Elias Abdala Filho[38], esclarece:

> Antigamente, o comportamento de *stalking* era mais relacionado a transtornos psiquiátricos, como erotomania e transtornos delirantes, e mais direcionado a vítimas mais distantes, mas hoje o foco tem sido mais comum em comportamentos de namoros disfuncionais e conflitos domésticos (ciúme patológico, raiva pelo abandono etc.). Nesses casos, os transtornos de personalidade cluster B do tipo borderline, narcisita e histriônico são os mais prevalentes, e abuso de substâncias é comum. Outras motivações ainda podem, eventualmente, aparecer, apesar de não serem as mais comuns. Exemplos são indivíduos com transtornos paranoides ou esquizoides, hipersensíveis ou que interpretam de maneira errada a comunicação de pessoas com as quais se relacionam; erotomaníacos que não têm um vínculo real com alguém podem ter relacionamentos fantasiosos como substitutos para o real que não conseguem atingir; psicóticos podem ter delírios de que a

[36] Perseguir artistas dá cadeia e inspira série; veja vítimas famosas. Por Daniel Castro. Disponível em: <https://noticiasdatv.uol.com.br/noticia/celebridades/perseguir-artistas-da--cadeia-e-inspira-serie-veja-vitimas-famosas-5457. Acesso em 02 nov. 2022.

[37] CLARA DE SOUSA PERSEGUIDA! CONHEÇA OUTROS CASOS DE FAMOSOS VÍTIMAS DE *STALKING*. Por Mariana de Almeida. Disponível em:<https://www.vip.pt/clara-de-sousa-perseguida-conheca-outros-casos-de-famosos-vitimas-de-*stalking*>. Acesso em 03 nov. 2022.

[38] ABDALA-FILHO, Elias. Psiquiatria Forense de Taborda. Grupo A, 2016. E-book. ISBN 9788582712825. Disponível em: https://integrada.minhabiblioteca.com.br/#/books/9788582712825/. Acesso em: 02 nov. 2022. p. 509-510

pessoa os quer, ou ter comportamentos de *stalking* em resposta a alucinações; retardados mentais e demenciados podem não ter controle dos seus impulsos e seguir pessoas pelas quais se atraiam sexualmente; predadores sexuais e parafílicos, como pedófilos, estupradores, voyeristas e fetichistas, também podem se engajar nesse tipo de comportamento. Transtorno da personalidade antissocial é incomum, e a presença de psicopatia deve fazer atentar para risco de violência. Transtornos delirantes, esquizofrenia, psicoses orgânicas ou afetivas são mais comuns entre assediadores de estranhos e de pessoas famosas que não tenham nenhuma relação com eles. O psiquiatra forense pode se envolver em avaliações em casos de *stalking* de diversas maneiras, como: perícia de responsabilidade penal do agressor, avaliação da vítima que mata para se defender (síndrome da mulher espancada), demandas judiciais de vítimas com transtorno de estresse pós-traumático ou outros transtornos psiquiátricos em decorrência de ter sofrido perseguições, avaliação de quebra de sigilo profissional quando o psiquiatra toma conhecimento sobre risco para uma vítima específica (vide caso Tarasoff), avaliação de profissionais vítimas de *stalking*.

Os *stalkers* são identificados, em sua maioria, como pessoas com algum transtorno e isso se confirma na perseguição reiterada. Uma pessoa normal não se sente confortável perseguindo reiteradamente outra.

Como esclarece Veiga[39]:

> *Stalking*, portanto, é uma forma de violência na qual o sujeito ativo invade a esfera de privacidade da vítima, repetindo incessantemente a mesma ação por maneiras e atos variados, empregando táticas e meios diversos como, ligações nos telefones celular, residencial ou comercial, mensagens amorosas, telegramas, ramalhetes de flores, presentes não solicitados, assinaturas de revistas indesejáveis, recados em faixas afixadas nas proximidades da residência da vítima, permanência na saída da escola ou do trabalho, espera de sua passagem por determinado lugar, frequência no mesmo local de lazer, em supermercados, entre outras

As figuras públicas aparecem em menor escala como vítimas de *stalking*. Aqui não foram citados todos os casos de famosos ou figuras públicas que

[39] VEIGA, Ademir Jesus da. O crime de perseguição insidiosa (*stalking*) e a ausência da legislação brasileira. Disponível em: <http://veiga.blogs.unipar.br/?p=3>. Acesso em: 02 nov. 2022.

são vítimas de *stalking*, mas o fato é que as celebridades e as figuras públicas estão na lista de preferência dos *stalkers*.

4. A exposição das celebridades e das figuras públicas e o direito à intimidade e à vida privada

Os direitos inerentes à personalidade são irrenunciáveis, intransferíveis, vitalícios e imprescritíveis. Com previsão constitucional, dentre os direitos da personalidade, estão o direito à vida, à honra, à intimidade e à vida privada.

As celebridades, as figuras públicas e até mesmo os famosos têm sua vida exposta e são acompanhadas pela imprensa, por jornalistas, curiosos e fãs.

A situação é curiosa, pois de um lado há a exposição muitas vezes deliberada e exagerada pelas celebridades, famosos e figuras públicas e de outra existem os direitos inerentes à personalidade do indivíduo do direito à intimidade e à vida privada, além da dignidade da pessoa humana.

Uma coisa é certa: não é porque pessoas célebres e figuras públicas são conhecidas que tem o direito à vida, à privacidade ou à intimidade mitigados. Esse fato se confirma pela previsão da lei do Marco Civil da Internet, no artigo 7º[40]:

> O acesso à internet é essencial ao exercício da cidadania, e ao usuário são as-segurados os seguintes direitos: I – inviolabilidade da intimidade e da vida privada, sua proteção e indenização pelo dano material ou moral decorrente de sua violação; [...] III – inviolabilidade e sigilo de suas comunicações privadas armazenadas, salvo por ordem judicial;

De outro lado, certo é que a intimidade e a vida privada de tempos atrás não é a mesma de hoje, com o crescimento da utilização das redes sociais. Como todo direito, há a necessidade de acompanhar a evolução da sociedade como um todo.

As celebridades, antigamente, tinham a vida expostas através de jornais, televisão e os paparazzi corriam em busca de um flagra, hoje as

[40] PECK, Patrícia. Proteção de dados pessoais. São Paulo: Editora Saraiva, 2020. E-book. ISBN 9788553613625. Disponível em: https://integrada.minhabiblioteca.com.br/#/books/9788553613625/. Acesso em: 05 nov. 2022. p. 71.

pessoas famosas colocam muitas coisas relaciondadas à sua vida privada na rede social. A qualquer momento que se navega pelas redes sociais é possível verificar intimidades, localidades, a própria casa, momentos com a família, dentre outras questões que antes eram mais preservadas.

Não se pode olvidar que os direitos da personalidade vêm sendo experimentados de todas as formas, recebendo novos contornos, possibilitando a aceitação de maior exposição e conservando apenas alguns pontos importantes da intimidade. A era da internet é um fator que traçou novos contornos ao conceito de intimidade e de vida privada.

Os comportamentos de transgressão precisam ser contidos de alguma forma e a proteção à intimidade e à vida privada possuem a função de proteção do indivíduo que vive em sociedade.[41]

Em resumo, a intimidade e a vida privada garantem o desenvolvimento de diversos comportamentos intrínsecos do ser humano e que, no íntimo, não são compartilhados. Pode-se afirmar que existe uma falsa percepção de que tudo é exposto na vida daqueles que frequentam as redes sociais, quando, na verdade, as pessoas precisam ter a segurança para mostrarem apenas aquilo que realmente deseja.

A vida privada é o direito do indivíduo de conservar questões pessoais em segredo e isso faz parte do princípio da dignidade da pessoa humana. Trata-se do livre arbítrio, da livre escolha.

Essa liberdade se traduz nas escolhas que as pessoas fazem de mostrar algumas intimidades. Com relação ao que ela mesma compartilhou ou permitiu que fosse de conhecimento geral não fere o direito à intimidade e à vida privada e o que ela não expõe, mesmo em se tratando de pessoas públicas, célebres e famosas esses direitos não sofrem nenhum tipo de limitação, devendo ser respeitados em sua totalidade.

É inevitável pensar que as celebridades e as figuras públicas não têm direito à vida privada e à intimidade, sendo comum o pensamento de que se são conhecidas não há mesmo liberdade, isto é, todos os passos devem ser de conhecimento do público em geral.

Essa confusão existe para todas as pessoas: as comuns, os fãs, os jornalistas, a imprensa e a coletividade e não seria diferente para o *stalking* que tem inclinação para a perseguição reiterada.

41 FORTES, Vinicius B..Os direitos de privacidade de dados pessoais na internet. Rio de Janeiro: Lumen Juris, 2016. p. 104.

Os atos da perseguição se apresentam de modo a restringir a liberdade de locomoção da vítima, de invadir e vasculhar sua intimidade e controlar de diversas formas a vida privada das vítimas, fazendo com o medo e o receio tomem conta, causando desconforto que podem virar transtornos psicológicos como bloqueio para as atividades mais corriqueiras e pânico.

A violação dos direitos fundamentais da intimidade e da vida privada são infringidos em razão do controle não autorizado que o *Stalker* exercer na vida das pessoas vítimas da perseguição. A perturbação da tranquilidade, a limitação da liberdade, o medo da vigília constante, o receio de consequências mais graves são condutas contundentes para a violação dos direitos e garantias individuais tratadas neste tópico.

Tanto é verdade que o tipo penal que criminaliza a conduta do *stalker* prevê a restrição da liberdade, a ameaça da integralidade física e psicológica, além da invasão e perturbação da liberdade e da privacidade da vítima.

Considerando os fenômenos que caracterizam o *stalking*, as celebridades e as figuras públicas atraem facilmente os perseguidores que têm seu direito fundamental à vida e à intimidade violados.

Conclusões

O fenômeno *stalking* é um comportamento antigo que pode ser identificado facilmente antes mesmo dos anos 80. A perseguição reiterada vem disfarçada de idolatria, de amor, de ciúme, de ódio, raiva, rejeição, inveja, humilhações, enfim, de vários sentimentos intensos, controladores e obsessivos que, quase sempre, acabam em resultado trágico ou com consequências psicológicas para as vítimas.

A obsessão restringe a liberdade das vítimas que têm medo de sair de casa, traz embutida a insegurança de se praticar atos da vida comum, como ir para o trabalho, ir para a faculdade, limitando a intimidade e a vida privada.

As celebridades e as figuras públicas estão expostas pelas posições que ocupam no meio artístico, na mídia ou na função social que desempenham e costumam ser alvos com preferência de *stalker*. Os casos são diversos e alguns tiveram consequências graves, como a morte.

Das pesquisas feitas, a conclusão é a de que todas as pessoas estão sujeitas a serem vítimas de *stalking* e o número de pessoas vítimas dos perseguidores obsessivos aumenta dia a dia.

As celebridades e as figuras públicas têm os atos da sua vida mais expostos que as demais pessoas da população, mas isso não quer dizer que estejam permitindo que alguém controle suas vidas sem permição ou invadam sua intimidade e sua vida privada.

A vida privada vai muito além das postagens em redes sociais ou atitudes flagradas ou notícias ou mesmo informadas pelas próprias celebridades e figuras públicas e os elementos que compõem a intimidade não são expostos nem mesmo pelas pessoas que tem a rotina de exposição.

Essa confusão existe para todas as pessoas: as comuns, os fãs, os jornalistas, a imprensa e a coletividade e não seria diferente para o *stalking* que tem inclinação para a perseguição reiterada.

Fatores como a exposição na internet, na televisão e no rádio não descaracterizam ou mitigam os direitos da personalidade da intimidade e da vida privada e, de forma alguma, qualquer tipo de exposição ou compartilhamento da vida privada deve ser interpretado como autorização para perseguição inoportuna e contra a vontade da vítima que culmina na restrição da liberdade no sentido amplo.

Os comportamentos do *stalking* não devem ser tratados como simples importunação, pois, de fato, não o são. Trata-se de violência social e psicológica que impedem que a pessoa perseguida exerça simples atos da vida esbarrando na violação aos direitos fundamentais do indivíduo, notadamente, da dignidade da pessoa humana o que merece ser repreendida de modo adequado.

Referências

ABDALA-FILHO, Elias. Psiquiatria Forense de Taborda. Grupo A, 2016. E-book. ISBN 9788582712825. Disponível em: https://integrada.minhabiblioteca.com.br/#/books/9788582712825/. Acesso em: 02 nov. 2022.

ALMEIDA, Mariana. CLARA DE SOUSA PERSEGUIDA! CONHEÇA OUTROS CASOS DE FAMOSOS VÍTIMAS DE *STALKING*. Disponível em:<https://www.vip.pt/clara-de-sousa-perseguida-conheca-outros-casos-de-famosos-vitimas-de-*stalking*>. Acesso em 03 nov. 2022.

ALMEIDA, Marcos Inácio Severo de et al. Quem Lidera sua Opinião? Influência dos Formadores de Opinião Digitais no Engajamento. Revista de Administração Contemporânea. Rio de Janeiro, v. 22, n. 1, p. 115-137, 2018.

BRASIL. **Constituição da República Federativa do Brasil de 1988**. Diário Oficial da União: 05 out. 1988.

BARROS, Ludmilla. *Stalking*: estamos sendo monitorados? Disponível em: <https://emtodolugar.facha.edu.br/2021/04/08/*stalking*-estamos-sendo-monitorados/>. Acesso em 01 nov. 2022.

BRAUDY, L. The frenzy of renown: fame and its history. Oxford: Oxford University Press; 1986.

BRITO, Auriney. Direito penal informático. São Paulo: Editora Saraiva, 2013. E-book. ISBN 9788502209428. Disponível em: https://integrada.minhabiblioteca.com.br/#/books/9788502209428/. Acesso em: 02 nov. 2022.

BOORSTIN, Daniel. The image: a guide to pseudo-events in America. Nova York: Vintage Books,1992.

CASTRO, Daniel. Perseguir artistas dá cadeia e inspira série; veja vítimas famosas. Disponível em: <https://noticiasdatv.uol.com.br/noticia/celebridades/perseguir--artistas-da-cadeia-e-inspira-serie-veja-vitimas-famosas-5457. Acesso em 02 nov. 2022.

DECLARAÇÃO UNIVERSAL DOS DIREITOS HUMANOS, ONU, 1948. Disponível em: <http://www.mp.go.gov.br/portalweb/hp/7/docs/declaracao_universal_dos_direitos_do_homem.pdf>. Acesso em: 01 nov.2022.

Fã é morto após ameaçar Ana Hickmann em hotel de Belo Horizonte. G1. Disponível em:https://g1.globo.com/minas-gerais/noticia/2016/05/homem-e-morto-dentro-de-hotel-na-zona-sul-de-belo-horizonte-diz-pm.html. Acesso em 02 nov. 2022.

FRANÇA, Vera. SIMÕES, Paula. Celebridades como ponto de ancoragem na sociedade midiatizada. Revista FAMECOS, mídia, cultura e tecnologia. RevistaFAMECOSmídia, cultura e tecnologia. Porto Alegre, v. 21, n. 3, p. 1062-1081, setembro-dezembro 201. Disponível em: https://revistaseletronicas.pucrs.br/ojs/index.php/revistafamecos/article/view/16397/12576. Acesso em: 02 nov. 2022.

GONÇALVES, Victor Eduardo R.; LENZA, Pedro. Esquematizado – Direito Penal – Parte Especial. São Paulo: Editora Saraiva, 2022. E-book. ISBN 9786555597738. Disponível em: https://integrada.minhabiblioteca.com.br/#/books/9786555597738/. Acesso em: 02 nov. 2022. páginas 313/314.

GRANGEIA, H. & Matos, M. (2012). Riscos associados ao *stalking*: Violência, persistência e reincidência. Psiquiatria, Psicologia e Justiça, 5, 29-48,

GUIMARÃES, Paulo Jorge Scartezzini. A publicidade ilícita e a responsabilidade civil das celebridades que dela participam. 2. ed., rev., atual. e ampl. São Paulo: Editora Revista dos Tribunais, 2007. p. 19.

HUTZ, Cláudio S.; BANDEIRA, Denise R.; TRENTINI, Clarissa M.; et ai. Avaliação psicológica no contexto forense. Grupo A, 2020. E-book. ISBN 9788582715956. Disponível em: https://integrada.minhabiblioteca.com.br/#/books/9788582715956/. Acesso em: 22 out. 2022.

KARHAWI, Issaaf. Influenciadores digitais: o Eu como mercadoria. In: SAAD, Elizabeth Corrêa; SILVEIRA, Stefanie Carlan. (Orgs.). Tendências em comunicação digital. São Paulo: ECA/USP, 2016. p. 46.

MOUSÉS, Joyce.Qual o limite aceitável e como se proteger de alguém interessado demais na sua vida. Dsponível em: https://posocco.jusbrasil.com.br/noticias/339125547/qual-o-limite-aceitavel-e-como-se-proteger-de-alguem-interessado-demais-na-sua-vida. Acesso em 02 nov. 2022.

NUCCI, Guilherme de S. Manual de Direito Penal. Rio de Janeiro: Grupo GEN, 2022. E-book. ISBN 9786559642830. Disponível em: https://integrada.minhabiblioteca.com.br/#/books/9786559642830/. Acesso em: 03 nov. 2022.

ROJEK, Chris. Celebridade. Rio de Janeiro: Rocco, 2008. p. 15-16

SIBILIA, Paula. Celebridade para todos: um antídoto contra a solidão?. Ciência e Cultura, v. 62, n. 2, p. 38-44, 2010.

SIMAS, Danielle Costa de Souza; SOUZA JÚNIOR, Albefredo Melo de. Sociedade em rede: os influencers digitais e a publicidade oculta nas redes sociais. Revista de Direito, Governança e Novas Tecnologias. Salvador, V. 4, n. 1, p. 17-32, jan-jun. 2018.

SIQUEIRA, Maria Lohana Hexana de Moura Silva. ***Stalking***: um estudo conceitual sobre a perseguição obsessiva e seus reflexos jurídicos no direito brasileiro. 2021. 90 f. Dissertação (Mestrado) – Universidade Católica de Brasília, Programa de Pós-Graduação Stricto Sensu em Direito, 2020. Orientação: Prof. Dr. Maurício Dalri Timm do Valle.

3. *STALKING* NAS ARTES

MARIA LOHANA HEXANA DE MOURA SILVA SIQUEIRA

1. Cada suspiro que você der, cada movimento que fizer, te observarei

No ano de 1983, a banda inglesa The Police lançava o seu *single* de maior sucesso[1], a música *"Every breath you take"*. O clássico que retrata a conduta do *stalking*, ficou em 1º lugar nos *charts* durante 8 semanas[2] após a sua estreia.

O ritmo melódico de um rock suave misturado com uma balada romântica, além da forma apaixonada como o eu-lírico descreve o quanto as atitudes da vítima são impactantes em sua vida, criaram a fórmula perfeita para que essa fosse considerada, não só uma simples música, mas, um clássico que, atualmente ocupa o 84º lugar na lista de 500 maiores músicas de todos os tempos da *Rolling Stones*[3]. Vale destacar ainda: a 25ª posição no top 100 músicas de todos os tempos pela *Billboard*[4], a 15ª posição no top 100 músicas do século pela *BMI – Broadcast Music Inc*[5], além de outras premiações[6].

O sucesso estrondoso da música que narra minuciosamente as condutas da perseguição obsessiva é tão representativo que o vídeo oficial, lançado no canal da banda em 23 de fevereiro de 2010, após 27 anos da data do

[1] **Chart History – The Police.** https://www.billboard.com/artist/the-police/

[2] **Chart History – The Police**. https://www.billboard.com/artist/the-police/

[3] **The 500 Greatest Songs of All Time**: https://www.rollingstone.com/music/music-lists/best-songs-of-all-time-1224767/

[4] **Chart History** – The Police. https://www.billboard.com/artist/the-police/

[5] **BMI Announces Top 100 Songs of the Century**: https://www.bmi.com/news/entry/232893

[6] **Every Breath You Take:** https://en.wikipedia.org/wiki/Every_Breath_You_Take#Charts

lançamento da música, alcançou a marca de 1 bilhão de visualizações no *Youtube*, segundo as fontes, o vídeo foi reproduzido, em média 300.000 (trezentas mil)[7] vezes por dia, apenas no ano de 2022.

Esse é um número significativo, considerando que o mercado musical é extremamente volúvel e repleto de novidades todos os dias. Temos ainda, por exemplo, Stan – Eminem[8]; One Way or Another[9] – Blondie; Escape[10] – Enrique Iglesias e Paparazzi[11] – Lady Gaga; que retratam a conduta de perseguir alguém obsessivamente assim como ilustrado pela banda The Police em 1983.

A prática do *Stalking* naquela época, já era algo preocupante: no ano anterior ao lançamento de *"every breath you take"*, celebridades já estavam sendo perseguidas por *stalkers* obsessivos, como foi o caso do cantor John Lennon (1980) e da atriz Thereza Saldana (1982), casos estes, que serviram de inspiração para que em 1989, Robert John Bardo tirasse a vida da atriz Rebecca Scheffer, caso que foi considerado o gatilho para a discussão e criminalização do *Stalking* no Estado da Califórnia em 1990[12].

Aqui mostraremos, que não são inéditos os esforços da indústria do entretenimento para representar o *stalking* e as suas consequências práticas no desenvolvimento da obra além da visão "hollywoodiana" para transformar o ato de perseguir alguém obsessivamente em uma conduta cotidiana (independentemente dos reflexos e das inspirações que podem vir a decorrer delas).

[7] **The Police's 'Every Breath You Take' surpasses 1 Billion Views on YouTube**: https://www.billboard.com/music/music-news/the-police-every-breath-you-take-video-one-billion-views-1235150746/

[8] "sei que você deve ouvir isso todo dia, mas eu sou o seu maior fã [...] tenho um quarto cheio de posteres e fotos suas, cara [...] com carinho, o seu maior fã. Stan" **Stan**: https://www.letras.mus.br/dido/654860/traducao.html

[9] "de um jeito ou de outro eu vou te achar [...] eu vou passar pela sua casa e se todas as luzes estiverem apagadas verei quem está por lá". **One way or another**: https://www.letras.mus.br/blondie/4534/traducao.html

[10] "você pode correr, você pode se esconder mas, você não pode escapar do meu amor". **Escape**: https://www.letras.mus.br/enrique-iglesias/1460128/traducao.html

[11] "eu sou sua maior fã, vou te seguir até que você me ame [...] mas, não vou parar até que aquele garoto seja meu". **Paparazzi**: https://www.letras.mus.br/lady-gaga/1294629/traducao.html

[12] ***Stalking*: um estudo classificatório**, p. 17.

2. Considerações preliminares sobre a conduta do *stalking* no curso histórico

Tão importante quanto apontar as condutas do *stalking* na arte ou definir os *stalkers* em suas obras, é compreender como o *stalking* surgiu e como ele foi impactante na criação das obras artísticas. Assim, passa-se a um estudo preliminar sobre o *stalking* e o seu desenvolvimento no curso histórico.

A conduta do *stalking* é secular, independentemente dos motivos que levam o indivíduo a perseguir alguém. Na própria Bíblia Sagrada[13] temos diversos episódios. Por exemplo, no Antigo Testamento a narrativa da perseguição contra o Rei Davi, por Saul, que por inveja da popularidade de Davi como guerreiro, passou a persegui-lo com a intenção de matar seu adversário.

Por tratar-se de um fenômeno de alta complexidade, a doutrina não consegue definir com precisão quantas e quais condutas podem definir o *stalking*, a saber: GHIRARDELLI[14] o define como *"uma série de comportamentos de perseguição, perseguição e assédio caracterizados por sua repetitividade quase obsessiva, de modo a gerar naqueles que os sofrem o sentimento de perseguição contra eles"*; para AMILKY[15], além do fato de uma pessoa perseguir alguém constantemente, para a caracterização do *stalking* é necessário ainda que a vítima sinta alguma ameaça a sua segurança ou a de pessoas que estejam sob sua responsabilidade; já MARAN[16], ao tecer suas considerações sobre o que conceitua o *stalking*, ressalta a dificuldade em fazê-lo, justamente pela necessidade de refazer as etapas que envolvem a conduta abusiva do perseguidor.

Já em relação ao surgimento do *stalking* sob o prisma da criminalização da conduta, o ato de perseguir alguém obsessivamente só passou a ser considerado crime a partir de 1990, no Estado da Califórnia, após a explosão de casos envolvendo celebridades perseguidas.

Infelizmente, essa é uma realidade que muitas celebridades precisam enfrentar inclusive na atualidade, em especial atores/atrizes que por vezes

[13] **Bíblia Sagrada: Antigo Testamento**: https://pesquisa.biblia.com.br/pt-BR/RA/1sm

[14] *"essa fa riferimento ad una serie di comportamenti di inseguimento, appostamento, di molestie di varia natura cateterizzate dalla ripetitività quase ossessiva delle stesse, tali da ingenerare in chi le subisce la sensazione di una persecuzione posta in esse ai propri danni."* **Lo *stalking***: line guida per la prevenziona e la tutela, p. 21

[15] ***Stalking***, p. 11

[16] **Il fenômeno *stalking***, p. 3-4

são confundidos com os personagens que interpretam, por pessoas que não conseguem separar a ficção da vida real.

O caso Schaeffer foi considerado um marco na criminalização do *stalking*. A morte da atriz norte-americana Rebecca Schaeffer, em 1989, que foi assassinada por um fã na porta da sua residência após três anos de perseguição, acendeu o alerta das autoridades, vez que, além do caso da atriz, outras quatro mulheres foram assassinadas após serem perseguidas por seus ex/atuais maridos/namorados, após reportarem a polícia terem sofrido perseguição por parte desses[17].

Diante da exposição midiática do caso Schaeffer e do assassinato das outras mulheres envolvendo a perseguição obsessiva de seus companheiros, em 1990, o Estado da California criou a primeira lei anti-*stalking* da história, que posteriormente serviu de inspiração para todos os outros Estados norte-americanos[18]. Após a criação da primeira lei anti-*stalking*, reparou-se a transformação desse crime em uma questão social de notória importância.

No desenvolvimento histórico da sociedade, percebeu-se que o foco das vítimas, que anteriormente era centrado (ou relatado com maior frequência) por pessoas públicas, (como por exemplo, atrizes, cantoras e celebridades de modo geral); foi substituída, em escala considerável, por mulheres em situações marcadas por abuso físico decorrente de um relacionamento íntimo frustrado.

Nesse sentido, é complexo determinar quantas e especificar quais comportamentos configurarão o *stalking*, entretanto, a ideia da criação de um personagem emocionalmente dependente, com intenção de controlar as amizades, os relacionamentos, os comportamentos, as escolhas e a vida da pessoa amada parece atrair os diretores e roteiristas de obras, em diferentes tipos de arte, em diferentes países e culturas, conforme abordado nos próximos tópicos.

3. A pessoa *stalker*

O *stalker* será a pessoa que escolhe uma vítima pelas mais diversas razões existentes e a persegue obsessivamente, de forma direta ou indireta, contra a sua vontade. O *stalker* terá um comportamento típico de agir de forma

[17] ABC News. **Your biggest fan.** Online.

[18] **A Neocriminalização do *Stalking***, p. 14

reiterada para causar a reação desejada na sua vítima e por esse "agir" ser tão genérico, esse é o motivo para que seja tão difícil classificar com precisão quais comportamentos são ou não considerados *stalking*[19].

Fato interessante é que, ainda que em alguns casos sejam verificadas patologias de cunho psicológico e/ou psiquiátrico, essas patologias não são determinantes para a configuração do *stalking* vez que esse pode ter como gatilho sentimentos que são intrínsecos ao ser humano como ciúmes, inveja ou vingança, por exemplo.

Assim, qualquer pessoa pode eventualmente vir a se tornar um *stalker*[20]. Conforme citado anteriormente, por mais que o *stalking* consista em uma série de comportamentos abusivos e reiterados impossíveis de serem numerados ou elencados, é possível classificar os perseguidores em grupos.

O foco deste artigo, entretanto, não é descrever detalhadamente cada característica de cada um de cada tipo de *stalker*, mas sim trazê-los sob a ótica do desenvolvimento artístico. Para melhor alcançar nosso objetivo, selecionamos um personagem para cada tipo de *stalker* seguindo a classificação Mullen, Pathé e Pursell, a saber: o *stalker* rejeitado, o *stalker* ressentido, o *stalker* a procura de intimidade, o *stalker* pretendente incompetente e o *stalker* predador.

4. O *stalker* rejeitado

Nos termos da classificação Mullen, Pathé e Pursell, o perseguidor rejeitado precisa preencher o requisito de ter um relacionamento anterior com a vítima. Independentemente de ser um relacionamento romântico ou não, o objetivo do *stalker* é recuperar e manter o relacionamento que foi finalizado unilateralmente pela vítima[21]. Para ilustrar essa categoria de *stalker*, trouxemos a personagem Alex Forrest interpretado pela atriz Glenn Close do filme Atração Fatal[22] (1988).

Atração fatal foi um marco na história do cinema com a temática da perseguição obsessiva. O filme retrata detalhadamente o *modus operandi* do *stalker* rejeitado. A trama é desenvolvida contando a história do advogado Dan Gallagher (Michael Douglas), especificamente do ponto de vista da

[19] **Lo *stalking***: *line guilda per la prevenziona e la tutela*, p. 33-34

[20] ***Stalking***: um estudo classificatório, p. 34

[21] ***Stalking***: um estudo classificatório, p. 41

[22] **Atração Fatal**: https://www.adorocinema.com/filmes/filme-3106/

vítima perseguida que durante uma viagem de sua esposa, Beth Gallagher, Dan mantém um breve relacionamento amoroso a executiva Alex, a *stalker*.

É interessante destacar o desenvolvimento da Alex durante o filme: em um primeiro momento o telespectador sente-se atraído pela personagem, pela forma como ela foi construída, por sua beleza, pela forma como se veste e especialmente pela sua postura independente. Nesse filme a construção da *stalker* foi realizada para que desde o primeiro momento ela fosse uma pessoa irresistível. No início do filme, quando a Alex aparece pela primeira vez, tem-se a impressão de que ela nada mais é do que uma pessoa normal, entretanto, após a primeira cena de sexo entre a vítima e a *stalker*, o filme vai dando pistas do real comportamento obsessivo de Alex.

O ápice para a revelação da real condição psicológica da personagem acontece após o rompimento do breve relacionamento –unilateralmente- por parte da vítima. Quando Dan resolve finalizar o seu breve relacionamento e voltar a sua vida normal ao lado da esposa, Alex recusa-se a aceitar o término e mostra-se completamente obcecada para a retomada e continuidade do relacionamento, para isso, age de diversas formas para atingir o advogado e a sua família. O gatilho para o início do *stalking* neste filme é que Alex não consegue aceitar não fazer mais parte da vida da vítima, comportamento característico do *stalker* rejeitado.

A versão oficial do filme termina com a morte da perseguidora pela vítima, mas a versão não-oficial –e também gravada- traz uma cena de suicídio da *stalker* com a intenção de tentar incriminar a vítima por sua morte. A impossibilidade de romper ciclos está diretamente ligada a esse tipo de *stalker*, pois, em sua essência esses perseguidores costumam pensar frequentemente no passado, como se vivessem, literalmente, em um filme em repetição automática.

Segundo MULLEN, PATHÉ e PURSELL[23] o elemento essencial para a caracterização do *stalker* rejeitado é "a raiva do perseguidor por ter suas esperanças e expectativas decepcionadas por uma separação unilateral de um relacionamento importante".

[23] "The essential elements are the *stalker*'s anger at having had their hopes and expectations disappointed by the uilateral severance of the relationship." ***Stalkers* and their victims**, p. 69

5. O *stalker* ressentido

O *stalker* ressentido tem como objetivo principal a vingança contra sua vítima e para isso não é necessário ter estabelecido um relacionamento anterior e direto com ela. Esse *stalker* será aquele que decide vingar-se de todas as mulheres que conhece porque uma delas em específico lhe fez algo imperdoável[24] ou melhor ilustrando, de acordo com o personagem escolhido para representar essa categoria de *stalker*: decide vingar-se de todas as pessoas com características semelhantes à pessoa que o decepcionou.

Para exemplificar o *stalker* ressentido, analisaremos o personagem "Síndrome" da animação "Os Incríveis"[25](2004) da Disney/Pixar. Bochecha/Síndrome, aparece no começo do filme: uma criança que se autointitula como "o maior fã" do Sr. Incrível/Roberto Pera. Logo nos primeiros minutos do filme, é apresentada uma sequência onde mostra Bochecha esforçando-se para tornar-se ajudante oficial do seu maior ídolo, que, por razões óbvias não aceita uma criança, sem superpoderes, para estar em uma situação de risco constante.

Após sofrer a rejeição pelo seu ídolo, passados alguns anos, é revelado ao espectador que Bochecha passou todos os anos da sua vida desde o momento da rejeição desenvolvendo formas de vingança contra todos os super-heróis, em especial, o Senhor Incrível, pessoa que era sua maior inspiração até o momento que foi decepcionado. Bochecha, que agora é conhecido como Síndrome, é o grande vilão e seu papel na trama, consiste em encontrar todos os super-heróis e eliminá-los um a um. O filme mostra que o Síndrome foi responsável pelo assassinato de treze super-heróis e o Senhor Incrível, seria o décimo quarto.

Durante o desenvolvimento do filme, o Senhor Incrível finalmente descobre a identidade do vilão que está matando todos os super-heróis como o garoto que anos atrás ele rejeitou, consegue acessar os documentos com todas as informações das vítimas que foram executadas até aquele momento e de todas as que já estão localizadas e marcadas como próximas vítimas. Nos minutos finais do filme, quando Síndrome percebe o fracasso do seu plano em acabar com o Sr. Incrível e todos os "*supers*" ele sequestra o filho caçula da vítima e detalha seu plano de criá-lo como se fosse seu

[24] ***Stalking***: um estudo classificatório, p. 43

[25] **Os Incríveis**: https://www.adorocinema.com/filmes/filme-53096/

próprio filho para que ele crescesse e perpetuasse o ódio por todos os super-heróis e em especial pelo Sr. Incrível e sua família.

É importante ter em mente que o *stalking* em sua representação artística, nem sempre será desenvolvido em um filme de suspense, ou um thriller psicológico envolvendo disputas amorosas com tentativas de homicídio, sequestro e diversas formas de prender a pessoa amada a qualquer custo. "Os incríveis" é um dos maiores exemplos que o *stalking* pode ser representado artisticamente de várias formas, inclusive, de uma forma leve e cómica em um filme de animação destinado ao público infantil.

6. O *stalker* a procura de intimidade

O *stalker* a procura de intimidade será aquele que possui algumas dificuldades com às relações interpessoais[26], em reconhecer as reações e emoções das pessoas. Será aquela pessoa que, mesmo sem ter trocado uma palavra sequer com a vítima, acredita que ela, de alguma forma, está apaixonada por ele. O objetivo do *stalker* à procura de intimidade é estabelecer um relacionamento com a pessoa objeto do seu desejo. É muito comum que celebridades sejam vítimas desse tipo de *stalker*, como foi o caso da atriz norte-americana Rebecca Schaeffer, descrito no tópico 2.

Justamente pela dificuldade em compreender as emoções e reações das pessoas, acaba achando que atitudes simples do dia a dia com: desejar "bom dia" para uma pessoa que está passando na rua, acenar para alguém próximo e em alguns casos até por apenas estar no mesmo local que o perseguidor, faz com que o perseguidor acredite com todas as forças que a vítima retribui o seu sentimento. Sobre o *stalker*, este é o único tipo em que a predominância do gênero da pessoa que inicia a perseguição é feminino[27].

Como representante deste tipo de *stalker*, passamos a análise da personagem Gasai Yuno. Mirai Nikki originalmente é um mangá do autor Sakae Esuno lançado em 2006 e animado no ano de 2011, a obra retrata a vida de um garoto comum chamado Amano Yukiteru, que tem sua vida transformada a ser incluído em um jogo de sobrevivência e lá, conhecer uma das jogadoras, Gasai Yuno, que promete protegê-lo de tudo e todas as ameaças, pois o ama intensamente.

[26] ***Stalking*: um estudo classificatório**, p. 43

[27] ***Stalkers* and their victims**, p. 83

No desenrolar da história nos deparamos com uma personagem completamente obcecada pelo objeto de sua paixão, capaz de matar seus amigos, seus familiares e quaisquer pessoas que, em sua mente, seriam capazes de afastar seu amado dela. Em vários momentos da trama Yuno deixa claro que seria capaz dc matar todas as pessoas até sobrem apenas sobrem os dois no mundo.

Sobre esse anime e a conduta do *stalking* representada pelas atitudes da Yuno, Francesca Aguiluz[28] faz as seguintes considerações: "Em relação a Gasai Yuno e seu relacionamento com Yukiteru, ela o segue alegremente e é confirmada como *stalker* de Yukiteru. Embora isso possa parecer tolerável, Yuno, de repente tem estalos e ataques de raiva sempre que as pessoas machucam Yukiteru ou a impedem de vê-lo".

Em relação a construção da *stalker*, trata-se de um personagem intenso, a construção dela basicamente é focada em passar inicialmente a imagem de uma garota que está apaixonada e fará tudo o que puder para ter o seu amor retribuído. No desenvolvimento da obra fica claro que esse "tudo" pode ser, inclusive, sequestrar a vítima e machucá-la ou ainda que precise eliminar todas as pessoas que atravessarem seu caminho[29] sejam amigos preocupados com a integridade física e mental da vítima ou sejam seus parentes que não fazem ideia do que Yukiteru está passando, mas que de alguma forma atrapalham os planos de Yuno.

Por ser narrada através do ponto de vista da vítima, nessa obra o foco está em demonstrar como a prática do *stalking* traz consequências psicológicas devastadoras para as vítimas. No anime, Yukiteru adota uma espécie de isolamento após confirmar que todas as pessoas que ele tinha um sentimento especial, seja de amizade, carinho ou admiração acabavam machucadas ao se aproximar dele por causa da *stalker* e em decorrência disso vemos no desenvolvimento do personagem uma série de distúrbios relacionados a pânico, depressão, pavor e ansiedade.

[28] "With regard to Gasai Yuno and her relationship with Yukiteru, she blithely follows him around and is a confirmed *stalker* of yukiteru. While this may seem tolerable, Yuno would suddenly snap and resort to fits rage, whenever people would hurt Yukiteru or prevent her from seeing him.", **The circumvention of the shõjo image and violence as a spectacle**, p. 41.

[29] **The circumvention of the shõjo image and violence as a spectacle,** p. 42

7. O *stalker* pretendente incompetente

O pretendente incompetente tem uma psicologia muito parecida com o *stalker* a procura de intimidade, vez que os dois irão buscar estabelecer um relacionamento com a vítima, entretanto, o pretendente incompetente terá consciência que a vítima não retribui seus sentimentos. O pretendente incompetente *"geralmente assedia qualquer vítima em particular por períodos de tempo relativamente breves, tendo a menor duração média de perseguição de qualquer tipo"*[30].

Na indústria do entretenimento, esse tipo de *stalker* é comumente utilizado para a criação de núcleos dentro de comédias românticas entre crianças e suas babás. Por exemplo, o núcleo secundário do filme "Amor à toda prova[31]" (2011) o garoto Robbie Weaver é um garoto de 13 anos completamente apaixonado por Jessica Riley, sua babá que por razões óbvias não retribui o amor dele, que mesmo sabendo que Jessica não possui nenhuma intenção de ficar com ele continua declarando seu amor insistentemente através de bilhetes e até uma declaração pública de amor em frente a toda a escola.

Também é utilizado o mesmo artifício no filme "juntos e misturados[32]" (2014). O filho da protagonista, Brendan está passando pela puberdade e se apaixona por sua babá. Nesse filme o garoto chega a recortar o rosto de uma das fotografias da babá e colar em uma revista pornô para masturbar--se. Por ser um filme do gênero comédia, muitos expectadores podem achar esse momento engraçado, entretanto, ao trazer essa situação para a realidade, seria extremamente perturbador saber que alguém realiza esse ato idealizando a sua imagem, especialmente se essa pessoa souber que o sentimento não é retribuído.

Esse filme também tenta trazer o desenvolvimento da conduta obsessiva de forma cômica para aliviar a real tensão envolvida no desenvolvimento do *stalking* desenvolvendo uma fórmula clichê para o desenvolvimento de muitas obras. O chamado *stalking* romântico será desenvolvido em tópico 9.

[30] "The incompetente suitor usually harasses any particular victim for relatively brief periods, having the lowest avarage duratioon for *stalking* of any type." ***Stalkers* and their victims**, p. 69

[31] **Amor à toda prova:** https://www.adorocinema.com/filmes/filme-180157/

[32] **Juntos e misturados**: https://www.adorocinema.com/filmes/filme-219076/creditos/

8. *Stalker* predador

O *stalker* predador é conhecido como o mais perigoso dentre todos os tipos de *stalker*. Será aquele que independentemente de ter um relacionamento anterior com a vítima ou não, passará boa parte do seu tempo fantasiando episódios de violência física e/ou sexual com ela[33]. O *stalker* predador é o tipo mais perigoso, vez que, não costuma deixar rastros ou pistas para a vítima da sua perseguição.

Em relação a psicologia desse tipo de *stalker*, Mullen, Pathé e Pursell[34] ensinam que "*o comportamento do stalker predador é um meio para um fim, sendo esse fim um ataque a vítima no qual é usualmente, mas, não sempre, sexual. O stalker predador se prepara e antecipa o ataque no processo de seguir e observar a vítima.*".

Dessa forma, trata-se de um tipo de perseguidor muito retratado em obras de suspense/terror, pois as suas histórias, focadas em atacar uma pessoa premeditando suas ações e reconstruindo os passos da vítima são características muito fortes nesses gêneros, principalmente se considerarmos que os resultados das perseguições realizadas por *stalkers* predadores geralmente resultam em agressão, estupro ou homicídio[35]. Conforme mencionado anteriormente, o *stalking* nessa modalidade pode ser muito bem representado em obras dos gêneros thriller, suspense e terror onde é criada uma verdadeira atmosfera de medo e tensão constante enquanto a vítima tenta escapar do perseguidor.

Como representante de um *stalker* predador, analisamos a relação entre Michael Myers e Laurie Strode na franquia "Halloween" (1978-2022). A franquia "Halloween" é uma série de filmes do gênero terror de maior sucesso na história do cinema, ocupando a 7ª colocação entre os 10 maiores filmes de terror pelo Rotten Tomatoes[36] e 5ª colocação entre os 101 maiores filmes de terror pela Rolling Stone[37].

[33] ***Stalking*: um estudo classificatório**, p. 46

[34] The predatory *stalker*'s behaviours are a means to an end and the end is na attack on the victim which is usually, but not aways, sexual. The predatory *stalker* prepares for and anticipates the attack in the process of following and observing the victim. ***Stalkers* and their victims**, p. 110

[35] **Lo *stalking*: line guida per la prevenziona e la tutela**, 2011, p. 28

[36] **The 10 scariest horror movie ever:** https://editorial.rottentomatoes.com/article/the-10-scariest-horror-movies-ever/

[37] **Best horror movies of all time**: https://www.rollingstone.com/tv-movies/tv-movie-lists/best-horror-movies-of-all-time-1234597766/halloween-5-1234609031/

O filme apresenta o personagem principal Michael Myers como um assassino em série. A trama tem início quando Michael, ainda criança, mata sua irmã mais velha com uma faca de cozinha na noite de Halloween e é internado em um hospital psiquiátrico onde cumpre sua pena durante 15 anos até escapar e voltar à sua cidade natal para aterrorizar os moradores utilizando uma máscara assustadora; enquanto também nos é apresentada a personagem Laurie, uma adolescente comum que acaba sendo perseguida por Michael.

O clímax do primeiro filme acontece no final dele, ocasião que é revelada ao espectador uma conexão entre os personagens, quando Laurie é capaz de remover a máscara de Michael e ver seu rosto. Essa cena sugere que Michael e Laurie podem ter uma relação pessoal. Ao longo da franquia essa conexão entre a vítima e o *serial killer* é bem desenvolvida e o espectador descobre que na verdade Laurie é irmã de Michael e que ele está tentando matá-la como parte de uma obsessão psicótica. Laurie luta contra Myers várias vezes tentando a todo custo detê-lo e acabar com a sua matança.

A franquia Halloween demonstra bem a intenção de um *stalker* predador: ele persegue com a intenção de ferir gravemente ou matar a sua vítima. O *stalker* predador possui a classificação perfeita para representação em filmes dos gêneros suspense e terror vez que certamente, trata-se do tipo mais perigoso entre os perseguidores.

9. *Stalking* nos romances

A construção de um romance clichê costuma seguir algumas fórmulas para alcançar o sucesso, qualquer pessoa que tenha familiaridade com cinema ou costuma passar o tempo assistindo filmes e séries – especialmente do gênero comédia romântica – definitivamente já se deparou com a construção do aqui chamado "*stalking* por amor".Tendo isso em vista, a construção do *stalking* por amor possui uma fórmula quase que padrão nos filmes desse gênero.

O enredo nos fala sobre a vida de um homem comum que geralmente costuma fazer as mesmas coisas todos os dias até que em algum momento ele encontra uma pessoa especial: o jogo de câmeras, a iluminação, a música e a forma com que o vídeo se aproxima lentamente daquela pessoa é o indicativo de que o protagonista finalmente encontrava um novo propósito de vida, o seu amor verdadeiro.

Mas, é claro que tudo não pode ser tão perfeito ou exatamente do jeito que o protagonista espera, até porque, do momento em que ele encontra o seu amor verdadeiro até o possível "felizes para sempre" é preciso desenvolver uma história capaz de prender a atenção do espectador por aproximadamente mais 90 minutos e é nesse ponto que, o que chamamos de *stalking* por amor, começa a ser construído.

A pessoa amada pode simplesmente não saber da existência do protagonista; ou pode não estar interessada em um relacionamento naquele momento; ou ela pode estar em um outro relacionamento apaixonada por outra pessoa; ou no pior dos casos, ela pode tê-lo rejeitado anteriormente, mas, como desistir não é uma opção, ainda que a garota rejeite o convite o protagonista fará de tudo até que a pessoa amada acabe aceitando o seu convite para sair e assim, obrigá-la a amá-lo de volta.

A fórmula para a construção do romance clichê precisa ter o resultado positivo decorrente da insistência da pessoa apaixonada em conquistar o amor daquela outra pessoa (que inicialmente o rejeitava) e viverem felizes para sempre.

Por estarmos falando de um gênero que foi construído para aquecer o coração do espectador, o desenvolvimento do *stalking* aqui traz fortemente a representação de um pensamento que ainda é muito comum quando abordamos esse tema, a de que as atitudes do *stalker* nada mais são do que uma prova de amor, o que, ao trazermos para a realidade da vida em sociedade é um problema gigantesco. Elencamos aqui duas obras artísticas (desenvolvidas em livros, filmes, quadrinhos e jogos) que aplicam a fórmula acima descrita para o desenvolvimento do romance:

10. Crepúsculo (Twilight);

Crepúsculo foi o primeiro filme da adaptação literária de sucesso da autora Stephanie Meyer. Lançado em 2009 o filme teve um sucesso estrondoso chegando a arrecadar US$ 37,7 mil dólares no dia de abertura das vendas dos ingressos[38]. Tanto a série de livros quanto a franquia cinematográfica fizeram e ainda fazem grande sucesso, especialmente entre adolescentes e jovens adultos, por trazer um tema popular envolvendo romance e questões sobrenaturais.

[38] **'Twilight' grosses $35.7 mil on Friday**: https://web.archive.org/web/20081216085251/http://hollywoodinsider.ew.com/2008/11/twilight-friday.html?iid=top25-20081123-%27Twilight%27+grosses+%2435%2E7+mil+on+Friday

A obra é desenvolvida sob a perspectiva de Bella Swan que, ao mudar-se para a pequena cidade de Forks para morar com o seu pai, passa a frequentar a escola local e lá conhece o jovem Edward Cullen representado como a pessoa mais bonita – e inalcançável dentro da escola.

Desde o primeiro momento a personagem Bella é construída como uma jovem comum, de beleza natural, cabelos e olhos castanhos e nada de especial. Traz ainda a personagem em sua abordagem inicial, uma série de problemas e conflitos internos decorrentes do divórcio dos seus pais e o novo relacionamento de sua mãe, que passa a se relacionar com um atleta que precisa viajar muito. Ao deparar-se com o sofrimento da mãe por não poder acompanhar e apoiar o marido de perto para cuidar dela, Bella decide mudar totalmente sua vida e resolve morar com o pai em uma pequena cidade.

Esses conflitos são muito comuns entre adolescentes. No Brasil, de acordo com estudos do Instituto Brasileiro de Geografia e Estatística – IBGE, a faixa-etária média entre casais que se divorciam é próxima aos 40 anos e em relação a guarda verificou-se que na maioria dos casos, ainda que da existência da guarda compartilhada, os filhos inevitavelmente terão a convivência maior com um dos pais[39]. Desta forma, pela normalidade em sua aparência e os problemas comuns, muitos espectadores acabam identificando-se com a personagem principal da obra, ficando presos ao desenrolar do romance entre Bella e Edward.

Inicialmente fica claro que Bella não confia em Edward e sente-se intimidada pela sua presença, mas fica atraída por sua aparência e comportamentos enigmáticos. Devido a essa atração e a utilização da fórmula descrita acima, o filme é desenvolvido e o romance entre eles surge.

Uma das cenas de maior destaque está no diálogo em que Bella e Edward tem, após ele invadir o quarto da protagonista e revelar que há dias a visitava todas as noites e que, por ser vampiro, passa a noite inteira observando Bella dormir, como se isso fosse algo romântico e digno de admiração, o que de fato aconteceu para várias adolescentes, que na época desejavam ter um Edward em sua vida.

Trazendo para a realidade, é inconcebível pensar em alguém que até então não possui nenhum vínculo com uma determinada pessoa, invadir sua residência, seu quarto e passar a noite inteira observando-a dormir.

[39] **Os impactos psicológicos em adolescentes filhos de pais separados**, p. 6-7.

Essa atitude é, no mínimo perturbadora que se de fato ocorresse, não seria objeto de admiração e sim de pavor. A obra traz a temática do *stalking* em diversos núcleos, não só no relacionamento dos protagonistas, vez que, por ser um vampiro, Edward precisa proteger sua amada de outros vampiros que também a perseguem.

11. Scott Pilgrim contra o Mundo

Scott Pilgrim contra o mundo é uma série de quadrinhos de Bryan Lee O' Malley adaptada para vídeo game e filme. Conta a história de Scott Pilgrim, um jovem músico, nerd acostumado a não se envolver a sério com ninguém, até que conhece Ramona Flowers, uma misteriosa e atraente garota nova na cidade.

A construção cômica do encontro dos dois personagens utiliza a fórmula dos romances clichês hollywoodianos descrita acima em sua mais pura forma: Scott vê Ramona em meio a várias pessoas comuns e revela-se amor à primeira vista, a câmera aproxima-se lentamente de Ramona, mostrando o foco total na personagem; Scott dirige-se a ela e tenta conversar com a garota de seus sonhos e logo é rejeitado. Após a rejeição Scott segue cada um dos passos de Ramona até a hora que ela vai embora, momento em que Scott entrevista todas as pessoas da festa para conseguir todos os detalhes da vida dela.

Scott descobre que ela é nova na cidade e que possivelmente já possui um relacionamento, descobre também, que ela trabalha com entregas de encomendas. Com essa informação, ele faz um pedido na empresa que Ramona trabalha e espera que ela entregue a encomenda. Assim que Ramona se apresenta para entregar a encomenda de Scott ele recusa-se a assinar o recebimento, informando que só assinaria caso ela aceitasse sair com ele e insiste até convencê-la a terem um encontro.

A trama é muito bem construída, tendo em vista que Ramona já era vítima de *stalking* dos seus outros sete ex-namorados, os quais devem ser derrotados por Scott caso ele realmente queira ficar com Ramona. No filme é apresentada a Scott duas opções: ou ele junta-se a liga dos ex-namorados perseguidores ou ele enfrenta e derrota todos eles pelo amor de Ramona; entretanto, a vítima não é em nenhum momento consultada sobre isso, apenas aceita o que lhe é imposto.

É importante destacar que o filme possui uma perspectiva interessante sob o olhar da vítima de *stalking*: Ramona é uma personagem envolvente justamente por passar uma imagem misteriosa, sempre temos a sensação de saber muito pouco sobre ela, mas, no decorrer da trama vemos claramente que ela possui alguns de confiança refletidos pela sensação de insegurança causados pelo *stalking* e por um chip implantado em sua cabeça por um dos seus ex-namorados para controlá-la.

A obra tenta trazer uma abordagem suave sobre o *stalking* dos ex-namorados de Ramona para prender a atenção do espectador, mas, na prática ilustram as modalidades de maior incidência de *stalking*: aquele cometido contra mulheres por atuais e ex-parceiros, que representados em números: 80% dos *stalkers* são homens, especificamente 40% por atuais ou ex-parceiros e 32% por colegas de trabalho, vizinhos ou conhecidos[40].

Essas duas obras são apenas algumas dentre várias outras de estilo parecido que seguem a fórmula do *stalking* por amor, podemos também ver sua utilização na indústria de filmes de super-heróis, que por mais que não sejam filmes com foco em romance e conquista, acabam refletindo por vezes a necessidade de proteção entre o super-herói e a pessoa amada.

Conclusões

A representação artística do *stalking* nas artes, especialmente em livros, filmes e músicas como foram demonstradas nesse artigo, nos trazem a sensação de que a conduta abusiva ainda é muito presente para retratar histórias, em especial, pelo pensamento de que a conduta decorrente da insistência mesmo após a rejeição é algo admirável, uma prova de amor que resiste às dificuldades, ainda que essa dificuldade seja o completo desinteresse da pessoa amada.

Percebemos ainda que na maior parte dos casos, em especial na indústria cinematográfica, o *stalking* não será desenvolvido como uma conduta reprovável que causa uma série de transtornos à vítima como mudança de peso, distúrbios do sono, pensamentos suicidas, depressão, ansiedade, raiva, insegurança, paranoia e muitos outros[41], ao contrário, é representada como uma atitude admirável em parte considerável nas obras de romance.

Por existir uma confusão sobre o que é *stalking* e o que é prova de amor ou até que ponto as atitudes em insistir em ter um relacionamento que

[40] ***Love or Obsession:*** *a guide for women being stalked*, p. 4.

[41] ***Il fenomeno stalking***, p. 169

não é correspondido é algo aceitável e não abusivo, fazem com que alguns espectadores não consigam enxergar quão problemática é a situação do *stalking* por amor, por exemplo.

O ator Robert Pattinson que interpreta Edward nos filmes da saga crepúsculo deu várias entrevistas[42] criticando as atitudes abusivas de seu personagem e alertando para o quão absurdas são se trouxermos para a realidade, principalmente, por saber que muitos espectadores da saga romantizam, em especial, a cena mencionada no tópico 3.6.1. Igualmente o ator Penn Badgley que interpreta um *stalker* no seriado "You" demonstrou preocupação com a quantidade de fãs apaixonadas pelo personagem representado por ele[43].

Ainda temos poucas obras que retratam o *stalking* em sua forma genuína, como é o caso do seriado *Stalker* (2008) que tenta reproduzir fielmente as classificações de *stalkers* e o reflexo dessa conduta abusiva na vida das vítimas. Talvez com os novos investimentos em seriados nessa temática, como é o caso de "You"[44] (2018) e o documentário "Eu sou *stalker*"[45] (2022) pela Netflix, sejam a porta de entrada para que novas obras que abordem a perspectiva do *stalking* comecem a ser desenvolvidas observando seus reflexos reais na vida das pessoas.

Referências

1991 INSIDE Edition Report (Robert John Bardo Murder Trial). [*S. l.*: *s. n.*], 2015. 1 vídeo (5m01s). Disponível em: https://www.youtube.com/watch?v=HuCvI263ZVA. Acesso em: 19 jul. 2020.

ABC NEWS. 20/20 – **Your Biggest Fan** – Part 1. [*S. l.*: *s. n.*], 2019. 1 vídeo (7m58s). Disponível em: https://www.youtube.com/watch?v=rDzGCN5Qh-M. Acesso em: 19 jul. 2020.

ABC NEWS. 20/20 – **Your Biggest Fan** – Part 2. [*S. l.*: *s. n.*], 2019. 1 vídeo (8m23s). Disponível em: https://www.youtube.com/watch?v=s3zbU4aNQNQ. Acesso em: 19 jul. 2020.

[42] **Robert Pattinson falando mal sobre Crepúsculo em entrevistas**: https://www.youtube.com/watch?v=FrWkdS9NAtw

[43] **"você": Penn Badgley se preocupa com fãs apaixonadas pelo *stalker* Joe**: https://entretenimento.uol.com.br/noticias/redacao/2019/01/11/voce-penn-badgley-se-preocupa--com-fas-apaixonadas-pelo-*stalker*-joe.htm

[44] **You**: https://www.netflix.com/search?q=*stalker*&jbv=80211991

[45] **Eu sou *stalker***: https://www.netflix.com/search?q=*stalker*&jbv=81087537

ABC NEWS. 20/20 – **Your Biggest Fan** – Part 3. [*S. l.*: *s. n.*], 2019. 1 vídeo (8m07s). Disponível em: https://www.youtube.com/watch?v=uSSXur-R2Pk. Acesso em: 19 jul. 2020.

ABC NEWS. 20/20 – **Your Biggest Fan** – Part 4. [*S. l.*: *s. n.*], 2019. 1 vídeo (7m16s). Disponível em: https://www.youtube.com/watch?v=G0ETUYQxveU. Acesso em: 19 jul. 2020.

AGUILUZ, Francesca. **The Circumvention of the Shojo Image and Violence as a Spetacle in Deadman Wonderland and Mirai Nikki.** Disponível em: https://ac.upd.edu.ph/acmedia/images/books-monographs/East_Asian_Popular_Culture/Ch-2_-The-Circumvention-of-the-Shojo-Image-and-Violence-as-a-Spectacle-in-Deadman-Wonderland-and-Mirai-Nikki_96dpi_Med.pdf. Acesso em: 21 fev. 2023

AMIKY, Luciana Gerbovic. ***Stalking***. São Paulo: Almedina, 2016.

Amor à toda prova. Disponível em: https://www.adorocinema.com/filmes/filme-180157/. Acesso em: 21 fev. 2023

Atração Fatal. Disponível em: https://www.adorocinema.com/filmes/filme-3106/. Acesso em: 21 fev. 2023

Best horror movies of all time. Disponível em: https://www.rollingstone.com/tv-movies/tv-movie-lists/best-horror-movies-of-all-time-1234597766/halloween-5-1234609031/. Acesso em: 21 fev. 2023

Bíblia Sagrada: *Antigo testamento*. Disponível em: https://pesquisa.biblia.com.br/pt-BR/RA/1sm. Acesso em: 22 fev. 2023

BMI Announces Top 100 Songs of the Century. Disponível em: https://www.bmi.com/news/entry/232893. Acesso em 22 fev. 2023

Chart History – The Police. Disponível em: https://www.billboard.com/artist/the-police/. Acesso em: 22 fev. 2023

DAVID, Marisa Nunes Ferreria. **A Neocriminalização do *Stalking*.** 2017. Dissertação (Mestrado em Medicina Legal e Ciências Forenses) – Universidade de Coimbra, Coimbra, Portugal, 2017. Disponível em: https://eg.uc.pt/bitstream/10316/81913/1/A%20Neocriminaliza%C3%A7%C3%A3o%20do%20*Stalking*.pdf. Acesso em: 05 jul. 2020.

Escape. Disponível em: https://www.letras.mus.br/enrique-iglesias/1460128/traducao.html. Acesso em: 21 fev. 2023

Eu sou *stalker*. Disponível em: https://www.netflix.com/search?q=*stalker*&jbv=81087537. Acesso em: 22 fev. 2023

Every Breath You Take. Disponível em: https://en.wikipedia.org/wiki/Every_Breath_You_Take#Charts. Acesso em: 22 fev. 2023. Acesso em: 22 fev. 2023

GHIRARDELLI, Paola. **Lo *stalking***: line guida per la prevenziona e la tutela. Milão: Lampi di Stampa, 2011.

Juntos e misturados. Disponível em: https://www.adorocinema.com/filmes/filme-219076/creditos/. Acesso em: 21 fev. 2023

MARAN, Daniela Acquandro. **Il fenômeno *stalking***. Novara, Itália: UTET Università, 2012.

MEYER, Stephanie. **Crepúsculo**. 2 ed. Rio de Janeiro, Intrínseca, 2008.

MULLEN, Paul; PATHÉ, Michele; PURCELL, Rosemary. ***Stalkers* and their victims**. 2. ed. New York: Cambridge Medicine, 2009.

O'MALLEY, Bryan Lee. **Scott Pilgrim contra o mundo**. São Paulo, Companhia das Letras, 2010.

O'MALLEY, Bryan Lee. **Scott Pilgrim contra o mundo**: *vol. 2*. São Paulo, Companhia das Letras, 2010.

O'MALLEY, Bryan Lee. **Scott Pilgrim contra o mundo**: *vol. 3*. São Paulo, Companhia das Letras, 2011.

One Way or Another. Disponível em: https://www.letras.mus.br/blondie/4534/traducao.html. Acesso em: 21 fev. 2023

Os incríveis. Disponível em: https://www.adorocinema.com/filmes/filme-53096/. Acesso em: 21 fev 2023

Paparazzi. Disponível em: https://www.letras.mus.br/lady-gaga/1294629/traducao.html. Acesso em: 21 fev. 2023

PAULA, André Bispo Zeferino de; et. al. **Os impactos psicológicos em adolescentes filhos de pais separados**. Disponível em: https://www.psicoajuda.pt/wp-content/uploads/2018/08/2018-ARTIGO-PSICOLOGIA-APLICADA-AO-DIREITO.pdf. Acesso em: 21 fev. 2023

Penn Badgley se preocupa com fãs apaixonadas pelo *stalker* Joe. Disponível em: https://entretenimento.uol.com.br/noticias/redacao/2019/01/11/voce-penn-badgley-se-preocupa-com-fas-apaixonadas-pelo-*stalker*-joe.html. Acesso em: 22 fev. 2023

Robert Pattinson falando mal sobre Crepúsculo em entrevistas. Disponível em: https://www.youtube.com/watch?v=FrWkdS9NAtw. Acesso em: 22 fev. 2023

SIQUEIRA, Maria Lohana. ***Stalking***: *um estudo classificatório*. 2021.

Stan. Disponível em: https://www.letras.mus.br/dido/654860/traducao.html. Acesso em: 21 fev. 2023

The 10 scariest horror movie. Disponível em: https://editorial.rottentomatoes.com/article/the-10-scariest-horror-movies-ever/. Acesso em: 20 fev. 2023

The 500 greatest songs of all time. Disponível em: https://www.rollingstone.com/music/music-lists/best-songs-of-all-time-1224767/. Acesso em: 22 fev.2023

The Police's 'Every Breath You Take' surpasses 1 Billion Views on YouTube. Disponível em: https://www.billboard.com/music/music-news/the-police-every-breath-you-take-video-one-billion-views-1235150746/. Acesso em : 22 fev. 2023

Twilight grosses $35.7 mil on Friday. Disponível em: https://web.archive.org/web/20081216085251/http://hollywoodinsider.ew.com/2008/11/twilight--friday.html?iid=top25-20081123-%27Twilight%27+grosses+%2435%2E7+mil+on+Friday. Acesso em: 21 fev. 2023

You. Disponível em: https://www.netflix.com/search?q=*stalker*&jbv=80211991. Acesso em: 22 fev. 2023

4. A RESPONSABILIDADE CIVIL SUBJETIVA DO *STALKER*: ELEMENTOS PARA SUA CARACTERIZAÇÃO

Vivian Carla da Costa

Introdução

Nas palavras de António Manuel HESPANHA, "o direito é produto social"[1]. Isto significa que a medida que se modifica a sociedade, modifica-se, também, o direito e, em consequência, novos problemas sociais tendem a se tornar novos problemas jurídicos. É nesse contexto que se insere a conduta do *stalking* no direito brasileiro: uma prática até há pouco sem qualquer previsão normativa, mas que, sobretudo em razão dos danos que dela são resultantes, tem demandado esforço para sua adequação no âmbito jurídico.

Derivado de vocábulo da língua inglesa, *stalk*, o qual, dentre as suas acepções, significa "entrar silenciosamente"[2], o termo *stalking* se revela como estrangeirismo no vocabulário brasileiro e define a prática de perseguição obsessiva, física ou virtual — *cyberstalking* —, de determinada pessoa por um sujeito, o *stalker*, que assim age incessantemente e de forma

[1] "[...] o direito em sociedade não consiste apenas em considerar o papel do direito no seio de processos sociais [...], mas também em considerar que a própria produção do direito (dos valores jurídicos, dos textos jurídicos) é, ela mesma, um processo social. Ou seja, algo que não depende apenas da capacidade de cada jurista para pensar, imaginar e inventar, mas de um complexo que envolve, no limite, toda a sociedade, desde a organização da escola aos sistemas de comunicação intelectual, à organização da justiça, à sensibilidade jurídica dominante e muito mais". **A cultura jurídica europeia**, p. 27.

[2] STALK. **Collins English Dictionary**. Disponível em: <https://www.collinsdictionary.com/pt/dictionary/english-portuguese/stalk>. Acesso em 28 de out. de 2022.

indesejada com o intuito de constrangê-la e intimidá-la, ferindo, portanto, intimidade, privacidade e ,também, sua integridade psicofísica.

Tal conduta, que se pode materializar a partir de diversos comportamentos (*v.g.*, persistentes ligações e mensagens, frequentar os mesmos lugares propositadamente, criar diferentes perfis *fakes* nas redes sociais para controlar a vida do outro), tem como âmago relacionamentos frustrados; sejam aqueles que foram rompidos ou aqueles que sequer se iniciaram, mas foram idealizados. Em razão disso, a pessoa perseguida, muitas vezes, sofre silenciosamente ao acreditar tratar-se de infelizes infortúnios por parte daquele que não sabe lidar com a rejeição. Entretanto, os inquestionáveis efeitos que a prática do *stalking* deflagram não se configuram como um mero dissabor, mas sim como grave desvio de comportamento e que, portanto, merecem ser rechaçado pelo direito. Não à toa, recentemente foi tipificado como crime de perseguição no Código Penal (CP), em seu artigo 147-A, com pena de até dois anos de reclusão. Todavia, no âmbito civil, a discussão ainda é tormentosa, haja vista a ausência de normatividade expressa.

Dada a independência de instâncias, a tipificação penal não implica, direta e automaticamente, a reparação civil dos danos decorrentes da perseguição. Quando muito, contribui para a caracterização do ato ilícito. Nesse contexto, portanto, a questão que se busca responder no presente artigo é: quais são os fundamentos jurídicos que lastreiam a responsabilização civil do *stalker* no direito brasileiro? Agora, orientado pela sistemática do direito civil-constitucional, a partir do qual se passou a promover a pessoa em seu aspecto ético, verificar-se-á, a título de hipótese, se a cláusula geral da responsabilidade civil, e seus elementos, enquadrar-se-ia à proposta de reparar efetiva e adequadamente a vítima de *stalking*.

2. *Stalking* e seu estado da arte no direito brasileiro

Em tempos de sociedade da informação[3], a tutela da privacidade e intimidade ganhou especial atenção no debate jurídico. Embora resguar-

[3] "A expressão 'sociedade da informação' passou a ser utilizada, nos últimos anos desse século, como substituto para o conceito complexo de 'sociedade pós-industrial' e como forma de transmitir o conteúdo específico do 'novo paradigma técnico-econômico". Jorge Werthein, A sociedade da informação e seus desafios, **Revista ciência da informação**, v. 29,

dadas pela Constituição Federal (CF/88) como direitos fundamentais[4] e elencadas como direitos de personalidade no Código Civil (CC)[5], seus limites são constantemente desafiados nessa nova era tecnológica. Com o advento das redes sociais, criou-se um espaço de compartilhamento da vida privada que desperta reações instantâneas de outras pessoas, o que, de acordo com a psicologia, explica seu fenômeno: a necessidade inata do ser humano de ser gratificado e, também, de pertencer a determinado grupo[6]. Não à toa, mídias sociais como *Facebook* e *Instagram* contam com 116 e 122 milhões de usuários respectivamente, e isso só no Brasil[7].

E se, por um lado, as redes sociais facilitam as relações, minimizando distâncias e possibilitando contato imediato, há seu contraponto: a excessiva exposição da vida pessoal. Naturalizou-se o compartilhamento de localização em tempo real, fotos de familiares, endereço, dados sobre trabalho etc, sem a consciência dos riscos que essa prática implica e a quem tais informações possa interessar. Nesses tempos de vida *online*, ganhou espaço a figura do *stalker*, quem, de acordo com a doutrina especializada, é definido como "[...] o perseguidor, aquele que escolhe uma vítima [...] e a molesta incessantemente, por meio de atos persecutórios — diretos ou

p. 71. Ainda, "[...] a *Internet* foi o ápice da sociedade informacional, pois possibilitou a livre circulação de informações por todas as partes do globo". Rafael Santos de Oliveira, Bruno Mello Correa de Barros e Marília do Nascimento Pereira, O direito à privacidade na internet: desafios para a proteção da vida privada e o direito ao esquecimento, **Revista da faculdade de direito UFMG**, n. 71, p. 566.

[4] "Art. 5º. *Omissis.* [...] X – são invioláveis a intimidade, a vida privada, a honra e a imagem das pessoas, assegurado o direito a indenização pelo dano material ou moral decorrente de sua violação [...]".

[5] "Art. 21. A vida privada da pessoa natural é inviolável, e o juiz, a requerimento do interessado, adotará as providências necessárias para impedir ou fazer cessar ato contrário a esta norma".

[6] [...] os meios de comunicação são usados com o objetivo de obter gratificação e de satisfazer as próprias necessidades [...]. As redes sociais disponibilizam um espaço de comunicação e recolha de informação, no qual os indivíduos podem satisfazer a sua necessidade de pertença [...]". Carolina Franco Rosa Costa de Lemos, **Uso problemático da internet e das redes sociais:** relação com a regulação da satisfação das necessidades psicológicas e a saúde mental, p. 17.

[7] Bruno Volpato, Ranking: as redes sociais mais usadas no Brasil e no mundo em 2022, com insights e materiais, Resultados digitais. Disponível em: <https://resultadosdigitais.com.br/marketing/redes-sociais-mais-usadas-no-brasil/>. Acesso em 06 de out. de 2022.

indiretos, presenciais ou virtuais — sempre contra a vontade da vítima"[8]. Como se apreende dessa acepção, a perseguição obsessiva não é restrita ao âmbito da internet, mas, certamente, o fácil acesso às informações favorece a prática do *stalking* que, por sua vez, pode-se caracterizar a partir de diversos comportamentos. Exemplificativamente, Damásio de JESUS elenca:

> [...] ligações nos telefones celular, residencial ou comercial, mensagens amorosas, telegramas, ramalhetes de flores, presentes não solicitados, assinaturas de revistas indesejáveis, recados em faixas afixadas nas proximidades da residência da vítima, permanência na saída da escola ou do trabalho, espera de sua passagem por determinado lugar, freqüência no mesmo local de lazer, em supermercados etc[9].

Todas essas práticas conduzem ao intuito de exercício do controle absoluto sobre a vítima. Trata-se, portanto, de inquestionável problema social da realidade brasileira, com implicações criminais e civis, mas ainda com recentes possíveis soluções.

Até 2021, essa perseguição obsessiva, muito embora de inequívoca gravidade, sequer possuía tipo penal específico no direito brasileiro, enquadrando-se, quando muito, em linhas gerais, como contravenção penal prevista no artigo 65, do Decreto-Lei 3.688/1941, por molestar ou perturbar a tranquilidade de alguém, com pena de prisão de, no máximo, dois meses[10]. Havia a possibilidade, no entanto, desde 2017, após alteração pela Lei 13.772/2018, de repreensão da conduta com a aplicação da Lei Maria da Penha (nº 11.340/2016), na qual veio disposto em seu artigo 7º, inciso II, a "perseguição contumaz" como espécie de violência doméstica psicológica[11], a partir de medidas protetivas de urgência, as quais, por

[8] Luciana Gerbovic, ***Stalking***, p. 21.

[9] **Jus**. Disponível em: <https://jus.com.br/artigos/10846/*stalking*>. Acesso em 10 de out. de 2022.

[10] "Art. 65. Molestar alguem ou perturbar-lhe a tranquilidade, por acinte ou por motivo reprovavel: Pena – prisão simples, de quinze dias a dois meses, ou multa, de duzentos mil réis a dois contos de réis".

[11] "Art. 7º. *Omissis*. [...] II – a violência psicológica, entendida como qualquer conduta que lhe cause dano emocional e diminuição da autoestima ou que lhe prejudique e perturbe o pleno desenvolvimento ou que vise degradar ou controlar suas ações, comportamentos, crenças

sua vez, em caso de descumprimento por parte do agressor, materializam tipo penal sujeito à detenção de três meses a dois anos[12]. A partir disso, frutificou-se no judiciário a concessão de medidas protetivas às mulheres vítimas de *stalking*[13] e a valoração de tal perseguição como causa de exasperação da pena-base de crime de violência doméstica[14].

Contudo, tais dispositivos legais mostraram-se insuficientes para coibir a prática do *stalking*, haja vista que a ideia de perseguição obsessiva ganhou novos contornos e, em consequência, graves reflexos em razão da minimização da privacidade e da intimidade diante do descuidado uso das redes sociais, não sendo restrita, portanto, ao âmbito doméstico, tampouco ao gênero feminino — apesar da grande maioria das vítimas do *stalking* serem mulheres[15]. Diante desse contexto, propôs a senadora Leila Barros (PSB-DF) o projeto de lei nº 1369/2019, com o intuito de criminalizar a perseguição que, propositadamente, provoca medo e prejudica a liberdade da vítima, a partir da seguinte justificativa:

e decisões, mediante ameaça, constrangimento, humilhação, manipulação, isolamento, vigilância constante, perseguição contumaz, insulto, chantagem, violação de sua intimidade, ridicularização, exploração e limitação do direito de ir e vir ou qualquer outro meio que lhe cause prejuízo à saúde psicológica e à autodeterminação".

12 Lei nº 11.340/2016. "Art. 24-A. Descumprir decisão judicial que defere medidas protetivas de urgência previstas nesta Lei: Pena – detenção, de 3 (três) meses a 2 (dois) anos".

13 Rafa Santos. Juíza concede medidas protetivas a vítima de perseguição por ex-cônjuge em SP. **Conjur.** Disponível em: <https://www.conjur.com.br/2020-abr-27/juiza-concede-medidas-protetivas-vitima-perseguicao-sp>. Acesso em: 10 de out. 2022. E, ainda: Justiça aplica lei Maria da Penha em caso de *stalking*. **Conjur.** Disponível em: <https://www.conjur.com.br/2020-mar-02/justica-aplica-lei-maria-penha-*stalking*>. Acesso em: 10 de out. 2022.

14 "HABEAS CORPUS. CRIME DE AMEAÇA. VIOLÊNCIA DOMÉSTICA. PERSEGUIÇÃO À VÍTIMA DURANTE RELACIONAMENTO AMOROSO E APÓS SEU TÉRMINO. DOSIMETRIA DA PENA. EXASPERAÇÃO DA PENA-BASE. ARTIGO 59 DO CÓDIGO PENAL. PERSONALIDADE DO AGENTE. DESNECESSIDADE DE ELABORAÇÃO DE ESTUDO TÉCNICO. *STALKING*. PERSEGUIÇÃO. COMPORTAMENTO OPRESSOR. SENSAÇÃO DE INTRANQUILIDADE. AUSÊNCIA DE ILEGALIDADE OU TERATOLOGIA". STJ, HC n. 359.050/SC, Rel. Min. Antonio Saldanha Palheiro, OJ 6ª T, DJe de 20/4/2017.

15 Arthur Guimarães. Brasil registrou 27,7 mil casos de *stalking* contra mulheres em 2021, aponta FBSP. Jota. Disponível em: <https://www.jota.info/coberturas-especiais/diversidade/brasil-registrou-277-mil-casos-de-*stalking*-contra-mulheres-em-2021-aponta-fbsp-28062022>. Acesso em: 10 de out. de 2022.

> A presente iniciativa corresponde a um apelo da sociedade e a uma necessária evolução no Direito Penal brasileiro frente à alteração das relações sociais promovidas pelo aumento de casos, que antes poderiam ser enquadrados como constrangimento ilegal, mas que ganham contornos mais sérios com o advento das redes sociais e com os desdobramentos das ações de assédio/perseguições[16].

Tal projeto culminou na promulgação da Lei n. 14.132/2021, a qual introduziu o artigo 147-A[17] no CP a tipificação do crime de perseguição com pena de reclusão de seis meses a dois anos e multa, com agravante de aumento de metade se se tratar de crime cometido contra criança, adolescente ou idoso, contra mulher por razões de condições de sexo feminino ou, ainda, se mediante concurso de duas ou mais pessoas ou com emprego de arma. Ademais, tal lei teve o condão de revogar o até então dispositivo aplicável, o artigo 65 do Decreto-Lei 3.688/1941, que permitia a caracterização do *stalking* como contravenção penal. Neste contexto, muito embora tal alteração legislativa tenha enfrentado certa crítica na doutrina, a qual entendeu que a prática do *stalking*, tal como tipificada, teria violado o princípio da taxatividade ao ser muito ampla em sua descrição[18], buscar-se-á, neste trabalho, extrair dela elementos objetivos para a identificação da conduta, a qual, como já visto, pode decorrer de

[16] Disponível em: < https://legis.senado.leg.br/sdleg-getter/documento?dm=7924938&ts=1630434162684&disposition=inline>. Acesso em: 10 de out. 2022.

[17] CP. "Art. 147-A. Perseguir alguém, reiteradamente e por qualquer meio, ameaçando-lhe a integridade física ou psicológica, restringindo-lhe a capacidade de locomoção ou, de qualquer forma, invadindo ou perturbando sua esfera de liberdade ou privacidade. Pena – reclusão, de 6 (seis) meses a 2 (dois) anos, e multa. § 1º A pena é aumentada de metade se o crime é cometido: I – contra criança, adolescente ou idoso; II – contra mulher por razões da condição de sexo feminino, nos termos do § 2º-A do art. 121 deste Código; III – mediante concurso de 2 (duas) ou mais pessoas ou com o emprego de arma; § 2º As penas deste artigo são aplicáveis sem prejuízo das correspondentes à violência. § 3º Somente se procede mediante representação".

[18] "A partir de uma leitura pormenorizada do referido tipo penal, fica evidente que se refere a uma norma penal genérica, ou seja, o legislador não trouxe uma definição precisa da norma, violando, assim, o princípio da taxatividade. Esse princípio diz respeito ao tipo penal ser específico e delimitado, sem permanecer como uma norma ampla". Augusta dos Santos Novais, **Criminalização do *stalking***, p. 28.

comportamentos diversificados, imprevisíveis e que, muitas vezes, não são, ao menos isoladamente, reprováveis socialmente[19].

De acordo com o tipo penal, portanto, para que se materialize o crime de *stalking*, deve haver perseguição reiterada da vítima, a qual, em razão disto, sente sua integridade, física ou psicológica, ameaçada, bem como cerceada em sua liberdade ou privacidade. Nota-se, assim, alto grau de subjetividade no dispositivo legal, ficando a cargo do intérprete o papel de delimitar quantos atos persecutórios são suficientes para caracterizar a reiteração da conduta, além de avaliar qual seria o limite ofensivo aos direitos fundamentais do outro. Inobstante a tais ressalvas, a tipificação penal foi de suma importância para aclarar os debates a respeito do *stalking*, sobretudo no âmbito civil, haja vista a ausência de normatividade expressa, apesar de serem inegáveis os danos que lhe são decorrentes.

Nesse sentido, muito embora se trate de recentíssima temática, o que dificulta a pesquisa jurisprudencial[20], já há, no campo doutrinário, diversos trabalhos destinados a explorar formas de se evitar a ocorrência de danos[21], bem como de reparar aqueles inevitáveis sofridos pelas vítimas, a partir de uma leitura analítica da prática do *stalking* a fim de enquadrá-la nos

[19] "O *stalking* é um fenômeno complexo, especialmente porque gera riscos em razão destas três premissas: (i) apresenta inúmeros comportamentos diferentes; (ii) a vítima, em regra, tem ciência do que ocorre, mas nem sempre o reconhece como comportamento desviante; (iii) os comportamentos são imprevisíveis". Viviane Nery Viegas, ***Stalking***, p. 32.

[20] Exemplificativamente, a partir da busca do termo "*stalking*" no mecanismo de pesquisa do Superior Tribunal de Justiça, encontra-se apenas dois acórdãos, ambos de natureza penal, sem qualquer discussão a respeito da sua repercussão no âmbito civil da vítima: AgRg no HC n. 680.738/DF, relator Ministro Ribeiro Dantas, Quinta Turma, julgado em 28/9/2021, DJe de 4/10/2021 e HC n. 359.050/SC, relator Ministro Antonio Saldanha Palheiro, Sexta Turma, julgado em 30/3/2017, DJe de 20/4/2017.

[21] "Dúvidas não há de que, a considerar a gravidade dos danos causados pela prática do *stalking*, a medida que se busca é a que faça cessar os atos do *stalker*, a fim justamente de se evitar a causação de danos. [...] uma ação judicial com base no art. 303 do NCPC pode, até liminarmente, por exemplo, conseguir uma ordem judicial que impeça o *stalker* de se comunicar com a vítima, seja por qual meio for; de se aproximar de sua casa ou local de trabalho e/ou estudo; de entrar em contato com seus amigos e parentes, de segui-la etc. Há também a possibilidade de se conseguir medida preventiva com base na Lei Maria da Penha, a depender das características do caso concreto encaixarem-se nas hipóteses legais. Com essas medidas, pretende-se, idealmente, que o *stalking* não chegue a causar danos à vítima". Luciana Gerbovic, ***Stalking***, p. 126.

elementos da responsabilidade civil subjetiva[22] e estabelecer critérios para sua caracterização. E é este o caminho a ser seguido no presente artigo, norteado pela sistemática do direito civil-constitucional.

3. No âmbito civil: meios reparatórios

3.1. Responsabilidade civil sob a perspectiva civil-constitucional

Antes de adentramos na especificidade do tema, faz-se necessário apresentar, mediante breve panorama, a linha de pesquisa que orienta o desenvolvimento deste trabalho. Nesse sentido, enfatiza-se a revolução copernicana sofrida pelo direito privado com a promulgação CF/88[23]. Com isso, a elevação da pessoa ao centro do ordenamento e a consequente tutela expressa de seus atributos de personalidade modificaram profundamente o panorama estritamente patrimonialista das relações privadas dado pelo Código Civil de 1916. Com a Constituição, advieram vetores para um direito voltado à pessoa e sua proteção, o que deveria sempre ser perquirido, inclusive nos campos obrigacional e contratual em que as relações jurídicas seriam *prima facie* patrimoniais[24].

Tamanhas expectativas criadas sobre um direito civil-constitucional motivaram algumas críticas a pairar sobre o Código Civil de 2002, haja

[22] A responsabilização civil do *stalker* traz uma alternativa diferente para as mulheres que são vítimas de *stalking*. O processo civil pode ser, para muitas mulheres, a resposta mais adequada para condutas inadequadas de seus companheiros. [...] No curso desse trabalho, foi possível concluir que não há óbice ao reconhecimento de responsabilidade civil contra alguém que comete *stalking*, não só no que diz respeito ao dano material, quando houver, mas também enseja compensação por dano moral". Julia Castro Lucas da Silva, **Responsabilização civil por *stalking***, p. 58.

[23] "A [...] metodologia do direito civil constitucional [...] ingressa no sistema brasileiro a partir do texto constitucional vigente, tendo como compromisso a promoção dos valores constitucionais para reconstruir estruturas tradicionais a partir da promoção da proteção da pessoa humana e da busca da justiça social". Marcos Ehrhardt Jr, **Responsabilidade civil pelo inadimplemento da boa-fé**, p. 55.

[24] "[...] a releitura do Direito Civil, com a passagem de seus princípios fundadores do Código à Constituição, revela processo de profunda transformação social, em que a autonomia privada passa a ser remodelada por valores não patrimoniais, de cunho existencial, inseridos na noção de ordem pública. O indivíduo, elemento subjetivo basilar e neutro de Direito Privado, à pessoa humana, para cuja promoção se volta a ordem jurídica como um todo". Gustavo Tepedino, Introdução, *in* Gustavo Tepedino; Ana Carolina Brochado Teixeira; Vitor Almeida (coord), **O direito civil entre o sujeito e à pessoa**, p. 17.

vista os resquícios da codificação anterior. Deve ser lhe dado, contudo, o mérito das diversas técnicas legislativas aplicadas, tais como as cláusulas gerais e os enunciados normativos indeterminados[25], propiciando um entremear com os preceitos constitucionais, garantindo a busca pela efetividade frente aos novos e constantes problemas jurídicos[26].

Especialmente no âmbito da responsabilidade civil, sobretudo a extracontratual, não há de se olvidar que trata de uma das áreas mais dinâmicas do direito privado, sensível às constantes transformações sociais. Sua cláusula geral, *"aquele que por ato ilícito, causar dano a outrem, fica obrigado a repará-lo"* (art. 927, CC), permite, sem grandes esforços, seu remanejamento interpretativo à medida que surgem novas demandas sociais. Não à toa, esse instituto possui papel de destaque como "[...] instrumento de intervenção social empregado para direcionar os comportamentos dos indivíduos para determinados objetivos da coletividade, como [...] a proteção de direitos de personalidade"[27].

A despeito dessa dinamicidade, o modelo de reparação civil tradicional ainda se prende à análise dos elementos "ato ilícito culposo, nexo de causalidade e dano" na busca pela reparação integral. No entanto, em um contexto civil-constitucional, o qual dá enfoque à proteção da pessoa humana e a seus direitos fundamentais, revela-se, nas palavras de Anderson SCHREIBER, "[...] a insuficiência da dogmática tradicional

[25] "O Código Civil, na contemporaneidade, não tem mais por paradigma a estrutura que, geometricamente desenhada como um modelo fechado pelos sábios iluministas, encontrou a mais completa tradução na codificação oitocentista. Hoje a sua inspiração, mesmo do ponto de vista da técnica legislativa, vem da Constituição, farta em modelos jurídicos abertos. [...] Um Código não-totalitário tem janelas abertas para a mobilidade da vida, pontes que o ligam a outros corpos normativos – mesmo os extra-jurídicos – e avenidas, bem trilhadas, que o vinculam, dialeticamente, aos princípios e regras constitucionais. As cláusulas gerais, mais do que um "caso" da teoria do direito – pois revolucionam a tradicional teoria das fontes –, constituem as janelas, pontes e avenidas dos modernos códigos civis". Judith Martins-Costa, O direito privado como um "sistema em construção", **Revista de Informação Legislativa**, v. 35, p. 6.

[26] "Muito embora se tratasse de iniciativa com tendências conservadoras das normativas contidas pelo Código Civil de 1916, *'não só pelos seus métodos intrínsecos, mas também pelo acervo de doutrina e de jurisprudência que em razão dele se constituiu'*, a promulgação do então novo Código pôs a lume traços novidadeiros [...]". André Luiz Arnt Ramos, **Segurança jurídica e indeterminação normativa deliberada**, p. 149.

[27] Ricardo Dal Pizzol, **Responsabilidade civil**, p. 8.

da Responsabilidade Civil para assegurar efetiva reparação às vítimas [...]"[28], haja vista que diversos interesses jurídicos fundamentais não são facilmente recompostos no caso concreto, o que deflagra, portanto, uma crise paradigmática.

Como resposta a tal crise, percebeu-se um movimento que passou a conceber o direito, e seus institutos jurídicos, além de sua estrutura, também a partir de sua função na sociedade. Instaurou-se, desse modo, uma dupla perspectiva, a estrutural e funcional, as quais, complementarmente, garantem plena concepção de um direito em permanente construção[29]. Assim, dogmaticamente, predomina no direito brasileiro a classificação funcional tricotômica da responsabilidade civil — reparatória/ /compensatória, punitiva e preventiva[30] —, visando, além da restituição da vítima ao *status quo ante*, também a evitar danos futuros e, ainda, almejando coibir as mesmas condutas ilícitas em outras circunstâncias.

Contexto, portanto, favorável ao desenvolvimento do debate acerca da responsabilização civil do *stalker*, haja vista que, embora não seja enfrentada diretamente pela legislação civilista brasileira, é possível sustentá-la, seja em sua vertente preventiva, seja na indenizatória/compensatória, a partir da hermenêutica da cláusula geral da responsabilidade civil sob a ótica civil-constitucional, a qual, como já exposto, remete à proteção dos direitos advindos da dignidade humana, tais como a intimidade e privacidade.

3.2. Fundamentos da responsabilidade civil subjetiva do *stalker*

A partir do raciocínio proposto, o do direito como produto social a ser interpretado à luz civil-constitucional, é defensável, com isso, a reparação da vítima no âmbito civil em razão da perseguição obsessiva praticada pelo

[28] **Direito civil e constituição**, p. 206.

[29] "O fato jurídico, como qualquer outra entidade, deve ser estudado nos dois perfis que concorrem para individuar sua natureza: a estrutura (como é) e a função (para que serve)". Pietro Perlingieri, **O direito civil na legalidade constitucional**, p. 642.

[30] "[...] no direito brasileiro do alvorecer do século XXI [...] permite o estabelecimento de três funções para a responsabilidade civil (1) ***Função reparatória***: a clássica função de transferência dos danos do patrimônio do lesante ao lesado como forma de reequilíbrio patrimonial; (2) ***Função punitiva***: sanção consistente na aplicação de uma pena civil ao ofensor como forma de desestímulo de comportamentos reprováveis; (3) ***Função precaucional:*** possui o objetivo de inibir atividades potencialmente danosas". Nelson Rosenvald, **As funções da responsabilidade civil**, p. 95.

stalker. E isso porque, como já exposto, tal conduta viola flagrantemente direitos fundamentais. Entretanto, ainda que a possibilidade de responsabilização pela prática do *stalking* seja incontroversa no direito, há pontos que demandam especial atenção do intérprete, tais como a natureza e os respectivos elementos dessa responsabilidade.

Nesse sentido, não se olvida a importância de identificar se se trata de responsabilidade subjetiva ou objetiva, haja vista que, a depender da modalidade, acrescentar-se-á a culpa como fator determinante para a sua caracterização[31]. E, embora a subjetiva seja a regra do ordenamento jurídico brasileiro[32], há exceções, tais como o ilícito caracterizado como abuso de direito[33], que afasta a necessidade de comprovação do elemento volitivo para configuração do dever de indenizar. No caso em apreço, em que se analisa a conduta do *stalker*, apesar da atecnia de se caracterizar tal responsabilidade como sendo de natureza objetiva[34], o entendimento doutrinário é o de que é possível fundamentá-la tanto no artigo 186, em caso de negligência ou imprudência do agente, quanto no artigo 187, em caso de abuso de direito que ultrapasse os limites da boa-fé ou dos bons costumes, ambos do CC, conforme esclarece Luciana GERBOVIC:

[31] "Em face da teoria clássica [...], também chamada de teoria da culpa, ou 'subjetiva', pressupõe a culpa como fundamento da responsabilidade civil. Em não havendo culpa, não há responsabilidade. [...] A classificação corrente e tradicional, pois, denomina *objetiva* a responsabilidade que *independe de culpa*. Esta pode ou não existir, mas será sempre irrelevante para a configuração do dever de indenizar". Carlos Roberto Gonçalves, **Direito civil brasileiro**, p. 48.

[32] "Art. 186. Aquele que, por ação ou omissão voluntária, negligência ou imprudência, violar direito e causar dano a outrem, ainda que exclusivamente moral, comete ato ilícito".

[33] "Art. 187. Também comete ato ilícito o titular de um direito que, ao exercê-lo, excede manifestamente os limites impostos pelo seu fim econômico ou social, pela boa-fé ou pelos bons costumes".

[34] "[...] na prática, identificar se o ato ilícito ocorreu em sentido estrito ou na forma de um abuso de direito provavelmente não vai influenciar de forma diferenciada no curso do processo, pois a culpa em sentido amplo sempre estará demonstrada quando ocorrer *stalking*. Resumidamente, o abuso do direito não será identificado em todas as ocorrências de *stalking*. No entanto, mesmo nos casos em que for identificado o abuso de direito, não há por que requisitar que a responsabilidade seja verificada sem a comprovação de culpa, pois os danos provocados pelo *stalker* são premeditados. [...] No caso do *stalking*, consoante o que foi visto anteriormente, é improvável o entendimento pela responsabilidade objetiva". Julia Castro Lucas da Silva, **Responsabilização civil por *stalking***, p. 55.

> Seja qual for a teoria informadora do sistema da responsabilidade civil no nosso sistema, o que notamos no caso do *stalking* é que por qualquer uma delas o *stalker* poderá ser responsabilizado pelos danos causados. Ao perseguir alguém de forma contumaz, reiteradamente, mesmo ciente da contrariedade da pessoa perseguida, o *stalker* o faz com dolo (culpa no sentido lato). [...] Dessa forma, pode-se aplicar ao caso a teoria da responsabilidade subjetiva, com base no art. 186, do CC. No entanto, o *stalker* pode, pelo meio de atos ilícitos [...], ultrapassar os limites mencionados no art. 187 do CC, exercendo todos esses direitos com abuso, de forma que poderá ser objetivamente responsabilizado [...][35].

Para fins deste trabalho, todavia, adotar-se-á como premissa a responsabilização do *stalker* mediante culpa, sob fundamento dos artigos 186 e 927 do CC, portanto, mas considerada a partir da perspectiva civil-constitucional, a qual conduz sua interpretação funcional pela máxima tutela da dignidade da pessoa humana e permite, inclusive, o repensar da responsabilidade civil, admitindo seu viés preventivo[36]. E, tendo em conta este ponto de partida, analisar-se-á concretamente seus elementos, ato ilícito, nexo de causalidade, culpa e dano, a fim de contribuir para melhor instrumentalização do tema.

De início, a prática do *stalking*, definida por Viviane Nery VIEGAS como "[...] uma série de diversos comportamentos, nos quais, o indivíduo (*stalker*) que os pratica, age com máxima persistência e de forma obsessiva contra uma determinada pessoa (vítima)"[37], caracteriza-se como ilícita, pois remete à perseguição obstinada, física ou virtual, que constrange e intimida a pessoa perseguida, violando, em síntese, um dos direitos fundamentais mais caros ao ser humano, sua privacidade. Afinal, conforme pontua Gilmar Mendes e Paulo Gustavo BRANCO, a vida privada "[...] é uma necessidade de todo homem, para a sua própria saúde mental. Além

[35] ***Stalking***, p. 93.

[36] De acordo com Melo, há "[...] uma necessidade de interpretação da culpa não mais para diferenciá-la da responsabilidade objetiva, mas, especialmente, para amoldá-la às novas tendências do próprio modelo civil-constitucional da responsabilidade, calcada na solidariedade social, na dignidade da pessoa humana, bem como à luz das novas tendências da responsabilidade (que admite punições e age preventivamente [...]". Diogo Machado de Melo, **Culpa extracontratual**, p. 48.

[37] ***Stalking***, p. 12.

disso, sem privacidade, não há condições propícias para o desenvolvimento da livre personalidade"[38]. Retoma-se, portanto, que tal definição se alinha ao núcleo do recente tipo penal (art. 147-A, CP), o qual dispõe que o crime de perseguição se materializa pela reiteração da conduta, ameaçando a integridade física ou psicológica e invadindo a liberdade ou privacidade da vítima. A identificação desta conduta no caso concreto, no entanto, é dificultosa, haja vista que, à primeira vista, revela-se como frustração quanto a relações interpessoais rompidas ou que sequer se iniciaram, mas foram idealizadas.

Há, de fato, semelhanças entre a desilusão quanto a um relacionamento que não deu certo e o *stalking*, tais como insistir em ligações e mensagens na tentativa de reatar, mas, certamente, o que os diferenciam, de acordo com Mario RAMIDOFF e Cesare TRIBERT, é a forma como se lida com o fim da relação; enquanto um se conforma, o outro não:

> [...] o comportamento do *stalker*, na sua fase inicial, tem as mesmas peculiaridades do início de toda e qualquer relações interpessoais [...]. O que certamente fará a diferença para o *stalker*, em dado momento, será a não aceitação da interrupção da relação ou a tentativa frustrada de relacionamento entre as duas partes[39].

E, não sabendo lidar com a rejeição, o *stalker*, então, obstina-se, propositadamente, a perturbar e controlar a vítima através dos mais variados e persistentes, comportamentos. Podem ser eles violentos, *v.g.*, enviar inúmeras mensagens com tons de ameaça, comparecer sempre nos mesmos lugares que a vítima e causar confusões, até criminosos, como invasão de propriedade e agressões, mas também podem ser, aparentemente, lisonjeiros, tais como o envio de inúmeros presentes, mas que são notoriamente indesejados pela vítima[40]. Nota-se, aqui, , que "[a] intenção, ou seja, o dolo, está sempre presente [...]"[41], intrínseco à própria definição

[38] **Curso de direito constitucional**, p. 280.

[39] ***Stalking***, p. 36.

[40] "[...] na configuração do *stalking*, pode haver uma mescla entre comportamentos socialmente aceitos [...]. E outros sabidamente ilícitos e até criminosos [...]. Mas mesmo as atitudes permitidas e socialmente aceitas podem configurar o *stalking*, se reiteradas e praticadas contra a vontade da vítima". Luciana Gerbovic, ***Stalking***, p. 34-35.

[41] Luciana Gerbovic, ***Stalking***, p. 94.

de *stalking*, razão pela qual, como já dito, não é possível categorizar sua responsabilidade civil como propriamente objetiva.

Entretanto, ainda que o dolo seja elemento indissociável da prática da perseguição contumaz e, portanto, pressuponha a livre manifestação de vontade do *stalker* para agir como tal, pode surgir a dúvida de se isso deriva de um transtorno mental, o que, consequentemente, caracterizá-lo-ia como incapaz. E, nesse ponto, merece destaque o louvável esforço da medicina e da psicologia em analisar o perfil comportamental do indivíduo, com o intuito de identificar possíveis patologias. Inclusive, dá-se ênfase a estudo realizado por psiquiatras americanos, ainda em 1999, em que se classificou o *stalker* em cinco tipologias, levando em conta sua motivação: o *stalker* rejeitado, o que procura intimidade, o incompetente, o ressentido e, por fim, o predatório[42]. Mas, apesar de tal sistematização, o fenômeno do *stalking* é inegavelmente complexo, composto por inúmeras variáveis, o que dificulta sua categorização e, consequentemente, a identificação de um padrão prévio de comportamento do *stalker*[43]. Por esta razão é que se tem como entendimento majoritário não ser possível afirmar que o indivíduo que decide perseguir insidiosamente determinada vítima é acometido, necessariamente, por uma patologia, o que dependerá do contexto[44]. Dessa forma, como regra, o *stalker* é plenamente capaz e, em razão dos seus atos persistentes e não aprovados, vale frisar, praticados

[42] Tradução nossa. Do original: *"Stalkers were grouped into rejected, intimacy-seeking, incompetent, resentful, and predatory types. Theseare not entirely mutually exclusive groupings, and the placement of an individual is a matter of judgment"*. Paul E. Mullen, Michele Pathé, Rosemary Purcell & Geoffrey W. Stuart, *Study of stalkers*, ***American Journal of Psychiatry***, n. 156, p. 1248.

[43] "*Stalking* tem sido descrito como um fenômeno complexo e heterogêneo que varia forma, motivação, impacto e perfil psicológico do infrator. Tradução nossa. Do original: *"Stalking has been described as a complex, heterogeneous phenomenon that varies in form, motivation, impact and psychological profile of the offender"*. Kritika Jerath, Lisa Tompson & Jyoti Belur. *Treating and managing stalking offenders: findings from a multi-agency clinical intervention.* ***Psychology, Crime & Law***, p. 2.

[44] "[...] os estudiosos do tema, principalmente nas áreas de Medicina e Psicologia, afirmam que não há garantias em precisar e identificar a existência de uma patologia nos *stalkers*: um ser humano adulto, sem qualquer patologia em seu passado, pode, em razão de uma frustração, por exemplo, tornar-se um *stalker*. Não há, portanto, como estabelecer uma regra quanto às condições do surgimento de um perseguidor contumaz". Luciana Gerbovic, ***Stalking***, p. 23.

com a intenção de perturbar e controlar a vítima, poderá ser, sem qualquer óbice, responsabilizado[45].

Superada a análise tanto da conduta ilícita, quanto da culpa do agente, passa-se a enfrentar o nexo de causalidade na responsabilidade civil do *stalker*. Notoriamente, trata-se de elemento indispensável para a configuração do dever de indenizar, na medida em que "[...] supõe, de uma parte, uma ação humana e de outra, um certo tipo de vínculo entre o dano e a ação humana"[46]. No caso do *stalking*, o nexo causal estabelece a relação entre a conduta reiterada do agente e a efetiva perturbação da vítima, que ultrapassa os limites de mero desconforto de ter um admirador ou um ex-namorado que gostaria de estabelecer (ou reestabelecer) o vínculo interpessoal.

Trata-se, portanto, de elemento aferido faticamente no campo processual probatório[47], cabendo àquele que alega ser vítima da perseguição obsessiva a prova de que as condutas praticadas pelo perseguidor ofenderam diretamente seus direitos de personalidade, enquanto ao demandado que pretenderá se desincumbir do ato ilícito, caberá provar o rompimento desta relação, conforme pontua Julia Castro da SILVA: "[...] a parte ré que desejar de desincumbir da prática da conduta, poderá provar que houve alguma causa de rompimento do nexo causal, seja caso fortuito, força maior, culpa exclusiva da vítima ou fato de terceiro"[48]. No caso concreto, contudo, chama-se atenção para a dificuldade probatória de se demonstrar, muitas vezes, a relação de causalidade entre a conduta do agente e a perturbação da vítima, haja vista que nem sempre a perseguição é facilmente perceptível, conforme alerta Agatha Gonçalves SANTANA: [...]

> [...] um dos pontos mais controversos sobre o *stalking* é relacionado à questão probatória, em relação à demonstração não apenas do dano, mas

[45] "[...] na grande maioria dos casos de *Stalking*, o *stalker* é plenamente capaz e não se enquadra no art. 4º, inciso III, no Código Civil". Luciana Gerbovic, ***Stalking***, p. 27.

[46] Clóvis do Couto e Silva, **Princípios fundamentais da responsabilidade civil em direito brasileiro e comparado**, p. 69.

[47] Código de Processo Civil (CPC). "Art. 373. O ônus da prova incumbe: I – ao autor, quanto ao fato constitutivo de seu direito; II – ao réu, quanto à existência de fato impeditivo, modificativo ou extintivo do direito do autor. [...]".

[48] **Responsabilização civil por *stalking***, p. 56.

> do nexo de causalidade, como perseguição capaz de atingir efetivamente a paz da vítima, não sendo um mero incômodo ou desconforto por quem lhe acompanhe ou admire. Isso se deve ao fato das provas, nesse caso, serem predominantemente indiciárias ou indiretas, por não configurar conduta de fácil comprovação, já que o *stalker* não persegue sua vítima de modo evidente, utilizando-se de subterfúgios, terceiras pessoas, perfis falsos, invasões a dispositivos conectados à internet para obter informações[49].

Por essa razão é que se defende a admissão de provas indiciárias (ou indiretas)[50] pelo juízo quando diante de um caso que se discute o *stalking*, entendimento que é adotado também neste artigo, a fim de mitigar o ônus probatório, muitas vezes diabólico, que recai sobre a vítima e, assim, garantir que não se esvazie a proteção pretendida pelo instrumento reparatório[51].

[49] A problemática da prova relacionada à responsabilidade civil decorrente da prática de *stalking*, **Migalhas**. Disponível em: <https://www.migalhas.com.br/coluna/migalhas-de-responsabilidade-civil/345005/prova-relacionada-a-responsabilidade-civil-decorrente-de-*stalking*>. Acesso em: 10 de out. de 2022.

[50] " No processo, as provas tidas como diretas apresentam-se de forma objetiva ao juiz para que demonstrem a ocorrência do fato probando. Dessa forma, ao magistrado são levados os fatos que não necessitam de qualquer dedução para que se chegue ao seu acontecimento, pois, de forma direta, traduzem objetivamente o fato ocorrido. [...] Entretanto, muitas vezes, não há como as partes provarem diretamente o fato, sendo necessário que esse se dê através de outro que com ele se relacione, e que, por meio de um raciocínio indutivo, chegue-se ao conhecimento do primeiro, ou seja, por essa prova indireta, tida como outro fato muitas vezes denominado de auxiliar ou base, chega-se à percepção do fato principal, verificando-se, assim, a presença dos indícios e das presunções". Bianca da Silva Rodrigues, **A prova indiciária no processo civil e o convencimento do julgador**, p. 38.

[51] "[...] sobre o ilícito de *stalking*, depender-se-ia da aceitação de provas indiciárias, retirando-lhe o caráter de provas subsidiárias, podendo o juiz, em seu livre convencimento motivado, considerá-la apta para a procedência ou improcedência do pedido, como prova condenatória que mais se aproxime à verdade, concluindo que supervalorizar a prova formal como incontestável, muitas vezes seria impor à vítima um encargo enorme e invencível. Assim, considera-se a importância de reconhecer a *força probandi* das provas indiciárias à conduta de *stalking*, tanto para a configuração do *an debeatur* quanto do *quantum debeatur*, sob pena de esvaziar seu sentido protetivo". Agatha Gonçalves Santana, A problemática da prova relacionada à responsabilidade civil decorrente da prática de *stalking*, **Migalhas**. Disponível em: <https://www.migalhas.com.br/coluna/migalhas-de-responsabilidade-civil/345005/prova-relacionada-a-responsabilidade-civil-decorrente-de-*stalking*>. Acesso em: 10 de out. de 2022.

Vale observar que tal raciocínio mostra-se plenamente compatível com o ordenamento jurídico brasileiro, haja vista que vigora o princípio da liberdade probatória[52]. Conclui-se, portanto, que a comprovação do nexo causal é indispensável para a configuração da responsabilidade civil do *stalker* e embora possa ser, à primeira vista, tortuosa, há instrumentos processuais que minimizam o encargo probatório que recai sobre a vítima, tais como a possibilidade de utilização de provas indiretas.

Por fim, o último elemento a ser analisado é o dano. E aqui, conforme já exposto, os danos sofridos pela vítima do *stalking* são aqueles decorrentes da violação dos seus direitos de personalidade, tais como sua privacidade, intimidade e integridade psicofísica e, dado seu caráter amplo, podem ser materializados de diversas formas, a depender da gravidade da perseguição perpetrada. Retoma-se que o fenômeno do *stalking* pode-se caracterizar a partir de diferentes atos — podem ser eles agressivos e violentos, sutis e ardilosos, ou até mesmo lisonjeiros —, todos praticados, no entanto, com o manifesto intuito de perturbar o psicológico da vítima e exercer sobre ela controle. Infelizmente, é comum que os danos decorrentes dessa conduta ilícita sejam tratados como infortúnios pela pessoa perseguida, conforme observa Luciana GERBOVIC: "[m]uitas vítimas de *stalking* acreditam que estão sofrendo um infortúnio contra o qual nada podem fazer, como se a perseguição fosse um dano natural, ainda mais se o *stalker* for um ex-marido (companheiro, namorado etc.)"[53]. Todavia, há um liame entre uma infeliz reação daquele indivíduo que não sabe, em um primeiro momento, lidar com a frustração do relacionamento e a perseguição que efetivamente viola os direitos de personalidade da vítima, oriundos da dignidade da pessoa humana, a qual, consequentemente, está sujeita à

[52] CPC. "Art. 369. As partes têm o direito de empregar todos os meios legais, bem como os moralmente legítimos, ainda que não especificados neste Código, para provar a verdade dos fatos em que se funda o pedido ou a defesa e influir eficazmente na convicção do juiz". Nesse sentido, "[a] utilização da prova indiciária na fase instrutória, como fonte de prova de um processo, é expressamente aceita pelos doutrinadores e pelos aplicadores de direito. A autorização de sua utilização traz grandes vantagens tanto à parte que pretende provar certo fato ocorrido com extrema dificuldade de comprovação quanto ao magistrado para aplicação do direito de forma democrática e satisfatória aos litigantes". Bianca da Silva Rodrigues, **A prova indiciária no processo civil e o convencimento do julgador**, p. 45.

[53] ***Stalking***, p. 28.

reparação. Nesse ponto, não se olvida que de tal violação podem decorrer danos tanto materiais, quanto morais[54].

A sensação da perda de controle da própria vida e do poder de autodeterminação, que são os principais efeitos do *stalking*[55], podem causar transtornos psicológicos, tais como depressão, ansiedade, síndrome do pânico e medo de sair de casa. E quando a obsessão se torna flagrantemente violenta, podem ocorrer, ainda, agressões físicas, violando também os direitos fundamentais à saúde e à integridade física da vítima. Todos estes danos, que são só alguns exemplos do que pode ocorrer em razão de tal perseguição obsessiva, poderão ser reparados tanto sob o viés patrimonial — *v.g.*, a partir do custeio de tratamentos psicológicos e de eventual procedimento cirúrgico em caso de agressão, remédios e até lucros cessantes caso a vítima não consiga mais trabalhar —, quanto extrapatrimonial, em que deverá ser arbitrado um valor a título de compensação da ofensa à dignidade humana. Entretanto, com a devida cautela que tal tema merece, a fim de evitar o esvaziamento desta caracterização[56], para fins deste artigo, adota-se a acertada delimitação de Maria Celina Bodin de MORAES ao dispor que "[...] sempre que ocorrer lesão à igualdade, à integridade psicofísica, à liberdade e à solidariedade familiar, terá ensejo o dano moral indenizável"[57]. Assertiva acompanhada da ressalva de que não é em toda e qualquer situação passível de ser invocar a dignidade

[54] "[...] o preenchimento do conteúdo material para reconhecimento dos danos não patrimoniais decorrentes de comportamentos violentos que se consubstanciem no *stalking* deve atender às diretrizes de valoração probatória, mas sobretudo, não podem olvidar da relação intrínseca entre direitos da personalidade de dignidade da pessoa humana". Viviane Nery Viegas, ***Stalking***, p. 86.

[55] "[...] o *stalking* atinge a pessoa humana no seu âmago, pois os danos causados são de tamanha gravidade que impedem o próprio desenvolvimento da personalidade humana, já que nenhum ser humano pode se desenvolver livre, plena e dignamente sob o jugo de outro". Luciana Gerovic, ***Stalking***, p. 109.

[56] "A tutela da pessoa humana sofre duros golpes em seu desenvolvimento dogmático, na medida em que é associada a um subterfúgio para a ausência de fundamentação jurídica das decisões ou, diversamente, é utilizada para a proteção radical e desproporcional de certas categorias [...]. Prevista pelo constituinte como princípio fundamental do ordenamento jurídico brasileiro, a práxis contemporânea tem tentado inserir na dignidade humana todo e qualquer conteúdo, esvaziando seu potencial transformador". Maria Celina Bodin de Moraes, **Danos à pessoa humana**, p. XXIX.

[57] **Danos à pessoa humana**, p. XIV.

humana como fundamento, mas tão somente naquelas em que se constata factualmente a lesão a um bem jurídico que lhe é vinculado[58].

Por fim, no que se refere aos meios reparatórios, ainda que a pecúnia seja o instrumento mais utilizado pelos operadores do direito, não se pode perder de vista, sobretudo diante da perspectiva funcional da responsabilidade civil, que também é possível valer-se de outros meios não pecuniários como forma de alcançar a efetividade da reparação do direito de personalidade violado[59]. Exemplificativamente, pode-se pensar, combinados à indenização[60], em medidas protetivas, resgatando, aqui, a influência da Lei Maria da Penha, tais como em exclusão de contas de redes sociais, em caso de *cyberstalking*, ou, ainda, em pedido de desculpas público, se, no caso concreto, houve exposição vexatória da vítima. Ademais, valendo-se da vertente preventiva da responsabilidade civil, é igualmente possível utilizar o instrumento da tutela inibitória como forma de evitar a reiteração da conduta indesejada do *stalker* e, assim, minimizar os danos sofridos pela vítima que, conforme exposto, podem atingir magnitudes irreversíveis.

Conclusões

O fenômeno do *stalking*, traduzido para o direito brasileiro como perseguição contumaz, embora já há muito pesquisado pela medicina e psicologia, conforme estudos referenciados ao longo do artigo, ganhou relevantes contornos jurídicos recentemente, sobretudo em razão do atual contexto da sociedade da informação, em que a privacidade e intimidade

[58] "Não é necessário, menos ainda desejável, que todo e qualquer caso se resolva com menção à dignidade [...]; sobretudo se essa for uma menção descompromissada e meramente decorativa [...]. A invocação da dignidade humana (ou de qualquer outro) princípio, portanto, deve ser acompanhada de zelo com a totalidade do ordenamento e com o contexto do caso [...]". André Luiz Arnt Ramos, **Segurança jurídica e indeterminação normativa deliberada**, p. 146-147.

[59] "[a]s formas não pecuniárias hão de ser cotejadas com as especificidades que o caso concreto apresenta, tutelando de maneira adequada e efetiva o interesse existencial contrariado". Cícero Dantas Bisneto, **Formas não monetárias de reparação do dano moral**, p. 228.

[60] "A eleição de um ou outro meio, assim como a sua combinação ou, até mesmo, diante das peculiaridades concretas, que outras formas possam ser postuladas, a fim de atender às aspirações da vítima e dar-lhe uma resposta satisfatória, atenderia satisfatoriamente à garantia constitucional de reparação [...]". Fábio Gaspar de Souza, A reparação não pecuniária do dano extrapatrimonial, **Revista Faculdade de Direito São Bernardo do Campo**, v. 23, p. 19.

são constantemente desafiadas. Tal prática, que exige o manifesto intuito do perseguidor de intimidar e perturbar a vítima, pode-se materializar a partir de diversos comportamentos, causando graves danos à pessoa perseguida. Não à toa, recentemente foi tipificada como crime de perseguição, com pena de até dois anos de reclusão. Todavia, no âmbito civil, a discussão ainda é tormentosa, haja vista a ausência de normatividade expressa quanto à possibilidade de responsabilização do *stalker* pelos danos causados à pessoa perseguida. Por esse exposto, propôs-se a responder no presente trabalho quais são fundamentos jurídicos que são hábeis a justificar tal responsabilidade civil no direito brasileiro a fim de atender de forma mais efetiva e adequada a vítima do caso concreto.

Nesse sentido, apurou-se, no decorrer do trabalho, o estado da arte do *stalking* no direito brasileiro, a partir de doutrina e jurisprudência, traçando um fio cronológico desde sua provisória categorização como contravenção penal à influência da Lei Maria da Penha, até à tipificação penal. Em seguida, norteando-se pela hermenêutica civil-constitucional da responsabilidade civil, discorreu-se como o recente tipo penal, a despeito da independência de instâncias, pode ser útil no meio civil para a caracterização dos elementos da responsabilidade civil subjetiva do *stalker* — ato ilícito, culpa, nexo de causalidade e dano —, haja vista a ausência de normatividade expressa, apesar de serem inegáveis os danos que lhe são decorrentes.

Confirmou-se, assim, à guisa de conclusão, a hipótese de que a cláusula geral da tutela da responsabilidade civil, prevista no artigo 927, conjugada com o artigo 186, ambos do CC, considerada em sua estrutura e função (ou funções), é instrumento aplicável e efetivo para a reparação adequada dos danos sofridos pela vítima do *stalker*, não sendo necessária uma alteração legislativa, na contramão do que ocorreu no âmbito penal.

Referências

BISNETO, Cícero Dantas. **Formas não monetárias de reparação do dano moral:** uma análise do dano extrapatrimonial à luz do princípio da reparação adequada. Florianópolis: Tirant Lo Blanch, 2019.

BRASIL. Decreto-lei nº 2.848, de 7 de dezembro de 1940. Código Penal. **Diário Oficial da União**, Poder Executivo, Brasília, DF, 1940.

______. Decreto-lei nº 3.688, de 3 de outubro de 1941. Lei das Contravenções Penais. **Diário Oficial da União**, Poder Executivo, Brasília, DF, 1941.

_____. Constituição (1988). Constituição da República Federativa do Brasil. **Diário Oficial da União**, Brasília, DF, 5 out. 1988.

_____. Senado. **Projeto de lei nº 1369/2019**. Altera o Decreto-Lei nº 2.848, de 7 de dezembro de 1940, Código Penal, tipificando o crime de perseguição e dá outras providencias. Brasília: Senado, 2019. Disponível em: < https://legis.senado.leg.br/sdleg-getter/documento?dm=7924938&ts=1630434162684&disposition=inline>. Acesso em: 10 de out. 2022.

_____. Lei nº 10.406, de 10 de janeiro de 2002. Código Civil. **Diário Oficial da União**, Poder Executivo, Brasília, DF, 2002.

_____. Lei nº 11.340, de 7 de agosto de 2006. Lei Maria da Penha. **Diário Oficial da União**, Poder Executivo, Brasília, DF, 2006.

_____. Lei nº 13.105, de 16 de março de 2015. Código de Processo Civil. **Diário Oficial da União**, Poder Executivo, Brasília, DF, 2015.

_____. Superior Tribunal de Justiça. *Habeas Corpus* nº 359.050/SC. Relator: Antonio Saldanha Palheiro. Sexta Turma. **Diário de Justiça Eletrônico**, Brasília, 20 abr 2017. Disponível em: < https://processo.stj.jus.br/SCON/pesquisar.jsp?i=1&b=ACOR&livre=((%27HC%27.clap.+e+@num=%27359050%27)+ou+(%27HC%27+adj+%27359050%27).suce.)&thesaurus=JURIDICO&fr=veja>. Acesso em: 3 de nov. de 2022.

COUTO E SILVA, Clóvis. **Princípios fundamentais da responsabilidade civil em direito brasileiro e comparado**. Tradução de: Fernanda Escobar Bins. Porto Alegre: Sergio Antonio Fabris Editor, 2022.

DAL PIZZOL, Ricardo. **Responsabilidade civil:** funções punitiva e preventiva. Indaiatuba: Editora Foco, 2020.

EHRHARDT JR, Marcos. **Responsabilidade civil pelo inadimplemento da boa-fé**. 2.ed. Belo Horizonte: Fórum, 2017.

GERBOVIC, Luciana. ***Stalking***. São Paulo: Almedina Brasil, 2016.

GONÇALVES, Carlos Roberto. **Direito civil brasileiro:** responsabilidade civil. 8.ed. São Paulo: Saraiva, 2013.

GUIMARÃES, Arthur. Brasil registrou 27,7 mil casos de *stalking* contra mulheres em 2021, aponta FBSP. **Jota.** 2022. Disponível em: <https://www.jota.info/coberturas-especiais/diversidade/brasil-registrou-277-mil-casos-de-*stalking*-contra-mulheres-em-2021-aponta-fbsp-28062022>. Acesso em: 10 de out. de 2022.

HESPANHA, António Manuel. **A cultura jurídica europeia:** síntese de um milênio. Coimbra: Almedina, 2012.

JERATH, Kritika; TOMPSON, Lisa, BELUR, Jyoti. *Treating and managing stalking offenders: findings from a multi-agency clinical intervention*. ***Psychology, Crime & Law***. 2022. Disponível em: < https://www.tandfonline.com/doi/full/10.1080/1068316X.2022.2057981>. Acesso em: 28 de out. de 2022.

JESUS, Damásio E. de. *Stalking*. **Jus**. 2008. Disponível em: <https://jus.com.br/artigos/10846/*stalking*>. Acesso em: 10 de out. de 2022.

Justiça aplica lei Maria da Penha em caso de *stalking*. **Conjur**. 2020. Disponível em: <https://www.conjur.com.br/2020-mar-02/justica-aplica-lei-maria-penha-*stalking*>. Acesso em: 10 de out. 2022.

LEMOS, Carolina Franco Rosa Costa de. **Uso problemático da internet e das redes sociais:** relação com a regulação da satisfação das necessidades psicológicas e a saúde mental. Dissertação (Mestrado integrado em Psicologia). Universidade de Lisboa: Lisboa, 2019.

MARTINS-COSTA, Judith. O direito privado como um "sistema em construção": as cláusulas gerais no projeto do código civil brasileiro. **Revista de informação legislativa**, Brasília, v. 35, n. 139, p. 5-22, jul./set. 1998.

MELO, Diogo L. Machado de. **Culpa extracontratual**. São Paulo: Saraiva, 2013.

MENDES, Gilmar Ferreira; BRANCO, Paulo Gustavo Gonet. **Curso de direito constitucional.** 10.ed. São Paulo: Saraiva, 2015.

MORAES, Maria Celina Bodin de. **Danos à pessoa humana:** uma leitura civil-constitucional dos danos morais. 2.ed. Rio de Janeiro: Editora Processo, 2017.

MULLEN, p. , PATHÉ, M. & PURCELL, R. & STUART, G. (1999). *Study Stalkers. **American Journal of Psychiatry***, n. 156, 1244-1249.

NOVAIS, Augusta dos Santos. **Criminalização do *stalking*:** uma análise sobre a (im) possibilidade de enquadramento na Lei Maria da Penha. Trabalho de Conclusão de Curso (Graduação em Direito). Universidade Católica de Salvador. Salvador, 2021.

OLIVEIRA, Rafael Santos de; BARROS, Bruno Mello Correa de; PEREIRA, Marília do Nascimento. O direito à privacidade na internet: desafios para a proteção da vida privada e o direito ao esquecimento. **Revista da faculdade de direito UFMG**, Belo Horizonte, n. 70, p. 561-594, jan./jun. 2017.

PERLINGIERI, Pietro. **O direito civil na legalidade constitucional**. Tradução: de Maria Cristina De Cicco. Rio de Janeiro: Renovar, 2008.

RAMIDOFF, Mário Luiz; TRIBERT, Cesare. ***Stalking*:** atos persecutórios obsessivos ou insidiosos. Lei Maria da Penha (11.340/2006). Lei *antibullying* (13.185/2015) e reforma penal. Tradução de Ana Bacelar. Belo Horizonte: Letramento, 2017.

RAMOS, André Luiz Arnt. **Segurança jurídica e indeterminação normativa deliberada:** elementos para uma teoria do direito (civil) contemporâneo. Curitiba: Juruá, 2021.

RODRIGUES, Bianca da Silva. **A prova indiciária no processo civil e o convencimento do julgador.** Trabalho de Conclusão de Curso (Graduação em Direito). Universidade Regional do Noroeste do Estado do Rio Grande do Sul, 2013.

ROSENVALD, Nelson. **As funções da responsabilidade civil:** a reparação e a pena civil. 3.ed. São Paulo: Saraiva, 2017.

SANTANA, Agatha Gonçalves. A problemática da prova relacionada à responsabilidade civil decorrente da prática de *stalking*. **Migalhas**. 2021. Disponível em: < https://www.migalhas.com.br/coluna/migalhas-de-responsabilidade-civil/345005/prova-relacionada-a-responsabilidade-civil-decorrente-de-*stalking*>. Acesso em: 10 de out. de 2022.

SANTOS, Rafa. Juíza concede medidas protetivas a vítima de perseguição por ex-cônjuge em SP. **Conjur.** 2020. Disponível em: <https://www.conjur.com.br/2020-abr-27/juiza-concede-medidas-protetivas-vitima-perseguicao-sp>. Acesso em: 10 de out. 2022.

SCHREIBER, Anderson. **Direito civil e constituição**. São Paulo: Atlas, 2013.

SILVA, Julia Castro Lucas da. **Responsabilização civil por *stalking***. Trabalho de Conclusão de Curso (Graduação em Direito). Universidade Federal do Rio de Janeiro. Rio de Janeiro, 2018.

SOUZA, Fábio Gaspar de. A reparação não pecuniária do dano extrapatrimonial: racionalidade, efetividade e coerência. **Revista faculdade de direito São Bernardo do Campo**, v. 23, n. 2, 2017.

STALK. **Collins English Dictionary**. 2022. Disponível em: < https://www.collinsdictionary.com/pt/dictionary/english-portuguese/stalk>. Acesso em 28 de out. de 2022.

TEPEDINO, Gustavo. Introdução. *In*: TEPEDINO, Gustavo; TEIXEIRA, Ana Carolina Brochado; ALMEIDA, Vitor (coord). **O direito civil entre o sujeito a pessoa:** estudos em homenagem ao professor Stefano Rodotà. Belo Horizonte: Fórum, 2016, p. 17-35.

VIEGAS, Viviane Nery. ***Stalking***: abordagem fenomenológica e jurídica Brasil e Portugal. Curitiba: CRV, 2019.

VOLPATO, Bruno. Ranking: as redes sociais mais usadas no Brasil e no mundo em 2022, com insights e materiais. **Resultados digitais**. 2022. Disponível em: <https://resultadosdigitais.com.br/marketing/redes-sociais-mais-usadas-no-brasil/>. Acesso em 06 de out. de 2022.

WERTHEIN, Jorge. A sociedade da informação e seus desafios. **Revista ciência da informação**, Brasília, v. 29, n. 2, p. 71-77, mai./ago. 2000.

5. *STALKING*: UM OLHAR PARA OS POTENCIAIS DANOS REPARÁVEIS

Glenda Gonçalves Gondim
Geovana de Carvalho Filho

Notas introdutórias

Em uma sociedade de intenso fluxo comunicativo, tal qual a inaugurada com o irrompimento da globalização da informação[1], o acesso às informações pessoais do outro é prática cotidiana e natural. O modelo operacional adotado pelas redes sociais virtuais, por exemplo, de construção de um "perfil" do usuário, permite conhecer diferentes aspectos sobre suas preferências e hábitos, aproximando pessoas com interesses semelhantes e formando círculos de socialização.

Todavia, fora dos limites da razoabilidade, o uso de tecnologias e aplicações como essas disponibiliza um aparato maior para a coleta de informações direcionada a propósitos ilegítimos, tais como os propósitos do *stalker*, indivíduo que persegue sua vítima de maneira persistente e obsessiva[2], ameaçando sua privacidade e liberdade incisivamente.

Ainda que mais aparente e notório, na atualidade, pelos meios virtuais (*cyberstalking*), o fenômeno não está restrito a esse espaço. Os seguidos contatos indesejados e a busca por desvelar a intimidade da vítima atribuem ao *stalker* a sensação de domínio, dando vazão à obsessão que por

[1] MARTINI, Renato. **Sociedade da informação**: para onde vamos [livro eletrônico]. São Paulo: Trevisan Editora, 2017.

[2] SANTOS, Bárbara Fernandes Rito dos. ***Stalking***: parâmetros de tipificação e o bem-jurídico da integridade psíquica. Coimbra: Almedina, 2017, p. 53.

ela nutre. Em outras palavras, não basta traçar o perfil da vítima. É preciso nutrir o sentimento de controle da situação. As informações são colhidas pelo *stalker* com tal finalidade.

Denota-se, assim, que o constrangimento e o medo causados no sujeito passivo do *stalking* não são desprezíveis. As ameaças intimidadoras, ainda que sutis em um primeiro momento, acabam por trazer repercussões psicológicas significativas à vítima, em afetação de seu cotidiano. Não se está a tratar apenas do direito imediatamente atingido, à privacidade, mas dos direitos à liberdade, à integridade física e psicológica, e, até mesmo, de proteção à vida, a depender do nível e intensidade dos comportamentos do agente.

Por impactarem diretamente na vida da vítima, os atos de perseguição são hábeis a causar danos reparáveis, sejam eles patrimoniais ou extrapatrimoniais. A reparação desses danos, por seu turno, deve levar em conta diferentes variáveis, desde a forma de perseguição, a sua recorrência, o grau de intimidação da vítima, os bens jurídicos afetados, dentre outros.

A primeira parte deste artigo destina-se à reflexão sobre o instituto da privacidade e à definição do *stalking*, com seus elementos característicos típicos. Procura-se, com isso, evidenciar a necessidade de reafirmação da privacidade no contexto da "sociedade em rede"[3], em que a fluidez das relações afeta a percepção de direitos, muito embora permaneçam esses direitos atuais e vigentes.

Tendo em vista as ameaças e danos possivelmente resultantes do *stalking*, busca-se, na segunda parte do estudo, expor as formas de responsabilização civil do agente, bem como descrever, de forma não exaustiva, alguns dos direitos tutelados da vítima, derivados da cláusula constitucional da dignidade da pessoa humana.

Neste ponto, como também será explanado no tópico próprio, surge ao aplicador do direito a incumbência de definir os direitos merecedores de tutela, não só pela condição de previsão na lei positivada, mas, indo além, pela análise dos possíveis reflexos da cláusula geral da dignidade, que ultrapassam os diplomas legais.

[3] CASTELLS, Manuel. **A sociedade em rede.** A era da informação: economia, sociedade e cultura. Tradução de Roneide Venancio Majer. 20ª ed, rev. e ampl. v. 1. São Paulo: Paz e Terra, 2019, p. 431-432.

A terceira parte do artigo tem por foco a vítima do *stalking*, os danos a ela causados e as formas de reparação desses danos, notadamente por meio da indenização compensatória/reparatória. Expõe-se, igualmente, o caráter duplo da indenização: punir o autor da lesão e desestimular a ocorrência de novas condutas lesivas (caráter punitivo-pedagógico), e compensar a vítima, tanto quanto possível, pelo dano sofrido (caráter compensatório). As reflexões demonstram, ainda, a necessidade e urgência de uma pauta preventiva adicional, voltada à divulgação mais ampla das responsabilidades pessoais, sobretudo no âmbito do *cyberstalking*, no qual as interações pessoais são facilitadas.

Ao final deste artigo, espera-se que o leitor possa compreender mais claramente a dinâmica do *stalking* e a relevância do tema na sociedade contemporânea, que não pode ser reduzido ao mero interesse ou admiração pelo outro, na medida em que colide com os seus direitos e liberdades e excede os limites da razoabilidade, do bom-senso e da boa-fé.

1. A violação à privacidade pelo *stalking*

"*Privacidade*". Dentre seus inúmeros significados, da distinção entre os espaços públicos e espaços privados apresentado por Hannah Arendt[4], da conexão com propriedade e o direito de ser deixado só apresentado por Warren e Brandeis[5], adota-se neste estudo a interpretação contemporânea e relacionada com a sociedade em rede fundada na sequência apresentada por Stefano Rodotà da "pessoa-informação-circulação-controle"[6].

A partir deste conceito, extrai-se um elemento crucial que se vincula ao presente estudo que é o "controle". Significa dizer que há uma escolha do titular do direito da privacidade (e todos os direitos dele decorrentes). Portanto, o conceito negativo da privacidade como um dever geral de abstenção geral passa a ser analisado em conjunto com um dever positivo de solicitar autorização para o titular ou como interpreta Stefano de Rodotà: "*de uma definição original como o direito de ser deixado em paz, até o*

[4] ARENDT, H. **A condição humana**. 12. ed. Rio de Janeiro: Forense Universitária, 2014.

[5] WARREN, Samuel D.; BRANDEIS, Louis D. The right to privacy. **Harvard Law Review**, vol. 4, n. 5, dez., 1890.

[6] RODOTÀ, Stefano. **A vida na sociedade de vigilância**: a privacidade hoje. Tradução de Danilo Doneda e Luciana Cabral Doneda. Organização, seleção e apresentação de Maria Celina Bodin de Moraes. Rio de Janeiro: Renovar, 2008, p. 93.

direito de controle sobre as informações de cada um e de determinar como a esfera privada deve ser construída"[7].

Dentro da sociedade em rede[8], há o controle de cada indivíduo sobre o que e quem pode saber sobre seus gostos, seus hábitos e suas interações do dia a dia. É escolher quem poderá ter acesso a determinadas informações e quem não, desde que dentro do seu controle, a partir de sua "extimidade"[9]. O fato de ter seus desejos, seus sonhos, suas aspirações expostas sem nenhum pudor e sem anuência é como o pesadelo de boa parte da população em estar desnudo em um local público.

Tudo isso está relacionado com o direito à privacidade atual, por meio do qual o titular do direito poderá interromper a sua informação divulgada sem autorização. Assim, dentro da autonomia privada, poderá o indivíduo escolher o que da sua vida e para quem serão compartilhadas suas informações, pois transcende a proteção negativa (de não intromissão) para um comportamento positivo de ação (controle).

Isso é aplicado inclusive para as pessoas denominadas como figura pública, que são aquelas cujas vidas geram interesse para outros. Há um interesse em saber o que a pessoa gosta, que roupa usa, como é o seu relacionamento com os seus amigos, seus filhos e seus cônjuges. Este interesse estará limitado pelo controle daquele que é o detentor desta informação, pois, "*Se a profissão ou o sucesso de uma pessoa a expõe ao interesse do público, o direito não deve reduzir, mas assegurar, com redobrada atenção, a tutela da sua privacidade*"[10].

[7] *Idem, ibidem*, p. 17.

[8] Nomenclatura utilizada por Manuel Castells para descrever as relações interpessoais nos novos espaços que se formavam a partir das redes e sistemas de telecomunicação. (**A sociedade em rede**. A era da informação: economia, sociedade e cultura. Tradução de Roneide Venancio Majer. 20ª ed, rev. e ampl. v. 1. São Paulo: Paz e Terra, 2019).

[9] A noção de "extimidade" foi apresentada pelo filósofo Lacan, com o objetivo de definir esta escolha do que pode se tornar público, pela autonomia do indivíduo. "Êxtimo é um neologismo criado por Lacan para indicar algo do sujeito que lhe é mais íntimo, mais singular, mas que está fora, no exterior. Trata-se de uma formulação paradoxal: aquilo que é mais interior, mais próximo, mais íntimo, está no exterior." (SEGANFREDO, Gabriela de Freitas, CHATELARD, Daniela Scheinkman. Das ding: o mais primitivo dos êxtimos. **Cadernos de psicanálise**: Curso Psicanalítico do Rio de Janeiro. Rio de Janeiro, v. 36, n. 30, p. 61-70, jun. 2014. Disponível em <http://pepsic.bvsalud.org/scielo.php?script=sci_arttext&pid=S1413-62952014000100004&lng=pt&nrm=iso>. Acesso em: 18 out. 2022.)

[10] SCHREIBER, Anderson. **Direitos da personalidade**. São Paulo: Atlas, 2011, p. 138.

O simples ato de tentar descobrir informações sem a permissão do indivíduo significa uma intromissão indevida e, portanto, contrária ao direito, especificamente, ao direito à privacidade. E este ato por si só é caracterizado como "*ofensa intrínseca contra a dignidade individual. Intrínseca porque causa dano independentemente das consequências circunstanciais advindas da conduta danosa.*"[11]

É por essa razão que o direito não pode considerar algo inocente (lícito) o fato de alguém desejar saber sobre a vida de outrem, sem que este autorize. Especialmente, quando este desejo ultrapassa as boas regras de convivência social, o que pode ocasionar incômodo e desconforto para a outra pessoa, mesmo que, repita-se, seja figura pública. Neste sentido, coloca-se o exemplo da vida de Diana Spencer, que, cercada constantemente por paparazzi, via-se perseguida e relatava se sentir acuada. Na ânsia de fugir deste tipo de exposição, no ano de 1997, ocorreu o acidente que lhe tirou a vida, quando na cidade de Paris, o motorista que dirigia o automóvel em que ela estava, tentou desviar e fugir de paparazzis e ao desenvolver velocidade incompatível com a via, perdeu o controle do automóvel[12].

É a partir deste tipo de perseguição que surge o objeto do presente estudo, uma vez que quando alguém persegue literalmente ou no sentido figurado uma pessoa, este ato por si só já é repudiado pelo direito, eis que, conforme visto acima, haverá uma intromissão indevida ao direito à privacidade e portanto, considerada como contrário ao ordenamento jurídico.

Durante os anos, a perseguição decorrente da tradução da palavra *stalking* tomou proporções em sentidos diversos, que resultaram na configuração de uma conduta mais gravosa do que apenas o saber sobre alguém, por envolver, também, o desejo de controle sobre a vida desta pessoa, a vontade de manipular.

Atualmente, o termo *stalking* é utilizado para a "*perseguição persistente e obsessiva a outra pessoa*"[13], caracterizada como ofensa à privacidade,

[11] PEIXOTO, Erick Lucena Campos; EHRHARDT JÚNIOR, Marcos. Breves notas sobre a ressignificação da privacidade. **Revista Brasileira de Direito Civil – RBDCilvil**, Belo Horizonte, v. 16, p. 35-56, abr./jun. 2018, p. 46.

[12] Sobre o tema: LOHMANN, Renato. e DE OLIVEIRA, Michel. Da tocaia à exibição: cultura paparazzi e a celebritização do amador. **Rizoma**. v. 9, n. 1, 6 jan. 2021. Disponível em: <https://online.unisc.br/seer/index.php/rizoma/article/view/14307> Acesso em: 19 out. 2022.

[13] SANTOS, Bárbara Fernandes Rito dos. ***Stalking***..., *op. cit.*, p. 53.

configurada em uma ameaça e violação a seus direitos[14]. Diante das possíveis condutas que podem estar configuradas e abrangidas pelo *stalking* em si, o ponto comum é "*uma intrusão persistente e repetida através da qual uma pessoa procura impor à outra, mediante contatos indesejados, às vezes ameaçadores, gerando constrangimento e medo na vítima*".[15]

No mundo virtual, especialmente, com o advento das redes sociais passou a se referir a perseguição de uma pessoa conhecida ou desconhecida, por meio da qual "*o sujeito ativo invade de modo repetido a esfera de privacidade da vítima, utilizando as mais diversas formas e meios*"[16].

Essa perseguição envolve o perseguidor, comumente denominado como *stalker*, e aquele que está sujeito a esta perseguição, definido como vítima. A partir da relação pré-existente entre ambos, são definidos alguns tipos de *stalking*, como o *stalking* das celebridades, quando a perseguição é desenvolvida em relação a uma figura pública; o *stalking* emocional, quando houve uma relação afetiva entre as partes envolvidas; há também o *stalking* ocupacional, caso a perseguição tenha como origem uma relação de trabalho e, por fim o *stalking* familiar, se as partes estão envolvidas em uma relação de família. [17]

Uma característica comum para configuração do *stalking* é o desejo de ter o controle sobre a vida da vítima. Como exemplo, cita-se a série "*You*", transmitida pelo *streaming* Netflix no ano de 2018 [18]. A série, baseada em um romance de mesmo nome, retrata cenas de *stalking*, especialmente, na sua primeira temporada.

A repercussão foi tamanha que despertou a curiosidade sobre o tema e fez com que os episódios da primeira temporada fossem objeto de estudo, desde a avaliação da análise comportamental descrita[19] até os recursos audiovisuais utilizados para configurar tanto o *stalking* quanto

[14] *Idem, ibidem*, p. 53.

[15] TRINDADE, Jorge. **Manual de psicologia jurídica para operadores do direito.** 7ª ed., rev., atual. e ampl. Porto Alegre: Livraria do Advogado, 2014, p. 239.

[16] VIEGAS, Viviane Nery; MANSUR, Fernanda. ***Stalking***: abordagem fenomenológica e jurídica Brasil e Portugal. Curitiba: CRV, 2019, p. 19.

[17] GERBOVIC, Luciana. ***Stalking***. São Paulo: Almedina, 2016, p. 37.

[18] GAMBLE, S., SCHECHTER, S., BERLANTI, G., MORGENSTEIN, L. y GIROLAMO, G. (2018) (productores). You [serie de televisión]. Estados Unidos: Netflix.

[19] CHUGH, Ritesh. GUGGISBERG, Marika. *Stalking* and Other Forms of Dating Violence: Lessons Learned from *You* in Relation to Cyber Safety. **Journal of Interpersonal Violence**.

o *cyberstalking*[20]. A trama daquela temporada da série versava sobre o personagem principal, Joe Goldberg, que trabalhava em uma livraria e se apaixona, à primeira vista, por uma cliente que aparece à procura de um livro, Guinevere Beck. A partir de então, é desenvolvida uma perseguição cibernética em relação à jovem, para saber o máximo possível sobre ela. Durante a trama, de posse das informações obtidas, o personagem principal tenta excluir e afastar tudo o que ele entende como obstáculos para conquistar a sua paixão, o que inclui assassinatos.

Sem ignorar os complexos temas tratados e que possam ser discutidos a partir da série, para o presente estudo direciona-se a preocupação em relação a possibilidade de traçar o perfil de uma pessoa e, com isso, persegui-la e ameaçá-la. Ainda, como forma de uma educação digital[21], ponto bastante importante, atualmente, uma vez que se a privacidade é interpretada a partir do comportamento positivo de controle, é preciso bastante atenção para o que será exposto, pois *"embora consentindo com a interferência na sua vida privada, o faz muitas vezes sem a exata noção dos reflexos que a atitude pode gerar sobre a sua personalidade no presente ou no futuro"*[22].

Além disso, a exposição das informações não significa que possam ser usadas ao bel prazer daquele que tem acesso, pois, não se perde a titularidade do direito, pelo simples fato de ter uma informação sua na internet. E isso também é tratado na série, eis que revela como a perseguição da personagem é facilitada pela internet, uma vez que as informações espalhadas na rede ao serem reunidas permitem ter conhecimento sobre hábitos, gostos e interações de um determinado indivíduo.

Na série, como na vida real, a configuração do *stalking* ocorre quando a informação obtida pelo *stalker* é utilizada para um desejo de poder e controle sobre a vítima. Assim, seja pelo acesso indevido (o que contraria por si só a privacidade), seja pela obtenção da informação proveniente de ações da própria vítima, o *stalking* resta caracterizado quando a ação vai

Vol. 37, issue 9-10. Disponível em < https://doi.org/10.1177/0886260520966674> Acesso em: 10 out. 2022.

[20] ROJAS, Susana Linero. *You*: una aproximación al *stalking* desde las narrativas audiovisuales. Facultad de Comunicación y Lenguaje. Pontificia Universidad Javeriana. Disponível em < https://repository.javeriana.edu.co/handle/10554/43978>. Acesso em: 10 out. 2022.

[21] CHUGH, Ritesh. GUGGISBERG, Marika. *Stalking* and Other Forms of Dating Violence: Lessons Learned..., *op. cit.*

[22] SCHREIBER, Anderson. **Direitos**... *op. cit.*, p. 179.

mais além do que o mero "*voyer*", uma vez que compromete a vida da vítima perseguida, por existir uma ameaça, por existir essa vontade de controle e intimidação[23].

É em razão desta ameaça que surgem repercussões psicológicas que geram na vítima uma necessidade de alterar a rotina, por meio da mudança de horários ou caminhos percorridos, dos locais que frequenta, das pessoas com quem convive e até mesmo mudança de residência, seja a rua, o bairro ou a cidade. Estes são exemplos de situações cuja repercussão gera, na esfera psicológica da vítima, uma consequência tamanha que repercute materialmente em seu dia a dia. Também, não se pode ignorar que as ameaças podem resultar em agressões físicas e até mesmo a morte.

Ter acesso a informações e utilizá-las para manipular alguém de tal forma, que esta pessoa se sinta coagida e tenha medo do que possa acontecer com ela é característica central do *stalking*. Caso o acesso a vida desta pessoa ocorra por meio da internet ou as próprias ameaças sejam feitas neste ambiente virtual, fala-se em *cyberstalking*.

Feitos os esclarecimentos sobre os direitos envolvidos, passa-se a avaliar o que pode ser juridicamente protegido e como saber a melhor solução para proteção da pessoa.

2. A responsabilidade por danos: a vítima e os interesses tutelados

O direito privado calcado nos pilares do direito de crédito, das coisas, da família e das sucessões[24] ou pela contemporânea interpretação dos pilares do trânsito jurídico, titularidades e projeto parental[25], tem no instituto da responsabilidade civil a melhor resposta para a proteção da pessoa, tanto no âmbito dos bens materiais, quanto imateriais.

É na responsabilização que a vítima pode ter o *respondere* ou *spondere* ao ato do ofensor[26]. Mas, para que exista esta "resposta" haverá a necessidade

[23] RAMIDOFF, Mário Luiz. TRIBERT, Cesare. ***Stalking***: atos persecutórios obsessivos ou insidiosos: lei Maria da Penha (11.340/2006), lei antibullying (13.185/20150 e reforma penal. Belo Horizonte: Letramento Casa do Direito, 2017, p. 38.

[24] MOTA PINTO, Carlos Alberto. **Teoria geral do direito civil**. 3.ed. actual. Coimbra: Coimbra Editora, 1996, p. 13.

[25] FACHIN, Luiz Edson. **Teoria crítica do direito civil**: à luz do novo Código Civil brasileiro. 2.ed. rev. e atual. Rio de Janeiro: Renovar, 2003, p. 26.

[26] HIRONAKA, Giselda Maria Fernandes Novaes. **Responsabilidade pressuposta**. Belo Horizonte: Del Rey, 2005, p. 85-86.

de estarem presentes alguns pressupostos como a antijuricidade, o dano e o nexo causal[27], que passam a ser analisados.

Sobre o primeiro pressuposto acima citado, a antijuridicidade é compreendida como o ato contrário ao ordenamento jurídico. Isto é, não há a necessidade de uma previsão específica, diferentemente do que ocorre, por exemplo, no direito penal. Assim, no caso do *stalking*, por exemplo, mesmo antes da previsão legal que atualmente existe sobre o tema e sua definição como ato ilícito[28], era possível requerer a reparação. É que a "*responsabilização não depende do princípio da anterioridade de arquétipo incriminador específico*"[29]. A antijuridicidade depende do que será considerado como ofensa ao ordenamento jurídico, a partir da avaliação dos interesses merecedores de tutela[30].

A metodologia do direito civil constitucional[31] apresenta como premissa para o estudo destes interesses a serem merecedores de tutela: a cláusula geral da dignidade da pessoa humana (art. 1º, III, da Constituição Federal[32]). Nela estão contidos os pressupostos da intangibilidade da

[27] Pressupostos contemporâneos: fato antijurídico, nexo de imputação, dano, nexo de causalidade, lesão de bem juridicamente protegido. (NORONHA, Fernando. **Direito das obrigações**: fundamentos do direito das obrigações: introdução à responsabilidade civil. 2.ed. rev. e atual. São Paulo: Saraiva, 2007. v.1, p. 467/479)

[28] 147-A. Perseguir alguém, reiteradamente e por qualquer meio, ameaçando-lhe a integridade física ou psicológica, restringindo-lhe a capacidade de locomoção ou, de qualquer forma, invadindo ou perturbando sua esfera de liberdade ou privacidade. Pena – reclusão, de 6 (seis) meses a 2 (dois) anos, e multa. (BRASIL. Decreto-Lei nº 2.848, de 7 de dezembro de 1940. **Código Penal.** Disponível em < http://www.planalto.gov.br/ccivil_03/Decreto-Lei/Del2848.htm> Acesso em: 02 out. 2022.)

[29] STOCO, Rui. **Tratado de responsabilidade civil.** 7.ed., rev., atual. e ampl. São Paulo: RT, 2007, p. 115.

[30] DE CUPIS, Adriano de. **El daño**: teoria general de la responsabilidad civil. 2. ed.. Barcelona: Bosch, 1975, p. 81

[31] PERLINGIERI, Pietro. La dottrina del diritto civile nella legalità costituzionale. **Revista Trimestral de Direito Civil**, Rio de Janeiro, v.31, p 75-86, jul./set. 2007.

[32] "Art. 1º A República Federativa do Brasil, formada pela união indissolúvel dos Estados e Municípios e do Distrito Federal, constitui-se em Estado Democrático de Direito e tem como fundamentos: (...) III – a dignidade da pessoa humana;" (BRASIL. **Constituição Federal.** Disponível em < https://www.planalto.gov.br/ccivil_03/constituicao/constituicao.htm> Acesso em: 02 out. 2022).

vida, o respeito à integridade física e psíquica[33] do ser humano. Com isso, a proteção jurídica ultrapassa os bens jurídicos patrimoniais ou de certa forma, com conotação ou avaliação monetária, tão presentes no Direito Privado dos séculos XIX e XX, que girava em torno das figuras dos quatro personagens: o marido, o proprietário, o contratante e o testador[34], para proteção de bens existenciais de todo e qualquer sujeito de Direito, inclusive sujeitos coletivos[35].

Ao mesmo tempo que a antijuridicidade depende desta interpretação dos interesses tutelados, também o dano depende do mesmo raciocínio lógico. Isto porque, a partir do momento que há a tutela de um bem, a ofensa a ele será considerada como ato contrário ao direito e passível de reparação. Para melhor compreensão, basta analisar uma ofensa ao patrimônio, como se trata de um bem juridicamente considerado, qualquer ação contrária a este direito será considerada como antijurídica (contrário ao ordenamento jurídico) e, portanto, passível de gerar dano reparável. A partir disso, tem-se a possibilidade de requerer a reparação quando alguém impede o uso de uma propriedade (esbulho). O ato é considerado como antijurídico, eis que contrário ao direito do possuidor e a possibilidade do dano, por ser a lesão a um bem jurídico. Nesta situação, o raciocínio sobre a possibilidade de ser reparável é facilitado diante de artigos do Código civil que dispõe expressamente sobre esta possibilidade (artigos 952[36] e 1.212[37],

[33] AZEVEDO, Antonio Junqueira de. Caracterização jurídica da dignidade da pessoa humana. **Revista dos Tribunais**, São Paulo, v.91, n.º 797, 2002, p. 19-24.

[34] FACHIN, Luiz Edson. Sobre o projeto do Código Civil brasileiro: crítica à racionalidade patrimonialista e conceitualista. **Boletim da Faculdade de Direito**, Coimbra, v.76, 2000, p. 131.

[35] SCHREIBER, Anderson. **Novos paradigmas da responsabilidade civil**: da erosão dos filtros da reparação à diluição dos danos. 4.ed. São Paulo: Atlas, 2012, p. 85.

[36] Art. 952. Havendo usurpação ou esbulho do alheio, além da restituição da coisa, a indenização consistirá em pagar o valor das suas deteriorações e o devido a título de lucros cessantes; faltando a coisa, dever-se-á reembolsar o seu equivalente ao prejudicado. Parágrafo único. Para se restituir o equivalente, quando não exista a própria coisa, estimar-se-á ela pelo seu preço ordinário e pelo de afeição, contanto que este não se avantaje àquele. (BRASIL. Lei n.º 10.406, de 10 de janeiro de 2002. **Código Civil**. Disponível em < http://www.planalto.gov.br/ccivil_03/leis/2002/l10406compilada.htm>. Acesso em: 02 out. 2022.)

[37] Art. 1.212. O possuidor pode intentar a ação de esbulho, ou a de indenização, contra o terceiro, que recebeu a coisa esbulhada sabendo que o era. (*Idem, ibidem*).

ambos do Código Civil), mas ainda que assim não o fosse, pela lógica da responsabilidade civil, a reparação do dano seria possível.

Assim, tem-se que a avaliação da relevância jurídica para casos não disciplinados ou expressamente tipificados é essencial, além de permitir a avaliação de outros danos para além daqueles que eventualmente já estejam previstos em lei.

Saber o que pode ou não ser considerado como merecedor de proteção jurídica decorre da interpretação do que é relevante o suficiente para adentrar no mundo do direito[38], a partir da interpretação do suporte fático da norma[39]. É essa análise que permitirá avaliar o que é antijurídico ou ilícito, eis que "*praticados em desconformidade com a ordem jurídica*"[40].

Essa interpretação pode decorrer de enunciados normativos indeterminados[41], como por exemplo, a cláusula geral da dignidade da pessoa humana toda, a partir da qual, qualquer intromissão indevida (não desejada ou autorizada) na seara da pessoa, especialmente na vida, integridade física e psíquica que são os seus pressupostos para sua interpretação[42], são consideradas como contrárias à ordem jurídica e, por consequência, antijurídicas. Ao partir da premissa que o objetivo é "*proteger a condição humana, em seus amis genuínos aspectos e manifestações*"[43] tem-se que essa proteção deve ocorrer em todas as suas esferas.

[38] Para esta teoria há o "mundo dos fatos" o "mundo do direito". Marcos Bernardes de MELLO define "mundo dos fatos (=parte do mundo composta dos fatos não-jurídicos) e mundo jurídico (=parte do mundo formada apenas pelos fatos jurídicos)" (**Teoria do fato Jurídico**: plano da eficácia. 5.ed. São Paulo: Saraiva, 2009, p. 8).

[39] "Quando aludimos a suporte fáctico estamos fazendo referência a algo (=fato, evento ou conduta) que poderá ocorrer no mundo e que, por ter sido considerado relevante, tornou-se objeto da normatividade jurídica. *Suporte fáctico*, assim é um conceito do mundo dos fatos e não do mundo jurídico, porque somente depois que se concretizam (=ocorram) no mundo os seus elementos é que, pela incidência da norma, surgirá o fato jurídico e, portanto, poder-se-á falar em conceitos jurídicos" (**Teoria do fato jurídico:** plano da existência, 16.ed. São Paulo: Saraiva, 2010, p. 43).

[40] VENTURI, Thaís Goveia Pascoaloto. **Responsabilidade civil preventiva**: a proteção contra a violação dos direitos e a tutela inibitória material. São Paulo: Malheiros, 2014, p. 204.

[41] Sobre a interpretação de enunciados indeterminados ver RAMOS, André Luiz Arnt. **Segurança jurídica e indeterminação normativa deliberada**: elementos para uma teoria do direito (civil) contemporâneo. Curitiba: Juruá, 2021.

[42] AZEVEDO, Antonio Junqueira de. Caracterização... *op. cit.*.

[43] SCHREIBER, Anderson. **Direitos...**, *op.cit.*, p. 8.

Com isso, para o caso do *stalking*, tem-se a contrariedade aos principais bens extraídos da interpretação desse enunciado indeterminado, que seriam a integridade psíquica, a integridade física e a vida[44].

E ao contrariar o ordenamento jurídico, avalia-se a ocorrência de uma lesão. "*Será o exame da norma jurídica que foi violada, será a sua ratio legis que esclarecerá quais são os valores e interesse tutelados, quais são em especial os danos que podem ser reparados e quais são as pessoas que a norma intenta proteger*"[45].

Portanto, a relação entre o que é tutelado e o que pode ser considerado como dano é bastante estreita, isto porque, avaliado o que merece a proteção jurídica, a sua ofensa embasará uma resposta, o *respondere* ou o *spondere*[46], que fundamentam a responsabilidade civil. Toda ofensa a um bem juridicamente relevante deve ser reparada ou refutada. É a partir dessa premissa que se tem a contemporânea noção de que responsabilidade deve ter como função primordial a proteção da vítima, como um todo.[47]

A avaliação do que é dano depende desta verificação, uma vez que: "*se um novo interesse passa a ser merecedor de tutela em abstrato, passa-se a reconhecer não somente uma nova modalidade de dano, nascido da violação àquele interesse*"[48], com as consequências que lhe são inerentes.

A variação está intrinsecamente relacionada com o que são considerados como interesses merecedores de tutela[49], visto que ao ser considerado como tutelável, a sua lesão deverá ter uma resposta do mesmo ordenamento jurídico. Não é dizer que há fatos indiferentes ao Direito, mas há fatos que não são considerados como relevantes o suficiente para que o Direito os discipline ou os proteja[50].

[44] AZEVEDO, Antonio Junqueira de. Caracterização..., *op cit.*.

[45] NORONHA, Fernando. **Direito** ..., *op. cit*, p. 478.

[46] HIRONAKA, Giselda Maria Fernandes Novaes. **Responsabilidade** .., *op. cit.*, p. 85-86.

[47] GHERSI, Carlos Alberto. **Teoría general de la reparación de daños**. Buenos Aires: Astrea, 1997, p. 2.

[48] SCHREIBER, Anderson. **Novos paradigmas**..., *op. cit.*, p. 121-140.

[49] "(...) aquilo que determinada comunidade considera digno de tutela jurídica, razão pela qual, se modificado o que, na pessoa e em sua personalidade, se considera digno de interesse, haverá imediato reflexo no conceito de dano" (MARTINS-COSTA, Judith Hofmeister. Os danos à pessoa no direito brasileiro e a natureza da sua reparação. In: ______ (Org.). **A reconstrução do direito privado**: reflexos dos princípios, diretrizes e direitos fundamentais constitucionais no direito privado. São Paulo: RT, 2002, p. 409).

[50] "(...) Numa formulação lógica, não há fato indiferente ao Direito. O Direito faz um juízo de valor sobre eles, e alguns ficam à margem do que o sistema estatui como condição de ser". (FACHIN, Luiz Edson. **Teoria crítica** ... *op. cit.*, p. 69)

A possibilidade de interpretação do que é ou não dano será possível no ordenamento jurídico brasileiro, porque adota-se o sistema misto para avaliar o que será reparável ou não. São três os modelos existentes no mundo para essa análise[51]. Há o modelo que depende da tipificação do que será assim considerado como dano e, portanto, acarreta um engessamento das lesões passíveis de reparação, uma vez que dependerá do moroso sistema legislativo para acompanhar as necessidades surgidas na dinâmica sociedade[52].

Também, há o modelo que trata o dano como uma cláusula geral, o que permite a interpretação de acordo com o caso concreto. E por fim, há o modelo misto, que é o caso do sistema brasileiro, quando há danos definidos na lei, mas também, há a cláusula geral que permite a interpretação e inserção de novos danos.

No sistema brasileiro, ao tratar sobre a indenização, o legislador dispôs sobre a sua atribuição para ofensas decorrentes da proteção da vida[53], à integridade física[54], à propriedade[55], aos crimes de injúria, difamação e

[51] LORENZO, Miguel Federico de. **El daño injusto en la responsabilidad civil**: alterum non laedere. Buenos Aires: Abeledo – Perrot, 1997, p. 31-32.

[52] *Idem, ibidem*, p. 73-75.

[53] "Art. 948. No caso de homicídio, a indenização consiste, sem excluir outras reparações: I – no pagamento das despesas com o tratamento da vítima, seu funeral e o luto da família; II – na prestação de alimentos às pessoas a quem o morto os devia, levando-se em conta a duração provável da vida da vítima." (BRASIL. Lei n.º 10.406, de 10 de janeiro de 2002. **Código Civil**. Disponível em < http://www.planalto.gov.br/ccivil_03/leis/2002/l10406compilada.htm>. Acesso em: 02 out. 2022)

[54] "Art. 949. No caso de lesão ou outra ofensa à saúde, o ofensor indenizará o ofendido das despesas do tratamento e dos lucros cessantes até ao fim da convalescença, além de algum outro prejuízo que o ofendido prove haver sofrido. Art. 950. Se da ofensa resultar defeito pelo qual o ofendido não possa exercer o seu ofício ou profissão, ou se lhe diminua a capacidade de trabalho, a indenização, além das despesas do tratamento e lucros cessantes até ao fim da convalescença, incluirá pensão correspondente à importância do trabalho para que se inabilitou, ou da depreciação que ele sofreu. Parágrafo único. O prejudicado, se preferir, poderá exigir que a indenização seja arbitrada e paga de uma só vez. Art. 951. O disposto nos arts. 948, 949 e 950 aplica-se ainda no caso de indenização devida por aquele que, no exercício de atividade profissional, por negligência, imprudência ou imperícia, causar a morte do paciente, agravar-lhe o mal, causar-lhe lesão, ou inabilitá-lo para o trabalho." (*Idem, ibidem*)

[55] "Art. 952. Havendo usurpação ou esbulho do alheio, além da restituição da coisa, a indenização consistirá em pagar o valor das suas deteriorações e o devido a título de lucros cessantes; faltando a coisa, dever-se-á reembolsar o seu equivalente ao prejudicado. Parágrafo único.

calúnia[56], assim como da liberdade pessoal[57]. Em legislações esparsas, também se verifica a tipificação, como o caso da Lei n.º 11.340, de 07 de agosto de 2006 (Lei Maria da Penha) que em seu art. 5º, tipificou a existência de direitos que são protegidos e, portanto, lesados geram dano, como "sofrimento físico, sexual e psicológico"[58].

Mas, não são apenas os danos tipificados expressamente que serão reparáveis, por isso, entende-se que, no ordenamento brasileiro, foi adotado o sistema misto. Isto é, há danos definidos na legislação, assim como há danos decorrentes da interpretação da cláusula geral de proteção da dignidade da pessoa humana.

Isso torna a interpretação dos direitos ligados à dignidade humana menos engessada e traz uma participação maior do Poder Judiciário na definição das hipóteses que, ainda que não contempladas pelo texto legal, atribuirão ao ofendido a reparação pelo dano sofrido, e, ao ofensor, o dever de reparar[59].

Esta interpretação considerará a cláusula geral da dignidade da pessoa humana, que impõe ao ordenamento jurídico como um todo um olhar para a pessoa e será facilitada pela análise dos direitos da personalidade[60], que tem como objetivo proteger a condição humana, "em seus mais genuínos

Para se restituir o equivalente, quando não exista a própria coisa, estimar-se-á ela pelo seu preço ordinário e pelo de afeição, contanto que este não se avantaje àquele." (*Idem, ibidem*)

[56] "Art. 953. A indenização por injúria, difamação ou calúnia consistirá na reparação do dano que delas resulte ao ofendido. Parágrafo único. Se o ofendido não puder provar prejuízo material, caberá ao juiz fixar, eqüitativamente, o valor da indenização, na conformidade das circunstâncias do caso." (*Idem, ibidem*)

[57] "Art. 954. A indenização por ofensa à liberdade pessoal consistirá no pagamento das perdas e danos que sobrevierem ao ofendido, e se este não puder provar prejuízo, tem aplicação o disposto no parágrafo único do artigo antecedente. Parágrafo único. Consideram-se ofensivos da liberdade pessoal: I – o cárcere privado; II – a prisão por queixa ou denúncia falsa e de má-fé; III – a prisão ilegal." (*Idem, ibidem*)

[58] BRASIL. Lei n.º 11.340, de 07 de agosto de 2006. **Lei Maria da Penha**. Disponível em < http://www.planalto.gov.br/ccivil_03/_ato2004-2006/2006/lei/l11340.htm> Acesso em: 02. out. 2022.

[59] TASSINARI, Clarissa. **Jurisdição e Ativismo Judicial**: Limites da Atuação do Judiciário. Porto Alegre: Livraria do Advogado Editora, 2013, p. 20.

[60] CORTIANO JÚNIOR, Eroulths. Alguns apontamentos sobre os chamados direitos da personalidade. In: FACHIN, Luiz Edson (Org.). **Repensando fundamentos do direito civil brasileiro contemporâneo**. Rio de Janeiro: Renovar, 1998, p. 31-33.

aspectos e manifestações, tomando a pessoa sempre como um fim e nunca como um meio"[61].

A existência de previsão legal sobre alguns dos direitos da personalidade, tanto constitucional quanto infraconstitucional, não significa que há uma previsão exaustiva, em verdade, sequer satisfatória[62]. E, portanto, há uma necessidade constante de avaliação e averiguação dos interesses merecedores de tutela.

Neste contexto, importante salientar que os interesses em jogo nas relações virtuais são vários e exigem respostas cada vez mais rápidas e efetivas. As mesmas ferramentas que permitem ao usuário exercer as suas liberdades comunicativas em larga escala, traçando espaços de intercomunicação mundial imediata[63], possibilitam que o *stalker* se aproprie de informações variadas a respeito do perfil de sua vítima, de seus gostos e costumes, dos locais que frequenta, das pessoas com quem convive, etc.

Ao fornecer seus dados pessoais a um aplicativo de relacionamentos, por exemplo, o usuário está exposto não só à manipulação de seus dados pelo provedor dessa aplicação, mas também ao acesso e apropriação por terceiros, muitas vezes não bem-intencionados. O *stalker* se apropria das informações da vítima para propósitos de perseguição e controle. Os efeitos dessa perseguição escapam do ambiente no qual as informações foram lançadas e passam a influir na rotina da vítima. Alguns exemplos concretos de comportamentos que podem ser reconhecidos como *stalking*

61 SCHREIBER, Anderson. **Direitos...**, *op. cit*, p. 8.

62 Como afirma Bruno Miragem: "É evidente que o Código Civil ao dispor sobre a proteção dos direitos da personalidade, ficou muito aquém do desejável, assim como é notório que tal situação em nada prejudica a proteção do indivíduo. A ausência de espécies normativas com maior amplitude conceitual e de alcance dos comportamentos sociais, tem sua importância medida pelo próprio alcance que as codificações contemporâneas assumem no sistema jurídico. O Código Civil e suas normas, assim, são nada mais do que elementos nucleares do sistema de direito privado subordinados à conformação que a Constituição da República confere à série de relações jurídico-privadas que especifica." (Os direitos da personalidade e os direitos do consumidor. In: MARQUES, Claudia Lima; MIRAGEM, Bruno (Org.). **Doutrinas essenciais. Direito do consumidor**. Teoria de qualidade de danos. São Paulo: Revista dos Tribunais, 2011. v.5. p. 461).

63 PITTA, Celso Roberto. **A cidade digital e os impactos da sociedade da informação no território.** 1ª ed. Rio de Janeiro: Corifeu, 2008, p. 52. *E-book*. Disponível em < https://books.google.com.br/books/about/A_Cidade_Digital_E_Os_Impactos_Da_Socied.html >. Acesso em 01. out. 2022.

são a presença inesperada em locais costumeiramente frequentados pela vítima, o envio de repetidas mensagens por telefone ou pela *internet* (mesmo sabendo serem indesejadas), a perseguição/monitoramento dos comportamentos da vítima, dentre outros[64].

Portanto, apesar das previsões legislativas positivadas, isso não impede o surgimento de novos danos a serem tutelados dentro do ordenamento jurídico brasileiro. Assim, para análise do que pode ou não ser considerado na categoria do dano, será necessária uma interpretação, eis que a previsão legal está restrita a determinadas espécies de danos. A interpretação depende de "*critérios temporais de conveniência*"[65], também, difere de cada país, ainda que sejam sistemas jurídicos semelhantes. Por isso, entende-se que a noção e conceituação de dano é variável "*ao valor que historicamente é dado à pessoa e às suas relações com os demais bens da vida*"[66].

E esta variação é que se apresenta diante do sistema misto adotado pelo ordenamento jurídico brasileiro. Isto porque, ao disciplinar a proteção da pessoa humana e tutelar direitos não apenas patrimoniais, postura adotada com maior afinco após a Constituição democrática de 1988, o sistema jurídico tornou possível a concepção de um dano extrapatrimonial, comumente denominado como dano moral[67] ou danos coletivos[68], em que não é possível auferir, ao menos inicialmente, o valor econômico do dano.

[64] RAMIDOFF, Mário Luiz. TRIBERT, Cesare. ***Stalking***..., *op. cit.*, p. 38.

[65] MORAES, Maria Celina Bodin de. **Danos à pessoa humana**: uma leitura civil-constitucional dos danos morais. 4ª tiragem. Rio de Janeiro: Renovar, 2009, p. 20.

[66] MARTINS-COSTA, Judith Hofmeister. Os danos..., *op. cit.*, p. 408.

[67] Esta é a lição de Judith Martins-Costa: "Será que, no século XIX, quando era paradigma dominante o homem produtor de riquezas materiais que animou o sonho burguês oitocentista – e fez das regras tutelares de seu patrimônio a dimensão privilegiada da própria personalidade –, faria sentido falar em danos não-patrimoniais? Antes de a psicanálise instaurar o seu reinado, pondo a nu a relevância da saúde psíquica e da visa sexual e afetiva, poder-se-ia cogitar da hipótese de 'dano psíquico', 'dano à vida afetiva', 'dano à vida conjugal', ou de 'dano à realização sexual'? Anteriormente ao desmedido império das técnicas e dos meios de comunicação, inclusive a internet, haveria como imaginar certos danos à vida privada e à intimidade? Antes dos avanços da genética, poder-se-ia pensar em danos decorrentes de manipulação celular em embriões." (MARTINS-COSTA, Judith Hofmeister. Os danos..., *op. cit.*, p. 409).

[68] "Além dos direitos subjetivos que podem ser lesados pelas atividades das pessoas (...) uma questão de grande importância doutrinária e prática é, entretanto, a que se relaciona com a tutela de certos interesses, como, p. ex., a 'chance' ou mesmo interesses que podem ocorrer a

Dentro deste contexto interpretativo tem-se a antijuridicidade do *stalking* por si só, mesmo que não estivesse disciplinado expressamente como um ato ilícito e dos danos dele advindos que passa a análise.

3. Os potenciais danos e seus reflexos

A configuração do *stalking* decorre a partir da intromissão indevida na esfera da vida privada da vítima, em virtude da perseguição, mas também o medo incutido pelas possíveis consequências da ação[69]. Isso leva a conceituação a compreender uma série de possibilidade de atitudes "*desde atos aparentemente inócuos (e.g., oferecer flores) até estratégias explicitamente intimidatórias (e.g., ameaças, perseguição)*"[70].

Como a própria conceituação do *stalking* está bastante relacionada com o abalo psicológico sentido pela vítima, uma vez que o *stalker* realiza condutas reiteradas que afetam a psique da vítima[71], além da vontade em dominar e amedrontar, a repercussão psicológica é o primeiro bem, juridicamente tutelado e que deva ser analisado.

A integridade psíquica está dentro das categorias de interpretação da dignidade da pessoa humana, de acordo com a análise objetiva deste princípio por Antonio Junqueira de Azevedo e, portanto, é possível falar em danos reparáveis relativos à psique humana[72]. E aqui é preciso compreender que a proteção jurídica não é apenas à lesão, mas também, à ameaça do dano.

O *stalking* gera na vítima o sentimento de ter a sua privacidade invadida e o medo do que pode vir a ocorrer em razão disso. Não se pode esquecer que não é preciso aguardar um dano à integridade física ou à vida para requerer uma reparação, uma vez que a ameaça de que este dano venha a

todos, e por esta razão denominados interesses coletivos". (COUTO E SILVA, Clóvis Veríssimo do. o. O conceito de dano no direito brasileiro e comparado. In: FRADERA, Vera Maria Jacob de (Org.). **O direito privado brasileiro na visão de Clóvis do Couto e Silva**. Porto Alegre: Livraria do Advogado, 1997, p. 221)

69 GERBOVIC, Luciana. ***Stalking***... *op. cit.*, p. 30.

70 MATOS, Marlene. GRANGEIA, Helena. FERREIRA, Célia. AZEVEDO, Vanessa. Vitimação do *stalking*: preditores do medo. **Análise psicológica**. v. 30 (1-2), jan-jun.2012. Lisboa: ISPA (Instituto Universitário), 2012. p. 162.

71 THOMPSON FLORES, Carlos Pereira. **A tutela penal do *stalking***. Porto Alegre: Elegantia Juris, 2014, p. 36.

72 AZEVEDO, Antonio Junqueira de. Caracterização..., *op. cit.*

ocorrer é suficiente para causar um abalo psicológico, com repercussões de "*medo, tensão, nervosismo, raiva, agressividade, confusão, desconfiança, paranoia, cansaço, fraqueza, dores de cabeça, náuseas, perturbações do sono e do apetite, tristeza, etc.*"[73]

Portanto, não pode ser defesa eventual alegação do *stalker* de que nada fez ou que não poderia controlar o medo que a vítima poderia sentir, uma vez que a suas ações intimidatórias impactam psicologicamente. Também, dentro da tipificação penal, há a previsão da ameaça, em razão da invasão à liberdade ou privacidade[74].

Não se pode esquecer que o mero receio de sofrer um dano é um bem juridicamente tutelado, uma vez que há a previsão constitucional no art. 5º, XXXV, no sentido de que "*a lei não excluirá da apreciação do Poder Judiciário lesão ou ameaça a direito;*"[75]. Também, tem-se a previsão do Código Civil, que dispõe, em seu art. 12, sobre a possibilidade de "*exigir que cesse a ameaça, ou a lesão, a direito da personalidade*"[76]. Tutelas que permitem o estudo do dano como: lesão fática e lesão jurídica[77].

De acordo com Teresa Ancona Lopez, é possível aplicar a responsabilidade civil para estes casos, uma vez que "[...] *a ameaça de dano e o medo dos indivíduos bastam para sua aplicação*"[78]. Mas, como diferenciar o mero incômodo da ameaça para fins de tutela do bem jurídico?

[73] THOMPSON FLORES, Carlos Pereira. **A tutela...**, *op. cit.*, p. 48.

[74] "Art. 147-A. Perseguir alguém, reiteradamente e por qualquer meio, ameaçando-lhe a integridade física ou psicológica, restringindo-lhe a capacidade de locomoção ou, de qualquer forma, invadindo ou perturbando sua esfera de liberdade ou privacidade. Pena – reclusão, de 6 (seis) meses a 2 (dois) anos, e multa." (BRASIL. Decreto-Lei nº 2.848, de 7 de dezembro de 1940. **Código Penal**. Disponível em < http://www.planalto.gov.br/ccivil_03/Decreto-Lei/Del2848.htm> Acesso em: 02 out. 2022)

[75] BRASIL. **Constituição Federal**. Disponível em < https://www.planalto.gov.br/ccivil_03/constituicao/constituicao.htm> Acesso em 02 de out. de 2022.

[76] BRASIL. Lei n.º 10.406, de 10 de janeiro de 2002. **Código Civil**. Disponível em < http://www.planalto.gov.br/ccivil_03/leis/2002/l10406compilada.htm>. Acesso em: 02 out. 2022.

[77] GONDIM, Glenda Gonçalves. **Responsabilidade civil sem dano**: da lógica reparatória à lógica inibitória. Tese apresentada perante o Programa de Pós-Graduação da Universidade Federal do Paraná. Disponível em < https://acervodigital.ufpr.br/handle/1884/40367>. Acesso em: 02 out. 2022.

[78] LOPEZ, Teresa Ancona. **Princípio da precaução e evolução da responsabilidade civil**. São Paulo: Quartier Latin, 2010. p. 241.

Uma possível resposta é a repetição, isto é, um ato isolado que poderia ser considerado como uma situação apenas desagradável, ao se tornar repetitiva, torna-se ameaçadora. Por isso, fala-se que "*é por meio da repetição que aquilo que poderia ser considerado mero incômodo passa a ser um dano, cujos efeitos podem ser gravosos a ponto de se tornarem irreversíveis*"[79]. E a caracterização do *stalking* pressupõe a repetição, por ser conceituado como "*a conduta persecutória repetitiva, obsessiva e intrusiva contra uma pessoa*"[80].

Portanto, o próprio conceito do *stalking* carrega dentro de si a noção do *alterum non laedere* e do *neminem laedere*, que são brocardos latinos no sentido de que não se pode lesar outrem. E, ainda que não tenha ocorrido a efetiva ação ameaçadora, mas, no mínimo, se "*desenvolve sentimentos de temor, inquietação e opressão*"[81], em razão da repetida intromissão do *stalker.* E este medo de que algo pior possa acontecer, incutido indevidamente na vítima pelas ações do *stalker*, é que embasa o primeiro tipo de dano a ser avaliado, relacionado ao impacto psicológico ou psíquico na vida desta pessoa.

O dano psíquico é um exemplo do que decorre da interpretação dos interesses merecedores de tutela, assim como da avaliação dos danos passíveis de reparação no ordenamento jurídico brasileiro. Antes de estudar a psicanálise em si, por óbvio, era impossível pensar em um dano psíquico e suas repercussões[82]. Atualmente, não apenas é possível a partir da cláusula geral da dignidade da pessoa humana, como há previsão expressa da Lei n.º 11.340, de 7 de agosto de 2006, denominada como "Lei Maria da Penha" e que prevê em seu art. 5º, que será considerada violência a ação ou omissão no ambiente doméstico que ocasione "*morte, lesão, sofrimento físico, sexual ou psicológico e dano moral ou patrimonial*"[83].

A proteção específica sobre o bem da psique acarreta a possibilidade de se falar em dano psíquico, tão relacionado com o tema *stalking.* Além do constante medo que pode surgir, há uma perda da liberdade, quando a vítima passa a não realizar os atos que deseja, com receio do que pode

[79] GERBOVIC, Luciana. ***Stalking***... *op. cit.*, p. 30.

[80] THOMPSON FLORES, Carlos Pereira. **A tutela**..., *op. cit.*, p. 28.

[81] VIEGAS, Viviane Nery; MANSUR, Fernanda. ***Stalking***..., *op. cit.*, p. 33.

[82] MARTINS-COSTA, Judith Hofmeister. Os danos...*op. cit.*, p. 409.

[83] BRASIL. Lei n.º 11.340, de 07 de agosto de 2006. **Lei Maria da Penha**. Disponível em < http://www.planalto.gov.br/ccivil_03/_ato2004-2006/2006/lei/l11340.htm> Acesso em: 02. out. 2022.

acontecer ou de como esses comportamentos podem ser "aproveitados" por seu *stalker* para prejudicá-la.

A vítima do *stalking* pode sofrer violência física, psicológica ou sexual, a depender do caso. O ponto em comum constatado é que a violência se inicia de uma forma discreta[84], adquire contornos de um real incômodo e, com o passar do tempo e reiteração dos comportamentos do agente, influi sobre a liberdade e a dignidade da vítima de forma direta. A vítima do *stalking* passa a não desenvolver mais a sua vida e suas escolhas de uma forma livre, pois se sente reprimida pelo *stalker*, que projeta uma imagem obsessiva e controladora[85]. O ponto fronteiriço entre a busca pela comunicabilidade e o *stalking* é a concentração de atos sobre uma pessoa/pessoas específicas, de forma insistente, com o objetivo de tolher todos os detalhes possíveis sobre seus hábitos e personalidade, mesmo quando muitos desses detalhes possivelmente não sejam de seu interesse revelar[86].

O *stalking* usualmente surge de um relacionamento prévio com a vítima, que pode ser real ou imaginário. A primeira situação é quando efetivamente houve um envolvimento entre as partes e, insatisfeito com o término ou a atual situação, o *stalker* realiza a intimidação. A segunda situação decorre do imaginário, quando há um desejo de que a relação exista ou que venha a existir.

Por isso, pode ocorrer, inclusive, a confusão com conceitos de *bullying*.

Como já apontado, o *stalking* pode ser realizado por meio da perseguição da vítima, como estar nos locais em que frequenta, ou por meio dos recursos tecnológicos. Também, pode existir uma situação mista, quando

[84] SIQUEIRA, Maria Lohana Hexana de Moura Silva. ***Stalking***: um estudo conceitual sobre a perseguição obsessiva e seus reflexos jurídicos no direito brasileiro. 2021. 90 f. Dissertação (Mestrado) – Universidade Católica de Brasília, Programa de Pós-Graduação Strictu Sensu em Direito, 2020. Disponível em <https://bdtd.ucb.br:8443/jspui/handle/tede/3071> Acesso em: 01. out. 2022

[85] SOUZA, Angeliana Patrícia, e HOFFMANN, Eduardo. ***Stalking* e responsabilidade civil**: breve análise psicológica do fenômeno. In: ENCONTRO CIENTÍFICO CULTURAL INTERINSTITUCIONAL, 15, 2017, Cascavel. Anais. Cascavel: 2017.

[86] MULLEN, Paul E.; PATHE, Michele; PURCELL, Rosemary. The prevalence and nature of *stalking* in the Australian community. **Journal Australian and New Zealand Journal of Psychiatry**, v. 36, issue 1, 2002, p. 114-120.

o *stalker* persegue por redes sociais e, ao saber o local em que a vítima está, seja por publicações dela ou de terceiros, instaura a sua perseguição.

Segundo estudos realizados a respeito do tema, as mulheres são tradicionalmente as maiores vítimas dos *stalkers*. Por essa razão, muitas vezes o *stalking* acaba sendo estudado de forma conjunta com outras temáticas relacionadas à violência contra a mulher[87]. Quando isso ocorre no âmbito de relações domésticas ou familiares, como no caso em que o *stalker* é o ex-companheiro da vítima, por exemplo, reveste-se de uma proteção especial no ordenamento jurídico, ao ser posicionado ao lado das demais hipóteses de violência previstas na Lei Maria da Penha[88].

A vítima sofre um constrangimento psicológico de monta variável, de acordo com a gravidade da conduta e assim, haverá a alteração do cotidiano da vítima, desde mudança de caminhos para chegar ao trabalho, alteração ou cuidados para exposição de fotos pessoais, diminuição ou exclusão do lazer, mudança de trabalho ou, até mesmo, mudança de residência (cidade ou Estado). Além do medo e do dano psicológico, podem existir repercussões físicas, como agressões e, em casos extremos, atentados contra a vida.

Portanto, as situações impactam diretamente na vida da vítima, e não há dúvidas de que são situações hábeis a causar danos reparáveis, sejam eles patrimoniais ou extrapatrimoniais.

No caso do *stalking*, haverá uma lesão a direitos de personalidade, os quais, por si só, não possuem tipificação exaustiva, e, por isso, a possibilidade de interpretação e ampliação da proteção é ainda maior. Em especial, porque a cláusula geral da dignidade da pessoa humana tem como pressupostos básicos a proteção da vida, da integridade física e psíquica[89], bens que muitas vezes são diretamente ofendidos pela ação do *stalker*[90].

Diversas são as ações que podem ser realizadas pelo *stalker*, mas possuem em comum o sentimento de controle sobre a vida da vítima. A existência do *stalker* pode ser totalmente desconhecida pela vítima, uma vez que pode ser um total desconhecido, aquele que eventualmente

[87] GERBOVIC, Luciana. ***Stalking***... *op. cit.*, p. 27.

[88] BRASIL. Lei n.º 11.340, de 07 de agosto de 2006. **Lei Maria da Penha**. Disponível em < http://www.planalto.gov.br/ccivil_03/_ato2004-2006/2006/lei/l11340.htm> Acesso em: 02. out. 2022.

[89] AZEVEDO, Antonio Junqueira de. Caracterização..., *op. cit.*

[90] RAMIDOFF, Mário Luiz. TRIBERT, Cesare. ***Stalking***..., *op. cit.*, p. 33.

"não possui qualquer relacionamento interpessoal com a vítima, que pode ter sido escolhida apenas após uma breve observação"[91].

O desejo de controle é marcado por uma aspiração de poder sobre a esfera da vida privada de outrem. Outra característica marcante da postura do *stalker* é o ciclo de repetição, uma vez que os atos persecutórios e/ou intimidadores são obsessivamente repetidos, razão pela qual instala-se o estado de alerta na vítima[92].

Os atos de perseguição, que, em um primeiro momento, podem ser desconhecidos da vítima, quando passam a ser por ela percebidos ou a influir em seu cotidiano negativamente, lhe trazem sentimentos de angústia, medo ou depressão. Tais sentimentos podem ser interpretados, em maior ou menor medida, como uma espécie de lesão à integridade psíquica da vítima. Ademais, outras invasões na privacidade, subsequentes, podem vir a expandir a ofensa para diferentes níveis, como a violência física e a violência sexual.

Portanto, para a configuração do *stalking*, é fundamental que as atitudes do *stalker* sejam indesejadas pela vítima, a ponto de causar-lhe um dano de natureza psicológica/emocional[93], com potencial de expansão para outras espécies de violação.

Ao se tratar de um dano meramente psicológico, ou seja, que a pessoa se sente lesada na sua psiquê diante da ameaça que ofende a sua liberdade e privacidade (direitos da personalidade expressos na tipificação penal), não haverá ofensa ao direito patrimonial.

Aqui deve-se analisar que dentre as classificações relativas aos danos, aparenta ser a mais importante e de maior efeito aquela que trata sobre a conotação material em discussão e reflete na possibilidade ou não de avaliação pecuniária, por meio da qual avalia-se se a lesão impacta ou não em bens jurídicos que possuem relação material ou econômica. Em caso positivo, estar-se-á diante de danos patrimoniais e, em caso negativo, danos extrapatrimoniais ou morais.

A classificação, a rigor, analisa a lesão em si. Mas, é possível avaliar a própria consequência. É que um dano moral pode ter consequência

[91] THOMPSON FLORES, Carlos Pereira. **A tutela**... *op. cit,* p. 46.

[92] MAZZOLA, Marcello Adriano. ***I nuovi danni*** – danno da *stalking*. Padova: Dott. Antonio Milani,.2008, p. 1047.

[93] GERBOVIC, Luciana. ***Stalking***... *op. cit.,* p. 20.

material, como, por exemplo, o dano existencial[94]. Imagine-se uma pessoa que, em decorrência de um acidente de trânsito, venha a ficar paraplégica. Além da reparação aos danos sobre a integridade física, pode-se falar em dano existencial, e, neste caso, haverá consequência economicamente aferível, como a necessidade de adequação da sua residência, aquisição de equipamentos para seu deslocamento e acessibilidade, além da consequência que não pode ser aferível patrimonialmente, como a dor, o sofrimento e a impossibilidade de manter os projetos de vida anteriormente pensados ou desejados.

No caso do *stalking*, uma pessoa que em razão dos atos obsessivos e persecutórios desenvolve uma fobia por pessoas e para o seu tratamento necessita de terapia e medicamentos. Haverá o dano imaterial que é a compensação do sentimento de medo que lhe foi incutido por uma ação contrária ao direito e assim, deve ser reparado por aquele que cometeu este ato, bem como a reparação patrimonial dos medicamentos e do tratamento em si.

Apenas para evitar eventuais dúvidas, é importante salientar que o fato de ser uma situação que pode ser reversível, ou seja, passível de tratamento, não afasta a possibilidade de reparação. Na verdade, a reversibilidade dos danos psicológicos é bastante frágil e temerária em se dizer.

Caso seja possível, essa reversibilidade será avaliada para a apuração do *quantum*, mas não afasta o dever de reparar. Uma vez que houve a intromissão na esfera privada da vítima, ainda que os tratamentos psicológicos sejam arcados pelo *stalker*, a necessidade de adequar a sua vida para tanto é o que gera o dano imaterial.

Comumente, os efeitos sentidos pela vítima em razão do *stalking* podem nunca desaparecer, ainda que alguns deles possam ser minimizados em razão de tratamentos psicológicos ou da reparação das consequências

94 Menciona-se danos extrapatrimoniais, eis que esses estão fora do patrimônio da vítima. Isto porque, "o dano moral pode ser gerado por ofensa a bens não-patrimoniais ou patrimoniais, visto que alguns direitos de personalidade representam bens patrimoniais intangíveis, tais como o nome e a honra de uma pessoa. De modo simétrico, a lesão a bens não –patrimoniais, tais como a integridade física, podem ocasionar indenização por dano material. Portanto, não se deve utilizar a expressão dano material como um sinônimo para dano patrimonial, nem a expressão dano moral como sinônima de dano não-patrimonial." (MAGGI, Bruno Oliveira. Nova proposta de classificação do dano no direito civil. **Revista de Direito Privado**, São Paulo, v.8, n.32, p. 35, 2007).

patrimoniais, o que revela a falibilidade da reparação, uma vez que fundada em retornar ao *status quo*[95]. Não será possível apagar os efeitos do mundo fático.

Portanto, a questão de ser ou não reversível é algo a ser avaliado para o *quantum* reparatório.

A classificação em patrimonial ou extrapatrimonial deve levar em conta o bem jurídico lesado, assim como o efeito e o impacto na esfera jurídica da vítima, pois esta consequência poderá ser avaliada economicamente ou não. E poderá existir de forma concomitante ou não.

Para os casos específicos de *stalking*, não raro a avaliação econômica do dano é uma tarefa difícil, que exige uma solução ponderada (razoável e proporcional) por aquele incumbido de executá-la. Isso porque nem toda a vítima de *stalking* sofre algum tipo de desvalorização patrimonial direta com as perseguições[96]. Um exemplo de prejuízo patrimonial é o de uma pessoa que deixa de trabalhar por medo do seu obsessor. Neste caso, nítido o impacto econômico suportado, mensurável pecuniariamente pelo fator de perda ou redução na remuneração.

Mais comumente, porém, os danos são extrapatrimoniais, isto é, a vítima se sente afetada em sua personalidade e dignidade pelo estado de medo instalado, ou, ainda, não se sente capaz de preservar a sua privacidade e intimidade, diante das constantes intervenções do *stalker*[97]. Nestes casos, caberá ao julgador avaliar a extensão do ato ilícito sob análise e das lesões dele decorrentes.

Mas, como poderia o comportamento do ofensor ser classificado como um "ato ilícito"? O artigo 186 do Código Civil Brasileiro de 2002 define "ato ilícito" como "*aquele que, por ação ou omissão voluntária, negligência ou imprudência, violar direito e causar dano a outrem, ainda que exclusivamente moral*"[98]. O artigo 187 complementa o anterior, acrescentando que também

[95] NORONHA, Fernando. **Direito...**, *op. cit.*, p. 436.

[96] GAGLIANO, Pablo Stolze; FILHO, Rodolfo Pamplona. **Manual de direito civil**: volume único. São Paulo: Saraiva, 2017, p. 884.

[97] COSTA, Bruno Bottiglieri Freitas, 1994. ***Stalking***: A responsabilidade civil e penal daqueles que perseguem obsessivamente. Clube de Autores: São Paulo, 2018, p. 49.

[98] "Art. 186. Aquele que, por ação ou omissão voluntária, negligência ou imprudência, violar direito e causar dano a outrem, ainda que exclusivamente moral, comete ato ilícito." (BRASIL. Lei n.º 10.406, de 10 de janeiro de 2002. **Código Civil**. Disponível em < http://www.planalto.gov.br/ccivil_03/leis/2002/l10406compilada.htm>. Acesso em: 02 out. 2022).

comete ato ilícito "*o titular de um direito que, ao exercê-lo, excede manifestamente os limites impostos pelo seu fim econômico ou social, pela boa-fé ou pelos bons costumes*"[99].

A observação da conduta do *stalker* e de seus efeitos permite, sem maiores dificuldades, enquadrá-la em ambas as hipóteses: como uma ação voluntária que causa dano, e que, concomitantemente, excede todos os limites da razoabilidade no exercício do direito de liberdade do perseguidor. Em outras palavras, os sucessivos atos de perseguição são exercícios exacerbados dos direitos de locomoção e expressão, que extrapolam o bom senso, ocasionando, com isso, danos reparáveis, grande parte deles afetos à integridade psicológica do outro[100].

Evidentemente, o abuso de direito, isoladamente, não é o bastante para a imputação do dever de reparar. Necessária a constatação das demais elementares que compõem o ato ilícito: violação do direito, nexo de causalidade e dano.

No *stalking*, a violação do direito fica clarividente pela fragilização dos direitos da personalidade da vítima, como decorrência da ameaça à sua privacidade, intimidade e segurança[101]. Suas relações subjetivas e o seu trato íntimo são atacados pelo interventor indesejado. Trata-se, afinal, de uma afronta direta ao postulado constitucional da dignidade da pessoa humana, que é o centro da personalidade.

Já o nexo de causalidade é o liame que conecta os abusos cometidos pelo *stalker* aos danos (ou potenciais danos) experimentados pela vítima. A natureza personalística do requisito causal é o que permite se falar em "nexo de imputação"[102]. Sem o comportamento do interventor, não ocorreria ofensa a direito e, por conseguinte, não haveria dano.

[99] "Art. 187. Também comete ato ilícito o titular de um direito que, ao exercê-lo, excede manifestamente os limites impostos pelo seu fim econômico ou social, pela boa-fé ou pelos bons costumes." (*Idem, ibidem*)

[100] COSTA, Bruno Bottiglieri Freitas, 1994. ***Stalking***..., *op. cit*,, p. 47.

[101] JESUS, Damásio E. de. *Stalking*. **Revista Jus Navigandi**, Teresina, ano 13, n. 1655, 12 jan. 2008. Disponível em: < https://jus.com.br/artigos/10846/*stalking*>. Acesso em: 16 out. 2022.

[102] TEIXEIRA NETO, Felipe. **Responsabilidade civil objetiva**: da fragmentariedade à reconstrução sistemática. São Paulo: Editora Foco, 2022. 320 p. E-book. Disponível em: < https://www.amazon.com.br/Responsabilidade-civil-objetiva-fragmentariedade-reconstru%C3%A7%C3%A3o-ebook/dp/B09N9NH3J7 >. Acesso em: 01. out. 2022.

O dano reparável, finalmente, é o resultado da violação do direito, e pode ter uma dimensão patrimonial ou extrapatrimonial, como anteriormente pontuado. Sendo extrapatrimonial, traduz-se em todo o sentimento de angústia, medo, insegurança e depressão da vítima. Costumeiramente, para fins de ressarcimento de danos no bojo das ações judiciais, sintetiza-se os desgastes e sofrimentos da vítima como "danos morais". A doutrina jurídica, por seu turno, define os danos morais como aqueles que provêm da lesão a direitos existenciais merecedores de tutela[103].

Nesse segmento, é fundamental que o *quantum* da indenização alie a função reparatória com o caráter punitivo-pedagógico da medida, pois a postura do *stalker* assim exige. Em outras palavras, não basta a reparação do dano já concretizado. É preciso traçar como objetivo que o perseguidor não volte a empreender a mesma sequência de atos em face de uma nova vítima. A função punitivo-pedagógica incide sobre o cálculo da reparação, para que, ao fim, não seja "conveniente" ao *stalker* a repetição de sua conduta[104], o que poderia ocorrer caso o valor indenizatório arbitrado fosse irrisório, por exemplo.

Ainda, especial atenção deve ser conferida à perspectiva de prevenção sob a égide das relações virtuais (*cyberstalking*), eis que, inevitavelmente, o meio virtual é o campo típico de relacionamento interpessoal no século XXI. Faz-se necessário promover mecanismos para que o usuário tenha ciência quanto às suas responsabilidades pessoais no uso das redes, de resguardar a privacidade e atuar de boa-fé[105], sob pena de ser penalizado caso aja de modo contrário, inclusive com a perda de suas credenciais de acesso.

Um dos grandes problemas em prevenir o *stalking* está, justamente, na dificuldade de prevê-lo. Outro obstáculo é que, em uma sociedade marcada pelo acelerado fluxo informacional, os limites entre o que é privado e o que é compartilhado são cada vez mais tênues. Diante disso, resta-nos a cautela e o bom-senso, para bem interpretar e fazer valer os

[103] FARIAS, Cristiano Chaves de; ROSENVALD, Nelson; NETTO, Felipe Peixoto Braga. **Curso de direito civil**: responsabilidade civil. 4. ed. rev. e atual. Salvador: Editora JusPodivm, 2017. p. 304.

[104] ROSENVALD, Nelson. **As funções da responsabilidade civil**: a reparação e a pena civil. São Paulo. Atlas, 2013, p. 16-17.

[105] MARINELLI, Marcelo Romão. **Privacidade e redes sociais virtuais**: sob a égide da Lei n. 12.965/2014 – Marco Civil da Internet. Rio de Janeiro: Lumen Juris, 2017, p. 137.

direitos constitucionais derivados da dignidade da pessoa humana, de modo que todas as relações humanas a tenham por pressuposto.

4. À guisa de uma conclusão

A presente exposição evidencia a relevância jurídica da temática do *stalking*, sob a perspectiva dos direitos da personalidade e do resguardo da dignidade da pessoa humana. A tutela jurídica tem por escopo a restrição da liberdade de manifestação de um sujeito, que excede manifestamente os limites no exercício desse direito, para garantir-se, em contrapartida, a liberdade, a privacidade e a integridade, física e psíquica, daquele que é vítima das perseguições.

A partir da análise do *stalking*, depreende-se que a noção de dano é variável, moldando-se conforme as modificações sociais e as novas configurações das relações humanas. O *cyberstalking*, por exemplo, é um conceito emergente com o advento da *internet* e das redes sociais, espaços de promoção das liberdades comunicativas, e que tem contornos muito próprios do meio virtual.

Como pontuado, não só o dano, mas a ameaça de dano, viabilizam a aplicação do instituto da responsabilidade civil no *stalking*, desde que constatado um ciclo de repetição e intrusão em desfavor da vítima. Certamente, os prejuízos decorrentes das condutas do *stalker* nem sempre serão reversíveis, e a avaliação econômica do dano encontrará dificuldades em pontos sensíveis como esse.

No cálculo do *quantum* indenizatório, é fundamental se avaliar a recorrência dos atos do *stalker*, o grau de intromissão na vida da vítima, o teor das ameaças e os meios por ele utilizados. Mas não só isso. Constatado o comportamento repetitivo e obsessivo do perseguidor, é de suma importância que a indenização arbitrada tenha em conta, além da reparação de um dano, um propósito punitivo-pedagógico, de "quebra" do ciclo de perseguição. Não raro também será necessário aliar a indenização pecuniária com o fornecimento de assistência psicológica à vítima.

Todo esse conjunto de medidas reparatórias e dissuasórias, aliadas a mecanismos mais amplos, que tratem da temática com a devida seriedade, como os de educação digital, por exemplo, são de grande relevância para minimizar ameaças e danos, em equilíbrio de interesses e liberdades.

Referências

ARENDT, H. **A condição humana**. 12. ed. Rio de Janeiro: Forense Universitária, 2014.

AZEVEDO, Antonio Junqueira de. Caracterização jurídica da dignidade da pessoa humana. **Revista dos Tribunais**, São Paulo, v.91, n.º 797, 2002, p. 11-26.

BRASIL. **Constituição Federal**. Disponível em < https://www.planalto.gov.br/ccivil_03/constituicao/constituicao.htm> Acesso em: 02 out. 022.

BRASIL. Decreto-Lei nº 2.848, de 7 de dezembro de 1940. **Código Penal**. Disponível em < http://www.planalto.gov.br/ccivil_03/Decreto-Lei/Del2848.htm> Acesso em: 02. out. 2022.

BRASIL. Lei n.º 10.406, de 10 de janeiro de 2002. **Código Civil**. Disponível em < http://www.planalto.gov.br/ccivil_03/leis/2002/l10406compilada.htm>. Acesso em: 02 out. 2022.

BRASIL. Lei n.º 11.340, de 07 de agosto de 2006. **Lei Maria da Penha**. Disponível em < http://www.planalto.gov.br/ccivil_03/_ato2004-2006/2006/lei/l11340.htm> Acesso em: 02. out. 2022.

CASTELLS, Manuel. **A sociedade em rede**. A era da informação: economia, sociedade e cultura. Tradução de Roneide Venancio Majer. 20ª ed, rev. e ampl. v. 1. São Paulo: Paz e Terra, 2019.

CHUGH, Ritesh. GUGGISBERG, Marika. *Stalking* and Other Forms of Dating Violence: Lessons Learned from *You* in Relation to Cyber Safety. **Journal of Interpersonal Violence**. Vol. 37, issue 9-10. Disponível em < https://doi.org/10.1177/0886260520966674> Acesso em: 10 out. 2022.

CORTIANO JUNIOR, Eroulths. Alguns apontamentos sobre os chamados direitos da personalidade. In: FACHIN, Luiz Edson (Org.). **Repensando fundamentos do direito civil brasileiro contemporâneo**. Rio de Janeiro: Renovar, 1998. p. 31-58.

COSTA, Bruno Bottiglieri Freitas, 1994. ***Stalking***: A responsabilidade civil e penal daqueles que perseguem obsessivamente. São Paulo: Clube de Autores, 2018.

COUTO E SILVA, Clóvis Veríssimo do. O conceito de dano no direito brasileiro e comparado. In: FRADERA, Vera Maria Jacob de (Org.). **O direito privado brasileiro na visão de Clóvis do Couto e Silva**. Porto Alegre: Livraria do Advogado, 1997, p. 217-234.

DE CUPIS, Adriano. **El daño**: teoria general de la responsabilidad civil. 2. ed.. Barcelona: Bosch, 1975.

FACHIN, Luiz Edson. Sobre o projeto do Código Civil brasileiro: crítica à racionalidade patrimonialista e conceitualista. **Boletim da Faculdade de Direito**, Coimbra, v. 76, 2000, p. 129-151.

FACHIN, Luiz Edson. **Teoria crítica do direito civil**: à luz do novo Código Civil brasileiro. 2.ed. rev. e atual. Rio de Janeiro: Renovar, 2003.

FARIAS, Cristiano Chaves de; ROSENVALD, Nelson; NETTO, Felipe Peixoto Braga. **Curso de direito civil**: responsabilidade civil. 4. ed. rev. e atual. Salvador: Editora JusPodivm, 2017.

GAGLIANO, Pablo Stolze; FILHO, Rodolfo Pamplona. **Manual de direito civil**: volume único. São Paulo: Saraiva, 2017.

GAMBLE, S., SCHECHTER, S., BERLANTI, G., MORGENSTEIN, L. y GIROLAMO, G. (2018) (productores). You [serie de televisión]. Estados Unidos: Netflix.

GERBOVIC, Luciana. ***Stalking.*** São Paulo: Almedina, 2016.

GHERSI, Carlos Alberto. **Teoría general de la reparación de daños**. Buenos Aires: Astrea, 1997.

GONDIM, Glenda Gonçalves. **Responsabilidade civil sem dano**: da lógica reparatória à lógica inibitória. Tese apresentada perante o Programa de Pós-Graduação da Universidade Federal do Paraná. Disponível em < https://acervodigital.ufpr.br/handle/1884/40367>. Acesso em: 02 out. 2022.

HIRONAKA, Giselda Maria Fernandes Novaes. **Responsabilidade pressuposta**. Belo Horizonte: Del Rey, 2005.

JESUS, Damásio E. de. *Stalking*. **Revista Jus Navigandi**, Teresina, ano 13, n. 1655, 12 jan. 2008. Disponível em: < https://jus.com.br/artigos/10846/*stalking*>. Acesso em: 16 out. 2022

LOHMANN, Renato. e DE OLIVEIRA, Michel. Da tocaia à exibição: cultura paparazzi e a celebritização do amador. **Rizoma**. v. 9, n. 1, 6 jan. 2021. Disponível em: <https://online.unisc.br/seer/index.php/rizoma/article/view/14307> Acesso em: 19 out. 2022.

LOPEZ, Teresa Ancona. **Princípio da precaução e evolução da responsabilidade civil**. São Paulo: Quartier Latin, 2010.

LORENZO, Miguel Federico de. **El daño injusto en la responsabilidad civil**: alterum non laedere. Buenos Aires: Abeledo – Perrot, 1997.

MAGGI, Bruno Oliveira. Nova proposta de classificação do dano no direito civil. **Revista de Direito Privado**, São Paulo, v.8, n.32, 2007, p. 32-54.

MARINELLI, Marcelo Romão. **Privacidade e redes sociais virtuais**: sob a égide da Lei n. 12.965/2014 – Marco Civil da Internet. Rio de Janeiro: Lumen Juris, 2017.

MARTINI, Renato. **Sociedade da informação**: para onde vamos [livro eletrônico]. São Paulo: Trevisan Editora, 2017.

MARTINS-COSTA, Judith Hofmeister. Os danos à pessoa no direito brasileiro e a natureza da sua reparação. In: ______ (Org.). **A reconstrução do direito privado**: reflexos dos princípios, diretrizes e direitos fundamentais constitucionais no direito privado. São Paulo: RT, 2002, p. 408-446.

MATOS, Marlene. GRANGEIA, Helena. FERREIRA, Célia. AZEVEDO, Vanessa. Vitimação do *stalking*: preditores do medo. **Análise psicológica**. v. 30 (1-2), jan-jun.2012. Lisboa: ISPA (Instituto Universitário), 2012. p. 161-176.

MAZZOLA, Marcello Adriano. ***I nuovi danni*** – danno da *stalking*. Padova: Dott. Antonio Milani, 2008.

MIRAGEM, Bruno. Os direitos da personalidade e os direitos do consumidor. In: MARQUES, Claudia Lima; __________ (Org.). **Doutrinas essenciais. Direito do consumidor**. Teoria de qualidade de danos. São Paulo: Revista dos Tribunais, 2011. v.5, p. 421-463.

MELLO, Marcos Bernardes de. **Teoria do fato Jurídico**: plano da eficácia. 5.ed. São Paulo: Saraiva, 2009.

_____. **Teoria do fato jurídico:** plano da existência, 16.ed. São Paulo: Saraiva, 2010.

MORAES, Maria Celina Bodin de. **Danos à pessoa humana**: uma leitura civil--constitucional dos danos morais. 4ª tiragem. Rio de Janeiro: Renovar, 2009.

MOTA PINTO, Carlos Alberto. **Teoria geral do direito civil**. 3.ed. actual. Coimbra: Coimbra Editora, 1996.

MULLEN, Paul E.; PATHE, Michele; PURCELL, Rosemary. The prevalence and nature of *stalking* in the Australian community. **Journal Australian and New Zealand Journal of Psychiatry**, v. 36, issue 1, 2002, p. 114-120.

NORONHA, Fernando. **Direito das obrigações**: fundamentos do direito das obrigações: introdução à responsabilidade civil. 2.ed. rev. e atual. São Paulo: Saraiva, 2007. v.1.

PEIXOTO, Erick Lucena Campos; EHRHARDT JÚNIOR, Marcos. Breves notas sobre a ressignificação da privacidade. **Revista Brasileira de Direito Civil – RBDCilvil**, Belo Horizonte, v. 16, abr./jun. 2018, p. 35-56.

PERLINGIERI, Pietro. La dottrina del diritto civile nella legalità costituzionale. **Revista Trimestral de Direito Civil**, Rio de Janeiro, v.31, p 75-86, jul./set. 2007.

PITTA, Celso Roberto. **A cidade digital e os impactos da sociedade da informação no território**. 1ª ed. Rio de Janeiro: Corifeu, 2008. 102 p. *E-book*. Disponível em < https://books.google.com.br/books/about/A_Cidade_Digital_E_Os_Impactos_Da_Socied.html >. Acesso em 01. out. 2022.

RAMIDOFF, Mário Luiz. TRIBERT, Cesare. ***Stalking***: atos persecutórios obsessivos ou insidiosos: lei Maria da Penha (11.340/2006), lei antibullying (13.185/20150 e reforma penal. Belo Horizonte: Letramento Casa do Direito, 2017.

RAMOS, André Luiz Arnt. **Segurança jurídica e indeterminação normativa deliberada**: elementos para uma teoria do direito (civil) contemporâneo. Curitiba: Juruá, 2021.

RODOTÀ, Stefano. **A vida na sociedade de vigilância**: a privacidade hoje. Tradução de Danilo Doneda e Luciana Cabral Doneda. Organização, seleção e apresentação de Maria Celina Bodin de Moraes. Rio de Janeiro: Renovar, 2008.

ROSENVALD, Nelson. **As funções da responsabilidade civil**: a reparação e a pena civil. São Paulo. Atlas, 2013.

SANTOS, Bárbara Fernandes Rito dos. ***Stalking***: parâmetros de tipificação e o bem-jurídico da integridade psíquica. Coimbra: Almedina, 2017.

SEGANFREDO, Gabriela de Freitas, CHATELARD, Daniela Scheinkman. Das ding: o mais primitivo dos êxtimos. **Cadernos de psicanálise**: Curso Psicanalítico do Rio de Janeiro. Rio de Janeiro, v. 36, n. 30, p. 61-70, jun. 2014. Disponível em <http://pepsic.bvsalud.org/scielo.php?script=sci_arttext&pid=S1413-62952014000100004&lng=pt&nrm=iso>. Acessos em 18 de out. de 2022.

SCHREIBER, Anderson. **Direitos da personalidade**. São Paulo: Atlas, 2011.

______. **Novos paradigmas da responsabilidade civil**: da erosão dos filtros da reparação à diluição dos danos. 4.ed. São Paulo: Atlas, 2012.

SIQUEIRA, Maria Lohana Hexana de Moura Silva. ***Stalking***: um estudo conceitual sobre a perseguição obsessiva e seus reflexos jurídicos no direito brasileiro. 2021. 90 f. Dissertação (Mestrado) – Universidade Católica de Brasília, Programa de Pós-Graduação Strictu Sensu em Direito, 2020. Disponível em < https://bdtd.ucb.br:8443/jspui/handle/tede/3071> Acesso em 01. out. 2022.

SOUZA, Angeliana Patrícia, e HOFFMANN, Eduardo. ***Stalking* e responsabilidade civil**: breve análise psicológica do fenômeno. In: ENCONTRO CIENTÍFICO CULTURAL INTERINSTITUCIONAL, 15, 2017, Cascavel. Anais. Cascavel: 2017.

STOCO, Rui. **Tratado de responsabilidade civil.** 7.ed., rev., atual. e ampl. São Paulo: RT, 2007.

TASSINARI, Clarissa. **Jurisdição e Ativismo Judicial**: Limites da Atuação do Judiciário. Porto Alegre: Livraria do Advogado Editora, 2013.

TEIXEIRA NETO, Felipe. **Responsabilidade civil objetiva**: da fragmentariedade à reconstrução sistemática. São Paulo: Editora Foco, 2022. 320 p. E-book. Disponível em: < https://www.amazon.com.br/Responsabilidade-civil-objetiva-fragmentariedade-reconstru%C3%A7%C3%A3o-ebook/dp/B09N9NH3J7 >. Acesso em: 01. out. 2022.

TRINDADE, Jorge. **Manual de psicologia jurídica para operadores do direito.** 7ª ed., rev., atual. e ampl. Porto Alegre: Livraria do Advogado, 2014.

THOMPSON FLORES, Carlos Pereira. **A tutela penal do *stalking***. Porto Alegre: Elegantia Juris, 2014.

VENTURI, Thaís Goveia Pascoaloto. **Responsabilidade civil preventiva**: a proteção contra a violação dos direitos e a tutela inibitória material. São Paulo: Malheiros, 2014.

VIEGAS, Viviane Nery; MANSUR, Fernanda. ***Stalking***: abordagem fenomenológica e jurídica Brasil e Portugal. Curitiba: CRV, 2019.

WARREN, Samuel D.; BRANDEIS, Louis D. The right to privacy. **Harvard Law Review**, vol. 4, n. 5, dez., 1890.

6. A RESPONSABILIDADE OBJETIVA DO *STALKER* – ABUSO DE DIREITO

DEISE ALICE REGIS

Introdução

Apesar do *stalker* ter sido tipificado recentemente pela legislação brasileira, vide artigo 147-A do Código Penal, no âmbito criminal, há tempos, a doutrina e a jurisprudência tratavam de enquadrar o *Stalker* ao melhor tipo penal previsto.

Com advento do art. 147-A do Código Penal, materializou-se a tipificação do crime de *stalker*, de forma a incluir, não só o ato (hipótese em que acontece a tipificação), mas também a punibilidade e os agravantes decorrentes do referido crime.

É fato que, diante do aumento do uso da rede mundial de computadores (*internet*), faz-se necessário, em razão da própria responsabilidade (objetiva ou subjetiva), a qual será detalhada adiante, que a legislação seja atualizada para se fazer constar as condutas praticadas aos *Stalkers virtuais*.

Partindo da premissa de que o crime, hoje tipificado, se comprovada ou não a sua prática, transfere da esfera da penal para a esfera civil reflexos inafastáveis – como, por exemplo, a possibilidade de se cobrar pelos danos de tal ato decorrente, ainda que a esfera penal continue independente, tem-se que o estudo do *stalker*, compreende não só o ato tipificado em si, mas sim as obrigações decorrentes do acometimento do ato tipificado.

As obrigações do *stalker*, além daquelas previstas na tipificação penal do art. 147-A do Código Penal, traduz-se na obrigação de indenizar ou não pelo ilícito causado, de forma que o ato penal (consolidação da tipificação do crime), se traduz na obrigação civil, em decorrência da responsabilidade do ato, seja ela subjetiva ou objetiva.

É fato que a responsabilidade no direito penal depende da necessária prova de o sujeito ter cometido o crime mediante dolo, visto se estar diante de hipótese de "responsabilidade", por natureza, subjetiva. É importante destacar, contudo, que, no caso dos *stalker* a culpabilidade, na maioria das vezes, chega a ser mais do que notória, independendo, portanto, de prova cabal a seu respeito.

De outro lado, no âmbito civil, a responsabilidade do *stalker* é analisada de maneira objetiva – não dependendo, para a configuração do ato ilícito, da prova de dolo ou culpa, de forma de que eventual dever de indenizar, por exemplo, pode ser alcançado ainda que não haja sentença penal condenatória transitada em julgado e, até mesmo, se houver, por exemplo, sentença absolutória decorrente da ausência de prova do elemento subjetivo necessário à configuração do crime, qual seja, o dolo.

A presente pesquisa analisará a camada Histórica, sociológica e comportamental do *Stalker*, conjuntamente com a análise bibliográfica--doutrinária. Ao final, por meio de considerações finais, poderá se extrair a possibilidade de aplicação da responsabilidade objetiva na esfera cível, sem que para tanto haja o Abuso de poder.

1. *Stalker* e suas amplitudes (atos)

O *Stalker*, apesar de ser um velho conhecido do ordenamento jurídico, só foi devidamente regulamento em 2021, com advento da Lei n. 14.432, que inseriu o art. 147-A[1] ao Código Penal, de forma a fazer constar que:

> Art. 147-A. Perseguir alguém, reiteradamente e por qualquer meio, ameaçando-lhe a integridade física ou psicológica, restringindo-lhe a capacidade de locomoção ou, de qualquer forma, invadindo ou perturbando sua esfera de liberdade ou privacidade.
>
> Pena – reclusão, de 6 (seis) meses a 2 (dois) anos, e multa.
>
> § 1º A pena é aumentada de metade se o crime é cometido:
>
> I – contra criança, adolescente ou idoso;
>
> II – contra mulher por razões da condição de sexo feminino, nos termos do § 2º-A do art. 121 deste Código;

[1] http://www.planalto.gov.br/ccivil_03/_ato2019-2022/2021/lei/l14132.htm#:~:text=%E2%80%9CPersegui%C3%A7%C3%A3o-,Art.,dois)%20anos%2C%20e%20multa. Acessado em 15.10.22

III – mediante concurso de 2 (duas) ou mais pessoas ou com o emprego de arma.

§ 2º As penas deste artigo são aplicáveis sem prejuízo das correspondentes à violência.

§ 3º Somente se procede mediante representação."

Partindo da premissa do artigo supra mencionado, tem-se então que a tipificação[2] do *Stalker* se dá pelo ato comissivo ou omissivo de perseguir, de forma a ameaçar a integridade física ou psicológica da vítima, limitando ou não sua capacidade de locomoção ou ainda perturbando a sua liberdade ou privacidade.

Logo, o ato desta pessoa *(Stalker)*, não importando o meio, deve levar a vítima a experimentar a ameaça ao seu direito de locomoção, liberdade ou de privacidade, direitos estes previstos na Constituição da República Federativa do Brasil, no seu art. 5º, X, XII e XV. In verbis[3]:

> Art. 5º Todos são iguais perante a lei, sem distinção de qualquer natureza, garantindo-se aos brasileiros e aos estrangeiros residentes no País a inviolabilidade do direito à vida, à liberdade, à igualdade, à segurança e à propriedade, nos termos seguintes:
>
> [...]
>
> X – são invioláveis a intimidade, a vida privada, a honra e a imagem das pessoas, assegurado o direito a indenização pelo dano material ou moral decorrente de sua violação;
>
> [...]
>
> XII – é inviolável o sigilo da correspondência e das comunicações telegráficas, de dados e das comunicações telefônicas, salvo, no último caso, por ordem judicial, nas hipóteses e na forma que a lei estabelecer para fins de investigação criminal ou instrução processual penal;

[2] O tipo é uma criação abstracta e formal que se baseia num facto, sobre um evento, que ocorre no campo dos Fenômenos causais. Por outras palavras, o crime é essencialmente o tipo: o fato concreto "encaixa" no tipo, mas não é o tipo. Assim, a qualidade que identifica a conduta criminosa não é o tipo, mas o típico, ou seja, a conformidade entre o concreto e a descrição do fato abstracto fixado pelo legislador. Santos, Bárbara FERNDANDES dos. *STALKING* – Parâmetros de Tipificação e o Bem Jurídico da Integridade Psíquica. Almeida: Coimbra 2017, p. 24.

[3] http://www.planalto.gov.br/ccivil_03/constituicao/constituicao.htm Acessado em 10.10.22

> [...]
>
> XV – é livre a locomoção no território nacional em tempo de paz, podendo qualquer pessoa, nos termos da lei, nele entrar, permanecer ou dele sair com seus bens;

Assim, se os direitos constitucionais são violados, por meio de ato comissivo ou omissivo do *Stalker*, por meio de perseguição reiterada, ainda que de forma virtual (*cyberstalker*), incorre este, na modalidade penal prevista no art. 174-A do Código Penal – cujas consequências podem, ou não, reverberar na esfera cível.

É justamente nesta particularidade que se encontra o ilícito civil, o qual será objeto de análise no item II abaixo, mas que, todavia, não se pode deixar de trazer neste momento diante do contexto dos elementos necessários ao ato.

Registre-se, ainda, que, segundo o art. 4º do Código Penal Brasileiro, *"Considera-se praticado o crime no momento da ação ou omissão, ainda que o outro seja o momento do resultado"*. No mesmo sentido encontramos as Palavras de (DELMANTO, 2007, 30)[4]:

> A fixação do instante em que o crime ocorre é importante para fins de aplicação da lei penal. Especialmente, na determinação da lei vigente no dia do crime (quando há sucessão de leis penais), na aferição da imputabilidade do agente no momento do crime (se era maior de idade, se era mentalmente são etc.), na aplicação de eventual anistia condicionante no tempo, no exame de circunstâncias do crime.

Apesar de existir no Direito Penal três teorias sobre o momento em que se deve considerar como praticado determinado crime (teorias da atividade, do resultado ou mista), é, cediço que, ao caso dos *Stalker* estas não se importam, pois se confundem entre si.

Isso porque qualquer ato do *stalker*, importa em afronta direta aos preceitos Constitucionais, de forma que há lesão à vítima, ainda que o resultado atingindo não seja aquele almejado pelo *Stalker*.

Assim, em linhas conclusivas, pode-se dizer que a configuração do crime de *stalker*, desde que a prática de tal infração tenha sido reconhecida

[4] DELMANTO, Celso; Roberto Delmanto; Roberto Delmanto Junior; Fabio M de Almeida Delmanto. Código Penal Comentado. 7ª Ed. Ampl. E atualizada, São Paulo: 2007, p. 30.

na esfera criminal, pode trazer implicações, também, na esfera cível. Isso porque, acaso ao juízo criminal entenda por reconhecer a prática do crime de *stalker*, caberá ao juízo cível, apenas, apurar a existência e extensão dos danos causados à vítima, encurtando o caminho para a efetiva reparação, isso sem destacar, por evidente, a possibilidade de o próprio juízo criminal estabelecer, na sentença a ser proferida, indenização mínima, nos termos do art. 387, IV, do CPC.

É importante dizer, contudo, que a reparação cível dos danos - sejam materiais ou morais - decorrentes da conduta de *stalker*, não estará condicionada ao reconhecimento da responsabilidade penal - pois, além de se estar diante de esferas jurídicas independentes, a responsabilidade civil é de natureza objetiva, ao passo que a criminal, depende da prova do efetivo dolo.

Dito isso, passa-se à análise dos requisitos necessários ao reconhecimento da responsabilidade civil do *stalker*.

2. Responsabilidade civil

A responsabilidade civil do *stalker* diferentemente das situações cotidianas consumeristas, onde a responsabilidade civil - embora seja, via de regra, objetiva, pode ser, também, subjetiva ou objetiva - se amolda com base no tipo de conduta do *Stalker*, àquela de **natureza objetiva**.

Notadamente, é possível, perceber dois casos que implicam em responsabilidade civil.

A primeira delas demanda para o fato de que um ato ou mesma conduta pode implicar em um crime e ao mesmo tempo em um ilícito civil, de forma que a sentença penal condenatória do primeiro faz coisa julgada para o segundo (esfera cível), discutindo-se, em termos, apenas e tão somente a extensão do dano a ser indenizado no Civil.

A segunda se dá quando da sentença que absolve o *Stalker*. Se a absolvição decorre, por exemplo, da comprovação de que o **crime não foi praticado ou que não foi o sujeito passivo a quem se estava imputando a conduta que o praticou,** por certo, tais circunstâncias repercutirão na esfera cível, nos exatos termos do art. 935 do Código Civil, que estabelece:

> Art. 935. A responsabilidade civil é independente da criminal, não se podendo questionar mais sobre a existência do fato, ou sobre quem seja o seu autor, quando estas questões se acharem decididas no juízo criminal.

Se, todavia, a absolvição se deu, por exemplo, por falta de provas – seja da materialidade ou da autoria, neste caso, não significa dizer que não se procederá à reparação da obrigação civil pelo ilícito causado, aos preceitos dos art. 187 e 927 do Código Civil, mas sim que tal prova será buscada junto ao juízo cível, estando o *Stalker* livre apenas da condenação criminal.

Sobre o Tema VENOSA, Silvio [5] ressalta com sabedoria:

> De início há um divisor de águas entre a responsabilidade civil ou penal. A ilicitude pode ser civil ou penal. Como a descrição da conduta penal ocasiona o dever de indenizar. Por esta razão, a sentença penal condenatória faz coisa julgada no cível quanto ao dever de indenizar o dano decorrente da conduta criminal, na forma, dos arts. 91, I, do Código Penal, 63 do CPP e 584II do CPC. As jurisdições penal e civil em nosso país são independentes, mas há reflexos no juízo civil, não só sob o mencionado aspecto da sentença penal condenatória, como também porque não podemos discutir no civil a existência do fato e a autoria do ato ilícito, se essas questões foram decididas no juízo criminal e encontram-se sob o manto da coisa julgada (64 do CPP, ar. 935 do atual Código Civil). De outro modo, a sentença penal absolutória, por falta de provas quando ao fato, quando a autoria, ou a que reconhece uma dirimente ou justificativa, sem entalecer a culpa, por exemplo, não tem influência na ação indenizatória que pode revolver automaticamente toda matéria em seu bojo.

Diniz, Maria Helena [6]assevera que: *"quanto a natureza da norma violada a responsabilidade poderá ser: moral, civil ou penal. [...] A responsabilidade jurídica aparece quando houver a infração a norma. [...] Certos atos ilícitos tem repercussão tanto no cível como no crime, hipótese em que haverá dupla reação a ordem jurídica: a imposição da pena ao criminoso e a reparação do dano causado a vítima".*

Aliás, NERY Nelson[7] certifica o exposto, quando transcreve em seu livro Código Civil comentado, comentário 06 que:

> A responsabilidade civil se assenta na conduta do agente (responsabilidade subjetiva) ou no fato da coisa ou no risco da atividade (responsabilidade

[5] VENOSA, Silvio S. DIREITO CIVIL – Responsabilidade Civil – São Paulo: Atlas: 2005. p. 28.

[6] DINIZ, Maria Helena. Curso de Direito Civil Brasileiro. Responsabilidade Civil. São Paulo Saraiva: 2007, p. 29.

[7] NERY, Nelson. Código Civil Comentado. 8ª ed. São Paulo: RT, 2011. p. 797.

objetiva). Na responsabilidade objetiva o sistema fixa o dever de indenizar independentemente da culpa ou dolo do agente. Na responsabilidade subjetiva há o dever de indenizar quando se demonstra o dolo ou a culpa do agente, causação do Dano.

Obviamente a responsabilidade civil, não pode ser considerada assim, tão simplista. Isso porque, dentro do seu bojo, averígua-se inúmeras outras particularidades e construções doutrinárias. Contudo, há de se mencionar que no presente artigo, traz-se apenas e tão somente a essência do que é basilar para a consolidação do que se pretende.

De outro lado não se pode olvidar que a responsabilidade civil, ainda que derivada da penal, consolida-se na obrigação de indenizar outrem, em razão do ilícito civil causado.

3. Responsabilidade civil objetiva

Na responsabilidade objetiva, diversamente da subjetiva, os doutrinadores dispensaram alguns elementos constantes da norma, de forma que a culpa, dano e nexo de causalidade foram reduzidos ao nexo e a obrigação de indenizar.

> A doutrina objetiva, ao invés de exigir que a responsabilidade civil seja a resultante dos elementos tradicionais (culpa, dano, vínculo de causalidade entre um e outro), assenta-se na equação binária cujos os pólos são o dano e a autoriza do evento danoso. Sem cogitar da impossibilidade ou investigar a antijuridicidade do fato danoso o que importa para assegurar o ressarcimento é a verificação se ocorreu o evento e se dele emanou o prejuízo. Em tal ocorrendo, o autos do fato causador do dano é o responsável. Com a teoria do risco, diz Philippe Le Tourneau, o juiz não tem de examinar o caráter lícito ou ilícito do ato imputado ao pretenso responsável: as questões de responsabilidade transformam-se em simples problemas objetivos que se reduzem à pesquisa de uma rleação de causalidade (la Responsabilidade Civile. Paris: Dalloz, 1976, n. 2, p. 4) (cf Caio mario, Responsabilidade Civil ct. p. 267) (cf Stoco Rui, Tratatado de Responsabilidade Civil. p. 157.)

A responsabilidade civil objetiva, resta prevista no artigo 187 do Código Civil, que, em termos curtos, tal como já mencionado, se traduz na obrigação de indenizar, em decorrência da conduta omissiva ou comissiva do *Stalker*, independentemente da ação culposa ou dolosa deste.

Na responsabilidade objetiva não se discute o elemento culpa ou dolo, mas sim a demonstração do nexo de causalidade, entre o *Stalker* ter cometido o ato ilícito (comissivo o omissivo), em decorrência do excesso dos limites impostos pelo fim econômico ou social, pela boa fé ou pelos costumes do direito que este exercia.[8]

Necessário mencionar que *"a cláusula geral do art. 187 do Código Civil tem fundamento constitucional nos princípios da solidariedade, devido processo legal e proteção da confiança, e aplica-se a todos os ramos do direito." (Enunciado 414 V Jornada de Direito Civil)."*[9]

Obviamente a responsabilidade objetiva se traduz na obrigação de indenizar, tal como preleciona o art. 927 do Código Civil, inclusive no que diz respeito ao parágrafo único, de onde se traduz que *"Os direitos de outrem"* mencionados no parágrafo único do art. 927 do Código Civil devem abranger não apenas a vida e a integridade física, mas também outros direitos, de caráter patrimonial ou extrapatrimonial." (Enunciado 555 da VI JORNADA DE DIREITO CIVIL)[10].

Aliás, da justificativa do referido enunciado observa-se:

> De acordo com os termos do parágrafo único do art. 927 do Código Civil, "haverá obrigação de reparar o dano, independentemente de culpa, nos casos especificados em lei, ou quando a atividade normalmente desenvolvida pelo autor do dano implicar, por sua natureza, risco para os direitos de outrem". A lei estabeleceu uma espécie de cláusula geral de objetivação da responsabilidade civil, que ocorrerá sempre que se constatar que a atividade normalmente desempenhada pelo ofensor puder acarretar risco para os direitos de terceiros. Note-se que o risco a que alude a lei deve ser dirigido

[8] Art. 187. Também comete ato ilícito o titular de um direito que, ao exercê-lo, excede manifestamente os limites impostos pelo seu fim econômico ou social, pela boa-fé ou pelos bons costumes. (http://www.planalto.gov.br/ccivil_03/leis/2002/l10406compilada.htm acessado em 10/09/2022)

[9] https://www.cjf.jus.br/enunciados/enunciado/228#:~:text=A%20cl%C3%A1usula%20geral%20do%20art,todos%20os%20ramos%20do%20direito. Acessado em 10/10/2022.

[10] https://www.cjf.jus.br/enunciados/enunciado/626#:~:text=Justificativa,para%20os%20direitos%20de%20outrem%22. Acessado em 10/10/2022.

> aos "direitos de outrem", não tendo o legislador indicado quais seriam tais direitos. Por isso, é possível extrair do texto legal o entendimento de que referidos direitos abrangem não apenas a vida, a saúde e a integridade física das pessoas, mas também diversos outros, tenham eles caráter patrimonial ou extrapatrimonial. (Enunciado 555 da VI JORNADA DE DIREITO CIVIL).

É de se destacar ainda que o nexo causal, elemento crucial da Responsabilidade Objetiva, encontra-se coberto por várias teorias, contudo duas são apontadas como centros da análise: a) teoria da equivalência e b) a teoria da causa adequada.

4. Do abuso de direito

Diante do escopo que se pretende apresentar, faz-se necessário, inicialmente, conceituar o abuso de direito. Nas palavras de FERREIRA Walace[11], *"Abuso é o exercício do direito de modo a contrariar e contradizer o valor que o mesmo procura tutelar. Representa uma violação a limites que não estão colocados na existência de direitos de terceiros, e sim em elementos típicos emanados do próprio direito."*

O Enunciado 37[12] da 1ª Jornada de Direito Civil, efetivada pelo Centro de Estudos Judiciários do Conselho da Justiça Federal identifica não só abuso de direito na esfera civil, mas também as intercorrências ao proferirem em sua ementa que *"a responsabilidade civil decorrente do abuso do direito independe de culpa e fundamenta-se somente no critério objetivo-finalístico"*.

Partindo desta premissa, pode-se mensurar que o abuso de direito, relacionado à responsabilidade civil se divide em duas correntes doutrinárias. A primeira, a Teoria Subjetiva, da qual pode-se concluir que a referida passa a existir no momento em que ocorre o elemento intencional, de forma que, secundum legis, ao ser provocada tornou-se, por certo, o abuso de direito, haja vista que o *Stalker* assumiu o risco e causou dano a outrem. A Segunda, objetiva, a qual é derivada da responsabilidade civil decorrente do abuso de direito, independentemente de dolo ou culpa.

[11] https://jus.com.br/artigos/26208/abuso-de-direito-entre-a-teoria-e-a-realidade. Acessado em 15/09/2022.

[12] https://www.conjur.com.br/2017-out-16/direito-civil-atual-abuso-direito-culpa-responsabilidade-civil Acessado em 28/09/2022.

CAMPANHA, Betriz, salienta[13]:

Sobre as teorias, são duas que merecem nossa atenção e são utilizadas pela jurisprudência e pelos doutrinadores, salientando que, na tomada de decisão sobre qual teoria utilizar, acaba levando-se em conta a ideologia pelo lado de quem está lidando com a lei. Na teoria subjetiva, é preciso que acha a culpa e a finalidade de prejudicar algum terceiro, e ainda localizar quatro requisitos que seriam a chave para que seja denominado um abuso de direito, são eles: o direito subjetivo em exercício, prejuízo de um terceiro resultante deste exercício, existência de uma finalidade específica de causar prejuízo a um terceiro e por último, a inexistência de um interesse legítimo do titular do direito em exercê-lo de forma a prejudicar terceiro. É necessária, portanto, a intenção de prejudicar um terceiro, e esse abuso não se prende á esfera patrimonial, mas também de um poder sobre outras pessoas. Já a teoria objetiva, o abuso do direito ocorre quando este é exercido fora de sua normalidade, excedendo-se dentro de sua finalidade social, de boa-fé e bons costumes. Exclui-se, portanto, a culpa em sua caracterização.

STOCO, Rui.[14], especifica que o abuso de poder é:

Ora, o abusar do direito não significa o exercício de um direito mas o exercício irregular de um direito latente antes assegurado. Direito é uma coisa; seus exercícios é outra. Se para exercitar o que a lei concede ou permite o agente usa de meio inadequado e abusivo, com a intenção de obter o desidrato a qualquer custo, tem-se a culpa em sentido amplo. O credor de uma dívida que cobra o que lhe é devido mediante ameaça, munido de arma de fogo age culposamente, Era possuidor do direito a um valor previamente contratado mas o exerce irregularmente.

O mesmo autor ainda acrescenta:

A proposição é simples: o abuso do direito traduz ilicitude no antecedente (direito adquirido ou assegurado) e culpa no consequente (meio inadequado e

[13] https://bcampanha.jusbrasil.com.br/artigos/372571320/abuso-do-direito#:~:text=Na%20teoria%20subjetiva%2C%20%C3%A9%20preciso,exerc%C3%ADcio%2C%20exist%C3%AAncia%20de%20uma%20finalidade Acessado em 08/09/2022.

[14] STOCO, Rui. Tratado de Responsabilidade Civil São Paulo, RT: 2007 p. 127

abusivo de exercitar esse direito). A cobrança vexatória e truculenta, mediante violência de uma dívida, com a intenção de intimidar para receber caracteriza ao culposo e, portanto, ilícito, sob a forma de abuso de direito.

DINIZ[15], Maria Helena, assevera: Abuso de direito ou exercício irregular do direito. O uso de um direito, poder ou coisa além do permitido ou extrapolado as limitações jurídicas, lesando alguém, trás com efeito o dever de indenizar. Realmente sob a aparência de uma ato legal ou lícito, esconde-se a ilicitude (ou melhor, antijuridicidade sui generis) no resultado, por atentado ao princípio da boa-fé e aos bons costumes ou por desvio da finalidade sócio econômica para a qual o direito foi estabelecido.

Obviamente o ato ilícito descrito no Código Civil, mais precisamente no art. 187, enseja reparação dos danos causados pelo regime da responsabilidade objetiva, motivo pelo qual, entende a doutrina majoritária, tal como mencionado, ser desnecessária a demonstração da conduta do agente (dolo ou culpa), sendo obrigatório, de forma a comprovar apenas e tão somente os requisitos necessários ao nexo causal e, quanto ao dever indenizar, a existência e extensão do dano. Aliás, os mesmos preceitos são abarcados pelo art. 927, parágrafo único, do Código Civil.

Mas não é só! Nos artigos supramencionados que se pode encontrar o abuso de direito ligado ao *Stalker*. Com efeito os artigos 949, 950 e seguintes também trazem em seu corpo os mesmos preceitos da objetividade prevista no art. 187 e no artigo 927, parágrafo único, do Código Civil. Vejamos:

Art. 949. No caso de lesão ou outra ofensa à saúde, o ofensor indenizará o ofendido das despesas do tratamento e dos lucros cessantes até ao fim da convalescença, além de algum outro prejuízo que o ofendido prove haver sofrido.

Art. 954. A indenização por ofensa à liberdade pessoal consistirá no pagamento das perdas e danos que sobrevierem ao ofendido, e se este não puder provar prejuízo, tem aplicação o disposto no parágrafo único do artigo antecedente.

15 DINIZ, Maria Helena. Código Civil Anota, 17ª ed. São Paulo Saraiva: 2014. p. 252.

> Parágrafo único. Consideram-se ofensivos da liberdade pessoal:
> I – o cárcere privado;
> II – a prisão por queixa ou denúncia falsa e de má-fé;
> III – a prisão ilegal.

Como se pode observar a Lei Civil atualizada, contempla os parâmetros de conduta que desencadeiam o abuso de direito, de forma que é plausível perceber inclusive sanções, quase que penais (vide art. 954), para aqueles que violam o direito inerente ao ser humano previsto na nossa Carta Magna.

Logo, o Código Civil, aliado a outras fontes legais citadas, concedem o amparo necessário às vítimas dos *stalkers*, de forma que o enquadramento legal de reprovação do ato (nexo de causalidade), objetiva, o dever de reparação por parte de quem atinge o patrimônio, seja ele físico, moral ou psicológicos de outrem.

Conclusões

A responsabilidade do *stalker* deverá ser analisada de maneira objetiva – não dependendo, para a configuração do ato ilícito, da prova de dolo ou culpa, de forma de que eventual dever de indenizar, por exemplo, pode ser alcançado ainda que não haja sentença penal condenatória transitada em julgado e, até mesmo, se houver, por exemplo, sentença absolutória decorrente da ausência de prova do elemento subjetivo necessário à configuração do crime, qual seja, o dolo.

Na responsabilidade objetiva, diversamente da subjetiva, os doutrinadores dispensaram alguns elementos constantes da norma, de forma que a culpa, dano e nexo de causalidade foram reduzidos ao nexo e a obrigação de indenizar. É de se mensurar que na responsabilidade objetiva não se discute a particularidade do elemento culpa ou dolo, mas sim a demonstração do nexo de causalidade, entre o *Stalker* ter cometido o ato ilícito (comissivo o omissivo), em decorrência do excesso dos limites impostos pelo fim econômico ou social, pela boa fé ou pelos costumes do direito que este exercia.

É dentro deste contexto que emerge a figura do abuso de direito, relacionado à responsabilidade civil objetiva, a qual independente de dolo ou culpa.

Obviamente o ato ilícito descrito no Código Civil, mais precisamente no art. 187 e 927, parágrafo único, do Código Civil, demonstram claramente que a reparação dos danos causados pela responsabilidade objetiva, por abuso de direito, são passíveis de reparação e independem da demonstração da conduta do agente (dolo ou culpa), sendo obrigatório, de forma a comprovar apenas e tão somente os requisitos necessário ao nexo causal e, a fim de concretizar o dever indenizar, que por seu turno se delimita pela existência e extensão do dano. Com efeito os artigos 949, 950 e seguintes também trazem em seu corpo os mesmos preceitos da objetividade por abuso de direito prevista no art. 187 e no artigo 927, parágrafo único.

Como se pode observar a Lei Civil atualizada, contempla os parâmetros de conduta que desencadeiam o abuso de direito, de forma que é plausível perceber inclusive sanções, quase que penais (vide art. 954), para aqueles que violam o direito inerente ao ser humano previsto na nossa Carta Magna.

Ademais o fato do abuso direito ser o exercício do direito contrário ao que se pretende proteger, tem-se que este, independentemente da forma culposa ou dolosa, omissiva ou comissiva, em si, configura a perda de direitos basilares previstos na carta magna, de modo que, esta situação trazida para esfera civil implica na responsabilidade objetiva pelo abuso ao direito cometido, pois apesar de serem esferas jurídicas distintas (direito civil e direito penal), ao menos neste caso, o cometimento de um ato pelo *Stalker* da esfera penal remonta para o direto da esfera civil.

Referências

DELMANTO, Celso; Roberto Delmanto; Roberto Delmanto Junior; Fabio M de Almeida DELMANTO. Código Penal Comentado. 7ª Ed. Ampl. E atualizada, São Paulo: 2007.

DINIZ, Maria Helena. Curso de Direito Civil Brasileiro. Responsabilidade Civil. São Paulo Saraiva: 2007.

DINIZ, Maria Helena. Código Civil Anota, 17ª ed. São Paulo Saraiva: 2014.

FERNDANDES D. *STALKING* – Parâmetros de Tipificação e o Bem Jurídico da Integridade Psíquica. Almeida: Coimbra 2017.

NERY, Nelson. Código Civil Comentado. 8ª ed. São Paulo: RT, 2011.

STOCO, Rui. Tratado de Responsabilidade Civil São Paulo, RT: 2007

VENOSA, Silvio S. DIREITO CIVIL – Responsabilidade Civil – São Paulo: Atlas: 2005.

http://www.planalto.gov.br/ccivil_03/_ato2019-2022/2021/lei/l14132.htm#:~:text=%E2%80%9CPersegui%C3%A7%C3%A3o-,Art.,dois)%20anos%2C%20e%20multa. Acessado em 15.10.22

http://www.planalto.gov.br/ccivil_03/constituicao/constituicao.htm Acessado em 10.10.22

(http://www.planalto.gov.br/ccivil_03/leis/2002/l10406compilada.htm acessado em 10/09/2022)

https://www.cjf.jus.br/enunciados/enunciado/626#:~:text=Justificativa,para%20os%20direitos%20de%20outrem%22.

https://www.cjf.jus.br/enunciados/enunciado/228#:~:text=A%20cl%C3%A1usula%20geral%20do%20art,todos%20os%20ramos%20do%20direito.

https://jus.com.br/artigos/26208/abuso-de-direito-entre-a-teoria-e-a-realidade. Acessado em 15/09/2022.

https://www.conjur.com.br/2017-out-16/direito-civil-atual-abuso-direito-culpa--responsabilidade-civil Acessado em 28/09/2022.

https://bcampanha.jusbrasil.com.br/artigos/372571320/abuso-do-direito#:~:text=Na%20teoria%20subjetiva%2C%20%C3%A9%20preciso,exerc%C3%ADcio%2C%20exist%C3%AAncia%20de%20uma%20finalidade Acessado em 08/09/2022.

7. *STALKING* EM RELAÇÕES CONTRATUAIS A PRIVACIDADE COMO DEVER ANEXO

Frederico E. Z. Glitz
Fernanda Schaefer

Introdução

> *"Every breath you take*
> *And every move you make*
> *Every bond you break*
> *Every step you take*
> *I'll be watching you..."*

A letra do sucesso musical dos anos 1980, *Every breath you take* do *The Police*, apresenta a assustadora noção de fenômeno social cada vez mais comum que vem se amplificando com o uso da tecnologia.

O *stalking*[1] (ou perseguição persistente ou obsessiva), enquanto fato social (inominado), pode ser identificado em diversos comportamentos ao longo dos séculos, mas ganhou forte impulso no século XX com o advento das tecnologias de informação e comunicação e com a popularização das

[1] De origem inglesa, etimologicamente, significa perseguir, aproximar-se silenciosamente, atacar à espreita, emboscar. A concepção contemporânea do termo surgiu apenas na década de 1980 quando passou a ser utilizado como "perseguição continuada e repelida pela vítima humana; pela presa humana" (FLORES, Carlos Pereira Thompson Flores. A tutela penal do *stalking*. Porto Alegre: Elegantia Juris, 2014).

redes sociais[2-3]. No entanto, como fato jurídico merecedor de repressão, apenas recentemente foi reconhecido como ilícito penal típico no Brasil.

Trata-se de padrão de comportamento que se manifesta nas mais diversas formas de assédio[4] (por intrusão) "que podem consistir em ações rotineiras e aparentemente inofensivas (como oferecer presentes, telefonar frequentemente) ou em ações inequivocamente intimidatórias (por exemplo, perseguição e mensagens ameaçadoras)"[5], afetando diretamente

[2] "De acordo com o estudo da **Kaspersky**, a principal forma de perseguição online é via **smartphone**, posto que 54% dos entrevistados que já foram vítimas de ***stalking*** afirmaram que o abuso começou pelo celular. Mas há também há outros caminhos: 36% disseram que a perseguição veio de **dispositivos específicos**, 24% listaram **programas instalados em computadores**, 14% destacaram a espionagem por meio da **webcam** e 12%, por incrível que pareça, também ressaltaram monitoramento por **dispositivos de casa inteligente**. Outro dado que salta aos olhos é que 13% das vítimas sequer sabem como a perseguição aconteceu. A instalação desses softwares ocorre de maneira **discreta** e sem o conhecimento da vítima. E faz sentido o celular estar na primeira posição, já que ele permite o **rastreamento** da **localização** junto com o acesso a **informações privadas**, como chamadas telefônicas, conversas via aplicativos e o e-mail", complementa o analista de segurança da **Kaspersky**" (**VILELA, Luiza. 25% dos brasileiros são ou já foram vítimas de *stalking*. Você está entre eles? In: Consumidor Moderno**. Disponível em: https://www.consumidormoderno.com.br/2022/05/17/vitimas-*stalking-stalker*/. Acesso em 25 de out. de 2022).

[3] "Assim, as tecnologias da informação parecem confirmar e reforçar uma tendência que, no passado, foi caracterizada justamente pela estreita associação entre o nascimento da esfera privada, no seu sentido moderno, e a possibilidade de subtrair-se a certas formas de controle social. [...]. Mas a crescente possibilidade de o indivíduo fechar-se na "fortaleza eletrônica" parece oferecer apenas a ilusão de um fortalecimento e enriquecimento da esfera privada. Mais do que se subtrair ao controle social, o indivíduo se encontra na situação de ver rompido o liame social com os seus semelhantes, que se tenta reconstruir com base somente na comunicação eletrônica" (RODOTÀ, Stefano. A vida na sociedade da vigilância. A privacidade hoje. Rio de Janeiro: Renovar, 2008. p. 94).

[4] Segundo Flores, o *stalking* "não se identifica por meio de condutas tendentes a gerar sentimentos de humilhação ou aviltamento [como as formas de assédio], mas, sim, pela afetação do equilíbrio emocional da vítima (que, em última instância, repercute em sensação de insegurança), daí emoldurar-se melhor na categoria de assédio psicológico" (FLORES, Carlos Pereira Thompson Flores. A tutela penal do *stalking*. Porto Alegre: Elegantia Juris, 2014).

[5] AMIKY, Luciana Gerbovic. Responsabilidade civil pela prática do *stalking*. Revista Brasileira de Direito Civil, Constitucional e Relações de Consumo. São Paulo: Fiuza, 2013. p. 143-153.

a dimensão existencial da vítima que se sente constantemente perseguida, angustiada, preocupada e com medo[6].

Nota-se, então, que o comportamento realizado pelo perseguidor não se revela apenas como uma violência criminosa[7] (art. 147-A, CP[8] – crime de perseguição), mas em condutas que podem se manifestar dentro de relações contratuais e causar graves prejuízos emocionais ao contratante perseguido, privado da sua privacidade, liberdade e sensação de segurança. Daí porque, para além do interesse penal no fenômeno, é indispensável estudá-lo, também, a partir da perspectiva privada mais ampla[9] e da responsabilidade civil em especial[10].

[6] Segundo Flores, "pela repetição e persistência de condutas intrusivas, do ponto de vista psicológico, a vítima pode desenvolver algumas formas de trauma crônico, como depressão, ideias suicidas, ansiedade, perturbação e *stress* pós-traumático (associado a lembranças intrusivas, pesadelos, *flashbacks*). Ao ver-se envolta por tal tipo de situação, aumentam, ainda, sensações como medo, tensão, nervosismo, raiva, agressividade, confusão, desconfiança, paranoia, cansaço, fraquexa, dores de cabeça, náuseas, perturbações do sono e do apetite, tristeza, etc." (FLORES, Carlos Pereira Thompson Flores. A tutela penal do *stalking*. Porto Alegre: Elegantia Juris, 2014).

[7] Vale lembrar que antes da Lei n. 14.132/21 o *stalking* era tratado como mera contravenção penal (art. 65, Decreto-lei n. 3.688/41), raramente como crime do art. 147, CP (constrangimento ilegal) ou, ainda, como crime decorrente da aplicabilidade dos arts. 5º e 7º, da Lei n. 2006/13 (Lei Maria da Penha).

[8] Art. 147-A, CP. Art. 147-A. Perseguir alguém, reiteradamente e por qualquer meio, ameaçando-lhe a integridade física ou psicológica, restringindo-lhe a capacidade de locomoção ou, de qualquer forma, invadindo ou perturbando sua esfera de liberdade ou privacidade. (Incluído pela Lei nº 14.132, de 2021)
Pena – reclusão, de 6 (seis) meses a 2 (dois) anos, e multa.
§ 1º A pena é aumentada de metade se o crime é cometido:
I – contra criança, adolescente ou idoso;
II – contra mulher por razões da condição de sexo feminino, nos termos do § 2º-A do art. 121 deste Código;
III – mediante concurso de 2 (duas) ou mais pessoas ou com o emprego de arma.
§2º. As penas deste artigo são aplicáveis sem prejuízo das correspondentes à violência.
§3º. Somente se procede mediante representação.

[9] Para se demonstrar a necessidade de percepção do fenômeno a partir de outras óticas, basta mencionar que breve e geral pesquisa jurisprudencial levada a cabo durante a elaboração deste artigo revelou que no Supremo Tribunal Federal (STF) o termo "*stalking*" (propositalmente escolhido para se fugir do novo tipo penal) foi empregado, até o momento (03/11/2022), em apenas três casos, sendo dois de índole penal e um como defesa criminal embora fundamentando suposta prática do Estado (caso anterior à reforma do Código Penal).

Este artigo, por meio de pesquisa normativa e doutrinária, busca analisar como a privacidade se caracteriza como um dever anexo em relações contratuais e como o *stalking* pode se revelar como uma importante forma de inadimplemento capaz de conduzir ao dever de indenizar que obrigatoriamente deverá sopesar os devastadores efeitos da conduta sobre a vida do perseguido[11].

Já no Superior Tribunal de Justiça (STJ), a pesquisa – nas mesmas condições e termo – indicou apenas dois casos criminais (um anterior à reforma do Código Penal). Este caso aliás, seria de perseguição durante relacionamento amoroso, motivo pelo qual se poderia imaginar, também, uma possível consequência delitual (Cível). Estes casos já aparecem, contudo, na jurisprudência de segunda instância. Pesquisa levada a efeito na mesma data (03/11/2022), no Tribunal de Justiça de São Paulo (TJSP), maior acervo judicial do país, com o verbete "*stalking*" e limitado a Apelações Cíveis, revelou 19 casos, sendo 11 deles julgados em 2022, 3 em 2021, 3 em 2020, 1 em 2016 e 1 em 2014. Embora em pelo menos 2 destes casos a suposta perseguição tenha ocorrido em ambiente de execução contratual, em nenhum deles o fundamento da eventual reparação civil foi descumprimento de obrigação contratual.

[10] Casos em que a alegação de *stalking* surge como fundamento de pretensões reparatória já são encontrados nos Tribunais estaduais. São exemplos recentes: supostas perseguições ocorridas em relações condominiais (e.g. Ap. Civ. 1022861-38.2021.8.26.0224, TJSP, julgada em 1º/11/2022; Ap. Civ. 1003612-95.2019.8.26.0281, TJSP, julgada em 23/02/2022; Ap. Civ. 1011610-07.2021.8.26.0003, TJSP, julgada em 29/11/2021); supostas perseguições ocorridas em razão de término de relacionamento afetivo (e.g. Ap. Civ. 1000263-25.2022.8.26.0008, TJSP, julgada em 31/10/2022; Ap. Civ. 1001430-97.2021.8.26.0045, TJSP, julgada em 12/07/2022; Ap. Civ. 1028413-26.2019.8.26.0071, TJSP, julgada em 22/03/2022; Ap. Civ. 1010150-92.2020.8.26.0302, TJSP, julgada em 24/02/2022; Ap. Civ. 1095132-34.2018.8.26.0100, TJSP, julgada em 06/10/2020; Ap. Civ. 0047563-59.2009.8.26.0071, TJSP, julgada em 08/03/2016); relações familiares (Ap. Civ. 1008349-72.2018.8.26.0477, TJSP, julgada em 29/10/2020; Ap. Civ. 0005780-54.2010.8.26.0103, TJSP, julgada em 14/05/2014) e até mesmo em razão de amizade com ex-cônjuge (Ap. Civ. 1002596-16.2018.8.26.0484, TJSP, julgada em 27/03/2020).

[11] "[...] traz para sua vítima uma sensação de incredulidade, com sentimento de negação ou dúvida, sentimentos de frustração, culpa, vergonha, rebaixamento da autoestima e perda da confiança na autopercepção. Traz, ainda, a sensação de choque e confusão, ansiedade, medo e irritabilidade, depressão, raiva, isolamento, assim como a perda de interessa nas atividades cotidianas e tarefas diárias, dificuldade de concentração, fadiga, fobias, ataques de pânico e, por último, sentimentos suicidas, distúrbio pós-traumático, distúrbios físicos de origem psíquica como gastrointestinais e flutuação de peso, o que leva a pessoa, muitas vezes, à tendência de automedicação", sentimentos que irão refletir em suas relações sociais, familiares e até laborais (LAGUNA, Fabíola da Motta Cezar Ferreira. Os fenômenos do *bullying* e do *stalking* à luz do instituto da responsabilidade civil. Revista de Direito da Família e das Sucessões, São Paulo: Revista dos Tribunais, v. 3, abr.-mar. 2015, p. 95-112).

1. A privacidade como dever anexo em relações contratuais

Segundo Aras, o reconhecimento do *stalking* como crime pela legislação brasileira "amplia a proteção da dignidade da pessoa humana, da liberdade individual, da integridade psíquica, da autodeterminação pessoal e da privacidade, notadamente de mulheres e de pessoas vulneráveis"[12]. Mas não é só, a criminalização da perseguição abre espaço para discussões importantes em outras áreas do Direito, em especial, a retomada os estudos sobre a dimensão negativa da privacidade (*right to be alone*), negligenciada em tempos de alta preocupação com a dimensão positiva (autodeterminação).

O termo privacidade tem origem na expressão inglesa *privacy*, cujo significado original remonta ao latim *privatus* (privado), de *privus* (próprio, particular, individual). Classicamente, é compreendida como um bem jurídico cujo conteúdo vem determinado por noções e conceitos históricos e culturais. Hoje, assume diferentes e dinâmicos significados,

> Direito Constitucional, a) intimidade, que constitui um direito da personalidade, cuja inviolabilidade está garantida constitucionalmente; b) direito de ficar em paz ou de estar só (Cooley); c) direito do respeito à vida privada, com o mínimo de ingerências exteriores (Urabayen). 2. Direito civil. É a pretensão do indivíduo, de grupos ou instituições de decidir, por si, quando, como e até que ponto uma informação sobre eles pode ser comunicada a outrem (Alain Westen)[13].

De fato, a privacidade é sentida de maneiras distintas por cada pessoa, cada sociedade, cada momento histórico. Foi ao final do século XIX que seus contornos jurídicos começaram a ser traçados, à época apontada como um direito individual de caráter negativo (esfera defensiva) por Warren e Brandeis (1890), em seu artigo *The Right to Privacy*. O estudo sustentou ser a privacidade o direito de ser deixado em paz, de não ser incomodado, de ser deixado só.

[12] ARAS, Vladimir. O crime de *stalking* do art. 147-A do Código Penal. Disponível em: https://vladimiraras.blog/2021/04/01/o-crime-de-*stalking*-do-art-147-a-do-codigo-penal/#:~:text=Sancionada%20em%2031%20de%20mar%C3%A7o,Decreto%2Dlei%20 3.688%2F1941. Publicado no Estadão, 2 de abril de 2021.

[13] DINIZ, Maria Helena. Dicionário jurídico. 2ª. ed. São Paulo: Saraiva, 2005.

Como direito de conteúdo complexo, foi chamado a se adaptar às variações sociais e, por isso, deixou de ter um caráter eminentemente negativo (proteção contra intromissão alheia, ou direito a estar só), para abarcar também uma dimensão positiva (possibilidade de exigir que o Estado resguarde a incolumidade da intimidade e da vida privada e o direito de controle das próprias informações). A ampliação de seu significado, no entanto, não acarretou desvantagens para sua capacidade efetiva, ao contrário, por compreender agora o respeito à autodeterminação, implicou a necessidade de controle sobre as próprias informações, ganhando um significado mais funcional do que o anteriormente pensado não se resumindo ao *right to be alone*, à intimidade ou à vida privada[14].

Há, um inevitável redimensionamento da privacidade na atualidade, embora ainda possa ser considerada um aspecto fundamental da realização da pessoa (como cláusula geral), do desenvolvimento da personalidade e até mesmo como requisito para o exercício de outras liberdades fundamentais. Afirma Doneda que "[...] subsiste a forte constatação de que a *privacy*, hoje, compreende algo muito mais complexo de que o isolamento ou a tranquilidade [...]"[15] não havendo dúvidas de que é a própria tecnologia que irá definir as novas formas de interação entre informação e privacidade, entre intimidade e interesse social, cujo ponto de equilíbrio deve estar no reconhecimento do valor transcendente da pessoa humana.

A privacidade se refere às projeções da pessoa em cada sociedade e sobre si mesma e, por isso, deve ser compreendida como um direito que confere à pessoa condições de realização da liberdade de escolha

[14] A diferença entre intimidade e vida privada que aparece no Código Civil Brasileiro (art. 21) decorre da já abandonada Teoria das Esferas proposta pelo alemão Henrich Hubmann (1957) e hoje jocosamente denominada de teoria da pessoa considerada como uma cebola. Essa doutrina foi utilizada para explicar diferentes graduações do direito à intimidade, dividindo-o em esferas que ocasionalmente se comunicam: Privatsphäre, a esfera privada em sentido estrito que compreende todos os acontecimentos que a pessoa não deseja que se tornem de domínio público; Geheimsphäre, a esfera do segredo que exige especial proteção, Vertrauensphäre, a esfera da confiança da qual participam pessoas com as quais o indivíduo mantém relação mais próxima; e a Individualsphäre que sugere a distinção entre esfera individual e esferas da vida privada. Diferenciá-las faz apenas sentido em alguns momentos históricos e culturais, mas não na realidade da proteção dos dados pessoais e muito menos na Sociedade de Informação.

[15] DONEDA, Danilo. Da privacidade à proteção de dados pessoais. Rio de Janeiro: Renovar, 2006. p. 10.

existenciais, livre de ingerências externas. Assim, para além do sentido físico (dimensão espacial) atribuído inicialmente ao direito à privacidade, deve ser ele compreendido como direito fundamental[16] e de personalidade[17] que se dirige à tutela da pessoa (e não da propriedade) e cujos fundamentos são suficientemente estabelecidos na legislação brasileira, sendo capazes de justificar atos de prevenção e de punição à perseguição persistente, que ultrapassam os clássicos modelos de tutela de direitos subjetivos. Daí a necessária distinção entre privacidade enquanto bem existencial (elemento naturalístico do comportamento humano) e direito à privacidade. Segundo Doneda,

> A privacidade assume, portanto, posição de destaque na proteção da pessoa humana, não somente tomada como escudo contra o exterior – na lógica da exclusão – mas como elemento positivo, indutor da cidadania, da própria atividade política em sentido amplo e dos direitos de liberdade de uma forma geral. [...]. A privacidade assume, então, um caráter relacional, que deve determinar o nível de relação da própria personalidade com as outras pessoas e com o mundo exterior – pela qual a pessoa determina sua inserção

[16] Vale aqui lembrar que a "nossa Constituição, embora não possua inserido em seu texto um dispositivo específico destinado a tutelar a personalidade humana, reconhece e tutela o direito geral de personalidade através do princípio da dignidade da pessoa, que consiste em uma cláusula geral de concreção da proteção e do desenvolvimento da personalidade do indivíduo" (SZANIAWSKI, Elimar. Direitos da personalidade e sua tutela. 2ª. ed. São Paulo: revista dos Tribunais, 2005. p. 137).

[17] Vale ressaltar que "os direitos da personalidade são produtos culturais nascidos das dinâmicas socioculturais inerentemente conflitivas. São elementos de e da disputa e exercício de poder nas tramas sociais diárias. Logo, o jurídico é apenas mais uma instância de concretização dos direitos da personalidade – ao lado do social, do político, da cultura, do econômico. Aprisionar os direitos da personalidade no Direito significa aprisionar a própria pessoa humana; significa amansar suas possibilidades e as oportunidades de reação de uma pessoa; significa padronizá-los legalmente e uniformizar um modo de ser pessoa humana. Daí porque os direitos da personalidade são "direitos arteiros", pois dinâmicos, multifacetados, plurais, fluídos, expansionistas e complexos dinâmicos demais para comportarem-se diante das previsões normativas rígidas. [...]. Em outros termos, os direitos da personalidade sob um viés crítico devem ser lidos a partir de uma interpretação voltada para a emancipação humana condigna – como processos de abertura e consolidação socioculturais de dignidade – e não para a simples adequação legal das condutas." (BOLESINA, Iuri; GERVASONI, Tássia. A curiosa tutela do direito à intimidade como dever de intimidade. Civilistica, a. 9, n. 1, 2020, p. 1-35).

e de exposição. Este processo tem como resultado o fortalecimento de uma esfera privada do indivíduo – esfera que não é a de Hubman [sic], mas sim, na qual seja possível a construção da individualidade e o livre desenvolvimento da personalidade sem a pressão indevida de mecanismos de controle social[18].

Ao se falar em tutela da privacidade (na dimensão decisional), está-se falando não apenas do contexto da tutela da liberdade (como determina a Escola Americana), mas de algo maior, a tutela da dignidade (Escola Europeia). Segundo Post[19], a privacidade sob aquele olhar abrange unicamente aspectos espontâneos e individuais da personalidade, enquanto sob o ponto de vista europeu abarca, também, aspectos socializados da personalidade.

A privacidade, enquanto direito de personalidade, reflete o livre desenvolvimento desta, concretizando-se na liberdade das escolhas existenciais (autodeterminação). Já não se fala aqui tutela do núcleo privado, mas sim, em tutela de um núcleo existencial ("atividades através das quais a pessoa atua para a plena realização da esfera individual"[20]), o que significa afirmar que pode também haver privacidade em ambientes de socialidade.

Assim, o *stalking* (independentemente do tipo[21]), enquanto uma clara invasão de privacidade, caracteriza-se como uma ofensa intrínseca à dignidade individual, causadora de danos independente das consequências circunstanciais da perseguição. A privacidade, sob esse ponto de vista, pressupõe a existência de normas comuns que regem as diversas formas

[18] DONEDA, Danilo. Da privacidade à proteção de dados pessoais. Rio de Janeiro: Renovar, 2006. p. 10.

[19] POST, Robert C. Three concepts of privacy. Yale Law School Legal Scholarship Repository. p. 2095. Disponível em: http://digitalcommons.law.yale/fss_papers . Acesso em: jun. 2018.

[20] LOPEZ, Teresa Ancona. Dano existencial. Revista de Direito Privado, São Paulo: revista dos Tribunais, v. 57/2014, p. 287/302.

[21] Segundo Cupach e Spitzberg, "a maneira mais comum para representar essa complexidade é identificar os tipos de *stalker*, até virtualmente, e essas tipologias se fundamentaram em uma ou mais dessas três dimensões de diferenciação: 1) tipo de relação originária (por exemplo, estranho versus íntimo); 2) motivação (tipo amorosa versus persecutória); transtorno psicológica subjacente (por exemplo, alucinatório versus não alucionatório)" (CUPACH, W.R.; SPITZBERG, B.H. Atração, obsessão e *stalking*. Roma, Astrolabio, 2011. 90).

de interação social[22]. Em relações contratuais, portanto, revela-se para além da autonomia (tratada como liberdade), para se apresentar como um verdadeiro dever anexo de conduta.

Deveres anexos (ou laterais, acessórios, instrumentais), são uma decorrência natural do princípio da boa-fé objetiva e estabelecem deveres especiais de conduta às partes contratantes. A função integrativa, interpretativa e limitadora da boa-fé reconhece a relação obrigacional como uma relação dinâmica, estabelecendo deveres de conduta que se originam da necessidade de satisfação dos interesses globais existentes na relação contratual.

> Não estão estes deveres laterais orientados para o interesse no cumprimento do dever principal de prestação. Caracterizam-se por uma função auxiliar de realização positiva do fim contratual e de proteção à pessoa e aos bens da outra parte contra os riscos de danos concomitantes. Servem, ao menos as suas mais típicas funções, o interesse na conservação dos bens patrimoniais ou pessoais que podem ser afetados em conexão com o contrato, independente do interesse no cumprimento. Trata-se de deveres de adoção de determinados comportamentos, impostos pela boa-fé em vista do fim do contrato, dada a confiança que o contrato fundamenta, comportamentos variáveis com as circunstâncias concretas da situação[23].

Assim, para se determinar o alcance de créditos (prestações exigíveis) e débitos (comportamentos devidos) contratuais, a boa-fé supera a noção estreita de vontade individual (interesse creditício) para impor um *standard* de comportamento (por meio do reconhecimento de deveres anexos, ainda que não expressamente mencionados no negócio). Daí porque transparência, informação, cuidado, lealdade e confiança instruem o que se espera de um contrato como negócio jurídico válido e eficaz e, por consequência, seu desrespeito importa e descumprimento do próprio contrato (inadimplemento obrigacional).

É, portanto, desta forma, que a tutela obrigacional se desloca de uma manifestação incondicionada de liberdade e interesse creditício para a

[22] POST, Robert C. Three concepts of privacy. Yale Law School Legal Scholarship Repository. p. 2095. Disponível em: http://digitalcommons.law.yale/fss_papers . Acesso em: jun. 2018.

[23] PINTO, Carlos Alberto da Mota. Cessão de contrato. São Paulo: Saraiva, 1985. p. 280-281.

proteção do comportamento esperado e da confiança gerada no destinatário da manifestação. É em razão desta concepção contemporânea[24], que se fala da boa-fé objetiva como regra de conduta e limitadora do exercício de posições jurídicas inadmissíveis, condicionando e legitimando as relações obrigacionais, desde sua interpretação até suas finais consequências[25].

A conduta do perseguidor causa dano à integridade emocional da vítima, podendo conduzir até mesmo à restrição de diversas de suas (dela) liberdades. A análise, no entanto, será sempre casuística para se determinar se a conduta praticada pode ser considerada socialmente tolerável ou se será entendida como forma vil de violência e de invasão de privacidade. Para entender as circunstâncias em que a perseguição se dá, critérios importantes não podem ser afastados: a reiteração e insistência em condutas indesejadas por um indivíduo específico (vítima) que possam ser configuradas como uma estratégia sistemática e persistente de perseguição; a perturbação da esfera da privacidade e os efeitos negativos dessa conduta intrusiva sobre a vítima[26].

A pessoa humana deve ser considerada em si como um valor e é a partir desse valor que o ser humano agora deve ser pensado como um ente plural (integrado por várias dimensões que continuamente interagem entre si) ao mesmo tempo individual e coletivo, ser que possui uma existência única, mas que ao mesmo tempo é partícipe do mundo.

A pessoa deve ser tida como parte de uma coletividade que exige tanta proteção quanto a pessoa considerada em si, devendo estas realidades estarem perfeitamente equilibradas, não se podendo afirmar absolutamente a prevalência de uma sobre a outra. Livre em suas escolhas, autônomo em suas decisões. Trata-se de apostar na "capacidade de autorregulação dos sujeitos sem que isso signifique a retirada das responsabilidades do

[24] Vide, dentre outros, MENEZES CORDEIRO, António Manuel da Rocha e. Da boa-fé no Direito Civil. Coimbra: Almedina, 2013.

[25] REALE, Miguel. A boa-fé no Código Civil. Disponível em: https://www.migalhas.com.br/depeso/2543/boa-fe-no-codigo-civil. Acesso em 31/10/2022.

[26] Vide: WERMUTH, Maiquel Ângelo Dezordi; CALLEGARI, André Luís. *Stalking* e *Cyberstalking*: considerações críticas sobre o delito tipificado no art. 147-A do Código Penal Brasileiro. Revista Brasileira de Ciências Criminais, São Paulo: Revista dos Tribunais, v. 186, 2021, p. 105-126.

Estado quando às condições de vida"[27], pois indispensáveis ao ideal de vida digna.

O princípio da dignidade da pessoa humana é uma cláusula aberta, de contornos ambíguos, que respalda o surgimento de novos direitos (não expressos na Constituição Federal) e, uma vez funcionalizada, vem permitindo a adequação de situações patrimoniais a existenciais, possibilitando o pleno desenvolvimento da pessoa humana e crescimento das noções de solidariedade social. Trata-se de princípio que uma vez operacionalizado é "capaz de conformar um novo conceito de ordem pública, fundado na solidariedade social e na plena realização da pessoa humana"[28].

A pessoa necessita de um espaço público para definir a sua própria existência, comprovar a própria realidade, o que possibilita o desenvolvimento de uma 'condição objetiva da vida'. Quando esse espaço é limitado por indevida intervenção de terceiro (como o *stalker*) é preciso tomar medidas repressivas substanciais a fim de se garantir o restabelecimento daqueles espaços destinados ao livre desenvolvimento da personalidade da vítima. É nesse contexto, que o direito à privacidade não pode ser mais compreendido apenas a partir de uma perspectiva individualista, mas sim, devem ser-lhe garantidas bases objetivas que reconheçam nesses direitos os fundamentos da ordem coletiva.

2. *Stalking* e inadimplemento contratual

Para fins de aplicação das consequências da responsabilidade civil, é comum, no Direito brasileiro, que busquemos a identificação da natureza do ato ilícito. Assim, simplificando as consequências, se o ato ilícito não decorre do inadimplemento de uma obrigação, a responsabilidade do ofensor estaria no âmbito da responsabilidade civil aquiliana. Por outro lado, se envolvido o descumprimento de alguma obrigação, passa-se à análise da esfera contratual.

[27] CAMPOS, G.W.; BARROS, R.B.; CASTRO, A.M. Avaliação de política nacional de promoção da saúde. Ciência & Saúde Coletiva, Rio de Janeiro, v. 9, n.3, jul./set. 2004, p. 745-749.

[28] TEPEDINO, G. Normas constitucionais e direito civil na construção unitária do ordenamento. In: CONRADO, M.; PINHEIRO, R.F. (Coords.). Direito privado e constituição – ensaios para uma recomposição valorativa da pessoa e do patrimônio. Curitiba: Juruá, 2009. p. 45.

De forma simplificada, esta aproximação permite, na maior parte das vezes, a delimitação apropriada do tratamento normativo dispensado a cada hipótese de responsabilização (requisitos, eventuais fórmulas negociais e consequências gerais). Diga-se que a responsabilidade civil guarda os mesmos requisitos e as mesmas consequências gerais para ambos os cenários. A distinção ocorrerá em cada hipótese legal específica. Assim, por exemplo, ambos os tipos de responsabilidade podem ser de natureza subjetiva ou objetiva, a depender de como a legislação brasileira trabalhe com o requisito da "culpa" (no sentido de falta de cuidado). Da mesma forma, ambos tipos de responsabilidade geram por consequência o dever de indenizar, ainda que a legislação brasileira possa estabelecer condições distintas em cada hipótese.

As vantagens didáticas desta distinção parecem evidentes. Por outro lado, sua simplificação exigiu que o legislador – mais contemporaneamente – buscasse instrumento de sua superação. Daí porque em relações de consumo, a tutela do consumidor sequer perquire tal classificação e a natureza dos danos experimentados deixou de ser meramente patrimonial para ganhar contornos existenciais. Esta superação também se dá na compreensão do que quer dizer inadimplemento, como se verá.

O *stalking* como objeto de análise da responsabilidade civil aquiliana é abordado em outro capítulo deste livro e, como demonstrado pela breve pesquisa jurisprudencial levada a efeito, já tem sido amplamente reconhecida. Cabe-nos, então, entender quando este fato jurídico específico (perseguição persistente) pode ensejar o rompimento de obrigações negociais (comportamentos contratualmente exigíveis). Para tanto, é importante uma brevíssima análise de como o Direito obrigacional brasileiro aborda o inadimplemento.

Como se sabe, no Direito brasileiro, a consequência básica do descumprimento de uma obrigação contratual é o dever geral de reparar os danos (art. 389 do Código Civil). O referido dispositivo legal menciona a expressão perdas e danos, nitidamente de natureza indenizatória, acrescentando as eventuais consequências da mora no cumprimento desta natureza indenizatória. A própria definição do inadimplemento (e consequentemente do montante indenizatório) depende, ainda, de sua natureza legal: *mora* ou *inadimplemento absoluto*.

O *inadimplemento absoluto* representa a perda total do interesse creditício, ou seja, a perda da própria utilidade da prestação (comportamento devido). Assim, resta apenas considerar-se extinta a obrigação (resolução), com sua substituição por outra de natureza indenizatória (as tais perdas e danos, de natureza pecuniária). Por outro lado, a *mora* é legalmente definida como o descumprimento da obrigação em alguma de suas condições (modo, tempo ou espaço, nos termos do art. 394 do Código Civil). Este descumprimento, contudo, não é tão definitivo como aquele que gera o inadimplemento absoluto e, portanto, embora haja danos a serem indenizados (perdas e danos), a prestação não se tornou impossível/inútil e, consequentemente, ainda permanece o interesse em sua realização (execução específica).

Ambos os tipos de inadimplemento, em geral, exigem culpa (no sentido da falta de cuidado), ainda que presumida, para sua caracterização. Isto quer dizer que caberia ao devedor inadimplente demonstrar que o eventual descumprimento da obrigação não decorreria de livre conduta sua, mas de evento de hipótese de força maior, de fato do príncipe ou de culpa exclusiva de terceiro, por exemplo (arts. 393, *caput* e parágrafo único e do art. 396, ambos do Código Civil). Existem, é claro, hipóteses de responsabilidade objetiva, como aquelas decorrentes do contrato de transporte ou das relações de consumo, mas são excepcionais no sistema brasileiro.

Além disso, diferentemente da responsabilidade aquiliana, no regime jurídico do inadimplemento a conduta e o nexo de causalidade entre ela e o dano são presumidos na existência da obrigação (e no nosso recorte, do contrato) e no descumprimento de seus termos. Neste regime obrigacional, até mesmo as perdas e danos podem vir a ser pré-fixadas (cláusula penal).

A própria noção de relação jurídica obrigacional, como já vimos, torna este cenário ainda mais interessante uma vez que não se trata de considerar apenas as obrigações (débitos) expressamente mencionadas pelos contratantes como devidos, mas também aquelas que surgem do padrão de conduta socialmente exigível. Em resumo: a noção de inadimplemento também é informada pela construção de deveres anexos e pelo princípio da boa-fé objetiva.

Assim, em termos negociais, contratantes podem prever contratualmente hipóteses: (i) em que considerem que a prestação perde sua utilidade (inadimplemento absoluto), como cláusulas resolutivas relativamente padronizadas e (ii) em que a execução tenha excedido o tempo de sua realização ou tenha sido realizada de forma inadequada (mora), por meio de cláusulas que prevejam condições ou termos. Podem, ainda, prever quando eventual conduta possa vir a ser considerada tão comprometedora da futura execução, que o negócio deve ser resolvido desde já (vencimento antecipado) e, claro, as consequências destes inadimplementos (cláusulas penais, juros de mora e eventuais outros encargos).

Historicamente é a noção de interesse creditício que instrui a compreensão de inadimplemento. Assim, a técnica mais simples de se aferir o descumprimento de uma obrigação é entender a satisfação do credor (no sentido de ter obtido a prestação devida) e se ela (a prestação) ainda seria de seu interesse. Ocorre, contudo, que esta forma de percepção do fenômeno tende a uma constatação individualista e, potencialmente, egoísta. Daí porque, paulatinamente, em razão do mesmo imperativo decorrente da boa-fé objetiva, se migrou para a constatação da utilidade do cumprimento da prestação.

Além disso, ao lado da 'utilidade' da prestação, se admite que algumas delas sequer são expressas pelo potencial credor. Isso, é claro, não decorre apenas da simplificação e não formalização com que habitualmente negócios são tratados, mas também de considerações que podem estar pressupostas (ainda que não declaradas) e que possam, mesmo, condicionar o comportamento esperado (confiança). Daí a importância da forma de tutela dos deveres anexos, uma vez que nem sempre eles são levados a termo ou são expressamente incluídos nas negociações.

Talvez um exemplo ilustre melhor esta noção: quem loca um imóvel, usualmente se preocupa muito com valores (alugueres), índices de correção e prazos e pouco com a sua própria privacidade. Não é usual, por exemplo, que, no momento da contratação, o inquilino assegure-se, contratualmente, que não será molestado por insistentes visitas do locador[29]. Ao contrário, é extremamente comum – para não se dizer padronizada – a cláusula que autoriza o locador a inspecionar o imóvel[30]. Assim, embora a rotina excessiva nas visitas, ainda que ajustadas, possa vir a caracterizar uma forma de *stalking*, com quase certeza a

[29] Dispõe o art. 22, II da Lei nº 8.245/1991 que o locador é obrigado a "garantir, durante o tempo da locação, o uso pacífico do imóvel locado".

[30] Dispõe a primeira parte do art. 23, IX da Lei nº 8.245/1991 que o locatário é obrigado a "permitir a vistoria do imóvel pelo locador ou por seu mandatário, mediante combinação prévia de dia e hora...".

situação não estará endereçada – expressamente – no negócio jurídico de base.

A aversão à complexidade contratual, a insistência em termos contratuais excessivamente padronizados e simplificados e a tradição brasileira de pouco se preocupar com a autonomia negocial (valendo-se conteúdo dispositivo da legislação), podem ser fatores a contribuir com estes cenários. Trata-se, como se sabe, de prática cultural, já que outras jurisdições, por exemplo, preocupam-se muito mais em reduzir a termo obrigações que muitas vezes beiram o 'moral'[31].

Este exemplo poderia ser agravado com situações que se aproximação ainda mais de condutas criminais (art. 147-A do Código Penal) e não apenas ilícitos civis. Imagine-se que o locador tenha acesso ao imóvel locado ou às câmeras de segurança e o utilize, justamente, na perseguição insistente ao inquilino.

Por outro lado, sabe-se que a caracterização do crime de perseguição possui elementos e intencionalidade distinta daquela subjacente às relações obrigacionais. Nestas, não se buscará compreender a intenção ou não do agente ofensor (fato indispensável quando se busca punição), mas a avaliação de seu comportamento como socialmente tolerado ou não. No futuro talvez possamos, até mesmo, identificar tipos distintos de perseguições que, embora não se caracterizem como condutas tipicamente criminosas em um sentido objetivo, possam, do ponto de vista cível, serem consideradas ilícitas.

É claro que seria mais simples que o *stalking* estivesse previsto/descrito na cláusula resolutiva como uma das hipóteses a justificar a extinção do contrato. A realidade demonstra, contudo, que não há este cuidado (e talvez fosse irrazoável exigi-lo) quando da contratação. O locatário fica, então, em uma situação absurda: se deixar o imóvel pode vir a incorrer ele mesmo nas consequências da cláusula penal (pelo descumprimento do prazo mínimo, por exemplo). Entraríamos em eventual discussão sobre

[31] Neste contexto, destaque-se a prática norte-americana de incluir *moral clauses* em diversos tipos contratuais, criando hipóteses de inadimplemento distintos daqueles – tradicional e automaticamente – associados a prestações contratuais. Assim, por exemplo, o eventual/possível abalo na reputação de marcas por atos privados de seus patrocinados (não associados necessariamente ao patrocínio) em muitos casos vira notícia como hipótese de resolução contratual. Entre as possíveis causas para isso poderiam estar desde hipóteses de assédio (de vários tipos) até, é claro, o *stalking*.

a exceção do contrato não cumprido? Por outro lado, aguardar eventual declaração judicial da perseguição e da resolução contratual pode ser inviável.

Há hipóteses, ainda, em que a forma de própria contratação poderia prejudicar tal cuidado. Em diversas ocasiões o inquilino, do nosso exemplo, pode estar diante de condições gerais impostas por uma plataforma (vide, por exemplo *AirBnB*[32]) e sequer ter acesso ao seu locador (contratação por uma imobiliária, por exemplo) ou este vir a ser não identificável (em casos de multipropriedade administrada por terceiros, por exemplo).

De qualquer forma, o cuidado do contratante (aderente ou não) com práticas como o *stalking* nem sequer precisaria estar expressamente endereçado na minuta do eventual negócio. Isso porque parece razoável supor que tal conduta ofenderia a boa-fé objetiva, uma vez que se considera abuso de direito quando este é exercido "excede[ndo] manifestamente os limites impostos pelo seu fim econômico ou social, pela boa-fé ou pelos bons costumes" (art. 187 do Código Civil).

Embora o *stalking*, como fato jurídico, não esteja associado, necessariamente, ao abuso de direito, sua tutela civil, em âmbito contratual, aproveita-se muito desta noção, especialmente da construção de deveres anexos. A percepção da relação obrigacional como processo[33] faz com que o descumprimento do dever anexo decorrente do padrão de conduta imposto pelo princípio da boa-fé objetiva (privacidade dentre eles) passe a instruir outra forma de inadimplemento distinta daquelas duas clássicas (*absoluto e mora*): a violação positiva do contrato.

O *stalking*, então, quando analisado sob a perspectiva do adimplemento surge como hipótese/fator de descumprimento do *standard* de boa-fé, especificamente pela violação do dever anexo de privacidade. Mas, para além deles poderíamos mencionar outros como a intimidade, a

[32] A título de exemplo, basta mencionar que os Termos de Serviço desta plataforma não se referem a "perseguição" ou "*stalking*" e atribuem ao próprio hóspede os "riscos inerentes" de modo "livre e voluntário ao optar por participar desses Serviços de Anfitrião" (Cláusula 4.2, termos do hóspede) e, em termos mais gerais "(i) não endossamos nem garantimos a existência, conduta, desempenho, segurança, qualidade, legalidade ou adequação de qualquer Hóspede, Anfitrião, Serviço de Anfitrião, Anúncio ou terceiro" (cláusula 18). Disponível em: https://www.airbnb.com.br/help/article/2908/termos-de-servi%C3%A7o#4, acesso 31/10/2022.

[33] COUTO E SILVA, Clóvis V. do. A obrigação como processo. Rio de Janeiro: FGV, 2008.

liberdade e o cuidado. Isso para não se falar da própria noção de desrespeito a condicionantes do exercício de direito de índole constitucional (direitos fundamentais[34]) e de direitos humanos[35], com plena aplicação no Direito brasileiro e, em especial em nosso recorte, nos contratos privados[36].

Tais deveres anexos, como se sabe, informam a noção do contrato (perpassando todas suas fases, a teor do art. 422 do Código Civil) e, assim, instruem o próprio cumprimento da prestação. Neste sentido, a perseguição persistente efetuada durante a negociação e/ou execução do contrato corresponderia a abuso de direito, mas, igualmente, a descumprimento de deveres anexos, constitucionais e de direitos humanos impostos aos contratantes.

Retornando ao exemplo da locação, teríamos então, na hipótese de o locador insistir em acessar o imóvel e/ou explorar a tecnologia para invadir a privacidade do inquilino, verdadeiros descumprimentos da obrigação de garantir "uso pacífico do imóvel" (art. 22, II da Lei de Locações), ensejando a tutela processual a depender do interesse do credor/inquilino: tutela inibitória caso a utilização do imóvel permaneça tendo sentido e/ou resolução do contrato com perdas e danos (despesas de mudança, por exemplo), caso não seja possível a manutenção do vínculo, por exemplo. A consequência contratual é claro seria independente das eventuais consequências criminais, administrativas e de outra ordem dos mesmos atos.

3. *Stalking* e as relações de consumo

Diversos poderiam ser os exemplos deste tipo de perseguição realizada no ambiente da execução contratual: *stalking* entre funcionários e gestores;

[34] Neste contexto, a título de mero exemplo, podemos citar o art. 5º, III (proibição de tratamento desumano e degradante), X (intimidade e privacidade) e XII (sigilo de comunicações), XIII (liberdade de exercício laboral).

[35] Como a Declaração Universal dos Direitos Humanos, art. 12 ("Ninguém será sujeito à interferência na sua vida privada, na sua família, no seu lar ou na sua correspondência, nem a ataque à sua honra e reputação. Todo ser humano tem direito à proteção da lei contra tais interferências ou ataques."

[36] Seja por imposição dos art. 5º, §2º e art. 170 e seguintes da Constituição da República ou do art. 2.035, § único do Código Civil, por exemplo.

médicos e pacientes[37]; advogados e clientes[38]; professores e alunos; sócios[39], para citar os mais comuns. Infelizmente, contudo, este tipo de prática tem se tornada extremamente corriqueira nas relações de consumo, não se reduzindo, portanto, a hipóteses em que a vítima e o ofensor conhecem-se ou têm algum tipo de relacionamento negocial direto.

A imprensa, aliás, é pródiga em relatos envolvendo consumidores perseguidos ou assediados por funcionários/prepostos de empresas fornecedoras de serviços. Nestes casos, é usual que o perseguidor tenha acesso a dados pessoais da vítima, incluindo endereço e contato telefônico (bancos, seguradoras, prestadoras de serviços de telefonia e internet, por exemplo). A situação pode vir a ser ainda mais grave quando as informações tratadas por aquele prestador envolverem dados sensíveis.

Do ponto de vista empresarial, a conscientização mais ampla e a criação de mecanismos de *compliance*, tais como canais de denúncia e treinamentos, já são experimentadas em vários setores[40]. Em geral, muito se

[37] Por exemplo, em recente julgado do Tribunal de Justiça de São Paulo envolvendo a prestação de serviços psicológicos (Ap. Civ. 1123975-38.2020.8.26.0100, julgado em 15/09/2022). Neste caso, contudo, a fundamentação da condenação indenizatória se dá em razão de danos morais sofridos e não no descumprimento de eventual obrigação contratual (ainda que o contexto da perseguição tenha sido pós-contratual).

[38] Por exemplo, a Ap. Civ. 1003580-96.2021.8.26.0127, julgado em 01/09/2022. Neste caso, contudo, a fundamentação da condenação indenizatória se dá em razão, expressamente, de responsabilidade civil extracontratual e não no descumprimento de eventual obrigação contratual (ainda que o contexto da perseguição tenha sido pós-contratual).

[39] Por exemplo, a Ap. Civ. 1017742-22.2016.8.26.0564, julgado em 25/08/2021. Neste caso a discussão envolvia a participação societária de filho em sociedade familiar e o *stalking* foi utilizado como recurso argumentativo de defesa em face de pretensão de apuração de haveres que corresponderiam a antecipação sucessória.

[40] No bancário, por exemplo, cite-se a Resolução CMN nº 4.943/2021 que alterou a estrutura de gerenciamento de riscos (Resolução CMN nº 4.557/10217) para incluir a análise de risco social "por eventos associados à violação de direitos e garantias fundamentais" (art. 38-A) como, por exemplo, o "ato de assédio, de discriminação ou de preconceito com base em atributos pessoais, tais como etnia, raça, cor, condição socioeconômica, situação familiar, nacionalidade, idade, sexo, orientação sexual, identidade de gênero, religião, crença, deficiência, condição genética ou de saúde e posicionamento ideológico ou político" (inc. I). Disponível em: chrome-extension://efaidnbmnnnibpcajpcglclefindmkaj/https://normativos.bcb.gov.br/Lists/Normativos/Attachments/50344/Res_4557_v4_P.pdf, acesso 1º/11/2022.

tem aproveitado da adoção corporativa de padrões de ESG (*Environmental, Social and Governance*)[41].

Contudo, para além da prevenção, da proteção dos dados pessoais (Lei nº 13.709/2018) e da tutela penal, também é possível a responsabilização sob a perspectiva das relações de consumo pelo fato do serviço (art. 14 da Lei nº 8.078/1990).

Isso porque a boa-fé objetiva também instrui a Política Nacional das Relações de Consumo (art. 4º) enfatizando o objetivo de se assegurar dignidade, proteção e segurança ao consumidor, inclusive contra abusos promovidos no mercado (art. 4º, VI), compatibilizando a proteção do consumidor com a necessidade de desenvolvimento econômico e tecnológico (art. 4º, III) e pela adoção de mecanismos eficientes, pelos fornecedores, de controle de segurança do consumidor (art. 4º, V). Lembre-se, ademais, que é direito básico do consumidor a proteção de sua vida e segurança (art. 6º, I), inclusive com a prevenção de eventuais danos (art. 6º, VI). Além disso, o serviço é considerado defeituoso quando não fornece a segurança que dele pode se esperar (art. 14, §1º), incluindo o modo de seu fornecimento (art. 14, §1º, I). Desta forma, a mera omissão do fornecedor em tomar providências ou ausência de mecanismos de controle podem vir a motivar sua responsabilização (por ato próprio).

Assim, ainda que o fornecedor pessoa jurídica não viesse a ser atingido pela aplicação do tipo penal do art. 147-A do Código Penal, sua responsabilização civil também poderia ocorrer por atos praticados por seus empregados e prepostos (art. 932 do Código Civil), mesmo que não inserida em uma relação de consumo.

Por outro lado, o fornecedor (pessoa jurídica incluída) pode vir a sofrer sanções administrativas decorrentes desta violação das normas de

[41] Neste sentido, com o recorte deste artigo, podem-se citar os Objetivos de Desenvolvimento Sustentável (ODS), como a promoção de bem estar, paz, justiça e instituições eficazes (objetivos 3 e 16) promovidos pela ONU (disponíveis em https://brasil.un.org/pt-br/sdgs, acesso 1º/11/2022); Princípios do Empoderamento das Mulheres (WEP), como tatar todas as mulheres e homens de forma justa no trabalho, respeitando e apoiando os direitos humanos e a não-discriminação (objetivo 2), promovido pela ONU (disponíveis em http://www.onumulheres.org.br/referencias/principios-de-empoderamento-das-mulheres/, acesso em 1º/11/2022) e o Pacto Global, como o respeito ao direitos humanos e assegurar sua não violação (1 e 2), promovido também pela ONU (disponívem em https://www.pactoglobal.org.br/10-principios, acesso em 1º/11/2022).

defesa do consumidor que vão de multas (art. 56, I) à própria suspensão do serviço (art. 56, VI) e cassação da licença para a atividade empresarial (art. 56, IX).

Adicionalmente ressalte-se, ainda, que o fornecedor precisa estar preparado a lidar com o tema e dar solução ao consumidor. Dispõe, por exemplo, o Decreto nº 11.034/2022 (SAC) que cabe ao fornecedor de serviços regulador (telefonia e bancos, por exemplo) não só disponibilizar canal de captação de eventual reclamação do consumidor (art. 2º), como tratá-la (art. 8º), assegurando ao consumidor o direito de acompanhar o tratamento (art. 12) e responder a reclamação (art. 13) em até sete dias. O desrespeito a este decreto importa as mesmas sanções administrativas mencionadas anteriormente. No caso do SAC, contudo, o principal interesse do consumidor potencialmente será a produção de provas (por exemplo dos históricos de reclamações) e das providências ou eventual omissão do fornecedor.

Por fim cabe destacar, ainda, que mesmo que a eventual vítima não seja contratante daquele determinado serviço, sua tutela em face do *stalking* pode ser assegurada como consumidor equiparado dos arts. 17 e 29 do Código de Defesa do Consumidor. Os primeiros seriam os casos, por exemplo, de danos causados pela abordagem a partir de contato de serviço de *telemarketing* abusivo[42]; já aqueles, das práticas comerciais abusivas e da publicidade, por exemplo.

[42] Cite-se um potencial exemplo "Ação de obrigação de não fazer cumulada indenização por dano moral. Empresa de telefonia que realizava insistentes telefonemas com oferta de produtos ao consumidor. Celebração de acordo entre as partes perante o PROCON Municipal de Franca visando à abstenção de tal conduta por parte da requerida. Continuidade reiterada da conduta reclamada pelo consumidor, em desrespeito ao acordo firmado perante o órgão administrativo. Sentença de parcial procedência. Irresignação do autor. Apelo que visa a condenação da requerida ao pagamento de compensação por dano moral. Situação descrita que avilta contra a dignidade do autor e da Fundação PROCON/SP. Dano moral configurado. Montante de R$40.000,00. Majoração do valor da multa para R$500,00 por cada descumprimento. Determinação de remessa de cópia dos autos para Fundação PROCON/SP e ANATEL. Recurso provido, com determinação." (TJSP, Apelação Cível nº 1020418-43.2017.8.26.0196, Relator Desemb. Roberto Max Cracken, julgado em 27/03/2019). Neste caso específico a vítima relatava até 23 chamadas telefônicas diárias.

Conclusões

Para além da tutela criminal do crime, a perseguição também pode vir a motivar consequências privadas. No âmbito da responsabilidade civil contratual, a perseguição insistente pode vir a ser considerada, a depender da situação, abuso de direito ou, até mesmo, violação positiva do contrato, por descumprimento do dever anexo de privacidade.

Outros pontos de justificativa de tutelas inibitórias e reparatórias podem ser encontrados na violação de outros deveres anexos é claro, tais como a intimidade, a confiança e a segurança. Talvez estes sejam os casos mais associados a hipóteses de consumo, em que o fornecedor nem sempre será responsabilizado, mas pela sua omissão em tratar da eventual reclamação ou coibir a prática.

O movimento de constitucionalização do Direito Privado brasileiro e a afirmação da incidência imediata dos direitos humanos nas relações privadas, reforça – ainda mais – a necessidade de respeito aos deveres anexos oriundos da boa-fé objetiva, em especial da privacidade. Neste aspecto, é salutar o movimento de adesão do empresariado brasileiro às boas práticas empresariais. Estas, contudo, não são afirmações vazias de sentido e não se prestam apenas à construção de reputação e imagem empresarial. Com elas surge o dever, inarredável, de cumprir as determinações legais já vigentes, em especial aquelas protetivas de sujeitos vulneráveis (consumidor, por exemplo) e hipervulneráveis (idosos e crianças, por exemplo).

Se, contudo, a prevenção falhar. Tanto nas contratações entre não vulneráveis, quanto nas relações de consumo, há fundamento legal suficiente, no Brasil, para a imposição de reparação civil dos danos causados pelo descumprimento de deveres contratuais, seja para aqueles os causam em relações civil e empresariais, quanto para aqueles que as praticam ou se omitem em relação a elas nas relações que mantêm com consumidores (em sentido estrito ou equiparados).

Referências

AMIKY, Luciana Gerbovic. Responsabilidade civil pela prática do *stalking*. **Revista Brasileira de Direito Civil, Constitucional e Relações de Consumo**. São Paulo: Fiuza, 2013. p. 143-153.

ARAS, Vladimir. **O crime de *stalking* do art. 147-A do Código Penal**. Disponível em: https://vladimiraras.blog/2021/04/01/o-crime-de-*stalking*-do-art-147-a-do-codigo-penal/#:~:text=Sancionada%20em%2031%20de%20mar%C3%A7o,Decreto%2Dlei%203.688%2F1941. Publicado no Estadão, 2 de abril de 2021.

BOLESINA, Iuri; GERVASONI, Tássia. A curiosa tutela do direito à intimidade como dever de intimidade. **Civilistica**, a. 9, n. 1, 2020, p. 1-35.

CAMPOS, G.W.; BARROS, R.B.; CASTRO, A.M. Avaliação de política nacional de promoção da saúde. Ciência & Saúde Coletiva, Rio de Janeiro, v. 9, n.3, jul./set. 2004, p. 745-749.

CUPACH, W.R.; SPITZBERG, B.H. **Atração, obsessão e *stalking*.** Roma, Astrolabio, 2011.

DINIZ, Maria Helena. **Dicionário jurídico.** 2ª. ed. São Paulo: Saraiva, 2005.

DONEDA, Danilo. **Da privacidade à proteção de dados pessoais**. Rio de Janeiro: Renovar, 2006.

FLORES, Carlos Pereira Thompson Flores. **A tutela penal do *stalking*.** Porto Alegre: Elegantia Juris, 2014.

LAGUNA, Fabíola da Motta Cezar Ferreira. Os fenômenos do *bullying* e do *stalking* à luz do instituto da responsabilidade civil. **Revista de Direito da Família e das Sucessões**, São Paulo: Revista dos Tribunais v. 3, abr.-mar. 2015, p. 95-112.

LOPEZ, Teresa Ancona. Dano existencial. **Revista de Direito Privado**, São Paulo: revista dos Tribunais, v. 57/2014, p. 287/302.

MENEZES CORDEIRO, António Manuel da Rocha e. **Da boa-fé no Direito Civil**. Coimbra: Almedina, 2013.

PINTO, Carlos Alberto da Mota. **Cessão de contrato**. São Paulo: Saraiva, 1985.

POST, Robert C. Three concepts of privacy. **Yale Law School Legal Scholarship Repository**. p. 2095. Disponível em: http://digitalcommons.law.yale/fss_papers . Acesso em: jun. 2018.

REALE, Miguel. **A boa-fé no Código Civil**. Disponível em: https://www.migalhas.com.br/depeso/2543/boa-fe-no-codigo-civil. Acesso em 31/10/2022.

RODOTÀ, Stefano. **A vida na sociedade da vigilância**. A privacidade hoje. Rio de Janeiro: Renovar, 2008.

SZANIAWSKI, Elimar. **Direitos da personalidade e sua tutela**. 2ª. ed. São Paulo: revista dos Tribunais, 2005.

TEPEDINO, G. Normas constitucionais e direito civil na construção unitária do ordenamento. In: CONRADO, M.; PINHEIRO, R.F. (Coords.). **Direito privado e constituição** – ensaios para uma recomposição valorativa da pessoa e do patrimônio. Curitiba: Juruá, 2009. p. 33-46

VILELA, Luiza. **25% dos brasileiros são ou já foram vítimas de *stalking*. Você está entre eles? In: Consumidor Moderno**. Disponível em: https://www.consumidormoderno.com.br/2022/05/17/vitimas-*stalking*-*stalker*/. Acesso em 25 de out. de 2022.

WERMUTH, Maiquel ângelo Dezordi; CALLEGARI, André Luís. *Stalking* e *Cyberstalking*: considerações críticas sobre o delito tipificado no art. 147-A do Código Penal Brasileiro. **Revista Brasileira de Ciências Criminais**, São Paulo: Revista dos Tribunais, v. 186, 2021, p. 105-126.

8. RESPONSABILIDADE ESTATAL QUANTO AO AGENTE PÚBLICO *STALKER*

Heloísa Rodrigues da Rocha

"*Stalking* é um ato de terror que constrói uma prisão de medo ao redor de suas vítimas."

Janet Reno, Procuradora-Geral dos Estados Unidos de 1993 a 2001[1]

Introdução

O *stalking* é um crime, tipificado na legislação brasileira desde 2021, no art. 147-A do Código Penal, que causa impactos físicos e psicológicos nas suas vítimas, podendo resultar em danos morais, materiais, psicológicos, patrimoniais, entre outros. Tal situação pode ser tutelada tanto do ponto de vista do Direito Penal, quanto do Direito Civil, com a aplicação de sanções ao agente ofensor em ambas as esferas de responsabilização.

Paralelamente, o Direito Administrativo pátrio estabelece a responsabilidade objetiva do Estado por condutas de seus agentes públicos que causem danos a terceiros, que podem ser outros agentes públicos ou pessoas sem nenhuma relação com o Estado.

Dentre os diversos aspectos sob os quais o *stalking* pode ser estudado e analisado, o presente artigo se dedica a averiguar em medida a

[1] Tradução livre do original "*Stalking is an act of terror that builds a prison of fear around its victims*". MELISSA A. KNIGHT. *Stalking and cyberstalking in the United States and rural South Dakota: twenty-four years after the first legislation*. p. 392.

responsabilidade estatal pode ser aplicada nos casos em que o indivíduo que pratica o *stalking* é um agente público. Essa possibilidade traria uma nova instância de responsabilização do ofensor e de proteção e reparação à vítima.

Assim, nas próximas seções, inicialmente é feito um breve panorama sobre *stalking*. Em seguida, são abordados os principais aspectos da responsabilidade civil do Estado e dos seus limites. Por fim, é discutido enquadramento do *stalking* cometido por agentes públicos no âmbito da responsabilidade estatal.

1. Breves comentários sobre o *stalking*

A perseguição obsessiva é um fenômeno "tão antigo quanto a existência dos próprios grupos sociais"[2] e que, frequentemente, é retratada na literatura, no cinema, na música e na cultura popular de modo positivo, como demonstração de amor, romance ou perseverança[3].

LUCIANA GERBOVIC define *stalking* como[4]:

> (...) comportamento humano heterogêneo consistente com um tipo particular de assédio, cometido por homens ou mulheres, que pode se configurar por meio de diversas condutas, tais como comunicação direta, física ou virtual, perseguição física e/ou psicológica, contato indireto por meio de amigos, parentes e colegas de trabalho ou qualquer outra forma de intromissão contínua e indesejada na vida privada e/ou íntima de uma pessoa.

Dois casos ocorridos na Inglaterra em 1704 e 1840 são citados como exemplos de como o *stalking* era tratado do ponto de vista jurídico nos séculos XVIII e XIX. No caso Dennis v. Lane (1704), o médico Dr. Lane passou a perseguir uma jovem paciente, chegando a invadir sua casa, agredir fisicamente o seu advogado e segui-la em uma viagem para Londres, ficando hospedado em um hotel próximo para tentar algum tipo de contato. Levado a julgamento de um tribunal londrino, o médico foi

[2] LUCIANA GERBOVIC. ***Stalking***. p. 15.

[3] MARIA LOHANA HEXANA DE MOURA SILVA SIQUEIRA. ***Stalking* um estudo conceitual sobre a perseguição obsessiva e seus reflexos jurídicos no direito brasileiro.** p. 11-12.

[4] ***Stalking***. p. 20.

condenado a pagar um valor de cerca de 400 libras, o que não o impediu de continuar adotando o mesmo comportamento de perseguição com sua paciente nos anos seguintes[5].

No caso Regina v. Dunn (1840), o *stalker* Dunn enviava cartas regularmente à vítima Coutts e chegou a segui-la até um hotel em que ela estava hospedada. Atendendo à um pedido de proteção da vítima, um tribunal ordenou a que esse homem pagasse um valor monetário, o qual ele não dispunha e que resultou na conversão da sanção em prisão por um período. Ao sair do estabelecimento prisional, Dunn voltou a perseguir Coutts e agora também seus amigos, motivando novo pedido por proteção ao tribunal e nova sanção pecuniária ao *stalker*. Pela terceira vez, Dunn retomou seus comportamentos de perseguição, mas, desta vez, o tribunal absolveu Dunn "por inadequação da prova do requisito do medo", sob a justificativa de que "não havia fundamento para o medo de Coutts"[6].

Os efeitos do *stalking* impactam todos os aspectos da vida de suas vítimas. MARIA LOHANA HEXANA DE MOURA SILVA SIQUEIRA aponta que, em muitos casos, a vítima do *stalking* acaba por "mudar de vida, trocar de emprego, de cidade, abandonar suas carreiras, amigos, familiares", ou até recorrer "a alterações estéticas, mudança de nome e estilo de vida", sempre na tentativa de escapar da perseguição obsessiva[7].

Adicionalmente, o *stalking* também afeta a saúde mental de suas vítimas, causando transtornos como ansiedade e estresse pós-traumático, assim como, nos casos mais graves, resultando em mudanças reais da personalidade dessas pessoas e no desenvolvimento de tendências suicidas[8].

Soma-se a isso os casos de celebridades que foram vítimas de *stalking*, sendo que algumas acabaram assassinadas por seus perseguidores, a exemplo do cantor britânico John Lennon, em 1980, e da atriz americana Rebecca Schaeffer, em 1989[9].

[5] BÁRBARA FERNANDES. ***Stalking*: Parâmetros de tipificação e o bem-jurídico da integridade psíquica**. p. 29.

[6] BÁRBARA FERNANDES. ***Stalking*: Parâmetros de tipificação e o bem-jurídico da integridade psíquica**. p. 29-30.

[7] ***Stalking* um estudo conceitual sobre a perseguição obsessiva e seus reflexos jurídicos no direito brasileiro.** p. 69.

[8] PAOLA GHIRARDELLI. ***Stalking: guidelines on prevention and protection***. p. 43-45.

[9] MELISSA A. KNIGHT. ***Stalking* and cyber*stalking* in the United States and rural South Dakota: twenty-four years after the first legislation.** p. 394-395.

Com o avanço das tecnologias de comunicação e, sobretudo, pela ampliação do uso da internet, a prática do *stalking* tornou-se mais fácil, seja pela menor dificuldade em obtenção de informações, seja pela possibilidade de um grau variável de anonimato. Esse contexto propiciou o nascimento e a expansão do *cyberstalking*, ou a perseguição obsessiva por intermédio da internet e de outros meios eletrônicos de comunicação[10].

PAOLA GHIRARDELLI destaca que, embora essa modalidade de perseguição possa parecer menos grave devido à ausência de contato físico entre agressor e vítima, na verdade trata-se de fenômeno ainda mais nocivo, que pode englobar o monitoramento em tempo real da localização e das atividades realizadas pela vítima, bem como imagens de câmeras do computador e do celular[11].

Nesse contexto, nas últimas décadas tendo sido dado maior destaque aos efeitos nocivos desse tipo de perseguição, o que resultou em maior atenção por parte do Poder Público e da sociedade em prol de prevenir e combater todas as formas de *stalking*. Um dos principais instrumentos para isso é a edição de leis que criminalizam o *stalking*, a exemplo dos Estados Unidos, onde a lei californiana de 1990, motivada pela comoção após o assassinato da atriz Rebecca Schaeffer, inspirou a edição de leis semelhantes nos demais estados, e na Itália, com diversos projetos de leis discutidos desde 2004 culminando com a edição do Decreto Lei 11/2009[12].

No Brasil, a criminalização do *stalking* ocorreu com a Lei 14.132/2021, que incluiu o art. 147-A no Código Penal tipificando como perseguição a conduta de "perseguir alguém, reiteradamente e por qualquer meio, ameaçando-lhe a integridade física ou psicológica, restringindo-lhe a capacidade de locomoção ou, de qualquer forma, invadindo ou perturbando sua esfera de liberdade ou privacidade".

Assim, no ordenamento brasileiro, a definição do crime de *stalking* ou perseguição obsessiva está contida no art. 147-A do Código Penal desde 2021. Não obstante, essas condutas de perseguição já eram objeto de

[10] MARIA LOHANA HEXANA DE MOURA SILVA SIQUEIRA. ***Stalking*** **um estudo conceitual sobre a perseguição obsessiva e seus reflexos jurídicos no direito brasileiro.** p. 27-29.

[11] ***Stalking: guidelines on prevention and protection.*** p. 36-39.

[12] PAOLA GHIRARDELLI. ***Stalking: guidelines on prevention and protection.*** p. 55-57.

tentativas de responsabilização penal, com espeque em outros crimes, bem como cível, sob a ótica da teoria da responsabilidade civil[13].

2. Responsabilidade civil do Estado no direito brasileiro

O conceito de responsabilidade civil está calcado na lógica de que os danos injustamente causados devem ser indenizados ou compensados de alguma forma, uma vez que o Direito não tolera que ninguém lese os direitos de outrem. É o princípio que os romanos chamavam de *neminem laedere*[14]. Apesar de, inicialmente, não haver diferenças entre a responsabilização cível e a criminal, ao longo dos séculos o Direito evoluiu de modo a diferenciar ambos os tipos de responsabilidade, reservando a função precípua de reparação patrimonial à responsabilidade civil[15].

Com o advento da Constituição Federal de 1988 (CF 1988), a função principal da responsabilidade civil passou a ser a reparação civil para a proteção da vítima do dano, e não a repressão de condutas do agente causador do dano, que pode ser obtida inclusive na esfera penal. Essa mudança de paradigma exige que sejam elaborados novos mecanismos que asseguram mais garantias ao ofendido, ao mesmo tempo em que há uma releitura dos tradicionais pressupostos da responsabilidade civil, a saber, o dano, o nexo causal e a culpa[16].

2.1. Teorias de responsabilidade estatal

Do ponto de vista da responsabilidade civil do Estado, o entendimento jurídico variou substancialmente ao longo do tempo e conforme o regime jurídico de cada país. Na chamada fase de irresponsabilidade, prevalecia a visão de que os reis e os soberanos teriam uma autoridade incontestável e nada do que fizessem poderia ser considerado como ato ilícito apto a gerar

[13] LUCIANA GERBOVIC. ***Stalking***. p. 71-74.

[14] FELIPE PEIXOTO BRAGA NETTO. **Manual da responsabilidade civil do Estado**. p. 37.

[15] GUSTAVO TEPEDINO, ALINE DE MIRANDA VALVERDE TERRA E GISELA SAMPAIO DA CRUZ GUEDES, **Fundamentos do direito civil: responsabilidade civil**, cap. 1, seção 1.

[16] GUSTAVO TEPEDINO, ALINE DE MIRANDA VALVERDE TERRA E GISELA SAMPAIO DA CRUZ GUEDES, **Fundamentos do direito civil: responsabilidade civil**, cap. 1, seção 1.

responsabilização. Assim, o rei não poderia errar (*the king can do no wrong*, em inglês) e o Estado não poderia causar danos aos súditos[17].

Somente no século XIX essa concepção foi sendo rechaçada e substituída por outras teorias que admitiam a responsabilidade estatal, ora com base no Direito Civil (teorias civilistas), ora com base no Direito Público (teorias publicistas).

Nos Estados Unidos da América (EUA) e na Inglaterra, desde a edição do *Federal Tort Claim Act*, de 1946, e do *Crown Proceeding Act*, de 1947, respectivamente, o Estado é responsabilizado com base na apuração de culpa civil, em um regime de responsabilidade subjetiva semelhante ao das pessoas físicas e jurídicas privadas.

Já na França, a partir de um caso de atropelamento de uma garota por uma vagoneta de uma entidade estatal em 1873, a jurisprudência assentou-se no sentido de que "a responsabilidade do Estado não pode reger-se pelos princípios do Código Civil, porque se sujeita a regras especiais que variam conforme as necessidades do serviço e a imposição de conciliar os direitos do Estado com os direitos privados"[18].

Esse foi o ponto de partida para o surgimento de diversas teorias publicistas que afastavam a necessidade de perquirir a existência de culpa ou dolo da conduta do agente público, bastando que houvesse a demonstração do mau funcionamento ou da falha do serviço público (teoria da culpa do serviço público) ou somente do nexo de causalidade entre o dano e a conduta do agente público (teoria do risco administrativo)[19]. Convencionou-se chamar tais teorias fundadas no risco, que pode ser integral ou restrito, de teorias de responsabilidade objetiva.

FERNANDO ALMEIDA critica essa classificação em responsabilização subjetiva e objetiva, pois não correspondem a dois "regimes jurídicos precisos e estanques de aplicação de responsabilidade"[20]. Isso porque o autor aponta que, atualmente, existem quatro hipóteses que fundamentam a responsabilização: conduta culposa (dolo ou culpa em sentido estrito); abuso de direito, que pressupõe algum grau de culpa; risco para o direito de outrem advindo de atividade normalmente exercida pelo

[17] MARIA SYLVIA ZANELLA DI PIETRO. **Direito administrativo.** p. 816-817.

[18] MARIA SYLVIA ZANELLA DI PIETRO. **Direito administrativo.** p. 818.

[19] ODETE MEDAUAR. **Direito Administrativo moderno.** p. 366.

[20] **Tratado de direito administrativo: controle da administração pública e responsabilidade do Estado.** p. 240-241.

autor do dano, independente de culpa; previsão expressa do legislador, independentemente da existência de culpa ou de risco[21]. Não obstante, o autor reconhece que é a terminologia consagrada[22] e, assim, será adotada ao longo do presente artigo.

2.2. Arcabouço normativo vigente para a responsabilidade civil do Estado brasileiro

No Brasil, o art. 15 do Código Civil de 1916 foi o primeiro dispositivo a estabelecer um regime de responsabilização ao Estado, tendo consagrado a responsabilidade subjetiva. No art. 171 da Constituição Federal de 1934 foi instituída a responsabilidade solidária da Fazenda Pública e dos funcionários, se estes agissem com negligência, omissão ou abuso[23].

Somente na Constituição Federal de 1946, em seu art. 194, foi consagrada a teoria da responsabilidade objetiva do Estado[24]. O referido artigo dispunha que "as pessoas jurídicas de direito público interno são civilmente responsáveis pelos danos que seus funcionários, nessa qualidade, causem a terceiros", enquanto o respectivo parágrafo único estabelecia que "caber-lhes-á ação regressiva contra os funcionários causadores do dano, quando tiver havido culpa destes"[25]. MARIA SYLVIA ZANELLA DI PIETRO destaca que, "se o dispositivo só exige culpa ou dolo para o direito de regresso contra o funcionário, é porque não quis fazer a mesma exigência para as pessoas jurídicas"[26].

Todavia, a doutrina e a jurisprudência pátrias continuaram defendendo que no Brasil vigeria a responsabilidade subjetiva[27], mesmo diante de textos semelhantes no art. 105 da CF 1967 e no art. 109 da CF 1969 (ou Emenda nº 1/1969)[28].

[21] FERNANDO DIAS MENEZES ALMEIDA. **Tratado de direito administrativo: controle da administração pública e responsabilidade do Estado.** p. 240.

[22] FERNANDO DIAS MENEZES ALMEIDA. **Tratado de direito administrativo: controle da administração pública e responsabilidade do Estado.** p. 241.

[23] ODETE MEDAUAR. **Direito Administrativo moderno.** p. 367.

[24] ODETE MEDAUAR. **Direito Administrativo moderno.** p. 367.

[25] MARIA SYLVIA ZANELLA DI PIETRO. **Direito administrativo.** p. 821

[26] **Direito administrativo.** p. 822.

[27] FERNANDO DIAS MENEZES ALMEIDA. **Tratado de direito administrativo: controle da administração pública e responsabilidade do Estado.** p. 292

[28] ODETE MEDAUAR. **Direito Administrativo moderno.** p. 367.

O cenário foi alterado apenas depois da CF 1988, onde novamente foi consignada a responsabilidade objetiva do Estado:

> CF 1988
> Art. 37. (...)
> (...)
> § 6º: As pessoas jurídicas de direito público e as de direito privado prestadoras de serviços públicos responderão pelos danos que seus agentes, nessa qualidade, causarem a terceiros, assegurado o direito de regresso contra o responsável nos casos de dolo ou culpa.

Ressalte-se que o Código Civil de 2002, embora seja posterior à Carta Magna vigente, traz texto semelhante aos dispositivos da CF 1946, 1967 e 1969, sem mencionar as pessoas jurídicas prestadoras de serviços públicos[29]:

> Código Civil
> Art. 43 As pessoas jurídicas de direito público interno são civilmente responsáveis por atos dos seus agentes que nessa qualidade causem danos a terceiros, ressalvado direito regressivo contra os causadores do dano, se houver, por parte destes, culpa ou dolo.

Deste modo, desde a CF 1988, a responsabilidade estatal é reconhecida pela doutrina e pela jurisprudência como objetiva, baseada no risco administrativo e passível de ser afastada por excludentes de responsabilidade civil (caso fortuito e força maior, culpa exclusiva da vítima e culpa de terceiro)[30]. Registre-se a própria Constituição e a legislação pátria ressalvam alguns casos, como danos nucleares e atos de terrorismo em aeronaves (Leis 10.309/2001 e 10.744/2003), em que excepcionalmente vigora a responsabilidade objetiva baseada no risco integral, não sendo possível aplicar nem mesmo as excludentes de responsabilidade[31].

[29] MARIA SYLVIA ZANELLA DI PIETRO. **Direito administrativo.** p. 822.

[30] FELIPE PEIXOTO BRAGA NETTO. **Manual da responsabilidade civil do Estado.** p. 38.

[31] FELIPE PEIXOTO BRAGA NETTO. **Manual da responsabilidade civil do Estado.** p. 223; LICÍNIA ROSSI. **Manual de direito administrativo.** Capítulo VI. Seção 8.1.

Assim, em regra, a responsabilização do Estado exige a existência de três elementos[32]:

a) conduta: é um fato administrativo, consubstanciado pela atuação ou omissão relevante de agentes públicos, abarcando tanto a conduta administrativa lícita, quanto a "conduta lícita causadora de danos desproporcionais";
b) dano: "lesão a determinado bem jurídico da vítima", divide-se em dano material ou patrimonial e em dano moral ou extrapatrimonial;
c) nexo de causalidade: "relação de causa e efeito entre a conduta estatal e o dano suportado pela vítima".

Por sua vez, os excludentes de responsabilidade podem ser sintetizados em[33]:

a) caso fortuito e força maior: "eventos naturais ou humanos imprevisíveis que, por si sós, causam danos às pessoas";
b) culpa exclusiva da vítima: "dano é causado por fato exclusivo da própria vítima", ou seja, é uma autolesão;
c) culpa de terceiro: "dano é causado por fato de terceiro que não possui vínculo jurídico com o Estado".

ODETE MEDAUAR exemplifica a amplitude de hipóteses que a jurisprudência entende que ensejam a responsabilidade objetiva do estado[34]:

> A amplitude das atividades da Administração enseja idêntica amplitude dos casos de responsabilidade. Serão somente indicadas as hipóteses mais frequentes levadas ao Poder Judiciário. Por exemplo: acidentes com veículos oficiais; buracos em ruas, sem sinalização para veículos ou pedestres; queda de pontes em estradas; queda de viaduto em construção; explosão em depósito de materiais (explosivos) pertencente ao Poder Público; explosão de casa de

[32] RAFAEL CARVALHO REZENDE OLIVEIRA. **Curso de direito administrativo.** Seção 24.7.

[33] RAFAEL CARVALHO REZENDE OLIVEIRA. **Curso de direito administrativo.** Seção 24.8.

[34] **Direito Administrativo moderno.** p. 372.

> fogos pertencente a particular (omissão da fiscalização municipal); morte em prisão; queda de árvore da rua por má conservação; danos a crianças e professores em escolas públicas; enchentes; omissão ou excesso policial; movimentos multitudinários com danos patrimoniais ou pessoais por omissão dos agentes públicos; omissão de fiscalização decorrente do poder de polícia, sobretudo em instituições financeiras e empresas de seguros; obras públicas (fato da obra, ausência ou insuficiência da fiscalização do Poder Público); danos nucleares (CF, art. 21, XXIII, d – a responsabilidade civil por danos nucleares independe da existência de culpa).

Além disso, a autora assevera que, "ainda que o agente tenha tido conduta abusiva ou excessiva, fora dos padrões e normas vigentes, tal situação enseja a responsabilidade do Estado"[35].

Por outro lado, impende assinalar que a jurisprudência do Superior Tribunal de Justiça (STJ) reconhece que o Estado pode responder civilmente pelos danos causados por seus agentes, ainda que estes estejam amparados por causa excludente de ilicitude penal, consoante tese 7 da Edição 61 da Jurisprudência em Teses do STJ. FLÁVIO TARTUCE leciona que "os elementos do ilícito civil são diferentes dos requisitos do ilícito penal, sendo ambas as responsabilidades independentes", nos termos do art. 935 do Código Civil[36].

Por isso, o autor exemplifica que "eventual reconhecimento de legítima defesa praticada pelo agente do Estado não é capaz de excluir a responsabilidade civil estatal (STJ, REsp 1.266.517/PR, 2.ª Turma, Rel. Min. Mauro Campbell Marques, j. 04.12.2012, DJe 10.12.2012)", assim como "a absolvição de agentes da polícia no juízo em razão do estrito cumprimento do dever legal (art. 65 do CPP), não afasta a responsabilidade civil do Estado (STJ, REsp 884.198/RO, 2.ª Turma, Rel. Min. Humberto Martins, j. 10.04.2007, DJ 23.04.2007, p. 247)"[37].

FELIPE BRAGA NETTO destaca que a responsabilidade civil "traz consigo uma flexibilidade orgânica, isto é, ela trabalha com conceitos abertos, cláusula gerais, conceitos jurídicos indeterminados"[38]. Isso

[35] ODETE MEDAUAR. **Direito Administrativo moderno**. p. 369.

[36] FLÁVIO TARTUCE. **Manual de Responsabilidade Civil.** Capítulo 10. Seção 3.

[37] FLÁVIO TARTUCE. **Manual de Responsabilidade Civil.** Capítulo 10. Seção 3.

[38] **Manual da responsabilidade civil do Estado**. p. 69.

porque "o juiz, para decidir um caso de responsabilidade civil, deve apreciar se houve ou não um dano; se o dano é relevante; se há nexo causal entre o dano e a ação ou omissão; e, em caso afirmativo, de quanto deve ser a indenização"[39].

Por isso, é a jurisprudência e a doutrina que delimitam e concretizam a abrangência da responsabilidade civil estatal em face dos diversos tipos de condutas que podem ocorrer na sociedade. Desta maneira, essa flexibilidade "possibilita uma natural evolução, inclusive tutelando interesses recém-descobertos de forma inovadora", o que resulta na ampliação da proteção dos direitos fundamentais lesados pelo Estado independentemente da edição de novas legislações[40].

Impende ressaltar que, no âmbito do Direito Administrativo, também é possível identificar o novo paradigma do Direito Civil de tornar a reparação da vítima o foco principal da responsabilidade civil. Tal visão tem influenciado cada vez mais para que a jurisprudência admita novas hipóteses de responsabilização do Estado por danos causados por atos e omissões de agentes públicos[41].

Todavia, há também um lado negativo nessa flexibilidade da responsabilidade civil. Surgem dificuldades como "a fragmentação e a instabilidade próprias da atividade jurisprudencial", que "nem sempre permitem que se veja o todo com clareza", dando margem a decisões distintas para casos iguais ou parecidos, bem como decisões parecidas no conteúdo, mas significativamente divergentes nos valores fixados para indenização de casos semelhantes[42].

Inclusive, FELIPE BRAGA NETTO assinala que a jurisprudência do STJ não reconhece a nenhum tipo de responsabilidade civil em casos de assaltos à ônibus, mas assegura esse direito quando o assalto ocorre em shoppings. Do mesmo modo, o autor aponta que Tribunais frequentemente responsabilizam empresas aéreas por atrasos e cancelamentos

[39] FELIPE PEIXOTO BRAGA NETTO. **Manual da responsabilidade civil do Estado.** p. 69.

[40] FELIPE PEIXOTO BRAGA NETTO. **Manual da responsabilidade civil do Estado.** p. 69.

[41] FELIPE PEIXOTO BRAGA NETTO. **Manual da responsabilidade civil do Estado.** p. 75-77.

[42] FELIPE PEIXOTO BRAGA NETTO. **Manual da responsabilidade civil do Estado.** p. 69.

de voos, porém raramente são observados julgados que reconheçam os mesmos danos em hipótese semelhantes com viagens de ônibus[43].

Tal aspecto é ainda mais relevante na responsabilidade civil estatal, que envolve o cotejo entre o interesse público e os direitos fundamentais da vítima da conduta danosa. Por exemplo, há uma lei específica para garantir a responsabilidade objetiva integral do Estado em caso de atentado terrorista ocorrido em uma aeronave de matrícula brasileira operadas por empresas brasileiras de transporte aéreo público. Por outro lado, não há nenhuma previsão legal semelhante no caso do transporte por ônibus, restando o questionamento sobre qual seria o entendimento acerca da configuração, ou não, de responsabilidade estatal caso ocorresse um evento desse tipo em um ônibus. FELIPE BRAGA NETTO pondera que, "provavelmente, ficariam desamparadas, como ocorre atualmente com os danos relacionados à violência urbana"[44].

FERNANDO ALMEIDA E JOSÉ CARVALHO FILHO destacam que a responsabilidade estatal é "um instrumento fundamental conquistado com a evolução do modo de ser do direito", contudo questionam "qual é o limite dessa evolução no sentido de ampliação da responsabilidade (estatal), no âmbito do Estado de direito?"[45].

Afinal, não se pode olvidar que qualquer indenização paga pelo Estado é proveniente dos recursos públicos arrecadados de toda a sociedade. Logo, não pode o Estado assumir o ônus de indenizar todo e qualquer dano que ocorra com qualquer indivíduo, como se fosse um segurador universal, sob pena de onerar toda a sociedade a arcar com prejuízos que o ordenamento jurídico determina que sejam de responsabilidade individual. Por outro lado, o Estado não pode se esquivar de seu dever de assegurar o respeito aos direitos fundamentais e de proteger a sociedade como um todo.

[43] **Manual da responsabilidade civil do Estado**. p. 270.

[44] **Manual da responsabilidade civil do Estado**. p. 270.

[45] **Tratado de direito administrativo: controle da administração pública e responsabilidade do Estado**. p. 258.

3. Limites da responsabilidade estatal por condutas de agentes públicos

O art. 37, § 6º, da CF 1988 estabelece um duplo regime de responsabilidade: a objetiva, do Estado em face do particular, e a subjetiva, do agente público em face do Estado.

Isso se deve ao fato de que, para que haja a responsabilização do agente público, a norma constitucional exige que seja comprovada a existência de dolo ou culpa dessa pessoa. Registre-se que a Lei 13.655/2018 incluiu o art. 28 na Lei de Introdução às normas do Direito Brasileiro (Lindb), determinando que "o agente público responderá pessoalmente por suas decisões ou opiniões técnicas em caso de dolo ou erro grosseiro", o que corresponde a uma exigência de uma gradação de culpa mais restrita do que o disposto na CF 1988 válida somente para esses casos[46].

Adicionalmente, em recente decisão do Supremo Tribunal Federal (STF), pacificou-se o entendimento de que a vítima do dano estatal não pode ingressar em juízo em face do agente público, mas somente em face do Estado. Assim, os agentes públicos devem ser responsabilizados em ação autônoma, em que a vítima não seja parte processual[47].

A doutrina e a jurisprudência concordam que o vocábulo "agentes", na norma constitucional, "engloba toda e qualquer pessoa física no exercício da função pública: agentes públicos de direito (agentes políticos; servidores públicos estatutários, celetistas e temporários; e particulares em colaboração) e de fato (putativos e necessários)"[48].

Ademais, o referido dispositivo restringe a possibilidade de responsabilização dos agentes públicos aos danos causados por essas pessoas "nessa qualidade", isto é, no exercício da função pública. Logo, em regra, qualquer dano causado pelos agentes públicos "em suas vidas privadas, oriundos de sentimentos pessoais, sem relação com a função pública, não acarretam

[46] RAFAEL CARVALHO REZENDE OLIVEIRA. **Curso de direito administrativo**. Seção 24.11.1.

[47] STF. Plenário. RE 1027633/SP, Rel. Min. Marco Aurélio, julgado em 14/8/2019 (repercussão geral). RAFAEL CARVALHO REZENDE OLIVEIRA. **Curso de direito administrativo**. Seção 24.11.3.

[48] RAFAEL CARVALHO REZENDE OLIVEIRA. **Curso de direito administrativo**. Seção 24.11.2.

responsabilidade do Estado, mas responsabilidade pessoal do agressor na forma do Código Civil"[49].

Entretanto, nem sempre é possível distinguir com absoluta clareza, já que há muitos casos em que "o particular e o agente público se misturam e se confundem"[50]. Assim, cabe a jurisprudência estabelecer esses limites, a partir da análise reiterada de casos concretos e das reflexões da doutrina.

Por exemplo, o STF entendeu configurada a responsabilidade objetiva do Estado no caso de acidente de trânsito envolvendo veículo oficial, "não sendo exigível que o servidor tenha agido no exercício de suas funções" (STF, RE 294.440-AgR, Rel. Min. Ilmar Galvão, DJ 2/8/2002)[51].

De modo semelhante, o STF reconheceu a configuração da responsabilidade objetiva do Estado no caso do "policial militar que, em seu período de folga e em trajes civis, efetua disparo com arma de fogo pertencente à sua corporação, causando a morte de pessoa inocente", sob a justificativa de que "o uso e o porte de arma de fogo pertencente à polícia militar eram vedados aos seus integrantes nos períodos de folga" (STF, RE 291.035/SP, Rel. Min. Celso de Mello, DJ 6/4/2006, p. 104)[52].

Todavia, o STF afastou a responsabilidade do Estado na hipótese em que policial, utilizando-se de arma da corporação, "causa dano à amante por motivos sentimentais", uma vez que o agente teria agido por sentimento pessoal sem exercer a função pública ou praticar ato administrativo (STF, 1.ª Turma, RE 363.423/SP, Rel. Min. Carlos Britto, DJ 14/3/2008, p. 467)[53].

BENJAMIN CAVALCANTI DE FARIAS FILHO sintetiza o entendimento vigente da doutrina e da jurisprudência acerca da incidência, ou não, da responsabilidade do Estado no caso de atos de policiais militares[54]:

[49] RAFAEL CARVALHO REZENDE OLIVEIRA. **Curso de direito administrativo.** Seção 24.11.2.

[50] FELIPE PEIXOTO BRAGA NETTO. **Manual da responsabilidade civil do Estado.** p. 126

[51] FELIPE PEIXOTO BRAGA NETTO. **Manual da responsabilidade civil do Estado.** p. 126

[52] FELIPE PEIXOTO BRAGA NETTO. **Manual da responsabilidade civil do Estado.** p. 126

[53] RAFAEL CARVALHO REZENDE OLIVEIRA. **Curso de direito administrativo.** Capítulo 24, nota de rodapé 42.

[54] **A responsabilidade civil do Estado por ato de policial militar de folga ou de férias.** p. 356.

A doutrina e jurisprudência nacionais entendem pela possibilidade da responsabilidade estatal por ato de Policial Militar de folga ou de férias. Isso porque o Policial Militar de folga ou de férias, ainda que não esteja no exercício da função, ainda é agente público, especialmente quando se identifica como policial, age em virtude da condição inerente ao cargo ou se aproveita do cargo para causar dano; utiliza a arma da corporação militar; e usa a farda da polícia, desde que se aproveite desta aparência para praticar ato lesivo a particular.

De modo geral, constata-se que prevalece a interpretação de que a situação do agente público não estar em serviço, ou exercendo suas funções, no momento da conduta lesiva não é suficiente para afastar a responsabilidade estatal. Se houver uma relação direta entre o dano causado e o fato de se tratar de um agente público como causador do dano, restará configurada a responsabilidade civil do Estado[55].

4. Como enquadrar o *stalking* na responsabilidade civil do Estado?

Recorda-se que a perseguição obsessiva compreende um conjunto de atos praticados por um agressor contra um ou mais vítimas. Consoante o arcabouço normativo vigente, em especial desde 2021, qualquer pessoa que cometa *stalking* está sujeita a ser responsabilizada penal e civilmente.

Porém, no caso de agentes públicos agressores, cabe questionar em qual medida poderia ser configurada a existência de responsabilidade civil do Estado, sobretudo em face do panorama doutrinário e jurisprudencial discutidos nas seções anteriores.

Um primeiro aspecto que deve ser analisado é se o agressor realmente está incluído no conceito de agente público para fins da responsabilidade civil do estatal. Como visto, o entendimento pacífico aponta que esse vocábulo tem grande abrangência, não se limitando apenas a servidores concursados ou mesmo remunerados[56]. Do mesmo modo, não há diferença entre agentes públicos estatutários e agente públicos contratados pela Consolidação das Leis Trabalhistas (CLT). Assim, bastaria o *stalker* exercer

[55] FELIPE PEIXOTO BRAGA NETTO. **Manual da responsabilidade civil do Estado.** p. 126-127.

[56] RAFAEL CARVALHO REZENDE OLIVEIRA. **Curso de direito administrativo.** Seção 24.11.2.

qualquer função pública, seja de direito ou de fato, isto é, legalmente investido ou aparentando legalidade perante terceiros.

Com relação ao fato da vítima ser, ou não, agente público, nota-se que tal qualidade não afasta a responsabilidade civil estatal, uma vez que esse instituto se destina a proteger todos os cidadãos, incluindo os próprios agentes públicos.

Não obstante, no caso de agressor e vítima serem agentes públicos, eventuais condutas tipificadas como *stalking* também podem ser enquadradas como outros ilícitos administrativos, ou seja, violações dos deveres funcionais passíveis de também serem objeto de processos administrativos disciplinares (PAD). Registre-se que "a mesma conduta ilícita praticada por servidor público no exercício de suas funções pode ensejar" a imposição de sanções penais, civis e disciplinares, sem que ocorra bis in idem, isto é, "a dupla cominação em razão do mesmo fato"[57].

No caso dos servidores públicos estatutários federais, a Lei 8.112/1990 estabelece algumas condutas vedadas, que podem estar contidas no contexto da perseguição obsessiva.

O principal exemplo é o dispositivo sobre "não praticar incontinência pública e conduta escandalosa na repartição" (art. 132, inciso V, da Lei 8.112/1990), com sanção de demissão ou destituição de cargo em comissão. ALINE CAVALCANTE DOS REIS SILVA esclarece e exemplifica[58]:

> Incontinência pública se refere à conduta indecente, desrespeitosa, vulgar, que ocorre de forma habitual, ostensiva e em público, em que o servidor não demonstra pudor, enquanto a conduta escandalosa se refere ao comportamento que ofende a moral, ocorre às ocultas ou reservadamente (a exemplo dos atos libidinosos e assédio sexual), ambas praticadas no âmbito da repartição pública como regra, especialmente prejudiciais ao andamento dos trabalhos e ao clima organizacional.
>
> Os atos cometidos na vida privada, ainda que fora do horário do expediente e do local em que o servidor exerce suas atribuições, caso tenham repercussão no exercício do cargo, poderão ser enquadrados como infração

[57] FELIPE GONÇALVES FERNANDES. **A tipicidade e o regime disciplinar de servidores públicos**. p. 118.

[58] **Comentários às normas de conduta dos agentes públicos federais: legislação comentada e casos práticos**. p. 180-181.

> a este dispositivo, a exemplo de comentários indiscretos em jantares ou almoços profissionais, perguntas indiscretas, convites constrangedores em viagens a trabalho, pornografia, dentre outros, que ofendem e desrespeitam seus destinatários.

Observa-se que essa vedação funcional também engloba o assédio sexual, que é tipificado no art. 216-A do Código Penal e pode englobar algumas condutas semelhantes ao *stalking*, sobretudo no que tange a prática reiterada de atos de perseguição com finalidade sexual. Contudo, ao contrário do *stalking*, para configurar o assédio sexual é necessário que haja uma relação hierárquica entre o agressor e a vítima[59].

Destaca-se que vedação análoga também consta da CLT, a saber, "não praticar incontinência de conduta ou mau procedimento" (art. 482, alínea b, da CLT). A depender da gravidade dos atos, pode resultar até em demissão por justa causa[60].

Outras situações no âmbito da Administração Pública podem apresentar sobreposições com o crime de *stalking*, a exemplo das condutas identificadas como assédio moral[61]:

> Pode ocorrer fora ou dentro da repartição e consiste, no entendimento da maioria da doutrina e jurisprudência, em condutas omissivas ou comissivas, normalmente continuadas e repetidas, de perseguir ou causar humilhação ou constrangimento direcionados a um subordinado, superior hierárquico ou a colegas de trabalho, com o objetivo de desmoralizar profissionalmente a vítima e hostilizar o ambiente laboral.

Cabe assinalar que a inércia do Estado em identificar a ocorrência dessas condutas e em responsabilizar tempestivamente os respectivos agentes pode repercutir na eventual ação de responsabilidade civil estatal proposta pelo agente público que é vítima. Registre-se que há precedentes

[59] ALINE CAVALCANTE DOS REIS SILVA. **Comentários às normas de conduta dos agentes públicos federais: legislação comentada e casos práticos.** p. 183.
[60] ALINE CAVALCANTE DOS REIS SILVA. **Comentários às normas de conduta dos agentes públicos federais: legislação comentada e casos práticos.** p. 210.
[61] ALINE CAVALCANTE DOS REIS SILVA. **Comentários às normas de conduta dos agentes públicos federais: legislação comentada e casos práticos.** p. 109.

em que o Estado foi responsabilizado por condutas qualificadas como assédio moral entre servidores públicos[62].

Nesse contexto, por analogia, a prática de *stalking* por agentes públicos em face de agentes públicos também configura hipótese de responsabilidade civil estatal, desde que presente os demais requisitos.

No que se refere aos diversos grupos de agentes públicos, poderia haver alguma diferenciação de tratamento entre aqueles que pertencem às forças de segurança pública (polícias federal, rodoviária federal, ferroviária federal, civis, militares, penais e corpos de bombeiros militares), nos termos do art. 144 da CF 1988, e os demais agentes públicos.

Conforme os precedentes elencados nas seções anteriores, mesmo atos praticados por policiais de folga ou em férias podem resultar em responsabilização do Estado, desde que esteja caracterizado aspectos como o uso da farda, da arma da corporação, a identificação como policial, entre outros.

Assim, entende-se que o mesmo entendimento poderia ser estendido para casos de *stalking* cometido por policiais. Por exemplo, se o *stalker* obtém mais informações sobre a vítima com a utilização dos sistemas funcionais dos órgãos estatais, utiliza da viatura e/ou da arma da corporação para ameaçar a vítima, entre outras condutas, entende-se que a responsabilização civil do Estado pode ser aplicada.

Com relação aos demais agentes públicos, os precedentes sobre assédio moral e sobre danos ocorridos em escolas indicam que também é possível ocorrer a responsabilidade estatal por causa de condutas de servidores públicos civis, como professores e funcionários administrativos.

Logo, defende-se que é juridicamente admissível que condutas de *stalking* praticadas por agentes públicos que não pertençam às forças de segurança pública ensejem a responsabilização civil estatal. Por exemplo, no caso de um professor que realiza perseguição obsessiva de alunos ou de um chefe que comete *stalking* contra um subordinado, inclusive com a possibilidade de obter e utilizar, em prejuízo de sua vítima, as informações que detém em função do seu cargo público.

O fato de as condutas de perseguição serem realizadas fora do local e/ou do horário de trabalho do agente público *stalker*, consoante demonstrado

[62] ALINE CAVALCANTE DOS REIS SILVA. **Comentários às normas de conduta dos agentes públicos federais: legislação comentada e casos práticos.** p. 111.

nas seções anteriores, não impede que haja a responsabilização estatal, desde que haja relação entre essas condutas e qualidade de agente público do *stalker*.

Por todo o exposto, conclui-se que o Estado pode ser responsabilizado civilmente, nos termos do art. 37, § 6º, da CF 1988, por condutas de *stalking* praticadas por qualquer agente público, independentemente da vítima ser ou não agente público e mesmo que ocorram fora do local e/ou do horário de trabalho do agente público *stalker*, contanto que haja relação direta entre o dano causado e o fato de se tratar de um agente público como causador do dano.

Conclusões

O presente estudo teve como objeto de análise a possibilidade e os limites da responsabilização civil do Estado por condutas de *stalking* praticadas por agentes públicos.

O *stalking* é tipificado como crime no Brasil desde 2021 e também resulta em danos passíveis de serem tutelados pelo Direito Civil, no âmbito da teoria da responsabilidade civil. Também chamado de perseguição obsessiva, trata-se da prática de atos reiterados de ameaça e perturbação da liberdade e da privacidade da vítima, causando severos impactos físicos e psicológicos.

Apesar do *stalking* ser um fenômeno existente a séculos, com ocorrência em diversos países pelo mundo, somente nas últimas décadas a sociedade e os legisladores passaram a dedicar maior atenção a este tema, o que culminou com a edição de legislações criminalizando essas condutas.

No que tange à responsabilidade civil do Estado, nota-se que os atos e as omissões lesivos dos agentes públicos ensejam o dever de o Estado reparar o dano sofrido pelas vítimas, sejam elas agentes públicos ou não, assegurado o direito de regresso estatal em face do agente responsável pelo dano em caso de culpa ou dolo. É a chamada responsabilidade civil objetiva do Estado e a subjetiva do agente público.

A jurisprudência e a doutrina pátrias reconhecem diversas hipóteses de atos lesivos de agentes públicos que configuram o dever de responsabilidade do Estado, a exemplo de danos ocorridos em escolas públicas, acidentes de trânsito com veículos oficiais, assédio moral, atos de policiais militares fardados e com arma da corporação mesmo em folgas ou férias, entre outros.

Nesse contexto, entende-se que, por analogia com esses precedentes, a prática de condutas de *stalking* por parte de agentes públicos pode ensejar a responsabilidade civil do Estado, nos termos do art. 37, § 6º, da CF 1988, independentemente da vítima ser ou não agente público e mesmo que ocorram fora do local e/ou do horário de trabalho do agente público *stalker*, contanto que haja relação direta entre o dano causado e o fato de se tratar de um agente público como causador do dano.

Referências

ALMEIDA, Fernando Dias Menezes; CARVALHO FILHO, José dos Santos. **Tratado de direito administrativo: controle da administração pública e responsabilidade do Estado.** São Paulo: Thomson Reuters Brasil, 2022. 3ª ed. rev., atual. e ampl. *In*: DI PIETRO, Maria Sylvia Zanella (coordenação). Tratado de direito administrativo. v. 7.

DI PIETRO, Maria Sylvia Zanella. **Direito administrativo**. Rio de Janeiro: Forense. 30ª ed. 2017.

FERNANDES, Bárbara. ***Stalking*****: Parâmetros de tipificação e o bem-jurídico da integridade psíquica**. Coimbra: Almedina. 2017.

FERNANDES, Felipe Gonçalves. **A tipicidade e o regime disciplinar de servidores públicos**. Rio de Janeiro: Lumen Juris. 2019.

FILHO, Benjamin Cavalcanti de Farias. **A responsabilidade civil do Estado por ato de policial militar de folga ou de férias**. *In*: CAVALCANTI, Francisco de Queiroz Bezerra; NETTO, Pedro Dias de Oliveira (organizadores). **Direito administrativo multifacetado**. Rio de Janeiro: Lumen Juris. 2021. p. 345-361.

GERBOVIC, Luciana. ***Stalking***. São Paulo: Almedina. 2016.

GHIRARDELLI, Paola. ***Stalking: guidelines on prevention and protection***. Milão: Lampi di Stampa. 2011.

KNIGHT, Melissa A.. ***Stalking and cyberstalking in the United States and rural South Dakota: twenty-four years after the first legislation***. South Dakota Law Review. V. 59. 2014. p. 392-429.

MEDAUAR, Odete. **Direito Administrativo moderno**. 21 ed. Belo Horizonte: Fórum 2018.

NETTO, Felipe Peixoto Braga. **Manual da responsabilidade civil do Estado**. Salvador: JusPODIVM. 5ª ed. rev. amp. e atual. 2018

OLIVEIRA, Rafael Carvalho Rezende. **Curso de direito administrativo**. 9 ed. Rio de Janeiro: Forense; Método. Edição digital. 2021.

ROSSI, Licínia. **Manual de direito administrativo**. 5 ed. São Paulo: Saraiva Educação. Edição digital. 2019.

SILVA, Aline Cavalcante dos Reis. **Comentários às normas de conduta dos agentes públicos federais: legislação comentada e casos práticos**. Curitiba: Juruá. 2020.

SIQUEIRA, Maria Lohana Hexana De Moura Silva. ***Stalking* um estudo conceitual sobre a perseguição obsessiva e seus reflexos jurídicos no direito brasileiro**. Dissertação de mestrado. Universidade Católica de Brasília (UCB). 2021.

TARTUCE, Flávio. **Manual de Responsabilidade Civil**. Rio de Janeiro: Forense; São Paulo: Método. Edição digital. 2018.

TEPEDINO, Gustavo; TERRA, Aline de Miranda Valverde; GUEDES, Gisela Sampaio da Cruz. **Fundamentos do direito civil: responsabilidade civil**. Rio de Janeiro: Forense. 2ª ed. 2021.

9. PROCESSO CIVIL E DIREITOS DE PERSONALIDADE: A NECESSÁRIA TUTELA JURISDICIONAL EM SITUAÇÕES DE *STALKING*

Gustavo Osna
Hugo Sirena

1. Os casos de *stalking* e os Direitos de Personalidade

1.1. Iniciando com conceitos: a definição jurídica do *stalking* e a sua recepção pelo ordenamento jurídico pátrio

Para que se compreenda, de maneira satisfatória, o esquadrinhamento dado pelo ordenamento jurídico brasileiro à prática de *stalking*, é imprescindível que se busque a origem estrangeira do conceito e, mais que isso, se delineie os contornos conceituais originários do instituto. A partir disso, poder-se-á desnovelar a disciplina jurídica pátria dada aos casos de perseguição obsessiva, permitindo-se investigar a questão sob o prisma da proteção aos direitos de personalidade.

Originalmente, o termo *stalking*, na tradição inglesa, referia-se à prática de perseguição de animais em atividades de caça (do inglês, "*to stalk*"). Aos poucos, porém, esta nomenclatura foi transportada para o universo humano, notadamente a partir de meados da década de 1970[1], para traduzir condutas de se "*molesta[r] de maneira incessante a vítima, mediante atos de perseguir, identificado na psiquiatria forense. O ofensor (stalker) é a pessoa que molesta de maneira incessante a vítima, mediante atos de intimidação e perseguição (social e psicológica) que, repetidos, causam angústia, medo ou depressão. É o caçador*

[1] RAMIDOFF, Mário Luiz; TRIBERTI, Cesare. *Stalking: atos persecutórios ou insidiosos.* Belo Horizonte: Letramento: Casa do Direito, 2017. p. 33.

à espreita a imagem que se adéqua ao lesante"[2]. Trata-se de um conjunto de práticas tão antigas quanto a própria civilização, apesar de o termo, para esse contexto específico, ter sido cunhado apenas no século XIX[3].

De fato, não são incomuns a catalogação e o registro de casos de assédio, perseguição e intimidações, que acabaram ostentando a alcunha de *stalking*. Acontece, porém, que, por mais que a prática de *stalking* seja presente há longa data na sociedade, a sua recepção pelo ordenamento jurídico se deu tardia e paulatinamente, em diferentes diplomas legais.

Uma das primeiras previsões legais de que se tem notícia, disciplinando a prática de *stalking* e atrelando a ela uma sanção de natureza jurídica, está no Código Penal da Califórnia, nos Estados Unidos. Ali, estabelece-se a pena de prisão e de multa a "*qualquer pessoa que, deliberada, maliciosa e repetidamente, segue ou assedia outra pessoa, ou que faz uma ameaça crível, com a intenção de incutir temor razoável em outrem por sua segurança ou de sua família*"[4] – tipificando, expressamente, o crime de *stalking*. A partir de então, a disciplina legal das práticas de *stalking* se difundiu profundamente por diferentes países: na Alemanha, por exemplo, o Código Penal foi modificado em 2007, para tipificar o crime de "perseguição" ("Nachstellung")[5]; na Itália, por sua vez, a matéria foi recepcionada em 2009, recebendo regulamentação própria pelo Código Penal daquele país[6]; na legislação

[2] ALVIM, Arruda; ALVIM, Tereza (coord). *Comentários ao Código Civil Brasileiro*. V. VIII. Rio de Janeiro: Forense, 2013. p. 371.

[3] Nesse sentido, destaca-se: "*even though stalking has been relatively recently criminalised and seen as a serious social issue, it seems that it is an old human behaviour with the term being used for the first time in its current meaning in 1861*". KORKODEILOU, Jenny. Victims of *Stalking* – Case Studies in Invisible Harms. England: Palgrave Macmillan, 2020. p. 11.

[4] Tradução livre da primeira parte da *section* 646.9: "*(a) Any person who willfully, maliciously, and repeatedly follows or willfully and maliciously harasses another person and who makes a credible threat with the intent to place that person in reasonable fear for his or her safety, or the safety of his or her immediate family is guilty of the crime of stalking, punishable by imprisonment in a county jail for not more than one year, or by a fine of not more than one thousand dollars ($1,000), or by both that fine and imprisonment, or by imprisonment in the state prison.*"

[5] *Vide* § 238, do Código Penal Alemão (Strafgesetzbuch (StGB)), que, em uma tradução livre, tipifica a prática de *stalking* a partir da conduta de "*quem, sem autorização, perseguir outra pessoa, de modo a prejudicar significativamente o seu modo de vida*". Redação original disponível em: https://www.gesetze-im-internet.de/stgb/__238.html. Acesso em: 1º/10/2022.

[6] Nesse sentido, *vide* Decreto-Legge 23 febbraio 2009, n. 11, que, modificando o Código Penal italiano, incluiu o art. 612-bis, que disciplina os chamados "atos persecutórios":

espanhola, o *stalking* passou a ser disciplinado a partir de 2015, por meio do art. 172-ter, do Código Penal, inserido pelo *Ley Orgánica* 1/2015; no mesmo ano, Portugal também passou a deter regulamentação legal sobre o tema (art. 154º-A, do Código Penal, incluído pela Lei n. 83/2015).

Na experiência brasileira, é absolutamente recente a tipificação, com reconhecimento de efeitos jurídicos, das práticas violentas de invasão da esfera privada da vítima, a partir de condutas de restrição da liberdade e, em especial, de ofensiva à privacidade individual. Apesar de se vislumbrar, na prática de *stalking*, um evidente resultado de prejuízo à integridade emocional, moral e psicológica da pessoa perseguida, foi somente no ano de 2021 que se referendou, formalmente, o crime de perseguição.

A Lei n. 14.132/21 foi responsável pela inclusão, no Código Penal, do art. 147-A – mais especificamente, na seção dedicada aos crimes contra a liberdade pessoal. Ali, passou a se prever o tipo penal de perseguição (*stalking*), materializado no ato de "*perseguir alguém, reiteradamente e por qualquer meio, ameaçando-lhe a integridade física ou psicológica, restringindo-lhe a capacidade de locomoção ou, de qualquer forma, invadindo ou perturbando sua esfera de liberdade ou privacidade*". Ainda, de maneira paralela ao comportamento de *stalking*, o mesmo diploma legal mencionado acima trouxe ao Código Penal o art. 147-B, que tipifica o crime de "violência psicológica contra a mulher", traduzido na prática de "*causar dano emocional à mulher que a prejudique e perturbe seu pleno desenvolvimento ou que vise a degradar ou a controlar suas ações, comportamentos, crenças e decisões, mediante ameaça, constrangimento, humilhação, manipulação, isolamento, chantagem, ridicularização, limitação do direito de ir e vir ou qualquer outro meio que cause prejuízo à sua saúde psicológica e autodeterminação*".

Como se vê, trata-se de um combinado de previsões legais que joga luzes sobre a nefasta prática de assédio obstinado e de perseguição contumaz. Ainda que não com sensível atraso, finalmente o ordenamento

"*Art. 612-bis (Atti persecutori). – Salvo che il fatto costituisca più grave reato, è punito con la reclusione da sei mesi a quattro anni chiunque, con condotte reiterate, minaccia o molesta taluno in modo da cagionare un perdurante e grave stato di ansia o di paura ovvero da ingenerare un fondato timore per l'incolumità propria o di un prossimo congiunto o di persona al medesimo legata da relazione affettiva ovvero da costringere lo stesso ad alterare le proprie abitudini di vita.*". Disponível em: https://www.normattiva.it/uri-res/N2Ls?urn:nir:stato:decreto.legge:2009-02-23;011. Acesso em: 1º/10/2022.

pátrio passou a disciplinar, em termos formais, o crime de *stalking* – fato que também repercute, como se verá, na esfera cível.

Estes dispositivos são inéditos na experiência jurídica nacional. Apesar de se vislumbrar algumas previsões correlatas no ordenamento jurídico pátrio – tais como dispositivos elencados na Lei Maria da Penha (Lei n. 11.340/06), Lei Antibullying (Lei n. 13.185/15) e no próprio Código Penal –, foi somente a partir do ano de 2021, então, que se verticalizou a questão do *stalking* em termos legais.

Pois bem. Compilando essas diferentes disciplinas, é possível extrair o que seria o *núcleo duro* da prática de *stalking*: um conjunto de práticas de perseguição e assédio – evidentemente não queridas pela vítima –, que causam intimidação da pessoa perseguida ou assediada, para fins variados (que podem ir desde a agressão como fim em si mesmo até a tentativa de reativação de um relacionamento amoroso, por exemplo)[7]. A partir de diferentes meios (físicos ou virtuais), o *stalker*, de maneira incessante, atormenta determinada vítima, perseguindo-a e assediando-a até o limite de impactar na própria dinâmica de vida da pessoa perseguida – e, logicamente, por consequência, na integridade de sua saúde psicológica.

Se os impulsos que levam à prática de *stalking* são os mais variados, o resultado desta conduta é rigorosamente o mesmo: danos profundos à integridade psíquica e moral da pessoa perseguida, com fissuras irreparáveis em sua liberdade, sua privacidade e, notadamente, em sua dignidade. Incitados por vingança, por inveja, por ciúme ou por ódio, os meios de consolidação do *stalking* incluem assédios físicos, perseguições desmedidas, rastreios virtuais – via redes sociais, aplicativos e outros dispositivos, por meio da prática do chamado *cyberstalking* –, publicizações de boatos ou de notícias falsas sobre a pessoa perseguida. E tudo tendo como resultado (i) a ameaça à integridade física ou psicológica, ou; (ii) a restrição à capacidade de locomoção, ou; (iii) a invasão ou perturbação da esfera íntima de liberdade e privacidade.

Apesar da variedade de condutas adotadas pelo *stalker* (que é o sujeito que pratica os atos de perseguição ou *stalking*), o que se vislumbra, *ultima ratio*, é "*um padrão de comportamentos de assédio persistente, que se traduz em*

[7] Novamente, oportuna a menção à relevante obra que versa sobre o tema: RAMIDOFF, Mário Luiz; TRIBERTI, Cesare. *Stalking: atos persecutórios ou insidiosos*. Belo Horizonte: Letramento: Casa do Direito, 2017. Em especial, sobre a questão referida, *vide* pp. 34-35.

formas diversas de comunicação, contacto, vigilância e monitorização de uma pessoa – alvo"[8]. E exatamente por se diagnosticar nesta prática um padrão de conduta assediadora capaz de causar dano à pessoa assediada, tem-se que todas as hipóteses de atos de *stalking*, independentemente da sua natureza, cristalizam um contexto que reclama uma disciplina jurídica própria. Longe de figurar em um *locus* de irrelevância jurídica, trata-se de uma realidade que, de maneira inegável, exige um endereçamento enérgico por parte do ordenamento jurídico e pelas regras vigentes.

Se no âmbito do Direito Penal houve a consolidação da prática de *stalking*, com a previsão formal do tipo penal, no campo do Direito Civil não há, ainda, uma disciplina específica para tal conduta. Por isso, a repercussão jurídica nesta seara ainda depende de previsões genéricas, alicerçadas, por exemplo, na temática da responsabilidade civil. Mais especificamente, reconhece-se o amplo campo de caracterização de dano moral pelas condutas caracterizadoras do *stalking*, ainda que não se vislumbrem prejuízos materiais diretamente mensuráveis – tanto assim que, por meros exemplos ilustrativos pinçados a esmo, pululam decisões proferidas pelos tribunais brasileiros acerca do tema[9].

A partir desse contexto, é possível fincar uma premissa basilar – que será abordada, com maior densidade no tópico seguinte: se a perseguição contumaz (que caracteriza a essência das práticas de *stalking*) gera um prejuízo profundo nos campos de intimidade, da liberdade e da privacidade, parece evidente que a grande vítima do *stalking* é, exatamente, o bojo dos Direitos de Personalidade. É o âmago dos direitos inerentes à pessoa humana que se torna martirizado pelas condutas de assédio obstinado praticadas pelo *stalker*.

Para que se compreenda adequadamente os limites desse impacto, porém, parece salutar que se aprofunde a análise sobre os próprios contornos conceituais dos Direitos de Personalidade. A partir disso, passar-se-á a conceber, de maneira precisa, de que forma a prática de

[8] MATOS, M.; GRANGEIA, H.; FERREIRA, C.; AZEVEDO, V (coord.). *Inquérito de vitimação por stalking. Relatório de Investigação*. Braga: Universidade do Minho. 2011. p. 9. Disponível em: http://repositorium.sdum.uminho. pt/handle/1822/31235. Acesso em: 15/09/2022.

[9] *Vide*, *v.g.*, Apelação Cível n. 1.0106.14.002673-8/001, do TJMG; Apelação Cível n. 70074154501, do TJRS; Apelação Cível n. 1003580-96.2021.8.26.0127, do TJSP. Em todos esses casos, houve a condenação à compensação dos danos morais causados pela prática de perseguição perpetrada por *stalkers*.

stalking repercutem no íntimo da pessoa perseguida; na sequência, ainda será necessário apurar a repercussão jurídico-processual deste tema, desvelando a importância do tema do *stalking* para a seara do processo civil.

É o que se passa a vislumbrar.

1.2. A prática de *stalking* e a violação aos Direitos de Personalidade

Quando se fala em Direitos de Personalidade, dentro da perspectiva aqui delineada, deve-se partir da premissa basilar de que esse feixe de proteção jurídica é corolário básico do princípio constitucional da dignidade humana – com incidência própria na dinâmica do Direito Privado. Trata-se, enfim, de um complexo de direitos que inspira uma proteção instrumental, voltada à promoção finalística do ser humano enquanto essência elementar do ordenamento jurídico. Não à toa, do ponto de vista conceitual, reconhecem-se os Direitos de Personalidade como "*direitos atinentes à tutela da pessoa humana, considerados essenciais à sua dignidade e integridade*"[10].

Levando-se em conta a definição referida, tem-se que a efetividade da proteção dada aos Direitos de Personalidade alcança a sua máxima potencialidade apenas quando se adota uma leitura constitucional do Direito Civil. E isso porque é nessa metodologia que a dignidade humana deixa sua perspectiva meramente abstrata, para alcançar "*uma concepção em que se privilegia o desenvolvimento humano e a dignidade da pessoa concretamente considerada, em suas relações interpessoais, visando à sua emancipação*"[11]. Assim, é dentro da perspectiva civil-constitucional que bem se lapida a disciplina dos Direitos de Personalidade, para a plenificação do ser humano enquanto razão de ser do próprio ordenamento.

A constitucionalização do Direito Civil, neste particular, trouxe consigo dois fenômenos responsáveis por um giro paradigmático na própria concepção estrutural dada ao ordenamento jurídico pátrio: a *despatrimonialização* e a *repersonalização* do direito civil. Enquanto aquela impõe uma reformulação do protagonismo dado pelo direito privado ao patrimônio, alçando a pessoa humana ao centro gravitacional da ciência

[10] TEPEDINO, Gustavo. *Temas de direito civil*. Rio de Janeiro: Renovar, ed. 3, 2004. p. 24.

[11] FACHIN, Luis Edson. O Novo Desenho Jurídico do Contrato – apresentação à obra de NALIN, Paulo. *Do contrato – Conceito pós-moderno (em busca de sua formulação na perspectiva civil-constitucional)*. Curitiba: Juruá, ed. 2, rev., atual., 2006. p. 17.

jurídica e atribuindo à proteção patrimonial um caráter meramente instrumental de promoção da dignidade humana, a *repersonalização* reclama que o ordenamento jurídico reconheça – e proteja – o indivíduo a partir de suas particularidades e necessidades concretas, e não mais como mero elemento artificial da relação jurídica[12]. E é exatamente imersos neste caldo que os Direitos de Personalidade – como responsáveis por forjar a própria essencialidade humana – ganham relevância.

A disciplina dos Direitos de Personalidade visa à preservação da vida humana em todas as suas possibilidades. Não à toa, tal ramo do Direito Privado contempla a proteção ao direito à vida, ao direito ao nome, ao direito à integridade física e moral, além de "*tudo mais que seja digno de proteção, amparo e defesa na ordem constitucional, penal, administrativa, processual e civil*"[13]. E, por consequência lógica, é neste particular que a regulamentação do *stalking* ganha relevância: em se tratando de uma prática de perseguição insidiosa e de assédio reiterado, é natural conceber que tais condutas refletem manifesta violação aos Direitos de Personalidade – notadamente, a dignidade, a honra, a imagem, a privacidade e a integridade psíquica da vítima.

Como se viu, do ponto de vista legal, o *stalking* abrange toda e qualquer conduta que traduza uma invasão da privacidade alheia, a partir de práticas de perseguição e de perturbação da intimidade alheia. Dessa forma, ainda que a partir de uma noção primária, já é possível vislumbrar que os Direitos de Personalidade são os principais feixes de direitos violados pelas práticas de *stalking*.

A proteção aos Direitos de Personalidade, sob a ótica civil-constitucional referida, apresenta uma dupla dimensão: uma negativa e uma positiva. É dizer, em outras palavras, que, de um lado, além da omissão estatal voltada à garantia das liberdades individuais e da autodeterminação do indivíduo, é preciso que haja, de outro, uma atuação positiva do Estado, com medidas que visem à salvaguarda dos Direitos de Personalidade. E pela leitura até aqui consolidada, pode-se concluir que é nesta segunda

[12] *Nesse sentido, vide*, por todos, FACHIN, Luiz Edson. *Questões do Direito Civil Contemporâneo.* São Paulo: Renovar, 2008. Na mesma linha, fundamental a menção à já referida obra: TEPEDINO, Gustavo. *Temas de direito civil.* Rio de Janeiro: Renovar, ed. 3, 2004.

[13] PEREIRA, Caio Mário da Silva. *Instituições de direito civil.* Rio de Janeiro: Forense, v.1, ed. 22, 2007. p. 243.

seara que se inserem as hipóteses legais que, por exemplo, criminalizam as práticas de *stalking*: apenas avalizar o íntegro gozo da intimidade, da imagem, do nome e da honra não é suficiente; é preciso, também, coibir condutas que afrontem ao complexo de direitos afetos à personalidade individual. Afinal, os Direitos de Personalidade são, por excelência, o campo de realização elementar do ser humano no bojo de suas relações privadas.

Como exemplo dessa dupla proteção dada aos Direitos de Personalidade, tem-se que, da mesma maneira que o Código Civil garante a intangibilidade do nome e a validade da disposição do próprio corpo, para depois da morte, "*com objetivo científico, ou altruístico*" (art. 14), prevê-se sanções pelo uso não autorizado do nome alheio em propaganda comercial (art. 18). Ou seja, na mesma oportunidade em que ordenamento, de maneira *negativa*, não obsta a disposição do corpo e o uso do nome, estabelecem-se, de modo *positivo*, medidas repressivas à violação dos Direitos de Personalidade. Nesta última dimensão, em particular, a proposta é, de maneira peremptória "*evitar a interferência indevida de um indivíduo na esfera jurídica de outro que o impeça o exercício positivo de seus direitos mais íntimos*"[14], racionalidade que explica – e justifica – a disciplina jurídica do *stalking*, conforme posto oportunamente.

A envergadura de que os Direitos de Personalidade dispõem, que reforça a sua relevância ímpar, pressupõe a proteção integral da dignidade individual. E isso porque, considerando que o ser humano "*destinatário primeiro e final da ordem jurídica*", é somente assim – por meio da promoção holística do indivíduo – que "*poderá ser dada à noção de direito da personalidade a sua verdadeira amplitude*"[15]. Por isso, parece oportuno conceber todas as vertentes de abrangência dos Direitos de Personalidade, destacando-se as suas principais características; tudo isso como meio de se fomentar a "*promoção dos valores constitucionais, especialmente no que concerne à dignidade da pessoa humana, à solidariedade social, à igualdade substancial e ao valor social da livre iniciativa*"[16] – e para que, na sequência, se possa apurar, de maneira precisa, a repercussão das práticas de *stalking* como condutas violadoras dos Direitos de Personalidade.

[14] BORGES, Roxana Cardoso Brasileiro. *Direitos de personalidade e autonomia privada*. 2.ed. São Paulo: Saraiva, 2007. p. 107.

[15] SZANIAWSKI, Elimar. *Direitos de personalidade e sua tutela*. São Paulo: RT, 1993. pp. 25 e 29.

[16] TEPEDINO, Gustavo. *Temas de direito civil*. Rio de Janeiro: Renovar, ed. 3, 2004. p. 22

Por mais que a doutrina divirja quanto às características dos Direitos de Personalidade, é possível apurar um *núcleo elementar* em suas adjetivações, pinçando aquelas qualidades presentes em todas as classificações afetas ao tema. E, de todas, merecem destaque os atributos de indisponibilidade, imprescritibilidade e ilimitabilidade.

A indisponibilidade dos Direitos de Personalidade, em rápidas linhas, contempla o fato de tais atributos inerentes à condição humana serem, a uma só vez, irrenunciáveis e intransmissíveis: da mesma maneira que ninguém pode abdicar da proteção individual concedida pelos Direitos de Personalidade, tal salvaguarda também não pode cedida a terceiro, já que há uma amálgama indissolúvel entre a personalidade da pessoa e os direitos a ela inerentes[17]. A prova da consolidação destas características está na própria previsão do art. 11, do Código Civil, segundo a qual "*com exceção dos casos previstos em lei, os direitos da personalidade são intransmissíveis e irrenunciáveis, não podendo o seu exercício sofrer limitação voluntária*".

Por sua vez, o atributo da imprescritibilidade aponta para o fato de que o mero decurso do tempo – aliado à eventual inércia do titular dos Direitos de Personalidade – não prejudica a sua efetivação, nem muito menos inviabiliza condutas voltadas à reparação das violações causadas aos Direitos de Personalidade. É dizer, então, que a proteção concedida pelo ordenamento jurídico à integralidade moral, física e psíquica do indivíduo não caduca pelo mero fluxo temporal, independentemente do lapso transcorrido[18].

Finalmente, a característica da ilimitabilidade apenas referenda a abrangência *erga omnes* dos Direitos de Personalidade. Trata-se de um complexo de atributos inerentes à condição humana, oponível de maneira

[17] Em pontuais circunstâncias, de maneira excepcional e desde que legalmente admitido, reconhece-se a possibilidade de disposição dos direitos de personalidade. Assim, em regra, são "indisponíveis, *porque insuscetíveis de alienação, não podendo o titular a eles renunciar, por inerentes à pessoa, ou até limitá-los, salvo nos casos previstos em lei. Esssa indisponibilidade não é, porém, absoluta, admitindo-se, por exemplo, acordo que tenha por objeto direito de personalidade, como ocorre no caso de cessão do direito de imagem para fins de publicidade, ou ainda a disposição gratuita de tecidos, órgãos e parte do corpo humano (rim, pulmão, sangue, material genético), em vida ou* post-mortem, *para fins de transplante e tratamento, ou ainda o corte e a venda de cabelo*". AMARAL, Francisco. *Direito Civil – Introdução.* Rio de Janeiro: Renovar, ed. 7, 2008. p. 286.

[18] "*(...) sempre poderá o titular invocá-los, mesmo que por largo tempo deixe de utilizá-los*". PEREIRA, Caio Mário da Silva. *Instituições de Direito Civil.* Rio de Janeiro: Forense, v. I, ed. 25, 2012. p. 203

indistinta e absoluta, como forma de dar a máxima proteção à individualidade da pessoa humana[19].

Ainda que em rápidas linhas, o desnovelar das características centrais dos Direitos de Personalidade, como posto, é bastante para escancarar a relevância do tema. Mais que isso, todas as qualidades elencadas acima demonstram a horizontalidade dos Direitos de Personalidade, inspirando a máxima proteção que viabilize a promoção central da dignidade humana. E é a partir desse diagnóstico que a questão afeta ao *stalking* ganha corpo, no paralelo aqui traçado: em se tratando de ações de violência, caracterizadas pela perseguição obsessiva, pela ameaça à integridade psíquica, moral e física, os Direitos de Personalidade são, por assim dizer, o grande *alvo* da prática de *stalking*; é neles que deságua a essência do dano derivado destas ações lesivas e criminosas.

Como destacado oportunamente, o que caracteriza a essência do *stalking* é o fato de que, em tais condutas, "*o agressor, molestador, perseguidor constantemente se intromete na vida da vítima – atos invasivos (intrusivos) –, coloca-a em um estado de sujeição devido ao comportamento insistente do stalker, a ameaça, busca o controle, torna a própria existência insuportável, provocando um contínuo estado de medo (terror) que compromete seriamente o equilíbrio físico, psíquico (moral) e social*"[20]. Ou seja, o resultado da prática de *stalking* está intimamente relacionado à ameaça da integridade individual, à restrição da liberdade, à violação da intimidade – que é, notadamente, tudo aquilo que compõe o âmago dos Direitos de Personalidade. Tanto assim que, também como apontado anteriormente, o tipo penal do *stalking*, inserido no Código Penal pela Lei n. 14.132/2021, descreve a conduta com estes exatos mesmos contornos: "*Art. 147-A. Perseguir alguém, reiteradamente e por qualquer meio, ameaçando-lhe a integridade física ou psicológica, restringindo-lhe a capacidade de locomoção ou, de qualquer forma, invadindo ou perturbando sua esfera de liberdade ou privacidade*".

A dignidade da pessoa humana – enquanto pilar central que alicerça todo o ordenamento jurídico – é, por assim dizer, a gênese elementar

[19] A oponibilidade dos Direitos de Personalidade é *erga omnes*, para o fim de permitir irradiar "*efeitos em todos os campos e impondo à coletividade o dever de respeitá-los*". GAGLIANO, Pablo Stolze; PAMPLONA FILHO, Rodolfo. *Manual de Direito Civil*. São Paulo: Saraiva, v. único, 2017. p. 67.

[20] RAMIDOFF, Mário Luiz; TRIBERTI, Cesare. *Stalking*: atos persecutórios ou insidiosos. Belo Horizonte: Letramento: Casa do Direito, 2017. p. 33.

dos Direitos de Personalidade. Como exposto, é para garantir a primazia do ser humano que se prevê a proteção aos Direitos de Personalidade – notadamente, o direito ao nome, à imagem, à integridade moral e física, à liberdade, entre outros. Exatamente por este cenário, parece pouco mais que evidente que as práticas de perseguição e de ameaça, independentemente do meio utilizado – já que, atualmente, tornou-se comum a prática do *cyberstalking*, por exemplo –, acabam por causar lesões profundas na própria essencialidade humana. E se a proposta do ordenamento jurídico é, em termos precisos, a de promover a dignidade humana como elemento nuclear e primeiro, torna-se imprescindível combater de maneira enérgica as práticas de *stalking* – exatamente por se vislumbrar o potencial danoso que carregam consigo.

Pois bem. Se a repercussão do *stalking* no âmbito do direito material – notadamente, aqui, do Direito Civil e, de forma mais específica, da disciplina afeta aos Direitos de Personalidade – resta evidenciada de maneira irrefutável, parece pertinente, agora, explorar o aspecto processual deste tema. Dito em outras palavras, faz-se fundamental apurar, do ponto de vista procedimental, de que maneira o direito *processual* atua na proteção do interesse *material*, tendo o *stalking* como pano de fundo.

2. A proteção processual e os casos de *stalking*: da função à estrutura

2.1. As situações de *stalking* e o quadro funcional do processo: a imperativa tutela dos direitos

No capítulo anterior, indicou-se, em termos breves, que: (i) as hipóteses de *stalking*, longe de caracterizarem situação juridicamente irrelevante, consubstanciam elemento a ser devidamente compreendido pelo ambiente jurídico; (ii) isso, especialmente, pelo fato de tais situações, *de per si*, configurarem potencial infração à salvaguarda de direitos de personalidade; e, (iii) referidas premissas se confirmam, ainda, mesmo que inexistente qualquer dano material prontamente aferível. Em poucas palavras, é possível emoldurar, nessa espécie de debate, um elemento juridicamente relevante *mesmo* que, em princípio, seja percebida uma conduta (aparentemente) regular e inapta a ocasionar abalos externos; a sua mera adoção *abusiva* poderá ser o bastante para caracterizar sua ilicitude[21].

[21] Até porque, como expressamente previsto pelo Código Civil de 2002, "também comete ato ilícito o titular de um direito que, ao exercê-lo, excede manifestamente os limites

De que maneira, porém, esse elemento se torna igualmente relevante para o direito processual civil? Por qual motivo esse ambiente, sentido na seara material, também deve ser hoje capturado pelo processo?

Ora, de modo breve, as respostas decorrem do próprio enquadramento contemporâneo ligado aos objetivos e às funções que devem particularizar a atividade jurisdicional. De maneira bastante lógica, se é propósito da jurisdição viabilizar uma real salvaguarda dos interesses *materiais*, o fato de os interesses violados pelo *stalking* se mostrarem *materialmente* relevantes imporia uma abertura de olhos do direito processual. Sem prejuízo da premissa hoje poder parecer óbvia, considera-se pertinente dedicar maiores tintas à sua elucidação. Afinal, conforme já advertido por Sérgio Cruz Arenhart, "*a noção de instrumentalidade somente adquire algum sentido se acoplada a um fim, que se tome por parâmetro de utilização. Se o instrumento pode ser utilizado para diversos fins, deve haver, segundo a noção dos resultados e fins buscados, algum que se tome por mais adequado e específico para a obtenção deste*

impostos pelo seu fim econômico ou social, pela boa-fé ou pelos bons costumes" (art. 187). Nesse ponto, como percebido por Bernardo Dahinten e por Augusto Dahinten, "muitos são os exemplos suscitados pela doutrina como ilustrativos de abuso do direito. Apenas para mencionar alguns, seguem as seguintes situações usualmente ventiladas na literatura especializada: matar gado alheio que pasta no campo (direito civil); credor requerer arresto de bens que sabia não pertencer ao devedor (direito civil); requerer busca e apreensão sem necessidade (direito civil); requerer falência indevidamente (direito falimentar); provocar prejuízos desnecessários de vizinhança (direito de vizinhança); esgotar as fontes em terreno por mera emulação em detrimento dos vizinhos (direito de vizinhança); oferecer queixa crime contra pessoa sabidamente inocente (direito penal); transferência do empregado com intuito exclusivo de puni-lo (direito do trabalho); empregador que promove a demissão sob a falsa alegação de prática ilícita (direito do trabalho); acionista controlador promover liquidação de companhia próspera (direito empresarial); devedor que obsta, com sua conduta, o exercício tempestivo do credor e invoca depois a prescrição desse direito (direito civil); credor que, ao cobrar do devedor, pratica atos ofensivos e ridicularizantes (direito civil); mulher que divulga publicamente na rede mundial de computadores fotos em que seu amante está nu, dizendo que somente as retirará da Internet quando cumprir determinado contrato pactuado entre as partes (direito civil); cobrança excessiva pelo licenciamento de remédios por parte do titular da patente (propriedade industrial); servidor ou agente público que usa as atribuições do cargo para satisfazer interesses pessoais (direito administrativo); fornecedor que se utiliza da liberdade contratual para impor cláusulas abusivas ao consumidor (direito do consumidor)". DAHINTEN, Bernardo Franke. DAHINTEN, Augusto Franke. Abuso do direito: radiografia do instituto e panorama jurisprudencial após 10 anos de sua positivação. In. *Revista de Direito Privado*. v.55. São Paulo: Ed. RT, 2013.

objetivo. Assim, ao tratar da instrumentalidade do processo é imperioso também aludir aos fins a que o processo se destina, sob pena de não dizer nada. Explorar, pois, os fins do processo é essencial para a determinação da noção de instrumentalidade e para saber quando o processo realmente será instrumental"[22].

Iniciando essa jornada, é oportuno perceber que é usual que, em seio acadêmico, estabeleça-se que as noções ligadas à função do processo, tradicionalmente, estariam imersas em um caldo marcado pelos valores *liberais;* que, em maior ou menor escala, existiria no DNA de nosso processo civil um traço marcante permeado pela axiologia do Estado Liberal. Ainda que esse modelo de função pública não possa ser aqui esmiuçado, é pertinente dele extrair, de forma didática, a existência de alguns traços característicos centrais: a busca incessante pelos valores da *previsibilidade* e da *neutralidade*; a valorização da *liberdade individual*; a crença em uma democracia de cariz puramente *representativo* e em sua *legitimidade*. Disso, eclodiam elementos nucleares para o arranjo social: a *primazia da lei*, entendida como instrumento abstrato e igualitário de dominação formal; a configuração de um Estado Guarda-Noturno, de intervenção essencialmente *repressiva* e condicionada à existência de algum dano prévio; e, como corolário direto, a percepção de que, ao Judiciário, incumbiria uma atividade bastante restrita, provida de limitações voltadas a garantir a prevalência da eventual vontade legal[23].

[22] ARENHART, Sérgio Cruz. *Perfis da Tutela Inibitória Coletiva*. São Paulo: Ed. RT, 2003. p. 35

[23] A questão posta no presente capítulo é aprofundada em OSNA, Gustavo. *Processo civil, cultura e proporcionalidade*. São Paulo: Ed. RT, 2017. Ainda aqui, vale menção ao pensamento de Bobbio, afirmando que "a sociedade medieval era uma sociedade pluralista, posto ser constituída por uma pluralidade de agrupamentos sociais cada um dos quais dispondo de um ordenamento jurídico próprio: o direito aí se apresentava como um fenômeno social, produzido não pelo Estado, mas pela sociedade civil. Com a formação do Estado moderno, ao contrário, a sociedade assume uma estrutura monista, no sentido de que o Estado concentra em si todos os poderes, em primeiro lugar aquele de criar o direito: não se contenta em concorrer para esta criação, mas quer ser o único a estabelecer o direito, ou diretamente através da lei, ou indiretamente através do reconhecimento e controle das normas de formação consuetudinária. Assiste-se, assim, àquilo que em outro curso chamados de *processo de monopolização da produção jurídica pelo Estado*". Assim, BOBBIO, Norberto. *O Positivismo Jurídico*. Trad. Márcio Pugliesi, Edson Bini e Carlos E. Rodrigues. São Paulo: Ícone, 1995. p. 27. Ver também, sobre o tema, HESPANHA, António Manuel. *O Caleidoscópio do Direito*.

Como não poderia deixar de ocorrer, essa espécie de discurso impactou, diretamente, o direito processual civil. Sob essa perspectiva, no âmbito de um Estado *Liberal*, formou-se um processo em cujo fundo preponderavam cores também *liberais*. Esse elemento pode ser bem notado pelo estudo de seu quadro funcional, normalmente exposto sob o ângulo da ideia de *jurisdição*. Com efeito, as teorias clássicas ligadas ao tema parecem, em ampla medida, desvelar os mesmos valores acima indicados.

De fato, ao iniciar a investigação pelas ideias de Chiovenda, percebemos que há ali valores claramente compatíveis com o ambiente histórico em que foi formada. É nesse sentido que se estabelece que a jurisdição se confundiria com a função substitutiva do Estado voltada à declaração da vontade da lei[24]. Assim, podemos dizer que a sua legitimidade prescindiria de uma intervenção concreta, bastando-lhe atuar de forma *neutra, legalista* e *previsível*[25]. De um lado, há um claro estatalismo; de outro, um distanciamento entre o processo e a realidade material.

Do mesmo modo, essa ponderação também se repete ao apreciarmos a segunda das teorias tradicionalmente relacionadas ao tema – trazida por Carnelutti. Sob esse prisma, a função jurisdicional se prestaria à justa composição de uma lide (isto é, de um conflito de interesses juridicamente protegido) e, após, ao *"adimplemento da promessa prevista na lei"*[26]. O mito

Lisboa: Almedina, 2012. GROSSI, Paolo. *Primeiras Lições sobre o Direito*. Trad. Ricardo Marcelo Fonseca. Rio de Janeiro: Forense, 2005.

[24] "La jurisdicción consiste en la actuación de la ley mediante la sustitución de la actividad de órganos públicos a la actividad ajena, ya sea afirmando la existencia de una voluntad de ley, ya poniéndola posteriormente en práctica". CHIOVENDA, Giuseppe. *Principios de Derecho Procesal*. Trad. José Casais Y Santalo. Madrid: Editorial Réus, 1922. p. 349.

[25] De fato, a partir do pensamento de Chiovenda é possível observar dois elementos marcantes: (i) a preocupação com a supremacia da legislação diante da atuação jurisdicional (refletindo uma clara influência iluminista); (ii) o cuidado em atribuir ao Estado o posto de centralidade na matéria processual, concebendo a ação, inclusive, como um direito potestativo, e não como uma situação subjetiva que impusesse ao ente estatal a assunção de posição de sujeição. Estes elementos podem ser percebidos em CHIOVENDA, Giuseppe. L'azioni nel sistema dei diritti. In. *Saggi di Diritto Processuale Civile*. vol.1. Milano: Giuffrè, 1993.

[26] Por mais que de regra seja imputada à Carnelutti exclusivamente a primeira das conceituações, sendo aquela é que comumente atribuída ao autor, a mudança de posição pode ser percebida em seu *Diritto e Processo*, possuindo justificativa no fato do primeiro conceito ("justa composição da lide") não englobar devidamente as hipóteses de jurisdição voluntária.

legalista e a ideia de que a *declaração* bastaria entram novamente em cena, assumindo protagonismo na engrenagem processual.

Essas mesmas ressalvas não variam quando se direciona atenção para o posicionamento de Enrico Allorio, segundo o qual o exercício jurisdicional teria como elemento basilar a "coisa julgada"[27]. Nessa batida, a jurisdição possuiria como traço marcante a imposição de imutabilidade à questão posta em juízo, conferindo-se a este elemento o papel principal. Ainda que sob bases normativistas[28], notamos que mais uma vez a finalidade da jurisdição acabou sendo depositada em um aspecto ínsito à declaração processual[29], sem exigir qualquer forma de intervenção concreta.

Uma vez mais de maneira breve, contudo, é possível salientar em um breve recorte que os valores que alicerçavam a moldura tida como liberal passaram a, paulatinamente, ruir. Nesse quadro, elementos como a percepção de que a *lei* não possui sentido unívoco, não assegurando um tratamento igualitário, tornam-se usuais. Da mesma maneira, entra em cena a constatação de que a *neutralidade* e a *abstenção* estatais poderiam conduzir a um cenário social de injustiça e de negativa de condições mínimas de existência. Com isso, passa a haver uma alteração significativa

Trata-se do que faz o pensador, adaptando sua construção anterior – mas sem descartá-la para a jurisdição contenciosa – conceber como finalidade do processo o "adimplemento da lei". Cita-se, CARNELUTTI, Francesco. *Diritto e Processo.* Napole: Morano Editore, 1958. p. 40-66.

[27] Expondo o posicionamento de Allorio relacionado à questão, ver, por todos, ALLORIO, Enrico. *Problemas de Derecho Procesal*. Trad. Santiago Sentis Melendo. Buenos Aires: EJEA, 1963.

[28] Isso porque, como demonstram Ovídio A. Baptista da Silva e Fábio Gomes, "Allorio parte de uma premissa devida a Kelsen e aos demais normativistas, segundo a qual as funções do Estado não podem ser catalogadas e definidas por seus fins, e sim por suas formas." SILVA, Ovídio A. Baptista da. GOMES, Fábio. Ob. cit.. p. 61

[29] "*A coisa julgada é uma qualidade que torna imutável o efeito declaratório da sentença.* Entretanto, a coisa julgada somente incide em relação ao efeito declaratório de algumas sentenças. Além disso, a partir do momento em que se entende que a coisa julgada é uma qualidade que adere somente ao efeito declaratório da sentença, fica claro que, a coisa julgada não é capaz de imunizar os outros efeitos da sentença, os quais podem não se realizar em vista da atuação das partes ou de circunstâncias externas". MARINONI, Luiz Guilherme. ARENHART, Sérgio Cruz. MITIDIERO, Daniel. *Novo Curso de Processo Civil – Tutela dos Direitos Mediante Procedimento Comum.* São Paulo: Ed. RT, 2015. p. 626.

no quadro, buscando-se a formação de um Estado mais comprometido com o *bem-estar* de seu cidadão e mais preocupado com a sua proteção material. Com especial importância, ganham assento constitucional, para tanto, direitos prestacionais – tornando-se incumbência do setor público sua devida concretização[30].

Esse raciocínio impactou de maneira decisiva o direito processual civil, demonstrando a insuficiência contextual de argumentos funcionais como aqueles indicados acima. Para os presentes fins, o ponto mais relevante a ser extraído desse movimento pode ser assim posto: se a real proteção de direitos se torna elemento necessário à atividade estatal, referido postulado, também, assume importância central no contexto processual. É por força disso que, em fluxo cristalizado pela ideia de "*tutela jurisdicional dos direitos*", passa-se a exigir que a resolução de disputas culmine em uma *verdadeira proteção material*. O tema é bem identificado por autores como Denti [31], recebendo demonstração minuciosa na doutrina brasileira por Luiz Guilherme Marinoni[32].

Em decorrência desse aspecto, entende-se que para cada interesse material litigioso deveria ser assegurada uma proteção efetiva e compatível com suas características e especificidades[33]. Em síntese, conforme indicado por Marinoni, Rágone e Ojeda, "*si es correcto que la jurisdicción, a finales del siglo XIX, se encontraba totalmente comprometida con los valores del Estado Liberal y del positivismo jurídico, pasa a importar ahora la relación de tales valores,*

[30] Também aqui, para aprofundamento da questão posta no presente capítulo, ver OSNA, Gustavo. *Processo civil, cultura e proporcionalidade.* São Paulo: Ed. RT, 2017.

[31] Nas palavras de Denti, "si può, quindi, avanzare la conclusione che, una volta elevato il diritto di azione a garanzia constituzionale – il che lo colloca al di fuori della disciplina concreta del processo – il potere di mettere in moto il processo può meglio definirsi come potere di proporre la domanda giudiziale, o potere di domanda *tout court*". DENTI, Vittorio. *La giustizia civile – Lezioni introduttive.* Bologna: Il Mulino, 1989. p. 116.

[32] Por todos, MARINONI, Luiz Guilherme. *Novas Linhas de Processo Civil.* São Paulo: Ed. RT, 1993.

[33] Sustentando também essa aderência, Dinamarco afirma que "o direito processual predispõe meios hábeis à imposição das normas, soluções e resultados indicados pelo direito material. Para tanto, concebem-se técnicas e oferecem-se espécies diferentes de processos, provimentos, procedimentos variáveis mediante a necessidade de cada espécie de situação da vida comum *etc.* – tudo a partir de uma regra de adaptabilidade que é inerente à condição instrumental do processo". DINAMARCO, Cândido Rangel. *Instituições de Direito Processual Civil.* v.1. São Paulo: Malheiros, 2005. p. 177-178.

junto con la concepción de jurisdicción, como función tendente a dar actuación a los derechos subjetivos privados violados"[34].

Compreendendo esse ambiente, então, o que se percebe é que a proteção de situações fragilizadas por conta da prática de *stalking*, hoje, mostra-se um imperativo compatível com a atividade do processo. Se é atribuição da disciplina perseguir uma verdadeira proteção das necessidades materiais, torna-se preciso que esteja atenta à pluralidade de que essas necesidades podem dispor. Cria-se área para um rigoroso acoplamento funcional entre os temas.

2.2. Da função à estrutura: como permitir a tutela em casos de *stalking*?

Foi indicado acima que o processo civil passou, ao longo dos últimos anos, por uma ressignificação geral de sua função. Em poucas palavras, se em dado momento vigorava uma noção (contextualmente justificada) de que uma eventual declaração da vontade da lei seria o bastante, gradualmente passa a predominar a crença de que o exercício *jurisdicional*, para ser efetivo, deveria resultar em uma *verdadeira proteção da necessidade material*; em sua *tutela*.

Como, porém, essa modificação funcional poderia ser consolidada? De que maneira a disciplina, ao receber uma atribuição sensivelmente mais complexa e densa, poderia dar conta de sua efetivação?

As indagações servem como pano de fundo para a percepção de que, no arranjo do direito processual, é constantemente necessário que ocorra uma equalização entre *função* e *estruturas*; de que, tal qual exigido de uma maneira geral na máquina pública, os *mecanismos* existentes possuam pertinência e suficiência com os *fins* a que se prestam[35].

Compreendendo esse cenário, é possível notar que os valores liberais que por longo tempo permearam a composição do processo também acabaram servindo como guia mestra que (embora tardiamente) preponderou na

[34] MARINONI. Luiz Guilherme. RAGONE, Álvaro Pérez. OJEDA, Raúl Núñez. *Fundamentos del proceso civil – Hacia una teoría de la adjudicación*. Santiago: Abeledo Perrot, 2010. p. 11.

[35] Afinal, "quando uma organização de aproxima do modelo estratégico usado como esquema normativo, mas por isso mesmo põe em risco o seu vínculo com o meio, costumamos falar de patologias burocráticas, isto é, da não correspondência entre a estrutura interna e o meio externo, ou simplesmente entre estrutura e função". OFFE, Claus. Critérios de racionalidade e problemas funcionais da ação político-administrativa. In. *Problemas Estruturais do Estado Capitalista*. Trad. Bárbara Freitag. Rio de Janeiro: Tempo Brasileiro, 1984. p. 219.

formação do Código de Processo Civil de 1973, talhando-o com as mesmas marcas centrais.

Em nossa visão, um exemplo ilustrativo dessa influência foi a despreocupação inicial do diploma com a oferta de instrumentos processuais para as situações materiais de urgência. Essa omissão legislativa levou àquilo que em dado momento Marinoni e Arenhart alcunharam de "uso não cautelar da cautelar"[36], representando espécie de bricolagem[37] do operador do direito diante da insuficiência do ferramental disponível[38]. Pensando-se em um processo *neutro* e *calculável*, a eventual urgência material seria *menos* relevante que a garantia formal de defesa, razão pela qual uma técnica antecipatória geral realmente seria pouco desejada.

[36] Nessa ocasião, explicavam os autores que "a morosidade da prestação jurisdicional, oriunda, como é sabido, das mais diversas causas, também está ligada à ineficiência do velho procedimento ordinário, cuja estrutura encontrava-se superada antes da introdução da tutela antecipatória no Código de Processo Civil. A inefetividade do antigo procedimento ordinário transformou o art.798 do CPC em autêntica "válvula de escape" para a prestação da tutela jurisdicional tempestiva. De fato, a tutela cautelar transformou-se em técnica de sumarização do processo de conhecimento e, em última análise, em remédio contra a ineficiência do velho procedimento ordinário, viabilizando a obtenção antecipada da tutela que somente poderia ser concedida ao final". Veja-se, porém, que no *Novo Curso de Processo Civil* (atualização da obra em pauta, escrita por Marinoni e Arenhart em coautoria com Mitidiero e aqui citada de forma recorrente) a expressão não foi mantida. Cita-se, MARINONI, Luiz Guilherme. ARENHART, Sérgio Cruz. *Processo de Conhecimento.* São Paulo: Ed. RT, 2010. p. 199.

[37] Essa espécie de processo mental, realizado pelo operador do Direito, é objeto de descrição precisa por Oscar Chase: "os limites do poder da mente humana também explicam a propensão ao uso de uma ferramenta ou de um conceito cultural diante de uma situação inédita, em movimento por vezes concebido, na linha de Levi-Strauss, como uma bricolagem cultural. Trata-se de resolver os problemas com os quais nos deparamos pela utilização dos instrumentos que já se encontram à nossa disposição – mesmo que se trate de uma questão nova ou de uma nova esfera. Esses instrumentos podem ser físicos, como se dá ao utilizar uma cadeira como escada para alcançar locais mais altos, ou conceituais. Aqui, Balkin oferece como exemplo a influência de conceitos políticos relacionados à democracia no funcionamento de organizações religiosas. No entendimento do autor, a bricolagem é amparada pelo nosso apego a processos mentais como a narrativa, a homologia e a metonímia". CHASE, Oscar G. *Direito, Cultura e Ritual.* Trad. Sérgio Cruz Arenhart e Gustavo Osna. São Paulo: Editora Marcial Pons, 2014. p. 175.

[38] A questão foi percebida por Alcides Munhoz da Cunha, levando-o a um estudo amplo e criativo relacionado ao uso das cautelares no direito brasileiro. Ver, assim, CUNHA, Alcides Alberto Munhoz da. *A lide cautelar no processo civil.* Curitiba: Juruá, 1992.

No mesmo sentido, com particular importância, acreditamos que esse liame entre os valores liberais e o Código de Processo Civil de 1973 também se fez presente no tratamento originalmente conferido ao processo executivo – positivando-se elementos como a impossibilidade de execução sem título (*nulla executio sine titulo*) e celebrando-se uma lógica de incolumidade do executado condizente com a intervenção mínima do Poder Público. Dessa forma, a satisfação seria restrita à constrição patrimonial e distanciada do início do litígio. Um processo de conhecimento deveria necessariamente lhe preceder, e suas técnicas de atuação seriam limitadas[39].

Ora, não é difícil notar, porém, que essa espécie de ferramental se mostraria *cocha* para fazer frente às existências hoje trazidas à mesa do processo. De modo objetivo, e com aderência ao propósito aqui posto, é possível afirmar: a vítima de *stalking*, usualmente, não possuirá seu interesse verdadeiramente satisfeito pela mera possibilidade de auferir uma eventual *indenização* superveniente (ainda que tal interesse possa, adicionalmente ou sequencialmente, também existir); pelo contrário, quem sofre *stalking*, potencialmente, possui como primeiro e principal objetivo garantir sua *cessação*. Evidencia-se, com isso, a debilidade do léxico clássico do processo para fazer frente a essa espécie de problema.

De fato, a insuficiência das técnicas processuais clássicas para circunstâncias análogas àquela aqui indicada, dependentes de provimentos essencialmente *inibitórios*, já foi amplamente percebida em nossa doutrina. Nesse particular, merece particular menção o pensamento de Luiz Guilherme Marinoni, destacando que "a *compreensão da tutela jurisdicional exige esforço e concentração no plano do significado das normas. As normas de proteção de direitos fundamentais, como os do consumidor e ao meio ambiente sadio, não são atributivas de direitos, mas impositivas ou proibitivas de condutas, partindo*

[39] Esse quadro pode ser bem identificado na obra de Eduardo Couture, ao afirmar que "la sentencia pasada en cosa juzgada es indiscutible y coercible (...) pero como coercible, la sentencia ofrece al litigante una cantidad de posibilidades mucho más vasta que en el aspecto anterior. La coerción permite algo que hasta el momento de la cosa juzgada era jurídicamente imposible: la invasión em la esfera individual ajena y su transformación material para dar satisfacción a los intereses de quien ha sido declarado triunfador en la sentencia. Ya que no se trata de obtener algo con el concurso del adversario, sino justamente en contra de su voluntad". COUTURE, Eduardo J. *Fundamentos del Derecho Procesal Civil*. Buenos Aires: Aniceto Lopez Editor, 1942. p. 273-274.

da consideração de que determinadas condutas devem ser impostas ou proibidas para que os direitos fundamentais sejam tutelados. Portanto, tais normas, quando violadas, não exigem as formas de tutela que costumam ser dadas ao cidadão diante do dano. Como é evidente, a simples exposição à venda de produto nocivo à saúde não dá a consumidor algum o direito de pedir tutela jurisdicional ressarcitória. A única forma de tutela jurisdicional que se pode ter na hipótese de violação de norma de proteção é exatamente aquela que, de forma similar ao que acontece no plano administrativo, impõe a observância da norma ou remove os efeitos concretos derivados da sua violação"[40].

A partir desse ponto, emerge a necessidade de que os mecanismos processuais sejam repensados – em questionamento que faz com que, de modo prolífico, Sérgio Cruz Arenhart chegue a questionar a própria pertinência contemporânea do apego atribuído à técnica de *sentença condenatória* em nosso ordenamento[41].

Esse movimento já foi sentido na própria vigência do Código de Processo Civil de 1973. Ilustrando a questão, podemos fazer menção à positivação dos arts.273 e 461, §3º, no diploma[42], trazendo uma técnica ampla e maleável de antecipação dos efeitos da tutela. Com essa postura,

[40] MARINONI, Luiz Guilherme. Tutela Inibitória do Direito do Autor. In. *Soluções Práticas de Direito*. v.1. São Paulo: Ed. RT, 2011.

[41] Expondo aguda crítica à própria utilidade contemporânea da sentença condenatória, diante dessa insuficiência para, por si só, assegurar uma verdadeira tutela do direito, ver, ARENHART, Sérgio Cruz. Sentença Condenatória para que? In. COSTA, Eduardo José da Fonseca; MOURÃO, Luiz Eduardo Ribeiro; NOGUEIRA, Pedro Henrique Pedrosa (Coords.). *Teoria quinária da ação: estudos em homenagem a Pontes de Miranda nos 30 anos de seu falecimento*. Salvador: Juspodivm, 2010. p. 613-631. Também, ARENHART, Sérgio Cruz. Tutela atípica de prestações pecuniárias . Por que ainda aceitar o "é ruim mas eu gosto"?. In. DIDIER JR., Fredie. OSNA, Gustavo. MAZZOLA, Marcelo. (Coords.). *Processo Civil e Propriedade Industrial*. Salvador: JusPodivm, 2022. p. 325-352.

[42] Art. 273. O juiz poderá, a requerimento da parte, antecipar, total ou parcialmente, os efeitos da tutela pretendida no pedido inicial, desde que, existindo prova inequívoca, se convença da verossimilhança da alegação e:

I – haja fundado receio de dano irreparável ou de difícil reparação; ou

II – fique caracterizado o abuso de direito de defesa ou o manifesto propósito protelatório do réu.

§ 1º Na decisão que antecipar a tutela, o juiz indicará, de modo claro e preciso, as razões do seu convencimento.

§ 2º Não se concederá a antecipação da tutela quando houver perigo de irreversibilidade do provimento antecipado.

deu-se um passo decisivo para o realinhamento do nosso processo, criando oportunidades para a aplicação da matéria e superando um apego excessivo à previsibilidade formal. De modo também significativamente relevante para os presentes fins, essa virada em favor da efetividade ocasionou ainda uma superação do princípio da tipicidade das técnicas satisfativas. A questão foi introduzida de forma textual no art.461, §5º, do antigo CPC[43] e no art.84, §5º, do Código de Defesa do Consumidor[44], revelando que o poder então conferido ao julgador seria bastante diverso daquele originariamente existente. Sua margem foi expandida, atribuindo-se maior liberdade no processo de escolha dos meios a serem adotados[45]. Flexibilizou-se a lógica procedimental, acentuando a aderência entre o processo e o direito material.

§ 3º A efetivação da tutela antecipada observará, no que couber e conforme sua natureza, as normas previstas nos arts. 588, 461, §§ 4º e 5º, e 461-A.
§ 4º A tutela antecipada poderá ser revogada ou modificada a qualquer tempo, em decisão fundamentada.
§ 5º Concedida ou não a antecipação da tutela, prosseguirá o processo até final julgamento.
§ 6º A tutela antecipada também poderá ser concedida quando um ou mais dos pedidos cumulados, ou parcela deles, mostrar-se incontroverso.
§ 7º Se o autor, a título de antecipação de tutela, requerer providência de natureza cautelar, poderá o juiz, quando presentes os respectivos pressupostos, deferir a medida cautelar em caráter incidental do processo ajuizado.

43 "Art. 461. Na ação que tenha por objeto o cumprimento de obrigação de fazer ou não fazer, o juiz concederá a tutela específica da obrigação ou, se procedente o pedido, determinará providências que assegurem o resultado prático equivalente ao do adimplemento.
(...)
§ 5º Para a efetivação da tutela específica ou a obtenção do resultado prático equivalente, poderá o juiz, de ofício ou a requerimento, determinar as medidas necessárias, tais como a imposição de multa por tempo de atraso, busca e apreensão, remoção de pessoas e coisas, desfazimento de obras e impedimento de atividade nociva, se necessário com requisição de força policial."

44 "Art. 84. Na ação que tenha por objeto o cumprimento da obrigação de fazer ou não fazer, o juiz concederá a tutela específica da obrigação ou determinará providências que assegurem o resultado prático equivalente ao do adimplemento.
(...)
§ 5º Para a tutela específica ou para a obtenção do resultado prático equivalente, poderá o juiz determinar as medidas necessárias, tais como busca e apreensão, remoção de coisas e pessoas, desfazimento de obra, impedimento de atividade nociva, além de requisição de força policial."

45 Ver, GUERRA, Marcelo Lima. *Execução Indireta*. São Paulo: Ed. RT, 1999.

Esse movimento, enfim, assume proeminência com o Código de Processo Civil de 2015 e a consolidação, agora reiterada, da existência de poderes atípicos para a consolidação de provimentos jurisdicionais. O tema é trazido, por exemplo, no art. 139, inc. IV, do diploma – segundo o qual incumbe ao juiz "*determinar todas as medidas indutivas, coercitivas, mandamentais ou sub-rogatórias necessárias para assegurar o cumprimento de ordem judicial, inclusive nas ações que tenham por objeto prestação pecuniária*".

Do mesmo modo, com particular relevância para os atuais propósitos e para o bem jurídico que dá fundo ao presente estudo, prevê-se textualmente que, "*para a concessão da tutela específica destinada a inibir a prática, a reiteração ou a continuação de um ilícito, ou a sua remoção, é irrelevante a demonstração da ocorrência de dano ou da existência de culpa ou dolo*" (art. 497, *caput*).

A previsão legislativa consegue, assim, apreender a (única) dimensão de debate que deve ser pertinente no âmbito de medidas inibitórias, essenciais à tutela da personalidade. Uma vez mais lançando mão do pensamento de Marinoni, "*a tutela inibitória requer unicamente a ameaça da prática de ato contrário ao direito. Quando o ilícito é compreendido na dimensão da responsabilidade civil, acaba sendo natural não só a confusão entre ilícito e dano, mas também a exigência da culpa (ou do dolo) como componente do ilícito. Porém, quando o ilícito se separa do dano, não há motivo para se cogitar de culpa ou de dolo (...) a tutela inibitória não pune quem pode praticar o ilícito, mas apenas impede que o ilícito seja praticado*"[46].

Ora, quer isso dizer que, em nosso atual quadro legislativo, é inequívoco que se forma um sistema hígido para a tutela de situações prejudicadas pela prática de *stalking*. A um só tempo, há a garantia de que: (i) eventual intervenção ligada à matéria não dependerá da ocorrência, da argumentação ou da prova de elementos ligados à potencial culpabilidade ou à eventual ocorrência de dano. Isso, sem prejuízo de que a reparação de tal abalo possa ser, em momento oportuno, pleiteada; e, (ii) além disso, oferta-se, ao julgador, abertura significativa na fixação e na modulação dos meios executivos mais propícios para a efetivação da ordem judicial ligada a esse fim.

Por qualquer das pontas, forma-se, com isso, um raciocínio valioso. Ao compreender-se que o processo não pode mais agir partindo de um ângulo

[46] MARINONI, Luiz Guilherme. Tutela Inibitória do Direito do Autor. In. *Soluções Práticas de Direito*. v.1. São Paulo: Ed. RT, 2011.

puramente formalista, confere-se maior proximidade entre a sua atividade e as necessidades materiais. Essa racionalidade reforça seu compromisso com a tutela dos direitos, ratificando sua proximidade com a devida proteção das garantias necessárias à personalidade. Assegura-se, assim, que sua *instrumentalidade* não se transforme em palavra vazia, mas sim em elemento condizente com as necessidades contemporâneas.

Referências

ALLORIO, Enrico. *Problemas de Derecho Procesal.* Trad. Santiago Sentis Melendo. Buenos Aires: EJEA, 1963.

ALVIM, Arruda; ALVIM, Tereza (coord). *Comentários ao Código Civil Brasileiro.* V. VIII. Rio de Janeiro: Forense, 2013.

AMARAL, Francisco. *Direito Civil – Introdução.* Rio de Janeiro: Renovar, ed. 7, 2008.

ARENHART, Sérgio Cruz. *Perfis da Tutela Inibitória Coletiva.* São Paulo: Ed. RT, 2003.

_____. Sentença Condenatória para que? In. COSTA, Eduardo José da Fonseca; MOURÃO, Luiz Eduardo Ribeiro; NOGUEIRA, Pedro Henrique Pedrosa (Coords.). *Teoria quinária da ação: estudos em homenagem a Pontes de Miranda nos 30 anos de seu falecimento.* Salvador: Juspodivm, 2010.

_____. Tutela atípica de prestações pecuniárias. Por que ainda aceitar o "é ruim mas eu gosto"?. In. DIDIER JR., Fredie. OSNA, Gustavo. MAZZOLA, Marcelo. (Coords.). *Processo Civil e Propriedade Industrial.* Salvador: JusPodivm, 2022.

BOBBIO, Norberto. *O Positivismo Jurídico.* Trad. Márcio Pugliesi, Edson Bini e Carlos E. Rodrigues. São Paulo: Ícone, 1995.

BORGES, Roxana Cardoso Brasileiro. *Direitos de personalidade e autonomia privada.* 2.ed. São Paulo: Saraiva, 2007.

CARNELUTTI, Francesco. *Diritto e Processo.* Napole: Morano Editore, 1958.

CHASE, Oscar G. *Direito, Cultura e Ritual.* Trad. Sérgio Cruz Arenhart e Gustavo Osna. São Paulo: Editora Marcial Pons, 2014.

CHIOVENDA, Giuseppe. L'azioni nel sistema dei diritti. In. *Saggi di Diritto Processuale Civile.* vol.1. Milano: Giuffrè, 1993.

_____. *Principios de Derecho Procesal.* Trad. José Casais Y Santalo. Madrid: Editorial Réus, 1922.

COUTURE, Eduardo J. *Fundamentos del Derecho Procesal Civil.* Buenos Aires: Aniceto Lopez Editor, 1942.

CUNHA, Alcides Alberto Munhoz da. *A lide cautelar no processo civil.* Curitiba: Juruá, 1992.

DAHINTEN, Bernardo Franke; DAHINTEN, Augusto Franke. Abuso do direito: radiografia do instituto e panorama jurisprudencial após 10 anos de sua positivação. In. *Revista de Direito Privado.* v.55. São Paulo: Ed. RT, 2013.

DENTI, Vittorio. *La giustizia civile – Lezioni introduttive.* Bologna: Il Mulino, 1989.

DINAMARCO, Cândido Rangel. *Instituições de Direito Processual Civil.* v.1. São Paulo: Malheiros, 2005.

FACHIN, Luis Edson. O Novo Desenho Jurídico do Contrato – apresentação à obra de NALIN, Paulo. *Do contrato – Conceito pós-moderno (em busca de sua formulação na perspectiva civil-constitucional).* Curitiba: Juruá, ed. 2, rev., atual., 2006.

_____. Questões do Direito Civil Contemporâneo. São Paulo: Renovar, 2008

GAGLIANO, Pablo Stolze; PAMPLONA FILHO, Rodolfo. *Manual de Direito Civil.* São Paulo: Saraiva, v. único, 2017.

GROSSI, Paolo. *Primeiras Lições sobre o Direito.* Trad. Ricardo Marcelo Fonseca. Rio de Janeiro: Forense, 2005.

GUERRA, Marcelo Lima. *Execução Indireta.* São Paulo: Ed. RT, 1999.

HESPANHA, António Manuel. *O Caleidoscópio do Direito.* Lisboa: Almedina, 2012.

KORKODEILOU, Jenny. Victims of *Stalking* – Case Studies in Invisible Harms. England: Palgrave Macmillan, 2020.

MARINONI, Luiz Guilherme; RAGONE, Álvaro Pérez; OJEDA, Raúl Núñez. *Fundamentos del proceso civil – Hacia una teoría de la adjudicación.* Santiago: Abeledo Perrot, 2010.

_____; *Novas Linhas de Processo Civil.* São Paulo: Ed. RT, 1993.

_____; ARENHART, Sérgio Cruz; MITIDIERO, Daniel. *Novo Curso de Processo Civil – Tutela dos Direitos Mediante Procedimento Comum.* São Paulo: Ed. RT, 2015.

_____; _____. *Processo de Conhecimento.* São Paulo: Ed. RT, 2010.

_____. Tutela Inibitória do Direito do Autor. In. *Soluções Práticas de Direito.* v.1. São Paulo: Ed. RT, 2011.

MATOS, M.; GRANGEIA, H.; FERREIRA, C.; AZEVEDO, V (coord.). *Inquérito de vitimação por stalking. Relatório de Investigação.* Braga: Universidade do Minho. 2011. p. 9. Disponível em: http://repositorium.sdum.uminho. pt/handle/1822/31235.

OFFE, Claus. Critérios de racionalidade e problemas funcionais da ação político--administrativa. In. *Problemas Estruturais do Estado Capitalista.* Trad. Bárbara Freitag. Rio de Janeiro: Tempo Brasileiro, 1984.

OSNA, Gustavo. *Processo civil, cultura e proporcionalidade.* São Paulo: Ed. RT, 2017.

PEREIRA, Caio Mário da Silva. *Instituições de direito civil.* Rio de Janeiro: Forense, v.1, ed. 22, 2007.

RAMIDOFF, Mário Luiz; TRIBERTI, Cesare. *Stalking:* atos persecutórios ou insidiosos. Belo Horizonte: Letramento: Casa do Direito, 2017.

SILVA, Ovídio A. Baptista da. GOMES, Fábio. *Teoria geral do processo civil.* São Paulo: RT, 2011.

SZANIAWSKI, Elimar. *Direitos de personalidade e sua tutela.* São Paulo: RT, 1993.

TEPEDINO, Gustavo. *Temas de direito civil.* Rio de Janeiro: Renovar, ed. 3, 2004.

10. A TUTELA CIVIL DO "*STALKING*": A REPARAÇÃO E A INIBIÇÃO COMO INSTRUMENTOS DE COMBATE À PERSEGUIÇÃO OBSESSIVA

Armindo Madoz Robinson
Gustavo Menon

Introdução

A dinâmica social atribui ao Estado o dever de prover meios de defesa a direitos. Estes, por sua vez, derivam de escolhas políticas, as quais proporcionam a determinados bens proteção jurídica. Estima-se que os bens escolhidos visam conferir uma vida digna.

Porém, não basta a mera previsão legislativa de direitos, devendo o Poder Público desenvolver instrumentos para atendê-los. Um dos instrumentos é o processo, meio de tutela de direitos materiais. A própria Constituição Federal conferiu o acesso à justiça como direito fundamental. O processo, assim, deve ser utilizado como forma eficaz de proteção a direitos.

Questiona-se, entretanto, se a tutela jurisdicional atende ao referido ônus constitucional. Isto porque, há certos casos em que os direitos possuem certas peculiaridades, suscitando dúvidas a respeito da tutela da Justiça.

Um destes casos diz respeito à tutela repressiva buscada para ressarcir direitos não quantificáveis, em uma atuação posterior ao dano.

Assim, o presente trabalho visa analisar se a tradicional atuação jurisdicional repressiva é suficiente para combater o "*stalking*", bem como se a tutela inibitória, como forma de atuação preventiva, seria tão quanto ou até mais eficiente para impedir a perseguição.

O "*stalking*" se mostrou como uma prática ilícita que atenta contra diversos tipos de direitos da vítima. O fenômeno vem sendo estudado internacionalmente nas últimas décadas, mas, especificamente no Brasil, não há dados estatísticos suficientes que exponham o cenário nacional.

A relevância do estudo diz respeito à gravidade da conduta do "*stalker*", bem como, a análise de formas eficazes de combatê-lo. O "*stalking*" será estudado com um olhar clínico, de forma a verificar suas consequências e efeitos causados na vítima e o perfil do perseguidor. Posteriormente, será feita uma comparação entre a tutela repressiva e preventiva, a fim de se evidenciar qual das duas é mais eficaz em relação a esta agressão.

1. Considerações sobre a prática do "*stalking*"

A perseguição, também conhecida como perseguição obsessiva, assédio por intrusão ou simplesmente "*stalking*", pode ser definida como a "comunicação, contato ou outra conduta indesejada e repetida que, deliberada ou imprudentemente, causa nas pessoas medo ou preocupação razoável com a sua segurança ou a segurança de outros conhecidos por eles"[1].

Este fenômeno foi estereotipado por causa de diversos casos midiáticos envolvendo celebridades e seus fãs[2]. A dinâmica do "*stalking*" ocorre com a seleção da vítima por parte do perseguidor obsessivo, também conhecido como "*stalker*". O fundamento psicológico da perseguição é a neurose obsessiva, ou seja, uma patologia que surge quando o perseguidor perde ou teme perder seu objeto de obsessão[3]. Além disso, o neurótico sofre com conflitos intrapsíquicos, tão intensos que podem afetar suas relações com as outras pessoas[4].

Em relação a conduta, costuma acompanhar algum tipo de assédio e repetição. Tais elementos se mostram recorrentes nos estudos envolvendo

[1] KROPP, p. R., HART, S. D., & LYON, D. R. (2008a). **Guidelines for *stalking* assessment and management (SAM)**. Vancouver, Canada: ProActive ReSolutions Inc. Apud STOREY, Jennifer E., et al. Psychopathy and *Stalking*. **Law Hum Behav**. 2009. v. 3. p. 237–246. Tradução nossa.

[2] WOOD, Robert a., and WOOD, Nona L. *Stalking* the *stalker*: a profile of offenders. **FBI Law Enforcement Bulletin**. Dec. 2002.

[3] SOUZA, Angeliana Patrícia, e HOFFMANN, Eduardo. *Stalking* e responsabilidade civil: breve análise psicológica do fenômeno. In: ENCONTRO CIENTÍFICO CULTURAL INTERINSTITUCIONAL, 15, 2017, Cascavel. **Anais**. Cascavel: 2017.

[4] SOUZA, Angeliana Patrícia, e HOFFMANN, Eduardo. *Stalking* e responsabilidade civil: breve análise psicológica do fenômeno. In: ENCONTRO CIENTÍFICO CULTURAL INTERINSTITUCIONAL, 15, 2017, Cascavel. **Anais**. Cascavel: 2017.

a perseguição, como o feito por Purcell, Pathe e Mullen[5], os quais, de forma semelhante, consideraram a perseguição como um "curso de conduta pelo qual uma pessoa repetidamente inflige a outras intrusões indesejadas a tal na medida em que o destinatário teme por sua segurança".

Para identificar o "*stalker*", é preciso se analisar um conjunto de comportamentos, pois o agressor se vale de uma agressão crescente, "indo de comportamentos cotidianos vistos superficialmente em um primeiro momento como inofensivos, até claras infrações juridicamente tuteladas"[6].

Estima-se que, Nos Estados Unidos, cerca de um milhão de mulheres e quatrocentos mil homens são vítimas de "*stalking*" por ano[7]. Enquanto a maioria dos agressores são homens, a maioria das vítimas são mulheres[8]. Por isso, o gênero é considerado um fator importante para a identificação perseguição[9], embora também deva ser considerado que os homens também são mais propensos a praticarem agressões físicas contra seus companheiros do que as mulheres[10].

[5] PURCELL, R., PATHE, M. and MULLEN, p. E. (2004) 'When do repeated intrusions become *stalking*?', **Journal of Forensic Psychiatry & Psychology**, 15(4), pp. 571-583. Apud COCKERELL, Elspeth. A Narrative Study of the Emotional Processing of a Female Victim of *Stalking* by an Ex-Intimate Partner. **Doctor of Clinical Science thesis** (DClinSci), University of Kent, 2021. p. 6. Tradução nossa.

[6] SIQUEIRA, Maria Lohana Hexana de Moura Silva. ***Stalking***: um estudo conceitualsobre a perseguição obsessiva e seus reflexos jurídicos no direito brasileiro. 2021. 90 f. Dissertação (Mestrado) – Universidade Católica de Brasília, Programa de Pós-Graduação Strictu Sensu em Direito, 2020. Orientação: Prof. Dr. Maurício Dalri Timm do Valle.

[7] DUNCAN, Scott A. *Stalking*: a case in review. **The Forensic examiner**. Set./out. 2001.

[8] COCKERELL, Elspeth. A Narrative Study of the Emotional Processing of a Female Victim of *Stalking* by an Ex-Intimate Partner. **Doctor of Clinical Science thesis** (DClinSci), University of Kent, 2021. p. 19.

[9] COCKERELL, Elspeth. A Narrative Study of the Emotional Processing of a Female Victim of *Stalking* by an Ex-Intimate Partner. **Doctor of Clinical Science thesis** (DClinSci), University of Kent, 2021. p. 19.

[10] TJADEN, p. and THOENNES, N. (2000) Prevalence and consequences of maleto-female and female-to-male intimate partner violence as measured by the National Violence Against Women Survey, **Violence against women**, 6(2), pp.142-161. Apud COCKERELL, Elspeth. A Narrative Study of the Emotional Processing of a Female Victim of *Stalking* by an Ex-Intimate Partner. **Doctor of Clinical Science thesis** (DClinSci), University of Kent, 2021. p. 20.

Segundo o primeiro Estudo Nacional sobre Perseguição[11], feito nos Estados Unidos em meados de 1990, 5% das mulheres estadunidenses já foram perseguidas em algum momento. Já em outro estudo realizado no país em 1998[12], 1.006.970 mulheres são perseguidas anualmente.

Em relação às vítimas, elas costumam ser mulheres que já tiveram algum tipo de relacionamento com o perseguidor[13].

As razões que explicam o comportamento do agressor são diversas[14]. Em 80% dos casos, o perseguidor passa por alguma tragédia, como a perda do emprego, rompimento do relacionamento, doença, morte de familiar[15]. Assim, o "*stalker*" tende a culpar a vítima pela perda, sendo comum a apresentação de comportamento raivoso.

Porém, o comportamento também cessa por várias razões. O primeiro Estudo Estadunidense sobre Perseguição[16] apontou que as perseguições cessaram pelas seguintes razões: surgimento de nova relação amorosa pelo agressor (18%), advertência feita pela polícia (15%), as vítimas conversaram com os perseguidores (10%), advento de prisão (9%), ajuda médica (6%), morte (4%), as vítimas obtiveram novos relacionamentos (4%), a perseguição simplesmente parou (3%), os perseguidores foram condenados criminalmente (1%).

A prisão do "*stalker*" é fato que merece atenção, pois o seu desencarceramento pode expor a vítima a novos riscos, renovando-se, assim, os atos de perseguição, podendo, inclusive, serem mais gravosos. Inclusive, é comum, mas não absoluto, o aumento da violência do agressor com o passar do tempo[17].

[11] STOREY, Jennifer E., et al. Psychopathy and *Stalking*. **Law Hum Behav**. 2009. v. 3. p. 237-246. Tradução nossa.

[12] WOOD, Robert a., and WOOD, Nona L. *Stalking* the *stalker*: a profile of offenders. **FBI Law Enforcement Bulletin**. Dec. 2002.

[13] WOOD, Robert a., and WOOD, Nona L. *Stalking* the *stalker*: a profile of offenders. **FBI Law Enforcement Bulletin**. Dec. 2002.

[14] COCKERELL, Elspeth. A Narrative Study of the Emotional Processing of a Female Victim of *Stalking* by an Ex-Intimate Partner. **Doctor of Clinical Science thesis** (DClinSci), University of Kent, 2021. p. 25.

[15] WOOD, Robert a., and WOOD, Nona L. *Stalking* the *stalker*: a profile of offenders. **FBI Law Enforcement Bulletin**. Dec. 2002.

[16] WOOD, Robert a., and WOOD, Nona L. *Stalking* the *stalker*: a profile of offenders. **FBI Law Enforcement Bulletin**. Dec. 2002.

[17] DUNCAN, Scott A. *Stalking*: a case in review. **The Forensic examiner**. Set./out. 2001.

De todo modo, a maioria dos "*stalkers*" não apresenta comportamentos agressivos[18]. Se existente, a violência é direcionada apenas à vítima, e não ao patrimônio ou a outras pessoas[19].

A violência empregada em casos de "*stalking*" costuma ser afetiva, e não predatória[20]. A afetiva é aquela exercida em relações afetivas entre o agressor e a vítima, normalmente visando o rebaixamento, humilhação ou submissão desta[21]. É comum em casos de violência doméstica, quando, por exemplo, o marido agride ou mata a esposa por ela ter deixado o arroz queimar.

Já a violência predatória ou instrumental é aquela planejada, utilizada com meio de obtenção de determinados fins, com o emprego de violência intencional e sem demonstração de emoção ou remorço[22]. Esta é a mais comum entre psicopatas.

O tipo de violência empregada é, inclusive, um dos fatores que diferencia o "*stalker*" do psicopata.

No "*stalking*", a relação e a violência são enraizadas[23], pois o agressor tenta de várias formas manter a vítima na relação. Para isso, utiliza violência e ameaças, podendo resultar em lesões físicas, traumas psicológicos e até morte.

A psicopatia é caracterizada pela falta de desejo e incapacidade de formar ligações próximas[24]. Já o "*stalker*" persegue pelo desejo obsessivo de formar laços íntimos que são indesejados pela vítima[25]. Por isso, parece

[18] DUNCAN, Scott A. *Stalking*: a case in review. **The Forensic examiner**. Set./out. 2001.

[19] DUNCAN, Scott A. *Stalking*: a case in review. **The Forensic examiner**. Set./out. 2001.

[20] DUNCAN, Scott A. *Stalking*: a case in review. **The Forensic examiner**. Set./out. 2001.

[21] DUNCAN, Scott A. *Stalking*: a case in review. **The Forensic examiner**. Set./out. 2001.

[22] DUNCAN, Scott A. *Stalking*: a case in review. **The Forensic examiner**. Set./out. 2001.

[23] STOREY, Jennifer E., et al. Psychopathy and *Stalking*. **Law Hum Behav**. 2009. v. 3. p. 237–246.

[24] HART, S. D. (1998). The role of psychopathy in assessing risk for violence: Conceptual and methodological issues. **Legal and Criminological Psychology**, 3, 121–137. Apud STOREY, Jennifer E., et al. Psychopathy and *Stalking*. **Law Hum Behav**. 2009. v. 3. p. 237–246.

[25] MELOY, J. R. (2002). Pathologies of attachment, violence, and criminality. In A. Goldstein (Ed.), Handbook of psychology, vol. 11: **Forensic psychology** (pp. 509–526). New York: Wiley. Apud STOREY, Jennifer E., et al. Psychopathy and *Stalking*. **Law Hum Behav**. 2009. v. 3. p. 237–246.

improvável que a psicopatia esteja associada ao aumento do risco de perseguição[26].

Em um estudo feito com 78 pacientes que receberam tratamento após a condenação por "*stalking*"[27], em apenas 15% deles foi constatado diagnóstico de psicopatia. Ou seja, o estudo revela que a minoria dos "*stalkers*" são psicopatas. Isso se explica simplesmente pelo desinteresse do psicopata em formar laços afetivos, sendo mais provável a sua existência entre os perseguidores cuja motivação seja diferente da tentativa de estabelecer uma relação afetiva com a vítima[28].

Aparentemente, os perseguidores psicopatas tendem a atingir vítimas desconhecidas ou pouco conhecidas quando com raiva, enquanto que perseguidores não psicopatas são mais propensos a atingir vítimas conhecidas ou íntimas[29]. Uma excessão a esta regra diz respeito aos "*stalkers*" erotomaníacos (explicados em seguida), os quais, assim como os psicopatas, visam vítimas desconhecidas ou pouco conhecidas, mas o motivo é a desilusão amorosa.

Os "*stalkers*" psicopatas podem usar a perseguição como uma forma de intimidar ou melhorar sua auto-estima[30] ou ainda para gratificar seus desejos sádicos[31]. Isso se alinha à visão de que os psicopatas são mais propensos a se valer de violência predatória, e não afetiva[32].

[26] STOREY, Jennifer E., et al. Psychopathy and *Stalking*. **Law Hum Behav**. 2009. v. 3. p. 237-246.

[27] STOREY, Jennifer E., et al. Psychopathy and *Stalking*. **Law Hum Behav**. 2009. v. 3. p. 237-246.

[28] STOREY, Jennifer E., et al. Psychopathy and *Stalking*. **Law Hum Behav**. 2009. v. 3. p. 237-246.

[29] STOREY, Jennifer E., et al. Psychopathy and *Stalking*. **Law Hum Behav**. 2009. v. 3. p. 237-246.

[30] HART, S. D. (1998). The role of psychopathy in assessing risk for violence: Conceptual and methodological issues. **Legal and Criminological Psychology**, 3, 121-137. Apud STOREY, Jennifer E., et al. Psychopathy and *Stalking*. **Law Hum Behav**. 2009. v. 3. p. 237-246.

[31] MELOY, J. R. (1988). The psychopathic mind: Origins, dynamics, and treatment. Northvale, NJ: Aronson. Apud STOREY, Jennifer E., et al. Psychopathy and *Stalking*. **Law Hum Behav**. 2009. v. 3. p. 237-246.

[32] MELOY, J. R. (1988). The psychopathic mind: Origins, dynamics, and treatment. Northvale, NJ: Aronson. Apud STOREY, Jennifer E., et al. Psychopathy and *Stalking*. **Law Hum Behav**. 2009. v. 3. p. 237-246.

É comum, entre os agressores, a existência de antecedentes criminais, psiquiátricos, transtornos mentais e de personalidade, esquizofrenia e abuso de drogas[33]. Ao mesmo tempo, entretanto, os perseguidores obsessivos apresentam inteligência acima da média e traços manipuladores[34].

A condição socioeconômica pode influenciar na prática do "*stalking*", vez que o desemprego, em um cenário geral, é comum entre os agressores[35]. Os perseguidores obsessivos são tipicamente homens caucasianos entre 41 e 50 anos de idade[36].

Em um estudo feito com 187 mulheres vítimas de "*stalking*" na Pensilvânia[37], constatou-se que, dentre os agressores, 57% eram brancos, 37% eram negros e 6% eram de outras minorias raciais. A faixa etária variou de 17 a 57 anos. Dos 100 *stalkers* cuja educação as vítimas sabiam, 77% possuíam ao menos ensino médio e 45% possuíam graduação em ensino superior[38]. Curiosamente, quanto maior o grau de instrução dos agressores, menor era o grau de violência. Quanto às ocupações, 69% dos perseguidores obsessivos tinham emprego e, deste percentual, 62% ocupavam cargos de colarinho azul (operários da classe trabalhadora) e 37% ocupavam cargos de colarinho branco[39] (cargos de gerência). 61,7% dos *stalkers* possuíam condenações criminais anteriores, 31% haviam condenação por crime violento e 72% apresentaram abuso de álcool ou outras drogas[40]. 65% das mulheres relataram abuso físico durante o relacionamento, com 66% desta parcela afirmando a ocorrência de consumo de álcool ou drogas[41].

[33] DUNCAN, Scott A. *Stalking*: a case in review. **The Forensic examiner**. Set./out. 2001.
[34] DUNCAN, Scott A. *Stalking*: a case in review. **The Forensic examiner**. Set./out. 2001.
[35] DUNCAN, Scott A. *Stalking*: a case in review. **The Forensic examiner**. Set./out. 2001.
[36] DUNCAN, Scott A. *Stalking*: a case in review. **The Forensic examiner**. Set./out. 2001.
[37] WOOD, Robert a., and WOOD, Nona L. *Stalking* the *stalker*: a profile of offenders. **FBI Law Enforcement Bulletin**. Dec. 2002.
[38] WOOD, Robert a., and WOOD, Nona L. *Stalking* the *stalker*: a profile of offenders. **FBI Law Enforcement Bulletin**. Dec. 2002.
[39] WOOD, Robert a., and WOOD, Nona L. *Stalking* the *stalker*: a profile of offenders. **FBI Law Enforcement Bulletin**. Dec. 2002.
[40] WOOD, Robert a., and WOOD, Nona L. *Stalking* the *stalker*: a profile of offenders. **FBI Law Enforcement Bulletin**. Dec. 2002.
[41] WOOD, Robert a., and WOOD, Nona L. *Stalking* the *stalker*: a profile of offenders. **FBI Law Enforcement Bulletin**. Dec. 2002.

Segundo o primeiro Estudo Estadunidense sobre Perseguição[42], 87% dos *stalkers* são homens, 84% das denúncias foram feitas por mulheres e 77% das denunciantes conheciam os agressores.

A constatação de que é mais comum a perseguição entre conhecidos é importante para se estabelecerem avaliações, vez que o perfil de quem segue desconhecidos apresenta uma maior propensão de psicose ou psicopatia[43].

É interessante mencionar que há uma maior propensão dos "*stalkers*" terem esquizofrenia ou transtorno de personalidade, sendo possível, inclusive, que os perseguidores já façam algum tipo de tratamento médico[44]. Já ouve casos em que os perseguidores expuseram motivações religiosas para justificar a conduta, alegando uma "conexão mística" com a vítima[45].

Com o avanço da tecnologia, o "*stalking*" passou a ocorrer também de forma online, sendo intitulado como "cyber-*stalking*"[46], podendo ser praticado através de celulares, mídias sociais, sites, envio de e-mails, mensagens, fotos e vídeos, divulgação de informações falsas on-line e contato com amigos e familiares da vítima.

Já na perseguição presencial, ou "Off-line"[47], o perseguidor pode seguir fisicamente a vítima, se valer de emboscadas, ameaças, vandalismos, envio de cartas, presentes e até animais mortos. Também pode furtar objetos pessoais e causar danos patrimoniais à vítima e seus familiares.

[42] WOOD, Robert a., and WOOD, Nona L. *Stalking* the *stalker*: a profile of offenders. **FBI Law Enforcement Bulletin**. Dec. 2002.

[43] WOOD, Robert a., and WOOD, Nona L. *Stalking* the *stalker*: a profile of offenders. **FBI Law Enforcement Bulletin**. Dec. 2002.

[44] WOOD, Robert a., and WOOD, Nona L. *Stalking* the *stalker*: a profile of offenders. **FBI Law Enforcement Bulletin**. Dec. 2002.

[45] WOOD, Robert a., and WOOD, Nona L. *Stalking* the *stalker*: a profile of offenders. **FBI Law Enforcement Bulletin**. Dec. 2002.

[46] WOOD, Robert a., and WOOD, Nona L. *Stalking* the *stalker*: a profile of offenders. **FBI Law Enforcement Bulletin**. Dec. 2002.

[47] MAPLE, C., SHORT, E., BROWN, A., Bryden, C. and Salter, M. (2012) 'Cyber*stalking* in the UK: Analysis and Recommendations', **International Journal of Distributed Systems and Technologies**, 3(4), pp. 34-51. Apud COCKERELL, Elspeth. A Narrative Study of the Emotional Processing of a Female Victim of *Stalking* by an Ex-Intimate Partner. **Doctor of Clinical Science thesis** (DClinSci), University of Kent, 2021. p. 6.

Em todas as condutas, entretanto, há uma necessidade de controle e dominância da vítima[48]. Para tanto, os "*stalkers*" podem também utilizar métodos de coerção moral, chantagem, violência física, prejudicar familiares, amigos e animais de estimação[49]. É comum também a investigação para descobrir a localização da vítima e o que ela está fazendo.

Em certas relações domésticas, o controle exercido era tão restrito e severo que a situação da vítima era comparada à experiência de reféns e prisioneiros de guerra[50]. Porém, a taxa de homicídio costuma ser inferior a 2% dos casos[51].

A variação de comportamentos por parte dos "*stalkers*" fez surgir na literatura várias classificações e tipologias[52]. Dentre estas, Zona, Russell e Lane[53], classificam os perseguidores obsessivos em quatro grupos: obsessão simples, obsessão amorosa, erotomaníacos e a síndrome de falsa vitimização.

A categoria de obsessão simples inclui os casos em que houve relacionamento prévio entre o perseguidor e a vítima. O motivo da perseguição é a tentativa de convencer a vítima a reatar o relacionamento. Por ser o tipo mais comum, é o mais perigoso, pois possui o maior histórico de violência contra pessoas ou objetos[54].

[48] KROPP, p. R., HART, S. D., & LYON, D. R. (2008a). **Guidelines for *stalking* assessment and management (SAM)**. Vancouver, Canada: ProActive ReSolutions Inc. Apud STOREY, Jennifer E., et al. Psychopathy and *Stalking*. **Law Hum Behav**. 2009. v. 3. p. 237–246.
[49] STOREY, Jennifer E., et al. Psychopathy and *Stalking*. **Law Hum Behav**. 2009. v. 3. p. 237–246.
[50] LOGAN, T. and WALKER, R. (2009) 'Partner *stalking*: Psychological dominance or "business as usual"?', **Trauma, Violence, & Abuse**, 10(3), pp. 247- 270. Apud COCKERELL, Elspeth. A Narrative Study of the Emotional Processing of a Female Victim of *Stalking* by an Ex-Intimate Partner. **Doctor of Clinical Science thesis** (DClinSci), University of Kent, 2021. p. 31.
[51] DUNCAN, Scott A. *Stalking*: a case in review. **The Forensic examiner**. Set./out. 2001.
[52] DUNCAN, Scott A. *Stalking*: a case in review. **The Forensic examiner**. Set./out. 2001.
[53] ZONA, M. A., RUSSELL, E. p. , and LANE, J. C. (1998). Psychiatric Diagnosis and The Offender-Victim Typology of *Stalking*. **Academic Press**. Apud DUNCAN, Scott A. *Stalking*: a case in review. **The Forensic examiner**. Set./out. 2001.
[54] DUNCAN, Scott A. *Stalking*: a case in review. **The Forensic examiner**. Set./out. 2001.

A obsessão amorosa se caracteriza pela ausência de qualquer relacionamento prévio. É comum entre fãs e celebridades. Os perseguidores costumam apresentar diagnóstico de esquizofrenia ou bipolaridade[55].

A erotomania, também conhecida como síndrome de "clèrambault"[56], se caracteriza pela crença delirante de que a vítima ama o perseguidor[57]. Se caracteriza por uma desilusão amorosa, no sentido de que o "*stalker*" acreditar que possui alguma relação com a vítima, normalmente de status social elevado, mesmo nunca tendo tido contato direto.

Por fim, a síndrome de falsa vitimização inclui os casos em que a vítima cria histórias elaboradas, porém falsas, de perseguição[58]. A chantagem, nestes casos, é regularmente utilizada para manter relacionamentos ou obter vantagens. A maioria dos casos desta categoria são mulheres com características de transtorno de personalidade histriônica[59].

Classificar o "*stalker*" de acordo com o seu comportamento facilita a identificação e tratamento, sendo importante para dar melhores condições de proteção à vítima.

O tipo de perseguição também é crucial para o desfecho emocional das vítimas, uma vez que, em estudo realizado nos Estados Unidos por Sheridan e Lyndon[60], descobriu-se que as mulheres apresentaram níveis mais elevados de psicopatologia pós-perseguição do que os homens. A vítima do "*stalking*" sofre impactos psicológicos, sociais e econômicos, incluindo depressão, perda de renda, redução de atividades sociais, medo, ansiedade e ataque de pânico[61]. Identificou-se também a dificuldade

[55] ZONA, M. A., RUSSELL, E. p. , and LANE, J. C. (1998). Psychiatric Diagnosis and The Offender-Victim Typology of *Stalking*. **Academic Press**. Apud DUNCAN, Scott A. *Stalking*: a case in review. **The Forensic examiner**. Set./out. 2001.

[56] COSTA, Bruno Bottiglieri Freitas, 1994. ***Stalking***: A responsabilidade civil e penal daqueles que perseguem obsessivamente. Santos: São Paulo, 2018. p. 14.

[57] DUNCAN, Scott A. *Stalking*: a case in review. **The Forensic examiner**. Set./out. 2001.

[58] DUNCAN, Scott A. *Stalking*: a case in review. **The Forensic examiner**. Set./out. 2001.

[59] DUNCAN, Scott A. *Stalking*: a case in review. **The Forensic examiner**. Set./out. 2001.

[60] SHERIDAN, L. and LYNDON, A. E. (2012) 'The influence of prior relationship, gender, and fear on the consequences of *stalking* victimization', **Sex Roles**, 66(5-6), pp. 340-350. Apud COCKERELL, Elspeth. A Narrative Study of the Emotional Processing of a Female Victim of *Stalking* by an Ex-Intimate Partner. **Doctor of Clinical Science thesis** (DClinSci), University of Kent, 2021. p. 20.

[61] COCKERELL, Elspeth. A Narrative Study of the Emotional Processing of a Female Victim of *Stalking* by an Ex-Intimate Partner. **Doctor of Clinical Science thesis** (DClinSci), University of Kent, 2021. p. 35.

de adaptação e confusão mental pós-trauma[62]. Porém, em casos mais extremos de perseguição, observou-se a auto-culpa, a normatização da situação abusiva e o atendimento das demandas do agressor a fim de tentar cessar a violência[63].

Muitas vezes, as vítimas de perseguição eram expostas a ameaças de morte e violência física[64]. O estresse prolongado a tensão psicológica e emocional pode inibir a capacidade de uma pessoa de regular suas experiências emocionais, conduzindo a uma dificuldade na tomada de decisões, aumento da dificuldade em identificar emoções e evitação social[65].

Dutton e Goodman[66] relataram a partir de suas pesquisas que a minimização, a negação e a dissociação têm sido apresentadas pelas vítimas como resposta a um sentimento de inevitabilidade do agressor. Tal comportamento foi observado nos participantes da pesquisa ao distanciaram-se das perguntas feitas sobre a perseguição, usando palavras vagas e linguagem mal formulada como "coisas", "ruim" e "não sei"[67].

[62] COCKERELL, Elspeth. A Narrative Study of the Emotional Processing of a Female Victim of *Stalking* by an Ex-Intimate Partner. **Doctor of Clinical Science thesis** (DClinSci), University of Kent, 2021. p. 36.

[63] DUTTON, M. A. and GOODMAN, L. A. (2005) 'Coercion in intimate partner violence: Toward a new conceptualization', **Sex Roles**, 52(11-12), pp. 743-756. Apud COCKERELL, Elspeth. A Narrative Study of the Emotional Processing of a Female Victim of *Stalking* by an Ex-Intimate Partner. **Doctor of Clinical Science thesis** (DClinSci), University of Kent, 2021. p. 36.

[64] COCKERELL, Elspeth. A Narrative Study of the Emotional Processing of a Female Victim of *Stalking* by an Ex-Intimate Partner. **Doctor of Clinical Science thesis** (DClinSci), University of Kent, 2021. p. 37.

[65] TULL, M. T., BARRETT, H. M., MCMILLAN, E. S. and ROEMER, L. (2007) 'A preliminary investigation of the relationship between emotion regulation difficulties and post-traumatic stress symptoms', **Behaviour Therapy**, 38(3), pp. 303-313. Apud COCKERELL, Elspeth. A Narrative Study of the Emotional Processing of a Female Victim of *Stalking* by an Ex-Intimate Partner. **Doctor of Clinical Science thesis** (DClinSci), University of Kent, 2021. p. 105.

[66] DUTTON, M. A. and GOODMAN, L. A. (2005) 'Coercion in intimate partner violence: Toward a new conceptualization', **Sex Roles**, 52(11-12), pp. 743-756. Apud COCKERELL, Elspeth. A Narrative Study of the Emotional Processing of a Female Victim of *Stalking* by an Ex-Intimate Partner. **Doctor of Clinical Science thesis** (DClinSci), University of Kent, 2021. p. 107.

[67] DUTTON, M. A. and GOODMAN, L. A. (2005) 'Coercion in intimate partner violence: Toward a new conceptualization', **Sex Roles**, 52(11-12), pp. 743-756. Apud COCKERELL, Elspeth. A Narrative Study of the Emotional Processing of a Female Victim of *Stalking* by

De forma geral, as vítimas do "*stalking*" costumam apresentar dificuldades em regular suas emoções após o evento traumatico, sendo necessários cuidados médicos para reverter ou diminuir tais danos.

A avaliação de risco da violência praticada pelos perseguidores obsessivos é uma área que, se incentivada, pode beneficiar a sociedade, pois se estaria impedindo a criação de vítimas e possibilitaria o tratamento clínico do "*stalker*", a fim de melhorar seu comportamento[68].

O fenômeno do "*stalking*" é complexo de se rastrear por conta da sua execução diversificada[69]. A multiplicidade de perfis e comportamentos dificulta a identificação do "*stalker*".

Porém, profissionais técnicos são aptos a reconhecer este tipo de perfil ameaçador, inclusive no que tange à continuação da conduta, ainda mais se o paciente apresentar traços obsessivos, histórico de violência, abuso de drogas e os demais motivos que podem causar o "*stalking*"[70].

O combate à perseguição deve se valer de estratégias para lidar com estas causas e prestar serviços assistenciais às vítimas[71]. Sabe-se que a existência de dados estatísticos pode facilitar a identificação precoce, sendo essencial para impedir a ocorrência de crimes[72].

Alguns dados serão expostos a seguir a fim de mostrar a forma como as bases estatísticas auxiliam na identificação de perfis de "*stalkers*".

Por exemplo, as ameaças proferidas podem servir de alerta sobre a possibilidade de ocorrência de um mau futuro. Para se ter ideia, no contexto estadunidense, 50% das ameaças proferidas por indivíduos perseguidos vieram a se concretizar[73]. Logo, por se tratar de percentual

an Ex-Intimate Partner. **Doctor of Clinical Science thesis** (DClinSci), University of Kent, 2021. p. 107.

[68] DUNCAN, Scott A. *Stalking*: a case in review. **The Forensic examiner**. Set./out. 2001.

[69] WOOD, Robert a., and WOOD, Nona L. *Stalking* the *stalker*: a profile of offenders. **FBI Law Enforcement Bulletin**. Dec. 2002.

[70] STOREY, Jennifer E., et al. Psychopathy and *Stalking*. **Law Hum Behav**. 2009. v. 3. p. 237–246.

[71] STOREY, Jennifer E., et al. Psychopathy and *Stalking*. **Law Hum Behav**. 2009. v. 3. p. 237–246.

[72] WOOD, Robert a., and WOOD, Nona L. *Stalking* the *stalker*: a profile of offenders. **FBI Law Enforcement Bulletin**. Dec. 2002.

[73] WOOD, Robert a., and WOOD, Nona L. *Stalking* the *stalker*: a profile of offenders. **FBI Law Enforcement Bulletin**. Dec. 2002.

alto, a segurança da vítima não pode ser menosprezada por discursos que desagravam as ameaças praticadas.

A violência física ocorre entre 20 e 25% dos casos, enquanto que a taxa de homicídio se mantém em 2%[74]. Esta taxa tende a aumentar caso o agressor tenha vários alvos[75].

Há ainda outros fatores de risco, como o status social. Personalidades públicas estão mais suscetíveis a ataques a ataques[76]. Podem ainda ser citados os seguintes fatores: posse de armas, consumo de álcool e demais drogas, histórico criminal, condição socioeconômica, contato com a vítima, depressão ou outros quadros clínicos, traços de vitimização ou possessão/obsessão.

Outro fator de risco é a existência de relação afetiva ou doméstica, pois em 16,5% dos casos de violência doméstica havia perseguição prévia[77]. Daí a importância de as autoridades públicas aferirem a ocorrência de outros episódios de perseguição e os demais fatores, a fim de atestar se se trata de "*stalker*" ou não.

O atendimento multiprofissional prestado às mulheres vítimas de violência doméstica pode fornecer estatísticas valiosas para o combate ao "*stalking*", ainda mais se sabendo que esta prática ocorre predominantemente entre conhecidos.

Nestes termos, verifica-se que a complexidade do ato de "*stalking*". Sua prática causa temor extremo e danos irreversíveis à vítima. Porém, é possível compreender suas peculiaridades, se estabelecendo certos padrões de comportamento. Isso permite que a vítima identifique o agressor e utilize medidas para a defesa. A sistemática penal brasileira permite o uso da legítima defesa[78], espécie de excludente de ilicitude, para

[74] WOOD, Robert a., and WOOD, Nona L. *Stalking* the *stalker*: a profile of offenders. **FBI Law Enforcement Bulletin**. Dec. 2002.

[75] WOOD, Robert a., and WOOD, Nona L. *Stalking* the *stalker*: a profile of offenders. **FBI Law Enforcement Bulletin**. Dec. 2002.

[76] WOOD, Robert a., and WOOD, Nona L. *Stalking* the *stalker*: a profile of offenders. **FBI Law Enforcement Bulletin**. Dec. 2002.

[77] WOOD, Robert a., and WOOD, Nona L. *Stalking* the *stalker*: a profile of offenders. **FBI Law Enforcement Bulletin**. Dec. 2002.

[78] Art. 25 – Entende-se em legítima defesa quem, usando moderadamente dos meios necessários, repele injusta agressão, atual ou iminente, a direito seu ou de outrem. Parágrafo único. Observados os requisitos previstos no caput deste artigo, considera-se também em

repelir um mau injusto. A persecução penal será exercida contra o "*stalker*" através da imputação do artigo 147-A do Código Penal[79], incluído pela Lei nº 14.132, de 31 de março de 2021.

Porém, a vítima não pode ficar totalmente dependente do Estado para prevenir a prática do "*stalking*". A eficácia dos seus direitos pode ser garantida através de alguns instrumentos extrapenais. O ressarcimento civil e a tutela inibitória, estudados a seguir, podem ser utilizados na tentativa de reparar ou prevenir a ocorrência de danos.

3. O "*stalking*" como ilícito civil e o seu ressarcimento

Ilícito civil é a violação de direitos privados[80]. Esta agressão sujeita o infrator ao pagamento de uma indenização pecuniária à vítima, quando impossível a reconstituição do "status quo ante"[81].

Esta relação é denominada de responsabilidade civil, também conhecida como responsabilidade extracontratual ou aquiliana[82]. O "*stalking*" pode gerar a responsabilização caso os direitos civis da vítima venham a ser ofendidos.

É exigido, porém a cumulação dos elementos tradicionais da responsabilidade, quais sejam: conduta culposa, dano e nexo de causalidade.

legítima defesa o agente de segurança pública que repele agressão ou risco de agressão a vítima mantida refém durante a prática de crimes. BRASIL. **Decreto-Lei nº 2.848**, de 7 de dezembro de 1940. Código Penal. Diário Oficial da União: 31 dez. 1940.

[79] "Art. 147-A. Perseguir alguém, reiteradamente e por qualquer meio, ameaçando-lhe a integridade física ou psicológica, restringindo-lhe a capacidade de locomoção ou, de qualquer forma, invadindo ou perturbando sua esfera de liberdade ou privacidade. Pena – reclusão, de 6 (seis) meses a 2 (dois) anos, e multa. § 1º A pena é aumentada de metade se o crime é cometido: I – contra criança, adolescente ou idoso; II – contra mulher por razões da condição de sexo feminino, nos termos do § 2º-A do art. 121 deste Código; III – mediante concurso de 2 (duas) ou mais pessoas ou com o emprego de arma. § 2º As penas deste artigo são aplicáveis sem prejuízo das correspondentes à violência. § 3º Somente se procede mediante representação." BRASIL. **Decreto-Lei nº 2.848**, de 7 de dezembro de 1940. Código Penal. Diário Oficial da União: 31 dez. 1940.

[80] TARTUCE, Flávio. **Manual de direito civil**: volume único. 6 ed. rev., atual. e ampl. Rio de Janeiro: Forense; São Paulo: MÉTODO, 2016. p. 586.

[81] GAGLIANO, Pablo Stolze, e FILHO, Rodolfo Pamplona. **Manual de direito civil**: volume único. São Paulo: Saraiva, 2017. p. 856, p. 858.

[82] COSTA, Bruno Bottiglieri Freitas, 1994. ***Stalking***: A responsabilidade civil e penal daqueles que perseguem obsessivamente. Santos: São Paulo, 2018. p. 45.

Em regra, a responsabilidade civil é subjetiva, ou seja, é necessária a simultaneidade dos referidos elementos.

A conduta praticada deve ser culposa ("lato sensu"), ou seja, deve envolver o dolo ou a culpa "stricto sensu"[83]. Na ação dolosa do "*stalker*", existe a vontade e intensão de agir. A conduta culposa em sentido estrito[84], porém, parece não ser compatível com o fenômeno da perseguição, pois um de seus requisitos é a reiteração[85].

A arma do "*stalker*" é a engenhosidade[86], ou seja, ele se vale da criatividade para atender a sua compulsão. Por isso, é impossível prever um rol exaustivo de condutas. A perseguição ocorre geralmente a partir da conjugação de várias condutas, e não de apenas uma.

Podem ser citados alguns comportamentos mais usuais do perseguidor, como ligação, envio de mensagens, "porn revenge"[87], difamação, calúnia, ameaça, assédio moral e psicológico, agressões físicas e até assassinato. Todos eles consistem em atos que geram ameaça à vítima, ainda que o temor não seja intencional. Dessa forma, os direitos civis violados são, por exemplo, a privacidade e intimidade da vítima, liberdade de locomoção, de pensamento e de expressão, sigilo de correspondências, integridade física e a vida.

Estes atos de perseguição são considerados ilícitos justamente por ofenderem direitos da vítima. O Código Civil, em seu artigo 186[88], dispõe que quem, "por ação ou omissão voluntária, negligência ou imprudência, violar direito e causar dano a outrem, ainda que exclusivamente moral, comete ato ilícito".

[83] GONÇALVES, Carlos Roberto. **Direito civil brasileiro**. V. 4: responsabilidade civil. 12. ed. São Paulo: Saraiva, 2017. p. 106.

[84] Aquela em que há imperícia, imprudência ou negligência.

[85] GERBOVIC, Luciana Amiky. ***Stalking***. Dissertação de mestrado em direito. Pontifícia Universidade Católica de São Paulo. São Paulo, p. 119, 2014.

[86] SILVA, Julia Castro Lucas da. **Responsabilização civil por *stalking***. Monografia de conclusão de curso de direito. Universidade Federal do Rio de Janeiro. Rio de Janeiro, p. 65. 2018.

[87] "É a conduta de expor publicamente na internet, fotos ou vídeos íntimos de ex parceiros, sem o consentimento deles". COSTA, Bruno Bottiglieri Freitas, 1994. ***Stalking***: A responsabilidade civil e penal daqueles que perseguem obsessivamente. Santos: São Paulo, 2018. p. 4.

[88] BRASIL. **Lei nº 10.406**, de 10 de janeiro de 2002. Institui o Código Civil. Diário Oficial da União: 11 jan. 2002.

O ilícito civil também pode ocorrer por meio do abuso de direito[89]. Há, neste caso, um excesso no exercício de direito, o que macula a conduta de ilicitude. Esta modalidade de ilegalidade, dentro do "*stalking*", costuma ocorrer mais frequentemente em relações afetivas entre o agressor e vítima, cuja motivação pode ser ciúme ou término. O abuso pressupõe a existência de direito.

Por exemplo, o marido, ainda que invoque o direito de intimidade resultante da sociedade conjugal, não pode interferir em determinados aspectos da vida privada da esposa. O direito individual de intimidade e privacidade desta limita a interferência daquele. Difere, porém, da liberdade de tentar reconquistar ou se aproximar de alguém, pois nestes casos há limites, como o respeito ao bem-estar, saúde física e psicológica, privacidade, intimidade e até a vida[90]. Embora haja controvérsia, costuma prevalecer o entendimento de que o abuso de direito dispensa a comprovação de culpa[91], ou seja, é um caso de responsabilidade objetiva[92].

Ainda sobre a conduta, a inimputabilidade do agente tem mais repercussões na esfera penal do que na cível. Naquela, a pena pode ser reduzida ou extinta a depender do grau de inconsciência do agente. Nesta, porém, subsiste o dever de indenizar ainda que o causador do dano seja incapaz, mesmo que de forma subsidiária, nos termos do artigo 928, CC[93].

[89] "Art. 187. Também comete ato ilícito o titular de um direito que, ao exercê-lo, excede manifestamente os limites impostos pelo seu fim econômico ou social, pela boa-fé ou pelos bons costumes." BRASIL. **Lei nº 10.406**, de 10 de janeiro de 2002. Institui o Código Civil. Diário Oficial da União: 11 jan. 2002.

[90] GERBOVIC, Luciana. ***Stalking***. São Paulo: Almedina, 2016. p. 88.

[91] SILVA, Julia Castro Lucas da. **Responsabilização civil por *stalking***. Monografia de conclusão de curso de direito. Universidade Federal do Rio de Janeiro. Rio de Janeiro, p. 65. 2018.

[92] BRASIL. **I Jornada de Direito Civil**. Enunciado 37: "A responsabilidade civil decorrente do abuso do direito independe de culpa e fundamenta-se somente no critério objetivo--finalístico". Disponível em: < https://www.cjf.jus.br/enunciados/enunciado/698>. Acesso em: 15 set. 2022.

[93] "Art. 928. O incapaz responde pelos prejuízos que causar, se as pessoas por ele responsáveis não tiverem obrigação de fazê-lo ou não dispuserem de meios suficientes. Parágrafo único. A indenização prevista neste artigo, que deverá ser equitativa, não terá lugar se privar do necessário o incapaz ou as pessoas que dele dependem." BRASIL. **Lei nº 10.406**, de 10 de janeiro de 2002. Institui o Código Civil. Diário Oficial da União: 11 jan. 2002.

O ato ilícito passível de indenização deve causar um dano[94], sendo este o segundo elemento da responsabilidade civil. Essa exigência decorre do típico caráter repressivo da responsabilização civil, ou seja, ela surge a partir do dano[95].

O dano pode ser patrimonial ou extrapatrimonial. Se, com a conduta, a vítima sofre algum tipo de desvalorização patrimonial direta, ou seja, o que ela efetivamente perdeu, ocorre o chamado dano emergente[96]. Inclusive, o automóvel da vítima é estatisticamente o bem mais agredido com a perseguição[97].

Também são danos emergentes furtos, apropriações, danos a objetos ou decorrentes da ofensa a saúde da vítima, como valores pagos com cirurgias, medicamentos e tratamentos psicológicos[98].

Porém, os danos patrimoniais também abrangem os lucros cessantes, consistindo no que a vítima, razoavelmente, deixou de ganhar[99]. O fato de a vítima permanecer em casa por medo de sair, ou até a redução da produtividade são fatos que podem ensejar a responsabilização por lucros cessantes[100]. Caso a conduta do "*stalker*" gere alguma diminuição ou

[94] "Art. 927. Aquele que, por ato ilícito (arts. 186 e 187), causar dano a outrem, fica obrigado a repará-lo. Parágrafo único. Haverá obrigação de reparar o dano, independentemente de culpa, nos casos especificados em lei, ou quando a atividade normalmente desenvolvida pelo autor do dano implicar, por sua natureza, risco para os direitos de outrem." BRASIL. **Lei nº 10.406**, de 10 de janeiro de 2002. Institui o Código Civil. Diário Oficial da União: 11 jan. 2002.

[95] FARIAS, Cristiano Chaves de, ROSENVALD, Nelson, e NETTO, Felipe Peixoto Braga. **Curso de direito civil**: responsabilidade civi. 4. ed. rev. e atual. Salvador: Ed. JusPodivm, 2017. p. 167.

[96] GAGLIANO, Pablo Stolze, e FILHO, Rodolfo Pamplona. **Manual de direito civil**: volume único. São Paulo: Saraiva, 2017. p. 884.

[97] DUNCAN, Scott A. *Stalking*: a case in review. **The Forensic examiner**. Set./out. 2001.

[98] "Art. 949. No caso de lesão ou outra ofensa à saúde, o ofensor indenizará o ofendido das despesas do tratamento e dos lucros cessantes até ao fim da convalescença, além de algum outro prejuízo que o ofendido prove haver sofrido." BRASIL. **Lei nº 10.406**, de 10 de janeiro de 2002. Institui o Código Civil. Diário Oficial da União: 11 jan. 2002.

[99] "Art. 402. Salvo as exceções expressamente previstas em lei, as perdas e danos devidas ao credor abrangem, além do que ele efetivamente perdeu, o que razoavelmente deixou de lucrar." BRASIL. **Lei nº 10.406**, de 10 de janeiro de 2002. Institui o Código Civil. Diário Oficial da União: 11 jan. 2002.

[100] COSTA, Bruno Bottiglieri Freitas, 1994. ***Stalking***: A responsabilidade civil e penal daqueles que perseguem obsessivamente. Santos: São Paulo, 2018. p. 70.

impedimento na capacidade laboral da vítima, os lucros cessantes também serão devidos, na forma de pensão civil até a convalescença[101].

O dano causado à vítima, porém, não se limita a prejuízos materiais. Os danos morais se justificam na dignidade da pessoa humana e no direito de não sentir dor ou mágoa[102]. Seu conceito se aproxima da "lesão a direitos existenciais concretamente merecedores de tutela"[103], vez que, para a sua fixação, o caso concreto deve ser analisado com proporcionalidade e razoabilidade, de forma a ser cabível apenas se ultrapassar o mero dissabor do cotidiano, caso em que as ofensas não são graves o suficiente para ensejar uma reparação civil[104].

O dano moral deriva de violações ao indivíduo, sem ligação ao patrimônio. Engloba ameaças, difamações, calúnias, lesões corporais e demais opressões e violações a liberdade e personalidade da vítima. A prática destas condutas por parte do "*stalker*" visa exercer um poder psicológico contra a vítima[105].

Os efeitos do "*stalking*" são mais morais do que materiais, podendo gerar na vítima a sensação de perda do controle sobre a sua vida, ficando cada vez mais vulnerável ao assediador, vez que a perseguição é constante[106].

[101] "Art. 950. Se da ofensa resultar defeito pelo qual o ofendido não possa exercer o seu ofício ou profissão, ou se lhe diminua a capacidade de trabalho, a indenização, além das despesas do tratamento e lucros cessantes até ao fim da convalescença, incluirá pensão correspondente à importância do trabalho para que se inabilitou, ou da depreciação que ele sofreu." BRASIL. **Lei nº 10.406**, de 10 de janeiro de 2002. Institui o Código Civil. Diário Oficial da União: 11 jan. 2002.

[102] FARIAS, Cristiano Chaves de, ROSENVALD, Nelson, e NETTO, Felipe Peixoto Braga. **Curso de direito civil**: responsabilidade civi. 4. ed. rev. e atual. Salvador: Ed. JusPodivm, 2017. p. 301.

[103] FARIAS, Cristiano Chaves de, ROSENVALD, Nelson, e NETTO, Felipe Peixoto Braga. **Curso de direito civil**: responsabilidade civi. 4. ed. rev. e atual. Salvador: Ed. JusPodivm, 2017. p. 304.

[104] FARIAS, Cristiano Chaves de, ROSENVALD, Nelson, e NETTO, Felipe Peixoto Braga. **Curso de direito civil**: responsabilidade civi. 4. ed. rev. e atual. Salvador: Ed. JusPodivm, 2017. p. 305.

[105] VASCONCELOS, Natália Gomes de, e MACEDO, Marconi Neves. *Stalking* e o novo código penal brasileiro: desmistificando conceitos de uma problemática emergente na sociedade contemporânea. **Revista Cultural e Científica do UNIFACEX**. v. 13, n. 1, 2015.

[106] SOUZA, Angeliana Patrícia, e HOFFMANN, Eduardo. *Stalking* e responsabilidade civil: breve análise psicológica do fenômeno. In: ENCONTRO CIENTÍFICO CULTURAL INTERINSTITUCIONAL, 15, 2017, Cascavel. **Anais**. Cascavel: 2017.

A reiteração de atos, necessária para a configuração do "*stalking*"[107], é um dos fatores que gera mais desgaste. Os traumas e demais sintomas suportados pela vítima, como visto no capítulo anterior, são demasiadamente impactantes. O estresse prolongado gera impactos na vida social e na capacidade na tomada de decisões. Em casos mais graves, é possível a vítima cometer suicídio[108].

Os danos psicológicos derivam do controle obsessivo exercido contra a vítima. O sufocamento de direitos gera medo, ansiedade e depressão, pode levá-la a mudar de endereço ou se enclausurar em casa[109].

O assediador costuma violar direitos personalíssimos, ou seja, o "conjunto de caracteres próprios da pessoa"[110], como a liberdade, privacidade, honra, intimidade. Essas ofensas submetem o infrator à sanção civil[111].

O que garante a inviolabilidade dos direitos personalíssimos não é somente a sua previsão no Código Civil[112], mas também o seu status normativo. Estes direitos possuem uma carga constitucional muito forte, pois se fundam essencialmente da dignidade da pessoa humana. Os direitos personalíssimos são subjetivos e se aproximam mais com o próprio titular do que com a coletividade[113]. Essa proximidade repele ofensas não só do Estado, mas também de outros particulares.

107 GERBOVIC, Luciana. ***Stalking***. São Paulo: Almedina, 2016. p. 86.

108 SOUZA, Angeliana Patrícia, e HOFFMANN, Eduardo. *Stalking* e responsabilidade civil: breve análise psicológica do fenômeno. In: ENCONTRO CIENTÍFICO CULTURAL INTERINSTITUCIONAL, 15, 2017, Cascavel. **Anais**. Cascavel: 2017.

109 SANTOS, Cristina Leite dos e TAGLIAFERRO, Eduardo. A responsabilidade civil como instrumento jurídico de punição ao *stalking* e ao cyber*stalking*. **Revista intraciência**. Edição 20. Dez. 2020.

110 COSTA, Bruno Bottiglieri Freitas, 1994. ***Stalking***: A responsabilidade civil e penal daqueles que perseguem obsessivamente. Santos: São Paulo, 2018. p. 49.

111 SANTOS, Cristina Leite dos e TAGLIAFERRO, Eduardo. A responsabilidade civil como instrumento jurídico de punição ao *stalking* e ao cyber*stalking*. **Revista intraciência**. Edição 20. Dez. 2020.

112 "Art. 21. A vida privada da pessoa natural é inviolável, e o juiz, a requerimento do interessado, adotará as providências necessárias para impedir ou fazer cessar ato contrário a esta norma." BRASIL. **Lei nº 10.406**, de 10 de janeiro de 2002. Institui o Código Civil. Diário Oficial da União: 11 jan. 2002.

113 VIEGAS, Viviane Nery. *Stalking*: abordagem fenomenológica e jurídica Brasil e Portugal. Curitiba: CRV, 2019. p. 67.

O último elemento da responsabilidade civil é o nexo causal. Este é o liame entre a conduta culposa (lato) e os danos sofridos direta ou indiretamente. A doutrina majoritária entende que o Código Civil adotou a teoria da causalidade adequada, a qual considera causa a conduta probabilisticamente mais adequada a provocar o resultado danoso[114]. Embora se admita no Brasil a existência de causas excludentes de responsabilidade, as quais incidem essencialmente sobre o nexo causal, elas não serão expostas nesta pesquisa pois dificilmente seriam aplicadas ao "*stalker*", vez que este possui, em tese, discernimento e quaisquer dos resultados provocados dependem da sua conduta ilícita.

A junção dos elementos expostos (conduta culposa, dano e nexo causal) dão ensejo à chamada responsabilidade civil subjetiva, regra no nosso ordenamento brasileiro. Eles devem coexistir, sob pena de ser afastada a responsabilização.

O "*stalker*" pode ser responsabilizado civilmente por seus atos a partir de um viés subjetivo. A conduta dolosa, independentemente de qual seja, visa gerar algum tipo de dano à vítima, seja patrimonial ou não. O que importa para ele é conseguir exercer seu poder sobre a vítima[115].

Os danos, porém, devem decorrer das condutas praticadas. A discussão sobre a possiblidade de se responsabilizar objetivamente o "*stalker*" e os desdobramentos do ônus probatório da vítima não serão comentados pois merecem estudos específicos, dadas as suas peculiaridades.

Assim, a responsabilidade civil é repressiva, sendo imposta após a ocorrência do dano[116], e se materializa através de indenização pecuniária. Busca-se compensar, no caso do "*stalking*", os danos morais causados pelas condutas que importam na vítima insegurança pessoal, baixa estima, intranquilidade, alterações no estilo de vida e a afronta à honra e privacidade[117].

[114] SILVA, Julia Castro Lucas da. **Responsabilização civil por *stalking***. Monografia de conclusão de curso de direito. Universidade Federal do Rio de Janeiro. Rio de Janeiro, p. 65. 2018.

[115] GERBOVIC, Luciana. ***Stalking***. São Paulo: Almedina, 2016. p. 91.

[116] SOUZA, Angeliana Patrícia, e HOFFMANN, Eduardo. *Stalking* e responsabilidade civil: breve análise psicológica do fenômeno. In: ENCONTRO CIENTÍFICO CULTURAL INTERINSTITUCIONAL, 15, 2017, Cascavel. **Anais**. Cascavel: 2017.

[117] VIEGAS, Viviane Nery. *Stalking*: abordagem fenomenológica e jurídica Brasil e Portugal. Curitiba: CRV, 2019. p. 79.

Em decorrência da natureza extrapatrimonial dos danos morais, a sua restituição "in natura" é impossível, sendo cabível, apenas, a imposição de uma indenização com o intuito de aliviar parcialmente as consequências da conduta[118]. Em certos casos, porém, os danos são tão severos que qualquer quantia em dinheiro é insuficiente para aliviar a angústia suportada pela vítima. Nestes casos, critica-se a tutela reparatória, pois ela pode servir apenas como precificação da violação de direitos ou ser simplesmente ineficaz.

Sobre o assunto, interessante é a previsão de indenização por danos não patrimoniais do Código Civil português. Os artigos 562 e 564, nº 1, dispõem que ela ocorre através da reconstituição natural da situação, ou seja, busca-se reestabelecer o cenário anterior ao dano[119]. Caso, porém, não seja possível, aí sim seria imposta uma condenação em dinheiro[120]. Logo, a reparação pecuniária ocorre de forma subsidiária, se priorizando o reestabelecimento "in natura" dos direitos, ou seja, o seu "status quo ante".

Não há, no Brasil, previsão parecida. Normalmente, o ressarcimento ocorre diretamente através de uma ação por danos morais. Entretanto, com o surgimento e avanço da tutela preventiva, a prevenção do ilícito tem se mostrado, em certos casos, mais eficaz do que a mera reparação pecuniária.

4. A tutela inibitória e a prevenção do "*stalking*"

O direito, além de permitir a convivência ordenada dos indivíduos, sem a violação de bens jurídicos alheios, também garante a reparação e evitação de danos[121]. Já o direito de ação, previsto no artigo 5º, XXXV[122] da

[118] SOUZA, Angeliana Patrícia, e HOFFMANN, Eduardo. *Stalking* e responsabilidade civil: breve análise psicológica do fenômeno. In: ENCONTRO CIENTÍFICO CULTURAL INTERINSTITUCIONAL, 15, 2017, Cascavel. **Anais**. Cascavel: 2017.

[119] VIEGAS, Viviane Nery. *Stalking*: abordagem fenomenológica e jurídica Brasil e Portugal. Curitiba: CRV, 2019. p. 79.

[120] VIEGAS, Viviane Nery. *Stalking*: abordagem fenomenológica e jurídica Brasil e Portugal. Curitiba: CRV, 2019. p. 79.

[121] REALE, Miguel. **Lições preliminares de direito**. 27. ed. ajustada ao novo Código Civil. São Paulo: Saraiva, 2002. p. 59.

[122] "Art. 5º, XXXV – a lei não excluirá da apreciação do Poder Judiciário lesão ou ameaça a direito;" BRASIL. **Constituição da República Federativa do Brasil de 1988**. Diário Oficial da União: 05 out. 1988.

Constituição Federal, municia o cidadão para buscar a resposta do Estado inclusive preventivamente[123].

Neste cenário, uma forma processual de se prevenir a ocorrência de ilícitos consiste na tutela inibitória. Prevista no artigo 497, § único do Código de Processo Civil[124], foi garantida como forma de conceder a tutela específica a fim de inibir a prática, reiteração, continuação ou remoção do ilícito.

Assim, a norma prevê duas formas de tutela contra o ilícito: a inibitória, a fim de combater a prática, repetição ou continuação do ilícito, e a de remoção, para retirar os efeitos concretos do ato[125].

A relevância deste instituto se traduz na possibilidade de o magistrado conceder a tutela específica independentemente de dano ou demonstração de culpa por parte do agente[126]. Assim, os direitos expostos a risco seriam preservados mais facilmente, vez que a parte não dependeria da demonstração de culpa ou dano.

Exige-se o dano para obrigar o ressarcimento, e não para a constituir o ilícito[127]. O próprio conceito de ilícito distingue ato ilegal de dano, não havendo razão para crer que a tutela contra o ilícito é necessariamente a tutela contra a probabilidade de dano[128].

[123] BULOS, Uadi Lammego. **Constituição Federal anotada**. 9. ed. rev. e atual. até a Emenda Constitucional n. 57/2008. São Paulo: Saraiva, 2009. p. 222 e 223.

[124] "Art. 497. Na ação que tenha por objeto a prestação de fazer ou de não fazer, o juiz, se procedente o pedido, concederá a tutela específica ou determinará providências que assegurem a obtenção de tutela pelo resultado prático equivalente. Parágrafo único. Para a concessão da tutela específica destinada a inibir a prática, a reiteração ou a continuação de um ilícito, ou a sua remoção, é irrelevante a demonstração da ocorrência de dano ou da existência de culpa ou dolo." BRASIL. **Lei nº 13.105**, de 16 de março de 2015. Código de Processo Civil. Diário Oficial da União: 17 mar. 2015.

[125] MARINONI, Luiz Guilherme. **Tutela Inibitória e Tutela de Remoção do Ilícito**. 7 ed. rev., atual. São Paulo: Thomson Reuters Brasil, 2019. p. 16.

[126] MARINONI, Luiz Guilherme. **Tutela Inibitória e Tutela de Remoção do Ilícito**. 7 ed. rev., atual. São Paulo: Thomson Reuters Brasil, 2019. p. 16.

[127] MARINONI, Luiz Guilherme. Tutela diferenciada. Tutela contra o ilícito (art. 497, parágrafo único, do CPC/2015). **Revista de Processo**. vol. 245. Jul. 2015.

[128] MARINONI, Luiz Guilherme. Tutela diferenciada. Tutela contra o ilícito (art. 497, parágrafo único, do CPC/2015). **Revista de Processo**. vol. 245. Jul. 2015.

Por isso, a tutela inibitória visa combater a probabilidade de violação à norma, e não ao direito[129]. A norma já proíbe a ocorrência do dano. Então, a inibição busca preservar a força normativa dos direitos.

Não basta prever, porém, apenas a evitação do ilícito, pois este não se exaure com a prática do ato contrário à norma, mas se protrai ao longo do tempo[130]. Por conta desta "eficácia continuada"[131], é necessária também a previsão da tutela de remoção, ou seja, aquela que combate os efeitos concretos do ilícito. Esta tutela, embora atinja um ilícito já praticado (função repressiva), não perde seu caráter preventivo, vez que visa evitar a ocorrência de danos provenientes do ilícito[132].

A peculiaridade da tutela inibitória decorre da sua classificação. Em oposição à clássica repartição trinária de sentença, a sentença inibitória é mandamental, com abertura à natureza executiva "lato sensu"[133].

Mandamental pois atua sobre a vontade do causador do ilícito, através de mecanismos indiretos de coerção, como a multa diária, a fim de compeli-lo a alguma obrigação de fazer ou não fazer[134]. Está presente, aqui, o binômio "ordem x força coercitiva"[135].

A tutela mandamental se diferencia da sentença condenatória pois esta apenas oportuna o uso dessa força do Estado, enquanto aquela a usa

[129] MARINONI, Luiz Guilherme. **Tutela Inibitória e Tutela de Remoção do Ilícito**. 7 ed. rev., atual. São Paulo: Thomson Reuters Brasil, 2019. p. 25.

[130] MARINONI, Luiz Guilherme. **Tutela Inibitória e Tutela de Remoção do Ilícito**. 7 ed. rev., atual. São Paulo: Thomson Reuters Brasil, 2019. p. 25.

[131] MARINONI, Luiz Guilherme. **Tutela Inibitória e Tutela de Remoção do Ilícito**. 7 ed. rev., atual. São Paulo: Thomson Reuters Brasil, 2019. p. 25.

[132] MARINONI, Luiz Guilherme. **Tutela Inibitória e Tutela de Remoção do Ilícito**. 7 ed. rev., atual. São Paulo: Thomson Reuters Brasil, 2019. p. 226.

[133] RUIZ, Ivan Aparecido, e MACHADO, Isadora Vier. Tutelas de urgência e preventivas: aplicabilidade em casos de assédio moral. **Revista Jurídica Cesumar**. v. 6, n. 1, p. 515-539, 2006.

[134] RUIZ, Ivan Aparecido, e MACHADO, Isadora Vier. Tutelas de urgência e preventivas: aplicabilidade em casos de assédio moral. **Revista Jurídica Cesumar**. v. 6, n. 1, p. 515-539, 2006.

[135] RUIZ, Ivan Aparecido, e MACHADO, Isadora Vier. Tutelas de urgência e preventivas: aplicabilidade em casos de assédio moral. **Revista Jurídica Cesumar**. v. 6, n. 1, p. 515-539, 2006.

diretamente[136]. Por isso, se diz que a "sentença que ordena sob pena de multa tem força mandamental, enquanto a sentença condenatória não tem força alguma, nem mesmo executiva; sua eficácia é que é executiva"[137].

Ao contrário, quando a coerção é direta, o juiz emprega diretamente uma medida, independentemente da vontade do réu[138]. Este é o caso da tutela executiva "lato sensu", "hipótese em que se dispensa uma ação autônoma de execução, já que os atos executivos estão contidos no próprio processo de conhecimento"[139].

Esta nova ótica representa um rompimento com o clássico caráter repressivo e patrimonial do processo, trazendo meios de prover maior efetividade em casos em que a indenização pecuniária se torna insuficiente[140]. A tutela pelo equivalente já não possui a mesma função histórica de igualar os direitos[141]. Estes, em vários casos, não podem sequer ser mensurados financeiramente. Logo, como seria possível igualá-los a uma prestação pecuniária?

Tal mudança decorreu das inovações sociais, principalmente com o surgimento dos novos direitos, ou seja, aqueles ainda não previstos, os quais fizeram surgir novas necessidades de tutela[142]. Os direitos da

136 MARINONI, Luiz Guilherme. **Tutela Inibitória:** Individual e Coletiva. 2. ed. São Paulo: Revista dos Tribunais, 2000. p. 358. Apud RUIZ, Ivan Aparecido, e MACHADO, Isadora Vier. Tutelas de urgência e preventivas: aplicabilidade em casos de assédio moral. **Revista Jurídica Cesumar**. v. 6, n. 1, p. 515-539, 2006.

137 MARINONI, Luiz Guilherme. **Tutela Inibitória:** Individual e Coletiva. 2. ed. São Paulo: Revista dos Tribunais, 2000. p. 358. Apud RUIZ, Ivan Aparecido, e MACHADO, Isadora Vier. Tutelas de urgência e preventivas: aplicabilidade em casos de assédio moral. **Revista Jurídica Cesumar**. v. 6, n. 1, p. 515-539, 2006.

138 MARINONI, Luiz Guilherme. **Tutela Inibitória:** Individual e Coletiva. 2. ed. São Paulo: Revista dos Tribunais, 2000. p. 192. Apud RUIZ, Ivan Aparecido, e MACHADO, Isadora Vier. Tutelas de urgência e preventivas: aplicabilidade em casos de assédio moral. **Revista Jurídica Cesumar**. v. 6, n. 1, p. 515-539, 2006.

139 RUIZ, Ivan Aparecido, e MACHADO, Isadora Vier. Tutelas de urgência e preventivas: aplicabilidade em casos de assédio moral. **Revista Jurídica Cesumar**. v. 6, n. 1, p. 515-539, 2006.

140 MARINONI, Luiz Guilherme. **Tutela Inibitória e Tutela de Remoção do Ilícito**. 7 ed. rev., atual. São Paulo: Thomson Reuters Brasil, 2019. p. 226.

141 MARINONI, Luiz Guilherme. **Tutela Inibitória e Tutela de Remoção do Ilícito**. 7 ed. rev., atual. São Paulo: Thomson Reuters Brasil, 2019. p. 18-19.

142 MARINONI, Luiz Guilherme. **Tutela Inibitória e Tutela de Remoção do Ilícito**. 7 ed. rev., atual. São Paulo: Thomson Reuters Brasil, 2019. p. 126.

personalidade, da mesma forma, são mais valiosos estando intactos do que sendo compensados por uma quantia em dinheiro.

De fato, a irreparabilidade de determinados direitos revela a incompatibilidade da tutela ressarcitória. Nestes casos, é melhor "prevenir do que ressarcir, o que equivale a dizer que no confronto entre a tutela preventiva e a tutela ressarcitória deve-se dar preferência à primeira"[143].

Por isso, a tutela inibitória é uma forma de dar efetividade aos direitos, pois os mantém preservados, evitando a tardia repressão do ilícito[144]. Ela visa, assim, a fruição "in natura" dos direitos, mediante a imposição de obrigações positivas e/ou negativas ao autor do ilícito[145].

O "*stalking*" é um ilícito que pode ser combatido através da tutela inibitória, de forma a se impedir a ocorrência ou reiteração de violações normativas a direitos e, consequentemente, evitando a superveniência de danos fáticos à vítima.

A imensa gama de condutas praticáveis pelo "*stalker*" pode colocar em cheque a efetividade da inibição processual. Porém, o Código de Processo Civil previu meios de dar utilidade à tutela inibitória, consistindo no artigo 536[146], o qual trouxe uma "cláusula geral executiva"[147], ou seja, a possibilidade de o juiz se valer de todos os meios necessários para tutelar os direitos materiais.

Assim, ainda que esteja balizado pelos pedidos contidos na petição inicial em decorrência do princípio da congruência, "o juiz pode deixar

[143] MARINONI, Luiz Guilherme. **Tutela inibitória**: individual e coletiva. 4. ed. São Paulo: RT, 2006.

[144] MARINONI, Luiz Guilherme. **Tutela Inibitória e Tutela de Remoção do Ilícito**. 7 ed. rev., atual. São Paulo: Thomson Reuters Brasil, 2019. p. 55.

[145] XEREZ, Rafael Marcílio; CAPISTRANO, Márcio Anderson Silveira. A despecuniarização na responsabilidade civil a partir do filme Aquarius: tutela inibitória e compensação in natura de danos morais. **Revista da Faculdade de Direito UFPR**, Curitiba, PR, Brasil, v. 63, n. 2, p. 191-211, ago. 2018. Disponível em: <https://revistas.ufpr.br/direito/article/view/60047>. Acesso em: 21 set. 2022.

[146] "Art. 536. No cumprimento de sentença que reconheça a exigibilidade de obrigação de fazer ou de não fazer, o juiz poderá, de ofício ou a requerimento, para a efetivação da tutela específica ou a obtenção de tutela pelo resultado prático equivalente, determinar as medidas necessárias à satisfação do exequente." BRASIL. **Lei nº 13.105**, de 16 de março de 2015. Código de Processo Civil. Diário Oficial da União: 17 mar. 2015.

[147] MARINONI, Luiz Guilherme. **Tutela Inibitória e Tutela de Remoção do Ilícito**. 7 ed. rev., atual. São Paulo: Thomson Reuters Brasil, 2019. p. 17.

de atender ao pedido formulado para – convertendo uma "obrigação" em outra – conferir ao autor a tutela específica da obrigação originária ou um resultado prático equivalente ao do adimplemento"[148].

Essa exceção à congruência visa dar certa margem de atuação ao magistrado, o qual, desde que respeite a razoabilidade e não pratique excessos, empregará meios para dar maior efetividade ao processo, atendendo os objetivos da demanda.

Assim, a tutela inibitória ou de remoção podem ser utilizadas para submeter o "*stalker*" a uma obrigação de fazer ou não fazer. As astreintes são poderosos meios de coerção indireta, pois quanto maior o tempo de descumprimento da decisão, maior será a multa. A execução direta da tutela inibitória também ocorrer, por meio, por exemplo, da "busca e apreensão, a remoção de pessoas e coisas, o desfazimento de obras e o impedimento de atividade nociva por meio de auxiliar do Juízo"[149].

Usual e concretamente, a prestação pode ser: remoção dos efeitos concretos do ato; fixação de distância mínima da vítima; bloqueio temporário/permanente de contas de redes sociais, a fim de impedir o "cyber-*stalking*". Todas estas medidas não prejudicam a comunicação de crime à polícia ou Ministério Público, visando uma proteção mais completa.

A identificação precoce do "*stalker*" é essencial para cessar o comportamento nos estágios iniciais da agressão, diminuindo os riscos da perseguição para a vítima[150]. Sabe-se que a violência do agressor aumenta com o passar do tempo[151]. Por isso, em conjugação com essa identificação, a tutela inibitória terá sua eficiência amplificada.

Idealmente, a tutela preventiva objetiva o distanciamento do "*stalker*", impedindo, assim, a ocorrência de danos à vítima[152]. Porém, ainda que

[148] MARINONI, Luiz Guilherme. **Tutela Inibitória e Tutela de Remoção do Ilícito**. 7 ed. rev., atual. São Paulo: Thomson Reuters Brasil, 2019. p. 75.

[149] MARINONI, Luiz Guilherme. **Tutela Inibitória e Tutela de Remoção do Ilícito**. 7 ed. rev., atual. São Paulo: Thomson Reuters Brasil, 2019. p. 248-249.

[150] SILVA, Julia Castro Lucas da. **Responsabilização civil por *stalking***. Monografia de conclusão de curso de direito. Universidade Federal do Rio de Janeiro. Rio de Janeiro, p. 65. 2018.

[151] DUNCAN, Scott A. *Stalking*: a case in review. **The Forensic examiner**. Set./out. 2001.

[152] SILVA, Julia Castro Lucas da. **Responsabilização civil por *stalking***. Monografia de conclusão de curso de direito. Universidade Federal do Rio de Janeiro. Rio de Janeiro, p. 65. 2018.

causados, a tutela inibitória é útil para fazer cessar seus efeitos ou impedir a reiteração da perseguição, sem prejuízo do uso da tutela repressiva para reparar os danos já causados.

Conclusões

Após as considerações feitas, conclui-se que o "*stalking*" é um ato perverso, que causa danos incalculáveis às vítimas. A falta de pesquisas estatísticas no país nos impede de estimar a sua presença na sociedade brasileira. Se pautando em dados internacionais, é evidente que seu combate merece atenção, ainda mais em tempos digitais que influem no chamado "cyber-*stalking*".

A persecução penal se mantém constante, ainda mais com o recente advento da sua criminalização pelo Código Penal brasileiro. Porém, a vítima não pode depender exclusivamente do Estado para tomar medidas contra o agressor.

Além da reparação de danos morais e materiais buscadas pela vítima, típica forma de tutela ressarcitória, ganha destaque no direito brasileiro a tutela preventiva. Estima-se que, mais eficaz que reparar o dano, é preveni-lo. Ademais, a tutela repressiva possui uma concepção tradicional patrimonialista, não proporcionando, principalmente em casos de direitos sem valor econômico, a efetividade da tutela jurisdicional imposta pela Constituição Federal. A tutela inibitória, então, surge para suprir esta deficiência, pois pode preservar estes direitos materiais, evitando a sua violação.

No "*stalking*", a inibição processual impediria a ocorrência diversos danos à vítima. A inibição da prática, reiteração ou continuação de ilícitos, bem como a remoção dos seus efeitos concretos, afastam o início ou reiteração de atos ofensivos. O processo civil pode prover diversos meios de tutelar direitos materiais, não dependendo de uma previsão legislativa específica.

Caso os danos não possam ser evitados através de medidas cíveis preventivas, então a tutela ressarcitória manterá seu papel histórico de reparação de danos, não como restauração de direitos "in natura", mas sim, apenas como compensação parcial pelos danos causados.

Afinal, o objetivo do direito é servir à sociedade, e a tutela estatal deve amparar os cidadãos de todas as formas para que assim se permita o desenvolvimento de uma vida digna.

Referências

BRASIL. **Constituição da República Federativa do Brasil de 1988**. Diário Oficial da União: 05 out. 1988.

_____. **Decreto-Lei nº 2.848**, de 7 de dezembro de 1940. Código Penal. Diário Oficial da União: 31 dez. 1940.

_____. **I Jornada de Direito Civil**. Enunciado 37. Disponível em: < https://www.cjf.jus.br/enunciados/enunciado/698>. Acesso em: 15 set. 2022.

_____. **Lei nº 10.406**, de 10 de janeiro de 2002. Institui o Código Civil. Diário Oficial da União: 11 jan. 2002.

_____. **Lei nº 13.105**, de 16 de março de 2015. Código de Processo Civil. Diário Oficial da União: 17 mar. 2015.

BULOS, Uadi Lammego. **Constituição Federal anotada**. 9. ed. rev. e atual. até a Emenda Constitucional n. 57/2008. São Paulo: Saraiva, 2009.

COCKERELL, Elspeth. A Narrative Study of the Emotional Processing of a Female Victim of *Stalking* by an Ex-Intimate Partner. **Doctor of Clinical Science thesis** (DClinSci), University of Kent, 2021.

COSTA, Bruno Bottiglieri Freitas, 1994. ***Stalking***: A responsabilidade civil e penal daqueles que perseguem obsessivamente. Santos: São Paulo, 2018.

DUNCAN, Scott A. *Stalking*: a case in review. **The Forensic examiner**. Set./out. 2001.

FARIAS, Cristiano Chaves de, ROSENVALD, Nelson, e NETTO, Felipe Peixoto Braga. **Curso de direito civil**: responsabilidade civi. 4. ed. rev. e atual. Salvador: Ed. JusPodivm, 2017.

GAGLIANO, Pablo Stolze, e FILHO, Rodolfo Pamplona. **Manual de direito civil**: volume único. São Paulo: Saraiva, 2017

GERBOVIC, Luciana Amiky. ***Stalking***. Dissertação de mestrado em direito. Pontifícia Universidade Católica de São Paulo. São Paulo, p. 119, 2014.

_____, Luciana. ***Stalking***. São Paulo: Almedina, 2016.

GONÇALVES, Carlos Roberto. **Direito civil brasileiro**. V. 4: responsabilidade civil. 12. ed. São Paulo: Saraiva, 2017.

MARINONI, Luiz Guilherme. Tutela diferenciada. Tutela contra o ilícito (art. 497, parágrafo único, do CPC/2015). **Revista de Processo**. vol. 245. Jul. 2015.

_____, Luiz Guilherme. **Tutela Inibitória e Tutela de Remoção do Ilícito**. 7 ed. rev., atual. São Paulo: Thomson Reuters Brasil, 2019.

_____, Luiz Guilherme. **Tutela inibitória**: individual e coletiva. 4. ed. São Paulo: RT, 2006.

REALE, Miguel. **Lições preliminares de direito**. 27. ed. ajustada ao novo Código Civil. São Paulo: Saraiva, 2002.

RUIZ, Ivan Aparecido, e MACHADO, Isadora Vier. Tutelas de urgência e preventivas: aplicabilidade em casos de assédio moral. **Revista Jurídica Cesumar**. v. 6, n. 1, p. 515-539, 2006.

SANTOS, Cristina Leite dos e TAGLIAFERRO, Eduardo. A responsabilidade civil como instrumento jurídico de punição ao *stalking* e ao cyber*stalking*. **Revista intraciência**. Edição 20. Dez. 2020.

SILVA, Julia Castro Lucas da. **Responsabilização civil por *stalking***. Monografia de conclusão de curso de direito. Universidade Federal do Rio de Janeiro. Rio de Janeiro, p. 65. 2018.

SIQUEIRA, Maria Lohana Hexana de Moura Silva. ***Stalking***: um estudo conceitual sobre a perseguição obsessiva e seus reflexos jurídicos no direito brasileiro. 2021. 90 f. Dissertação (Mestrado) – Universidade Católica de Brasília, Programa de Pós-Graduação Stricto Sensu em Direito, 2020. Orientação: Prof. Dr. Maurício Dalri Timm do Valle.

SOUZA, Angeliana Patrícia, e HOFFMANN, Eduardo. *Stalking* e responsabilidade civil: breve análise psicológica do fenômeno. In: ENCONTRO CIENTÍFICO CULTURAL INTERINSTITUCIONAL, 15, 2017, Cascavel. **Anais**. Cascavel: 2017.

STOREY, Jennifer E., et al. Psychopathy and *Stalking*. **Law Hum Behav**. 2009. v. 3. p. 237–246.

TARTUCE, Flávio. **Manual de direito civil**: volume único. 6 ed. rev., atual. e ampl. Rio de Janeiro: Forense; São Paulo: MÉTODO, 2016.

VASCONCELOS, Natália Gomes de, e MACEDO, Marconi Neves. *Stalking* e o novo código penal brasileiro: desmistificando conceitos de uma problemática emergente na sociedade contemporânea. **Revista Cultural e Científica do UNIFACEX**. v. 13, n. 1, 2015.

VIEGAS, Viviane Nery. ***Stalking***: abordagem fenomenológica e jurídica Brasil e Portugal. Curitiba: CRV, 2019.

WOOD, Robert a., and WOOD, Nona L. *Stalking* the *stalker*: a profile of offenders. **FBI Law Enforcement Bulletin**. Dec. 2002.

XEREZ, Rafael Marcílio; CAPISTRANO, Márcio Anderson Silveira. A despecuniarização na responsabilidade civil a partir do filme Aquarius: tutela inibitória e compensação in natura de danos morais. **Revista da Faculdade de Direito UFPR**, Curitiba, PR, Brasil, v. 63, n. 2, p. 191-211, ago. 2018. Disponível em: <https://revistas.ufpr.br/direito/article/view/60047>. Acesso em: 21 set. 2022.

11. *STLAKING* VS. *MOBBING* VS. *BULLYING*: DIFERENCIAÇÃO ENTRE OUTRAS FORMAS DE PERSEGUIÇÃO

Luane Silva Nascimento
Alícia Beatriz da Silva Oliveira

Introdução

O Estado tem o dever de zelar pela paz social e, para isso, se vale da prerrogativa de legislar sobre as diferentes formas de um mesmo ilícito, como acontece no caso dos tipos de perseguição, por exemplo.

No contexto social são identificados vários ambientes que proporcionam aos seres humanos o desenvolvimento de habilidades interpessoais.

A convivência coletiva implica na necessidade de ser dada atenção psicossocial ou normativa a fim de estabilizar e/ou organizar a forma de tratamento entre as pessoas que estão inseridas nesses ambientes de forma dinâmica.

Nesse sentido, Bertero[1] aduz a necessidade de a humanidade se organizar em decorrência de seus propósitos, pois "uma estrutura social, racionalmente organizada, envolve padrões de atividade claramente definidos, nos quais, segundo a maneira ideal, cada série ou conjunto de ações está funcionalmente relacionado com os propósitos da organização". [ROBERT K. MERTON][2]

[1] BERTERO, Carlos Osmar. Teoria da organização e sociedades subdesenvolvidas. RAE-Revista de Administração de Empresas, Escola de Administração de Empresas de São Paulo da Fundação Getulio Vargas (FGV EAESP), exemplar 7, pág. 1-29, julho de 2015.

[2] ROBERT K. MERTON, Social Theory and Social Structure, Glencoe, The Free Press, 1959, pág. 196.

Dessa ideia, infere-se que a condição da prática dos ilícitos demonstra a necessidade de observar o contexto intrínseco por traz da perseguição em si, no intuito de tornar visível e tratável por intermédio dos poderes de organização social.

Para tanto, o artigo foi organizado com o intuito de facilitar a compreensão e diferenciação dos ilícitos que envolvem o ato de perseguir alguém, uma vez que é essencial a conscientização do contexto social, do ambiente e da forma como podem ser praticados contra alguém.

Além do mais, foram abordadas as suas características e distinções entre as condutas, com a análise legislativa referente a cada uma dentro do ordenamento jurídico brasileiro.

Isso porque os atos persecutórios intrusivos à intimidade e à privacidade das vítimas, por assim dizer, determinam a vulnerabilidade suficiente para caracterizar a ofensa à sua integridade física, psíquica (moral) e social[3], independentemente do local onde esta se encontra.

Dessa forma, pode-se dizer que o ato persecutório poderá vir a ocorrer em diferentes locais trazendo-se, assim, de forma imediata, a possibilidade de estar vinculado a outros tipos de perseguição, como *mobbing* e *bullying*, no entanto, detendo-se da mesma consequência intrusiva e, desse ângulo, a violabilidade da liberdade pessoal da vítima é característica determinante e suficiente para definir a ofensa.

A partir dessa concepção, este estudo buscou conceituar os diferentes meios de perseguição, bem como sua fundamentação legal e punitiva, para melhor tratamento e/ou erradicação do desenvolvimento das condutas, entende-se cabível melhor construção jurídica, principalmente no campo do Direito Penal brasileiro, pois vislumbra-se que os ilícitos aqui trazidos estão em estágio inicial de embasamento.

Destarte, o presente enredo foi organizado por meio de pesquisa exploratória bibliográfica com revisão bibliográfica, legislativa e jurisprudencial sob o método dedutivo.

Diferenciação entre *stalking, mobbing* e *bullying*

Dentre as formas de perseguição pode-se destacar o *bullying* e o *mobbing*, com os quais o *stalking* se relaciona, no entanto, não se soma.

[3] RAMIDOFF, M. L. et all. *STALKING*: Atos Persecutórios Obsessivos ou Insidiosos. Ed. Padrão. 1 abril de 2017.

O conceito de ambos pode ser esclarecido pela tradução literal das circunstâncias fatídicas observando-se o local e a pessoa a quem se refere o ato de perseguição.

Alessia Micoli, leciona que

> A característica e a qualidade específica que fundamentalmente diferenciam o *bullying* do *stalking* é a idade daquele que pratica os atos, já que o *bullying* é praticado por aquele que entra ou está na adolescência e o *stalking* por quem está na fase adulta. Outra diferença fundamental reside no fato de que o *bullying* precisa do grupo para existir, diferentemente do *stalking*, que é um fenômeno que ocorre apenas entre duas pessoas, O requisito grupo para o bullying se deve à necessidade e à importância que o grupo tem para o adolescente.[4] [tradução das autoras]

Quanto ao *bullying* e o *mobbing* a característica fundamental que os distinguem sendo é o local onde os atos persecutórios são praticados. Isso porque na esteira de Luciana Gerbovic[5], "[...] quando cometidos por adolescentes, recebem o nome de bullying, recebem o nome de mobbing quando praticados no local de trabalho por um grupo contra uma pessoa [...]", no entanto, existe divergência ao definir *mobbing*.

Com isso, é possível diferenciar as condutas pelas suas especificidades, apesar de isso não impedir o perseguidor de utilizar diversos mecanismos de controle englobando ilícitos comuns ao comportamento de um *stalker*, com o objetivo de "caça" à vítima, o que muitas vezes pode parecer confuso e delicado para se distinguir.

É incontestável que tanto *stalking*, quanto *bullying* e *mobbing* são formas de assédio e perseguição, no entanto, o *mobbing* e o *bullying* carecem da existência de um grupo, posto que o primeiro pode ser praticado no ambiente laboral e o segundo no ambiente escolar, enquanto no caso do

[4] MICOLI, 2012, p. 44. Texto original: *"La caratteristica e la qualità specifica fondamentale che differenzia il fenômeno del bullismo dal fenômeno dello stalking è prettamente l'età di colio che mette in atto questi tipi di comportamento, ovvero quella età che reentra nella fascia adolescenziale; inoltre altra differenza fondamentale risiede nel fato che il bullismo há bisogno del grupo per esistere, diferentemente lo stalking è um fenômeno che avviene tra due persone solamente. [...]"*. MICOLI, Alessia. Il fenômeno dello *stalking*. Milão: Giuffrè, 2012, p. 44 e 45.

[5] GERBOVIC, Luciana. *Stalking*/Luciana Gerbovic. – São Paulo: Almedina, 2016, p. 25.

stalking, para que este ocorra é necessária a presença de duas pessoas, uma que interfere de forma maléfica na vida comum e na vida privada da vítima.

Mesmo que ocorra de forma frequente, como bem apresentado por Ramidoff e Triberti[6], o *stalking* ou a sua forma limitada (Intrusão Relacional Obsesssiva – IRO) implica numa relação estreita da pessoa com quem o *stalker* procura instaurar um princípio de comunicação, mesmo que distorcida, portanto, constitui-se numa premissa.

Em termos gerais, os atos de perseguição referentes ao crime de *Stalking* consistem em perseguir, ameaçar, maltratar fazendo com que a energia vital da vítima seja consumida gradativa ou inteiramente a ponto de desestabilizar seus projetos e programações cotidianas[7].

Embora o crime de *stalking* possa vir mesclado entre comportamentos socialmente aceitos (telefonemas, envio de presentes, aparição em lugares frequentados pela vítima etc.)[8] e outros ilícitos expressamente previstos nos demais ordenamentos jurídicos, o que pode parecer confuso, o que se percebe de forma clara é que a prática do *stalking* está atrelada ao fato de o *stalker* buscar o controle e o poder sobre a vítima a todo custo, como uma obsessão.

Portanto, o crime de *stalking*, consiste num comportamento obsessivo, invasivo e daninho, manifestado por pessoas que não necessariamente já haviam demonstrado qualquer transtorno psicológico ou qualquer enfermidade que colocasse em xeque sua capacidade civil[9], praticado contra uma vítima (geralmente mulher), tendo como consequência o dano ou a ameaça do dano.

Para melhor compreensão acerca do tema *mobbing* é mister salientar, primeiramente, a distinção entre assédio e assédio moral no âmbito trabalhista.

Em consonância com Martins assediar significa "importunar, molestar, aborrecer, incomodar, perseguir com insistência inoportuna. Assédio quer dizer cerco, limitação"[10].

[6] RAMIDOFF, M. L. et all. *STALKING*: Atos Persecutórios Obsessivos ou Insidiosos. Ed. Padrão. 1 abril de 2017. Pág. 40.

[7] GERBOVIC, Luciana, 2016, p. 19.

[8] GERBOVIC, Luciana, 2016, p. 34.

[9] GERBOVIC, Luciana, 2016, p. 27.

[10] MARTINS, Sergio Pinto. Assédio Moral. Revista da Faculdade de Direito de São Bernardo do Campo, São Paulo, n. 13, p. 434, jan/dez. 2008.

No que tange ao assédio moral, o autor afirma que se trata de uma "conduta ilícita, de forma repetitiva, de natureza psicológica, causando ofensa à dignidade, à personalidade e à integridade do trabalhador. Causa humilhação e constrangimento ao trabalhador. Implica guerra de nervos contra o trabalhador, que é perseguido por alguém".[11]

Feitas essas considerações, *mobbing* consiste no ato de se reunir em volta de alguém que está em um determinado grupo com o intuito de manifestar sua admiração, interesse ou raiva. Não é de se olvidar que o tema encontra divergências quanto à caracterização do perseguidor, isso porque pode se tratar de uma pessoa ou um grupo, ou de ambas as características.

Pode-se dizer, inclusive que há possibilidade de o ilícito ser praticado apenas na forma de um grupo de trabalhadores contra um empregador ou nas formas verticais (um superior hierárquico *versus* um empregado) e horizontais (um grupo de empregados *versus* outro empregado).

Mobbing pode ser entendido com a manifestação de admiração, interesse ou raiva que é expressada por um grupo que se reúne em torno de outrem, destarte, o conceito geral delimita que a prática deve ocorrer em contexto de grupo contra uma pessoa.

Na esteira de Gerbovic[12] quando este ato de reunião de grupo contra uma pessoa ocorre num ambiente de trabalho ele recebe o nome de *mobbing*.

De outra lado, o conceito de assédio moral, em consonância com o entendimento de Cassar pode ser assim entendido: "o assédio moral é, por ela caracterizado, em face de condutas abusivas praticadas pelo empregador direta ou indiretamente, sob o plano vertical ou horizontal, ao empregado, que afetem seu estado psicológico"[13], neste caso, sem delimitar que as práticas persecutórias ocorram apenas em contexto de grupo.

Na visão de Neto[14], na maioria das vezes o empregador é o principal agente causador de violência psicológica no local de trabalho, na medida em que ele possui o poder diretivo traçado pelo art. 2º da CLT e o empregado está a ele subordinado juridicamente (art. 3º da CLT). Assim, o que ocorre no assédio é que as atitudes do agressor extrapolam o poder

[11] MARTINS, Sérgio Pinto, 2008, p. 434.

[12] GERBOVIC, Luciana, 2016, p. 49.

[13] CASSAR, 2012, loc. cit

[14] DALLEGRAVE NETO, 2010, p. 269.

patronal e atingem a pessoa do empregado e não dizem respeito à sua atividade.[15]

O empregador, ao usar de sua superioridade hierárquica para constranger um subordinado, pratica o assédio vertical ou descendente. De acordo com o ensinamento de Nascimento, "o que se verifica no assédio vertical é a utilização do poder de chefia para fins de verdadeiro abuso de direito do poder diretivo e disciplinar, bem como, para esquivar-se das consequências trabalhistas".[16]

A autora exemplifica que a sua assertiva quanto ao assédio vertical aponta o caso do empregador que tenta convencer o empregado a pedir o seu desligamento para não ter que pagar as verbas rescisórias inerentes a uma dispensa imotivada.[17] Além de poder agir utilizando de vários subterfúgios, como "retirar sua autonomia no departamento, transferir todas suas atividades a outras pessoas, isolá-lo do ambiente, para que o empregado sinta-se de algum modo culpado pela situação, pedindo sua demissão."[18]

Nascimento explica ainda a existência de outro tipo de assédio, que é o horizontal, praticado por um grupo de empregados do mesmo nível. A autora acrescenta que o fenômeno pode, inclusive, decorrer de ato patronal, consistente no estímulo à rivalidade entre seus empregados. Sob esta perspectiva, o empregador estimula conflitos internos com o fito de pressionar o empregado no grupo de tal modo que ele não vê outra saída senão demitir-se.[19]

Já o *mobbing* horizontal leva, por exemplo, à submissão do sujeito a comentários agressivos sobre a sua vida pessoal, boicote a um projeto de trabalho, discriminação política ou religiosa, dentre outras hipóteses de agressão.[20]

Além disso, Bruginski[21] elucida o assédio ascendente que pode ser praticado pelos subordinados contra o chefe, que, assim como nas demais modalidades, pretende tornar insuportável o ambiente de trabalho

[15] DALLEGRAVE NETO, 2010, p. 269.

[16] NASCIMENTO, Sônia Mascaro. Assédio moral no direito comparado. Revista O Trabalho, São Paulo, n. 143, p. 4810, jan. 2009.

[17] BRUGINSKI, Marcia. Assédio Moral. Revista eletrônica. Artigos Assédio Moral no Trabalho – Conceito, Espécies e Requisitos Caracterizadores, Curitiba, p. 29-41, 2013.

[18] RAMOS, 2012, p. 47

[19] NASCIMENTO, loc. cit.

[20] NASCIMENTO, loc. cit.

[21] BRUGINSKI, loc. cit.

obrigando o superior hierárquico a tomar a iniciativa, por qualquer meio, de deixar o cargo ocupado ou até mesmo dar ensejo à dissolução do contrato de trabalho.

Dessa maneira, o assédio ascendente, em consonância com Martins, é perfeitamente possível num nível hierárquico inverso, uma vez que nada impede que a violência psicológica seja do trabalhador em face da sua chefia.[22]Saliente-se que em todas as três modalidades susoditas, as condutas são abusivas, pois praticadas direta ou indiretamente visando a afetação do estado psicológico da vítima causando-lhe dano à personalidade, à dignidade, à integridade física ou psíquica, colocando em perigo o emprego ou degradando o ambiente de trabalho. Ganha também relevância a descrição dos perfis das vítimas e dos agressores, inclusive para se permitir a correta compreensão dos motivos do assédio moral praticado.[23]Quanto ao perfil psicológico do assediador, de acordo com Felker *apud* Ramos e Galia, pode-se dizer que este tem um perfil aterrador, consistente no prazer pela prática do rebaixamento dos demais e em outros aspectos, conforme se infere do excerto abaixo colacionado:

> [...] o assediador é alguém que não pode existir senão pelo rebaixamento dos outros, pois tem necessidade de demonstrar poder e para ter uma boa autoestima. Dissimula sua incompetência. Em suma, trata-se de alguém que, em última análise, é covarde, impulsivo, tem uma fala vazia e não escuta. Não assume responsabilidade, não reconhece suas falhas, não valoriza os demais. É arrogante, desmotivador, amoral, plagia ou se apropria do trabalho de outros, é cego para o aprendizado.[24]

As vítimas mais comuns do terror psicológico, segundo Nascimento[25], são os empregados estáveis[26], já que a sua condição impede a dispensa sem

[22] MARTINS, loc. cit.

[23] MAEOKA, Érika. A violência na Administração Pública e o princípio da eficiência: o assédio moral e a avaliação periódica de desempenho. Revista dos Tribunais, São Paulo, v.101, n. 921, p. 92, jul. 2012.

[24] FELKER, 2007, apud RAMOS, 2012, p. 52

[25] NASCIMENTO, 2009, p. 4810.

[26] No mesmo sentido, Érika Maeoka destaca que a estabilidade, traça característico de quem trabalha na Administração Pública, é apontada como um fator desencadeante do assédio. AEOKA, Érika. Ibid, p. 100.

justa causa, bem como os trabalhadores vítimas de acidente de trabalho ou de doença. Assim e da forma vista, o assédio moral tem a "característica peculiar de discriminação, exclusão propositada, intenção do assediador de minar as resistências psicológicas da vítima."[27]

Feitas essas considerações, na visão de Crochick[28] e Cano-Echeverri e Vargas-Gonzalez[29], o *bullying* escolar existe desde quando há escola, mas sua investigação científica teve início nos anos 70, com o psicólogo norueguês Dan Olweus. O interesse acadêmico foi incrementado a partir do suicídio de três estudantes de 14 anos devido, principalmente, à agressão contínua de seus colegas. A partir daí, governos de outros países – como Inglaterra, Itália, Canadá, Japão, Estados Unidos, Austrália – reconheceram o *bullying* como um problema sério a ser enfrentado.

Crochick, ao elucidar o pensamento de Cano-Echeverri & Vargas-Gonzalez, 2018 (1); Chaves & Souza, 2018 (2); Fante, 2005 (3); Pinheiro & Willians, 2009 (4)[30], aduz que o *bullying* escolar pode ser definido como a hostilidade de um aluno mais velho ou mais forte, ou mesmo um grupo de alunos que intencionalmente e com frequência dirigem certa agressão a um mesmo aluno, que não consegue reagir suficientemente para evitar a agressão podendo gerar diversas consequências em quem sofre, desde uma angústia acentuada até o suicídio ou assassinato para fins de vingança.

Segundo Cuervo, Quintana, Martínez e Amezaga[31], o *bullying* difere de outras formas de agressão porque é sistematicamente repetido em um contexto de relações interpessoais, com assimetria de poder entre o agressor e sua vítima. O *bullying* diferencia-se das demais perseguições explicadas neste trabalho em razão do ambiente escolar onde as práticas de perseguição são realizadas.

[27] BRITO, Jonas Santada. Assédio moral e sexual. Revista do Tribunal Regional do Trabalho 2ª Região, São Paulo, n. 4, p. 79, jan/abr, 2010.

[28] CROCHICK, José Leon. Preconceito e *bullying*: marcas da regressão psíquica socialmente induzida. Psicologia USP [online]. São Paulo, v. 30, e190006, jul. 2019.

[29] CANO-ECHEVERRI, M. M., & Vargas-Gonzalez, J. E. Actores del acoso escolar. Revista Médica de Risaralda, v. 24, 61-63. 2018.

[30] CANO-ECHEVERRI & Vargas-Gonzalez, 2018 (1), Chaves & Souza, 2018 (2), Fante, 2005 (3); Pinheiro & Willians, 2009 (4), *apud* CROCHICK.

[31] CUERVO, A. A. V., Quintana, J. T., Martínez, E. A. C., & Amezaga, T. R.W. Challenging behavior, parental conflict and community violence in students with aggressive behavior. International Journal of Psychological Research. 11(1), 50-57. 2018.

A peculiaridade do bullying é possibilitar que em decorrência das agressões sofridas, uma vítima pode se tornar agressor em outra situação invertendo-se, assim, os papéis do *bullying* descritos por Albuquerque, Williams e D'Affonseca[32], os quais são: agressor, seguidores do agressor, espectadores e vítima ou alvo da agressão.

Os papéis descritos, contudo, podem ser alternados, pois os observadores do *bullying*, segundo Cano-Echeverri e Vargas-Gonzalez[33], Chaves e Souza[34] e Voors (2006)[35], podem se sentir temerosos de que eles mesmos se tornem vítimas caso interfiram para cessar a violência, sentindo-se impotentes.

Crochik[36], por seu turno, explica que os autores da agressão têm dificuldades de seguir limites sociais e extravasam sua agressividade quando podem, sem nenhum motivo aparente, assim, o ato do *bullying*, ao expressar essa não contenção de impulsos que levam a comportamentos destrutivos, fortalece a manutenção em seu autor de um estágio de desenvolvimento psicologicamente regredido.

Barcaccia, Schneider, Pallini, & Baiocco[37] explicam que os alvos, por sua vez, podem se sentir deprimidos e/ou ressentidos levando-se, em casos extremos, ao suicídio ou à vingança por meio de assassinatos.

Em suma, o *bullying* possui a peculiaridade de causar medo à vítima, a qual se encontra ainda em fase escolar, a ponto de o assediador conseguir manuseá-la como uma verdadeira marionete, obrigando-a a tomar atitudes desmedidas em razão do medo.

Portanto, o ponto fatídico da perseguição, no que diz respeito ao *bullying* é a possibilidade de a vítima e/ou o assediador obterem como resultado, em certos casos, o acometimento outros crimes em consequência do contexto persecutório da prática de *bullying*.

[32] ALBUQUERQUE, p. p. , Williams, L. C. A., & D'Affonseca, S. M. Efeitos tardios do bullying e transtorno de estresse pós-traumático: uma revisão crítica. Psicologia: Teoria e Pesquisa, v. 29(1), 91-98. 2013. DOI:10.1590/S0102- 37722013000100011.

[33] CANO-ECHEVERRI & Vargas-Gonzalez, loc. cit.

[34] CHAVES & Souza, loc. cit.

[35] VOORS, W. Bullying: el acoso escolar. Buenos Aires: Oniro. 2006.

[36] CROCHIK, J. L. Prejudice, violence, and school performance. In Draper, T. (Org.). Psychology of prejudice: new research. Nova York, NY: Nova Publishers. 2014.

[37] BARCACCIA, B., Schneider, B. H., Pallini, S., & Baiocco, R. Bullying and the detrimental role of unforgiveness in adolescents' wellbeing. Psicothema, v. 29(2), 217-222. 2017. DOI: 10.7334/psicothema2016.251.

Da legislação brasileira sobre essas condutas

O Código Penal Brasileiro de 1940 inseriu o crime de perseguição (*stalking*) por meio da edição da Lei 14.132, de 31 de março de 2021, prevendo a possibilidade de punição aos que perseguem pessoas de forma reiterada e inoportunamente causando-lhe malefícios, e até mesmo restringindo sua liberdade.

O crime de perseguição está previsto no artigo 147-A e trouxe à baila a necessidade de se amparar por meio de tutela jurisdicional a privação da liberdade pessoal do indivíduo que é padecente do ilícito o qual possui o resultado de agredir pessoa, de forma direta, física ou psicologicamente, consubstanciando o sobrepujamento à vontade da vítima[38].

A recente inclusão do artigo 147-A no CP[39] do crime de perseguição prevê o crime como sendo o ato de "perseguir alguém, reiteradamente e por qualquer meio, ameaçando-lhe a integridade física ou psicológica, restringindo-lhe a capacidade de locomoção ou, de qualquer forma, invadindo ou perturbando sua esfera de liberdade ou privacidade".

O mencionado artigo prevê pena de reclusão de seis meses a dois anos e multa para esse tipo de conduta. No entanto, vale ressaltar que antes da edição da Lei 14.132/2021, a prática era enquadrada apenas como contravenção penal, que dispunha sobre a perturbação da tranquilidade alheia que era punível com prisão de 15 dias a 2 meses e multa.

Vale dizer que apesar do crescente número de situações que se amoldam ao fato típico anunciado, a prática tem revelado que seu enquadramento ainda não acompanha a realidade social, posto que as autoridades de Segurança Pública ainda estão na fase de adaptação a respeito do referido crime que foi recentemente incorporado ao Código Penal brasileiro.

Ademais, outra dificuldade na aplicação desse novo artigo do CP está atrelada ao fato de que a conduta típica se incorporava a outros tipos penais para tratar da perseguição, muitas vezes, inclusive, o perseguidor alcançava seu objetivo de "caça" ao matar ou cometer algum tipo de violência física ou psicológica contra a vítima, o que caracterizava a tipificação de

[38] Definição trazida pela psicóloga e criminologia italiana Alessia Micoli. Micoli, Alessia. Milão: Giuffrè, 2012, p. 67.

[39] Art. 147-A do Código Penal Brasileiro. Incorporada em 1º abril de 2021, Diário Oficial da União.

outros crimes de maior gravidade que, por conseguinte, englobavam a perseguição.

Isso posto, é necessária atenção durante este período de adaptação da aplicação da norma para que a vítima não se sinta preterida e nem seja colocada em estado de maior vulnerabilidade, no qual seria necessário se valer da possibilidade de poder se precaver contra a perseguição por outros meios e ainda a prevenção ao surgimento de outras agressões oriundas do *stalker*, o que só pode ser feito por intermédio de registro policial para o crime de perseguição.

Em relação ao aspecto jurisdicional, podem ser atribuídas algumas peculiaridades em razão da dificuldade de se apenar o causador dos danos de perseguição, porquanto o *stalker* pode fazer jus a inimputabilidade prevista CP, devido à análise de sua condição mental à época dos fatos.[40]

Nesse sentido, sabe-se que o imputável será responsabilizado pelo mal que suas conquistas venham a causar a outrem, porém o inimputável não.[41]

Por conseguinte, para averiguar se o sujeito é imputável, conforme Nucci[42] e Moreira Filho[43], é mister a presença de atributos que o distinga dos demais, trazendo anormalidades quanto à sua "sanidade psíquica" e "maturidade" e ainda que não seja evoluído tanto fisicamente, quanto mentalmente, mantendo um dificultoso convívio social em seus relacionamentos.

Nesse aspecto, quanto aos critérios aptos à caracterização de um inimputável, tem-se a "higidez mental", como apresentado por Nucci[44] e Tourinho Filho[45], levando em consideração os aspectos: (i) biológico, quanto ao desenvolvimento mental do sujeito; o aspecto psicológico (ii) do sujeito, quanto a capacidade de compreensão que o sujeito tinha à época dos fatos, ou seja, se ele detinha o entendimento de que se tratava de ato

[40] VIEGAS, Viviane Nery. *Stalking*: abordagem fenomenológica e jurídica Brasil e Portugal. Curitiba: CRV, 2019. p. 42

[41] VIEGAS, Viviane Nery, 2019, loc. cit.

[42] NUCCI, Guilherme Souza. Código Penal Comentado. 17. Ed. Rio de Janeiro: Forense, 2017. p. 308.

[43] MOREIRA FILHO, Guaracy. Código Penal Comentado. 5. Ed. São Paulo: Rideel, 2015. p. 155.

[44] NUCCI, loc. cit., p. 308.

[45] TOURINHO FILHO, 2008, p; 480.

ilícito; e (iii) biopsicológico, no qual se leva em conta os dois critérios anteriores em concordância com o Código Penal Brasileiro.

Na visão de Trindade[46], nos casos de *stalkers* inimputáveis não se pode tratar um *stalker* como um delinquente habitual, bem como não se pode deixar a vítima à mercê do mesmo sem um respaldo do Poder Judiciário.

E nesse sentido, de acordo com Tourinho Filho[47] "sempre que houver uma dúvida razoável, é lógico, a respeito da integridade mental do agente, deverá ele ser submetido ao competente exame médico-legal", partindo-se do princípio de que se trata de uma dúvida significativa a ponto de gerar um vício processual, então, segundo entendimento de Nucci[48], o agente que apresentar uma dificuldade de compreensão quanto ao ato ilícito cometido será submetido ao respectivo exame.

O contexto jurídico ao qual o crime de *stalking* está inserido é amplo e condiciona um delicado entendimento para que, de forma eficiência, seja realizada a coleta probatória necessária a caracterizar e responsabilizar de maneira justa.

No que diz respeito ao *mobbing* até o presente momento não há previsão legal que tipifique de forma própria o assédio moral no Código Penal Brasileiro, no entanto, tem-se equiparado a outros ilícitos cometidos em decorrência do ato de perseguir.

Diferentemente da previsão legal insculpida para o crime de *stalking*, a perseguição disposta na prática de *mobbing* (Assédio Moral) não conta com a previsão legal em âmbito nacional de forma clara e objetiva, todavia, encontra respaldona Consolidação das Leis do Trabalho, valendo-se do instituto da analogia para que possa responsabilizado.

Destarte, a previsão normativa referente ao assédio moral está insculpida no artigo 483, da Consolidação das Leis do Trabalho[49], o qual trata sobre a rescisão indireta do contrato de trabalho conduzindo a possibilidade de rescindir o contrato por parte do empregado, quando este vier a sofrer algum tipo de prática que fira a sua honra objetiva e subjetiva.

[46] TRINDADE, 2017, p. 266.

[47] TOURINHO FILHO, 2008, p. 482.

[48] NUCCI, 2016, p. 370.

[49] Decreto-lei nº 5.452, de 1 de maio de 1943. Aprova a consolidação das leis do trabalho. Lex: coletânea de legislação: edição federal, São Paulo, v. 7, 1943.

Diante disso, o ressarcimento ao qual o empregado fará jus dispõe sobre a possibilidade do recebimento em pecúnia, à título de danos morais, em conformidade com a previsão do artigo 223-A da CLT cumulado com o art. 483 da mesma legislação restringindo-se, no entanto, o pagamento pelo empregador de até 50 vezes o último salário do empregado, de acordo com a gravidade dos danos causados ao trabalhador, como maneira de punir a prática persecutória.

Assim, o assédio moral será passível de punição tão somente de acordo com a previsão da CLT, em razão da lacuna legislativa penal, pois o ordenamento jurídico compreende que o caráter punitivo desse tipo de perseguição abrange apenas o ambiente laboral e não abrange os danos provocados à sociedade decorrente dessas práticas mesmo que ocorra no ambiente de trabalho.

Diz-se que o ato de assediar e perseguir alguém condiz com o descumprimento da proteção dos bens juridicamente tutelados pelo Estado, como a vida, a liberdade, como apresenta-se no art. 5º, caput e incisos seguintes da Constituição da República Federativa do Brasil de 1988[50], e no entanto, o ordenamento jurídico brasileiro ainda compreendeu a condução à característica suficiente para a definição de delito, mas sim de dano, como é tratado atualmente.

Veja-se, inclusive, o acórdão da 3ª Turma do Tribunal Regional do Trabalho de Goiás que encontrou um litígio no qual o empregador foi responsabilizado de forma objetiva, com base no artigo 932, III, do Código Civil, pelos atos persecutórios realizados por empregado contra outra empregada, de maneira horizontal.

Acordaram os membros da referida Turma, dizendo que o caso em evidência se tratava de "uma variável do assédio moral, na medida em que restou demonstrado que o empregado tido como *stalker* perseguia a reclamante em caso típico de *stalking*"[51].

> ASSÉDIO MORAL. *STALKING.* No assédio moral, na modalidade *stalking*, o assediador (*stalker*), dentre outras condutas, invade a privacidade da

[50] BRASIL. Art. 5º. Constituição da República Federativa do Brasil de 1988. Diário Oficial da União:

[51] BRASIL. Tribunal Regional do Trabalho do Goiás. TRT18, ROT – 0010055-78.2019.5.18.0014, Rel. SILENE APARECIDA COELHO, 3ª TURMA, 19/03/2020.

vítima de forma reiterada, causa danos à integridade psicológica e emocional do sujeito passivo, lesa a sua reputação, altera do seu modo de vida e causa restrição à sua liberdade de locomoção. No caso em tela, demonstrado que o *stalker*, vigiava os passos, controlava os horários e tirava fotos da reclamante quando acompanhada de outros homens, para dizer que estava traindo seu marido, faz jus à indenização por danos morais em razão do assédio moral sofrido, sendo o empregador responsável de forma objetiva, consoante art. 932, III do CC/02.[52]

No sentido do caso apresentado, a conduta do *stalker* no ambiente de trabalho repercutiu a necessidade de amparo jurisdicional da vítima ao requerer e obter a reparação do dano por parte da empresa empregadora em decorrência de sua responsabilidade objetiva, pois ela detinha o conhecimento quanto aos atos persecutórios e, portanto, agiu de forma culposa, de acordo com o dito julgado.

No caso apresentado tem-se que o perseguidor utilizou do ambiente de trabalho para perseguir e invadir a privacidade da vítima e de demais pessoas, com o intuito de prejudicá-las. Veja alguns trechos da narrativa das testemunhas do caso em comento:

> (...) que o relacionamento do *stalker* e da reclamante era tenso; que o *stalker* tirava fotos da reclamante em diversas situações e fazia anotações no computador; que a depoente não via que anotações eram essas, ele deixava claro que tinha intenção de prejudicar a reclamante, sobretudo tirando fotos dela com homens para dizer que ela traía o marido; que a reclamante comunicou o fato para a supervisora e esta comunicou a empresa; que todos no local, inclusive os médicos, sabiam da situação, que era muito constrangedora; que a supervisora mandou um e-mail para o setor responsável, e a depoente não sabe dizer se foi tomada.
>
> [...]
>
> Já a segunda testemunha ouvida em Juízo descreveu que, em que pese esse colaborador, *stalker*, não ter como atribuição a fiscalização do pessoal, ele elaborou uma planilha no Excel em que descrevia os horários em que tanto a

[52] BRASIL. Tribunal Regional do Trabalho do Goiás. TRT18, 3ª TURMA, in loc. cit.

reclamante, quanto os demais empregados, saíam para lanchar e com quem eles faziam isso (fls. 714).

Não fosse suficiente, restou demonstrado que nesse documento eletrônico o referido colaborador descrevia fatos singelos do dia-a-dia da reclamante, tal como quando ela olhou uma revista de cosméticos, a denotar que, de fato, ele vigiava os seus passos, inclusive aqueles que não tinham ligação com o serviço (fls. 714).

Ademais, segundo o depoimento da segunda testemunha inquirida em audiência, todos os funcionários da primeira reclamada tinham conhecimento do comportamento desse colaborador, *stalker*, e que a existência dessa planilha no Excel foi comentada com a supervisora (fls. 714).

Não obstante, para concretização de tipificar ações como crime, deve-se, como dito por Damásio[53] , levar em consideração o conceito material de crime, pois detém de relevância jurídica, uma vez que coloca em destaque o seu conteúdo teleológico, a razão determinante de constituir uma conduta humana infração penal e sujeita a uma sanção.

O acórdão da 3ª turma do TRT de Goiás[54] acrescentou que "o assédio moral pode ser praticado de forma vertical (ascendente/descendente) e horizontal (empregados *versus* um empregado de mesma hierarquia), no mundo público e privado, sendo tema de importância mundialmente reconhecida, inclusive com a recente aprovação pela OIT da Convenção 190 que dispõe sobre a eliminação da violência e do assédio no mundo do trabalho, ainda não ratificada pelo Brasil".

Embora, como bem apresentado por Marcelo e Fernanda na Revista dos Direitos Fundamentais e Democracia em Curitiba, os diplomas que tratam de direitos humanos, mesmo não versando de maneira direta e nominal, dão guarida aos obreiros vítimas do *mobbing*[55], as quais são úteis, mas não suficientes para garantir a proteção da vítima.

[53] JESUS, Damásio de. Direito penal. Volume 1: parte geral / Damásio de Jesus. 32. ed., São Paulo: Saraiva, 2011. p. 193.

[54] BRASIL. Tribunal Regional do Trabalho do Goiás. TRT18, 3ª TURMA, in loc. cit.

[55] SILVA, Marcelo et al. Assédio Moral. Revista dos Direitos Fundamentais e Democracia, Curitiba. v. 14, n. 14, pag. 504/524, julho/dezembro. 2013.

A fim de garantir a proteção da liberdade pessoal do indivíduo em seu ambiente laboral, é possível que num futuro, não tão distante a legislação brasileira se atente a possibilidade de inserir o Assédio Moral no Código penal, trazendo a perseguição no ambiente de trabalho.

Mesmo diante de projetos de Lei como o de nº 1521, de 2019[56] – em trâmite no Senado Federal, o legislativo não compreendeu ser necessária a introdução de artigo no Código Penal Brasileiro ou até mesmo trazer lei que o defina, como apresentado pelo *bullying*, que viesse a proteger as vítimas de assédio moral.

Compreende-se que, em consonância com Damásio[57], para a que haja a consideração de um fato como sendo crime, é necessária a sua descrição legal.

Entrementes, ainda no âmbito conceitual, para Manzini[58], delito é a ação ou omissão, imputável a uma pessoa, lesiva ou perigosa a interesse penalmente protegido, constituída de determinados elementos e eventualmente integrada por certas condições, ou acompanhada de determinadas circunstâncias previstas em lei.

E nesse sentido, compreende-se que, embora haja fatos que caracterizem o acometimento de crime no ambiente de trabalho e haja reconhecimento por tratados internacionais sobre o assunto, o Brasil ainda não trouxe para o ordenamento jurídico a sua tipificação no Código Penal.

Então, compreende-se, assim, que apesar de constar evidência de violação e apesar ainda da necessidade punitiva, contextualizado para a assédio moral, até o presente momento, não se encontra amparo para a penalização do *mobbing* no contexto *crimen*. Embora haja proteção às vítimas por meio dos artigos da CLT e do Código Civil mencionados anteriormente.

Diante disso, aduz-se que o ordenamento jurídico brasileiro, como um todo, detém a característica de possuir normas formais, escritas e analíticas, como bem apresentada pela atual Carta Constitucional, assimilando-se, assim, que os ilícitos recorrentes e prejudiciais ao bom

[56] BRASIL. Projeto de Lei nº nº 1521, de 2019. Disponível em: https://www.camara.leg.br/proposicoesWeb/fichadetramitacao?idProposicao=28692.

[57] JESUS, Damásio de. Direito penal. Volume 1: parte geral / Damásio de Jesus. 32. ed., São Paulo: Saraiva, 2011. p. 193.

[58] Tratado de derecho penal, v. 1, p. 496.

convívio e desenvolvimento humano, como os aqui apresentados envolvendo os atos de perseguição, devem sempre obter previsão legislativa e, consequentemente, punição de caráter preventivo ou corretiva, a fim de resultar em melhor Segurança nacional e dos trabalhadores.

Não é de se olvidar que a Lei nº 13.185[59], de 6 de novembro de 2015, trouxe a explicação do crime de *bullying*, embora não tenha inserido previsão expressa no Código Penal, no entanto, é passível a aplicação desta lei para embasar os argumentos ao penalizar alguém por outros crimes, mas que estejam em contexto de *bullying*.

Ou seja, ainda que não haja a real criminalização quanto a prática do *bullying*, para fins punitivos desta conduta típica,, há legislação que o delimite passível, assim, de aplicação, inclusive no contexto jurisprudencial.

Saliente que, em que pese o art. 146 verse sobre práticas semelhantes ao contexto de *bullying*, porém, referentes ao constrangimento ilegal, este não caracteriza a necessidade de as práticas serem realizadas num ambiente escolar, como é o caso daquele tipo de perseguição.

Ora, cediço que os atos de perseguição condizentes com o crime de *bullying* desestabilizam moralmente a vida de uma pessoa em seu ambiente escolar, acarretando reflexos negativos nos demais ambientes que convive.

Com isso, não se pode olvidar que as vítimas de *bullying* sofrerão as consequências de sua prática ao longo de sua vida, que será carregada de muito sofrimento, ora ódio ou insegurança demasiada, desencadeando doenças psíquicas e até mesmo doenças do corpo, as quais destroem todos os aspectos futuros de um ser humano, por essa razão é mister a criminalização de tal prática.

A despeito disso, a Lei do *Bullying* nº 13.185/2015 enuncia de maneira clara c objetiva, a definição do ato e as características que podem ser consideradas como tal ao se praticar o *bullying*. Além do mais, também possibilita a inserção dos agentes contributivos ao Programa de Combate à Intimidação Sistemática (*bullying*) em todo o território nacional, como forma de prevenir e remediar estas práticas.

Assim sendo, esta Lei tem sido utilizada para embasar os argumentos aptos a tipificar outro crime que esteja no contexto do *bullying*.

59 BRASIL. Lei nº 13.185, de 6 de novembro de 2015. Lei do Bullying. Diário Oficial da União: 9 nov. 2015.

Nesta esteira, a Desembargadora Sandra Santis, do TJDFT, ao pedir vista dos autos nº20040910115454[60] quando do julgamento do recurso de apelação, reconheceu como fonte originária do desencadeamento dos crimes de roubo e extorsão as práticas em contexto de *bullynig*. É o que se depreende do excerto do julgado abaixo colacionado:

> PENAL E PROCESSUAL PENAL. TENTATIVA DE ROUBO E POSTERIOR EXTORSÃO CONTINUADA. CREDIBILIDADE DA PALAVRA DA VÍTIMA. AFASTADA A CONTINUIDADE DELITIVA. SENTENÇA MANTIDA
>
> 1. A vítima, um garoto com apenas quatorze anos de idade, foi submetida ao que a Associação Brasileira Multiprofissional de Proteção à Infância e à Adolescência denomina de bullying. Seu sofrimento começou a partir de uma tentativa frustrada de roubo, quando gritou por socorro e o réu se afastou, temendo a reação dos transeuntes. Desde então, passou a importuná-la no caminho da escola, exigindo-lhe dinheiro. As ameaças de morte a si e aos familiares levavam-na a entregar ao extorsionatário todo o dinheiro que ganhava dos pais, passando também a vender seus pertences a fim de atender a essas exigências. Diante do clima de terror que lhe infundia o algoz, desenvolveu grave distúrbio psicológico que prejudicaram seu desempenho escolar e a obrigaram a tratamento especializado, passando a ser medicada com psicotrópicos. Descoberta a razão do distúrbio comportamental, o fato foi comunicado pelos pais à polícia, ensejando a persecução penal. Mas ao depor em Juízo, a insegurança naturalmente demonstrada pela vítima e a menção aos "remédios controlados" que tomava ensejou o apelo da defesa diante da condenação do primeiro, alegando a insuficiência dessa prova. Contudo, tal situação não afasta a credibilidade da palavra vítima em juízo, que se harmoniza com a prova inquisitorial. 2 A continuidade delitiva entre os crimes de roubo e de extorsão é repudiada na doutrina e na jurisprudência, haja vista tratarem-se de crimes de espécie diferente, embora protejam os mesmos bens jurídicos: patrimônio e incolumidade física e psíquica da vítima. 3 Recurso improvido.

[60] BRASIL. Tribunal de Justiça do Distrito Federal e Territórios. Acórdão 332127, 20040910115454APR, Relator: JOÃO EGMONT, Relator Designado: GEORGE LOPES LEITE, Revisor: GEORGE LOPES, 1ª Turma Criminal, data de julgamento: 13/10/2008, publicado no DJE: 9/12/2008. Pág.: 166)

"[...]Em acesso ao Google localizei pesquisa da Associação Brasileira Multiprofissional de Proteção à Infância e à Adolescência – ABRAPIA – realizada em 2002, envolvendo quase seis mil estudantes de quinta a oitava séries de escolas municipais do Rio de Janeiro. Cerca de 40,5% desses alunos admitiram ter estado diretamente envolvidos em atos de bullying. Os meninos estão muito mais envolvidos, tanto como autores quanto como alvos. Os agressores costumam bater, xingar, roubar e destruir os bens do oprimido. "Sempre fui pequeno, menor que os meus colegas, o que era um prato cheio para sofrer abusos", afirma um dos entrevistados. "Eles roubavam o dinheiro do meu lanche, não me deixavam jogar bola na hora do recreio e me batiam a troco de nada. Uma vez, até rasgaram a minha mochila", completa outro. Outros ainda dizem ter aprendido a conviver com o bullying.

Mas nem todos conseguem se livrar da pressão imposta pelos opressores. E as reações são as mais diversas. No caso dos autos, Carlos Eduardo sentiu-se humilhado e diminuído, sem forças para enfrentar as ameaças quase diárias e a reação ao medo de ser morto o levou a entregar ao apelante todo o dinheiro que ganhava dos pais e a vender objetos mas, ante as renovadas exigências, teve os problemas psicológicos descritos nos autos.[...]

[sem grifos no original]

Diante disso, compreende-se que embora haja o reconhecimento da prática e dos efeitos decorrentes do ato persecutório de *bullying*, juridicamente, não há punibilidade direta à referida prática.

Isso posto, após essa perspectiva, infere-se que os crimes envolvidos no contexto do *bullying* possuem tratamento perante o Judiciário, especialmente com supedâneo na Lei 13.185/2015, com a penalização embasada em qualquer outro ilícito que venha a estar inserido na circunstância da conduta de perseguição a alguém no ambiente escolar.

Conclusão

Na esteira de Gerbovic[61], a prática de *stalking* viola especialmente direitos fundamentais, pois o fenômeno se configura primordialmente como invasão de privacidade e intimidade, conjuntamente ou não com a lesão à honra, à imagem e ao nome. Com isso, são gerados diversos abalos

[61] GERBOVIC, Luciana. *Stalking*. São Paulo: Almedina, 2016. p. 132.

psíquicos na vítima, os quais podem se alargar por toda vida em seus relacionamentos.

Desse modo, os tipos de perseguição aqui abordados decorrem de atos que podem ser cometidos em diferentes contextos e ambientes, no entanto, todos caminham para o mesmo fim, que é a geração de agressão psicológica e física, que sobrepujam a vontade da vítima, destruindo sua moral e sua capacidade de resistência por meio de um gotejamento incessante.[62]

Apesar de o respectivo enredo não ter o propósito de esgotar o tema, o que se constata é que independentemente do tipo de perseguição, seja ela ocorrida na escola, na vida civil ou no ambiente de trabalho, os danos impingidos à vítima são, muitas vezes, irreversíveis. E dessa maneira, é necessário que o poder protetivo do Estado esteja vigilante em propiciar alternativas que corroborem para a proteção das vítimas e prevenção do acometimento dessas condutas persecutórias.

Referências

VIEGAS, Viviane Nery. ***Stalking*: abordagem fenomenológica e jurídica Brasil e Portugal**. Curitiba: CRV, 2019.

GERBOVIC, Luciana. ***Stalking***. São Paulo: Almedina, 2016.

BRASIL. Decreto-Lei nº 2.848, de 7 de dezembro de 1940. **Código Penal**. Diário Oficial da União: 31 dez. 1940.

_____, Lei nº 14.132, de 31 de Março de 2021**. Lei que incorpora o Crime de Perseguição ao Código Penal**. Diário Oficial da União: 1º abril de 2021.

_____, Lei nº 13.185, de 6 de novembro de 2015. Lei do *Bullying*. Diário Oficial da União: 9 nov. 2015.

_____, Projeto de Lei nº nº 1521, de 2019. Disponível em: https://www.camara.leg.br/proposicoesWeb/fichadetramitacao?idProposicao=28692.

RAMIDOFF, M. L. et all. ***STALKING*: Atos Persecutórios Obsessivos ou Insidiosos**. Ed. Padrão. 1 abril de 2017.

MICOLI, Alessia. **Il fenômeno dello *stalking*. Milão: Giuffrè, 2012.**

BRASIL. Tribunal de Justiça do Distrito Federal e Territórios. **Acórdão nº 33.2127**. Tentativa de roubo e posterior extorsão continuada. Credibilidade da palavra da vítima. Afastada a continuidade delitiva. Brasília, DF: Tribunal de Justiça e Territórios, [2008]. Disponível em: https://pesquisajuris.tjdft.jus.br/IndexadorAcordaos-web/sistj. Acesso em: 28 out. 2022.

[62] GERBOVIC, Luciana. 2016. Loc. cit.

JESUS, Damásio de. **Direito penal.** Volume 1: parte geral / Damásio de Jesus. 32. ed., São Paulo: Saraiva, 2011.

BRASIL. [Constituição (1988)]. **Constituição da República Federativa do Brasil de 1988.** Brasília, DF: Presidência da República, [2016]. Disponível em: http://www.planalto.gov.br/ccivil_03/Constituicao/ Constituiçao.htm. Acesso em: 28 out. 2022.

CASSAR, Vólia Bonfim. **Direito do Trabalho.** 7 ed. Niterói: Impetus, 2012, p. 913.

BRUGINSKI, Marcia. Assédio Moral. Revista eletrônica. **Artigos – Assédio Moral no Trabalho – Conceito, Espécies e Requisitos Caracterizadores,** Curitiba, p. 29-41, 2013. DOI: www.amatra5.org.br/php/arquivos/assedio.pdf. Disponível em: https://www.mpf.mp.br/pgr/documentos/assediomaoralesuapreveno-trilho1_2.pdf. Acesso em: 28 de out. 2022.

MARTINS, Sergio Pinto. **Assédio Moral.** Revista da Faculdade de Direito de São Bernardo do Campo, São Paulo, n. 13, p. 434, jan/dez. 2008.

NASCIMENTO, Sônia Mascaro. **Assédio moral no direito comparado,** Revista O Trabalho, n. 143, p. 4809-4821, jan. 2009.

RAMOS, Luis Leandro Gomes; GALIA, Rodrigo Wasem. **Assédio moral no trabalho.** Porto Alegre: Livraria do Advogado Editora, 2012.

MAEOKA, Érika. **A violência na Administração Pública e o princípio da eficiência: o assédio moral e a avaliação periódica de desempenho.** Revista dos Tribunais, São Paulo, v. 101, n. 921, p. 81-117, jul. 2012.

BRASIL. Tribunal Regional do Trabalho de Goiás. **ROT nº 0010055-78.2019. 5.18.0014.** ASSÉDIO MORAL. *STALKING.* No assédio moral, na modalidade *stalking*, o assediador (*stalker*), dentre outras condutas, invade a privacidade da vítima de forma reiterada, causa danos à integridade psicológica e emocional do sujeito passivo, lesa a sua reputação, altera do seu modo de vida e causa restrição à sua liberdade de locomoção. Goiás, GO: Tribunal de Justiça do Trabalho de Goiás, [2020]. Disponível em: https://sistemas2.trt18.jus.br/solr/pesquisa?q=id:3-14620993. Acessado em: 28 out. 2022.

CROCHICK, José Leon. Preconceito e *bullying*: marcas da regressão psíquica socialmente induzida. **Psicologia USP [online].** São Paulo, v. 30, jul. 2019. DOI: https://doi.org/10.1590/0103-6564e190006. Disponível em: https://www.scielo.br/j/pusp/a/DxFBvMddr9GQHkwrmGgMf3r/abstract/?lang=pt#. Acessado em: 31 out. 2022.

CUERVO, A. A. V., Quintana, J. T., Martínez, E. A. C., & Amezaga, T. R.W. Challenging behavior, parental conflict and community violence in students with aggressive behavior. **International Journal of Psychological Research,** v. 11(1), 50-57. 2018.

ALBUQUERQUE, p. p. , Williams, L. C. A., & D'Affonseca, S. M. Efeitos tardios do bullying e transtorno de estresse pós-traumático: uma revisão crítica. **Psicologia: Teoria e Pesquisa**, v. 29(1), 91-98. 2013. DOI:10.1590/ S0102- 37722013000100011.

1. CANO-ECHEVERRI, M. M., & Vargas-Gonzalez, J. E. Actores del acoso escolar. **Revista Médica de Risaralda**. Colômbia, v. 24, 61-63. 2018. DOI: 10.22517/25395203.14221. Disponível em: https://www.scielo.br/j/pusp/a/DxFBvMddr9GQHkwrmGgMf3r/?format=pdf&lang=pt. Acessado em: 31 out. 2022.
2. CHAVES, D. R. L., & Souza, M. R. *Bullying* e preconceito: a atualidade da barbárie. **Revista Brasileira de Educação**, v. 23, e230019. 2018. DOI: 10.1590/ s1413-24782018230019.
3. FANTE, C. Fenômeno *bullying*: como prevenir a violência nas escolas e educar para a paz. Campinas, SP: Verus. 2005.
4. PINHEIRO, F. M. F., & Williams, L. C. A. Violência intrafamiliar e intimidação entre colegas no ensino fundamental. Family violence and bullying on primary school. **Cadernos de Pesquisa, v. 39(138), 995-1018**. 2009.

12. O *COMPLIANCE* TRABALHISTA COMO EFETIVO INSTRUMENTO DE PREVENÇÃO E COMBATE AO *STALKING* OCUPACIONAL

Euclides de Almeida Silva Filho

Introdução

As relações sociais como um todo e, em particular, as relações no ambiente de trabalho vêm sofrendo significativas modificações nos aspectos da diversidade e da complexidade. O *Stalking*, a bem da verdade, não é um fenômeno novo, contudo sua relevância social é crescente, surgindo-se a consciência de que os bens jurídicos violados em práticas de caráter persecutórios devem ser adequadamente tutelados.

A conformidade das relações de trabalho é igualmente um tema cuja importância vem sendo ressaltada, haja vista um ambiente adequado ao trabalhador melhorar a sua qualidade de vida, a sua produtividade e a imagem da empresa perante a sociedade – fator este que se converteu em uma condição de possibilidade para o desenvolvimento profícuo de atividades econômicas. Sai de cena a percepção de que, em primeiro lugar, deveria ser dada primazia ao interesse do empregador e nasce a ideia de que as relações de trabalho são essencialmente cooperativas e colaborativas, onde ambas as partes obtêm benefícios dela em igual proporção.

O ambiente de trabalho é um local de enorme importância para o trabalhador, porque é lá que ele produz e obtém a remuneração garantidora do seu sustento, por isso os cuidados a serem tomados neste local são muitos e variados e têm como norte o seu bem-estar. O *Stalking* Ocupacional decorre da violência moral no trabalho e adquire especiais características, na medida em que seu nascimento provém de atos que, analisados isoladamente, não são considerados ilícitos e muitas vezes só se tornam realmente perceptíveis quando se manifestam efeitos materiais concretos de prejuízo à Vítima, razão pela qual é importante a empresa se municiar de instrumentos para prevenir e combater esse mal.

Assim, o Compliance Trabalhista aparece como o instrumento de maior importância à disposição das empresas para garantir a conformidade nas relações de trabalho e evitar o *Stalking* Ocupacional, posto que nele são trabalhados os mais abrangentes métodos e procedimentos destinados principalmente para este fim. Neste artigo, analisar-se-á como as relações de trabalho em uma instituição poderão ser aperfeiçoadas por esse meio, a promover o bem-estar do trabalhador.

Na primeira parte da pesquisa, analisar-se-á o *Stalking* Ocupacional enquanto fenômeno social, com o estudo dos seus caracteres essenciais, sua origem e sua definição, sendo visto ele dentro do contexto da violência moral no trabalho.

Em sequência, analisar-se-á o Compliance Trabalhista, suas particularidades e seu papel em garantir a conformidade das relações de trabalho.

Na última parte da pesquisa, verificar-se-á de que modo os métodos e os procedimentos do Compliance Trabalhista funcionam para combater e evitar a prática do *Stalking* Ocupacional.

2. Sobre o *stalking* ocupacional: origem, definição e características

Os comportamentos caracterizadores do *Stalking* são tão antigos quanto às formas de agrupamentos humanos, posto que tais comportamentos, se reparados isoladamente, podem ser vistos como naturais, no sentido de poderem ser praticados por qualquer pessoa. Não obstante, o *Stalking* deve ser visto e analisado sob o prisma de um fenômeno social, dotado de elementos definidores que o diferenciam dos demais fenômenos, de natureza subjetiva e objetiva, em constante mutação e assumindo as mais diversas formas no contexto da sociedade contemporânea. Por isso mesmo, ele tem sido objeto de intensos estudos, por parte dos cientistas sociais, e de repressão, por parte da legislação de vários países.

Segundo Bárbara Fernandes Rito dos Santos[1]:

[1] SANTOS, Bárbara Fernandes Rito dos. ***Stalking*: parâmetros de tipificação e o bem jurídico da integridade psíquica**, p. 39.

> "Os comportamentos aptos a consubstanciar o *Stalking* foram documentados desde o século XVIII, apesar de a primeira lei anti-perseguição ter surgido na Califórnia em 1990; tendo-se seguido a Austrália, Reino Unido, Alemanha e outros países Europeus que introduziram a legislação. No entanto, a perseguição não aparece na agenda social e legal até ao surgimento do movimento feminista, com a visibilidade do fenómeno e o seu impacto na vida das mulheres. Uma consideração importante circundante aos estatutos de perseguição envolveu a diferenciação entre as formas de comportamento de *Stalking*. Este não compreende uma única acção ou evento, mas abrange uma diversidade de comportamentos que podem tomar lugar no decorrer de um período de tempo prolongado e que, no isolamento, podem ser considerados inofensivos".

Como se infere, o *Stalking* pode ser concebido como a prática de uma perseguição obsessiva de uma pessoa a outra – o *Stalker*, agente, persegue sua vítima, uma determinada pessoa, de maneira que pode ser visto como uma "caçada", aspectos estes a serem melhor elucidados mais adiante. Não é necessária a existência de um relacionamento prévio ou qualificado entre *Stalker* e Vítima, e tais atos têm como efeito a provocação de medo e inquietação na Vítima, atingindo a sua integridade física e psíquica, a sua liberdade pessoal e/ou patrimonial e muitos outros bens jurídicos, a variar conforme as circunstâncias da prática do *Stalking* no caso concreto, por conta das múltiplas facetas que podem estar presentes em cada situação, o que dificulta sobremaneira definições de caráter exaustivo sobre o tema[2].

A palavra *stalking* é de origem inglesa, oriunda do verbo "stalk", que significa perseguir, espreitar, vigiar, seguir. Não há uma tradução específica desta palavra para o idioma português, sendo que o fenômeno social *Stalking* é normalmente retratado como sinônimo de "perseguição obsesssiva". Mais comum, entretanto, é mesmo o seu emprego da forma como posta em língua inglesa, ocorrendo aí um estrangeirismo, ou seja,

[2] "A perseguição obsessiva, em conceituação embrionária, trata-se de um conjunto de comportamentos abusivos e reiterados, esses analisados em conjunto, realizados por uma pessoa (perseguidor) com o objetivo de trazer medo e/ou sofrimentos a uma determinada vítima, não sendo requisito para sua caracterização a existência de relacionamento prévio entre as partes, seja esse íntimo ou cotidiano". SIQUEIRA, Maria Lohana Hexana de Moura Silva. ***Stalking*: um estudo conceitual sobre a perseguição obsessiva e seus reflexos jurídicos no direito brasileiro**, p. 13.

um fenômeno consistente na utilização de palavras de outros idiomas, por empréstimo linguístico[3].

O emprego da expressão estrangeira, em certa medida cabe dizer, denota a falta de aprofundamento que o tema assume no Brasil, seja do ponto de vista científico, seja principalmente no ponto relativo ao enfoque e à prioridade dadas pelas autoridades e responsáveis por evitar e mitigar os efeitos da prática de *Stalking* na sociedade.

Uma variedade de condutas e comportamentos podem acabar por incidir em uma perseguição obsessiva de uma pessoa a outra. Diante do contexto próprio da sociedade contemporânea, que tem imposto uma constante mutação nas formas de interação e relacionamento entre as pessoas, o *Stalking* deverá ser analisado em cotejo com as particularidades de cada situação singular. Uma conduta isolada não poderá ser caracterizada como perseguição obsessiva, devendo ter em vista o histórico da relação e o conjunto das ações do *Stalker* em relação à Vítima, assim como os efeitos decorrentes destas ações. A título de exemplo, o *Stalker* pode começar, parar temporariamente, e depois voltar com as condutas persecutórias, por um período de tempo variável, que pode ser muito longo ou muito curto.

Sobre estas particularidades, cabe trazer os ensinamentos de Luciana Gerbovic Amiky[4]:

> "Trata-se, portanto, de comportamento humano heterogêneo consistente com um tipo particular de assédio, cometido por homens ou por mulheres, que pode se configurar por meio de diversas condutas, tais como comunicação direta, física ou virtual, perseguição física e/ou psicológica, contato indireto por meio de amigos, parentes e colegas de trabalho ou qualquer outra forma de intromissão indesejada na vida privada e/ou íntima de uma pessoa".

[3] "Nessa perspectiva, reiteramos que, historicamente, o uso de estrangeirismos na língua portuguesa sempre ocorreu, em especial no Português do Brasil, ou por empréstimos devido ao contato linguístico, à necessidade de comunicação imediata, ou por uma questão cultural de imposição, por causa de uma necessidade de uso e de entendimento". VALADARES, Flávio Biasutti. **O Uso de Estrangeirismos no Português Brasileiro: Variação e Mudança Linguística**, p. 10.

[4] AMIKY, Luciana Gerbovic. ***Stalking***, p. 13-14.

O *Stalking* decorrente das relações amorosas, do homem em relação à mulher, com pano de fundo o rompimento deste relacionamento, ou seja, a frustração do *Stalker* pelo término da relação com a Vítima, apresenta-se como a forma mais comum deste fenômeno ao longo da história. Em que pese este fato, o fenômeno em questão pode decorrer de relações de outras naturezas, como as decorrentes das relações de trabalho, objeto desta pesquisa. Atualmente, por conta da expansão da sociedade digital[5], as condutas de perseguição decorrentes da utilização dos meios digitais (cyber*stalking*) tem-se revelado mais proeminentes, com o aumento significativo da variedade de meios dispostos para os comportamentos obsessivos.

É consentido, perante os mais diversos estudos sobre o tema, que o *Stalking* é composto de três elementos, quais sejam: o *Stalker*, a Vítima e o dano ou ameaça de dano.

Segundo Gerbovic[6]: "O *Stalker* é o perseguidor, aquele que escolhe a vítima, pelas mais diversas razões, e a molesta insistentemente, por meio de atos persecutórios – direitos ou indiretos, presenciais ou virtuais – sempre contra a vontade da vítima. Em outras palavras, *stalker* é quem promove uma "caçada" física ou psicológica contra alguém".

A vítima naturalmente é a pessoa que sofre os efeitos dos atos persecutórios do *Stalker*, tendo a mulher como a Vítima mais comum, em qualquer modalidade de *Stalking*.

Para finalizar os elementos inerentes ao fenômeno em análise, faz-se necessária a ocorrência de dano ou ameaça de dano. As ações do *Stalker*

[5] "Todavia, em razão desse novo inovador ambiente virtual – que Castell (2013) denomina de *virtualidade real*, eis que cada vez mais as relações havidas através da internet assumem características que se sobrepõem aos relacionamentos mantidos no meio tradicional ou físico – se desenham novos conceitos como ciberespaço e cibercidades, que, entre outros tantos, levam à configuração de uma possível *Sociedade Digital*, muito embora esse patamar ainda esteja se estabelecendo no Brasil, haja vista a precariedade e até mesmo inexistência do acesso à Internet por parte da população, como se verifica pelos dados acima. O contexto de uma Sociedade Digital está presente na realidade brasileira, impondo grandes desafios às ciências jurídicas e sociais, no entanto é preciso avançar para a possibilidade de todos os cidadãos poderem aceder às TIC's, que cada vez mais se constituem em instrumentos indispensáveis à comunicação pessoal, de trabalho e de lazer". JAQUES, Marcelo Dias. **O Direito à Informação e à Liberdade de Expressão na Sociedade Digital: Novos Desafios ao Direito Brasileiro**, p. 83.

[6] AMIKY, Luciana Gerbovic. ***Stalking***, p. 15.

sobre a Vítima deverão ser lesivas ou ao menos apresentar um potencial lesivo, sob pena de se revelarem inócuas ou inexistentes. Não é tarefa fácil a identificação dos danos ou ameaça deles no *Stalking*, mas se pode afirmar que eles se constituem nos efeitos maléficos decorrentes das ações do *Stalker* sobre a Vítima, quer dizer, nas violações aos bens jurídicos da pessoa sujeita à perseguição obsessiva. Fundamental que se possa estabelecer um nexo de causalidade (vínculo fático) entre as ações do *Stalker* e os danos experimentados pela Vítima, na condição de alvo de suas ações.

Diante destas questões trazidas, é importante outra vez ressaltar que a análise da efetiva ocorrência de condutas de *Stalking* deverá ser bem apurada, tendo-se como norte a configuração integral de seus elementos essenciais. Por não existirem formas e meios pré-definidos, um olhar atento às circunstâncias do fato concreto revelar-se-á essencial[7].

Uma realidade a ser combatida diz respeito ao enfoque dado no contexto das perseguições obsessivas. O *Stalking* em si, como um fenômeno social autônomo, muitas vezes é subestimado, pelo fato de que o enfoque encontra-se dirigido frequentemente aos resultados mais aparentes decorrentes deste fenômeno, como, por exemplo, lesões corporais, prejuízos patrimoniais, restrição de liberdade, isolamento ocupacional, caracterizados como ilícitos autônomos, cuja ocorrência é efetivada quando o *Stalking* já está bem estabelecido. Quer dizer: os danos mais aparentes à Vítima, que ilustram o senso comum criado sobre o tema, se consumam quando a realidade da perseguição obsessiva já adquiriu contornos muito nítidos, a afetar de forma muito intensa a Vítima.

Este cenário revela a importância da prevenção ao *Stalking* em todas as esferas, com o cultivo de relações interpessoais mais saudáveis, posto que tal medida impactará na superveniência de outros ilícitos que tem como origem a perseguição obsessiva praticada pelo *Stalker*.

Por estes fatores, a Vítima de *Stalking* encontra-se em especial situação de vulnerabilidade, merecendo especial atenção por parte da comunidade em geral, especialmente no Brasil, posto que ela pode ser atingida em

[7] "É fulcral referir que o *Stalking* é tipificado na legislação ocidental como um padrão de comportamentos dolosos e que induzem terror na vítima, tratando-se de comportamentos facilmente reconhecidos por um terceiro, exterior a essa relação". SANTOS, Bárbara Fernandes Rito dos. ***Stalking*: parâmetros de tipificação e o bem jurídico da integridade psíquica**, p. 53.

vários níveis, desde o nascedouro dos atos persecutórios em si mesmos até os prejuízos mais aparentes, surgidos estes após a consolidação e intensificação do *Stalking*.

Sobre os prejuízos mais comuns à Vítima em decorrência do *Stalking*, Thompson Flores[8] assim descreve:

> A pressão característica do *stalking* tende a gerar consequências nocivas de vários matizes. Pela repetição e persistência de condutas intrusivas, do ponto de vista psicológico, a vítima pode desenvolver algumas formas de trauma crônico, como depressão, ideias suicidas, ansiedade, perturbação e *stress* pós-traumático (associado a lembranças intrusivas, pesadelos, *flashbacks*). Ao ver-se envolta por tal tipo de situação, aumentam, ainda, sensações como medo, tensão, nervosismo, raiva, agressividade, confusão, desconfiança, paranoia, cansaço, fraqueza, dores de cabeça, náuseas, perturbações do sono e do apetite, tristeza etc.

Em âmbito nacional, houve a recente edição da Lei nº 14.132, de 31 de março de 2021, que acrescentou o artigo 147-A ao Código Penal Brasileiro, com a prescrição do crime de perseguição, também conhecido como *Stalking*. O dispositivo em questão conta com a seguinte redação:

> Art. 147-A. Perseguir alguém, reiteradamente e por qualquer meio, ameaçando-lhe a integridade física ou psicológica, restringindo-lhe a capacidade de locomoção ou, de qualquer forma, invadindo ou perturbando sua esfera de liberdade ou privacidade.
>
> Pena – reclusão, de 6 (seis) meses a 2 (dois) anos, e multa
>
> § 1º A pena é aumentada de metade se o crime é cometido:
>
> I – contra criança, adolescente ou idoso
>
> II – contra mulher por razões da condição de sexo feminino, nos termos do § 2º-A do art. 121 deste Código;
>
> III – mediante concurso de 2 (duas) ou mais pessoas ou com o emprego de arma.
>
> § 2º As penas deste artigo são aplicáveis sem prejuízo das correspondentes à violência.
>
> § 3º Somente se procede mediante representação.

[8] THOMPSPON FLORES, Carlos Pereira. **A tutela penal do *stalking***, p. 48.

Anteriormente à edição deste dispositivo legal, o artigo 65 da Lei de Contravenções Penais era o dispositivo que mais próximo exercia a tutela penal do *Stalking*, também sendo aplicadas as medidas protetivas da Lei Maria da Penha, nas situações em que o *Stalking* decorresse do âmbito da violência doméstica.

Pela nova legislação, a conduta de perseguir alguém, reiteradamente e por qualquer meio, constitui crime. A conduta de perseguir alguém não se resume apenas a seguir ao encalço de outra pessoa, mas, sim, de transtornar, importunar a vida da Vítima, até mesmo porque não há no artigo 147-A do Código Penal qualquer restrição quanto às formas em que esta perseguição pode se dar. Afigura-se, outrossim, a inexistência de previsão a respeito da necessidade de relacionamento prévio ou qualificado entre o *Stalker* e a Vítima.

Há, outrossim, a menção, no corpo do artigo, de que, da perseguição, deverá haver ameaça à integridade física ou psicológica, restrição da sua capacidade de locomoção e/ou invasão ou perturbação da sua esfera de liberdade ou privacidade[9].

No caso do bem jurídico pertinente à integridade física ou psicológica, é de se ressaltar que, havendo a sua concreta violação, consubstanciada na prática dos crimes correspondentes prescritos no Código Penal, como os relativos às lesões corporais ou injúria/difamação (arts. 121 e 137 e seguintes do CP), não será o caso de aplicação do princípio da consunção (absorção) em direito penal, mas da incidência cumulativa do crime de *Stalking* e do crime correspondente à violação da integridade física ou psiquica, a considerar que se tratam de condutas autônomas, na linha do disposto no §2º do art. 147-A.

Sobre a natureza jurídica deste crime, conforme a teoria do Direito Penal, trata-se de: (i) um crime comum, a poder ser praticado por qualquer pessoa; (ii) um crime de execução livre, não existindo formas pré-definidas para a sua execução; (iii) um crime complexo, constituído por mais de uma

[9] "Então, a prática de condutas de perseguição prevê a incursão na esfera da intimidade e privacidade da vítima, a reiteração de comportamentos que causam prejuízos à saúde psicológica e emocional do sujeito passivo; ofensa à sua idoneidade moral, modificação do seu estilo de vida e imposições à liberdade de ir e vir". SANTOS, Bárbara Fernandes Rito dos. ***Stalking*: parâmetros de tipificação e o bem jurídico da integridade psíquica**, p. 27.

ação ilícita; (iv) um crime de perigo abstrato, bastando a perseguição em si para a sua configuração, com eventuais danos constituindo-se em delitos autônomos, incidente de forma cumulativa; (v) um crime permanente, a ter que a lesão à vítima pode se prolongar por um período de tempo extendido, por conta da continuidade das condutas persecutórias do *Stalker.*

Na seara civil, naturalmente há de se enquadrar o *Stalking* na modalidade de atos ilícitos, a ensejar a devida responsabilização civil, mediante reparação integral dos danos sofridos pela Vítima, inclusive os de natureza exclusivamente moral, conforme disposto no artigo 927 do Código Civil. Por falta de uma definição específica dos atos de *Stalking* como ilícito civil, é necessário valer-se das definições genéricas dos arts. 186 e 187 do Código Civil, a fim de atestar a sua antijuridicidade.

A conduta persecutória poderá revestir-se como um ação voluntária que viola direito e causa dano a outrem, ainda que exclusivamente moral, nos termos do artigo 186 do Código Civil, ocasião em que o *Stalker* exerce sua manifestação de vontade em detrimento da Vítima, sem estar amparado pela legítima defesa, exercício regular de direito e estado de necessidade (art. 188 do Código Civil).

Poderá, também, por meio da perseguição intentada pelo *Stalker* ocorrer abuso de direito, classificado na categoria de atos ilícitos pela legislação, situação esta em que a manifestação de vontade excede os limites de um direito subjetivo. Lohanna assim destaca o *Stalking* quando praticado com abuso de direito: "Ou seja, de modo geral, em relação ao abuso de direito, esse caracterizar-se-á na perseguição obsessiva de forma direta quando o perseguidor, entendendo ser razoável a utilização de diversos artifícios para perseguir alguém obsessivamente, este acaba por invadir a esfera razoável dos direitos das vítimas"[10].

Os estudiosos têm, ao longo do tempo, procedido a classificações especializadas de *Stalking*, que ocorrem dentro de determinadas dinâmicas sociais, como, por exemplo, o *Stalking* Emocional, o Cyber*stalking* e o *Stalking* Ocupacional. Todas essas modalidades compõe o mesmo fenômeno social, entretanto ocorrem mediante circunstâncias especiais, que permitem categorizá-las e diferenciá-las entre si, as quais

[10] SIQUEIRA, Maria Lohana Hexana de Moura Silva. ***Stalking*: um estudo conceitual sobre a perseguição obsessiva e seus reflexos jurídicos no direito brasileiro**, p. 69.

certamente são úteis para garantir uma melhor prevenção e proteção das Vítimas.

O *Stalking* Ocupacional pode ser visto como aquela forma de perseguição que ocorre dentro do ambiente de trabalho. Martinez e Carvalho[11] assim descrevem este fenômeno:

> Na esfera trabalhista, é razoável vislumbrar a ocorrência de gerente perseguindo empregado(a), colega "stalkeando" colega, ou mesmo de perseguição abusiva movida por fornecedor ou cliente em desfavor de empregada de estabelecimento comercial, permitida/tolerada pela omissão do empregador que, malgrado devidamente alertado da inaceitável conduta do *stalker*, não adota qualquer providência para protegê-la no meio ambiente de trabalho.

Neste ponto, cumpre trazer à baila a relação existente entre o assédio moral, também conhecido pelo termo "mobbing", e o *Stalking* Ocupacional em si. Há autorizadas vozes que compreendem o *Stalking* Ocupacional como uma modalidade qualificada de assédio moral[12]. O *Stalking* nas relações de trabalho é um fenômeno específico e bem delimitado, embora seja perfeitamente possível compreendê-lo dentro do contexto pertinente ao assédio moral, tendo em vista ser este um fenômeno complexo, abrangedor de uma série de condutas lesivas à vítima. Se do comportamento abusivo ocorrido no ambiente de trabalho puder ser caracterizado conforme a tipificação legal do art. 147-A do Código Penal, estar-se-á diante da hipótese de um *Stalking* Ocupacional.

[11] MARTINEZ, Luciano; DE CARVALHO JÚNIOR, Pedro Lino. **Assédio Moral Trabalhista: Ações Coletivas e Processo Estrutural**, p. 231.

[12] "No mundo do trabalho abundam condutas que violam, individualmente ou coletivamente, interesses e direitos dos trabalhadores: práticas discriminatórias, práticas racistas, omissão na inserção de dados falsos na Carteira de Trabalho, redução à condição análoga à de escravo, descumprimento das normas de segurança e higiene do trabalho, entre outras ilicitudes que se relacionam diretamente com a relação laboral e que acarretam danos graves e expressivos às suas vítimas.
Com a alteração ocorrida na normatividade penal a partir da Lei n. 14.132/2021, o legislador pátrio tipificou conduta que, se praticada no ambiente de trabalho, pode configurar a prática de modalidade de assédio moral: o *stalking* ou perseguição, conforme os ditames do art. 147-A do Código Penal:" MARTINEZ, Luciano; DE CARVALHO JÚNIOR, Pedro Lino. **Assédio Moral Trabalhista: Ações Coletivas e Processo Estrutural**, p. 230.

A respeito das diversas formas pelas quais o assédio moral pode surgir, cujos efeitos são o de dificultar a sua delimitação conceitual precisa, Martinez e Carvalho[13] assim discorrem:

> O assédio moral no trabalho não comporta uma delimitação conceitual precisa, mesmo porque as suas manifestações são proteiformes: assumem distintas modalidade de expressão. Em todas elas se constata a violência psicológica no meio ambiente laboral, consistente na exposição do trabalhador a condutas humilhantes, vexatórias, constrangedoras, repetitivas e prolongadas, tornando-o tóxico e nocivo. Essas manifestações agridem direitos fundamentais arduamente conquistados pelos trabalhadores em décadas de lutas sociais.

É importante destacar, indo por essa linha, que o assédio moral é uma atividade lesiva não apenas ao trabalhador, vítima direta das condutas agressivas, mas ao meio ambiente de trabalho organizacional como um todo, vez que a dimensão coletiva deste fenômeno tem o condão justamente de interferir nas condições de sustentabilidade[14] do ambiente de trabalho, pois em nada contribui objetiva ou subjetivamente para o bem-estar dos obreiros.

Com muito mais propriedade, a prática de *Stalking* Ocupacional acarretará prejuízos visíveis ao meio ambiente de trabalho de uma organização, na medida em que efetivamente se estará diante de condutas criminosas, intensamente danosas à Vítima, alteradoras do equilíbrio das suas relações de trabalho e do exercício produtivo de seu labor. Tal estado de coisas pode ser ainda mais manifesto nas pequenas organizações, onde a pessoalidade no exercício das funções laborais é mais marcante.

A jurisprudência nacional é ainda tímida quanto ao trato do *Stalking* Ocupacional nas relações de trabalho, tratando-o muitas vezes como uma

[13] *Idem, Ibidem*, p. 23.

[14] "Nessa perspectiva, eis o conceito proposto para o princípio da sustentabilidade: trata-se do princípio constitucional que determina, com eficácia direta e imediata, a responsabilidade do Estado e da sociedade pela concretização solidária do desenvolvimento material e imaterial, socialmente inclusivo, durável e equânime, ambientalmente limpo, inovador, ético e eficiente, no intuito de assegurar, preferencialmente de modo preventivo e precavido, no presente e no futuro, o direito ao bem-estar". Freitas, Juarez. **Sustentabilidade: direito ao futuro**, posição 760.

mera manifestação do assédio moral. Justamente por conta deste fato, revela-se útil a distinção entre assédio moral e *Stalking* Ocupacional: o *Stalking* é uma conduta intrinsicamente grave, de caráter excepcional por conta das suas proporções, que afeta diretamente a integridade física e psíquica da Vítima, ao ponto de receber a devida tipificação penal, ao passo que o assédio moral nem sempre apresenta tais contornos, justificadoras de tutela penal, sendo mais ou menos frequente diante das questões relativas à cultura organizacional da empresa.

Deste modo, faz-se muito importante o devido estudo e a consideração do *Stalking* Ocupacional dentro das organizações, sob pena de ele vir a ser amesquinhado mediante a narrativa fantasiosa de que se está diante de um "simples" caso de assédio moral, a ser tratado como uma questão *interna corporis*. O combate e prevenção ao *Stalking* deve ser um compromisso da sociedade civil como um todo e das autoridades públicas e atualmente seu maior desafio consiste em proporcionar a este fenômeno o seu dimensionamento e clareza.

3. A conformidade das relações de trabalho como meta do Compliance Trabalhista

O Compliance é uma prática antiga, tendo seu início nos Estados Unidos da América, no ano de 1887, com a edição do *"Interstate Commerce Act"* (ICA), sendo esta a primeira legislação regulatória destinada a uma indústria que impunha uma diretriz de comportamento com o fim de evitar o monopólio neste setor. Uma série de outras legislações de conformidade foram criados nos Estados Unidos até o início do que se passou a denominar a *"Era Compliance"*, na década de 1960, momento em que muitas companhias passaram a contar com os *"compliance officers"* e foram criadas as metodologias de *"corporate finance"*, *"chinese walls"* e *"insider trading"*[15].

No ano de 2002, após sucessivas crises empresariais causadoras de um grande abalo na economia americana, originadas sobretudo por condutas que caracterizam uma má Governança Corporativa, principalmente as oriundas de fraudes contábeis, o Governo dos Estados Unidos editou o Sarbanes-Oxley Act (SOX), cujas prescrições foram de um rigor até então

[15] PORTO, Éderson Garin. **Compliance & Governança Corporativa: uma abordagem prática e objetiva**, p. 41/46.

inexistente em termos de Compliance Empresarial. Porto[16] assim descreve a Lei "SOX":

> A lei teve como objetivo aumentar os níveis de padrões de conduta a serem observados pelas companhias, passando a punir com muito rigor as empresas que o descumprissem. Além disso, a norma não servia somente para regular as atividades desempenhadas em solo norte-americano, mas também para toda e qualquer empresa estadunidense que possuísse filial ou qualquer outra atividade empresarial no exterior.

Em âmbito nacional, o Compliance adquiriu notória relevância por conta dos atos de corrupção envolvendo, em conluio, autoridades governamentais, empresários e diversas empresas públicas e privadas. Assim, houve a edição da Lei nº 12.846/2013, prevendo as formas de responsabilidade administrativa e civil no caso de atos contra a Administração Pública, chamada ela de Lei Anticorrupção, posteriormente regulamentada pelo Decreto nº 8.245/2015.

Já no ano de 2016, entrou em vigência a Lei nº 13.303/2016, que dispõe sobre o Estatuto Jurídico da Empresa Pública, da Sociedade de Economia Mista e das suas subsidiárias, no âmbito de todos os entes federativos. A intitulada *"Operação Lava-Jato"* teve inegável influência na edição desta lei, a se ter em conta os escandalosos casos de corrupção noticiados em todo o mundo, ocorrido em detrimento destas pessoas jurídicas. Cumpre destacar a previsão, no artigo 9º da novel lei, a previsão de criação de regras de estruturas e práticas de gestão de risco e controle interno, com a obrigatória de elaboração de um Código de Conduta e Integridade por estas pessoas jurídicas.

A respeito do fenômeno da cultura de compliance que vem progressivamente se instaurando no país, Porto[17] discorre da seguinte forma:

> Este breve retrospecto normativo demonstra que as instituições brasileiras evoluíram nos últimos anos rumo à implementação de uma cultura corporativa mais séria e transparente. O movimento que hoje pode ser chamado de cultura do *compliance* é portanto fruto de um conjunto de atos

[16] *Idem, Ibidem*, p. 46.

[17] *Idem, Ibidem*, p. 52.

normativos que interpretados de forma sistemática sinalizam para um estado ideal de coisas desejado pela sociedade. Não se pode mais conceber uma Administração Pública ímproba, despótica e opaca. Assim como não se pode conceber que as instituições privadas não incorporem os mesmos padrões éticos exigidos pela sociedade dos órgãos públicos. Significa dizer que este é um movimento consistente rumo à uma sociedade eticamente comprometida com a honestidade e a probidade.

A expressão compliance tem origem na língua inglesa, tratando-se, assim como no caso de *stalking*, de um estrangeirismo que não possui um correspondente exato em língua portuguesa. Não obstante, o que se entende por essa expressão diz respeito ao agir em conformidade, estar aderente às normas vigentes, principalmente as que expressam um conteúdo ético e moral, correspondendo a um bem agir[18].

O Compliance Trabalhista pode ser visto como um ramo especializado da área de Compliance, cujo objetivo consiste em auxiliar a empresa no cumprimento de seus deveres oriundos da legislação trabalhista em favor de seus colaboradores. Não é demais ressaltar que é dever legal de uma organização oferecer condições de trabalho propícias aos seus funcionários, até mesmo em respeito aos direitos fundamentais previstos no artigo 5º da Constituição Federal de 1988. Carlos Bezerra Leite[19] assim menciona a respeito dos objetivos do Compliance Trabalhista:

> Assim, o Compliance Trabalhista tem por objetivo a instituição de programas e políticas empresariais destinados a identificar e avaliar as reais condições em que se encontra a empresa no que concerne ao cumprimento efetivo da legislação e estabelecer valores, princípios e regras de integridade que estejam em harmonia com a boa interpretação e aplicação das normas constitucionais e infraconstitucionais relativas ao direito material e

[18] Quando se estrutura um programa de compliance espera-se afirmar aos quatro ventos que aquela organização está comprometida com comportamentos éticos e engajada no cumprimento da legislação. Nesse movimento, a instituição passa a mensagem de que ilícitos e irregularidades serão evitados ao máximo e, caso venham a ocorrer, serão prontamente enfrentados com as medidas que a entidade previamente já divulgou em seus instrumentos de comunicação com o mercado. PORTO, Éderson Garin. **Compliance & Governança Corporativa: uma abordagem prática e objetiva**, p. 52.

[19] LEITE, Carlos Henrique Bezerra. **Curso de Direito do Trabalho**, p. 139-140.

processual do trabalho, bem como as que dizem respeito a: meio ambiente do trabalho (saúde, higiene e segurança no trabalho), enfatizando aspectos da precaução e prevenção de riscos de doenças e acidentes do trabalho; contratação de dispensa de empregados; relação interpessoal no ambiente laboral; subcontratação e terceirização dos serviços; auditorias; análise do passivo trabalhista decorrente das ações judiciais etc.

Uma empresa que elabora um adequado programa de Compliance Trabalhista e o adota proativamente poderá reverter um quadro de precarização das condições de trabalho no seu interior. É cediço que um ambiente de trabalho cujas condições de trabalho são precárias é exponencialmente mais propício para a ocorrência de Assédio Moral e *Stalking* Ocupacional.

A prática de *Stalking* Ocupacional em ambiente de trabalho precário reveste-se em uma ameaça essencialmente estrutural, querendo dizer que o afetado não é apenas a Vítima diretamente envolvida nestes ilícitos, mas também todos os demais colaboradores, pois estes sabem muito bem que não haverá qualquer tipo de reprimenda ou atitude desestimuladora por parte dos administradores da empresa, criando-se, dessa maneira, um pacto de silêncio e uma passividade dos colaboradores, que manterão tal estado de coisas até que algo muito grave ocorra com a Vítima. Portanto, quanto mais precárias forem as condições de trabalho dentro de uma organização, quanto menos efetivo forem os mecanismos de conformidade nas relações de trabalho, que estimule e fortaleça a prática da integridade e do bem agir dentro da organização, mais o fenômeno do *Stalking* Ocupacional assumirá uma feição estrutural, transcendendo a esfera relacional entre *Stalker* e Vítima.

Quanto a este aspecto, Martinez e Carvalho[20] asseveram que:

> Ainda que a conduta persecutória seja direcionada a uma única pessoa individualizada, o assédio por *stalking*, especialmente quando praticado por superior hierárquico, acarreta efeitos devastadores no ambiente laboral, ao instaurar um clima de medo, uma atmosfera de terror, afetando todos que estão próximos da situação, consciente de que, em algum momento, poderiam se encontrar na mesma posição da vítima.

[20] MARTINEZ, Luciano; DE CARVALHO JÚNIOR, Pedro Lino. **Assédio Moral Trabalhista: Ações Coletivas e Processo Estrutural**, p. 232.

Neste ponto, reputa-se importante destacar que o Compliance Trabalhista se apresenta como decorrência necessária de uma boa Governança Corporativa, a representar um passo a mais na direção de a empresa aperfeiçoar os seus métodos de gestão, em benefício da sua própria marca, nas suas relações empresariais, e também no trato com os seus trabalhadores.

Sobre a Governança Corporativa, Porto[21] traz a seguinte definição:

> Trata-se de um regime adotado pelas empresas (ou qualquer organização social, seja pública ou privada) para organização da direção, organização e monitoramento dessa mesma empresa, estabelecendo os programas de incentivo em relação aos sócios, conselhos de administração, órgãos de fiscalização e demais partes interessadas. Do ponto de vista social, governança corporativa visa preservar o interesse de todos, na medida em que sua ausência ou falhas de gestão podem causar grandes impactos e prejuízos econômicos, sociais e ambientais.

O ambiente de trabalho deverá ser um local de cooperação mútua, de coordenação de esforços entre o empresário e seus colaboradores, com a divisão justa de responsabilidades entre as partes. O objetivo desta cooperação deverá não somente promover o crescimento econômico da empresa, como também propiciar a melhoria das condições de vida do trabalhador que empresta a sua mão-de-obra. Há, aqui, o chamado jogo do ganha-ganha, em que todos saem como beneficiados nesta interação, a criar um ciclo virtuoso.

Para o atingimento deste desiderato, por certo os colaboradores deverão apresentar engajamento e rendimento profissional, buscando a eficiência no desempenho de suas funções, ao passo que os empresários deverão buscar formas de administração eficientes, que visem facilitar o trabalho dos colaboradores e propiciem às organizações o cumprimento de suas missões e valores eventualmente estabelecidos e estejam em consonância com a responsabilidade social decorrente do exercício ativo das suas atividades econômicas[22].

[21] PORTO, Éderson Garin. **Compliance & Governança Corporativa: uma abordagem prática e objetiva**, p. 52.

[22] VILELA, Daniela Rodrigues Machado. **Direito Premial Trabalhista e Compliance na construção de uma teoria da Justiça Social Premial**, p. 61.

A implementação de um bom programa de Governança Corporativa tem a confiança como o principal valor a agregar à corporação, a recordar que a sua origem se deveu à necessidade de minorar os problemas de agência, ou seja, dos conflitos de interesse que podem surgir entre os proprietários e administradores da empresa. Principalmente nas sociedades por ações, em que podem haver proprietários de várias classes e os administradores normalmente detém significativamente mais informações cruciais ao negócio da empresa, forjando uma assimetria informacional, houve a constatação de que esses administradores agiam muitas vezes movidos por interesses que não correspondiam aos melhores interesses da empresa, enquanto instituição social, e dos proprietários da empresa, aqueles que arcaram com o investimento da empresa e são os destinatários de seus lucros[23].

Com a minoração dos problemas de agência por meio da Governança Corporativa, a organização certamente experimentará uma elevação nos seus níveis de credibilidade perante o mercado e a sociedade em geral, com o valor confiança constituindo-se no vetor regedor das relações desta empresa. Em suma: ocorrerá um reforço nos padrões éticos de conduta da empresa, de modo a que ela esteja em plena sintonia com as suas responsabilidades sociais, como relevante integrante das forças econômicas que alavancam o desenvolvimento e prosperidade da sociedade. Essa conscientização das suas responsabilidades perante o social marca a dimensão do ético, como bem recorda Vilela *apud* Boff[24].

Boas práticas de Governança Corporativa e Compliance acarretam, assim, uma gestão eficiente da reputação da empresa, o que se fará sentir na percepção em geral que a sociedade terá sobre a instituição. Da forma

[23] As relações de agência são caracterizadas por um contrato onde uma ou mais pessoas (principal) contratam com outra pessoa (agente) para que esta realize serviços que envolvem a delegação de parte de decisões a serem tomadas. Em termos práticos, os acionistas, sócios ou associados contratam um terceiro e outorgam poderes para que este tome decisões de gestão e conduza os negócios. Há uma segregação entre a propriedade e a gestão. Do ponto de vista societário, esse(s) terceiro(s) pode(m) compor o conselho de administração ou a diretoria. Almeida, Luiz Eduardo. **"Governança Corporativa"**. In: CARVALHO, André Castro; BERTOCELLI, Rodrigo de Pinho; ALVIM, Tiago Cripa; VENTURINI, Otávio, orgs. **Manual de Compliance**, p. 43.

[24] VILELA, Daniela Rodrigues Machado. **Direito Premial Trabalhista e Compliance na construção de uma teoria da Justiça Social Premial**, p. 173.

como ensina Elisa[25]: "A reputação é o somatório dos valores, códigos, história, memórias, culturas e políticas corporativas. Um patrimônio que aporta uma medida de confiança para o negócio da empresa. E como todo ativo, deve ser protegido por um lado e dar retorno do outro".

Inexoravelmente, essas práticas virtuosas promoverão a efetiva conformidade das relações de trabalho, pois o valor confiança transmitido por uma organização à sociedade pressupõe o bem-estar dos seus trabalhadores, que dependem diretamente da remuneração do seu labor para o seu sustento e precisam ter a garantia de que poderão exercer suas funções com dignidade e respeito, a implicar na sua proteção, tanto quanto possível, contra as práticas de *Stalking* Ocupacional no ambiente de trabalho. A luta contra a exploração e precarização do trabalho tem no Compliance Trabalhista um dos seus principais recursos[26].

Diante de tais considerações, mostra-se a pertinência do Compliance em uma organização que busca ser um modelo de gestão e trazer a conformidade às suas relações trabalhistas. Mais do que isso, convém ressaltar a função orientadora do Compliance quanto aos valores organizacionais adotados pela empresa.

Por meio da implementação dos seus pilares, o programa de conformidade terá por função identificar as estruturas das relações adotadas pela empresa e almejará conferir clareza a respeito dos seus propósitos e missões, apresentado mecanismos para que o seu agir esteja em sintonia com essas orientações que lhe conferem um sentido existencial. Nesse sentido, destaca Coelho[27]:

[25] PRADO, Elisa. **Gestão de Reputação: riscos, crise e imagem corporativa**, p. 17.

[26] Obstar a exploração do trabalhador é vantajoso para o capital, porque lhe propicia uma boa imagem. É preciso se apropiar, captar esse slogan e incutir ele no imaginário coletivo. Os trabalhadores ganham com isso, utilizando da própria lógica do sistema de boa imagem do ente empresarial, mostram a este que deve ser uma prioridade a garantia das boas condições de trabalho aos seus empregados. Isso é absorver a lógica vigente, no caso, a da necessária boa imagem empresarial e se utilizar dela a favor do social, dos trabalhadores e do coletivo. VILELA, Daniela Rodrigues Machado. **Direito Premial Trabalhista e Compliance na construção de uma teoria da Justiça Social Premial**, p. 175.

[27] COELHO, Virgínia Cavalcante. **Assédio moral no trabalho, focando o assediador: valores humanos, valores organizacionais e atos negativos no trabalho**, p. 58.

> A identificação da estrutura das relações é feita por meio da pressuposição de que as ações realizadas para cada tipo de valor possuem consequências psicológicas, práticas e sociais, as quais podem compatibilizar-se com outros tipos de valores. Ao adotar mais de um valor conflitante ou compatível, de forma simultânea, o indivíduo estabelece uma prioridade de valores. Há, portanto, relações de compatibilidade e de conflito entre os tipos motivacionais. Por exemplo, a adoção simultânea dos valores poder e realização é possível, pois representam valores compatíveis. Já a adoção simultânea, por exemplo, dos valores autodireção e estimulação vs. conformidade, tradição e segurança, pode dar origem a um conflito.

Para além da formação destes valores organizacionais, é essencial que o programa de conformidade tenha uma devida aplicabilidade e efetividade, posto que isto se revela como um requisito essencial para a transformação da cultura organizacional decorrente deste novo agir ético e empresarial pautado pelos valores introduzidos.

A efetividade do programa de Compliance efetivo, aquele pautado no agir ético e social e promovedor de uma transformação dos valores e cultura organizacionais dependerá da implementação de uma série de pilares, como informa Porto[28]: (i) Comprometimento da Alta Direção – a direção da empresa deverá estar engajada em seguir o programa de Compliance, assim como incentivar os seus colaboradores a fazer o mesmo; (ii) Análise de Risco – a instituição precisa ter mapeados os riscos a que está exposta, para o fim de montar e ajustar o programa de Compliance com foco nas suas especificidades; (iii) Código de Conduta – a empresa deve criar um código de conduta claro, de modo a que todos os colaboradores da empresa possam compreender o regramento a que estão submetidos e aplicá-los em seu cotidiano; (iv) Controles Internos – a instituição de controles nos variados setores da organização é indispensável para a eficiência do Compliance; (v) Treinamento e Comunicação – os colaboradores da empresa precisam ter um conhecimento claro e suficiente a respeito do que é o Compliance e da necessidade da contribuição deles para a eficiência deste programa; (vi) Canais de Denúncia – o franqueamento aos

[28] PORTO, Éderson Garin. **Compliance & Governança Corporativa: uma abordagem prática e objetiva**, p. 57.

colaboradores da ampla possibilidade de apresentar denúncias a respeito de irregularidades na empresa, com a garantia de anonimato, reveste-se como uma das mais importantes ferramentas do Compliance; (vii) Due Diligence – consiste no estabelecimento de um raio x da instituição em todos os seus detalhes, com o apontamento das diligências e riscos, e a proposição de medidas que visam a mitigação destas situações; (viii) Auditorias internas e externas e Monitoramento – tais medidas existem para a fiscalização da empresa, tanto internamente pelos seus próprios colaboradores e gestores, como por parte de prestadores de serviço especializados externos, e aplicação de medidas disciplinares àqueles que não seguirem as medidas de conformidade.

Estes pilares, que são muitos, a bem da verdade, deverão sofrer alterações conforme o tamanho, as especificidades e as circunstâncias da organização. A conformidade pode ser vista antes como uma busca, porque ela não deve nunca ser encarada como encerrada, definida, de forma a que não se possa buscar o seu constante aperfeiçoamento e a sua atualização conforme as constantes modificações das situações sociais, jurídicas, fáticas e econômicas, no contexto de uma sociedade que atravessa um período de modificações profundas e viscerais.

No contexto das relações trabalhistas, o programa de conformidade deverá, em primeiro lugar, focar em que a organização cumpra a legislação trabalhista. Há muitas regulações trabalhistas a serem respeitadas pelas empresas, que variam conforme as atividades desenvolvidas pelos trabalhadores. O meio ambiente de trabalho deverá ser adequado para o trabalhador, de forma que ele não esteja sofrendo nenhum tipo de violação à sua integridade física ou psíquica, significando que o respeito deverá imperar, assim como suficientes condições de higiene, segurança e salubridade. A delimitação das funções e atividades a ser desenvolvidas pelos trabalhadores é de fundamental importância ao adequado exercício do trabalho, assim como a remuneração condizente com o proveito econômico que o trabalho traz à empresa.

São muitos os cuidados a serem adotados no tema relativo à conformidade nas relações de trabalho dentro de uma organização, a ressaltar que as condições de trabalho sempre podem ser aprimoradas e adequadas, cuja orientação deverá estar sempre calcada na adoção dos pilares dos programas de Compliance, com vistas à sua efetividade, bem como o respeito aos direitos fundamentais dos trabalhadores.

Tendo como premissa a já mencionada relação de ganha-ganha decorrente da relação de cooperação mútua existente entre o trabalhador e a empresa, faz-se necessária a permanente divulgação e promoção da conformidade das relações de trabalho como um elemento indutor do desenvolvimento e aprimoramento das atividades econômicas, a gerar desenvolvimento nacional. Não é crível apostar no crescimento econômico apartado da melhoria das condições de vida das pessoas, e não faltam exemplos a nível mundial que confirmam este ponto. Uma empresa que prima pelo bem-estar dos seus trabalhadores dará condições para que eles busquem melhoria nas suas condições de vida e desenvolvimento pessoal, a reverter em favor da empresa a retenção destes profissionais e melhoria do seu rendimento profissional, com uma relação de custo-benefício mais vantajosa.

Práticas de *Stalking* Ocupacional e Assédio Moral dentro de uma organização, além de se constituírem em ilícitos civis e penais, podem acarretar uma responsabilização não apenas do praticante destes atos (Assediador/*Stalker*), mas também da própria organização, haja vista os instrumentos processuais previstos na legislação para a proteção dos direitos coletivos, assim como pela atuação de órgãos públicos, como o Ministério do Trabalho e o Ministério Público do Trabalho[29]. Não é crível, outrossim, a sustentação de que pode haver algum benefício de ordem utilitarista/consequencialista nestas práticas ilícitas, conforme tudo o quanto já exposto a respeito dos benefícios à organização em virtude da conformidade das relações trabalhistas.

Há um foco premente na prevenção e combate ao *Stalking* Ocupacional enquanto medida de saúde pública, pois não é crível encarar como algo normal a violação à integridade física e psíquica de alguém no ambiente de trabalho, ainda mais de forma totalmente injustificada/

[29] "As medidas estruturais (ou estruturantes) poderiam, dessa forma, implicar intervenções em escolas, hospitais, distritos eleitorais, fábricas, reformando a organização a partir do emprego de instrumentos corretivos. As ações coletivas, com efeito, representam um mecanismo importante que permite a intervenção episódica em tais estruturas, as quais, habitualmente, no caso brasileiro são propostas pelo Ministério Público, instituição que, nos últimos anos, vem priorizando a sua atuação como órgão agente, na defesa de interesses difusos, coletivos e individuais homogêneos". MARTINEZ, Luciano; DE CARVALHO JÚNIOR, Pedro Lino. **Assédio Moral Trabalhista: Ações Coletivas e Processo Estrutural**, p. 44.

injustificável. Quanto a este ponto, Martinez e Carvalho[30] trazem os seguintes destaques:

> Por fim, em relação ao Poder Público e à sociedade, os malefícios da violência moral no trabalho são indiscutíveis. Em muitos casos, o assediado vai necessitar de tratamento médico e terapêutico, passando a sobrecarregar os sistemas públicos de saúde, com ônus para a sociedade, afora o risco da necessidade de tratamento para dependência química pelo abuso de drogas e álcool. Ademais, o sistema previdenciário estatal é pressionado, pois haverá de conceder auxílios por incapacidade temporária e mesmo aposentadorias por incapacidade permanente ou aposentadorias voluntárias prematuras para trabalhadores e trabalhadores vítimas de práticas assediosas, agravando as despesas da já combalida previdência social.

Essa visão das empresas como partícipes essenciais na construção de uma sociedade mais justa, como indutora das atividades econômicas, traz à tona a sua responsabilidade perante a conformidade das relações de trabalho. A construção de relações de trabalho mais dignas, não sujeitas à precarização e à prática de violência moral, perpassa o singular direito do trabalhador quanto ao respeito aos seus direitos fundamentais. O Compliance Trabalhista, como medida especialmente voltada à garantia da conformidade das relações de trabalho, assume especial relevo neste contexto, constituindo em um importante instrumento à disposição para a proteção dos direitos humanos[31].

[30] MARTINEZ, Luciano; DE CARVALHO JÚNIOR, Pedro Lino. **Assédio Moral Trabalhista: Ações Coletivas e Processo Estrutural**, p. 29.

[31] "Como a empresa possui esse papel fundamental na distribuição de bens e serviços, bem como inaugura uma nova ordem econômica, passa a desempenham uma função de zelo pela justiça social, em conformidade com o art. 170 da Constituição de 1988. A nova ordem econômica pressupõe a adequabilidade não somente às normas internas e à legislação pátria, mas aos instrumentos internacionais, que caracterizam o contexto globalizado e que faz com que haja uma gestão integrativa dos direitos humanos no âmbito empresarial". SILVA, Deise Cássia de Macêdo. **Direitos humanos na empresa e sua efetivação através do compliance**, p. 79.

4. A importância da adoção dos mecanismos de *Compliance* Trabalhista na prevenção e combate ao *stalking* ocupacional

Os mecanismos fornecidos pelo Compliance Trabalhista para a prevenção e combate ao *Stalking* Ocupacional são amplos e diversificados, podendo perfeitamente abarcar o tipo da empresa, o seu porte e as suas peculiaridades. Por certo que, quanto maior a empresa, mais mecanismos far-se-ão necessários para a realização do intuito de conferir conformidade às relações trabalhistas na organização.

O emprego dos pilares do Compliance revela-se de fundamental importância para a adequada estruturação do programa. Insta ressaltar que o Compliance Trabalhista não é mais do que um enfoque especializado das ações de conformidade, que normalmente vão além daquelas atinentes às relações trabalhistas, de maneira que a maioria das organizações praticam o Compliance Trabalhista dentro do programa geral de Compliance ou, sob um outro prisma, aplicam as medidas de Compliance nas relações de trabalho da organização. Entretanto, é preciso salientar que, visando à efetividade do Compliance nas relações de trabalho, medidas do programa voltadas única e exclusivamente para a conformidade trabalhista deverão ser adotadas. A depender das características e objetivos da instituição, essas medidas serão mais ou menos significativas, podendo mesmo ser efetivadas apartadamente do programa geral de Compliance[32].

O primeiro pilar do Compliance Trabalhista que deve ser efetivado com vistas ao combate e a prevenção do *Stalking* Ocupacional, sem dúvidas, é o Comprometimento da Alta Administração. A participação e incentivo dos líderes é essencial para o êxito do programa de Compliance. Eles são responsáveis por elegerem os valores éticos da empresa, devendo pautar a sua atuação corporativa em torno destes valores, fornecendo o exemplo a nortear a conduta dos demais colaboradores. Mais do que isso, eles deverão

[32] O programa de compliance tem como finalidade precípua a prevenção dos riscos da atividade empresarial, buscando a sua atuação ética e em conformidade com a legislação. Assim, o programa está relacionado com as mais diversas áreas jurídicas e gerenciais. Neste diapasão, aplicação das ferramentas de compliance na seara trabalhista consubstancia-se em um importante instrumento em para a correta aplicação das normas e princípios trabalhistas, portarias, normas regulamentares, regulamentos, normas internacionais, convenções e acordos coletivos, e para a disseminação do comportamento ético dentro das empresas". KRUPPA, Roberto Potzik Soccio; GONÇALVES, Anselmo. **Compliance Trabalhista**, p. 123.

atuar como curadores do programa de Compliance, provendo todas as condições e instrumentos necessários para o seu êxito.

Ilustrando a importância deste pilar, Belisario, Muniz e Codignoto[33] assim informam:

> A expressão "Tone at the Top" ou "Tone from the Top" teve origem nos EUA decorrendo dos escândalos envolvendo grandes companhias americanas. Após as investigações, conclui-se que as fraudes eram praticadas por determinação dos próprios CEOs das empresas. Estes episódios demonstram, de forma nítida, que é a conduta dos líderes que direcionarão a empresa para um caminho com resultados éticos e transparentes. Logo, mais do que um pilar, o "Tone at the Top" é a base para efetividade de todo um sistema, pois sem a intenção e comprometimento dos líderes com a conduta ética e de "compliance" não há códigos de condutas, políticas e processos que tragam resultados positivos para a empresa e para a sociedade.

Os Líderes e Gestores da empresa deverão adotar uma postura proativa na prevenção e combate do *Stalking* Ocupacional, zelando para que a corporação seja um ambiente de cooperação mútua entre todos os colaboradores, com a eleição de padrões éticos de conduta e instituição de mecanismos que coíbam práticas de violência moral no trabalho e de crimes. Com a ocorrência de condutas persecutórias contra um colaborador, os líderes deverão adotar as medidas a seu alcance para impedir a continuidade de tais atos e minorar os seus efeitos, tendo sempre como prioridade o bem-estar da Vítima e a manutenção do seu emprego.

Uma devida Análise e Gestão de Riscos do negócio é uma medida de Compliance que acarreta grandes impactos nas atividades dos colaboradores da empresa. Como são esses colaboradores que executam a atividade econômica da empresa dentro do modelo de negócios proposto, tem-se que eles são os primeiros afetados em decorrência do planejamento estratégico, ou da falta dele. Por isso, eles devem ser incluídos como partícipes e beneficiários das avaliações de riscos e subsequentes controles de mitigação e seu

[33] Belisario, Denise Mayumi Iwakura., Muniz, Marcia. & Codignoto, Roberta. **Comprometimento da Alta Administração: o Tone from the Top**. In: CARVALHO, André Castro; BERTOCELLI, Rodrigo de Pinho; ALVIM, Tiago Cripa; VENTURINI, Otávio, orgs. **Manual de Compliance**, p. 162.

bem-estar e performance devem ser devidamente inclusos nesta equação. Em suma, a desconformidade nas relações de trabalho é um grave fator de risco para a empresa, de forma que a gestão destes riscos pressupõe a adequada conformidade laboral.

Os Códigos ou Programas de Conduta têm por objetivo expressamente definir os padrões de conduta esperados dos colaboradores e dirigentes da empresa, cujo intuito consiste na criação de parâmetros para efetivar condutas que reflitam os valores da organização. O disciplinamento destes comportamentos desejados ocorrerá em códigos de ética e de conduta, podendo se dar em documentos distintos ou em um único documento e deverão regular, de forma clara, o que é permitido e o que é proibido.

A respeito dos Códigos de Conduta, Xavier[34] informa que:

> Ele permitirá que seja criado um padrão de comportamento e um consenso de juízo entre todos os trabalhadores, proporcionando um ambiente profissional mais agradável a todos, bem como um relacionamento interpessoal agradável tanto entre os colegas, quanto com clientes, fornecedores, prestadores de serviço e outras pessoas relacionadas externamente à empresa.

Para o efetivo combate ao *Stalking* Ocupacional pelo Código de Conduta da organização, é necessário que haja a expressa proibição e repúdio a todas as formas de Assédio Moral e prática de ilícitos civis e criminais dentro da empresa, de maneira a que se tenha a possibilidade imediata de aplicação do Código na ocorrência de perseguição contra um colaborador da empresa. Além disso, o Código deverá estabelecer disposições que promovam ativamente um ambiente de trabalho decente, tendo como prioridade o seu bem-estar.

A adoção de treinamentos corporativos reveste-se em uma medida fundamental para que o programa de Compliance seja dotado de aplicabilidade e efetividade[35]. Os colaboradores e integrantes da alta direção da

[34] Xavier, Daniele Jucá Silveira. **Compliance Trabalhista e o Assédio Moral: Propostas de Prevenção de Conflitos Organizacionais**, p. 80.

[35] "Nao há aderência ao compliance sem a execução de treinamentos corporativos sobre o tema. Com o volume de informação disponível nos dias de hoje e a abundância delas no meio corporativo, é ilusório crer que todos os empregados de uma corporação terão tempo suficiente para ler, assimilar e aplicar o conteúdo descrito no programa de integridade ou código de ética de uma organização. Ainda que isso ocorra em um contexto utópico, não há

empresa deverão ser adequadamente instruídos a respeito das condutas que se esperam deles acerca do cumprimento dos seus deveres, das formas de se agir no trato com os clientes, fornecedores e demais pessoas que travam contato com a empresa. Outrossim, para o fomento de um ambiente de trabalho livre da Violência Moral, os treinamentos corporativos deverão ter foco nas práticas corporativas pertinentes à conformidade das relações de trabalho.

Diretamente relacionada à realização de treinamentos corporativos está o sistema de comunicação interna sobre o Compliance, a fim de conferir meios para que os colaboradores vivenciem e experienciem o programa de conformidade para além dos regulamentos formais e treinamentos. Para garantir que isso ocorra, também é importante que os regulamentos e demais instrumentos de Compliance estejam permanentemente disponíveis aos colaboradores, sejam de fácil acesso e compreensão.

Além das medidas referentes à instrução dos colaboradores a respeito do programa de Compliance, será necessário a disponibilidade de um canal de denúncias interno, que pode ser montado como uma forma de ouvidoria, para que as atitudes suspeitas e as más-condutas dentro da organização sejam devidamente apuradas. A respeito dos benefícios dos canais de denúncia, Xavier[36] destaca os seus benefícios da seguinte forma:

> Foram abordadas diversas contribuições do canal de denúncia para as organizações como a forma de tornar a empresa mais protegida contra os eventos de fraudes e comportamentos antiéticos, o fornecimento de transparência aos processos de negócios e às relações entre os diversos agentes da governança, a inibição de desvios de conduta e melhorar o ambiente de trabalho, e, ainda, o suporte da Auditoria Interna com informações relevantes, atualizadas tempestivamente.

como garantir a aderência aos programas nas situações concretas mediante a mera ciência e leitura desses documentos. Por essa razão que se exige treino contínuo e repetitivo para se atingir um nível de excelência no que concerne ao cumprimento da conformidade de uma empresa". **Carvalho, André Castro. Treinamentos Corporativos.** In: CARVALHO, André Castro; BERTOCELLI, Rodrigo de Pinho; ALVIM, Tiago Cripa; VENTURINI, Otávio, orgs. **Manual de Compliance**, p. 210.

36 Xavier, Daniele Jucá Silveira. **Compliance Trabalhista e o Assédio Moral: propostas de prevenção de conflitos organizacionais**, p. 68.

Àquele que efetuar uma denúncia a respeito de condutas indevidas dentro da organização ter o seu anonimato respeitado, sendo esta uma das principais medidas para a efetividade do canal de denúncias internas, a se ter em vista o fato de que os colaboradores se sentirão estimulados a denunciar as condutas que não estiverem de acordo com o Código de Conduta da empresa e ajudarão mais com as investigações internas que se seguirem à denúncia[37].

Outrossim, um sistema eficiente de investigação interna para apuração das condutas que não respeitarem o Código de Conduta da empresa é essencial a um programa de Compliance Trabalhista. Em um primeiro momento, as investigações poderão afastar as denúncias descabidas de fundamento, formuladas com o único propósito de prejudicar ou difamar o outro colaborador da empresa, que, aliás, pode configurar como uma medida de perseguição típica do *Stalking* Ocupacional, e poderão posteriormente, ao passo que a investigação for aprofundada e houver a constatação da ocorrência dos atos desconformes, apontar os culpados e os efeitos e danos praticados à Vítima e à organização. Como consequência da constatação de eventuais crimes dentro da organização, as autoridades responsáveis deverão ser informadas de todos os resultados das investigações, assim como os responsáveis pelas condutas delituosas deverão receber a devida punição, visando, como meta principal, a preservação da Vítima.

No contexto do *Stalking* Ocupacional, os canais de denúncias e as investigações internas são essenciais para a coibir os atos de perseguição, posto que essas condutas configuram em ilícito penal, sendo totalmente inadmissíveis as práticas dentro de uma empresa que pretenda se manter em conformidade com as normas trabalhistas. A preservação do anonimato dos denunciantes, a proteção ao bem-estar da Vítima, a aplicação de punições internas condizentes com a gravidade das condutas persecutórias e a devida comunicação integral dos resultados da investigação interna às

[37] "O ponto fundamental para o adequado funcionamento passa pela instituição de um canal de comunicação que possa assegurar o anonimato daquele que porventura não deseje se identificar. Este canal deve assegurar sigilo, discrição e segurança para o denunciante, devendo estruturar ações para poder proteger o denunciante de eventuais represálias no ambiente laboral". PORTO, Éderson Garin. **Compliance & Governança Corporativa: uma abordagem prática e objetiva**, p. 126.

autoridades competentes são postos-chaves para o adequado tratamento da questão internamento quando da sua ocorrência.

A auditoria, no âmbito trabalhista, diz respeito à análise da conformidade da empresa com as normas trabalhista e demais objetivos eventualmente traçados pelo programa de Compliance nesta área. Ela poderá ocorrer internamente na empresa, ou seja, realizada por auditor componente dos quadros da empresa, ou externamente, em que auditores independentes e não integrantes dos quadros da empresa auditora serão responsáveis pela realização desta análise. Decorrente dos trabalhos de auditoria, será elaborado um relatório com as conclusões dos Auditores, relativamente ao cumprimento do programa de Compliance e as sugestões de medidas pertinentes ao aperfeiçoamento do programa, com vistas sempre à efetividade.

No âmbito do Compliance Trabalhista, o Due Diligence pode auxiliar quando do ingresso de terceiros que não ocupem o corpo efetivo de colaboradores da empresa, como o caso de prestadores de serviços eventuais e de terceirizados. Relações de trabalho desta natureza, por óbvio, não estão imunes da ocorrência de *Stalking* Ocupacional, seja por parte destes terceiros em relação aos colaboradores efetivos da empresa ou diante da situação inversa, por isso a necessidade da realização tão criteriosa quanto possível dos procedimentos de due diligence perante os terceiros que se relacionam com a corporação, com vistas a ter garantias de que eles seguirão os preceitos de integridade no relacionamento com a empresa.

Sobre o procedimento de Due Diligence, Porto[38] assim destaca:

> 8. Procedimento de Due diligence: Conhecer os riscos, mapeá-los e adotar um bom nível de transparência são pilares importantes. Contudo, é preciso que periodicamente seja feito um pente-fino na organização e principalmente em seus fornecedores e demais terceiros. É preciso tomar medidas para assegurar que as partes que se relacionam com a instituição pautem suas condutas pelos mesmos padrões éticos implantados. Assim submeter a entidade e seus stakeholders a um procedimento de due diligence é providência que estrutura o programa de integridade e assegura que os negócios daquela organização são cuidadosamente revisados.

[38] PORTO, Éderson Garin. **Compliance & Governança Corporativa: uma abordagem prática e objetiva**, p. 37.

As práticas premiais também podem se revestir de importante mecanismo para coibir e evitar o *Stalking* Ocupacional dentro da organização. Os colaboradores devem ser incentivados a agir de forma virtuosa tanto em relação ao seu rendimento profissional quanto nas condutas relativas à integridade, o que inclui o respeito aos demais colaboradores consubstanciado na ausência de prática de atos de violência moral no trabalho.

A fixação de prêmios e o reconhecimento por boas condutas atuam como poderosos estímulos para propiciar um ambiente de trabalho cooperativo e salutar para todos os colaboradores. O realce aos bons exemplos é uma indispensável prática para uma empresa que pretenda promover práticas condizentes com a integridade e o respeito ao próximo. A propósito, Vilela[39] destaca que:

> Corroborando essa ideia acima, a lógica dos mecanismos premiais pressupõe que relações virtuosas possam ser apropriadas pelo empregador ao visualizar este que o trabalho do empregado está sendo executado com maior zelo em um ambiente sem práticas abusivas e com respeito aos regulamentos empresariais. De modo a se propiciar ao trabalhador a convivência em um ambiente alicerçado no respeito e assim, a relação laboral se torna mais virtuosa e menos conflitiva. Interessem comuns de bem-viver vão sendo compartilhados enquanto valores.

Nota-se, por meio desta exposição, que a adoção de um efetivo programa de Compliance Trabalhista, com a adequada utilização dos mecanismos relativos aos pilares do programa, é de fundamental importância para o adequado tratamento do *Stalking* Ocupacional. As condutas persecutórias no ambiente de trabalho mostram-se prejudiciais não só à empresa internamente, como também externamente, no que diz respeito à reputação e à imagem da empresa perante a sociedade, fator este cada vez mais relevante para a consecução de bons negócios à empresa.

O *Stalking* é um fenômeno social nefasto e deve ser combatido em todas as formas pelas quais ele pode assumir. O ambiente de trabalho é o local pelo qual o trabalhador busca exercer as atividades profissionais que lhe garantam o sustento e o de sua família. Por conta disso, é de crucial

[39] VILELA, Daniela Rodrigues Machado. **Direito Premial Trabalhista e Compliance na construção de uma teoria da Justiça Social Premial**, p. 211.

importância que lhe seja conferido o respeito à sua integridade física e psíquica, bem como lhe seja propiciada as condições necessárias para o desenvolvimento do seu trabalho da melhor forma possível de acordo com as suas potencialidades.

Por certo não existe uma fórmula pronta que evite em absoluto a prática do *Stalking* Ocupacional, mas está ao alcance das organizações, seja de que porte forem, a adoção de todas as medidas disposta nas legislações, normas internas e programas de integridade para evitar a sua ocorrência ou, quando não restar possível, provenham suficiente proteção e reparação à Vítima.

Conclusões

O *Stalking* trata de um fenômeno social dotado de grandes complexidades para a sua caracterização, a considerar que ele pode ocorrer em vários contextos distintos e as ações persecutórias de um *Stalker* devem ser analisadas em seu conjunto, nunca isoladamente. No Brasil, o fenômeno ainda é subestimado, pela razão de o enfoque se dar nos efeitos materiais decorrentes da persecução, como, por exemplo, lesão corporal, assédio moral ou sexual, violação ao patrimônio, que normalmente se estabelecem quando a perseguição já se encontra muito presente na vida da Vítima.

No âmbito das relações de trabalho, o fenômeno do *Stalking* também pode ocorrer das mais variadas formas, recebendo o nome de *Stalking* Ocupacional. Cabe fazer a devida distinção entre *Stalking* e Assédio Moral (ou Mobbing), já que este faz parte de um fenômeno mais amplo, abrangendo todas as formas de violência moral no trabalho, enquanto aquele é pertinente apenas às condutas persecutórias no ambiente de trabalho, capazes de serem enquadradas no artigo 147-A do Código Penal. Normalmente, o *Stalking* Ocupacional é precedido de alguma forma por atos de Assédio Moral, mas a partir do momento em que está caracterizada a perseguição sofrida pela Vítima, o tratamento jurídico deve ser distinto.

Diante desta realidade, as empresas deverão assumir a responsabilidade para prevenir e combater o *Stalking* Ocupacional dentro de sua organização, a fim de prover um ambiente de trabalho salutar e conforme à legislação trabalhista. Um programa de Compliance Trabalhista, aliado a medidas de Governança Corporativa, pode ser muito útil a este propósito.

O programa de Compliance adotará estruturas e formatos variados conforme o tamanho e as características da empresa, mas sempre girará em torno da adoção dos chamados pilares do Compliance, com as devidas adaptações e ajustes ao universo relativos às relações de trabalho, a fim de uma maior efetividade.

O pilar mais basilar para o sucesso do Compliance diz respeito ao comprometimento da alta administração. Sem que os dirigentes atuem como curadores da conformidade, dificilmente as ações de conformidade terão sucesso por outros meios. Não obstante, atualmente cada vez mais a marca da empresa, consistente na imagem que os terceiros nutrem sobre ela, está atrelada à sua conformidade perante o ordenamento jurídico, sendo isso um estímulo para os líderes da empresa investirem no Compliance.

Além disso, a empresa deverá estar provida de instrumentos normativos regedores da conduta dos colaboradores, como Códigos de Conduta e demais regulamentos empresariais, a fim de tornar claro aos colaboradores a importância de fomentar o agir virtuoso na empresa. Essas normas internas deverão estar disponíveis para consulta a todo tempo, bem como os colaboradores deverão ser suficientemente informados e treinados sobre o Compliance.

Canais de Denúncias, Monitoramento e Auditorias (internas e externas) são essenciais para que as condutas caracterizadoras de perseguição sejam percebidas e combatidas a contento. Aos colaboradores deve ser resguardado o anonimato na formulação de suas denúncias, a fim de que seja fornecida proteção contra eventuais represálias. Constatado o ilícito, por meio de criteriosa investigação interna, as autoridades públicas responsáveis deverão ser contatadas para a adoção das medidas de direito previstas, bem como o infrator deve ser sancionado internamente, visando, em primeiro lugar, a proteção da Vítima, que já se encontra suficientemente prejudicada. Sistemas de premiação também são poderosos instrumentos para introjetar na organização um ambiente de respeito ao próximo e de bom convívio, enquanto o Due Diligence se reveste em medida capaz de evitar que a organização se relacione com terceiros indispostos a seguir as diretrizes de integridade.

Não existe nenhum programa de conformidade, por si só, bastante para evitar que condutas persecutórias atinjam seus colaboradores ou terceiros que se relacionem com a organização, porém ainda sim é necessário ser proativo e agir em favor da conformidade das relações de trabalho, posto que este se revela como o melhor instrumento de proteção dos trabalhadores afetados pela ação de um *Stalker.*

Referências

AMIKY, Luciana Gerbovic. ***Stalking***. Orientador: Rogério Donini. Dissertação. 2014. 119 f. Mestrado em Direito. Pontifícia Universidade Católica de São Paulo, São Paulo, 2014.

CARVALHO, André Castro; BERTOCELLI, Rodrigo de Pinho; ALVIM, Tiago Cripa; VENTURINI, Otávio, orgs. **Manual de Compliance**. 3ª Edição. Rio de Janeiro. Editora Forense, 2021.

COELHO, Virgínia Cavalcante. **Assédio moral no trabalho, focando o assediador: valores humanos, valores organizacionais e atos negativos no trabalho**. Orientadora: Regina Heloisa Maciel. 2015. 170 f. Tese. Doutorado. Universidade de Fortaleza, Fortaleza, 2015.

FREITAS, Juarez. **Sustentabilidade: direito ao futuro**. 4ª Edição. Belo Horizonte. Editora Fórum, 2019. Formato E-Book.

JAQUES, Marcelo Dias. **O Direito à Informação e à Liberdade de Expressão na Sociedade Digital: Novos Desafios ao Direito Brasileiro**. Orientador: Vera Lúcia Spacil Raddatz. 2014. 137 f. Dissertação. Mestrado em Direitos Humanos. Universidade Regional do Noroeste do Estado do Rio Grande do Sul, Ijuí, 2014.

KRUPPA, Roberto Potzik Soccio; GONÇALVES, Anselmo. **Compliance Trabalhista**. Revista de Direito FAE, Vol. 2, n.1, 2020, jun. p. 123-145. Disponível em: <https://revistafae.fae.edu/revistafae/article/view/671/529>. Acesso em: 30/10/2022.

LEITE, Carlos Henrique Bezerra. **Curso de Direito do Trabalho**. 14ª Edição. São Paulo. Editora Saraiva Jur, 2022.

MARTINEZ, Luciano; DE CARVALHO JÚNIOR, Pedro Lino. **Assédio Moral Trabalhista: Ações Coletivas e Processo Estrutural**. 1ª Edição. São Paulo. Editora Saraiva Jur, 2022.

PORTO, Éderson Garin. **Compliance & Governança Corporativa: uma abordagem prática e objetiva**. 1ª Edição. Porto Alegre. Editora Lawboratory, 2020.

PRADO, Elisa. **Gestão de Reputação: riscos, crise e imagem corporativa**, página 17. 1ª Edição. São Paulo. Aberje Editorial, 2017.

SANTOS, Bárbara Fernandes Rito dos. ***Stalking*: parâmetros de tipificação e o bem jurídico da integridade psíquica**. 1ª Edição. Coimbra. Edições Almedina S/A, 2016.

SILVA, Deise Cássia de Macêdo**. Direitos humanos na empresa e sua efetivação através do compliance**. Orientador: Pedro Durão. 2022. 103 f. Dissertação. Mestrado. Universidade Federal de Sergipe, São Cristóvão, 2022.

SIQUEIRA, Maria Lohana Hexana de Moura Silva. ***Stalking*: um estudo conceitual sobre a perseguição obsessiva e seus reflexos jurídicos no direito brasileiro**. Orientador: Maurício Dalri Timm do Vale. 2021. 90 f. Dissertação. Mestrado. Programa de Pós-Graduação Stricto Sensu em Direito, Pró-Reitoria Acadêmica, Universidade Católica de Brasília, Brasília, 2021.

THOMPSPON FLORES, Carlos Pereira. **A tutela penal do *stalking***. 1ª Edição. Porto Alegre. Editora Elegantia Juris, 2014.

VALADARES, Flávio Biasutti. **O Uso de Estrangeirismos no Português Brasileiro: Variação e Mudança Linguística**. Orientador: Leonor Lopes Fávero. 2013. 191 f. Tese. Doutorado em Língua Portuguesa. Pontifícia Universidade Católica do Estado de São Paulo, São Paulo, 2013.

VILELA, Daniela Rodrigues Machado. **Direito Premial Trabalhista e Compliance na construção de uma teoria da Justiça Social Premial**. Orientador: Antônio Álvarez da Silva. 2021. 447 f. Tese. Doutorado. Universidade Federal de Minas Geral, Belo Horizonte, 2021.

XAVIER, Daniele Jucá Silveira. **Compliance Trabalhista e Assédio Moral: proposta de prevenção de conflitos organizacionais**. Orientador: Danilo Fontenele Sampaio Cunha. 111 f. Dissertação. Mestrado. Universidade de Fortaleza, Fortaleza, 2019.

PARTE II

13. A EVOLUÇÃO DA CONDUTA TÍPICA "*STALKING*" NO DIREITO PENAL ALEMÃO

FERNANDO ANTÔNIO TAVERNARD LIMA

Introdução

A variedade dos comportamentos socialmente inadequados, agora considerados *stalking*, dificulta não apenas a definição do fenômeno, como também a construção de normas penais incriminadoras mais específicas que possam conferir ampla, efetiva e atualizada proteção às vítimas.

Do concreto tensionamento entre a criatividade de agir do *stalker* e o determinismo legal da conduta punível (alguns países passam a dispor de leis penais *antistalking*, a partir de 1990), na Alemanha é dada primazia à proteção da vítima por força do direito civil (direito geral da personalidade), e mais especificamente com a entrada em vigor, a partir de 1º de janeiro de 2002, da "A Lei de Proteção Civil Contra Atos de Violência e Perseguições" [Das *Gesetz zum zivilrechtlichen Schutz vor Gewalttaten und Nachstellungen – GewSchG*], em que são admitidas medidas judiciais restritivas contra o autor.

A imprescindível especificação da medida judicial proibitiva se torna facilmente contornável, exatamente em função da diversidade de condutas do *stalker*, deixando a vítima mais exposta ao mesmo ou mais agravado tipo de agressão, o que justifica a introdução no "Código Penal" [*Strafgesetzbuch- StGB*], com vigência a partir de 31 de março de 2007, da norma incriminadora do § 238 – "Perseguição" [*Nachstellung*][1], composta

[1] No Brasil, a conduta punível está tipificada no Artigo 147-A do Código Penal Brasileiro, a partir da Lei 14.132, de 31 de março de 2021.

dos tipos básico (conjugado com modalidades de conduta), qualificado e qualificado pelo resultado.

Ao longo de dez anos, a prática forense detecta exponencial dificuldade probatória à comprovação do tipo fundamental, então compreendido como "delito de resultado" [*Erfolgsdelikt*], o que compromete a sua própria eficácia protetiva.

Esse *status quo* planifica a modificação de alguns elementos que compõem o tipo básico ao ponto de ser transformado num "delito de aptidão" [*Eignungsdelikt*], com vigência a partir de 10 de março de 2017.

Passados quatro anos, a jurisprudência hesita em fixar, para fins de tipicidade, o quantitativo e/ou qualificativo de atos de *stalking* considerados "persistentes" [*beharrlich*] a afetar "gravemente" [*schwerwiegend*] o "modo cotidiano de vida" [die Lebensgestaltung] da vítima, além da falta da punibilidade do *stalking on-line*, o qual externa maior potencialidade de lesão.

Esse pano de fundo subsidia as cirúrgicas modificações e a nova concepção do § 238 *StGB*, em vigor a partir de 1º de outubro de 2021, as quais reduzem o limiar do tipo penal, dada a suficiência de que a "perseguição" seja "reiterada" [*wiederholt*] a afetar "não irrelevantemente" [*nicht unerheblich*] o "modo cotidiano de vida" da vítima, a par do acréscimo de três modalidades vinculadas ao tipo básico e do novo rol dos "casos especialmente graves" [*besonders schwere Fälle*].

A evolução da complexa estrutura da norma penal incriminadora (§ 238 *StGB*), mediante a análise dos elementos configuradores do tipo, paralelamente à iniciativa da persecução criminal e da prisão cautelar, constitui o objeto de nosso estudo mediante a tradução livre de todos os textos legais, doutrinários e jurisprudenciais.

1. O *stalking* como conduta ilícita e a nova percepção jurídica criminal

O comportamento humano consistente em "assediar" ou observar insistentemente outrem – por obsessão, adoração, rejeição, ressentimento, vingança, desilusão de ser estimada(o) – não constitui novidade à sociologia (no âmbito das ambiguidades das relações sociais, ele está inserido na variedade de condutas inadequadas que ocorrem com o desenvolvimento e/ou término de relacionamentos) nem à psicologia (ele é analisado sob a perspectiva do sadismo, erotomania, rejeição, retardo intelectual, vingança, busca de relacionamento)[2], sem que fossem apontados graves indícios a justificar a criação de norma penal contra essa "perseguição", ao menos até fins do século XX.

A partir de então, certas pessoas em evidência midiática ("celebridades") passam a sofrer desmedidos assédios, cuja obsessão chega ao ponto de levar certo indivíduo a assassinar a atriz Rebecca Schaeffer (1989), e de outro a desferir uma facada na tenista Monica Seles (1993), quando então as importunações às "estrelas" passam a ser cunhadas pela mídia como *starstalking*.

Com a ampla divulgação de fatos similares, constata-se que os comportamentos perturbadores ao âmbito da vida pessoal de outrem (perseguição ou importunação, em sua maioria efetuada por homens) não são direcionados apenas contra as "celebridades", senão contra inúmeras vítimas (maioria formada de mulheres) de violência doméstica, as quais tentam escapar do estado de controle ou abuso num relacionamento que já se encontra em avançado estágio de deterioração ou término.

Apesar de não existir um padrão célere ou rígido do fim desse relacionamento, há certo padrão de respeito em que as pessoas devem se comportar e ater, o qual é violado pelos *stalkers* quando insistem em ignorar ou interpretar mal os sinais de que a outra pessoa não está interessada. Essa persistência de comportamento até então considerado ambíguo, agora possui nova concepção, e assim a pessoa-alvo passa a se identificar como ofendida de *stalking*.

A dimensão do fenômeno, aliada à pressão da indústria do entretenimento, faz com que a Califórnia se torne o primeiro estado norte-americano a editar uma lei criminal *antistalking* (1990) – a conduta passa a ser conceituada como "crime de seguir e observar alguém, ilegalmente, por um certo período de tempo"[3] –, o que serve de inspiração aos demais estados norte-americanos, bem como a vários países de todos os continentes, entre eles a Alemanha.

[2] *Best, Joel. „stalking". Encyclopedia Britannica,* 15 Feb. 2023, https://www.britannica.com/topic/*stalking*-crime. Acesso em 27.02.2023.

[3] O termo "*stalking*" é conceituado pelo dicionário *Cambrigde* como "the crime of illegally following and watching someone over a period of time" (tradução livre). https://dictionary.cambridge.org/us/dictionary/english/*stalking*:"the crime of illegally following and watching someone over a period of time". Acesso em 28.02.2023.

2. A tutela jurídica na Alemanha

A. No âmbito do direito civil

Os assédios ou importunações a outrem são tratados primariamente no âmbito cível, seja para a proteção dos direitos gerais de personalidade, seja para efeito de reparação dos danos à luz do "Código Civil" [*Bürgerliches Gesetzbuch – BGB*, § 823, alínea II)[4], expedindo-se ordens judiciais cominatórias, com multa em caso de descumprimento.

Para o reforço da tutela à "vida, corpo, saúde, liberdade e autodeterminação sexual" é publicada a "Lei de Proteção Civil Contra Atos de Violência e Perseguições" [*Gesetz zum zivilrechtlichen Schut z vor Gewalttaten und Nachstellungen – GewSchG*][1], vigente a partir de 1º de janeiro de 2002, a qual autoriza, a pedido da vítima, a imposição das medidas judiciais protetivas consistentes na obrigação do autor em se abster (§ 1) de *1) adentrar à residência dela; 2) aproximar-se dos arredores da residência dela; 3) frequentar determinados lugares que ela visite regularmente; 4) manter contato com a pessoa ofendida, inclusive por meios de telecomunicação; 5) provocar encontros com a pessoa ofendida* (§ 1, alínea 1, frase 3, números 1 a 5), desde que não exista conflito com o exercício de legítimos interesses.

A lei autoriza também o *afastamento do autor do lar comum* (§ 2), sem embargo da *observância das normas relativas à guarda, tutela e curatela* (§ 3)[5], e, sobretudo, no caso de *descumprimento das decisões judiciais ou de acordos firmados no âmbito do direito de família e da jurisdição voluntária (vinculados aos termos da lei), a pena é de até dois anos de prisão ou multa* (§ 4).

Como se infere, a "Lei de Proteção contra a Violência" [*GewSchG*] não pune as "perseguições" [*Nachstellungen*] que comumente antecedem certos delitos contra a liberdade pessoal (ex. invasão de domicílio, injúria, lesão corporal, ameaça, constrangimento ilegal, sequestro etc.), os quais compõem a denominada "perseguição grave" [*schwere Stalking*][6].

Além disso, fatores empíricos indicam que *stalkers*, particularmente persistentes, não somente tendem a ignorar as ordens judiciais contra

[4] *Kindhäuser*, p. 864, n. 1.

[5] As medidas protetivas normatizadas na *Gewaltschutzgesetz* (§ 1) são semelhantes, em certa medida, às medidas protetivas de urgência da Lei 11.340, de 07 de agosto de 2006 (Lei Maria da Penha).

[6] *Wessels/Hettinger*, p. 113, n. 369a; *Kindhäuser*, p. 864, n. 1.

determinado comportamento, como também facilmente as contornam por outro método de "perseguição"[7].

Há, pois, uma relevante lacuna a ser preenchida à concreta e *ex ante* tutela de tais bens jurídicos, o que pavimenta a criação da norma penal à "perseguição leve" [*leichte Stalking*][8].

B. No âmbito do direito penal

Em complemento à citada "Lei de Proteção Contra Violência"[9] é introduzido o tipo penal do § 238 no Código Penal alemão, sob o *nomen juris* de "perseguição" [*Nachstellung*], em vigor a partir de 31 de março de 2007[10].

O § 238 *StGB* pune a seguinte conduta:

> [2]*§ 238 – Perseguição*
>
> *(1) perseguir, sem autorização, um ser humano, enquanto persistentemente 1. buscar a sua aproximação física; 2. tentar estabelecer contato com ele através dos meios de telecomunicação, de outros meios de comunicação ou por terceiros; 3. usar, abusivamente, os seus dados pessoais para efetuar encomendas de bens ou serviços em nome dele ou induzir terceiros a entrar em contato com ele; 4. ameaçar de lesão a sua vida, integridade física, saúde ou liberdade ou a de uma outra pessoa que lhe seja próxima, ou 5. praticar uma outra conduta semelhante, e, por esse meio afetar gravemente seu modo cotidiano de vida, é punido com pena privativa de liberdade de até três anos ou multa.*
>
> *(2) expor a perigo de morte ou de uma grave lesão à saúde da vítima, de um de seus familiares ou de uma outra pessoa que lhe seja próxima, é punido com pena privativa de liberdade de três meses a cinco anos.*
>
> *(3) causar a morte da vítima, de um de seus familiares ou de uma outra pessoa que lhe seja próxima é punido com pena privativa de liberdade de um ano a dez anos.*

[7] *Roxin, Claus.* O tipo penal de *stalking*: questões de legitimidade e interpretação. Tradução de Bárbara de Souza Lima. Revista do Instituto de Ciências Penais, Belo Horizonte, v. 6, n. 01, p. 16, 2021.

[8] *Roxin, Claus.* O tipo penal de *stalking*: questões de legitimidade e interpretação. Tradução de Bárbara de Souza Lima. Revista do Instituto de Ciências Penais, Belo Horizonte, v. 6, n. 01, p. 13, 2021.

[9] *Joecks*, p. 459, n. 1.

[10] "Diário Oficial Federal, parte I, p. 354" [*Bundesgesetzblatt – BGBl. Teil I s. 354*].

(4) A persecução somente se procede a requerimento, nos casos da alínea 1, a menos que as autoridades da persecução penal entendam por necessária a intervenção de ofício, em decorrência de um relevante interesse público à persecução penal.

3. A estrutura do tipo penal objetivo do § 238 *StGB*

O tipo penal (§ 238 *StGB*) é dividido em tipo básico (alínea 1), necessariamente vinculado às específicas modalidades do número 1 ao número 5; tipo de "delito de perigo, de configurada qualificação" [*Gefährdungsdelikt ausgestaltete Qualifikation*][11] (alínea 2) e tipo qualificado pelo resultado (alínea 3).

3.1. Tipo penal básico vinculado a cinco modalidades de conduta

O termo "**perseguição**" [*Nachstellung*], originariamente utilizado à punibilidade do delito de "caça furtiva" [*Jagdwilderei*] do § 293 *StGB*, a qual reproduz a concepção de perseguir e espreitar o alvo (animal selvagem)[12], contém aqui (§ 238 *StGB*) uma implícita e intencional constância da inapropriada e indesejada observação da vítima, independentemente de serem idênticos (ou não) os comportamentos do autor.

A conduta típica fundamental da alínea 1 consistente em ***perseguir, sem autorização, um ser humano, de forma persistente a afetar gravemente o seu modo cotidiano de vida*** está necessariamente vinculada a cinco modalidades (modos comportamentais de *stalking*), quais sejam: *1. buscar a sua aproximação física; 2. tentar estabelecer contato com ele através dos meios de telecomunicação, de outros meios de comunicação ou por terceiros; 3. usar, abusivamente, os seus dados pessoais para efetuar encomendas de bens ou serviços em nome dele ou induzir terceiros a entrar em contato com ele; 4. ameaçar de lesão a sua vida, integridade física, saúde ou liberdade ou a de uma outra pessoa que lhe seja próxima, ou 5. praticar uma outra conduta semelhante.*

Por isso, a norma incriminadora não configura "delito permanente" [*Dauerdelikt*][13], senão "delito de resultado de comportamento vinculado ou modalizado" [*erhaltensgebundenes oder modalisiertes Erfolgsdelikt*][14].

[11] *Wessels/Hettinger*, p. 117, n. 369i.

[12] *Fischer*, 56 ª Edição 2009, p. 1624, n. 9; vide *Eiden, Jachim*, ZIS 3/2008, p. 123.

[13] *Wessels/Hettinger*, p. 116, n 369h. "Corte Federal" [*Bundesgerichsthof – BGH*], acórdão de 19.11.2009, – 3 StR 244/09, n. 24.. Obs.: Competência similar ao nosso Superior Tribunal de Justiça – STJ.

[14] *Wessels/Hettinger*, p. 114, n. 369b.

3.2. Elementos do tipo penal básico

3.3. Perseguição não autorizada

Agrega-se à perseguição o elemento normativo da "**não autorização**" [*unbefugt*].

De acordo com o legislador alemão, esse elemento ("não autorização") não significa uma simples referência aos princípios gerais das justificantes, senão de um elemento do tipo que limita o âmbito de aplicação da norma aos casos puníveis[15], dado que o comportamento social adequado estaria compreendido pelo tipo penal[16].

3.4. Perseguição persistente

Além da perseguição não ser autorizada, ela deve ser "**persistente**" [*beharrlich*].

A realização do elemento "persistência" (obstinação) serve para separar algumas atividades sociais adequadas[17] do indesejado *Stalking*[18], o qual sinaliza o desdém ou indiferença do autor à vontade (expressa ou implicitamente externada da vítima) [19], consoante a exposição de motivos do legislador[20].

De acordo com a "Corte Federal" [*Der Bundesgerichshof – BGH*], a persistência não se conforma com a simples repetição, senão além disso, pois no cometimento do delito deve ser exigido especial obstinação e aumentada indiferença do autor frente à proibição legal e que ao mesmo tempo indique o perigo para outro cometimento de ilícito penal[21].

Ela não fixa precisamente o número mínimo de agressões, senão o pressuposto de uma repetição, quer dizer, ao menos dupla perseguição no

[15] "Parlamento Federal. Material Impresso n. 575, Projeto de Lei, 16º período de legislatura, p. 7" [*Bundestag – BT – Drucks. 16/575, s. 7*].

[16] *Joecks*, p. 461, n. 9.

[17] A procura da ex-parceira pelo autor (ex-marido) para tratarem de questões relacionadas ao filho em comum.

[18] *BGH*, acórdão de 19.11.2009, – 3 StR 244/09, n. 20. www.bundesgerichtshof.de. Acesso em 21.3.2023.

[19] *Heghmanns*, ZIS 2/2010, p. 272.

[20] "Parlamento Federal. Material Impresso n. 575, Projeto de Lei, 16º período de legislatura, p. 7" [*Bundestag – BT-Drucks. 16/575, S. 7*].

[21] *BGH*, acórdão de 19.11.2009, – 3 StR 244/09, n. 20. www.bundesgerichtshof.de. Acesso em 21.3.2023.

sentido do § 238 StGB, que deve se referir, de modo complementar, aos critérios subjetivos e normativos[22]. Há, pois, a exigência da ponderação de outros fatores, a exemplo da intensidade, quantidade e ordem cronológica a serem sopesadas na sua totalidade[23]

Nesse compasso, a persistência está caracterizada tanto no caso de maciças perseguições em cinco dias no curso de três meses, embora alguns destes comportamentos tenham ocorrido num intervalo de seis semanas[24], como no caso em que há uma repetição com certa intensidade[25].

Além disso, é imprescindível que as condutas (não necessariamente idênticas) sejam reiteradas entre as modalidades do número 1 ao número 5, no que, por exemplo, realiza o tipo penal as condutas do autor em espreitar a vítima numa ocasião, em incomodá-la com um telefonema em outra oportunidade, em seguida encomendar vinte e cinco pizzas tamanho família para entrega à casa dela e finalmente ameaçá-la de sequestro[26].

3.5. Afetação grave ao modo cotidiano de vida (resultado)

Como se trata de "delito de resultado" [*Erfolgsdelikt*], a conduta intencional (no mínimo, dolo eventual[27]) de "perseguição não autorizada e persistente", modalizada entre as variantes do número 1 ao número 5, deve causar à vítima "afetação grave ao modo cotidiano de vida" [*schwerwiegende Beeinträchtung der Lebensgestaltung*].

A conduta comporta os atos de aproximação (i)mediata à vítima e com certas ameaças no sentido do § 238, alínea 1, números 1 a 5 *StGB*[28], para, desse modo, limitá-la, direta ou indiretamente. Há, pois, uma **"afetação"** [*Beeinträchtung*] ao âmbito da sua vida pessoal, especialmente à sua liberdade de agir e de decidir[29].

[22] *BGH*, acórdão de 19.11.2009, – 3 StR 244/09, n. 25. www.bundesgerichtshof.de. Acesso em 21.3.2023.

[23] *Heghmanns*, ZIS 2/2010, p. 271.

[24] *Heghmanns*, ZIS 2/2010, p. 269.

[25] *BGH*, acórdão de 19.11.2009, – 3 StR 244/09, n. 25. www.bundesgerichtshof.de. Acesso em 21.3.2023.

[26] *Wessels/Hettinger*, p. 116, n. 369f.

[27] *Kindhäuser*, p. 868, n. 12.

[28] *BGH*, acórdão de 19.11.2009, – 3 StR 244/09, n. 15. www.bundesgerichtshof.de. Acesso em 21.3.2023.

[29] *BGH*, acórdão de 19.11.2009, – 3 StR 244/09, n. 30. www.bundesgerichtshof.de. Acesso em 21.3.2023.

No entanto, não se cuida de qualquer afetação, senão "**grave**" [*schwerwiegend*], o que, de acordo com o legislador, ocorre quando, no caso concreto, as consequências gravemente sopesadas e tomadas a sério excedem, de forma objetivável e relevante, a média das modificações comuns e suportáveis do "modo cotidiano de vida" da vítima[30] (não bastam desvantagens sensivelmente subjetivas[31]).

O "**modo cotidiano de vida**" [*Lebensgestaltung*] compreende todas as atividades da pessoa em que ela dá conformidade ou organiza, com liberdade de agir e de decidir[32] o seu dia a dia, sobretudo em relação aos locais de domicílio, estudo, trabalho, entretenimento (cinemas e fitness), compras, profissão religiosa etc., o que engloba os respectivos deslocamentos e os imanentes relacionamentos sociais (familiares, colegas de trabalho e amigos).

As afetações graves (limitações diretas ou indiretas) objetivamente constatadas ao "modo cotidiano de vida" decorrem, por exemplo, do fato da vítima só passar a sair do seu domicílio acompanhado de um terceiro, trocar de local de trabalho, escurecer as janelas do apartamento[33], solicitar que número telefônico seja mantido sob sigilo, desligar duradouramente a campainha ou desmontar a caixa de correios[34].

Patente a **causalidade** do comportamento do autor para com o comportamento da vítima.

Tipo penal qualificado por exposição a perigo

A alínea 2 normatiza uma qualificação[35] para o tipo penal básico, com pena privativa de liberdade de três meses a cinco anos à conduta criminosa de ***expor a perigo de morte ou de grave lesão à saúde da vítima, de um de seus familiares ou de uma outra pessoa que lhe seja próxima***.

[30] "Parlamento Federal. Material Impresso n. 3641, Recomendação da decisão e do Relatório da Comissão de Assuntos Jurídicos, 16º período de legislatura, p. 14" [*Bundestag – BT-Beschlussempfehlung und Bericht Rechtausschuss, Drucksache. 16/3641, S. 14*], *Joecks*, p. 460, n. 8.

[31] *Kindhäuser*, p. 868, n. 11.

[32] *Joecks*, p. 460, n. 5.

[33] *BGH*, acórdão de 19.11.2009, – 3 StR 244/09, n. 22. www.bundesgerichtshof.de. Acesso em 21.3.2023.

[34] "Parlamento Federal. Material Impresso n. 575, Projeto de Lei, 16º período de legislatura, p. 7" [*Bundestag – BT – Drucks. 16/575, s. 7*]

[35] *Joecks*, p. 461, n. 10; *Kindhäuser*, p. 868, n. 13.

Trata-se de um tipo de perigo configurado por qualificação[36].

E tendo em vista que a majorante receberá, com a reforma legislativa de 2021, passará a compor os "casos especialmente graves", a contextualização será efetuada mais à frente.

3.6. Tipo penal qualificado pelo resultado morte

O tipo penal qualificado pelo resultado[37] da alínea 3 pune, com pena privativa de liberdade de um ano a dez anos, a conduta de ***causar a morte da vítima, de um de seus familiares ou de uma outra pessoa que lhe seja próxima***, o que será analisada adiante.

3.7. Aspectos processuais

Dois são os aspectos a serem abordados: a iniciativa da persecução penal e a prisão cautelar.

A persecução penal do tipo penal básico é procedida mediante "requerimento" da vítima [*das Antragsdelikt*], salvo se despontar especial interesse público a critério das autoridades da persecução penal, quando então é considerado "delito de iniciativa oficial" [*das Ofizielldelikt*][38].

Em razão disso, a doutrina o classifica como "um delito a requerimento relativo" [*ein relatives Antragsdelikt*][39], diversamente do "delito a requerimento absoluto" [*das absolute Antragsdelikt*][40].

De outro ângulo, em complemento à proteção das vítimas contra o perigo de **reiteração** de condutas do autor, o § 238, alíneas 2 e 3 do Código Penal alemão ganha o reforço da nova redação do § 112a do "Código de Processo Penal" (*Strafprozessordnung – StPO*), por força da Lei de 22 de março de 2007[41], a qual estatui a "*prisão por segurança*" [*Sicherungshaft*], concebida como subsidiária à prisão preventiva e que pode ser decretada se preenchidos os fundamentos do § 112 *StPO*[42].

[36] *Wessels/Hettinger*, p. 117, n. 369i.

[37] *Wessels/Hettinger*, p. 114, n. 369b.

[38] *Fischer*, 56ª. Edição 2009, § 238 *StGB*, p. 1633, n. 38.

[39] *Joecks*, p. 460, n 3; *Kindhäuser*, p. 864, n 1.

[40] *Fischer*, 69ª Edição 2022, § 77 *StGB*, p. 823, n.2.

[41] "Diário Oficial Federal, parte I, p. 354" [*Bundesgesetzblatt – BGBl. Teil I S. 354*].

[42] *Meyer-Gossner/Schmitt*, 65ª Edição 2022, §112a StPO, p. 649, n. 17.

A norma processual regula a "*prisão de não escalada*" [*Deeskalationshaft*][43] contra determinados crimes de mediana ou grave ofensividade, entre eles os qualificados de *stalking* (§ 238, alíneas 2 e 3 *StGB*), cujo pressuposto é a forte suspeita de que o indiciado tenha cometido esses crimes e que existam determinadas situações fáticas a fundamentar o perigo de que ele, antes da coisa julgada, continuará a praticar, de igual modo, outras relevantes condutas criminosas ou a própria conduta criminosa (§ 112a, I, 1 *StPO*).

Em outros termos, o "fundamento da prisão do perigo de reiteração" [*Der Haftgrund der Wiederholungsgefahr*] visa afastar o perigo de continuidade de crimes semelhantes e relevantes (no mínimo, de média ofensividade), com base em concretos dados fáticos que reconheçam a tendência de o indiciado reiterar a conduta criminosa[44].

4. Lei de reforma do § 238 do Código Penal – ano 2017

Ao longo de dez anos, o empirismo forense aponta certos desafios à concretização do tipo penal, dadas as limitações inerentes tanto à concepção das condutas criminosas quanto ao consequente resultado do *stalking*[45]. No ponto, a visão da "Corte Federal" [der *Bundesgerichshof*] em relação à "persistência" e à "grave afetação do modo cotidiano da vida" serviu (e serve) de paradigma à interpretação limitativa dos elementos componentes do tipo[46].

Essas restrições, entretanto, viriam a produzir grave risco à efetiva proteção dos bens jurídicos trazidos à específica tutela penal, daí certas adaptações legais se tornarem imperiosas.

No dia 10 de março de 2017 entra em vigor a Lei n. 260, que altera o tipo básico do § 238 *StGB*[47], para fins de aperfeiçoamento da proteção contra "perseguições" [*Nachstellungen*], cuja redação passa a ser:

> [3]*§ 238 – Perseguição*
>
> *(1) perseguir, sem autorização,* ***outra pessoa****, de* ***forma apta*** *a afetar gravemente o seu modo cotidiano de vida, enquanto persistentemente, 1. buscar a aproximação*

[43] *Volk/Engländer, p. 61, n. 11.*

[44] *Meyer-Gossner/Schmitt*, 65ª Edição 2022, §112a StPO, p. 648, n.14.

[45] *Kuhlen/Lothar*, ZIS 3/2018, p. 92.

[46] *Heghmanns*, ZIS 2/2010, p. 271.

[47] "Diário Oficial Federal, parte I, p. 386" [*Bundesgesetzblatt – BGBl. Teil I, S. 386, de 1.3.2017*].

física ***dessa pessoa****, 2. tentar estabelecer contato* ***com essa pessoa*** *através dos meios de telecomunicação, de outros meios de comunicação ou por terceiros; 3. usar, abusivamente, os dados pessoais relativos* ***a essa pessoa*** *para* ***a)*** *efetuar encomendas de bens ou serviços em nome* ***dessa pessoa*** *ou* ***b)*** *induzir terceiros a entrar em contato com* ***essa pessoa****; 4. ameaçar de lesão a vida, a integridade física, a saúde ou a liberdade dessa pessoa,* ***de um de seus familiares*** *ou de uma outra pessoa que lhe seja próxima, ou 5. praticar uma outra conduta semelhante.*

(2) [...]; (3) [...]; (4) [...]. (obs.: alterações sob nosso realce).

4.1. Aspectos gerais

Os tipos qualificados de perigo e de resultado (alíneas 2 e 3), as penas privativas de liberdade e a temática processual (requerimento à ação penal) permanecem intactos.

As modificações concentram-se no tipo penal fundamental.

4.2. Alterações do tipo penal básico

4.3. Nova nomenclatura do sujeito passivo do delito

Aperfeiçoada a designação do sujeito passivo da conduta incriminada. A expressão perseguir "um ser humano" [*ein Menschen*] é substituída por perseguir "uma outra pessoa" [*einer anderen Person*].

4.4. Modalidade vinculante (número 3) subdividida em duas variantes

A redação originária da modalidade (número 3) trata, em expressão única, do *uso abusivo dos dados pessoais da pessoa visada para fins de encomenda de bens e serviço ou de induzimento a terceiros a entrarem em contato com essa pessoa.*

Para melhor delinear as hipóteses (sem mudança de conteúdo), a modalidade é subdividida em letra "a" e "b", cuja redação passa a ser: *(...)* ***3.*** *usar, abusivamente, os dados pessoais relativos a essa pessoa para* ***a)*** *efetuar encomendas de bens ou serviços em nome dessa pessoa ou* ***b)*** *induzir terceiros a entrar em contato com essa pessoa***.**

4.5. Ampliação do sujeito passivo na modalidade vinculante (número 4)

O número 4 da alínea 1 fixa originariamente a modalidade de *stalking* dirigida contra a vítima ou outra pessoa que lhe seja próxima, sem qualquer menção ao familiar.

A omissão vem a ser superada com a inclusão da expressão "um dos familiares" [*ein ihrer Angehörigen*] da vítima de *stalking*, o qual passa a ser protegido pela lei penal no caso de ser alvo de *ameaça de lesão à vida, integridade física, saúde ou liberdade.*

Com isso, resulta preservada a correspondência do sujeito passivo entre a presente modalidade (ameaça de lesão) com o tipo qualificado de exposição a perigo (alínea 2).

4.6. Transformação em delito de aptidão

A alteração mais significativa do tipo penal decorre da inserção do elemento normativo de que a conduta "seja apta" [*die geeignet ist*] a produzir determinada "afetação ao modo cotidiano de vida" da vítima.

O incremento do novo elemento do tipo afasta a limitação à realização do resultado do tipo penal, qual seja, a de que a afetação ao modo da vida da pessoa visada (resultado) deveria constituir necessariamente uma "modificação das circunstâncias exteriores da vida" [*Veränderung der äußeren Lebensumstände*][48]. Doravante, para a realização do tipo penal se mostra suficiente que a conduta "**seja apta**", objetivamente considerada[49], a produzir "afetação (grave) ao modo cotidiano de vida" da vítima, como "antecipação da punibilidade" [Vorverlagerung der Strafbarkeit][50].

Com isso, o § 238 *StGB*, outrora concebido como "delito de resultado" [*Erfolgsdelikt*] – em observância às exigências da regra de determinação da conduta penal –, é modificado para "**delito de aptidão**" [*Eignungsdelikt*] [51], o qual pertence à categoria dos delitos de perigo abstrato[52].

5. Lei de reforma e de nova concepção do § 238 do Código Penal – ano 2021

Não demanda muito tempo (quatro anos) a que se faça sentir a necessidade de outros aprimoramentos no tipo penal, agora para o enfrentamento das perseguições cibernéticas.

48 *Fischer*, 65ª. Edição 2018, § 238 StGB, p. 1677, n. 3a.

49 *Fischer*, 69ª. Edição 2022, § 238 StGB, p. 1817, n. 30.

50 *Kuhlen, Lothar*, ZIS 3/2018, p. 94.

51 *Kühl, Kristian*. *Stalking* als Eignungsdelikt.https://www.zis-online.com. Aufabe 7/2016, p. 450-451. Acesso em 1º de março de 2023.

52 *Roxin, Claus*. O tipo penal de *stalking*: questões de legitimidade e interpretação. Tradução de Bárbara de Souza Lima. Revista do Instituto de Ciências Penais, Belo Horizonte, v. 6, n. 01, p. 9-25, 2021.

Por força do Artigo 1 da Lei n. 292, de 10 de agosto de 2021[53], com vigência a partir de 1º de outubro de 2021, para fins de efetivo combate das "perseguições" e melhor concepção dos *Cyberstalkings*, o § 238 *StGB* passa a conter a seguinte redação:

> [4]*§238 Perseguição:*
>
> *(1) Perseguir, sem autorização, outra pessoa, de uma forma apta a afetar,* ***não irrelevantemente****, o seu modo cotidiano de vida, enquanto* ***reiteradamente****:*
>
> *1. buscar a aproximação física dessa pessoa;*
>
> *2. tentar estabelecer contato com essa pessoa através dos meios de telecomunicação, de outros meios de comunicação ou por terceiros;*
>
> *3. usar, abusivamente, dos dados pessoais relativos a essa pessoa para:*
>
> *a) efetuar encomendas de bens ou serviços em nome dessa pessoa ou*
>
> *b) induzir terceiros a entrar em contato com essa pessoa;*
>
> *4. ameaçar de lesão a vida, a integridade física, a saúde ou a liberdade dessa pessoa, de um de seus familiares ou de uma outra pessoa que lhe seja próxima;*
>
> ***5. cometer a conduta incriminada no § 202a, § 202b ou § 202c, para ser atribuída a essa pessoa, a um de seus familiares ou a uma outra pessoa que lhe seja próxima;***
>
> ***6. disseminar ou tornar pública uma imagem dessa pessoa, de um de seus familiares ou de uma pessoa que lhe seja próxima;***
>
> ***7. disseminar ou tornar público um conteúdo (§ 11 alínea 3) apto a provocar o desrespeito ou o menosprezo dessa pessoa perante a opinião pública, enquanto simula a autoria dessa pessoa,*** *ou*
>
> *8. praticar uma conduta semelhante aos números 1 a 7.*
>
> *Pena privativa de liberdade de até três anos ou multa.*
>
> ***(2)*** *Configura, em regra, um caso especialmente grave de perseguição da alínea (1),* ***números 1 a 7, se o autor***
>
> ***1. der causa, com sua conduta, a uma lesão à saúde da vítima, de um de seus familiares ou de uma outra pessoa que lhe seja próxima,***
>
> *2. expor, com sua conduta, a vítima, um de seus familiares ou uma outra pessoa que lhe seja próxima a perigo de morte ou de uma grave lesão à saúde,*
>
> ***3. perseguir a vítima, por meio de múltiplas condutas, num período mínimo de seis meses,***

[53] "Diário Oficial Federal, parte I, p. 3513" [*Bundesgesetzblatt – BGBl. Teil I S. 3513*, em 10.8.2021].

4. instalar, por meio da conduta incriminada da alínea (1) número 5, um programa de computador, cujo objetivo seja espiar digitalmente outras pessoas,

5. usar uma imagem, que foi obtida por meio da conduta incriminada da alínea (1) número 5, na conduta incriminada da alínea (1) número 6,

6. usar um conteúdo (§ 11, alínea 3), que foi obtido por meio da conduta incriminada da alínea (1), número 5, na conduta incriminada da alínea (1) número 7, ou

7. tiver mais de vinte e um anos de idade e a vítima menos de dezesseis anos de idade.

Pena privativa de liberdade de 3 (três) meses a 5 (cinco) anos.

(3) Se o autor der causa, por meio da conduta, à morte da vítima, de um de seus familiares ou de uma outra pessoa que lhe seja próxima,

Pena: privativa de liberdade de 1 (um) ano a 10 (dez) anos. (obs.: alterações com realce nosso).

5.1. Aspectos gerais

Enquanto a reforma legislativa de 2017 se concentra nos ajustes do tipo penal básico (transformado num "delito de aptidão"), as modificações legislativas implementadas em 2021 abrangem toda a norma incriminadora, ressalvada a qualificação pelo resultado morte.

Eis os pontos alterados:

1º) no tipo penal básico (alínea 1), em relação à perseguição, o advérbio "persistentemente" [*beharrlich*] é substituído por "reiteradamente" [*wiederholt*], e o adjetivo "gravemente" [*schwerwiegend*] é substituído por "não irrelevantemente" [*nicht unerheblich*], a par do acréscimo dos números 5 a 7 às modalidades vinculantes, deslocando-se o outrora número 5 para o número 8;

2º) no tipo penal qualificado (alínea 2), a única "qualificação" [*die Qualifikation*] consistente na exposição "a perigo de morte ou de uma grave lesão" passa a figurar como um dos sete "casos especialmente graves" [*besonders schwere Fälle*] do tipo penal fundamental, com ênfase no *cyberstalking*, caracterizando-o como "uma regra de dosagem da pena" [*eine Strafzumessungsregel*], por conter sete enumerados casos em que, geralmente, ocorrerá um agravamento da pena.

3º) excluído o requerimento da vítima à persecução penal, a qual se torna de exclusiva iniciativa pública.

Passaremos à análise de todos os elementos que compõem o atual tipo penal.

5.2. Bem jurídico

A doutrina sinaliza que estão protegidos pela norma penal os seguintes bens jurídicos (desempenham papel importante à interpretação teleológica de alguns elementos do tipo penal[54]): a) "o âmbito da vida individual" [*der individuelle Lebensbereich*][55]; b) "não ter mais que sentir temor" [*Freisein von Furcht*][56]; c) "a paz jurídica individual" [der *individuelle Rechtsfrieden*][57]; d) "a liberdade de deliberação e de ação, assim como a integridade corporal e a vida, portanto, o âmbito da vida individual e a liberdade do modo cotidiano de vida da vítima" [*die Entschließungs- und Handlungsfreiheit sowie die körperliche Unversehrtheit und das Leben, also der individuelle Lebensbereich und die Lebensgestaltungsfreiheit des Opfers*][58]; e) a "paz jurídica"[59] [der *Rechtsfrieden*]; f) "a liberdade do modo cotidiano de vida pessoal" [*die Freiheit der persönlichen Lebensgestaltung*][60]; g) "os âmbitos da comunicação social como pressupostos de atividade de expressão pessoal da vida e da liberdade" [*die Bereiche des sozialen Kommunikation als Voraussetzungen persönlicher Lebensäußerung und Freiheits-Betätigung*][61]; h) liberdade de decidir e de agir, assim como o âmbito da vida individual e a liberdade de modo de vida da vítima[62]; i) proteção do cidadão do prejuízo duradouro a uma vida segura e livre de intromissões indevidas (a garantia dessa vida)[63].

[54] *Kühl, Kristian. Stalking* als Eignungsdelikt. https://www.zis-online.com. Aufabe 7/2016, p. 450-451. Acesso em 1º de março de 2023.

[55] "Parlamento Federal. Material Impresso n. 575, Projeto de Lei, 16º período de legislatura, p. 6" [*Bundestag – BT – Drucks. 16/575, S. 6*].

[56] *Kinzig, Jörg. Stalking – ein Fall für das Strafrecht? Zeitschrift für Rechtspolitik – ZRP, München, v. 39, n. 8, p. 257, 2006.*

[57] *Gazeas* JR 2007, 498 apud *Joecks*, p. 460, n. 3.

[58] "Parlamento Federal. Material Impresso n. 575, Projeto de Lei, 16º período de legislatura, p. 6 e 7" [*Bundestag – BT – Drucks. 16/575, S. 6, 7*].

[59] *Fischer*, 56ª Edição 2009, p. 1621, n. 2.

[60] *Wessels/Hettinger*, p. 114, n. 369a.

[61] *Fischer*, 69ª Edição 2022, p. 1810, n. 2.

[62] *Kindhäuser*, p. 864, n. 1.

[63] *Roxin, Claus.* O tipo penal de *stalking*: questões de legitimidade e interpretação. Tradução de Bárbara de Souza Lima. Revista do Instituto de Ciências Penais, Belo Horizonte, v. 6, n. 01, p. 19, 2021.

Forçoso reconhecer que apesar da relativa indeterminação do bem jurídico, ele ainda mostra a direção da proteção da norma penal, a qual não tutela, por exemplo, o patrimônio da vítima.

5.3. Elementos do tipo penal básico (alínea 1)

O núcleo do tipo objetivo é assim descrito: ***(1) Perseguir, sem autorização, outra pessoa, de uma forma apta a afetar, não irrelevantemente, seu modo de vida, enquanto reiteradamente:*** [...] praticar qualquer das modalidades descritas nos números 1 a 8.

O tipo penal fundamental não apresenta um conteúdo normativo autônomo. Por isso, ele pode ser atualmente caracterizado como "um delito de aptidão de comportamento modalizado ou vinculado" [*ein verhaltensgebundenes oder modalisiertes Eignungsdelikt*], no lugar de "um delito de resultado de comportamento modalizado ou vinculado" [*ein verhaltensgebundenes oder modalisiertes Erfolgsdelikt*][64].

5.4. Perseguição

Além da inicial abordagem no item 1.1., o termo "**perseguição**" [*Nachstellung*] contém uma intencional e implícita constância de observar, de forma indesejada (em relação à pessoa-alvo), mediante comportamentos idênticos ou não. Entre outros, citamos o ato de espionar ou de seguir de forma não operativa, no sentido de buscar informações da pessoa visada [*Nachspüren*]; se aproximar e se introduzir no grupo, fazendo-se de "amigo" com o fito de obter informações da pessoa-alvo [*Heranpirschen*], e com isso "cercar" [*Einkreisen*] ou atrair [*Anlocken*] a vítima; buscar informações da pessoa-alvo, por meio de conversas singulares, na vizinhança ou no local de trabalho [*Auskundschaften*]; ficar à espreita, seguir e observar, sem ser notado, a pessoa-alvo [*Auflauern*]; buscar [*Aufsuchen*] ou perseguir de forma operativa e visível a pessoa-alvo [*Verfolgen*] ou simplesmente "ficar parado" [*Fallen Stellen*] em local (i)mediato, a exemplo do corredor ou portaria do prédio ou estacionamento, onde a pessoa-alvo reside ou exerce seu trabalho.

De acordo com a "Corte Federal" [*Bundesgerichtshof – BGH*], a reunião desses atos, convertidos numa unidade de conduta típica, tem por objetivo

[64] *Wessels/Hettinger*, p. 114, n. 369b.

estabelecer uma comunicação, não desejada pela pessoa visada[65], e por objeto ou fundamento uma específica e definida relação pessoal entre autor e vítima.

O **tipo subjetivo** consiste na conduta de "perseguir" intencionalmente (no mínimo, **dolo eventual**[66]), em relação a todos os elementos que compõem o tipo e as modalidades vinculantes.

5.5. Desautorizada

A perseguição dever ser "desautorizada" [*unbefugt*].

Repise-se, de acordo com o legislador alemão, esse elemento do tipo não se trata simplesmente de uma referência aos princípios gerais das justificantes, senão de um elemento do tipo que limita o âmbito de aplicação da norma aos casos puníveis[67], dado que o comportamento social adequado poderia estar compreendido pelo tipo penal[68].

No ponto, as modalidades vinculantes contidas no número 1 (*buscar a aproximação física dessa pessoa*) e no número 2 (*tentar o contato com essa pessoa através dos meios de telecomunicação, de outros meios de comunicação ou por terceiros*) hão de ser concebidas inicialmente como "comportamentos sociais adequados" [*die sozialadäquaten Verhalten*], os quais só serão puníveis nos casos de falta de autorização (expressa ou implícita) da pessoa-alvo.

De outro ângulo, a autorização da vítima pode funcionar, a depender do caso concreto, como justificante nas modalidades dos números 3 a 7 (*3. usar, abusivamente, dos dados pessoais relativos a essa pessoa para: a) efetuar encomendas de bens ou serviços em nome dessa pessoa ou b) induzir terceiros a entrar em contato com essa pessoa; 4. ameaçar de lesão a vida, a integridade física, a saúde ou a liberdade dessa pessoa, de um de seus familiares ou de uma outra pessoa que lhe seja próxima; 5. cometer a conduta incriminada no § 202a, § 202b ou § 202c, para ser atribuída a essa pessoa, a um de seus familiares ou a uma outra pessoa que lhe seja próxima; 6. disseminar ou tornar pública uma imagem dessa pessoa, de um de seus familiares ou de uma pessoa que lhe seja próxima; 7. disseminar ou tornar*

[65] *BGH*, acórdão de 19.11.2009, – 3 StR 244/09, n.24. www.bundesgerichtshof.de. Acesso em 21.3.2023.

[66] *Kindhäuser*, p. 868, n. 12.

[67] "Parlamento Federal. Material Impresso n. 575, Projeto de Lei, 16º período de legislatura, p. 7" [*Bundestag – BT – Drucks. 16/575, S. 7*].

[68] *Joecks*, p. 461, n. 9.

público um conteúdo (§ 11 alínea 3) apto a provocar o desrespeito ou o menosprezo dessa pessoa perante a opinião pública, enquanto simula a autoria dessa pessoa...).

Desse modo, a conduta do autor (dolo eventual, no mínimo) não deve estar amparada pelo consentimento da vítima, muito menos por norma autorizadora de direito público ou de autonomia privada[69]. Se existir o consentimento do ofendido ou específica autorização legal de direito público ou direito civil, o fato será atípico.

No contexto, realiza o tipo penal a perseguição **"não autorizada"** do cobrador de dinheiro no âmbito do direito privado, que mediante exposição pública e/ou perseguição ameaçadora ao devedor, tenta obter o pagamento[70]. Lado outro, não realiza o tipo penal a conduta do recente noivo que envia à noiva (contando com seu consentimento), vinte "SMS" diários, com calorosas juras de amor[71], ou o exercício de ato oficial legalmente autorizado (poder de polícia administrativa, como a observação realizada pela polícia ou cumprimento de ordem judicial).

5.6. Apta a afetar de modo não irrelevante o modo cotidiano de vida

Como acima explanado, a reforma legislativa de 2017 inseriu novo elemento normativo no tipo penal fundamental ao ponto de modificá-lo para "delito de aptidão" (delito de perigo potencial[72]).

No "delito de aptidão" [*Eignungsdelikt*], a conduta da perseguição não autorizada e reiteradamente modalizada entre as variantes do número 1 ao número 8 da alínea 1 deve ser apta (perigo abstrato) a causar à vítima certa limitação ou "afetação não irrelevante ao modo cotidiano de vida" [*nicht unerhebliche Beeinträchtung der Lebensgestaltung*].

As condutas do autor devem ser **"aptas"** [*geeignet*], objetivamente consideradas na situação fática, a **afetar** "não irrelevantemente" [*nicht unerhebliche Beeinträchting*] o bem jurídico protegido pela norma penal.

A afetação **"não irrelevante"** substitui a expressão "afetação grave" [*schwerwiegende Beeinträchtung*], o que, na visão do legislador deve expressar a "redução do limiar do tipo penal" [*die Herabsetzung der Tatbestandschwelle*],

[69] *Wessels/Hettinger*, p. 116, n. 369g; *Kindhäuser*, p. 867, n. 9; *Joecks*, p. 461, n. 9.

[70] *Fischer*, 69ª Edição, 2022, p. 1818, n. 37.

[71] *Wessels/Hettinger*, p. 116, n. 369g.

[72] "Parlamento Federal. Material impresso n. 9964, Projeto de Lei, 18º período de legislatura, p. 13" [*Bundestag – BT – Drucks 18/9964, S. 13*).

porque a conduta é punível "não apenas" pela aptidão de "grave afetação" [*schwerwiegende Beeinträchtung*], "senão já antes"[73].

As condutas unilaterais do autor (analisadas como unidade típica)[74] são dirigidas contra a vontade da pessoa-alvo, em que é objetivada a intromissão no âmbito da sua vida pessoal, frequentemente compreendidas como medidas acima do padrão porque ameaçadoras à segurança[75], em que há potencial afetação à sua liberdade de ação e de decisão[76].

A potencial afetação deve recair sobre a conjuntura individual-social em que cada pessoa planeja, configura, organiza e executa os afazeres e/ou acontecimentos diários, ou, resumidamente, o "**modo cotidiano de vida**" [*die Lebensgestaltung*]. Aqui, como já mencionado, estão compreendidas todas as atividades em que a pessoa dá conformidade ou organiza, com liberdade de agir e de decidir[77], o seu dia a dia, especialmente em relação ao local de domicílio, estudo, trabalho, entretenimento (cinemas e fitness), compras, profissão religiosa etc., o que engloba os respectivos deslocamentos e relacionamentos sociais (familiares, colegas de trabalho e amigos).

Há uma **causalidade** dos comportamentos do autor (valorados de acordo com a intensidade e a frequência) para com os comportamentos da vítima (imprescindível a visão total de suas reações, dado que algumas podem não ser compreendidas como resultado do tipo, mas na sua totalidade, sim), em que é realizado o tipo penal se demonstrada uma suficiente conexão temporal e espacial que são alcançadas por uma subsistente unidade de desígnio do autor[78].

A conduta delitiva deve ser apta a que a vítima seja impelida a comportamentos (não desejados), que, sem a intervenção do autor não seriam levados a cabo, a exemplo de mudança de endereço, ainda que temporariamente (residência de férias), desocupação de apartamento, renúncia a posto de trabalho, abdicação à vida social mediante ocultação dos

[73] "Parlamento Federal. Material impresso n. 28679, Projeto de Lei, 19º período de legislatura, p. 11" [*Bundestag – BT – Drucks 19/28679, S. 11*].

[74] *Kindhäuser/Schramm*, p. 192, r. 44.

[75] *Fischer*, 69ª Edição, 2022, p. 1810, n. 8.

[76] *BGH*, acórdão de 19.12.2012 – 4 StR 417/12.

[77] *Joecks*, p. 460, n. 5.

[78] *BGH*, acórdão de 19.11.2009, – 3 StR 244/09, n. 30. www.bundesgerichtshof.de. Acesso em 21.3.2023. *Joecks*, p. 461, n. 12.

dados pessoais (moradia sob código), escurecimento das janelas da casa, mudança de número da linha telefônica, solicitação de medidas à luz da "Lei de Proteção contra a Violência", desfiliação de associação, mudança de endereço de *e-mail* etc.

Nesses casos, resulta cristalizado o contexto em que a conduta criminosa traz consigo a apreciação de perigo "ex ante" (abstrato), em que a vítima, por causa do terror impingido, de essencial relevância, não pode mais conduzir seu cotidiano como antes[79]. Desponta uma mudança objetivável e significativa no modo de condução da vida da vítima[80].

Elas, as condutas, que apenas em sua totalidade conduzem necessariamente à relevante afetação do modo cotidiano de vida da vítima (**consumação**), realizam o tipo penal se demonstrarem uma suficiente conexão temporal e espacial que são alcançadas por uma subsistente unidade de desígnio do autor[81]. Exige-se, pois, uma visão total às reações da vítima[82], porque algumas podem não ser compreendidas como resultado do tipo, mas na sua totalidade, sim.

5.7. Reiterada e vinculada a oito modalidades de condutas

Com a reforma legislativa de outubro de 2021, o tipo penal se satisfaz com a perseguição "**reiterada**" [*wiederholt*] para que, de acordo com o legislador, a redução das exigências possa facilitar a aplicação do dispositivo penal e melhorar a proteção da vítima[83], sobretudo porque a comprovação da "persistência" teria se tornado frequentemente árdua, conforme demonstrada pela prática forense penal.

Efetivamente, a "persistência" era composta de um misto de elementos objetivo (reiteração), subjetivo (desprezo ao desejo da vítima) e normativo (hostilidade jurídica), ao passo que o tipo penal exige agora somente a constatação objetiva de condutas diversas (ao menos duas vezes) e com o respectivo dolo[84].

[79] *Joecks*, p. 460, n. 4.

[80] *Kindhäuser*, p. 868, n. 11.

[81] *BGH*, acórdão de 19.11.2009, – 3 StR 244/09, n. 30. www.bundesgerichtshof.de. Acesso em 21.3.2023. *Joecks*, p. 461, n. 12.

[82] *Kindhäuser*, p. 868, n. 11.

[83] "Parlamento Federal. Material impresso n. 28679, Projeto de Lei, 19º período de legislatura, p. 11" [*Bundestag – BT- Drucks 19/28679, S. 11*].

[84] *Fischer*, 69ª Edição 2022, p. 1816, n. 28a.

Além disso, a "Corte Federal" [*der Bundesgerichtshof*] sinalizou que não se pode fixar um número mínimo para a "persistência" [*die Beharrlichkeit*], mas que esta pressupõe, de todo modo, uma conduta reiterada[85], a qual não exige a identidade de condutas, senão a realização de diversas condutas.

Por seu turno, a vinculação à "mera repetição" [*bloße Wiederholung*] não foi expressa nem originalmente desejada pelo legislador, senão, como dito, a "redução do limiar do tipo penal", em que é compreendido o específico conteúdo ilícito da "perseguição" [*das Nachstellen*] e da "perseguição contínua" [*das fortwährende Verfolgen*][86].

Nesse horizonte de não determinação do número de repetições (ou reiterações) ao *Stalking*, e sim da dependência da análise do grau de ofensividade, cristaliza-se a seguinte equação: quanto mais grave(s) a(s) conduta(s), menor o número de reiteração, e vice-versa. E elas devem estar **vinculadas** às **modalidades** dos números 1 a 8.

5.8. Buscar a aproximação física da vítima

A primeira modalidade de ***buscar a aproximação física dessa pessoa*** (número 1 da alínea 1 do § 238 *StGB*) constitui a forma mais frequente de *stalking*, e apesar de não ser exigível um contato inicial, deve existir uma concreta busca à "proximidade física à vítima"[87] objetivada pelo autor (dolo eventual, no mínimo), o que, de acordo com a doutrina majoritária, não significa que ela tenha de perceber necessariamente a presença dele. Isso porque a "afetação" ("não irrelevante") do "modo cotidiano de vida" pode resultar "se a vítima obtém ciência de que o autor se mantém secreta e duradouramente nas suas proximidades e observa, em cada passo, o seu fazer ou deixar de fazer"[88].

Trata-se de "delito de mão própria" [*eigenhändiges Delikt*][89].

[85] *BGH*, acórdão de 19.11.2009, – 3 StR 244/09. www.bundesgerichtshof.de. Acesso em 21.3.2023.

[86] "Parlamento Federal. Material impresso n. 575, Projeto de Lei, 16º período de legislatura, p. 6" [*Bundestag – BT – Drucks. 16/575, S. 6*].

[87] *Wessels/Hettinger*, p. 114, n. 369c.

[88] *Wessels/Hettinger*, p. 114, n 369c; *Kindhäuser*, p. 866, n. 4.

[89] *Mitsch*, Wolfang. Der Neue *Stalking*-Tatbestand im Stragesetzbuch. Neue Juristiche Wochenschrift – NJW 2007, v. 60, n. 18, p. 1237[1240].

O "buscar" [*Aufsuchen*] mais frequente é o "ficar à espreita, seguir e observar, sem ser notado, a pessoa visada" [*Auflauern*] ou o "perseguir de forma operativa e visível" [*Verfolgen*] ou o "ficar parado nas proximidades da residência ou do local de trabalho" [*Fallen Stellen*] ou o "procurar" [*Suchen*] nos locais em que a pessoa visada poderia ser encontrada (ex. academia de ginástica ou biblioteca).

Não se enquadram na norma penal os encontros causais (não programados pelo autor) em cinema ou supermercado (comportamento social adequado), a não ser que o encontro na realidade tenha sido adredemente planejado, quando sabido que a vítima vai ao supermercado a determinada hora.[90]

E a existência de companhia doméstica (ou vidas em lar comum) não é considerada pelo tipo penal enquanto não despontar uma regra da lei de proteção contra violência, no que a mera omissão em se distanciar como recusa de mudança de um apartamento em comum não preenche o tipo penal[91].

5.9. Tentativa de estabelecer contato com a vítima

A segunda modalidade compreende a ***tentativa de estabelecer contato*** para alcançar a pessoa visada (número 2 da alínea 1 do § 238 *StGB*).

A tentativa de estabelecer contato com a pessoa visada (com dolo eventual, no mínimo) pode ser efetuada por três variantes: a) através dos meios de telecomunicação; b) através de outros meios de comunicação; c) por meio de terceiros.

A primeira (meios de **telecomunicação**) compreende o contato por telefone, fax, "e-mails", SMS[92], "Whatsapp", DVD/vídeo, mensagens em "chats" ou "facebook", "twitter" etc., de acordo com o § 3º, números 22 e 23 da Lei das Telecomunicações; a segunda (**outros meios de comunicação**) abrange as cartas, envio de postagens e mensagens deixadas no "para-brisas" [*die Windschutzscheibe*] e a terceira variante (**por meio de terceiros**) implica acesso à pessoa visada, por intermédio de familiares,

[90] "Parlamento Federal. Material impresso n. 575, Projeto de Lei, 16º período de legislatura, p. 7" [*Bundestag – BT – Drucks. 16/575, s. 7*]; *Valerius*, Brian. *Stalking*: Der neue Stratatbestand der Nachstellung in § 238 StGB. Juristische Schulung – JuS 2007, v. 47, n. 4, p. 319 e 321.

[91] *Kindhäuser*, p. 866, n. 4.

[92] *Wessels/Hettinger*, p. 114, n. 369d; *Kindhäuser*, p. 866, n. 5.

parentes, amigos ou colegas,[93] os quais funcionam como portadores de informações ou mensagens.

Relevante é a tentativa de estabelecer contato, independentemente se a vítima recebe ou não a chamada, mensagem ou informação[94], o que já consuma o delito.

Por sua vez, os meios não verbais, a exemplo de deixar rosas ou remeter animais mortos ou presentes (sem qualquer escrito complementar), que diretamente não tenham por objetivo a tentativa de estabelecer contato, não realizam a modalidade penal, podendo, no entanto, serem subsumidos às modalidades penais dos números 4 ou 5[95].

5.9.1. Usar, abusivamente, os dados pessoais da pessoa-alvo

A terceira modalidade tipifica o ***usar, abusivamente, os dados pessoais da pessoa-alvo***, para fins de a) ***efetuar encomendas de bens ou serviços no nome dela*** ou b) ***induzir terceiros a entrar em contato com essa pessoa*** (número 3 da alínea 1 do § 238 *StGB*).

A conduta (dolo eventual, no mínimo) consiste no uso dos dados pessoais da vítima (nome, endereço, número telefônico, endereço de "e-mail", conta bancária etc.). O uso deve ser abusivo, ou seja, sem ou contra a vontade dela, além do que os dados não precisam ser sigilosos nem especialmente protegidos[96].

A primeira variante compreende o efetuar encomendas (sempre em nome da pessoa-alvo) de mercadorias (com ou sem custo), por "internet" ou por catálogos, ou o encarregar o profissional (operário ou bombeiro, por exemplo) a realizar determinado serviço. E a segunda variante implica induzir terceiros a entrar em contato com a pessoa-alvo sem qualquer justa causa, a exemplo de "anúncio de contato com oferta sexual sob a indicação do número de telefone da vítima"[97] ou de prestação de serviço ou inserção de falso comunicado de morte ou de casamento.[98]

[93] *Wessels/Hettinger*, p. 114, n. 369d.
[94] *Kindhäuser*, p. 866, n. 5.
[95] *Kindhäuser*, p. 866, n 5.
[96] *Kindhäuser/Schramm*, p. 189, r. 36.
[97] *Wessels/Hettinger*, p. 115, n. 369d; *Kindhäuser*, p. 866, n. 6.
[98] *Kindhäuser*, p. 866, n. 6.

Não está incluído na modalidade típica o *Doxing*[99] que consiste na male'fica compilação dolosa de dados cibernéticos pessoais, para respectiva publicação, sem autorização, na "internet".

E consoante a exposição de motivos do legislador, o autor não entra em contato diretamente com a vítima, no entanto influencia o campo social desta e, dado o caso concreto, até mesmo a sua comodidade física[100].

5.9.2. Ameaçar de lesão a vida, a integridade física, a saúde ou a liberdade

A quarta modalidade de *stalking* alcança o ***ameaçar de lesão a vida, a integridade física, a saúde ou a liberdade dessa pessoa, de um de seus familiares ou de uma outra pessoa que lhe seja próxima***, ex vi do número 4 da alínea 1 do § 238 *StGB*.

A conduta consiste no aviso (ou anúncio), no mínimo com dolo eventual, no sentido de que o autor pode causar o resultado derivado da ação lesiva aos bens jurídicos individuais mais sensíveis à vítima (vida, integridade física, saúde ou liberdade).

Há quatro fatores a serem demarcados: a) a liberdade engloba a de locomoção[101]; b) é irrelevante se o autor não tomou por séria a ameaça; c) o efeito da ameaça é levado em consideração pela pessoa afetada (vítima, seus familiares ou pessoas que lhe são próximas)[102].

Aliás, "uma outra pessoa que seja próxima à vítima" [*einer anderen dem Opfer nahe stehenden Person*] pode ser um colega de trabalho, amigo, parente que a vítima mantém maior contato, a exemplo da(o) tia(o) ou prima(o)[103], ao passo que os "familiares" [*die Angehörigen*] são os listados no § 11, alínea 1, "a" e "b" do Código Penal, ou seja, são aqueles em linha reta ou por afinidade, o cônjuge, parceira(o), noiva(o), irmãos, irmãs, esposa(o) ou parceira(o) dos irmãos, irmãos do casal ou das(os) parceiras(os), pais adotivos e filhos adotivos.

[99] *Kindhäuser/Schramm*, p. 189, r. 36.

[100] "Parlamento Federal. Material impresso n. 575, Projeto de Lei, 16º período de legislatura, p. 7" [*Bundestag – BT – Drucks. 16/575, s. 7*].

[101] *Wessels/Hettinger*, p. 115, n 369d.

[102] *Fischer*, 69ª. Edição 2022, p. 1814, n. 21.

[103] *Kindhäuser*, p. 866, n. 7.

5.9.3. Cometer espionagem e/ou interceptação de dados para imputação à pessoa-alvo

A quinta modalidade punitiva *anticyberstalking* foi introduzida com a reforma legislativa de 2021 (número 5 da alínea 1 do § 238 *StGB*).

Ela compreende a ***prática da conduta incriminada no § 202a, § 202b ou § 202c StGB, para que seja imputada à pessoa visada ou a um de seus familiares ou a uma outra pessoa que lhe seja próxima***, em que o autor deve agir intencionalmente (dolo eventual, no mínimo) no cometimento daqueles crimes a serem atribuídos a essas pessoas.

Os parágrafos 202a, 202b e 202c *StGB* referem-se sucessivamente aos tipos penais de "espionagem de dados" [*Ausspähen von Daten*], "interceptação de dados" [*Abfangen von Daten*] e "preparação à espionagem ou interceptação de dados" [*Vorbereiten des Ausspähens und Abfanges von Daten*].

As duas primeiras normas incriminadoras (§§ 202a, b *StGB*) punem a obtenção não autorizada, para si ou para outrem, dos dados que não eram destinados ao autor. O § 202a *StGB* pune a "suplantação da segurança de acesso", cujos dados estavam especialmente protegidos contra o acesso não autorizado. O § 202b *StGB* pune a utilização de meios técnicos, a partir de uma transmissão (não pública) de dados, ou através de uma emissão eletromagnética ou de uma instalação de processamento de dados. E o § 202c *StGB* pune o ato preparatório, na medida em que produz, obtém para si ou para outrem, vende, transfere a terceiro, divulga ou de outro modo torna acessíveis as senhas ou outros códigos de segurança que permitem o acesso a tais dados ou aos programas de computador, cuja finalidade seja a realização de uma conduta daquela natureza.

Os dados são aqueles armazenados ou transmitidos, de forma eletrônica ou magnética, ou de outra forma não imediatamente acessíveis, cujo acesso não autorizado pode ocorrer se o autor conseguir acertar as senhas[104], implantar métodos de *hacking* ou *stalkingware*, em que ocorre o desvio de dados de um computador da pessoa visada a outro computador[105].

5.9.4. Disseminar ou tornar pública uma imagem da vítima

A sexta modalidade penal também foi introduzida com a reforma legislativa de 2021 (número 6 da alínea 1 do § 238 *StGB*).

[104] *Kindhäuser/Schramm*, p. 190, n. 38.

[105] *Fischer*, 69ª. Edição 2022, p. 1815, n. 22.

A nova conduta criminosa exige o dolo (eventual, no mínimo) de ***disseminar ou tornar pública uma imagem da vítima, de um de seus familiares ou de uma pessoa que lhe seja próxima***, sem a exigência de uma especial motivação do autor.

O disseminar pode ser considerada a atividade de transmissão destinada a fazer conhecida a imagem a um círculo não controlável nem mais individualizável de pessoas, e o tornar público compreende o fazer acessível (da imagem) a círculo (s) de pessoas não vinculadas à informação, seja ou não por meio das relações pessoais.

E a modalidade penal alcança a disseminação de imagens "neutras, de alta pessoalidade ou íntimas, em vídeos, fotos, desenhos ou gravuras, incluindo os denominados "pornôs vingativos"[106] (sem a exigência de texto de mensagem suplementar), sendo irrelevante se a vítima teria concordado originariamente com o registro da imagem[107].

5.9.5. Disseminar ou tornar público um conteúdo desrespeitoso

A sétima modalidade foi também introduzida com a reforma legislativa de 2021. A presente modalidade penal exige o dolo (eventual, no mínimo) de ***disseminar ou tornar público um conteúdo (§ 11, alínea 3 do Código Penal) apto a provocar o desrespeito ou o menosprezo da pessoa (vítima) perante a opinião pública, enquanto simula a autoria dessa pessoa*** (número 7 da alínea 1 do § 238 *StGB*).

A conduta punível é o disseminar ou tornar público um **conteúdo** (a este se equiparam os escritos, os sons e imagens gravados, os repositórios de dados, as imagens e outras representações – § 11, alínea 3 *StGB*), mediante a simulação da autoria da pessoa-alvo (vítima), a exemplo de, sob o nome da pessoa-alvo em plataforma de mídia social, colocar textos íntimos ou afetos à honra com eventual conteúdo de alta pessoalidade, como confissão de condutas criminosas ou atos desprezíveis sociais ou de conteúdo sexual[108], como a articulação do desejo de atos de estupro ou de pedofilia[109].

[106] *Kindhäuser/Schramm*, p. 190, n. 38.

[107] *Fischer*, 69ª. Edição, 2022, p. 1815, n. 23.

[108] *Fischer*, 69ª. Edição, 2022, p. 1815, n. 24.

[109] *Kindhäuser/Schramm*, p. 190, n. 38.

No ponto de "provocar o desrespeito", tem-se que o conteúdo seria apto a que a vítima (a modalidade não alcança seus familiares ou pessoas que lhe são próximas), por meio de afirmação da situação fática ou de juízo de valor, seja menosprezada ou indigna à opinião pública, com prejuízo à sua reputação (inexigível a ocorrência dessa consequência fática, nem o perigo concreto).

E a disseminação anônima do conteúdo é suficiente à realização do tipo penal se a substância do sentido do conteúdo disseminado permitir uma vinculação à vítima da conduta[110].

5.9.6. Praticar uma conduta semelhante aos números 1 a 7

Com a reforma de 2021, o antigo número 5 passou a constituir a oitiva modalidade (número 8 da alínea 1 do § 238 *StGB*), cuja redação é o ***praticar uma conduta semelhante aos números 1 a 7*** (a redação primitiva era "praticar uma conduta semelhante aos números 1 a 4").

Enquanto as sete primeiras modalidades cristalizam as formas mais frequentes de *stalking* e deixam bem claras as condutas puníveis, a indeterminação da oitava (e última modalidade) tem sido alvo de críticas doutrinárias[111] (proibição da analogia ou violação ao princípio da taxatividade penal), a qual recebe o rótulo de "tipo penal de previsão aberta ou abrangente" [*der Auffangtatbestand*][112].

Em outros termos, se não concretizada qualquer das condutas modalizadas nos números 1 a 7, subsiste a modalidade do número 8, como um "apanhado" da reação punitiva às múltiplas e frequentes modificações ou às novas formas de agressão cometida pelo *stalker*[113].

A presente modalidade exige, no entanto, a conexão concreta às condutas comparadas das modalidades dos números 1 a 7, a par da uma interpretação restritiva, a exemplo do instalar uma câmera de monitoramento[114] ou observar frequentemente a pessoa visada com um binóculo

110 "Parlamento Federal. Material impresso n. 28679, Projeto de Lei, 19º período de legislatura, p. 12 e seguintes" [*Bundestag – BT – Drucks 19/28679, S. 12 ff.*].

111 *Joecks*, p. 460, n. 7.

112 *Kindhäuser*, p. 865, n. 3.

113 "Parlamento Federal. Material impresso n. 3641, Recomendação de Decisão e Relatório da Comissão de Assuntos Jurídicos, 16º período de legislatura, p. 14 e 30" [*Bundestag – BT-Drucks. 16/3641, S. 14; 30*].

114 *Kindhäuser/Schramm*, p. 190, n. 39.

ou furar, com certa persistência, os pneumáticos do carro da vítima[115], ou perseguir com o uso de "drones", ou destruir o jardim, arranhar as janelas e portas, fazer uma algazarra recorrente durante a noite, comprometer o abastecimento de água e eletricidade, entre outros[116].

Enfim, o autor realiza o tipo penal fundamental (no mínimo com dolo eventual: aceitação do nível mais elevado de risco), se preenchidas as respectivas modalidades de perseguição não autorizada, de forma reiterada e apta a afetar não irrelevantemente o modo cotidiano de vida da vítima.

5.9.7. Casos especialmente graves (alínea 2)

Com a reforma de 2021, a alínea 2 (outrora tipo penal qualificado consistente em "*expor a perigo de morte ou de uma grave lesão*") passa a dispor de uma constelação de "casos especialmente graves" [*besonders schwere Fälle*] que majoram as penas das modalidades do número 1 ao número 7 do tipo fundamental, sobretudo no âmbito do *cyberstalking*.

Trata-se, pois, de "uma regra de dosagem da pena" [*eine Strafzumessungsregel*] que agrava a pena privativa de liberdade de "até três anos ou multa" (tipo básico) para "três meses a cinco anos".

Analisaremos cada uma das sete circunstâncias especialmente graves.

5.9.8. Lesão à saúde

A primeira "causa especialmente grave" – inserida com a reforma de 2021 – está vinculada ao tipo fundamental, e por meio dessa conduta (no mínimo, com dolo eventual), é dado ***causa a uma lesão à saúde da vítima ou de um de seus familiares ou de uma pessoa que lhe seja próxima*** (número 1 da alínea 2 do § 238 *StGB*).

O âmbito de proteção da norma penal é ampliado para evitar importunações do *stalker*, não somente na esfera jurídica individual da vítima, senão também na de seus familiares e pessoas próximas, contra quem ele comumente não recua da prática de vários atos de *stalking*.

115 *Kindhäuser*, p. 867, n. 8.

116 *Roxin, Claus*. O tipo penal de *stalking*: questões de legitimidade e interpretação. Tradução de Bárbara de Souza Lima. Revista do Instituto de Ciências Penais, Belo Horizonte, v. 6, n. 01, p. 20, 2021.

A nova majorante abrange os danos físicos e psíquicos causados pela conduta do autor, mas não "a mera sensação passageira de não se sentir bem, como a sensação de aflição, medo ou susto, mesmo que conduza a efeitos somáticos de curta duração, a exemplo de agitação, aumento da pulsação, transpiração ou tremor"[117].

E não é descartada a correalização do tipo penal da lesão corporal (§ 223, I *StGB*).

5.10. Perigo de morte ou perigo de grave lesão à saúde

A segunda "causa especialmente grave" era a única qualificante da redação originária da alínea 2 do § 238 *StGB* (2007).

O *stalking* praticado na forma do tipo básico deve ***expor a vítima ou de um de seus familiares ou de uma pessoa que lhe seja próxima a perigo de morte ou de uma grave lesão à saúde*** (número 2 da alínea 2 do § 238 *StGB*), em que o autor deve agir com dolo (no mínimo, eventual) com vistas ao perigo[118] concreto, mas sem o *animus necandi.*

Por meio da conduta é causado um perigo concreto[119] se este estiver diretamente relacionado (derivado ou sucedido) à ação de *stalking.*

A *grave lesão à saúde* está configurada se a vítima ficar relevantemente limitada por longo período em sua capacidade laboral, ou o uso de seu corpo ou de seus sentidos é relevantemente afetado (ex. doenças psíquicas decorrentes do pânico, como graves depressões ou atos suicidas[120]) ou ela decai por longa e séria doença (fuga por consumo de álcool ou drogas)[121]. Nesse caso, é a realização do risco do tipo penal fundamental.

5.11. Múltiplas condutas de perseguição num período mínimo de seis meses

A terceira "causa especialmente grave" exige a realização do tipo básico, em que a vítima é alvo do ***perseguir, por meio de múltiplas condutas, num período mínimo de seis meses*** (número 3 da alínea 2 do § 238 *StGB*).

[117] *Fischer*, 69ª Edição, 2022, p. 1820, n. 47.

[118] *Kindhäuser*, p. 869, n. 13.

[119] *Kindhäuser/Schramm*, p. 192, n. 46.

[120] *Fischer*, 69ª Edição 2022, p. 1820, n. 49.

[121] *Kindhäuser/Schramm*, p. 192, n. 46.

A pena é agravada em razão do longo período (metade de um ano) e da intensidade das reiterações de *stalking* (não basta uma repetição apenas), mediante uma duradoura confrontação da pessoa-alvo com o autor. No mínimo, é exigível o número de duas condutas dolosas, mas no caso de qualidade insignificante da agressão certamente seriam necessárias mais condutas, as quais devem ser intencionais (dolo eventual, no mínimo).

Há, pois, uma dependência tanto da quantidade quanto da frequência das condutas no caso concreto[122], mas dentro do período de semestre e sem qualquer exigência de que atividades de *stalking* devem ser repartidas igualmente nesse lapso temporal.

5.12. Instalar um programa de computador para espiar digitalmente outras pessoas

A quarta "causa especialmente grave" consiste em ***instalar, por meio da conduta incriminada da alínea 1 número 5, um programa de computador, cujo objetivo seja espiar digitalmente outras pessoas.***

A conduta agravada pressupõe a realização da modalidade número 5 do tipo básico (*cometer a conduta incriminada no § 202a, § 202b ou § 202c, para ser atribuída a essa pessoa, a um de seus familiares ou a uma outra pessoa que lhe seja próxima*: espionagem ou interceptação de dados), para assim *instalar um programa de computador, com o objetivo de espiar digitalmente outras pessoas*.

A modalidade vinculante fundamental pune o *cyberstalking* (quebra de senhas ou de dispositivos de segurança para esse crime ser imputado à pessoa-alvo do *stalking*), enquanto o conteúdo do injusto ora analisado exige um *plus*, qual seja, a partir daquela conduta, o autor instala ou utiliza – no mínimo com dolo eventual – um determinado ou configurado programa de computador como instrumento de espionagem digital[123] de outras pessoas.

A punibilidade mais rigorosa se embasa na intensidade da espionagem por longo período a partir da instalação de um programa conhecido por *Stalkingware*.

[122] *Fischer*, 69ª Edição, 2022, p. 1821, n. 50.

[123] *Fischer*, 69ª Edição, 2022, p. 1821, n. 51.

5.13. Usar a imagem ilicitamente obtida

A quinta "causa especialmente grave" compreende o ***usar uma imagem, que foi obtida por meio da conduta incriminada da alínea 1 número 5, na conduta incriminada da alínea 1 número 6.***

A majorante pressupõe a realização da modalidade constante no número 5, cuja imagem obtida será usada na modalidade disposta no número 6 do mesmo tipo básico, exigindo-se, no mínimo, o dolo eventual.

A conjugação das duas modalidades do tipo penal fundamental forma a presente causa majorante pelo fato de o autor, por meio da conduta cibernética do número 5 (quebra de senhas ou de dispositivos de segurança para ser imputada à pessoa-alvo do *stalking*), ter *obtido uma imagem da pessoa*, para então, de acordo com a conduta do número 6, fazer *uso dessa imagem* no sentido de disseminá-la ou torná-la pública, seja da pessoa-alvo, de um de seus familiares ou de uma pessoa que lhe seja próxima.

A conduta pode ser realizada por meio de *hacken* ou *e-mail* transmissor de um programa danoso (*trojaner*) em que são obtidas as imagens que foram ali gravadas por "web", câmera, telefone celular ou outro aparelho de registro que, por meio de transmissão de dados, estariam armazenados e seguros, como também aqueles obtidos por meio de invasão de rede pública ou privada de dados[124].

5.14. Usar o conteúdo ilicitamente obtido

A sexta "causa especialmente grave" abrange o ***usar um conteúdo (§ 11, alínea 3), que foi obtido por meio da conduta incriminada da alínea 1, número 5, na conduta incriminada da alínea 1 número 7,*** em que é exigível ao menos o dolo eventual.

A reunião das duas modalidades (números 5 e 7 do tipo básico) emoldura a presente majorante de pena pelo fato de o autor, por meio da conduta cibernética do número 5 (quebra de senhas ou de dispositivos de segurança para ser imputada à pessoa alvo do *stalking*), ter *obtido um conteúdo* (a ele se equiparam os escritos, os sons e imagens gravados, o repositório de dados ou outras representações da pessoa-alvo), para então, de acordo com a conduta do número 7, fazer *uso desse conteúdo* no sentido de disseminá-lo ou torná-lo público, com aptidão de provocar o desrespeito

[124] *Fischer*, 69ª Edição 2022, p. 1821, n. 52.

ou o menosprezo dessa pessoa perante a opinião pública, enquanto simula a autoria dessa pessoa.

Para a configuração da causa majorante basta a disseminação de um conteúdo, que o autor, por meio de informações, produziu ou permitiu que terceiros as produzissem, as quais ele obteve a partir de uma conduta de espionagem de dados[125].

5.15. Autor com mais de 21 anos e vítima com menos de 16 anos de idade

Na sétima e última "causa especialmente grave", o autor tem mais de 21 (vinte e um) anos e a vítima menos de 16 (dezesseis) anos de idade.

No âmbito da "perseguição", certas condutas que podem ser vistas como típicas da juventude ou igualmente como resultado de imaturidade típica da idade, e não raramente como histérica emocionalidade das relações sociais[126].

No entanto, a lei penal tutela a vulnerabilidade das pessoas com menos de 16 (dezesseis) anos de idade, a qual é explorada pelo autor que deve agir com dolo eventual (no mínimo).

5.16. Tipo penal qualificado pelo resultado morte

O tipo qualificado pelo resultado (alínea 3) – inalterado com as reformas legislativas de 2017 e 2021 – pune, com pena privativa de liberdade de um ano a dez anos, a conduta de ***causar a morte da vítima, de um de seus familiares ou de uma outra pessoa que lhe seja próxima***.

Enquanto ao tipo penal fundamental (e suas variantes) é exigível o dolo, aqui a omissão é suficiente para o resultado agravado com a morte.

A qualificação do resultado (morte) deve ser causada por meio da conduta do autor, a título de dolo ou de culpa[127], e ocorre, por exemplo, quando ele impele ou induz uma pessoa em estado de irresponsabilidade ao suicídio[128] ou a morte decorre da arrojada fuga à perseguição[129], por instinto de conservação. Logo, uma específica relação causal é exigida,

[125] *Fischer*, 69ª Edição 2022, p. 1821, n. 53.
[126] *Fischer*, 69ª Edição 2022, p. 1821, n. 54.
[127] *Kindhäuser*, p. 869, n. 14.
[128] *Kindhäuser*, p. 869, n. 14.
[129] *Wessels/Hettinger*, p. 117, n. 369i.

quando então a morte passa a constituir resultado direto da afetação provocada (de modo não irrelevante) por meio da conduta delitiva, o que desencadeia reação ao pânico ou temor por causa de duradouro terror psicológico[130].

Há, pois, uma conexão entre o tipo fundamental (no mínimo, como dolo eventual[131]) e o tipo qualificado pelo resultado, mediante a combinação de dolo e culpa, a par da constatação da conexão do perigo em dois momentos, quais sejam, a determinação do perigo específico do tipo penal e a constatação de sua imediatidade.

E uma vez que a tentativa não é punível no tipo fundamental, idêntica falta de punibilidade ocorre com o tipo qualificado pelo resultado.

Conclusões

O *stalking* compreende uma variedade de condutas relevantemente perturbadoras à esfera individual da pessoa-alvo, comprometendo a sua liberdade de decidir e/ou de agir.

Na Alemanha, esses comportamentos passam a receber a atenção estatal por força da permissão de medidas judiciais de urgência no âmbito do direito civil (primariamente à proteção do direito de desenvolvimento da personalidade e, a partir de 2002, ao enfrentamento da violência doméstica), as quais, insuficientes a conferir proteção concreta à vítima, são complementadas pelo direito penal com a introdução, em 2007, do tipo penal "perseguição" [*Nachstellung*] do § 238 no Código Penal.

Passa a ser punível a conduta do *stalker* (classificado como delito de resultado), prevenindo-se, com isso, a perpetração de outros delitos mais graves (invasão do domicílio, ameaça, lesão corporal, sequestro etc.). No ponto, a antecipação da punibilidade da conduta considera a perspectiva do potencial autor do crime.

Em pouco menos de quinze anos (em 2017 e 2021), o desafio de maior enfrentamento ao multifacetado fenômeno (*stalking*) impele o legislador alemão a proceder certas adaptações na estrutura ainda complexa do tipo penal, o qual não só experimenta a redução do "limiar" das exigências típicas para a incidência mais adequada aos casos mais comuns de "perseguição" (classificado como "delito de aptidão"), como a inclusão

130 *Fischer*, 56ª. Edição 2009, § 238 StGB, p. 1633, n. 37a.

131 *Kindhäuser/Schramm*, p. 193, n. 47.

das circunstâncias majorantes do *cyberstalking*, a par da manutenção da questionável modalidade "de reserva" no rol das oito modalidades do tipo penal básico.

Nesse ponto, vale a lição de que "a precisão da lei penal não contém uma finalidade em si, senão um objetivo, que pode entrar em conflito com outros objetivos, como a adequação factual, a compreensibilidade, a flexibilidade e a consistência (e por isso abstrata) concepção de leis de um razoável legislador" [132].

Por isso, a evolução normativa do § 238 *StGB* externa a preocupação do legislador alemão em conciliar o "mandamento da determinação" [*das Bestimmtheitsgebot*] da norma incriminadora com a natural "indeterminação da conduta *stalking*", seja a partir da dificuldade de sua definição[133], seja a partir da própria criatividade do autor, entremeados pelos nocivos efeitos psicológicos e físicos à esfera jurídica individual das vítimas, mulheres em sua grande maioria; portanto, merecedoras da mais ampla proteção.

Referências

ALEMANHA. "Diário Oficial Federal, parte I, n.11, p. 354, de 29.3.2007, em vigor em 30.3.2007, Lei para a punibilidade das persistentes Perseguições - 40ª Lei Modificadora Penal" [*Bundesgesetzblatt - BGBl. Teil I, n.11, S. 354, 29.3.2007, in Krafttreten 30.3.2007, Gesetz zur Strafbarkeit beharrlicher Nachstellungen (40a StrÄndG)*].Acesso:www.bundesgesetzblatt.de.https://www.bgbl.de/xaver/bgbl/start.xav?startbk=Bundesanzeiger_BGBl&start=//*%5b@attr_id=%27bgbl107s0354.pdf%27%5d#__bgbl__%2F%2F*%5B%40attr_id%3D%27bgbl107s0354.pdf%27%5D__1685814120324, em 21.3.2023.

ALEMANHA. "Diário Oficial Federal, parte I, n. 11 p. 386, de 1º.3.2017, em vigor em 09.3.2017, Lei para o Aperfeiçoamento da Proteção contra Perseguições" [*Bundesgesetzblatt - BGBl. Teil I, n. 11, S. 386, 1.3.2017, Inkrafttreten 9.3.2017, Gesetz zur Verbesserung des Schutzes gegen Nachstellungen*]. Acesso: www.bundesgesetzblatt.de.https://www.bgbl.de/xaver/bgbl/start.xav#__bgbl__%2F%2F*%5B%40attr_id%3D%27bgbl117s0386.pdf%27%5D__1685814832252, em 21.3.2023.

[132] *Kuhlen*, ZIS 3/2018, p. 91: [*Denn die Präzision eines Gesetzes is kein Selbstzweck, sondern ein Ziel, das mit anderen Zielen einer vernünftigen Gesetzgebung wie der sachlichen Angemessenheit, der Verständlichkeiten, der Flexibilität und der beständigen (und deshalb abstrakten) Fassung von Gesetzen in Konflikt treten kann*].

[133] *Eiden, Joachim*, ZIS 3/2008, p. 123.

ALEMANHA. "Diário Oficial Federal, parte I, n. 53, p. 3513, de 10.8.2021, em vigor em 1º.10.2021, Lei pra a Modificação do Código Penal – Enfrentamento mais efetivo das Perseguições e melhor Alcance do Cyber*stalking*, assim como o Aperfeiçoamento da Proteção Penal contra a Prostituição Forçada" [*Bundesgesetzblatt – BGBl. Teil I S. 3513, 10.8.2021, Infrafttreten 1º.10.2021, Gesetz zur Änderung des Strafgesetzbuches – effektivere Bekämpfung von Nachstellungen und bessere Erfassung des Cyberstalkings sowie Verbesserung des strafrechtlichen Schutzes gegen Zwangsprostitution*]. Acesso:www.bundesgesetzblatt.de.https://www.bgbl.de/xaver/bgbl/start.xav#__bgbl__%2F%2F*%5B%40attr_id%3D%27bgbl121s3513.f%27%5D__1685815524497, em 21.3.2023.

ALEMANHA. „Diário Oficial Federal, parte I, n. 67, p. 3513, de 11.12.2001, em vigor em 11.12.2001, Lei para Aperfeiçoamento da Proteção Judiciária Civil no caso de Atos de Violência e Perseguições" [*Bundesgesetzblatt – BGBl. Teil I n. 67 S. 3513, 11.12.2021, Infrafttreten 11.12.2021, Gesetz zur Verbesserung des zivilgerichtlichen Schutzes bei Gewalttaten und Nachstellungen (Gewaltschutzgesetz – GewSchG)*].Acesso:https://www.bgbl.de/xaver/bgbl/start.xav?start=//*%5B@attr_id=%27bgbl101s3513.pdf%27%5D#__bgbl__%2F%2F*%5B%40attr_id%3D%27bgbl101s3513.pdf%27%5D__1685819309600, em 21.3.2023.

ALEMANHA. "Parlamento Federal. Material Impresso n. 575, Projeto de Lei do Governo Federal, 16º período de legislatura, 07.02.2006" [*Bundestag – BT – Gesetzentwurf Bundesregierung Drucksache 16/575, 07.02.2006*]. Acesso: https:/dip.bundestag.de/vorgang/.../9297, em 21.3.2023.

ALEMANHA. "Parlamento Federal. Material Impresso n. 3641, Recomendação da decisão e do Relatório da Comissão Jurídica, 16º período de legislatura, 28.11.2006" [*Bundestag – BT- Beschlussempfehlung und Bericht Rechtausschuss, Drucksache. 16/3641, 28.11.2006*]. Acesso: https://dip.bundestag.de/vorgang/.../9297, 21.3.2023.

ALEMANHA. "Parlamento Federal. Material Impresso n. 9946, Projeto de Lei do Governo Federal, 18º período de legislatura, 11.10.2016" [*Bundestag – BT – Gesetzentwurf Bundesregierung – Drucksache 18/9946, 11.10.2016*]. Acesso: https://dip.bundestag.de/vorgang/.../76261, em 21.3.2023.

ALEMANHA. "Parlamento Federal. Material Impresso n. 28679, Projeto de Lei do Governo Federal, 19º período de legislatura, 18.4.2021" [*Bundestag – BT – Gesetzentwurf Bundesregierung, Drucksache 19/28679, 18.4.2021*]. Acesso: https://dip.bundestag.de/vorgang/.../275944, em 21.3.2023.

ALEMANHA. "Corte Federal, acórdão do 3. Senado Criminal, de 19.11.2009 – 3 StR 244/09" [*Bundesgerichsthof – BGH, Beschluss des 3. Strafsenats vom 19.11.2009 – 3 StR 244/09*]. Acesso:http://juris.bundesgerichtshof.de/cgibin/rechtsprechung/document.py?Gericht=bgh&Art=en&nr=50476&pos=0&anz=1, em 21.3.2023.

ALEMANHA. **"Corte Federal, acórdão do 4. Senado Criminal, de 19.12.2012 - 4 StR 417/12" [*Bundesgerichsthof - BGH, Beschluss des 4. Strafsenats vom 19.12.2012 - 4 StR 417/12*].** Acesso: http://juris.bundesgerichtshof.de/cgibin/rechtsprechung/document.py?Gericht=bgh&Art=en&nr=62950&pos=&anz=1, em 21.3.2023.

BEST, Joel. „*Stalking*". *Encyclopedia Britannica*, https://www.britannica.com/topic/*stalking*-crime. Acesso em 27.02.2023.

EIDEN, Joachim. § 238 StGB: **„Vier neue Absätze gegen den *Stalker*" [Quatro novas alíenas contra o *Stalker*].** „Zeitschrift für Internationale Strafrechtdogmatik - ZIS" [Revista para a Dogmática Internacional do Direito Penal - ZIS]. www.zis-online.com. Acesso em 2 de março de 2023. ZIS 3/2008, p. 123-128.

FISCHER, Thomas. **"Strafgesetzbuch und Nebengesetze - Kommentare" [Código Penal e Leis Complementares - Comentários].** 56ª Edição, Munique: C.H. Beck, 2009.

— **"Strafgesetzbuch mit Nebengesetzen - Kommentare" [Código Penal com Leis Complementares - Comentários].** 65ª Edição, Munique: C.H. Beck, 2018.

— **"Strafgesetzbuch mit Nebengesetzen - Kommentare" [Código Penal com Leis Complementares - Comentários].** 69ª Edição, Munique: C.H. Beck, 2022.

HEGHMANNS, Michael. **"BGH, Beschl. v. 19.11.2009 - 3 StR 244/09" [Corte Federal, acórdão de 19.11.2009 - 3 StR 244/09].** „Zeitschrift für Internationale Strafrechtdogmatik - ZIS" [Revista para a Dogmática Internacional do Direito Penal - ZIS]. www.zis-online.com. Acesso em 2 de março de 2023. ZIS 2/2010, p. 269-273.

JOECKS, Wolfgang. **"Strafgesetzbuch - Studienkommentar" [Código Penal - Comentário de Estudo].** 10ª Edição, Munique: C.H. Beck, 2012.

KINDHÄUSER, Urs. **„Strafgesetzbuch - Lehr- und Praxiskommentar"[Código Penal - Comentário de Doutrina e Prática].** 6ª Edição. Baden-Baden: Nomos, 2015.

KINDHÄUSER/Urs; SCHRAMM, Edward. **„Strafrecht - Besonderer Teil - Straftaten gegen Persönlichkeitsrechte, Staat und Gesellschaft" [Direito Penal - Parte Especial - Crimes contra os Direitos de Personalidade, Estado e Sociedade].** 10ª Edição. Baden-Baden: Nomos, 2022.

KINZIG, Jörg. **„*Stalking* - ein Fall für das Strafrecht?" [*Stalking* - Um Caso para o Direito Penal?].** "Zeitschrift für Rechtspolitik - ZRP"[Revista para a Política Jurídica - ZRP], Munique, v. 39, n. 8, 2006, p. 257.

KÜHL, Kristian. **„*Stalking* als Eignungsdelikt" [*Stalking* como Delito de Aptidão].** „Zeitschrift für Internationale Strafrechtdogmatik - ZIS" [Revista para a Dogmática Internacional do Direito Penal - ZIS]. www.zis-online.com. Acesso em 2 de março de 2023. ZIS 7/2016, p. 450-451.

KUHLEN/Lothar. "***Stalking* als Kriminalpolitisches Problem**" [***Stalking* como Problema de Política Criminal**]. "Zeitschrift für Internationale Strafrechtdogmatik – ZIS" [Revista para a Dogmática Internacional do Direito Penal – ZIS]. www.zis-online.com. Acesso em 2 de março de 2023. ZIS 3/2018, p. 89-95.

MEYER-GOßNER/SCHMITT, Bertram. "**Strafprozessordnung mit GVG und Nebengesetzen – Kommentare" [Código de Processo Penal com a Lei de Organização Judiciária e Leis Complementares – Comentários]**. 65ª. Edição, Munique: C.H.Beck, 2022.

MITSCH, Wolfang. **„Der Neue *Stalking*-Tatbestand im Stragesetzbuch" [O novo *Stalking* – Tipo Penal no Código Penal]**. „Neue Juristiche Wochenschrift – NJW" [Nova Revista Jurídica Semanal – NJW], Munique, v. 60, n. 18, 2007, p. 1237- 1240.

ROXIN, Claus. **O tipo penal de *stalking*: questões de legitimidade e interpretação.** Tradução de Bárbara de Souza Lima. Revista do Instituto de Ciências Penais, Belo Horizonte, v. 6, n. 01, 2021 –p. 10-25.

VALERIUS, Brian. **„*Stalking*: Der neue Stratatbestand der Nachstellung in § 238 StGB" [*Stalking*: O novo tipo penal de Perseguição no § 238 Código Penal]**. Revista „Juristische Schulung – JuS" [Formação Jurídica – JuS], v. 47, n. 4, 2007, p. 319-321.

VOLK, Klaus; ENGLÄNDER, Armin. **Grundkurs StPO [Curso Básico do Código de Processo Penal – StPO]**. 8ª. Edição, Munique: C.H. Beck, 2013.

WESSELS, Johannes; HETTINGER, Michael. „Strafrecht – Besonderer Teil 1 – Straftaten gegen Persönlichkeits und Gemeinschaftswerte"[Direito Penal – Parte Especial 1 – Crimes contra os valores da personalidade e da Comunidade]. 36ª Edição. Heidelberg: C.F.Müller, 2012.

Notas

Gesetz zum zivilrechtlichen Schutz vor Gewalttaten und Nachstellungen (Gewaltschutzgesetz – GewSchG) GewSchG ***§ 1*** *Gerichtliche Maßnahmen zum Schutz vor Gewalt und Nachstellungen* ***(1)*** *Hat eine Person vorsätzlich den Körper, die Gesundheit, die Freiheit oder die sexuelle Selbstbestimmung einer anderen Person widerrechtlich verletzt, hat das Gericht auf Antrag der verletzten Person die zur Abwendung weiterer Verletzungen erforderlichen Maßnahmen zu treffen. Die Anordnungen sollen befristet werden; die Frist kann verlängert werden. Das Gericht kann insbesondere anordnen, dass der Täter es unterlässt, 1. die Wohnung der verletzten Person zu betreten, 2. sich in einem bestimmten Umkreis der Wohnung der verletzten Person aufzuhalten, 3. zu bestimmende andere Orte aufzusuchen, an denen sich die verletzte Person regelmäßig aufhält, 4. Verbindung zur verletzten Person, auch unter Verwendung von Fernkommunikationsmitteln, aufzunehmen, 5. Zusammentreffen mit der verletzten Person herbeizuführen, soweit dies nicht zur Wahrnehmung berechtigter Interessen erforderlich ist.* ***(2)*** *Absatz 1 gilt entsprechend, wenn 1. eine Person einer anderen mit einer Verletzung des Lebens, des Körpers, der Gesundheit, der Freiheit oder der sexuellen Selbstbestimmung widerrechtlich* *gedroht hat oder 2. eine Person widerrechtlich und vorsätzlich a) in die Wohnung einer anderen Person oder deren befriedetes Besitztum eindringt oder b) eine andere Person dadurch unzumutbar belästigt, dass sie ihr gegen den ausdrücklich erklärten Willen wiederholt nachstellt oder sie unter Verwendung von Fernkommunikationsmitteln verfolgt. Im Falle des Satzes 1 Nr. 2 Buchstabe b liegt eine unzumutbare Belästigung nicht vor, wenn die Handlung der Wahrnehmung berechtigter Interessen dient.* ***(3)*** *In den Fällen des Absatzes 1 Satz 1 oder des Absatzes 2 kann das Gericht die Maßnahmen nach Absatz 1 auch dann anordnen, wenn eine Person die Tat in einem die freie Willensbestimmung ausschließenden Zustand krankhafter Störung der Geistestätigkeit begangen hat, in den sie sich durch geistige Getränke oder ähnliche Mittel vorübergehend versetzt hat.* ***§ 2*** *Überlassung einer gemeinsam genutzten Wohnung* ***(1)*** *Hat die verletzte Person zum Zeitpunkt einer Tat nach § 1 Abs. 1 Satz 1, auch in Verbindung mit Abs. 3, mit dem Täter einen auf Dauer angelegten gemeinsamen Haushalt geführt, so kann sie von diesem verlangen, ihr die gemeinsam genutzte Wohnung zur alleinigen Benutzung zu überlassen. Ein Service des Bundesministeriums der Justiz sowie des Bundesamts für Justiz – www.gesetze-im-internet.de – Seite 2 von 2 –* ***(2)*** *Die Dauer der Überlassung der Wohnung ist zu befristen, wenn der verletzten Person mit dem Täter das Eigentum, das Erbbaurecht oder der Nießbrauch an dem Grundstück, auf dem sich die Wohnung befindet, zusteht oder die verletzte Person mit dem Täter die Wohnung gemietet hat. Steht dem Täter allein oder gemeinsam mit einem Dritten das Eigentum, das Erbbaurecht oder der Nießbrauch an dem Grundstück zu, auf dem sich die Wohnung befindet, oder hat er die Wohnung allein oder gemeinsam mit einem Dritten gemietet, so hat das Gericht die Wohnungsüberlassung an die verletzte Person auf die Dauer von höchstens sechs Monaten zu befristen. Konnte die verletzte Person innerhalb der vom Gericht nach Satz 2 bestimmten Frist anderen angemessenen Wohnraum zu zumutbaren Bedingungen nicht beschaffen, so kann das Gericht die Frist um höchstens weitere sechs Monate verlängern, es sei denn, überwiegende Belange des Täters oder des Dritten stehen entgegen. Die Sätze 1 bis 3 gelten entsprechend für das Wohnungseigentum, das Dauerwohnrecht und das dingliche Wohnrecht.* ***(3)*** *Der Anspruch nach Absatz 1 ist ausgeschlossen, 1. wenn weitere Verletzungen nicht zu besorgen sind, es sei denn, dass der verletzten Person das weitere Zusammenleben mit dem Täter wegen der Schwere der Tat nicht zuzumuten ist oder 2. wenn die verletzte Person nicht innerhalb von drei Monaten nach der Tat die Überlassung der Wohnung schriftlich vom Täter verlangt oder 3. soweit der Überlassung der Wohnung an die verletzte Person besonders schwerwiegende Belange des Täters entgegenstehen.* ***(4)*** *Ist der verletzten Person die Wohnung zur Benutzung überlassen worden, so hat der Täter alles zu unterlassen, was geeignet ist, die Ausübung dieses Nutzungsrechts zu erschweren oder zu vereiteln.* ***(5)*** *Der Täter kann von der verletzten Person eine Vergütung für die Nutzung verlangen, soweit dies der Billigkeit entspricht.* ***(6)*** *Hat die bedrohte Person zum Zeitpunkt einer Drohung nach § 1 Abs. 2 Satz 1 Nr. 1, auch in Verbindung mit Abs. 3, einen auf Dauer angelegten gemeinsamen Haushalt mit dem Täter geführt, kann sie die Überlassung der gemeinsam genutzten Wohnung verlangen, wenn dies erforderlich ist, um eine unbillige Härte zu vermeiden. Eine unbillige Härte kann auch dann gegeben sein, wenn das Wohl von im Haushalt lebenden Kindern beeinträchtigt* *ist. Im Übrigen gelten die Absätze 2 bis 5 entsprechend.* **§ 3** *Geltungsbereich, Konkurrenzen* **(1)** *Steht die verletzte oder bedrohte Person im Zeitpunkt einer Tat nach § 1 Abs. 1 oder Abs. 2 Satz 1 unter elterlicher Sorge, Vormundschaft oder unter Pflegschaft für Minderjährige, so treten im Verhältnis zu den Eltern und zu sorgeberechtigten Personen an die Stelle von §§ 1 und 2 die für das Sorgerechts-, Vormundschafts- oder Pflegschaftsverhältnis maßgebenden Vorschriften.* **(2)** *Weitergehende Ansprüche der verletzten Person werden durch dieses Gesetz nicht berührt.* **§ 4** *Strafvorschriften Mit Freiheitsstrafe bis zu zwei Jahren oder mit Geldstrafe wird bestraft, wer einer bestimmten vollstreckbaren 1. Anordnung nach § 1 Absatz 1 Satz 1 oder 3, jeweils auch in Verbindung mit Absatz 2 Satz 1, zuwiderhandelt oder 2. Verpflichtung aus einem Vergleich zuwiderhandelt, soweit der Vergleich nach § 214a Satz 1 des Gesetzes über das Verfahren in Familiensachen und in den Angelegenheiten der freiwilligen Gerichtsbarkeit in Verbindung mit § 1 Absatz 1 Satz 1 oder 3 dieses Gesetzes, jeweils auch in Verbindung mit § 1 Absatz 2 Satz 1 dieses Gesetzes, bestätigt worden ist. Die Strafbarkeit nach anderen Vorschriften bleibt unberührt.*

§ 238 Nachstellung (1) Wer einem Menschen unbefugt nachstellt, indem er beharrlich 1. seine räumliche Nähe aufsucht, 2. unter Verwendung von Telekommunikationsmitteln oder sonstigen Mitteln der Kommunikation oder über Dritte Kontakt zu ihm herzustellen versucht, 3. unter missbräuchlicher Verwendung von dessen personenbezogenen Daten Bestellungen von Waren oder Dienstleistungen für ihn aufgibt oder Dritte veranlasst, mit diesem Kontakt aufzunehmen, 4. ihn mit der Verletzung von Leben, körperlicher Unversehrtheit, Gesundheit oder Freiheit seiner selbst oder einer ihm nahe stehenden Person bedroht oder 5. eine andere vergleichbare Handlung vornimmt und dadurch seine Lebensgestaltung schwerwiegend beeinträchtigt, wird mit Freiheitsstrafe bis zudrei Jahren oder mit Geldstrafe bestraft.(2) Auf Freiheitsstrafe von drei Monaten bis zu fünf Jahren ist zu erkennen, wenn der Täter das Opfer, einen Angehörigen des Opfers oder eine andere dem Opfer nahe stehende Person durch die Tat in die Gefahr des Todes oder einer schweren Gesundheitsschädigung bringt. (3) Verursacht der Täter durch die Tat den Tod des Opfers, eines Angehörigen des Opfers oder einer anderen dem Opfer nahe stehenden Person, so ist die Strafe Freiheitsstrafe von einem Jahr bis zu zehn Jahren.(4) In den Fällen des Absatzes 1 wird die Tat nur auf Antrag verfolgt, es sei denn, dass die Strafverfolgungsbehörde wegen des besonderen öffentlichen Interesses an der Strafverfolgung ein Einschreiten von Amts wegen für geboten hält.

§238 – Nachstellung (1) Mit Freiheitsstrafe bis zu drei Jahren oder mit Geldstrafe wird bestraft, wer einer anderen Person in einer Weise unbefugt nachstellt, die geeignet ist, deren Lebensgestaltung schwerwiegend zu beeinträchtigen, indem er beharrlich 1. Die räumliche Nähe dieser Person aufsucht, 2. unter Verwendung von Telekommunikationsmitteln oder sonstigen Mitteln der Kommunikation oder über Dritte Kontakt zu dieser Person herzustellen versucht, 3. unter missbräulicher Verwendung von personenbezogenen Daten dieser Person a)Bestellungen von Waren oder Dienstleistungen für sie aufgibt oder b) Dritte veranlasst, Kontakt mit ihr aufzunehmen, oder 4. diese Person mit der Verletzung von Leben, körperlicher Unversehrheit, Gesundheit oder Freiheit ihrer selbst, eines ihrer Angehörigen oder einer anderen

ihr nahestehenden Person bedroht oder 5. Eine andere vergleichbare Handlung vornimmt. (2) Auf Freiheitsstrafe von drei Monaten bis zu fünf Jahren ist zu erkennen, wenn der Täter das Opfer, einen Angehörigen des Opfers oder eine andere dem Opfer nahe stehende Person durch die Tat in die Gefahr des Todes oder einer schweren Gesundheitesschädigung bringt. (3) Verursacht der Täter durch die Tat den Tod des Opfers, eines Angehörigen des Opfers oder einer anderen dem Opfer nahe stehende Person, so ist die Freiheitsstrafe von einem Jahr bis zu zehn Jahren. (4) In den Fällen des Absatzes 1 wird die Tat nur auf Antrag verfolgt, es sei denn, dass die Strafverfolgungsbehörde wegen des besonderen öffentlichen Interesses an der Strafverfolgung ein Einschreiten von Amts wegen für geboten hält.

§ 238 Nachstellung (1) Mit Freiheitsstrafe bis zu drei Jahren oder mit Geldstrafe wird bestraft, wer einer anderen Person in einer Weise unbefugt nachstellt, die geeignet ist, deren Lebensgestaltung nicht unerheblich zu beeinträchtigen, indem er wiederholt 1. die räumliche Nähe dieser Person aufsucht, 2.unter Verwendung von Telekommunikationsmitteln oder sonstigen Mitteln der Kommunikation oder über Dritte Kontakt zu dieser Person herzustellen versucht, 3. unter missbräuchlicher Verwendung von personenbezogenen Daten dieser Persona) Bestellungen von Waren oder Dienstleistungen für sie aufgibt oder b) Dritte veranlasst, Kontakt mit ihr aufzunehmen, 4. diese Person mit der Verletzung von Leben, körperlicher Unversehrtheit, Gesundheit oder Freiheit ihrer selbst, eines ihrer Angehörigen oder einer anderen ihr nahestehenden Person bedroht,5.zulasten dieser Person, eines ihrer Angehörigen oder einer anderen ihr nahestehenden Person eine Tat nach § 202a, § 202b oder § 202c begeht, 6. eine Abbildung dieser Person, eines ihrer Angehörigen oder einer anderen ihr nahestehenden Person verbreitet oder der Öffentlichkeit zugänglich macht, 7. einen Inhalt (§ 11 Absatz 3), der geeignet ist, diese Person verächtlich zu machen oder in der öffentlichen Meinung herabzuwürdigen, unter Vortäuschung der Urheberschaft der Person verbreitet oder der Öffentlichkeit zugänglich macht oder 8. eine mit den Nummern 1 bis 7 vergleichbare Handlung vornimmt. (2) In besonders schweren Fällen des Absatzes 1 Nummer 1 bis 7 wird die Nachstellung mit Freiheitsstrafe von drei Monaten bis zu fünf Jahren bestraft. Ein besonders schwerer Fall liegt in der Regel vor, wenn der Täter 1.durch die Tat eine Gesundheitsschädigung des Opfers, eines Angehörigen des Opfers oder einer anderen dem Opfer nahestehenden Person verursacht, 2. das Opfer, einen Angehörigen des Opfers oder eine andere dem Opfer nahestehende Person durch die Tat in die Gefahr des Todes oder einer schweren Gesundheitsschädigung bringt, 3.dem Opfer durch eine Vielzahl von Tathandlungen über einen Zeitraum von mindestens sechs Monaten nachstellt, 4. bei einer Tathandlung nach Absatz 1 Nummer 5 ein Computerprogramm einsetzt, dessen Zweck das digitale Ausspähen anderer Personen ist, 5.eine durch eine Tathandlung nach Absatz 1 Nummer 5 erlangte Abbildung bei einer Tathandlung nach Absatz 1 Nummer 6 verwendet, 6.einen durch eine Tathandlung nach Absatz 1 Nummer 5 erlangten Inhalt (§ 11 Absatz 3) bei einer Tathandlung nach Absatz 1 Nummer 7 verwendet oder 7.über einundzwanzig Jahre ist und das Opfer unter sechzehn Jahre ist.(3) Verursacht der Täter durch die Tat den Tod des Opfers, eines Angehörigen des Opfers oder einer anderen dem Opfer nahestehenden Person, so ist die Strafe Freiheitsstrafe von einem Jahr bis zu zehn Jahren.

14. CRIME DE *STALKING*: ANÁLISE DA TIPOLOGIA E CLASSIFICAÇÃO DA PERSEGUIÇÃO NADA ROMÂNTICA

Viviane Ramone Tavares

"I can't believe it but I guess it's true
Have you got nothing else to do
You're sick in the head and obsessive too
I've had enough of you
You follow me around
And call me every night
Why can't you just fucking see
That it's not alright
Why are you stalking
Why are you stalking me
Why are you stalking
Why are you stalking me
You wake me up out of bed again
Keep ringing on the phone
Why can't you get it through your brain
Why don't you leave me alone
You follow me around
And call me every night
Why can't you just fucking see
That it's not alright
Why are you stalking
Why are you stalking me
Why are you stalking

Why are you stalking me
I'm gonna pull my shades and lock the door
Pretend that I'm not home
You know that you are sick in the head
So you better call your shrink before
You follow me around
And call me every night [...]"

(DRESS, 2000)

Introdução

A prática de "molestar alguém ou perturbar-lhe a tranquilidade, por acinte ou por motivo reprovável"[1], de mera contravenção penal que acarretava pena simples, foi finalmente elevada ao patamar que lhe é devido, qual seja: crime de perseguição.

Com a promulgação da Lei 14.132/2021, houve um acréscimo ao Código Penal do artigo 147-A, inserido, assim, no Capítulo VI, que trata dos crimes contra a liberdade individual, na Seção I, que dispõe sobre os crimes contra a liberdade pessoal. Ato contínuo, houve revogação do artigo 65 da Lei das Contravenções Penais, que previa a infração penal de perturbação à tranquilidade.

Nomeado de "perseguição" ("*stalking*"), o tipo penal é "perseguir alguém", reiteradamente e por qualquer meio, ameaçando-lhe a integridade física ou psicológica, bem como restringindo a sua capacidade de locomoção ou, de qualquer forma, invadindo ou perturbando a sua esfera de liberdade ou privacidade.

A promulgação da lei nos trouxe não só a esperança de que sejam estimulados debates densos e conscientização das consequências nefandas decorrentes para o estado físico e mental das suas vítimas, como também se propicie devido apenamento ao agente.

A análise do *stalking* implica, em primeiro lugar, na busca do senso próprio dentre as inúmeras significações do termo "perseguir". Assim, na linguagem comum, obtida de simples pesquisa na internet, perseguir é

[1] Art. 65 do Decreto-lei 3.688/41. Disponível em: http://www.planalto.gov.br/ccivil_03/decreto-lei/del3688.htm. Acesso em 06 nov. 2022

> Ir no encalço de; seguir alguém ou correr atrás dessa pessoa. Atormentar alguém com pedidos inconvenientes e insistentes; importunar, atormentar. Lutar para obter algo; buscar. Tentar encontrar, alcançar, adquirir; procurar. Provocar aborrecimento, descontentamento, zanga; causar mau humor; importunar, prejudicar. Punir alguém de alguma forma; castigar. Impor tortura; tratar com violência; torturar. Buscar se entender, entender seus próprios inquietamentos, desejos, vontades etc.; passar por um processo de autoconhecimento.
>
> Etimologia (origem da palavra **perseguir**). Do latim persequere, "seguir até conseguir, reclamar[2]

Em seguida destaca-se dentre todos os significados de perseguir, aquele a que se comina pena: Ir no encalço de; seguir alguém ou correr atrás dessa pessoa. Atormentar alguém com pedidos inconvenientes e insistentes; importunar, atormentar.

Do mesmo modo, a pesquisa em língua inglesa:

> the act or crime of willfully and repeatedly following or harassing another person in circumstances that would cause a reasonable person to fear injury or death especially because of express or implied threats[3]

O grupo "Funeral Dress" conseguiu traduzir na sua música "*stalking*" o tipo penal, em algumas das suas possíveis condutas, visto que a sua multiplicidade dificulta, por vezes, a construção precisa do tipo penal.

O meio artístico já nos alertava – pelas ficções (tal como a série "YOU", disponível no Netflix), documentários e filmes nascidos de pesquisas, depoimentos e fatos reais (vide "S.t.a.l.k.i.n.g" de Eduardo Silva, Rubens Romero e Thiago Medeiros[4]) – quanto à imprescindibilidade da proteção do Estado contra esse crime que afronta a liberdade e a privacidade do cidadão.

[2] Disponível em: https://www.dicio.com.br/perseguir/ . Acesso em 08 nov. 2022

[3] Disponivel em: https://www.merriam-webster.com/legal/*stalking* . Acesso em 08 nov. 2022

[4] Vale a leitura da "Carta da produção", que expõe o mote do projeto: "a fim de propagar a proteção e buscar justiça" – Disponível em: http://www.*stalking*ofilme.com.br/carta-da--producao.html. Acesso em: 08 nov. 2022

A imprensa já nos relatava os casos do cotidano. A doutrina teve também um papel fundamental na divulgação dos elementos, das sequelas e, infelizmente, das afrontas às diversas vidas, para que fosse obtida a promulgação da lei em comento. Principalmente, isso ocorria para que fosse afastada a romantização de que se tratava mesmo de um galanteio.

Márcia Turri[5] foi feliz ao trazer à baila a visão de Nietzsche e a sua relação entre a ópera de Bizet e o sentimento de liberdade que respirava em Turim. A autora apresentou, ainda, a lembrança de Mariano Rodriguez Gonzalez e a sua mitificação da cigana Carmen. A autora conclui então que:

> O amor-paixão, magnificamente representado pelas figuras de Carmen e Dom José, quando não correspondido, é impiedoso[6]. Para além do bem e do mal, o que importa, para Nietzche, é que seja real. O amor-paixão nos eleva ao céu e nos faz descer ao inferno. Na ausência de reciprocidade, esse amor propicia a guerra e a crueldade, como em tudo que é humano, demasiadamente humano.

Não se pode inferir da perseguição um sentimento de amor, mas, como reconhecido pelo legislador, um crime.

1. Tipicidade penal

> "O desenho legislativo de uma hipótese de fato descrita
> em uma lei penal se denomina *tipo penal*"
> *(OLIVÉ, et. al. 2017[7])*

Sob o viés da teoria moderna, trataremos a tipicidade penal pela tipicidade formal (subsunção do fato à norma) e tipicidade material. Destarte, se apresentará a análise da tipologia do *stalking*, que abrangerá o juízo de

[5] GOTTI, Alessandra; SOARES, Inês Virginia p. ; CUREAU, Sandra (org.). **Mulheres e Justiça**: os Direitos fundamentais escritos por elas. Salvador, Editora JusPodivm, 2021. p. 34

[6] "O amor é, de todos os sentimentos, o mais egoísta, e, em consequência, o menos generoso quando é ferido" (CONSTANT, B. **O caso Wagner**. Tradução de Paulo César de Souza de. Apud GOTTI, Alessandra; SOARES, Inês Virginia p. ; CUREAU, Sandra (org.). **Mulheres e Justiça**: os Direitos fundamentais escritos por elas. Salvador, Editora JusPodivm, 2021. p. 34

[7] OLIVÉ, Juan Carlos Ferré. **Direito penal brasileiro: parte geral:** princípios fundamentais e sistema / Juan Carlos Ferré Olivé et. al – 2ª ed – São Paulo: Saraiva, 2017, pág. 256

valor (entendido como o grau de perigo de lesão ao bem jurídico tutelado ou relevância da lesão). Nas palavras de Rogério Sanches Cunha[8], sob essa ótica, nasce a possibilidade de admissão do princípio da insignificância.

Não haverá aqui uma análise pela proposta da teoria da tipicidade conglobante, que visa harmonizar os diversos ramos do Direito, em razão da estruturação do tipo penal por uma ação nuclear, que pressupõe a perturbação da liberdade ou da privacidade.

Será admitida a estrutura fracionada em vertente positiva (consubstanciada no tipo objetivo e sua análise da ação, sujeito ativo e imputação objetiva) e sua vertente negativa (consubstanciada no tipo subjetivo e a possibilidade de que haja alegação de justa causa).

Ainda nas palavras de OLIVÉ

> A tipicidade não corresponde simplesmente a um modelo conceitual do legislador penal, mas sim um exercício de controle sobre qualquer arbitrariedade estatal, uma exigência de legalidade prevista constitucionalmente: o inciso XXXIX do art. 5º da CF/88 assevera que 'não há crime sem lei anterior que o defina, nem pena sem prévia cominação legal'. No mesmo sentido, o art. 1º do Código Penal reconhece em idênticos termos a exigência de submissão ao principio da legalidade, cumprindo assim uma *função de garantia*. Ademais o legislador pretendeu estruturar formalmente o desenvolvimento dessa exigência por meio do inciso XI, do art. 5º da Constituição Federal e do 2º do Código Penal, nos quais manifesta a irretroatividade da lei em desfavor do réu[9].

É importante a análise do objetivo do legislador visto que segundo a tese de ROXIN, referida por ALBIN ESER, não se pode afirmar a neutralidade do tipo penal, o qual está vinculado umbilicalmente aos valores sociais atingidos.

No caso vertente, a importância social do *stalking* acarretou sua transformação de contravenção penal em crime para que pudesse atender a legalidade constitucional e aos anseios da sociedade.

[8] CUNHA, Rogério Sanches. **Manual de direito penal: parte geral (arts. 1º ao 120)**. 11. ed. São Paulo: JusPODIVM, 2022. p. 345

[9] OLIVÉ, Juan Carlos Ferré. **Direito penal brasileiro: parte geral:** princípios fundamentais e sistema / Juan Carlos Ferré Olivé et. al – 2ª ed – São Paulo: Saraiva, 2017, pág. 256

2. Classificação

O método utilizado para a classificação será um compilado de doutrinadores e jurisprudência, de modo a permitir, ao final, uma análise generalizada do instituto.

Insta esclarecer que o crime de *stalking*, como apresentado pelo legislador, dá azo a diversas interpretações, apresentando-se, assim, como um tipo penal aberto. A redação legislativa traz a necessidade de que, ao instante de sua aplicação, sejam analisadas as bases subjetivas para o enquadramento ao tipo penal.

Tanto é assim que, por vezes, simplesmente reiterar da conduta do agente, por si só, a depender do caso concreto, não será suficiente para a configuração do crime. Em outras hipóteses, em uma conduta enfática, se propiciará o enquadramento. Demonstrada está a necessidade de um estudo profundo, com relação ao conhecimento abrangente nas diversas ciências envolvidas no crime de perseguição.

Com a classificação ora apresentada, pretende-se trazer subsídios para a melhor interpretação do julgador.

3. Quanto ao sujeito ativo: comum, próprio ou de mão própria

Trata-se de crime comum, podendo ser praticado por qualquer pessoa. Contudo, não se pode olvidar das lições de Castro e Sydow[10], quando afirmam que a maior periculosidade é a do perseguidor íntimo da vítima, em face da sua ciência sobre os seus hábitos, preferências e com quem ela se relaciona.

3.1. Quanto à necessidade de resultado naturalístico para a consumação: material, formal ou de mera conduta

O resultado naturalístico para a consumação é a de mera conduta, com o seu elemento subjetivo sendo o dolo. Não se exige nenhuma forma específica nem materialidade específica, sendo esse, o dolo, específico, sem a possibilidade de forma culposa. Não há confundir-se o crime de *stalking* com o crime de ameaça.

[10] CASTRO, Ana Lara; SYDOW, Spencer. ***Stalking* e Cyber*stalking***: obsessão, internet, amedrontamento. Belo Horizonte: D' Plácido, 2017. p. 88 (*apud* AGUIAR, Cláudia Silva Britto; FONTAINHA, Gabriela Araujo. **O novo crime de Perseguição** – *Stalking*. Disponível em: https://www.migalhas.com.br/depeso/343381/o-novo-crime-de-perseguicao--*stalking*. Acesso aos 06 nov. 2022).

3.2. Quanto à necessidade de lesão ao bem jurídico para a sua consumação: crime de dano ou crime de perigo (subdivisão)

a) crime de perigo concreto;
b) crime de perigo abstrato (ou puro);
c) crime de perigo abstrato de "perigosidade" ou periculosidade real;
d) crime de perigo individual;
e) crime de perigo comum ou coletivo;
f) crime de perigo atual;
g) crime de perigo iminente;
h) crime de perigo futuro ou mediato.

A natureza do crime de perigo não representa um tema passível de discussão doutrinária, contudo, as suas subdivisões são objeto de grande debate. Paulo Pinto de Albuquerque posiciona-se no sentido de o *Stalking* ser um crime de perigo *abstrato-concreto*, ou seja, a ação deve ser suficientemente apta, idônea ou adequada a lesionar ou colocar em perigo concreto um bem jurídico. Bárbara Fernandes Rito dos Santos, por outro lado, posiciona-se como crime de perigo abstrato. Posicionamo-nos com Albuquerque, pois parece ser o real sentido da norma, ao referir que a conduta praticada se configure 'de forma adequada a provocar-lhe medo ou inquietação ou prejudicar a sua liberdade de determinação'[11].

Entendemos, igualmente, quanto à classificação do crime como *abstrato-concreto*, justamente pelo fato de que o legislador deixou a norma em aberto quanto ao "*modus operandi*" do criminoso e a sua consequência. A particularidade do ato se dará até mesmo pela experiência anterior da vítima, a qual terá um repertório de sensações e reações a esse ataque à sua esfera de privacidade ou liberdade.

O ato necessita apenas de potencial de gerar resultado, não precisando, pois da sua real ocorrência para a incidência do crime.

[11] MOURA, J. B. O. de. O *stalking* e a proteção do bem jurídico na violência de gênero feminino. **Revista da Defensoria Pública do Estado do Rio Grande do Sul**, Porto Alegre, n. 23, p. 205, 2019. Disponível em: https://revistadpers.emnuvens.com.br/defensoria/article/view/115. Acesso em: 6 nov. 2022.

Ocorre a lembrança da justificação[12] do Projeto de Lei 1.369/2019, de autoria da senadora Leila Barros, no sentido de que a lei se prestaria a responder não só a um apelo da sociedade, mas, principalmente, a adequação do Direito Penal às realidades sociais e ao incremento dos casos de perseguições.

3.3. Quanto à forma de conduta

a) crime comissivo;
b) crime omissivo:
   i) Crime omissivo próprio;
   ii) Crime omissivo impróprio:
1) Por dever legal;
2) Por dever de garantidor;
3) Por dever de ingerência na norma;
   iii) Crime omissivo por comissão;
c) crime de conduta mista;
d) crime de esquecimento ou de "olvido";

Trata-se de um delito comissivo, em face da existência de um movimento positivo do agente, ainda que agindo de modo a que não seja revelada sua identidade para a vítima. O agente pratica atos diretos ou indiretos, de modo a receber a atenção da sua vítima para a consecução da perseguição.

3.4. Quanto ao tempo da consumação

a) crime instantâneo;
b) crime permanente;
c) crime instantâneo de efeitos permanentes;
d) crime a prazo;

Quanto ao tempo da consumação, é considerado crime instantâneo, pois, de acordo com Rogério Greco[13], somente é necessária a reiterabilidade e

[12] BRASIL. Senado. **Justificação do Projeto de Lei 1.369** 2019 Disponível em: https://legis.senado.leg.br/sdleg-getter/documento?dm=7924938&ts=1630434162684&disposition=inline. Acesso em: 06 nov. 2022.

[13] GRECO, Rogério **Nova lei de perseguição.** 2020. Disponível em: https://www.rogeriogreco.com.br/post/nova-lei-de-persegui%C3%A7%C3%A3o. Acesso em: 03 nov. 2022.

não a habitualidade, ou seja, mesmo que as ações sejam cometidas em uma mesma noite, se apresentarem conduta reiterada (perseguição) e que as suas ações ameacem o bem-estar físico, emocional ou mental da vítima, o crime de perseguição é considerado consumado.

O processo exigido é o de concatenação de condutas, bem como que elas estejam aglomeradas, de modo a incutir na vítima o temor.

3.5. Quanto à unicidade ou não do tipo penal

a) Crime simples;
b) Crime complexo;

Trata-se de crime simples, composto de um único tipo, sendo desnecessária a junção ou fusão de outros tipos penais para a sua incidência.

3.6 Quanto à dependência de outro crime para existir

a) Crime principal;
b) Crime acessório;
c) Crime de fusão, de conexão ou de anexação;

Quanto à dependência de outro crime para existir, a perseguição é considerado como crime principal. Pode-se ocorrer um concurso de crime se a perseguição culminou em violência em concurso formal impróprio, considerando o parágrafo segundo do artigo 147-A do Código Penal, que dispõe, expressamente, que "as penas deste artigo são aplicáveis sem prejuízo das correspondentes à violência".

3.7. Quanto à forma de utilização do princípio da consunção

a) Crime progressivo;
b) Crime de progressão criminosa.

Esse é um crime progressivo realizado pelo sujeito ativo, pelo ato único ou mesmo de atos diversos, os quais integram e compõem um único contexto.

Isso ocorre, porque o agente do *stalking*, por vezes, utiliza-se de crimes menos graves, de situações que poderiam ser consideradas "inocentes" ou até mesmo de mero galanteio se analisadas isoladamente, para concretizar o seu intuito de perseguição punida como crime.

3.8. Quanto ao número de atos exigidos para a sua consumação

a) Crime unissubsistente;
b) Crime plurissubsistente.

Quanto ao número de atos exigidos para consumação, é necessário que seja um crime plurissubsistente, pois é preciso que a perseguição seja mais de uma ação, sendo elas ou não da mesma forma. Em outras palavras, a perseguição pode ser feita de modo presencial, como perseguir alguém na rua, depois ligar no celular e, posteriormente, colocando um outdoor a convidando para sair. As condutas foram diversas, mas o ato de perseguição é o mesmo.

3.9. Quanto à necessidade de mais de um sujeito ativo

a) Crime unissubjetivo, monossubjetivo ou de concurso eventual;
b) Crime plurissubjetivo ou de concurso necessário:
   i) Crime plurissubjetivo de condutas convergentes ou bilaterais;
   ii) Crime plurissubjetivo de condutas paralelas;
   iii) Crime plurissubjetivo de condutas contrapostas;

O *stalking*, em regra, é praticado por uma só pessoa, o que não impede, entretanto, um concurso eventual, razão pela qual é considerado um crime unissubjetivo, monossubjetivo ou de concurso eventual.

3.10. Quanto à exigência de forma específica para a sua prática

O crime é "de forma livre" no sentido que o indivíduo consegue realizar a prática de qualquer modo, ou seja, a prática pode ser presencial ou por meios remotos. No caso da perseguição remota, não precisa necessariamente ser por meio digitais, enquadrando-se também os casos em que a pessoa realize uma ação que a vítima não teria como estar ciente da sua presença, a exemplo publicar algo em jornal ou colocar um outdoor endereçado à vítima.

3.11. Quanto ao lugar

a) Crime à distância ou de espaço máximo;
b) Crime plurilocal;

Utilizando a teoria da ubiquidade explicada por Greco[14], consideramos que os crimes à distância são aqueles em que temos diferentes locais para o ato criminoso e seu resultado, e, portanto, aí se enquadra o *stalking*.

A questão se torna mais complexa quando o *stalking* é cometido pela internet, visto que os crimes cibernéticos trazem a discussão sobre o local da sua consumação. A aplicação das regras do artigo 6º do Código Penal (teoria da ubiquidade), que impõe a incidência da lei nacional independentemente do fato de que o crime possa ter sido iniciado em um país estrangeiro, bem como do artigo 7º do Código Penal (extraterritorialidade), não se prestam para dirimir a questão quando tratarmos de uso da internet, que possibilita o roteamento pelos ataques internacionais em diversos países.

Pede-se vênia para que se abra um grande parêntese nesse assunto para incluir a discussão de que não só para que se possa averiguar o local do crime (e, consequentemente, a legislação aplicável), mas também para que se possa aferir a autoria, havendo necessidade de análise de dados, os quais, por vezes, estão sob a proteção de uma empresa privada que se recusa a fornecê-los, sendo necessária a intervenção judicial para a sua obtenção.

Nessas hipóteses de recusa de fornecimento de dados, por provedores ou aplicativos, os quais possuem banco de dados fora do país, há a necessidade de utilização das regras da cooperação jurídica internacional, com todos os seus percalços.

3.12. Quanto aos vestígios

a) Crime de fato transeunte ("*delicta facti transeuntes*");
b) Crime de fato permanente ("*delicta facti permanentis*").

A depender da ação do agente do *stalker* não será permitida a sua constatação mediante mera análise de vestígios materiais e, por essa razão, enquadra-se como crime de fato transeunte.

[14] GRECO, Rogério. **Código Penal comentado.** Niterói: Impetus, 2012.

3.13. Quanto à condição objetiva de punibilidade

a) Crime condicionado;
b) Crime incondicionado.

Quanto à condição objetiva de punibilidade, é considerada uma ação penal pública condicionada à representação, de acordo com o parágrafo terceiro[15]. Quanto ao tipo do crime e à sua usualidade, não se pode considerar o acordo de não persecução penal, pois o crime entra em três dos incisos do artigo 28, parágrafo segundo do CPP. No caso do inciso I, é cabível a transação penal, no inciso II, é considerado de conduta reiterada e, por fim, no inciso IV, ocorre quando o crime é praticado contra mulher, por razão da condição de sexo feminino.

3.14. Quanto ao sujeito passivo

a) Crime vago;
b) Crime de dupla subjetividade passiva.

Quanto ao sujeito passivo[16], é considerado um crime bicomum ou de dupla subjetividade passiva, considerando que o crime pode ser cometido por

[15] "Art. 147-A do Código Penal:
(...)
§3º. Somente se procede mediante representação".

[16] Segundo Vladimir Aras: "O *stalking* pode ser afetivo, quando relativo a relacionamentos familiares ou amorosos, atuais ou pretéritos, entre o agente e a vítima; ou funcional, quando concernente a relações de trabalho, de comércio ou de ensino e estudo entre o autor e a vítima. Poderá também assumir a forma de perseguição idólatra, vinculada à admiração obsessiva de fãs, endereçada a artistas, a líderes políticos e religiosos ou a outras personalidades públicas. Estas celebridades estarão também sujeitas a outro tipo de *stalking*, de natureza profissional midiática, realizado por *paparazzis*. A conduta pode ainda ser classificada como perseguição presencial ou remota. A motivação econômica pode estar presente, mas não é essencial à configuração do crime nem usual. Em geral, o agente agirá por ódio, raiva, vingança, inveja, idolatria, misoginia, fixação doentia ou paixão" (ARAS, Vladimir.. **O crime de *stalking* do art. 147-A do Código Penal.** Disponível em: https://vladimiraras.blog/2021/04/01/o-crime-de-*stalking*-do-art-147-a-do-codigo-penal/https://jus.com.br/artigos/89581/o-novissimo-crime-de-*stalking*-no-direito-penal-brasileiro. Acesso em: 06 nov. 2022.

qualquer um, e com qualquer um. Esse ponto é importante para que não haja erro, uma vez que qualquer um pode sofrer esse crime, seja homem, mulher, adulto ou criança. O sujeito passivo ou ativo do crime, no entanto, poderá incluir uma majoração, no parágrafo primeiro, se esse sujeito for: sujeito passivo criança, adolescente ou idoso; ou mulher por razões da condição do sexo feminino; sujeito ativo com concurso de duas ou mais pessoas ou com emprego de arma.

3.15. Quanto ao número de bens jurídicos atingidos

a) Crime mono-ofensivo;
b) Crime pluriofensivo.

Enquadra-se o *stalking* como crime pluriofensivo por atingir a integridade física e psíquica da vítima.

3.16. Quanto aos elementos subjetivos impróprios

a) Crimes de intenção;
   i) De tendência interna transcendente de resultado cortado (separado)
   ii) De tendência interna transcendente mutilado (atrofiado) de dois atos;
b) Crimes de tendência, também chamados de delito de interna peculiar ou intensificada;
c) Crimes de expressão.

Como um crime que traduz um processo interno ocorrido na mente do agente, o *stalking* se torna, assim, um crime de expressão, visto que não se trata de um simples ato de seguir a vítima, mas a sua manifestação de importunar extensiva e reiteradamente.

3.17. Quanto ao tratamento diferenciado da tentativa

a) Crimes que só admitem a forma tentada;
b) Crimes de atentado ou de empreendimento;

A tentativa do *stalking* somente seria admitida para a hipótese em que o agente fosse impedido de repetir o seu ato de perseguição, razão pela qual entendemos não ser cabível a sua classificação quanto ao tratamento diferenciado, reiterando a natureza de crime habitual, pois há a imprescindibilidade da ação reiterada.

3.18. Quanto ao núcleo do tipo

a) Crime de ação simples;
b) Crime de ação múltipla, de ação plurinuclear, de conteúdo variado ou tipo misto:
    i) Crime de tipo misto alternativo;
    ii) Crime de tipo misto cumulativo;

Trata-se de crime de ação simples, sendo que o verbo "perseguir" descreve a conduta típica.

3.19. Quanto à pena prevista

a) Infrações penais de menor potencial ofensivo;
b) Infrações penais de médio potencial ofensivo;
c) Infrações penais de maior potencial ofensivo.

Quanto à pena prevista, na sua forma simples, é considerado infrações penais de menor potencial ofensivo, regido pela Lei 9.099/95. Essas infrações devem ser observadas pelo Juizado Especial Criminal, com a possibilidade de aplicação dos chamados institutos despenalizadores para a garantia da Justiça real.

No entanto, no caso de alguma de suas formas majoradas, como o parágrafo primeiro, essa infração passa a ser considerada de médio potencial ofensivo, com as consequências de um inquérito policial formal no caso.

4. Um olhar especial acerca do *stalking*, sob a ótica do mundo virtual

Concluída a tipologia e a classificação básica do tipo penal, cumpre-nos o convite para que possamos analisar as perspectivas do "*stalking*" no nosso mundo que, especialmente após a pandemia, foram exacerbadas as relações sociais pelo mundo virtual.

O acesso à informação de qualidade; ao ensino; ao compartilhamento de ideais; a globalização daí decorrente, trouxe também o "*dark side*" do uso das mídias sociais e da internet. A superexposição nas redes sociais envolve informações detalhadas dos seus hábitos de alimentação, vestuário, lazer, trabalho, grupos de amigos, chegando até mesmo ao compartilhamento diário e em tempo real do dia a dia. Esses dados são absorvidos por seguidores de "boa fé", os quais passam a ter a sensação de pertencimento de um mundo que muitas vezes é distante da sua realidade. Há, assim, um sentimento de admiração que não causa danos, mas, ao contrário, traz até mesmo frutos financeiros para o influenciador, pelos patrocínios que passa a receber.

Esse acompanhamento do seguidor das redes sociais, por vezes, é até mesmo denominado de "*stalking* de mídia social", contudo, a sua atitude não se enquadra no tipo penal, visto que não ameaça a integridade física ou psicológica do influenciador, nem mesmo lhe restringe a capacidade de locomoção, tampouco perturba a sua esfera de liberdade ou privacidade. Ainda que em algum momento possa emitir algum juízo de valor nos seus comentários, que possa divergir do entendimento do autor do perfil social, não há os elementos para que o Judiciário tenha que tutelar a sua liberdade individual.

É importante ressaltar que essas informações não necessariamente podem ter sido fornecidas pela própria vítima em suas redes sociais e, por vezes, decorrem até mesmo de vazamento de dados particulares.

Fabiano Menke e Rafael Scaroni Garcia[17] nos alertam que

> O crescimento exponencial da incidência de atividades de tratamento de dados, tanto por parte do Poder Público como da iniciativa privada, é traço característico da sociedade da informação contemporânea. Decorrência direta desse fenômeno é o aumento dos riscos a que são expostos os titulares de dados pessoais em virtude da atuação dos agentes de tratamento.

Contudo, essas informações também podem se prestar a alimentar sentimentos escusos de terceiros, os quais, munidos dos dados sobre os

[17] MENKE, Fabiano; GARCIA, Rafael Scaroni. Análise de risco sobre proteção de dados. *In*: CUEVA, Ricardo Vilas Bôas; FRAZÃO, Ana (coord.). **Compliance e Política de Proteção de Dados**. São Paulo: Thompson Reuters Brasil, 2021. p. 562 – 563.

hábitos da agora vítima, passam a persegui-la, afrontando a sua privacidade ou mesmo a sua liberdade.

Nesse caso estaremos diante do crime de *stalking*, que sendo perpetrado pela internet, poderá ser classificado como *cyberstalking*.

É interessante um estudo da lavra de Amandeep Dhir, Shalini Talwar, Puneet Kaur, Sunil Budhiraja e Najmul Islam, nominado de "The dark side of social media: *stalking*, online self-disclosure and problematic sleep"[18], que analisou os agentes com comportamentos obsessivos de *stalking*, concluindo pela afetação da sua higiene mental, o excesso de horas "on-line", com episódios de distúrbios de sono. Há, assim, a geração de um sistema *ouroboros* e o *stalkeador*, que, para continuar o ciclo de perseguição, prejudica-se, utilizando-se da sua saúde mental e física para obter tempo e objetos para prejudicar a sua vítima, em um ciclo compulsivo, que prejudica a todos os envolvidos.

Pesquisas, tais como a realizada pela APA – American Psychological Association[19], com o escopo de obter as considerações com as quais os profissionais pudessem bem conduzir avaliações de ameaças e riscos e informar o gerenciamento eficaz em casos de perseguição, são de suma importância para balizar não só a atuação do Magistrado, como também dos peritos e assistentes técnicos, para que possam, de modo eficaz, identificar a presença de iminente ameaça ou de aumento do risco para a vítima.

Do outro lado, temos a vítima que sofre toda a angústia, a ansiedade e o medo decorrente desse comportamento intrusivo e indesejado.

A ressignificação das relações humanas em face da hiperconectividade (lembrando Silva, Barbosa e Guimarães[20]) moldam padrões de comportamento e hábitos intrínsecos a essa nova realidade. Há, assim, uma sensação

[18] PAUL, Justin. The dark side of social media: *Stalking*, online self-disclosure and problematic sleep. **International Journal of Consumer Studies**,, v. 45, Issue 6, p. 1149-1442, nov. 2021. Disponível em: https://onlinelibrary.wiley.com/doi/10.1111/ijcs.12659. Acesso aos 06 nov. 2022.

[19] MCEWAN, T. E. *Stalking* threat and risk assessment. *In*: MELOY, J. R.; HOFFMANN, J. (Eds.). **International handbook of threat assessment**. p. 210-234. Oxford University Press, 2021.

[20] SILVA, Michael César; BARBOSA, Caio César do Nascimento; GUIMARÃES, Glayder Daywerth Pereira. Influenciadores digitais mirins e (over) *sharenting*: uma abordagem acerca da superexposição de crianças e adolescentes nas redes sociais. *In*: GODINHO, Adriano

equivocada de proximidade com a figura virtual, o que pode ser o *start* para a verdadeira caçada promovida pelo agente. A partir daí, nas palavras da advogada Gisele Truzzi[21], "o *stalker*, indivíduo que pratica esta perseguição, mostra-se onipresente na vida da sua vítima, dando demonstrações de que exerce controle sobre esta".

Nesse sentido, Alexandre Atheniense[22] nos alerta que "o conteúdo divulgado na rede atinge um enorme grau de exposição, com alcance global e alta velocidade de disseminação e alta possibilidade de formação de convencimento de um público alvo".

O *sharenting* (agravado pelo *oversharenting*), além de representar abuso de direito no exercício do poder parental, pode se transformar em combustível de informações relevantes para o agir do perseguidor. Daí o motivo pelo qual o legislador se preocupou em majorar a pena para a hipótese de que o crime seja cometido contra crianças e adolescentes (art. 147-A, § 1º, I do Código Penal).

Buscando realizar uma abordagem acerca do contexto tecnológico e informacional voltado às responsabilidades parentais e principalmente às ameaças a que estão submetidos crianças e adolescentes na rede, Ana Carla Harmatiuk Matos e Diego Fernandes Vieira[23] (analisando as normas específicas em complemento ao que denominaram de marco legal envolvendo

Marteleto *et al.* **Infância, adolescência e tecnologia**: o Estatuto da Criança e do Adolescente na sociedade da informação. Indaiatuba, SP: Editora Foco, 2022. p. 400

21 TRUZZI, Gisele. **"Cyberbullying, Cyber*stalking* e Redes Sociais**: Os reflexos da perseguição digital". São Paulo: JusPODIVM, 2022. p. 70

22 ATHENIENSE, Alexandre Rodrigues. O enfrentamento jurídico da reputação na mídia digital. *In*: BRANT, Cássio Augusto Barros (coord.). **Direito digital e sociedade 4.0**. Belo Horizonte: D' Plácido, 2020. p. 233

23 Os Autores alertam para o fato de que

Os pais precisam realmente fiscalizar a atividade dos filhos nas redes sociais, na *internet* e até mesmo no uso de aplicativos pelos *smartphones e/ou tablets*. Exercer sua autoridade visando a segurança, a proteção, o bom uso destas ferramentas. Até mesmo no sentido dos próprios pais tomarem uma postura mais diligente, como é o caso de compartilhamento de fotos e vídeos dos filhos em redes sociais – como por exemplo o *instagram, facebook, tiktok* entre outros. É preciso enfrentar a realidade e todas suas problemáticas, não com um objetivo utópico, mas a princípio com o intuito de quebrar com uma cultura de baixas práticas parentais ou até mesmo práticas parentais negativas".

MATOS, Ana Carla Harmatiuk; VIEIRA, Diego Fernandes. **Era digital e a autoridade parental 4.0:** os desafios da integração das tecnologias e do exercício da parentalidade. *In:*

a intersecção entre a tecnologia e o direito) chamaram a atenção para a imprescindibilidade de incrementar os cuidados com a segurança em rede.

A perseguição, a caçada, a repetição de condutas e a obsessão, por vezes, é implementada no ambiente virtual, razão pela qual cuidados são necessários, principalmente em decorrência da dificuldade de apuração e prevenção de crimes virtuais no atual estágio de desenvolvimento de nossos aparelhos estatais.

5. O tipo penal e as razões de condição de sexo feminino

Por uma simples pesquisa na internet[24], encontramos miríades de reportagens afirmando aquilo que é de sabedoria popular e que embasou o legislador a majorar a pena (art. 147-A, §1º, II, do Código Penal) para o crime de *stalking*: a maioria das vítimas são mulheres.

O estudo realizado por Flávia Piovesan[25] sobre a proteção dos direitos humanos das mulheres no sistema interamericano, já destacava a força catalisadora do sistema como mola propulsora de avanços no âmbito doméstico, quer no campo normativo, quer no campo das políticas públicas. A autora nos alerta sobre a imprescindibilidade de, sob a perspectiva de gênero, fortalecer a proteção dos direitos humanos das mulheres e o seu direito ao respeito e à dignidade.

Entendemos, assim, que a promulgação da lei vai de encontro à força invasiva do sistema interamericano, no que é pertinente à imposição de medidas preventivas e combate à impunidade[26].

CALAZA, Tales; TAVARES RAMONE, Viviane *(Coords)*. **Direito de família 5.0:** novas teses envolvendo direito e tecnologia, Uberlândia, Marco Teórico, 2022, pág. 269

[24] *Inter plures*, destacamos o informe do site "psdb-mulher", que noticiou em 05/11/2021 que em Brasília, a média dos casos registrados era de três por dia, sendo que 85% das vítimas eram mulheres. Disponível em: https://psdb-mulher.org.br/2021/11/05/mulheres-sao-as-principais-vitimas-de-*stalking*-criminalizado-ha-nove-meses/. Acesso em: 07 nov. 2022.

[25] PIOVESAN, Flávia. Proteção dos direitos humanos das mulheres no sistema interamericano. *In*: GOTTI, Alessandra; SOARES, Ines Virginia p. ; CUREAU, Sandra (org.). **Mulheres e Justiça**: os direitos fundamentais escritos por elas. Salvador: Editora JusPodivm, 2021, p. 59-76

[26] A despeito da inclusão da majoração do tipo penal, considerando até mesmo a proporção das vítimas femininas, cabe como luva o alerta de Helena Omena Lopes e Monica de Melo: "É inegável, historicamente, que a construção legal e conceitual dos direitos humanos se deu, inicialmente, com a exclusão da mulher. Embora os principais documentos internacionais de direitos humanos e praticamente todas as Constituições da era moderna proclamem a

É interessante a abordagem que se apresenta quando verificamos que o legislador fez questão de registrar que a majoração da pena decorre da "condição de sexo feminino, nos termos do §2º do art. 121 deste Código". O mencionado artigo 121 do Código Penal dispõe sobre o crime de homicídio e traz, no seu §2º, a explicação sobre os aspectos necessários para o enquadramento desse crime: as "razões de condição de sexo feminino", quando o crime envolver "I- violência doméstica e familiar; II – menosprezo ou discriminação à condição de mulher".

Cabe lembrar que o conceito de "violência doméstica e familiar" decorre do artigo 5º da Lei 11.340/06[27], qual seja: "qualquer ação ou omissão baseada no gênero que lhe cause morte, lesão, sofrimento físico, sexual ou psicológico e dano moral ou patrimonial".

No que é pertinente à condição de mulher, assim como se faz como pressuposto para o enquadramento na vítima de feminicídio, abre-se a discussão para a possibilidade de majoração do crime de *stalking* quando a vítima é pessoa transsexual. A discussão e a demonstração das duas orientações existentes, que nos foi apresentada por Rogério Sanches Cunha[28], para a hipótese de feminicídio, podem ser transportadas para o crime de *stalking*, quais sejam:

> Há, basicamente, duas orientações: a primeira, conservadora, entende que a transexual, geneticamente, não é mulher (apenas, em certos casos, passa a ter órgão genital de conformidade feminina) o que, portanto, impede a proteção especial; já para uma corrente mais moderna, desde que a pessoa

igualdade de todos, essa igualdade, infelizmente, continua sendo compreendida em seu aspecto formal e estamos ainda longe de alcançar a igualdade real, substancial entre mulheres e homens. A Convenção sobre a Eliminação de Todas as Formas de Discriminação contra a Mulher foi, dentre as Convenções da ONU, a que mais recebeu reservas por parte dos países que a ratificaram. E em virtude da grande pressão das entidades não governamentais, é que houve o reconhecimento de que os direitos da mulher também são direitos humanos, ficando consignado na Declaração e Programa de Ação de Viena (item 18) que: 'Os direitos humanos das mulheres e das meninas são inalienáveis e constituem parte integral e indivisível dos direitos humanos universais [...]". (LOPES, Helena Omena. MELO, Mônica de. **Série Estudo.** São Paulo: Procuradoria Geral do Estado de São Paulo, 1998. p. 373).

[27] BRASIL. **Lei 11.430**. 2006 Disponível em: https://www.planalto.gov.br/ccivil_03/_Ato2004-2006/2006/Lei/L11340.htm. Acesso em: 07 nov. 2022.

[28] CUNHA, Rogério Sanches. **Manual do direito penal**: parte especial (arts. 121 ao 361). 15. ed. São Paulo: JusPODIVM, 2022. p. 70

> transexual transmute suas características sexuais (por cirurgia de modo irreversível) deve ser encarada de acordo com sua nova realidade morfológica, eis que a jurisprudência admite, inclusive, a retificação do registro civil. A tendência é francamente favorável à admissão da transexual como vítima de feminicídio. O Tribunal de Justiça de Santa Catarina, por exemplo, julgando recurso em sentido estrito, confirmou sentença de pronúncia que havia admitido a qualificadora no homicídio de uma transexual [...]

A proteção é plena e necessária, para que se possa defender, proteger e prevenir danos físicos e psicológicos às mulheres, as quais já sofrem a tempo, vítimas majoritárias que são desse crime inescrupuloso.

Conclusões

Para além de simplesmente apresentar a tipologia e a classificação do crime de *stalking*, a discussão pretendeu destacar o reflexo do local (físico ou virtual) da sua prática, bem como enfatizar as suas maiores vítimas: as mulheres.

À despeito da sua recente inclusão no rol de crimes (libertada que foi da figura simples de mera contravenção penal), o *stalking* deve ter o seu estudo implementado, visto que, como norma aberta, dependerá deles para que as diversas atitudes de perseguição possam ser enquadradas no delito analisado.

As dificuldades decorrerão, igualmente, da ausência de estrutura por parte das autoridades policiais e mesmo do Judiciário, para que possam averiguar a materialidade, inibir e mesmo produzir provas hábeis para a obtenção da autoria em ambiente virtual. A velocidade das alterações no ambiente virtual, infelizmente, não corresponde à velocidade necessária para que haja um aparelhamento, capacitação e treinamento de policiais e do Judiciário como um todo[29].

[29] Admaldo Cesário dos Santos nos ensina que:
"Consoante a corrente defensora da modernização e expansão do direito penal – da qual fazem parte Schûnemann, Corcoy Bidasolo, Gracia Martín, Pérez del Valle, Barja de Quiroga, Martínez-Buján Pérez, dentre outros – o direito punitivo na era globalizante *necessita superar* os conceitos arcaicos defendidos pela *Ilustração*, em virtude de não mais responderem aos novos desafios da atual sociedade, principalmente no que tange à criminalidade moderna – econômica, empresarial, ambiental, informática, etc.".

Ficamos, contudo, no anseio de que as discussões sobre os elementos do *stalking* e disseminação de formas de proteção das vítimas, em ambiente físico ou virtual, se prestem para a redução desse mal e permitam uma melhor gestão do risco.

Referências

ARAS, Vladimir. **O crime de *stalking* do art. 147-A**. 2021. Disponível em: https://vladimiraras.blog/2021/04/01/o-crime-de-*stalking*-do-art-147-a-do-codigo-penal/. Acesso em: 06 nov 2021

ATHENIENSE, Alexandre Rodrigues. O enfrentamento jurídico da reputação na mídia digital. *In*: BRANT, Cássio Augusto Barros (coord.). **Direito digital e sociedade 4.0**. Belo Horizonte: D' Plácido, 2020.

BRASIL. **Decreto-Lei n. 3.688, de 03 de outubro de 1941.** Disponível em: http://www.planalto.gov.br/ccivil_03/decreto-lei/del3688.htm. Acesso em: 06 nov. 2022.

BRASIL. **Lei 11.430, de 07 de agosto de 2006**. Disponível em: https://www.planalto.gov.br/ccivil_03/_Ato2004-2006/2006/Lei/L11340.htm. Acesso em: 07 nov. 2022

BRASIL. Senado. **Justificação do Projeto de Lei 1.369** 2019 Disponível em: https://legis.senado.leg.br/sdleg-getter/documento?dm=7924938&ts=1630434162684&disposition=inline. Acesso em: 06 nov. 2022.

CASTRO, Ana Lara; SYDOW, Spencer. ***Stalking* e Cyber*stalking***: obsessão, internet, amedrontamento. Belo Horizonte: D' Plácido, 2017. p. 88 (*apud* AGUIAR, Cláudia Silva Britto; FONTAINHA, Gabriela Araújo. **O novo crime de Perseguição** – *Stalking*. Disponível em: https://www.migalhas.com.br/depeso/343381/o-novo-crime-de-perseguicao--*stalking*. Acesso aos 06 nov. 2022).

COSTA, Adriano Sousa. FONTES, Eduardo. HOFFMANN, Henrique ***Stalking*: o crime de perseguição ameaçadora**. 2021. Disponível em: https://www.conjur.com.br/2021-abr-06/academia-policia-*stalking*-crime-perseguicao-ameacadora. Acesso em: 06 nov. 2022

CUEVA, Ricardo Vilas Bôas; FRAZÃO, Ana (coord.). **Compliance e Política de Proteção de Dados**. São Paulo: Thompson Reuters Brasil, 2021. Disponível em: https://vladimiraras.blog/2021/04/01/o-crime-de-*stalking*-do-art-147-a-do-codigo-penal/. Acesso em: 06 nov. 2022.

CUNHA, Rogério Sanches. **Manual de direito penal**: parte geral (arts. 1º ao 120). 11. ed. São Paulo: JusPODIVM, 2022.

(SANTOS, Admaldo Cesário dos. **Pessoa – culpa – autopoiesis punitiva:** uma crítica ao conceito de personalidade sistêmico-funcional na retórica penal de exclusão – 1ª ed – São Paulo: Tirant lo Blanch, 2021, pág. 345)

CUNHA, Rogério Sanches. **Manual do direito penal**: parte especial (arts. 121 ao 361). 15. ed. São Paulo: JusPODIVM, 2022.

DICIONÁRIO ONLINE DE PORTUGUES, termo: *stalking*. Disponível em: https://www.dicio.com.br/perseguir/ . Acesso em 08 nov. 2022

FLORES, Carlos Pereira Hompson. **A tutela penal do *stalking***. Porto Alegre, RS: Elegantia Juris, 2014.

FREITAS, Gustavo Pereira. ***Stalking* uma nova forma de violência contra a mulher?** In: Dinâmicas de atuação do sistema de justiça criminal: Da ficção e realidade / Luanna Tomas de Souza, Lorena Santiago Fabeni, ... [et. al] – Rio de Janeiro: Lumen Juris, 2016.

GARCEZ, William. **Lei 14.132/21: a tipificação do crime de perseguição (*stalking*)**. 2021. Disponível em: https://meusitejuridico.editorajuspodivm.com.br/2021/04/28/lei-14-13221-tipificacao-crime-de-perseguicao-*stalking*/ – William garcez . Acesso em: 06 nov. 2022

GERBOVIC, Luciana. ***Stalking***. São Paulo: Editora Almedina Brasil, 2016.

GOTTI, Alessandra; SOARES, Inês Virginia p. ; CUREAU, Sandra (org.). **Mulheres e Justiça**: os Direitos fundamentais escritos por elas. Salvador, Editora JusPodivm, 2021.

GRECO, Rogério. **Novo crime: perseguição – art. 147-A do Código Penal**. 2021 Disponível em: https://www.rogeriogreco.com.br/post/nova-lei-de--persegui%C3%A7%C3%A3o. Acesso em: 06 nov. 2022.

LOPES, Helena Omena. MELO, Mônica de. **Série Estudo**. São Paulo: Procuradoria Geral do Estado de São Paulo, 1998.

MATOS, Ana Carla Harmatiuk; VIEIRA, Diego Fernandes. **Era digital e a autoridade parental 4.0:** os desafios da integração das tecnologias e do exercício da parentalidade. *In:* CALAZA, Tales; TAVARES RAMONE, Viviane *(Coords)*. **Direito de família 5.0:** novas teses envolvendo direito e tecnologia, Uberlândia, Marco Teórico, 2022, pág. 269

MCEWAN, T. E. *Stalking* threat and risk assessment. *In*: MELOY, J. R.; HOFFMANN, J. (Eds.). **International handbook of threat assessment**. p. 210-234. Oxford University Press, 2021.

MENKE, Fabiano; GARCIA, Rafael Scaroni. Análise de risco sobre proteção de dados. *In*: CUEVA, Ricardo Vilas Bôas; FRAZÃO, Ana (coord.). **Compliance e Política de Proteção de Dados**. São Paulo: Thompson Reuters Brasil, 2021. p. 562 – 563

MERRIAM-WEBSTER, **Dictionary.** Termo: *stalking*. Disponivel em: https://www.merriam-webster.com/legal/*stalking* . Acesso em 08 nov. 2022

MOURA, J. B. O. de. O *stalking* e a proteção do bem jurídico na violência de gênero feminino. **Revista da Defensoria Pública do Estado do Rio Grande do Sul**, Porto Alegre, n. 23, p. 180-232, 2019. Disponível em: https://revistadpers.emnuvens.com.br/defensoria/article/view/115. Acesso em: 6 nov. 2022

OLIVÉ, Juan Carlos Ferré. **Direito penal brasileiro: parte geral:** princípios fundamentais e sistema / Juan Carlos Ferré Olivé et. al – 2ª ed – São Paulo: Saraiva, 2017, pág. 256

PAUL, Justin. The dark side of social media: *Stalking*, online self-disclosure and problematic sleep. **International Journal of Consumer Studies**, v. 45, Issue 6, p. 1149-1442, nov. 2021. Disponível em: https://onlinelibrary.wiley.com/doi/10.1111/ijcs.12659. Acesso aos 06 nov. 2022.

PEREIRA, Jeferson Botelho. **O novíssimo crime de *stalking* no direito penal brasileiro:** proteção jurídica ou cabotinismo legislativo? 2021 Disponível em: https://jus.com.br/artigos/89581/o-novissimo-crime-de-*stalking*-no-direito-penal-brasileiro. Acesso em: 06 nov. 2022.

PIOVESAN, Flávia. Proteção dos direitos humanos das mulheres no sistema interamericano. *In*: GOTTI, Alessandra; SOARES, Ines Virginia p. ; CUREAU, Sandra (org.). **Mulheres e Justiça**: os direitos fundamentais escritos por elas. Salvador: Editora JusPodivm, 2021, p. 59-76

SANTOS, Admaldo Cesário dos. **Pessoa – culpa – autopoiesis punitiva:** uma crítica ao conceito de personalidade sistêmico-funcional na retórica penal de exclusão – 1ª ed – São Paulo: Tirant lo Blanch, 2021

SILVA, Eduardo. **Carta da produção.** Disponível em: http://www.*stalking*ofilme.com.br/carta-da-producao.html. Acesso em: 08 nov. 2022

SILVA, Michael César; BARBOSA, Caio César do Nascimento; GUIMARÃES, Glayder Daywerth Pereira. Influenciadores digitais mirins e (over) *sharenting:* uma abordagem acerca da superexposição de crianças e adolescentes nas redes sociais. *In*: GODINHO, Adriano Marteleto *et al.* **Infância, adolescência e tecnologia**: o Estatuto da Criança e do Adolescente na sociedade da informação. Indaiatuba, SP: Editora Foco, 2022. p. 400

SOUZA, Luanna Tomas de; FABENI, Lorena Santiago. **Dinâmicas de atuação do sistema de justiça criminal**: da ficção e realidade. Rio de Janeiro: Lumen Juris, 2016.

TRUZZI, Gisele. **"Cyberbullying, Cyber*stalking* e Redes Sociais**: Os reflexos da perseguição digital". São Paulo: JusPODIVM, 2022.

15. O "SANGUE QUENTE DOS LATINOS" E A REFRAÇÃO DA INTERPRETAÇÃO JURÍDICA DO CRIME DE *STALKING* NA AMÉRICA LATINA

LIVIA TRENTINI

Introdução

> "De noite eu rondo a cidade
> A lhe procurar, sem encontrar
> No meio de olhares espio
> Em todos os bares
> Você, não está..."[1]

A música Ronda, composta por Paulo Vanzolini em 1945, e regravada por mais de trinta intérpretes ao longo de todos esses anos, demonstra que a canção não é somente um retrato da boemia paulistana, mas também um retrato da sociedade brasileira, que durante décadas cantou o *stalking* como forma de aplacar a dor de uma relação dissolvida, mas não tão bem resolvida. O exemplo é facilmente estendido ao conjunto de canções que integra as expressões musicais populares latino-americanas.

[1] RONDA. In: ENCICLOPÉDIA Itaú Cultural de Arte e Cultura Brasileira. São Paulo: Itaú Cultural, 2022. Disponível em: http://enciclopedia.itaucultural.org.br/obra69126/ronda. Acesso em: 29 de setembro de 2022. Verbete da Enciclopédia. ISBN: 978-85-7979-060-7

A expressão "sangue quente" usada para qualificar o modo de amar latino-americano, é retratada de maneira recorrente nas diversas formas de expressão cultural desse povo. Belas obras de arte, que dão vazão a uma dor real e profunda: a da dissolução de uma relação amorosa.

Entretanto, o fim de uma relação pode ser doloroso para quem a canta, mas pode ser também para aquele a quem a canção é direcionada, longe de ser uma homenagem, a obra demonstra a ausência de controle das próprias emoções de quem a recita a plenos pulmões: hoje essa canção é um retrato fiel do tema a ser tratado neste artigo: o crime de perseguição ou *stalking*.

Em conexão com a evolução do tema em nível mundial, o presente artigo busca analisar as lacunas existentes no entendimento jurídico sobre o que vem a ser a lei de *stalking* segundo os países da América Latina.

Apesar da lei ter seu nome derivado de uma palavra da língua anglo-saxônica, *stalking*[2], o crime deriva do crime de assédio, onde a prática da perseguição intrusiva e perturbadora da vida privada da vítima, com o objetivo de lhe manipular através do medo e/ou sofrimento, leva a mesma à uma situação de exposição à um possível dano psicológico, tamanho seria o desconforto de ter suas ações monitoradas e acompanhadas pelo dependente emocional-abusador, de maneira reiterada e constante.

Independentemente do gênero, no caso do crime de *stalker*, a conduta do agente perseguidor viola de forma reiterada, direitos constitucionais das vítimas, como direito à liberdade, à privacidade, à saúde e até mesmo o direito à vida, em casos mais extremos [3]. Não há como negar, que a

[2] Devido à sua complexidade, o fenômeno do *stalking* aparece imediatamente e sob todas as perspectivas (popular, jurídica e científica) de difícil definição. O termo, como conhecido, fora cunhado no contexto dos países falantes da língua anglo-saxônica e emprestados do verbo "to stalk", perseguir, usado especificamente em referência à caça e traduzível como "fazer o post, perseguir a presa"; faz referência a uma série de comportamentos de perseguição, perseguição de vários tipos de assédio caracterizados por sua repetitividade quase obsessiva, de modo a gerar naqueles que os sofrem o sentimento de perseguição contra si mesmos. Independentemente da perspectiva em que é examinada, que determina diferentes nuances, o fenômeno permanece o mesmo em sua essência, ou seja, um conjunto de comportamentos de vigilância intrusivos, repetidos e indesejados e controle, a busca por contato e comunicação que são infligidos por um indivíduo (perseguidor) em outro (vítima) e que gerem medo (GHIRARDELLI, 2011, p. 21).

[3] SIQUEIRA, Maria Lohana. *Stalking*: Um estudo conceitual sobre a perseguição obsessiva e seus reflexos jurídicos no Direito brasileiro. 2021. Dissertação (Pós-graduação Stricto Sensu em Direito) – Universidade Católica de Brasília, Brasília, DF, 2021, p. 11.

inovação legislativa, protege principalmente às mulheres, gênero mais ofendido pela prática[4].

Historicamente, a temática do *stalking* ganhou holofotes apenas no final da década de 80. No entanto, o fenômeno coexiste à Grécia Antiga e suas tragédias, e do Direito Romano, sendo presente em várias obras literárias, como as de Shakespeare ou as de Dante Alighieri. Nessa época, algumas condutas presentes nestas sociedades eram aceitas e vistas como romantismo, hoje caberia perfeitamente no denominado crime de *stalking*.

Um marco importante para o início da discussão, foi a morte da atriz norte-americana Rebecca Schaeffer, em 1989, no Estado americano da Califórnia, assassinada à porta de casa por um fã, após ter sido perseguida por quase três anos. Ainda em 1989, na Califórnia, outras quatro mulheres foram assassinadas pelos seus ex-maridos/ex-namorados, mesmo tendo elas, anteriormente, se reportado à polícia, por sofrerem perseguições, assédio e ameaças por parte dos abusadores.

Mediante tantos acontecimentos, grupos feministas da década de 1990, chamaram a atenção para o fato de que o *stalking* não ocorria somente com famosos, mas também atingia mulheres comuns, vítimas também daqueles que amavam de maneira disfuncional, sendo esses na maioria

[4] Segundo WONDRAK & HOFFMANN: "As mulheres-quatro para um- são as principais vítimas dos *stalkers*. Os homens são os principais perpetradores do *stalking*, respondendo por 94% dos *stalkers* identificados por vítimas femininas e 60% dos *stalkers* identificados por vítimas masculinas. Nos Estados Unidos, 8% das mulheres e 2% dos homens foram perseguidos em algum momento de suas vidas. Com base nas estimativas da população do censo nos Estados Unidos, isso significa que 9,4 milhões de mulheres e 2.3 milhões de homens foram perseguidos. A maioria das vítimas conhece seu perseguidor. Apenas 23% das vítimas de perseguição feminina foram perseguidas por estranhos e 36% das vítimas masculinas foram perseguidas por estranhos. As mulheres tendem a ser perseguidas por parceiros íntimos (definidos como cônjuges atuais ou anteriores, coabitantes, namorados ou namoradas). No geral, 59% das vítimas do sexo feminino foram perseguidas por parceiros íntimos, enquanto 30% das vítimas do sexo masculino foram perseguidas por um parceiro íntimo. Quase um quinto das vítimas mudam para novos locais para escapar de seus perseguidores. Cerca de dois terços de todos os casos de perseguição duram um ano ou menos, cerca de um quarto dos casos dura de dois a cinco anos, e cerca de um décimo dura mais de cinco anos."
WONDRAK, Isabel. HOFFMANN, Jens. **Scientific American Mind**, Vol. 18, No. 2 (April/May 2007), pp. 76-81. Published by: Scientific American, a Division of Nature America, Inc. Disponível em: https://www.jstor.org/stable/10.2307/24939610

das vezes seus próprios parceiros[5]. Com grande visibilidade midiática, esses casos influenciaram a criação da primeira lei anti-*stalking* no Estado da Califórnia em 1990 e até o ano de 1993 todos os outros Estados norte-americanos criminalizaram essa conduta, seguido pelo Reino Unido em 1997, alcançando assim a Europa[6], que viria por sua vez influenciar a discussão jurídica em países latino-americanos.

Objetivamente, este trabalho procura responder a questão-problema de como a ausência de uma normatividade estatal culturalmente orientada ocasiona um processo de aprofundamento da vulnerabilidade social na América Latina. Nossa hipótese compreende que relações disfuncionais geradoras do fenômeno da perseguição obsessiva, é marcada por características muito específicas, que por sua vez são produtoras de reflexos jurídicos em todo mundo. Contudo, essa falta de percepção jurídica por parte de alguns Estados, levam as vítimas a sofrerem pressões sociais e psicológicas decorrentes deste processo, ou da ausência dele. Assim, a formulação de uma estrutura jurídica eficaz para a proteção deste grupo se faz necessário.

Por fim, para responder como as sociedades abordam essa mesma questão sociojurídica, realizaremos uma pesquisa pautada na metodologia funcionalista[7], dentro da perspectiva do Direito Comparado, centrada essencialmente na pesquisa bibliográfica[8].

Além disso, é importante acrescentar que o presente artigo se apresenta como uma primeira leitura, sem a pretensão de exaurir o tema.

[5] EMERSON, Robert M. FERRIS, Kerry O. GARDNER, Carol Brooks. Social Problems, Vol. 45, No. 3. Oxford University Press on behalf of the Society for the Study of Social Problems. Ago. 1998, p. 295. Disponível em: https://www.jstor.org/stable/3097188 . Acesso em: 09 ago. 2022.

[6] DAVID, Marisa Nunes Ferreira. A Neo Criminalização do *Stalking*. 2017. Dissertação (Mestrado em Medicina Legal e Ciências Forenses) – Universidade de Coimbra, Coimbra, Portugal, 2017. Disponível em: https://eg.uc.pt/bitstream/10316/81913/1/A%20 Neocriminaliza%C3%A7%C3%A3o%20do% 20*Stalking*.pdf. Acesso em: 08 ago. 2022.

[7] ZWEIGERT, Konrad. KOTZ, Hein. Introducción al Derecho Comparado. Oxford University Press. México, 2002.

[8] CHAMPEIL-DESPLATS, Véronique. Méthodologies du Droit et des Sciences du Droit. Paris: Dalloz, 2014.

1. A lei de *stalking* como derivação do crime de violência doméstica na américa latina

A região da América Latina e do Caribe é possivelmente a que mais avançou na criação de marcos normativos nacionais para abordar a violência contra as mulheres[9]. Normas de proteção contra diversas formas de violência voltadas não só ao ambiente doméstico, mas também ao contexto das relações sociais, visam atuar como remédios legais.

Países como Argentina, Bolívia, Colômbia, El Salvador, Guatemala, México, Nicarágua, Panamá, Peru e Venezuela sancionaram leis de segunda geração, incorporando a definição de outras formas de violência, tais como a violência institucional, trabalhista, obstétrica, midiática, contra os direitos reprodutivos, assédio sexual, violência patrimonial e simbólica[10].

No entanto, curiosamente, todos esses marcos supracitados, criados pelos países latino-americanos em defesa de suas mulheres não dão conta da ramificação e diversidade presentes na tratativa da esfera penal do crime de perseguição, quando o sujeito passivo se trata de qualquer pessoa: seja ela um homem ou uma mulher.

Mesmo nos crimes específicos de violência contra a mulher, a diversidade de manifestações de violência, acaba na maioria dos tribunais latino-americanos, sendo colocados na mesma "caixa" da violência doméstica. Isso não seria um problema, se esses crimes cometidos em razão de gênero, desse conta de também abarcar as especificidades do crime de perseguição, o que obviamente não acontece. Assim, a direção normativa não se apresenta condizente com o caso em tela.

[9] O Mecanismo de Seguimento da Convenção de Belém do Pará (MESECVI), que avalia periodicamente o cumprimento pelos Estados das obrigações da Convenção, dá conta dos avanços em termos legislativos. Ver "Segundo Informe Hemisférico sobre la Implementación de la Convención de Belém do Pará," Organización de los Estados Americanos (OEA) y Mecanismo de Seguimiento de la Convención de Belém do Pará (MESECVI), abril 2012, acesso em 29 nov. 2016, http://www.oas.org/es/mesecvi/docs/MESECVISegundoInformeHemisferico-ES.pdf.

[10] El Enfrentamiento de la Violencia contra las Mujeres en América Latina y el Caribe (LC/G.2626)," Comisión Económica para América Latina y el Caribe (CEPAL), 2014, acesso em 29 nov. 2016, https://goo.gl/H1tfRu.

O crime de perseguição, aqui tratado, é visto pelos tribunais latino-americanos como um prenúncio de violência, não observando assim os danos sociais e psicológicos imputados à vítima[11].

Estendendo um pouco o olhar, na Guiana, a lei de violência doméstica se aplica a mulheres no contexto de um relacionamento doméstico. Embora a lei utilize a palavra "assédio", as diretrizes subsequentes para os operadores do país incluem a perseguição como um tipo de violência doméstica. A lei permite ainda imposição de uma ordem de proteção para evitar comportamentos de *stalking*[12].

Já o vizinho continental, Suriname[13] , em novembro de 2011 na Conferência Regional sobre Mulheres da América Latina relatou um projeto de Lei de *Stalking*, que haveria sido enviado ao Parlamento para promulgação, projeto de lei este também relacionado à violência doméstica. Mas o "avanço" parou por aí.

Nos textos legais chilenos podemos encontrar Emanuele Corn, que fala do agravamento da pena que o Código Penal argentino impõe a quem mata uma mulher quando se trata de violência de gênero, e adverte que "devemos pensar no que no sistema norte-americano chamou *stalking*, ou seja, uma série de atos de perseguição que numa primeira fase não se materializam em violência física, podendo consistir em formas de violência psicológica, como, por exemplo, um grande número de telefonemas indesejados ou noturnos, e que só em certos casos evoluem posteriormente para a violência física, mesmo nas suas consequências mais graves"[14].

No entanto, a corte chilena, no processo nº 7724 –2018 do Tribunal de Garantia de Valdivia, incorreu em um raciocínio simplista e impreciso dos atos invocados como atentados aos direitos fundamentais. A Corte reduz os fatos alegados pelo apelante como *stalking* unicamente aos fatos

[11] MULLEN, Paul E. PATHÉ, Michele. PURCELL, Rosemary. Evaluating and managing risk in the *stalking* situation. In: *Stalkers* and Their Victims – Second Edition. Cambridge University Press, 2009, p. 226.

[12] http://www.*stalking*riskprofile.com/what-is-*stalking*/*stalking*-legislation/international-legislation

[13] http://www.*stalking*riskprofile.com/what-is-*stalking*/*stalking*-legislation/international-legislation

[14] CORN, Emanuele. "A revolução tímida. O tipo de feminicídio introduzido no Chile pela Lei nº 20.480 em perspectiva comparada", Revista de Direito Universidad Católica del Norte, Ano 21, Nº 2: 2014, p. 103-136.

constitutivos do crime de injúria que lesem a honra, desconsiderando completamente os atos de perseguição e a segunda petição relativa a ordenar a cessação de tais atos. Ou seja, o tribunal reduziu o crime de *stalking* a atos de insulto[15].

No caso de Honduras[16], a perseguição só é considerada crime se o perseguidor for uma figura de autoridade. Caso contrário, as ações de perseguição são qualificadas como "violência doméstica", considerada mero aborrecimento da esfera civil, ou "violência intrafamiliar", caso em que o agressor ficará detido por algumas horas e uma ordem de proteção/restrição poderá ser emitida.

Historicamente o Brasil percorreu caminhos semelhantes: a partir de 2006 casos de perseguição passaram a estarem sob a égide da Lei Federal 11.340/2006, conhecida como Lei Maria da Penha. Cabe observar que em ambos os países o crime de perseguição começa a ser sentenciado à sombra da violência doméstica, entretanto, apesar de estudos revelarem que de 60 a 80% dos casos, os agentes são íntimos anteriores de suas vítimas[17], esse olhar reduz a perspectiva de sujeitos ativos do crime, já que um vizinho, um empregador ou até mesmo um estranho são possíveis agentes do crime de perseguição.

Outro problema, é que o plano legislativo não consegue avançar na criação de normas, já que os mecanismos de coleta de dados por parte do Estado são ineficientes e não dão conta da diversidade e da dimensão do fenômeno que envolve as manifestações de violência doméstica. Assim, são parcas as respostas do Estado. Ou seja, não atingem, ou atingem de forma muito genérica os crimes perseguição, não passando assim de promessas normativas.

O caso específico do crime de *stalking*, que não é exclusividade do gênero feminino, apresenta ainda uma discrepância na sua interpretação jurídica pela maior parte dos Estados Latino-Americanos: apesar do

[15] REY, Edmund Javier Borel. La Falta de Regulación del *Stalking* en Chile: El Rol Protector de las Cortes de Apelaciones. Rev. chil. derecho vol.47 no.1 Santiago abr. 2020. http://dx.doi.org/10.4067/S0718-34372020000100305

[16] Domestic Violence. U.S. Embassy in Honduras. Disponível em: https://hn.usembassy.gov/wp-content/uploads/sites/109/2015/06/domestic_violence_acs.pdf. Acesso em: 10 ago 2022.

[17] MULLEN, Paul E. PATHÉ, Michele. Crime and Justice, Vol. 29 – 2002. The University of Chicago Press, p. 288. Disponível em: https://www.jstor.org/stable/1147710 . Acesso em: 10/08/2022.

número de mulheres violentadas ser maior que o dos homens, um homem também pode ser passível de sofrer a agressão. Entretanto, grande parte dos países latino-americanos tratam o crime de perseguição como sendo um componente do crime de violência doméstica, que teve sua intenção basilar constituída à luz das necessidades do gênero feminino. Ou seja, a leitura jurídica atual se mostra insuficiente para assegurar o bem-jurídico tutelado.

Para que essa leitura jurídica possa ser realizada de maneira consistente, é preciso aperfeiçoar as fontes de informação, geradoras de um retrato social e ferramenta importante para o exercício jurisdicional pleno. O Estado não pode se esconder atrás de tarefas legiferantes que mascaram a tratativa, mas que não alcançam efetivamente seu próprio povo. Faz-se necessário um exercício interinstitucional e interjurisdicional, no caso específico do crime de *stalking*, aperfeiçoando assim suas fontes de informação, visando por fim o estabelecimento de políticas públicas apropriadas[18].

2. Como os países latino-americanos (estado e sociedade) reconhecem o crime de *stalking*

Antes do advento da lei 14.132/21, o tema *stalker* era pouco falado no Brasil. E situação semelhante ocorre nos países da América Latina. O site australiano www.*stalking*riskprofile.com, criado e mantido por estudiosos psicólogos e psiquiatras australianos, referência, e com larga experiência no assunto, quanto ao tratamento de *stalkers* e vítimas de *stalking*, detém uma seção com abordagens internacionais sobre o assunto. Infelizmente não existe qualquer menção de casos ocorridos na América Latina. Apenas uma tímida menção à respeito da parca "evolução" legal do Suriname e da Guiana.

Intriga a lacuna apresentada pelo continente latino-americano, se confrontarmos a ausência latina de dados até mesmo jurisprudenciais latinos com os dados europeus fornecidos pela European Union Agency for Fundamental Rights , em que "somente" 20 % dos casos de violência

[18] GHERARDI, Natalia. Violência Contra Mulheres na América Latina. Sur – Revista Internacional de Direitos Humanos 24 – v.13 n.24, p. 132 Disponível em: https://sur.conectas.org/wp-content/uploads/2017/02/12-sur-24-por-natalia-gherardi.pdf. Acesso em: 11 ago.2022

de gênero na Europa não são objetos de denúncia por parte das vítimas[19]. Decorre, portanto, desse apagamento, a premissa de que por questões culturais e sociais, o fato é pouco falado, discutido, analisado em países latinos.

Contudo, é sabido que "no direito penal nada se inventa, ou se inova. São os crimes que criaram as leis que os definem e não o inverso"[20]. O Direito emerge da sociedade e não o contrário. Mas as mulheres latinas se calam: inúmeras vezes as vítimas não denunciam os agressores, seja por falta de conhecimento da gravidade da ação do opressor, medo de represálias e exposição, ou ainda a crença de que o agressor já faz parte de uma relação passada[21]. Entretanto, se as denúncias são fundamentais para a construção de um direito baseado nas necessidades de cada povo.

Outro fator relevante é que elementos típicos do crime de *stalking* são confundidos como demonstrações públicas de romantismo[22], assim o stalkeador por vezes tem como cúmplice os próprios amigos e parentes da vítima, e por eles é considerado apaixonado. A insistência do abusador virou um jogo social, em que a mulher, segundo a sociedade, precisa se valorizar, se fazendo "de díficil". A própria vítima se sente valorizada entre seu meio social quando há alguém "disputando seu amor". Assim, esse jogo caótico de conquista é estimulado, e a linha tênue do crime é apagada nas convenções sociais. Quem incriminaria aquele que o ama? Essa postura social confere à América Latina, à não reconhecer seus casos de

[19] FRA – EUROPEAN UNION FOR FUNDAMENTAL RIGHTS, Violence against women: an EU-wide Survey. Main results, Publication office of the European Union, Viena. 2014, p. 61.

[20] RIBEIRO, Artur Guimarães. "Quadro normativo penal e processual penal do *stalking*: medidas de coação e punição, tutela da vítima", texto disponível na Coleção Ações de Formação do CEJ, com o título "*Stalking*, Abordagem penal e Multidisciplinar". Disponível em: http://www.cej.mj.pt/cej/reursos/ebooks/*Stalking*/*Stalking*.pdf

[21] FERRER, Victoria Pérez. BOSCH, Esperanza Fiol. "Barreras que dificultan la denuncia de la violencia de género: reflexiones a propósito de los resultados de la macroencuesta", en Mujeres e investigación. Aportaciones interdisciplinares. VI Congresso Universitario Internacional Investigación y Género, Universidad de Sevilla. 2016, p. 267.
CALA, María Jesús Carrilo. GARCIA, María Jiménez. "Las experiencias de mujeres que sufren violencia en la pareja y su tratamiento por el sistema judicial: ¿Qué esperan y qué encuentran?", Anales de la Cátedra Francisco Suárez, vol. 48. 2014, p. 94.

[22] MATOS, Marlene. GRANGEIA, Helena. FERREIRA, Célia. AZEVEDO, Vanessa. *Stalking*: Boas práticas no apoio à vítima. Manual para profissionais. Violência de Género. Lisboa: Comissão para a Cidadania e Igualdade de Género, 2011.

stalking, o que confere ao continente pouca matéria jurisprudencial acerca do tema[23].

Toda essa dificuldade leva os pesquisadores a tentarem compreender o arcabouço do crime de *stalking*, separando-o de demonstrações de afeto[24]. Contudo, essas separações e percepções são bastante subjetivas, variando não só de pessoa para pessoa, relação para relação, e cultura para cultura.[25]'

Soma-se a essa situação, o fato de que as vítimas quando oferecem denúncia desejam tão somente por fim as investidas do abusador. Contudo, as soluções apresentadas pelo sistema penal brasileiro, que sancionou a lei de *stalking* no ano de 2021, por exemplo, que poderiam servir de espelho para o continente ao qual o país faz parte, são falhas e desproporcionais, não oferecendo nenhuma garantia efetiva da cessação da lesão[26].

Assim, o cenário apresentado pela América Latina no que tange ao reconhecimento do crime de perseguição, é de difícil definição, já que a própria sociedade não reconhece o crime como forma de violência relacional, o que torna a temática mais sensível de ser validada socialmente, já que valores socioculturais acabam por influenciar negativamente a legitimação e o enquadramento do comportamento de conduta como uma ofensa.

Os países latino-americanos caminham a passos lentos para a inserção do crime de *stalking* em suas bases legais. Mais avançado na tratativa, o Brasil, que anteriormente punia as demandas jurídicas decorrentes de perseguição como crime de ameaça, agora por meio da lei 14.132/21 trata o tema dentro da sua necessária especificidade.

[23] BOEN, Mariana Tordin. LOPES, Fernanda Luzia. Vitimização por *Stalking*. Estudos Feministas, Vol. 27, No. 2 (2019), p. 10. Instituto de Estudos de Gênero da Universidade Federal de Santa Catarina. Disponível em: https://www.jstor.org/stable/10.2307/26748029. Acesso em: 12 ago.2022

[24] SINCLAIR, H. Colleen; FRIEZE, Irene Hanson. Initial Courtship Behavior and *Stalking*: How Do We
Draw the Line? Violence and Victim, v. 15, n. 1, p. 23-40, fev. 2000.

[25] SPITZBERG, Brian; CUPACH, William. The State of the Art of *Stalking*: Taking Stock of the Emerging Literature. Aggression and Violent Behavior, v. 12, n. 1, p. 64-86, 2007.

[26] BLAY, Ester Gil. "Voy o no voy: el recurso a la policía en el caso de la violencia de género. Perspectivas de las víctimas", Estudios Penales y Criminológicos, vol. XXXIII. 2013, p. 392

3. Lei de *stalking* no Brasil

Inicialmente, dentro do Direito, devemos entender por "*stalking*" um curso de condutas intrusivas e persistentes, prolongadas indeterminadamente no tempo, que podem ser compreendidas como atos persecutórios não queridos e perturbadores por parte da vítima."[27].

Com isso, procurou-se extrair da experiência europeia o elemento necessário para conseguir coordenar a realidade brasileira, país pioneiro na América Latina a sancionar uma lei específica para a tratativa e também uma solução legal que se encaixasse aos ditames em matéria penal[28] trazendo por meio de decisões jurisprudenciais, o aporte necessário para o acoplamento jurídico da norma, aos vieses sociais e culturais brasileiros.

Historicamente após o final da segunda guerra mundial, o Brasil passou por um longo tempo sob um regime ditatorial, e com a promulgação da Constituição Federal de 5 de outubro 1988 e à luz da redemocratização, teve expressa em sua carta magna a dignidade da pessoa humana como um dos fundamentos da República, Art. 1º, III. Não tratando a Constituição Federal Brasileira somente da valorização da vida humana, mas da valorização da vida humana digna[29].

Sancionada pelo presidente brasileiro no início do ano de 2021, a lei 14.132/21, também conhecida como lei de *stalking*, representa um avanço. Contudo, a lei, lacunosa, não ampara a vítima e nem resguarda sua privacidade de maneira efetiva. Por outro lado, a situação em toda América Latina é ainda pior: nos poucos países em que a tratativa foi considerada, ela ainda é tratada apenas como um escopo da violência doméstica.

[27] THOMPSON FLORES, Carlos Pereira. *Stalking* e Tutela Penal: Soluções de Lege Lata e de Lege Ferenda no Ordenamento Jurídico Brasileiro. Porto Alegre, 2016. Disponível em: https://tede2.pucrs.br/tede2/bitstream/tede/7204/2/DIS_CARLOS_PEREIRA_THOMPSON_FLORES_PARCIAL.pdf. Acesso em: 11 ago 2022.

[28] THOMPSON FLORES, Carlos Pereira. *Stalking* e Tutela Penal: Soluções de Lege Lata e de Lege Ferenda no Ordenamento Jurídico Brasileiro. Porto Alegre, 2016. Disponível em: https://tede2.pucrs.br/tede2/bitstream/tede/7204/2/DIS_CARLOS_PEREIRA_THOMPSON_FLORES_PARCIAL.pdf. Acesso em: 11 ago 2022.

[29] AMIKY, Luciana Gerbovic. *Stalking*. 2014. Dissertação (Mestrado em Direito) – Pontifícia Universidade Católica de São Paulo, São Paulo, 2014. Disponível em: https://tede.pucsp.br/bitstream/handle/6555/1/Luciana%20Gerbovic%20Amiky.pdf. Acesso em: 8 ago. 2022.

Em decorrência de um movimento iniciado nos Estados Unidos e posteriormente na Europa, a criminalização da conduta de *stalking*, ou crime de perseguição, o Art. 147- A, incluído no Código Penal Brasileiro através da lei 14.132/21, sancionada pelo então presidente da república Jair Messias Bolsonaro prevê pena de reclusão, de 6 (seis) meses a 2 (dois) anos, e multa, para o agente que

> Art. 147 – A. Perseguir alguém, reiteradamente e por qualquer meio, ameaçando-lhe a integridade física ou psicológica, restringindo-lhe a capacidade de locomoção ou, de qualquer forma, invadindo ou perturbando sua esfera de liberdade ou privacidade.

Assim, a nova lei brasileira recebeu a lesão do objeto jurídico liberdade individual e tranquilidade pessoal em um nomen iuris próprio, necessário, diante a especificidade da conduta, que antes era enquadrada formalmente pelos juristas ou como crime de ameaça, art.147, do Código Penal Brasileiro, ou contravenção penal de perturbação de tranquilidade, art. 65, do decreto-lei 3.688/41, revogada pela lei 14.132/21[30].

Conforme as considerações do Superior Tribunal de Justiça (STJ) quanto ao julgamento do Habeas Corpus no 359050 [31], nas decisões anteriores à nova lei:

> HABEAS CORPUS. CRIME DE AMEAÇA. VIOLÊNCIA DOMÉSTICA. PERSEGUIÇÃO À VÍTIMA DURANTE RELACIONAMENTO AMOROSO E APÓS SEU TÉRMINO. DOSIMETRIA DA PENA. EXASPERAÇÃO DA PENA BASE. ARTIGO 59 DO CÓDIGO PENAL. PERSONALIDADE DO AGENTE. DESNECESSIDADE DE ELABORAÇÃO DE ESTUDO

[30] PACHECO, Vítor Pereira. O crime de perseguição: Breves críticas sobre o *stalking* no Direito brasileiro. Disponível em: https://www.migalhas.com.br/depeso/342950/o-crime-de-perseguicao . Abr. 2021.

[31] BRASIL. Superior Tribunal de Justiça (6. Turma). Habeas Corpus no 359050/SC. Habeas corpus. Crime de ameaça. Violência doméstica. Perseguição à vítima durante relacionamento amoroso e após seu término. Dosimetria da pena. Exasperação da pena base. Artigo 59 do código penal. Personalidade do agente. Desnecessidade de elaboração de estudo técnico. *Stalking*. Perseguição. Comportamento opressor. Sensação de intranquilidade. Ausência de ilegalidade ou teratologia. Relator: Min. Antônio Saldanha Palheiro, 30 de março de 2017. Disponível em: https://scon.stj.jus.br/SCON/GetInteiroTeorDoAcordao?num_registro=201601525844&dt_publicacao=20/04/2017. Acesso em: 08 ago. 2022.

TÉCNICO. *STALKING*. PERSEGUIÇÃO. COMPORTAMENTO OPRESSOR. SENSAÇÃO DE INTRANQUILIDADE. AUSÊNCIA DE ILEGALIDADE OU TERATOLOGIA.

[...]. 2. No caso concreto, o Tribunal a quo registrou que "merece acolhimento o pedido de valoração negativa da 'personalidade do agente', pois o contexto probatório releva que o comportamento do réu é desvirtuado, já que, além de ameaçar a vítima, (...) costumava persegui-la e vigiá-la reiteradamente, tanto durante o relacionamento, como após o término, deixando-a psicologicamente abalada quando percebia sua presença". 3. A exasperação da pena-base deu-se de forma fundamentada. 4. A personalidade do agente não encontra enquadramento em um conceito jurídico, em uma atividade de subsunção. Contrariamente, tal análise exige uma percepção sistêmica, Luhmaniana, inclinada à Psicologia, à Psiquiatria e à Antropologia, devendo ser entendida como um complexo de características individuais que ditam o comportamento do autor do delito. 5. No entanto, a conclusão perpassa pelo sentir do magistrado, que tem contato com a prova, com o sentenciado, sendo absolutamente dispensável a realização de qualquer estudo técnico. A jurisprudência desta Corte é pacífica nesse mesmo sentido, tendo em vista que há nos autos vários outros elementos suficientes para denotar a maior ou menor periculosidade do agente. Precedentes. 6. As condutas do paciente, consistentes em incessante perseguição e vigília; de busca por contatos pessoais; de direcionamento de palavras depreciativas e opressivas; de limitação do direito de ir e vir; de atitudes ameaçadoras e causadoras dos mais diversos constrangimentos à vítima, aptos a causarem intensa sensação de insegurança e intranquilidade, representam o que é conhecido na psicologia como *stalking*, o que confirma a instabilidade dos traços emocionais e comportamentais do paciente, aptos a justificar a elevação basal inexistindo teratologia ou ilegalidade a ser reparada. 7. Habeas corpus denegado.

Conforme precedente do TRT da 18ª Região[32]:

ASSÉDIO MORAL. *STALKING*. No assédio moral, na modalidade *stalking*, o assediador (*stalker*), dentre outras condutas, invade a privacidade da

[32] MARTINEZ, Luciano. JÚNIOR, Pedro Lino de Carvalho. O Crime de Perseguição (*Stalking*) e os Efeitos da Sentença Criminal na Jurisdição Trabalhista. Rev. do Trib. Reg. Trab. 10ª Região, Brasília, v. 25, n. 2, 2021, p. 30. Disponível em: file:///C:/Users/Convidado/Downloads/486-Texto%20do%20artigo-1060-1-10-20211206.pdf. Acesso em: 09 ago.2022.

vítima de forma reiterada, causa danos à integridade psicológica e emocional do sujeito passivo, lesa a sua reputação, altera do seu modo de vida e causa restrição à sua liberdade de locomoção. No caso em tela, demonstrado que o *stalker*, vigiava os passos, controlava os horários e tirava fotos da reclamante quando acompanhada de outros homens, para dizer que estava traindo seu marido, faz jus à indenização por danos morais em razão do assédio moral sofrido, sendo o empregador responsável de forma objetiva, consoante art. 932, III do CC/02. (TRT18, ROT – 0010055- 78.2019.5.18.0014, Rel. SILENE

De acordo com o Egrégio TRT da 14ª Região:[33]

> ASSÉDIO MORAL. PRÁTICA DE CONDUTAS, QUE DEGRADAM O AMBIENTE DE TRABALHO, TORNANDO-O INSUPORTÁVEL. ISOLAMENTO. PERSEGUIÇÃO. INDENIZAÇÃO CABÍVEL. O assédio moral nas relações de trabalho caracteriza-se pelas condutas abusivas e repetidas, materializadas em gestos, que extrapolam o poder diretivo e expõe o empregado a situações incômodas de forma a provocar constrangimento, ao ponto de lhe atingir diretamente a autoestima, com efeitos que refletem em sua saúde física e psíquica, levando-o ao isolamento total, frente ao ambiente laboral degradável e insuportável, atraindo a indenização por dano moral, porque ultrapassa o âmbito profissional, uma vez que minam a saúde física e mental da vítima, corroendo a sua autoestima. (TRT14. RO 0000195-90.2016.5.14.0007. 2ª Turma. Rel. Des. CARLOS AUGUSTO GOMES LÔBO. Julgado em 30/06/2016). BRASIL, 2016).

Os julgados acima, referentes à esfera trabalhista brasileira não foram escolhidos de maneira aleatória. Eles deixam claro que o crime de perseguição vai além da esfera domiciliar, não devendo assim ser tratado única e exclusivamente como violência doméstica, ou ainda um desdobramento da Lei Maria da Penha, como anteriormente era denominado no Brasil, e ainda é em alguns países vizinhos da América Latina.

[33] MARTINEZ, Luciano. JUNIOR, Pedro Lino de Carvalho. O Crime de Perseguição (*Stalking*) e os Efeitos da Sentença Criminal na Jurisdição Trabalhista. Rev. do Trib. Reg. Trab. 10ª Região, Brasília, v. 25, n. 2, 2021, p. 30. Disponível em: file:///C:/Users/Convidado/Downloads/486-Texto%20do%20artigo-1060-1-10-20211206.pdf. Acesso em: 09 ago.2022.

Assim, a lei brasileira 14.132/21, se fazia necessária socialmente antes mesmo de sua existência. Entretanto, o elemento nuclear da ação criminosa, prescrito na letra da lei e lá presente, no Art.147-A, sob a roupagem do verbo "perseguir" traz apesar de seu caráter intimidatório, um nível de lesividade da conduta abstrato, subjetivo e difícil de aferir. Como medir o caráter perturbador de uma lesão, ainda que essa seja obviamente perturbadora? Porque lesões de diferentes tipos, praticadas por diferentes agentes, pertencentes a regiões geográficas diferentes dentro de um mesmo país, causam diferentes danos em intensidade e extensão sociais e psicológicas.

Atualmente, no crime de perseguição, em caso de não majoração de pena, a competência do julgamento no Brasil é do Juizado Especial Criminal. Tal atribuição decorre da necessidade de perpetrar iniciativas que permitam tratar tais crimes de maneira mais eficiente, visando além de reduzir os custos de operação para o Estado, uma maior e mais efetiva agilidade na resposta criminal[34], uma vez que a instância requer processos mais simples, menos onerosos, menos burocráticos, mais proporcionais e menos estigmatizantes[35].

Assim, temos o contorno da lei, mas a sua aplicabilidade não é bem definida. E como em uma pintura abstrata, essa pode ser passível de diversas interpretações, conforme o agente interpretador (ou julgador, se assim preferir). Entretanto, as próprias especificidades de cada pleito jurídico já abrirão um imenso fosso entre a realidade, a disparidade da conduta do agente e a legalidade em seu sentido stricto.

Conclusões

O crime de *Stalking* ou perseguição, é um crime de difícil valoração sociológica, e por sua vez um fenômeno jurídico de complexa abordagem.

[34] HARDING, Christopher. DINGWALL, Gavin. Diversion in the Criminal Process, Sweet & Maxwell, Mytholmroyd. 1998, p. 15.
FIONDA, Julia. Public prosecutors and discretion: a comparative study, Clarendon, Oxford.1995, p. 21.
ASHWORTH, Andrew. REDMAYNE, Mike. The Criminal process, 4a ed., Oxford University Press, Oxford. 2010, p. 164.

[35] PAISAL, Marc Salat. Sanciones aplicables a manifestaciones contemporáneas de violencia de género de escasa gravedad: el caso de *stalking*. Revista Para El Análisis Del Derecho. Universitat de Lleida. Jan. 2018, p. 16. www.indret.com

Por vezes, situações embaraçosas de um término de relacionamento podem facilmente serem confundidas com o *stalking*, ou ainda o *stalking* ser confundido como ato de romantismo[36] .

De acordo com Marisa Nunes Ferreira David, na dissertação intitulada "A Neo Criminalização do *Stalking*", é possível enxergarmos que a norma não conseguiu oferecer garantias às vítimas no que tange à extinção das condutas persecutórias do agente[37]. Chegando a autora a denominar a lei como "moldura penal abstrata" da situação fática conferida.

Confirmamos assim, ao estudar diversos ordenamentos jurídicos, que é um crime cuja definição não é unânime. A complexidade atribuída ao *stalking* justifica-se pela "multiplicidade de fenômenos possíveis, de condutas perpetradas e de meios utilizados pelo sujeito ativo da perseguição"[38].

Desta forma, impõe-se uma rigorosa dicotomia: a América Latina oscila entre o silêncio acerca da necessidade da tratativa legal do tema *Stalking*, e da inefetividade da lei brasileira, que não oferece segurança e nem garantias à vítima.

Portanto, é imperioso observar a necessidade de uma aproximação da psicologia/ psiquiatria juntamente à área jurídica, pois a perseguição e obsessão do agressor é bastante danosa psicologicamente para a vítima, já que ela credível ou não, irá procurar repetidamente sinais de seu perseguidor, desencadeando uma reação compulsiva, em que a própria vítima também se torna seu perseguidor[39], pois acredita que o agressor estará presente a cada esquina. Melhor dizendo, tanto agressor quanto

[36] EMERSON, Robert M. FERRIS, Kerry O. GARDNER, Carol Brooks. Social Problems, Vol. 45, No. 3. Oxford University Press on behalf of the Society for the Study of Social Problems. Ago. 1998, p. 311. Disponível em: https://www.jstor.org/stable/3097188 . Acesso em: 09 ago. 2022.

[37] DAVID, Marisa Nunes Ferreria. A Neocriminalização do *Stalking*. 2017. Dissertação (Mestrado em Medicina Legal e Ciências Forenses) – Universidade de Coimbra, Coimbra, Portugal, 2017. Disponível em: https://eg.uc.pt/bitstream/10316/81913/1/A%20 Neocriminaliza%C3%A7%C3%A3o%20do%
20*Stalking*.pdf. Acesso em: 08 ago. 2022.

[38] GOMES, Filipa Isabel Gromicho, "O novo crime de Perseguição: considerações sobre a necessidade de intervenção penal no âmbito do *Stalking*". Coimbra, 2016, p. 21.

[39] PULDA, Molly. Victim/ Victor: *Stalking* The Subject of Online Life Writing. Biography, Vol. 38, No. 2, Online Lives 2.0. Spring 2015, pp. 192 .University of Hawai'i Press on behalf of Center for Biographical Research. Disponível em: https://www.jstor.org/stable/24570352 . Acesso em: 11 ago.2022

vítima carecem de acompanhamento durante o processo a fim de que sejam resguardadas suas integridades já tão devastadas.

A cooperação e o gerenciamento da relação entre profissionais de saúde no sistema de justiça criminal deve se preocupar em avaliar o risco mediante a avaliação da motivação e probabilidade de ato danoso à vítima[40]. O processo penal reduzido unicamente à esfera jurídica é frio, impessoal, e ainda não garante que a acusação do agressor o manterá à distância, já que em muitos casos, o agressor ao observar a vítima apavorada, redobra suas investidas, pois para ele sua ação tem conseguido o que ele almeja: estar presente ainda que de forma incômoda na vida da vítima.

É sabido que a aprovação de normas penais pelo Estado, não são garantia de uma vida plena de direitos a seus cidadãos. As violências presentes na sociedade não se esgotam mediante a sanção de uma nova lei. Contudo, se faz importante a sua aprovação para que a própria sociedade reflita a respeito de suas próprias mazelas de maneira mais ampla, trazendo consciência para a própria sociedade, dos atos por ela praticados. Assim, a publicação de uma lei não é garantia de um movimento de consciência social de retorno imediato. Para isso se faz necessário que as normas sejam imbuídas de uma força produtora de efeitos imediatos para aqueles que sofrem antes mesmo da feitura da lei e antes mesmo que esse nível de maturidade e mudança de comportamentos seja adotada pela sociedade.

Por fim, se faz necessário que o judiciário se una à outras áreas de atuação, e se muna de informação para que a feitura das leis sejam mais objetivas e específicas às necessidades da população, e com relação a necessidade da efetividade da aplicação das leis já existentes, como é o caso da Lei do *Stalking* no Brasil, se faz implantação de políticas públicas, para que o instrumento normativo não seja apenas palavras frias em um papel.

Referências

AMIKY, Luciana Gerbovic. *Stalking*. 2014. Dissertação (Mestrado em Direito) – Pontifícia Universidade Católica de São Paulo, São Paulo, 2014. Disponível em: https://tede.pucsp.br/bitstream/handle/6555/1/Luciana%20Gerbovic%20Amiky.pdf. Acesso em: 8 ago. 2022.

40 NADKARNI, Rajesh. GRUBIN, Don. Why Do People Do It? The Behaviour Is Newsworthy But Complex. BMJ: British Medical Journal, Vol. 320, No. 7248. jun. 3, 2000, pp. 1486-1487. Disponível em: https://www.jstor.org/stable/25224683 . Acesso em: 10 ago 2022.

ASHWORTH, Andrew. REDMAYNE, Mike. The Criminal process, 4a ed., Oxford University Press, Oxford. 2010.

BOEN, Mariana Tordin. LOPES, Fernanda Luzia. Vitimização por *Stalking*. Estudos Feministas, Vol. 27, No. 2 (2019), p. 1-13. Instituto de Estudos de Gênero da Universidade Federal de Santa Catarina. Disponível em: https://www.jstor.org/stable/10.2307/26748029. Acesso em: 12 ago.2022

BLAY, Ester Gil. "Voy o no voy: el recurso a la policía en el caso de la violencia de género. Perspectivas de las víctimas", Estudios Penales y Criminológicos, vol. XXXIII. 2013.

BRASIL. Superior Tribunal de Justiça (6. Turma). Habeas Corpus no 359050/SC. Habeas corpus. Crime de ameaça. Violência doméstica. Perseguição à vítima durante relacionamento amoroso e após seu término. Dosimetria da pena. Exasperação da pena base. Artigo 59 do código penal. Personalidade do agente. Desnecessidade de elaboração de estudo técnico. *Stalking*. Perseguição. Comportamento opressor. Sensação de intranquilidade. Ausência de ilegalidade ou teratologia. Relator: Min. Antônio Saldanha Palheiro, 30 de março de 2017. Disponível em: https://scon.stj.jus.br/SCON/GetInteiroTeorDoAcordao?num_registro=201601525844&dt_publicacao=20/04/2017. Acesso em: 08 ago. 2022.

CALA, María Jesús Carrilo. GARCIA, María Jiménez. "Las experiencias de mujeres que sufren violencia en la pareja y su tratamiento por el sistema judicial: ¿Qué esperan y qué encuentran?", Anales de la Cátedra Francisco Suárez, vol. 48. 2014.

CHAMPEIL-DEPLATS, Véronique. Méthodologies du Droit et des Sciences du Droit. Paris: Dalloz, 2014.

CORN, Emanuele. "A revolução tímida. O tipo de feminicídio introduzido no Chile pela Lei nº 20.480 em perspectiva comparada", Revista de Direito Universidad Católica del Norte, Ano 21, Nº 2: 2014, p. 103-136.

DAVID, Marisa Nunes Ferreira. A Neocriminalização do *Stalking*. 2017. Dissertação (Mestrado em Medicina Legal e Ciências Forenses) – Universidade de Coimbra, Coimbra, Portugal, 2017. Disponível em: https://eg.uc.pt/bitstream/10316/81913/1/A%20Neocriminaliza%C3%A7%C3%A3o%20do%20*Stalking*.pdf. Acesso em: 08 ago. 2022.

EMERSON, Robert M. FERRIS, Kerry O. GARDNER, Carol Brooks. Social Problems, Vol. 45, No. 3. Oxford University Press on behalf of the Society for the Study of Social Problems. Ago. 1998. p. 289-314. Disponível em: https://www.jstor.org/stable/3097188 . Acesso em: 09 ago. 2022.

FERRER, Victoria Pérez. BOSCH, Esperanza Fiol. "Barreras que dificultan la denuncia de la violencia de género: reflexiones a propósito de los resultados de la macroencuesta", en Mujeres e investigación. Aportaciones interdisciplinares. VI Congreso Universitario Internacional Investigación y Género, Universidad de Sevilla. 2016.

FIONDA, Julia. Public prosecutors and discretion: a comparative study, Clarendon, Oxford.1995.

FLORES, Carlos Pereira Thompson. *Stalking* e Tutela Penal: Soluções de Lege Lata e De Lege Ferenda no Ordenamento Jurídico Brasileiro. Dissertação (Mestrado em Ciências Criminais) – Faculdade de Direito, Pontifícia Universidade Católica do Rio Grande do Sul. Porto Alegre, p. 109. 2016.

FRA – EUROPEAN UNION FOR FUNDAMENTAL RIGHTS (2014), Violence against women: an EU-wide Survey. Main results, Publication office of the European Union, Viena.

GARCEZ, William. Lei 14.132/21: A tipificação do crime de perseguição (*stalking*). Disponível em : https://meusitejuridico.editorajuspodivm.com.br/2021/04/28/lei-14-13221-tipificacao-crime-de-perseguicao-*stalking*/. 28 abr.2021.

GHERARDI, Natalia. Violência Contra Mulheres na América Latina. Sur – Revista Internacional de Direitos Humanos 24 – v.13 n.24 • 129 – 136. Disponível em: https://sur.conectas.org/wp-content/uploads/2017/02/12-sur-24-por-natalia-gherardi.pdf . Acesso em: 11 ago.2022

GHIRARDELLI, Paola. Lo *stalking*: line guida per la prevenziona e la tutela. Milão: Lampi di Stampa, 2011.

GOMES, Filipa Isabel Gromicho, "O novo crime de Perseguição: considerações sobre a necessidade de intervenção penal no âmbito do *Stalking*". Coimbra, 2016, p. 21.

HARDING, Christopher. DINGWALL, Gavin. Diversion in the Criminal Process, Sweet & Maxwell, Mytholmroyd. 1998.

MATOS, Marlene. GRANGEIA, Helena. FERREIRA, Célia. AZEVEDO, Vanessa. *Stalking*: Boas práticas no apoio à vítima. Manual para profissionais. Violência de Género. Lisboa: Comissão para a Cidadania e Igualdade de Género, 2011.

MARTINEZ, Luciano. JUNIOR, Pedro Lino de Carvalho. O Crime de Perseguição (*Stalking*) e os Efeitos da Sentença Criminal na Jurisdição Trabalhista. Rev. do Trib. Reg. Trab. 10ª Região, Brasília, v. 25, n. 2, 2021, p. 30. Disponível em: file:///C:/Users/Convidado/Downloads/486-Texto%20do%20artigo-1060-1-10-20211206.pdf . Acesso em: 09 ago.2022.

MENDONÇA, Rita Inês Lopes. O Crime de Perseguição – *Stalking*. Faculdade de Direito da Universidade de Coimbra. Out 2021. https://eg.uc.pt/bitstream/10316/98831/1/O%20Crime%20de%20Persegui%C3%A7%C3%A3o.pdf.pdf

MULLEN, Paul E. PATHÉ, Michele. Crime and Justice, Vol. 29 – 2002. The University of Chicago Press, p. 273-318. Disponível em: https://www.jstor.org/stable/1147710 . Acesso em: 10/08/2022.

MULLEN, Paul E. PATHÉ, Michele. PURCELL, Rosemary. Evaluating and managing risk in the *stalking* situation. In: *Stalker*s and Their Victims – Second Edition. Cambridge University Press, 2009, p. 226- 250.

NADKARNI, Rajesh. GRUBIN, Don. Why Do People Do It? The Behaviour Is Newsworthy But Complex. BMJ: British Medical Journal, Vol. 320, No. 7248. Jun. 3, 2000, pp. 1486-1487. Disponível em: https://www.jstor.org/stable/25224683. Acesso em: 10 ago 2022.

PACHECO, Vítor Pereira. O crime de perseguição: Breves críticas sobre o *stalking* no Direito brasileiro. Disponível em: https://www.migalhas.com.br/depeso/342950/o-crime-de-perseguicao . Abr. 2021.

PAISAL, Marc Salat. Sanciones aplicables a manifestaciones contemporáneas de violencia de género de escasa gravedad: el caso de *stalking*. Revista Para El Análisis Del Derecho. Universitat de Lleida. Jan. 2018. www.indret.com

PULDA, Molly. Victim/ Victor: *Stalking* The Subject of Online Life Writing. Biography, Vol. 38, No. 2, ONLINE LIVES 2.0 (spring 2015), pp. 181-204. University of Hawai'i Press on behalf of Center for Biographical Research. Disponível em: https://www.jstor.org/stable/24570352 . Acesso em: 11 ago.2022

REY, Edmund Javier Borel. LA FALTA DE REGULACIÓN DEL *STALKING* EN CHILE: EL ROL PROTECTOR DE LAS CORTES DE APELACIONES. Rev. chil. derecho vol.47 no.1 Santiago abr. 2020. http://dx.doi.org/10.4067/S0718-34372020000100305

RIBEIRO, Artur Guimarães. "Quadro normativo penal e processual penal do *stalking*: medidas de coação e punição, tutela da vítima", texto disponível na Coleção Ações de Formação do CEJ, com o título "*Stalking*, Abordagem penal e Multidisciplinar". Disponível em: http://www.cej.mj.pt/cej/reursos/ebooks/*Stalking*/*Stalking*.pdf

RONDA. In: ENCICLOPÉDIA Itaú Cultural de Arte e Cultura Brasileira. São Paulo: Itaú Cultural, 2022. Disponível em: http://enciclopedia.itaucultural.org.br/obra69126/ronda. Acesso em: 29 de setembro de 2022. Verbete da Enciclopédia. ISBN: 978-85-7979-060-7

SINCLAIR, H. Colleen; FRIEZE, Irene Hanson. "Initial Courtship Behavior and *Stalking* : How Do We Draw the Line? " Violence and Victim, v. 15, n. 1, p. 23-40, fev. 2000.

SIQUEIRA, Maria Lohana. *Stalking*: Um estudo conceitual sobre a perseguição obsessiva e seus reflexos jurídicos no Direito Brasileiro. 2021. Dissertação (Pós-Graduação Stricto Sensu em Direito) – Universidade Católica de Brasília, Brasília, DF, 2021.

SPITZBERG, Brian; CUPACH, William. The State of the Art of *Stalking*: Taking Stock of the Emerging Literature. Aggression and Violent Behavior, v. 12, n. 1, p. 64-86, 2007.

THOMPSON FLORES, Carlos Pereira. *Stalking* e Tutela Penal: Soluções de Lege Lata e de Lege Ferenda no Ordenamento Jurídico Brasileiro. Porto Alegre, 2016. Disponível em: https://tede2.pucrs.br/tede2/bitstream/tede/7204/2/DIS_CARLOS_PEREIRA_THOMPSON_FLORES_PARCIAL.pdf . Acesso em: 11 ago 2022.

ZWEIGERT, Konrad. KOTZ, Hein. **Introducción al Derecho Comparado. Oxford University Press. México, 2002.**

WONDRAK, Isabel. HOFFMANN, Jens. Scientific American Mind, Vol.18, No.2 (April/May 2007), pp. 76-81. Published by: Scientific American, a division of Nature America, Inc. Disponível em: https://www.jstor.org/stable/10.2307/24939610

16. O *STALKING* NAS RELAÇÕES FAMILIARES: UMA ANÁLISE JURISPRUDENCIAL DO CRIME CIBERNÉTICO

Letícia Crispim Mello
Guilherme Roman Borges

Introdução

No dia 1º de abril de 2021, passou a vigorar no território brasileiro a Lei nº 14.132, de 31 de março de 2021, tendo com objetivo de consagrar maior proteção à liberdade individual, com isso, tipificou o crime de *Stalking*, o que alterou o Código Penal, incluindo o art. 147-A.

O vocábulo *Stalking* tem suas origens na Língua Inglesa (verbo *to stalk*) e, refere-se ao ato de perseguição de forma constante e obsessiva, sendo repetitiva, adentrando à vida pessoal da vítima. Desta forma, a conduta de "perseguir alguém, reiteradamente e por qualquer meio, ameaçando-lhe a integridade física ou psicológica, restringindo-lhe a capacidade de locomoção ou, de qualquer forma, invadindo ou perturbando sua esfera de liberdade ou privacidade", está descrita no Código Penal, art. 147-A.

A partir do exposto, entende-se que a prática de perseguição é um delito que se consolida por meio de violência física ou psicológica, atentando-se contra a liberdade da vítima, em muitos casos observa-se a restrição da capacidade de sua locomoção. Durante muito tempo, as perseguições só orbitavam o mundo dos famosos, pois não se entendia que as perseguições realizadas por pessoas comuns eram algo sério.

Após alguns estudos, observou-se a necessidade de um revisionismo no sistema jurídico, para melhor adequação do Código Penal. Com a elevação de queixas e judicializações de atos, que atentavam contra a integridade física e psicológica das vítimas por meio de perseguições reiteradas, percebeu-se a importância de tais atos na sociedade contemporânea.

A perseguição pode ocorrer por meios eletrônicos, digitais ou no mundo físico/real. De acordo com a teoria a ser abordada no presente trabalho, a maioria dos casos acontecem contra mulheres e são desenrolados por seus parceiros ou ex-parceiros em contexto familiar.

Considerou-se, para melhor desenvolvimento da pesquisa, que no âmbito familiar abarca os atos praticados no tocante à violência doméstica ou familiar, os quais são relacionados a dispositivos previstos na Lei Maria da Penha. Nesses casos, o agressor possui uma relação íntima de afeto, familiar ou uma relação doméstica com a vítima.

Diante do exposto, o presente trabalho tem como objetivo compreender como se constitui o crime de *Stalking* no Brasil, no âmbito das relações familiares. Para melhor desenvolvimento da pesquisa, delimitaram-se objetivos específicos: conceituar e contextualizar o que seria o *Stalking* e sua categorização como crime cibernético; analisar o desenvolvimento do crime de *Stalking*, dentro das relações familiares; identificar como a jurisprudência vem enquadrando as condutas como crime de *Stalking*.

Como metodologia de pesquisa, utilizou-se da análise qualitativa interpretativa, a qual baseia-se em estudos e pesquisas realizadas anteriormente, para a construção de um pensamento crítico sobre o tema proposto. Iniciou-se, por uma revisão teórica e bibliográfica sobre o tema *Stalking*, adentrando à seara de outros ramos científicos, como a linguística, a história e a sociologia.

Posteriormente, a partir de uma pesquisa empírica nos acervos digitais dos Tribunais brasileiros, escolheram-se jurisprudências que permitiram a interpretação do crime de *Stalking* na realidade concreta.

Desta forma, a presente Monografia está dividida em três tópicos principais, e somente o primeiro tópico se subdivide em mais três: retratando a origem, conceito, formas, meios e aplicações jurídicas referente ao crime de *Stalking*. Já no segundo tópico foi retratado como o referido crime ocorre nas relações familiares, e por fim, realizada uma análise jurisprudencial do entendimento dos Tribunais Superiores Brasileiros.

1. Compreendendo o *stalking* e sua categorização como crime cibernético

1.1. Da origem do crime e suas formas

O ato de perseguir uma pessoa chegou ao conhecimento das autoridades pela primeira vez em 1933, na Dinamarca. Entretanto, a primeira incriminação sobre esse tema ocorreu na Califórnia em 1990, no Código Penal. Consequentemente, com o decorrer do tempo foi replicado pelo Código Penal americano e alguns Estados, sobretudo também os países europeus.

Tal criminalização iniciou-se nos Estados Unidos sobre as condutas persecutórias, após uma atriz ser morta por um fã. Por mais que seja um ato de perseguição, o crime de *Stalking* não é uma ação praticada somente entre fãs e seus ídolos, ao contrário, trata-se de uma ação que adentra as relações íntimas de afeto[1].

O Brasil não tinha o crime previsto em seu ordenamento jurídico; Todavia, não é impedimento para a ocorrência do crime, nos casos anteriores a Lei retratada, aplicava-se o art. 65 da Lei de Contravenções Penais[2], eram feitos malabarismos jurídicos para tentar enquadrar em algum tipo penal já existente, vez que o país demorou a tipificar esse crime.

Devido à tipificação desse crime realizada através da Lei n. 14.132, de 31 de março de 2021[3], a qual alterou o Código Penal e entrou em vigor na data de sua publicação. Foi revogado o artigo 65 da Lei de Contravenções Penais, o que de certa forma, foi um erro jurídico, com relação aos casos que não se encaixem no crime de *Stalking*, o qual possui alguns requisitos para sua configuração. De forma breve, é necessária uma conduta que haja reiteração, mas, ainda há casos em que não há essa habitualidade.

[1] GOMES, Filipa Isabel Gromicho. **O novo crime de perseguição: considerações sobre a necessidade de intervenção penal no âmbito do *stalking*.** Dissertação de Mestrado (Especialização em Ciências Jurídico-Criminais) – Faculdade de Direito da Universidade de Coimbra. Coimbra, fls. 116, 2016. Disponível em: <https://estudogeral.sib.uc.pt/bitstream/10316/41675/1/TESE%20FILIPA%20ISABEL%20GOMES%20FDUC.pdf>. Acesso em: 15 set. 2022

[2] BRASIL, Decreto-Lei Nº 3.688, de 3 de outubro de 1941 – **Lei das Contravenções Penais**, 1941

[3] BRASIL, Lei nº 14.132, de 31 de março de 2021 – alteração do Código penal e revogação do artigo 65 da Lei das Contravenções Penais, 2021

Dessa forma, a contravenção penal prevista transformou-se em um fato atípico.[4]

De acordo com Costa, Fontes e Hoffman[5], a palavra *Stalking* é de origem inglesa, derivada do verbo *Stalk,* que é utilizada para denominar a prática de caça ou perseguir incessantemente. Destarte, para a realidade brasileira seria a ideia de perseguir algo ou alguém de forma predatória e de maneira constante.

No tocante as formas, de acordo com o entendimento do doutrinador Cleber Masson, são qualificadas como: **Afetivo,** o qual é derivado de amores ou desamores, entre o agente e a vítima, seja de um relacionamento íntimo ou familiar; **Funcional,** também conhecido como profissional, é relacionado a profissão da vítima, abrangendo também os estudos; e **Idolatria,** que é a obsessão de fãs por celebridades em geral, seja qual for.[6]

Por fim, para a conceituação do crime, compreende-se como uma violência que se inicia, quando determinado sujeito passa a observar, vigiar e invadir a vida privada de outra pessoa, utilizando-se então, de meios que tenham objetivo de restringir a liberdade; Podendo atacar a privacidade e sua integridade, tendo como resultado um dano, que pode ser temporário ou permanente à integridade psicológica e emocional.

1.2. Do *stalking* como crime cibernético

Em relação à internet, o *Stalking* configura um crime cibernético, pois através dos meios virtuais, a perseguição também ocorre e, muitas vezes não existe um conhecimento do *stalker* (aquele que persegue). No entendimento de Castro e Sydow[7], o *stalker* – que é íntimo da vítima – se torna mais perigoso, por ser uma pessoa que conhece com mais precisão a rotina, os amigos, os lugares que frequenta e suas preferências.

[4] MASSON, Cleber. **Direito Penal.** 13. ed. Rio de Janeiro: Forense; São Paulo: MÉTODO, 2019, vol. 1: parte geral (arts. 1º a 120), p. 270.

[5] COSTA, Adriano Sousa; FONTES, Eduardo; HOFFMAN, Henrique. ***Stalking*: o crime de perseguição ameaçadora**. Publicado em: 6 abr. 2021. Revista Conjur. Disponível em: << https://www.conjur.com.br/2021-abr-06/academia-policia-*stalking*-crime-perseguicao--ameacadora>>. Acesso em: 15 set. 2022

[6] MASSON, Cleber. Direito Penal. 13. ed. Rio de Janeiro: Forense; São Paulo: MÉTODO, 2019, vol. 1: parte geral (arts. 1º a 120), p. 271.

[7] CASTRO, Ana Lara; SYDOW, Spencer. ***Stalking* e Cyber*stalking***: obsessão, internet, amedrontamento. Belo Horizonte: D' Plácido, 2017

No Brasil, a Lei de *Stalking* é resultante do Projeto de Lei nº 1.369/2019, com autoria da senadora Leila Barros (Partido PSB-DF). O texto foi aprovado em 9 de março, como substitutivo da Câmara dos Deputados e teve relatoria do senador Rodrigo Cunha (Partido PSDB-AL). De acordo com a autora do projeto, com o advento das tecnologias e sua utilização em massa pela sociedade brasileira, como as redes sociais, novos crimes começaram a surgir. Logo, tornou-se necessário que o Código Penal e outras normas pátrias fossem aperfeiçoados, para acompanhar o processo evolutivo da sociedade e sua cultura.

Na realidade virtual, a legislação precisou trazer segurança aos cidadãos, que foram ou possam ser atingidos por crimes que muitas das vezes, ocorrem por meios digitais, afetando assim, a realidade concreta[8]. Para a senadora:

> É um mal que deve ser combatido antes que a perseguição se transforme em algo ainda pior. Fico muito feliz em poder contribuir com a segurança e o bem-estar da sociedade. Com a nova legislação poderemos agora mensurar com precisão os casos que existem no Brasil e que os criminosos não fiquem impunes como estava ocorrendo[9].

A prática de *Stalking*, antes da Lei n. 14.132, era enquadrada somente como contravenção penal[10], sendo equiparada ao crime de perturbação da tranquilidade alheia, passível de prisão de 15 dias a 2 anos e multa. Contudo, em 31 de março de 2021, foi sancionada a Lei referida que

[8] SIMÕES, Kristiam Gomes. **O novo crime de *Stalking* e algumas de suas implicações.** Ministério Público. Mato Grosso do Sul. Publicado em: 26 abr. 2021. Disponível em: <https://www.mpms.mp.br/noticias/2021/04/o-novo-crime-de-*stalking*-e-algumas-de-suas-implicacoes>. Acesso em: 15 set. 2022

[9] AGÊNCIA SENADO. **Lei que criminaliza *Stalking* é sancionada.** Publicada em: 5 abr. 2021. Disponível em: << https://www12.senado.leg.br/noticias/materias/2021/04/05/lei-que-criminaliza-*stalking*-e-sancionada>>. Acesso em: 13 set. 2022

[10] São infrações penais consideradas menos graves. São exemplos desse tipo de infração penal a prática do jogo do bicho, a direção perigosa de veículo, perturbação do sossego. As penas nesses casos são mais leves, podendo ser de prisão simples, pelo período de no máximo cinco anos, e multa. Essas infrações estão elencadas na Lei das Contravenções Penais (Decreto-Lei 3.688/1941). Disponível em: << https://comunicacao.mppr.mp.br/2021/03/23480/Crime-e-Contravencao-Penal.html>>. Acesso em: 13 set. 2022

tipificou o crime de perseguição, prática que é comumente conhecida como *Stalking*. Ademais, alterou o Código Penal, *in verbis*:

> Art. 1º Esta Lei acrescenta o art. 147-A ao Decreto-Lei nº 2.848, de 7 de dezembro de 1940 (Código Penal), para prever o crime de perseguição.
>
> Art. 2º O Decreto-Lei nº 2.848, de 7 de dezembro de 1940 (Código Penal), passa a vigorar acrescido do seguinte art. 147-A: "Perseguição **Art. 147-A. Perseguir alguém, reiteradamente e por qualquer meio, ameaçando-lhe a integridade física ou psicológica, restringindo-lhe a capacidade de locomoção ou, de qualquer forma, invadindo ou perturbando sua esfera de liberdade ou privacidade.**Pena – reclusão, de 6 (seis) meses a 2 (dois) anos, e multa[11]. (grifos nossos)

Ao observar o artigo supracitado, recai a atenção sobre a conceituação que o legislador se atentou em trazer no texto da norma. Entende-se por *Stalking*, a perseguição constante e permanente; utilizando-se de qualquer meio como a internet (*Cyberstalking*); tendo como finalidade, ameaçar a integridade física e/ou psicológica de um indivíduo, assim impossibilitando-o de ter sua plena liberdade e privacidade[12].

Não obstante, consoante ao entendimento de Costa, Fontes e Hoffman[13], com a sociedade cada vez mais informatizada, o crime de *Stalking* passou a ser praticado através da Internet. O qual possui a denominação de *Cyberstalking*, que se trata do ato de perseguir, utilizando-se da Internet para acessar as redes sociais, *e-mails*, *blogs*, etc.

1.3. Da caracterização e conceito jurídico do crime de *stalking*

Apresenta-se o entendimento sobre o termo utilizado pelo *The Violence Against Women Act*, dos Estados Unidos, que seria a conduta persecutória,

[11] BRASIL. Lei nº 14.132, de 31 de março de 2021. Altera o Código Penal.

[12] GANEM, Pedro. **Uma primeira análise acerca do crime de *stalking*.** Publicado em: 11 ago. 2022. Disponível em: << https://canalcienciascriminais.com.br/uma-primeira-analise--acerca-do-crime-de-*stalking*/>>. Acesso em: 15 set. 2022

[13] COSTA, Adriano Sousa; FONTES, Eduardo; HOFFMAN, Henrique. ***Stalking*: o crime de perseguição ameaçadora**. Publicado em: 6 abr. 2021. Revista Conjur. Disponível em: << https://www.conjur.com.br/2021-abr-06/academia-policia-*stalking*-crime-perseguicao--ameacadora>>. Acesso em: 15 set. 2022

causada com determinado fim para atingir uma pessoa específica, tornando-se necessário dois aspectos para sua configuração: primeiro, a vítima deve sentir medo pela sua segurança ou a segurança de outras pessoas próximas; em segundo, a presença de sofrimento emocional e psicológico[14].

No entendimento de Mazzola[15], o crime seria um comportamento praticado pelo *stalker* (caçador à espreita), que visa molestar uma vítima através de uma perseguição e/ou intimidá-la de maneira obsessiva e constante. A vítima se torna uma pessoa sempre alerta e em constante preocupação, podendo ter profunda angústia.

Lamber Royakkers[16] apresenta uma conceituação sobre o que seria o *Stalking*. Para o teórico, seria uma maneira de agredir mentalmente de forma repetitiva e a todo o momento, que ultrapassa os limites da vida privada. De acordo com Royakkers[17], geralmente a vítima possui algum tipo de relacionamento com o *stalker* ou deixou de ter. Dessa maneira, afirma-se que entre os motivos de forma direta ou indireta, estão relacionados à questão afetiva. Logo, as ações do *stalker* de forma isolada, não podem caracterizar abuso mental, mas no conjunto o faz.

A perseguição realizada por meio de instrumentos tecnológicos, permitiu a criação do conceito de *Cyberstalking*. O crime cibernético de *Stalking* se desenvolve por intermédio da tecnologia, essa forma de perseguição tem diferenciações da perseguição "*offline*" ou simples *stalking*, especificamente no *modus operandi*, vez que no *cyberstalking* utiliza-se os meios tecnológicos e ambiente digital. O *stalking* e o *cyberstalking* podem mesclar o presencial e o virtual, de forma a haver as duas formas concomitantemente[18].

[14] VAN DER AA, Suzan. ***New Trends in the Criminalization of Stalking in the EU Member States***. In: Eur J Crim Policy Res 24, 315–333 (2018)

[15] MAZZOLA, Marcello Adriano. ***I nuovi danni***. Dott. Antonio Miliani, 2008, p. 1047

[16] ROYAKKERS, L. **The Dutch Approach to *Stalking* Laws**. Berkeley Journal of Criminal Law, 2000. Disponível em: << https://lawcat.berkeley.edu/record/1117144?ln=en>>. Acesso em: 15 set. 2022

[17] ROYAKKERS, L. **The Dutch Approach to *Stalking* Laws**. Berkeley Journal of Criminal Law, 2000. Disponível em: << https://lawcat.berkeley.edu/record/1117144?ln=en>>. Acesso em: 15 set. 2022

[18] CRESPO, Marcelo. **Algumas reflexões sobre o cyber*stalking***. Canal Ciências Criminais. 2015. Disponível em: << https://canalcienciascriminais.jusbrasil.com.br/artigos/226885184/algumas-reflexoes-sobre-o-cyber*stalking*>>. Acesso em: 15 set. 2022

Para Crespo[19], o *stalker* está constantemente informado ou presente na vida da vítima, como se fosse onipresente, fazendo questão de demonstrar que consegue controlar as ações. Observa-se que em diversas situações, o perseguidor não restringe suas ações em perseguir, realiza ameaças, ofensas e até humilhações. No caso do *Cyberstalking*, o crime por intermédio das redes digitais, pode ser realizado por pessoas desconhecidas e também por relacionamentos próximos, ex-parceiros ou ex-cônjuge[20].

De acordo com Nayara Caetano Duque, delegada da Divisão de Crimes Cibernéticos da Polícia Civil de São Paulo, o crime de *Stalking* na internet se caracteriza: "quando há uma ameaça à integridade física ou psicológica da pessoa, restringindo uma capacidade de se locomover ou perturbando a liberdade ou a privacidade do alvo"[21]. Afirma ainda que, o crime vai além da espionagem, pois existem casos em que os agentes conseguem utilizar de *malwares* (programas espiões), para acessar os dispositivos móveis (celular) ou computador da vítima. Assim, o criminoso consegue ter acesso a localização, ligações, contatos, conversas, fotos e vídeos da vítima[22].

Jacqueline Valadares da Silva, titular da 2ª Delegacia de Defesa da Mulher em São Paulo, explicou que: "a vítima fica com tanto medo do perseguidor, que deixa de frequentar os ambientes que ela costuma ir, não vai a academia, não vai ao trabalho, não sai mais desacompanhada"[23].

[19] CRESPO, Marcelo. **Algumas reflexões sobre o cyber*stalking***. Canal Ciências Criminais. 2015. Disponível em: << https://canalcienciascriminais.jusbrasil.com.br/artigos/226885184/algumas-reflexoes-sobre-o-cyber*stalking*>>. Acesso em: 15 set. 2022

[20] CRESPO, Marcelo. **Algumas reflexões sobre o cyber*stalking***. Canal Ciências Criminais. 2015. Disponível em: << https://canalcienciascriminais.jusbrasil.com.br/artigos/226885184/algumas-reflexoes-sobre-o-cyber*stalking*>>. Acesso em: 15 set. 2022

[21] FEITOSA JUNIOR, Alessandro. **'*Stalking*': saiba quando a perseguição na internet se torna crime**. Portal G1. Publicada em: 16 jul. 2021. Disponível em: << https://g1.globo.com/economia/tecnologia/noticia/2021/07/16/*stalking*-saiba-quando-a-perseguicao-na-internet-se-torna-crime.ghtml>>. Acesso em: 15 set. 2021

[22] FEITOSA JUNIOR, Alessandro. **'*Stalking*': saiba quando a perseguição na internet se torna crime**. Portal G1. Publicada em: 16 jul. 2021. Disponível em: << https://g1.globo.com/economia/tecnologia/noticia/2021/07/16/*stalking*-saiba-quando-a-perseguicao-na-internet-se-torna-crime.ghtml>>. Acesso em: 15 set. 2021

[23] FEITOSA JUNIOR, Alessandro. **'*Stalking*': saiba quando a perseguição na internet se torna crime**. Portal G1. Publicada em: 16 jul. 2021. Disponível em: << https://g1.globo.com/economia/tecnologia/noticia/2021/07/16/*stalking*-saiba-quando-a-perseguicao-na-internet-se-torna-crime.ghtml>>. Acesso em: 15 set. 2021

É salutar destacar que, o crime de *Stalking* viola a liberdade individual da vítima (liberdade da pessoa humana), atingindo, assim, um bem jurídico de magnitude constitucional, conforme previsto no art. 5º, e internacional, conforme disposto no art. 7º, I, da Convenção Americana de Direitos Humanos. Ainda na seara de tratados e convenções, ao ter conhecimento de que o crime de *Stalking* tem como principais vítimas mulheres[24], é relevante apresentar o texto da Convenção Interamericana para "Prevenir, Punir e Erradicar a Violência contra a Mulher", literalmente:

> Artigo 7. Os Estados Partes condenam todas as formas de violência contra a mulher e convêm em adotar, por todos os meios apropriados e sem demora, políticas destinadas a prevenir, punir e erradicar tal violência e a empenhar-se em: (...)
>
> d) adotar medidas jurídicas que exijam do agressor que se abstenha de perseguir, intimidar ***e ameaçar*** a mulher ou de fazer uso de qualquer método que ***danifique ou ponha em perigo sua vida ou integridade ou danifique sua propriedade***[25]. (grifos nossos)

A partir dessa compreensão, o agente ou o autor do crime de *stalking* não deverá ser considerado somente por meros incômodos no cotidiano da vítima, mas sim ter um controle, subjugar, tendo atos que fomentem sentimentos de ansiedade, angústia, temor em outrem. Esse entendimento já pode ser analisado em legislações de outros países, como Austrália, Estados Unidos, Portugal, Irlanda e Holanda[26].

O *Stalking* tem impactos na construção de vontade da vítima, adentrando em suas decisões e comportamentos, o que lhe faz alterar todo seu modo de vida, lazer, lugares que frequenta, roupas que utiliza, trocar de número de telefone até mesmo se afastar de suas redes sociais, tendo impactos até no desempenho de suas atividades laborais e estudantis.

[24] LAGARDE, Marcela. El género, fragmento literal: La perspectiva de género. In: LAGARDE, Marcela. **Género y feminism. Desarollo humano y democracia**. Espanha: Ed. Horas y HORAS, 1996. p. 13-38

[25] UN. Declaração Universal do Direitos Humanos, 1948.

[26] COSTA, Adriano Sousa; FONTES, Eduardo; HOFFMAN, Henrique. ***Stalking*: o crime de perseguição ameaçadora**. Publicado em: 6 abr. 2021. Revista Conjur. Disponível em: << https://www.conjur.com.br/2021-abr-06/academia-policia-*stalking*-crime-perseguicao--ameacadora>>. Acesso em: 15 set. 2022

O crime afeta tão profundamente desestruturando toda a vida da vítima. Costa, Fontes, Hoffmann[27] afirmam que, por essa realidade experienciada, as legislações de outras nações trazem em seus textos normativos penais, os termos como "alterar seus hábitos de vida", utilizado na Itália e "prejudicar sua liberdade de determinação", encontrado em Portugal.

Deve-se entender que quando o indivíduo se sentir coagido, tendo que modificar sua rotina e passar a ter medo do *stalker*, é imprescindível que as autoridades policiais sejam acionadas. Para a coordenadora da ONG *Data Privacy Brasil*, Bruna Santos, "é tentar fazer esse exercício: entender qual o momento que isso se torna incômodo. Quando a tentativa de contato fica abusiva demais e você não pode usar o seu telefone"[28].

Na maioria dos casos, não é possível conhecer o *stalker* (autor do crime), não sendo necessário para que realize a denúncia. Isso devido os referidos casos, se darem de maneira virtual, onde os criminosos criam perfis falsos nas redes sociais e dão início as mensagens com o objetivo de perseguir. Contudo, a polícia deve ser acionada, para que possam prosseguir a investigação, ou seja, a vítima de *Stalking* tem que fazer a representação, de forma a indicar para as autoridades competentes seu desejo em que o *stalker* seja processado. Explica a delegada Jacqueline da Silva que por configurar um crime que tem impactos diretos na vida íntima, adentra a privacidade da vítima, a legislação trouxe esse requisito. A denúncia pode ser realizada em um prazo de 6 meses, contados a partir do momento em que a vítima toma conhecimento de que os atos podem ser um crime contra ela[29].

[27] COSTA, Adriano Sousa; FONTES, Eduardo; HOFFMAN, Henrique. ***Stalking*: o crime de perseguição ameaçadora**. Publicado em: 6 abr. 2021. Revista Conjur. Disponível em: << https://www.conjur.com.br/2021-abr-06/academia-policia-*stalking*-crime-perseguicao--ameacadora>>. Acesso em: 15 set. 2022

[28] FEITOSA JUNIOR, Alessandro. **'*Stalking*': saiba quando a perseguição na internet se torna crime.** Portal G1. Publicada em: 16 jul. 2021. Disponível em:<<https://g1.globo.com/economia/tecnologia/noticia/2021/07/16/*stalking*-saiba-quando-a-perseguicao-na-internet-se-torna-crime.ghtml>>. Acesso em: 15 set. 2021

[29] FEITOSA JUNIOR, Alessandro. **'*Stalking*': saiba quando a perseguição na internet se torna crime.** Portal G1. Publicada em: 16 jul. 2021. Disponível em: << https://g1.globo.com/economia/tecnologia/noticia/2021/07/16/*stalking*-saiba-quando-a-perseguicao-na-internet-se-torna-crime.ghtml>>. Acesso em: 15 set. 2021

Não é necessário a apresentação das provas na hora que a vítima for registrar a ocorrência, mas é importante que já tenha colhido as evidências do *Stalking*. Bruna Santos do *Data Privacy Brasil* aconselha que "se vir que apareceu no celular que está havendo um acesso externo, tentar tirar uma captura de tela, por exemplo"[30]. A juntada de documentos para a comprovação, podem ser retiradas do telefone ou computador, porém, devem passar por um processo que comprovem a sua veracidade.

> Uma das possibilidades é registrar uma ata notarial, método em que um cartório pode reconhecer que um conteúdo realmente estava em um aplicativo ou página da internet em uma determinada data. No entanto, esta opção não garante que não houve adulteração na conversa. Outra possibilidade é buscar empresas que prestam serviços de registro de provas digitais. Esse método oferece mais garantias de que uma informação não foi adulterada[31].

O crime de *Stalking* não se demanda que tenha ocorrido à efetiva privação de liberdade ou locomoção, como exemplo, trancar a vítima dentro de uma residência. Para configurar o crime, apenas é necessário que tenha existido meios que limitaram o direito, como na hipótese de seguir a pessoa toda vez que ela sair de casa, lhe amedrontando para que evite sair de sua residência. O crime pode ser percebido ainda, quando não respeitadas outras liberdades, como por exemplo, a vítima não ter liberdade de exercer a sua religião ou de desenvolver sua profissão. Para Costa, Fontes e Hoffman[32], deve-se compreender que, em todas as situações em que houver restrição à locomoção, liberdade ou privacidade,

[30] FEITOSA JUNIOR, Alessandro. **'*Stalking*': saiba quando a perseguição na internet se torna crime.** Portal G1. Publicada em: 16 jul. 2021. Disponível em: << https://g1.globo.com/economia/tecnologia/noticia/2021/07/16/*stalking*-saiba-quando-a-perseguicao-na-internet-se-torna-crime.ghtml>>. Acesso em: 15 set. 2021

[31] FEITOSA JUNIOR, Alessandro. **'*Stalking*': saiba quando a perseguição na internet se torna crime.** Portal G1. Publicada em: 16 jul. 2021. Disponível em: << https://g1.globo.com/economia/tecnologia/noticia/2021/07/16/*stalking*-saiba-quando-a-perseguicao-na-internet-se-torna-crime.ghtml>>. Acesso em: 15 set. 2021

[32] COSTA, Adriano Sousa; FONTES, Eduardo; HOFFMAN, Henrique. ***Stalking*: o crime de perseguição ameaçadora.** Publicado em: 6 abr. 2021. Revista Conjur. Disponível em: << https://www.conjur.com.br/2021-abr-06/academia-policia-*stalking*-crime-perseguicao--ameacadora>>. Acesso em: 15 set. 2022

o crime de *Stalking* é considerado quando houver efetiva ou potencial perigo a integridade da vítima.

O legislador não determinou um quantitativo mínimo de atos para que se caracterize o crime de *Stalking*, todavia, ao interpretar a Lei, constata-se que apenas um ato não é suficiente. Assim sendo, é necessário entender que não se considera exclusivamente um número mínimo de ações persecutórias, de duas ou três, mas sim a intensidade de seus resultados. Portanto, para a concretização do crime de *Stalking* é necessário então, a presença de dois requisitos: Quantidade de ações e Intensidade[33]. Para a delegada Nayara Duque:

> [...] crime exige a perseguição **somada** com ameaça de integridade física, psicológica, perturbação da privacidade, da liberdade, restringindo a capacidade de locomoção. A vítima tem que sentir que houve violação de alguma dessas características[34]. (grifos nossos)

Ao dispor sobre o crime de *Stalking*, o tipo penal considera ser uma ação praticada por "qualquer meio", o que se entende por um crime de ação livre, sendo admitido a sua efetivação através de vários meios: ligações, mensagens, perseguição, controle de vestuário, cotidiano da vítima, entre outras formas. Porém, como se trata de crime de dano, torna-se necessária a comprovação dos atos concretos, acerca da existência de ameaça pelo autor (*stalkeador*) à liberdade individual da vítima[35].

Outro ponto que se deve ter atenção, é quanto aos sujeitos do crime. O crime de *Stalking* é um crime bicomum, pois o legislador não indicou qualidade especial para o criminoso ou para a vítima. Entretanto, no

[33] SIMÕES, Kristiam Gomes. **O novo crime de *Stalking* e algumas de suas implicações**. Ministério Público. Mato Grosso do Sul. Publicado em: 26 abr. 2021. Disponível em: <https://www.mpms.mp.br/noticias/2021/04/o-novo-crime-de-*stalking*-e-algumas-de-suas-implicacoes>. Acesso em: 15 set. 2022

[34] FEITOSA JUNIOR, Alessandro. **'*Stalking*': saiba quando a perseguição na internet se torna crime**. Portal G1. Publicada em: 16 jul. 2021. Disponível em: << https://g1.globo.com/economia/tecnologia/noticia/2021/07/16/*stalking*-saiba-quando-a-perseguicao-na-internet-se-torna-crime.ghtml>>. Acesso em: 15 set. 2021

[35] GANEM, Pedro. **Uma primeira análise acerca do crime de *stalking***. Publicado em: 11 ago. 2022. Disponível em: << https://canalcienciascriminais.com.br/uma-primeira-analise-acerca-do-crime-de-*stalking*/>>. Acesso em: 15 set. 2022

art. 147-A, §1º, a pena será majorada da metade caso a vítima seja uma criança, adolescente, idoso ou mulher perseguida por razões da condição do sexo feminino[36]. *In verbis*:

> § 1º A pena é aumentada de metade se o crime é cometido:
> I – contra criança, adolescente ou idoso;
> II – contra mulher por razões da condição de sexo feminino, nos termos do § 2º-A do art. 121 deste Código;
> III – mediante concurso de 2 (duas) ou mais pessoas ou com o emprego de arma.
> § 2º As penas deste artigo são aplicáveis sem prejuízo das correspondentes à violência.
> § 3º Somente se procede mediante representação.

É de suma importância ressaltar que a majorante de pena, ocorre com frequência em casos reais, vez que geralmente as vítimas são mulheres, seja em ambiente de trabalho, estudos, etc.

O acréscimo na punição também é previsto no caso do uso de armas ou do concurso de duas ou mais pessoas. Por ter pena prevista inferior a 8 (oito) anos, o crime de *Stalking* não necessariamente resultará na prisão em regime fechado. Em sua forma simples, os infratores podem pegar de 6 (seis) meses a 2 (dois) anos de reclusão em regime fechado e multa[37].

Finaliza-se que, conforme o §3º do artigo, é importante salientar que o crime é de ação penal pública condicionada a representação do ofendido ou de seu representante legal. E para que haja a consumação deste crime é necessário que seja **reiteradamente,** como previsto no próprio artigo 147-A, Caput do Código Penal, ou seja, que ocorra repetidas vezes.[38]

[36] SIMÕES, Kristiam Gomes. **O novo crime de *Stalking* e algumas de suas implicações.** Ministério Público. Mato Grosso do Sul. Publicado em: 26 abr. 2021. Disponível em: <https://www.mpms.mp.br/noticias/2021/04/o-novo-crime-de-*stalking*-e-algumas-de-suas-implicacoes>. Acesso em: 15 set. 2022

[37] GANEM, Pedro. **Uma primeira análise acerca do crime de *stalking*.** Publicado em: 11 ago. 2022. Disponível em: << https://canalcienciascriminais.com.br/uma-primeira-analise-acerca-do-crime-de-*stalking*/>>. Acesso em: 15 set. 2022

[38] MASSON, Cleber. **Direito Penal.** 13. ed. Rio de Janeiro: Forense; São Paulo: MÉTODO, 2019, vol. 1: parte geral (arts. 1º a 120), p. 270.

2. O crime de *stalking* nas relações familiares

No âmbito das relações familiares, ao analisá-las, a literatura especializada apresenta algumas variações ao tratar de questões relacionadas à violência. Existem muitas denominações para as relações conflitivas vivenciadas no âmbito familiar, como violência doméstica, intrafamiliar, conjugal ou de gênero.

O termo "violência doméstica" é um dos mais utilizados e é empregado ao tratar sobre a violência cometida entre um casal. Contudo, a violência doméstica abarca todas as formas de relações violentas, resultantes do convívio no ambiente doméstico, cabendo nessa designação, os membros da família como pais, avôs, filhos, agregados e empregados[39].

No caso da violência intrafamiliar, seria a que acontece entre indivíduos que integram a mesma família, sendo que a violência pode ocorrer ou não, no ambiente doméstico. A violência de gênero, é outro conceito que se tornou muito comum, com definição nos ato de agressão pautado no gênero, que tem acometido mulher na maioria dos casos[40].

Assim como existe a violência entre parceiros íntimos, que seria "qualquer comportamento dentro de uma relação íntima que cause danos físicos, sexuais ou psicológicos, incluindo atos de agressão física, coerção sexual, abuso psicológico e comportamentos controladores"[41]. Essa conceituação ao trazer a questão da relação íntima, não se restringe a relações heterossexuais, também insere em seu entendimento as relações homoafetivas, além de levar em consideração aqueles relacionamentos que já foram finalizados.

As violências entre pessoas íntimas no âmbito familiar, possuem um aspecto basicamente heterogêneo. Estando presente em todos os países, culturas, em diferentes classes sociais e etnias, não faz distinção entre os

[39] STELKO-PEREIRA, A. C.; WILLIANS, L. C. A. Sobre o conceito de violência: Distinções necessárias. In L. C. A. Willians, J. M. D. Maia & K. S. A. Rios (Eds). **Aspectos Psicológicos da Violência**: pesquisa e intervenção cognitivo comportamental, (pp. 41-66). Santo André: EsEtec Editores, 2010

[40] STELKO-PEREIRA, A. C.; WILLIANS, L. C. A. Sobre o conceito de violência: Distinções necessárias. In L. C. A. Willians, J. M. D. Maia & K. S. A. Rios (Eds). **Aspectos Psicológicos da Violência**: pesquisa e intervenção cognitivo comportamental, (pp. 41-66). Santo André: EsEtec Editores, 2010

[41] World Health Organization [WHO]. Preventing intimate partner and sexual violence against women: **Taking action and generating evidence** (p.55). Geneva: WHO, 2010

indivíduos. Se concretizam sob forma de agressão física, coerção sexual, humilhação e ofensas, bem como, há um controle de comportamento ou isolamento da vítima de pessoas próximas[42].

A maioria das pesquisas sobre a questão da violência no âmbito familiar, apenas se atentam para pontos considerados básicos como, qual a forma de violência (física, sexual, psicológica ou *stalking*), o período que ocorreu e a gravidade. Apenas trazem uma abordagem de um ponto de vista, não apresentando outros aspectos que seriam basilares para a compreensão de forma mais ampla das relações violentas, com objetivo de explicar o contexto em que foram cometidas como as violências e motivações[43].

Tomando conhecimento dessa ausência de estudos, Johnson[44] trouxe uma conceituação de violência a partir de uma contextualização mais ampla, seriam:

- Terrorismo íntimo: seria a violência que se desenvolve a partir de determinados comportamentos, e existem estratégias de controle e coercitivas ao parceiro através de ameaças, constrangimentos, buscando intimidar a vítima, resultando em isolamento e em seu monitoramento do cotidiano. Entende-se que, por seguir uma forma de controle e coerção, não tendo a violência explícita, a identificação dos atos se torna mais dificultosas;
- Resistência violenta: seria o caso em que a vítima utiliza as ações violentas para sua própria proteção, para interromper o agressor ou discordar das suas condutas. Seria uma forma de reação diante das ações de terrorismo íntimo e não uma maneira de controlar o parceiro.

[42] BREIDING, M. J.; BASILE, K. C.; SMITH, S. G.; BLACK, M. C.; MAHENDRA, R. Intimate Partner Violence Surveillance Uniform Definitions and Recommended Data Elements. **National Center for Injury Prevention and Control, Centers for Disease Control and Prevention,** Atlanta: Georgia, 2015

[43] MATOS, M.; CONDE, R.; PEIXOTO, J. **Vitimação múltipla feminina ao longo da vida**: Uma revisão sistemática da literatura. Psicologia & Sociedade, 25(3), 602- 611, 2013; LEE, M.; WEBER, M. R.; KAH, J. H. Exposure to family violence and attachment styles as predictors of dating violence perpetration among men and women: A mediational model. **Journal of Interpersonal Violence**, 29(1), 20-43, 2014

[44] JOHNSON, M. p. . Diferrenteating among types of domestic violence: Implications for Healthy marriages. **Violence against Woman**, 12 (11), 1003-1018, 2009

- Violência situacional: a violência entre parceiros e familiares acontece em momentos de tensão, sendo muito utilizado como meio para sanar o conflito, o ato de ser ouvido pelo companheiro ou a vontade de um passe a prevalecer. Nessa violência se incluem diversas condutas agressivas ou apenas uma conduta, podendo ocorrer de forma contínua como uma estratégia para resolver conflitos quando surgem.
- Controle mútuo: a utilização de um controle pautado na violência, tendo como objetivo controlar o parceiro, ocorrendo de forma mútua, ou seja, ambos buscam exercer uma relação de controle violento.

As distinções de violência desenvolvida conforme Johnson[45], traz uma abordagem diferenciada, uma vez que se pauta no entendimento do contexto relacional e nas características do conflito. Essas distinções possuem um forte entrelaçamento com o crime de *Stalking*, pois a caracterização e o seu reconhecimento ocorrem por meio de determinados comportamentos, bem como, considera-se o contexto que ocorreu, assim como as motivações que levaram a sua prática e a identificação das características da perseguição.

É válido argumentar que a violência no âmbito familiar entre parceiros íntimos, não se restringe somente a mulher como vítima e o homem como o praticante do ato violento, considera-se a complexidade e diversidade de relações que o tema permite[46]. Contudo, compreende-se a violência no âmbito familiar, as suas causas, motivações e o contexto envolto, que se desenvolvem de maneira distinta entre homens e mulheres. Mas, é perceptível que a mulher seja atingida de forma mais gravosa, o que lhes traz maior vulnerabilidade diante da violência tanto no âmbito doméstico, afetivo ou familiar[47].

[45] JOHNSON, M. p.. Diferrenteating among types of domestic violence: Implications for Healthy marriages. **Violence against Woman**, 12 (11), 1003-1018, 2009

[46] CEZARIO, A. C. F.; LOURENÇO, L. M. Violência conjugal contra o homem: Uma análise bibliométrica. Gerais**: Revista Interinstitucional de Psicologia**, 6(1), 144-156, 2013

[47] BREIDING, M. J.; BASILE, K. C.; SMITH, S. G.; BLACK, M. C.; MAHENDRA, R. Intimate Partner Violence Surveillance Uniform Definitions and Recommended Data Elements. **National Center for Injury Prevention and Control, Centers for Disease Control and Prevention,** Atlanta: Georgia, 2015; MATOS, M.; CONDE, R.; PEIXOTO, J. **Vitimação múltipla feminina ao longo da vida**: Uma revisão sistemática da literatura. Psicologia & Sociedade, 25(3), 602- 611, 2013

A partir de Teorias Feministas, algumas abordagens discorrem que as mulheres estão culturalmente posicionadas em uma escala de inferioridade quando estão em relacionamentos. Argumentam-se que pesquisas e ideias do poder, bem como os abusos de poder no contexto afetivo, são pontos fundamentais para que se perceba a violência no âmbito familiar, vez que se constata que as mulheres são as vítimas mais frequentes e com maior intensidade das agressões[48].

Diante de uma perspectiva histórica, a violência contra a mulher permaneceu durante muito tempo sendo legitimada e justificada socialmente pela superioridade do homem em uma relação. Após muitas reinvindicações, o tema da violência contra a mulher passou a fazer pauta dos debates sociais e políticos, o que fomentou uma mudança cultural. Porém, somente em 1993 que a proposta contendo medidas que objetivassem coibir a violência contra o gênero feminino, passou a existir através da Comissão de Direitos Humanos[49].

No cenário pátrio, a violência contra o gênero feminino teve maior debate após os movimentos feministas que se iniciaram a cerca de 1970. Mesmo tendo décadas de reinvindicações e mobilizações, o Brasil não teve muitos avanços, necessitando constantemente ser reforçada a ideia de direitos iguais e que as relações intimas não podem ser reduto de violência entre os parceiros. No presente, percebe-se que uma das maiores problemáticas vivenciadas pela sociedade brasileira, é a conscientização sobre a equidade de gêneros e a garantia de direitos humanos ao gênero feminino, em todos os ASPECTOS[50].

Entre as violências perpetradas contra as mulheres, destaca-se o crime de *Stalking*, perpassando tanto as relações íntimas quanto fora[51]. Na maioria dos casos, as mulheres são vítimas do *Stalking* por seus relacionamentos

[48] CALDWELL, J. E.; SWAN, S. C.; WOODBROWN, V. D. Gender differences in intimate partner violence outcomes psychology of violence. **American Psychological Association**, 2(1), 42-57, 2012

[49] CARVALHO, C.; DESTRO, J. R.; FAUST, S. B. Dinâmica da Violência entre Casais a partir da ótica da Mulher no bairro Trindade, Florianopolis, SC. **Cogitare Enfermagem**, 15 (4), 603-8, 2010

[50] MATOS, M.; CONDE, R.; PEIXOTO, J. **Vitimação múltipla feminina ao longo da vida**: Uma revisão sistemática da literatura. Psicologia & Sociedade, 25(3), 602- 611, 2013

[51] SINCLAIR, H. C. *Stalking* myth-attributions: Examining the role of individual and contextual variables on attributions in unwanted pursuit scenarios. **Sex Roles**, 66, 378-391, 2012

íntimos, passando a serem perseguidas e assediadas pelo companheiro ou ex-companheiro, que buscam manter o controle e a proximidade sobre a vítima. A exemplo, no caso de separação, o objetivo é voltar a relação, por desacreditar que não existe mais um relacionamento conjugal[52].

Aliado a esses comportamentos controladores e de perseguição, existe a presença constante de ameaças e agressões físicas ou psicológicas, deve-se saber que os riscos se elevam para a vítima, à medida que essas ações perduram e se agravam[53].

Considera-se no âmbito pátrio que as pesquisas e estudos relacionados ao crime de *Stalking* ainda são escassos, e essa forma de violência interpessoal ainda não ganhou a abrangência e amplitude necessária nas abordagens doutrinárias. Na pesquisa realizada por Acosta[54], apresentaram-se os tipos de violências perpetradas às mulheres. Para tanto, utilizaram-se de boletins de ocorrência de uma Delegacia da Mulher, o que permitiu construir uma narrativa trazendo os comportamentos comuns do *stalker*, estando inserido a violência psicológica. Em outra pesquisa realizada por Carvalho[55], desenvolveu-se um mapeamento de comportamentos pautados na violência contra mulheres, elaborando a identificação de comportamentos de *Stalking*. Contudo, não são identificados como tal.

É importante salientar que o crime de *Stalking* perpassa os mais distintos ambientes e relacionamentos, vindo a ocorrer no ambiente familiar, de trabalho, escolar, entre vizinhos, desconhecidos e entre parceiros íntimos. De acordo com Matos *et. al.*[56], o qual elaborou um manual para profissionais que trabalham de forma direta ou indireta com pessoas que

[52] SENKANS, S; MCEWANA, T.; SKUES, J.; OGLOFF, J. Development of a relational rumination questionnaire. **Personality and Individual Differences**, 90, 27-35, 2016

[53] REYNS, B. W.; ENGLEBRECHT, C. M. Informal and formal help-seeking decisions of *stalking* victims in the United States. **Criminal Justice and Behavior**, 41 (10), 1178-1194, 2015

[54] ACOSTA, D. F.; GOMES, V. L.; FONSECA, A. D.; GOMES, G. C.. **Violência Contra a Mulher por Parceiro Íntimo**: (In)visibilidade do Problema. Contexto Enfermagem, 24 (1), 121-7, 2015

[55] CARVALHO, C.; DESTRO, J. R.; FAUST, S. B. Dinâmica da Violência entre Casais a partir da ótica da Mulher no bairro Trindade, Florianopolis, SC. **Cogitare Enfermagem**, 15 (4), 603-8, 2010

[56] MATOS, M.; GRANGEIA, H.; FERREIRA, C. ***Stalking*: Boas práticas no apoio à vítima**. Manual para profissionais. Comissão para cidadania e igualdade de gênero. Porto: Portugal, 2011

foram vítimas de *Stalking*, existem alguns tipos de *stalker* e motivações, assim classificou-os:

- *Stalker* rejeitado: neste caso, seriam em sua maior ocorrência caracterizado pelo gênero masculino que perseguem suas ex-companheiras, entre os motivos, o principal é não aceitar o fim do relacionamento íntimo, tendo ações insistentes e intrusivas;
- *Stalker* ressentido: o que objetiva se vingar de determinada pessoa ou um grupo de indivíduos, utilizando-se de ameaças;
- O *stalker* em busca de intimidade: é aquele indivíduo que persiste em ter um relacionamento íntimo com a vítima a qualquer custo, e suas vítimas são pessoas com quem nunca teve relacionamento ou contato próximo;
- O *stalker* inadequado: o indivíduo que tenta se aproximar da vítima, com um propósito de desenvolver uma relação por se sentir atraído;
- O *stalker* predador: este sujeito desenvolve sua violência a partir da agressão sexual, sendo em sua maioria um desconhecido da vítima, mas a acompanha e possui muitas informações.

Complementando as disposições sobre as vertentes existentes de *stalker*, Matos *et. al.*[57] apresentou os tipos de vítimas do *stalking* e as relações que se desenvolvem, seriam:

- As vítimas de ex-parceiros: ocorre o maior número de comportamentos de *Stalking* e com uma duração maior no tempo, sendo também mais comum a ocorrência da ameaça e agressão física;
- As vítimas de conhecidos ou amigo: caracterizam-se por um déficit nas competências sociais, onde o *stalker* busca estabelecer relações com o alvo, apresentando em geral curta duração;
- As vítimas em contexto laboral: motivadas por desejos de vingança ou vontade de iniciar uma relação de intimidade e geralmente apresentam graves violências associadas;

[57] MATOS, M.; GRANGEIA, H.; FERREIRA, C. ***Stalking*: Boas práticas no apoio à vítima**. Manual para profissionais. Comissão para cidadania e igualdade de gênero. Porto: Portugal, 2011

- A vítima de desconhecidos: o medo acentuado está presente, porém não é o mais perigoso, existe um risco menor de ocorrer condutas violentas em oposição às vítimas de ex-parceiros;
- Nas celebridades vítimas: o autor do crime apresenta o intuito de estabelecer relações, vingança ou obter favores.

Nota-se que o crime de *Stalking* adentra contextos e formas muito distintas. A literatura especializada é categórica em afirmar que as violências nas relações íntimas seriam as mais comuns de ocorrer e possuem maior gravidade, resultando em sentimentos de impotência nas vítimas, bem como danos físicos e psicológicos. De acordo com estudos sobre o tema, aproximadamente 80% dos casos de *Stalking* envolvem indivíduos que possuem ou já possuíram um relacionamento, que o permitem afirmar que a maior parte das violências e perseguições está ocorrendo no âmbito das relações íntimas[58].

Alguns pontos podem ser observados, a partir do entendimento em que a maioria dos crimes de *Stalking* se desenvolve nos relacionamentos íntimos. Conclui-se que o risco de acontecer a violência aumenta, quando houve um fim de um relacionamento, acometendo principalmente mulheres e jovens. O que agrava o risco para que ocorra o referido crime, é quando o (autor) parceiro ou ex-companheiro é do gênero masculino[59].

Nos relacionamentos íntimos o crime de *Stalking* está relacionado à falta de confiança no parceiro, principalmente quando ocorre o fim do enlace, o que fomenta o cometimento do crime é a rejeição, a necessidade de manter controle sob as ações do outro[60]. Para Gangreia e Matos[61], quando se

[58] REYNS, B. W.; ENGLEBRECHT, C. M. Informal and formal help-seeking decisions of *stalking* victims in the United States. **Criminal Justice and Behavior**, 41 (10), 1178-1194, 2015; ROBERTS, K. A. Women's experience of violence during *stalking* by former romantic partners: Factors predictive of *stalking* violence. **Violence against women**, 11(1), 89-114, 2005

[59] CHO, H.; HONG, J. S.; LOGAN, T. K. An ecological understanding of the risk factors associated with *stalking* behavior: Implications for social work practice. **Journal of Women and Social Work**, 27(4), 381-390, 2012

[60] FERREIRA, C; MATOS, M. Post-relationship *stalking*: The experience of victims with and without history of partner abuse. **J Fam Viol**, 28, 393-402. doi: 10.1007/s10896-013-9501-5, 2013

[61] GRANGEIA, H.; MATOS, M. Riscos associados ao *stalking*: Violência, persistência e reincidência. **Sociedade portuguesa de Psiquiatria e psicologia da justiça**, 5, 29-48, 2012

estabelece um relacionamento abusivo entre dois indivíduos, a ocorrência do *Stalking* se eleva principalmente após a ruptura, agravando a natureza prolongada dos comportamentos como: ligações telefônicas indesejadas, tentativas de obter informações pessoais, abordagens indiretas e controle de comportamentos.

Para Ferreira e Matos[62], quando passa a existir uma constância em atos ameaçadores, elevam-se as possibilidades de que possa haver agressões físicas. A violência física, sexual e psicológica, resultantes do ato de perseguir, as quais perpassam os relacionamentos íntimos, acontecem muitas vezes de forma mútua, onde cada forma atua como, um potencializador da outra[63].

Não obstante, nota-se que muitos casos íntimos, principalmente quando há filhos, torna-se ainda mais difícil especialmente para as mulheres, esse tipo de *stalker* pode possuir informações mais detalhadas sobre sua vítima, como sua rotina e fragilidade, e pode usufruir de mais oportunidades de contato com ela, devido a presença de amigos em comum ou filhos, se tiverem. A escalada para atos de violência mais severos também é facilitada, visto que muitas das barreiras iniciais já foram rompidas durante o curso da relação que terminara.[64]

Os filhos acabam se tornando uma ponte, entre a vítima e o autor do crime que utiliza disso como uma espécie de facilitador para ter acesso a vítima. Isso ocorre de diversas formas, como por exemplo: o *Stalker* consegue informações dos filhos sobre a vítima através de perguntas, entrando nos aplicativos de mensagens, lendo as conversas entre os filhos e sua genitora, ouvindo as ligações realizadas entre ambos, além de utilizar desculpas como "ver o filho", com o intuito de tão somente se aproximar da vítima.

[62] FERREIRA, C; MATOS, M. Post-relationship *stalking*: The experience of victims with and without history of partner abuse. **J Fam Viol**, 28, 393-402. doi: 10.1007/s10896-013-9501-5, 2013

[63] BASILE, K. C.; HALL, J. E.; WALTERS, M. L. Expanding resource theory and feminist informed theory to explain intimate partner violence perpetration by court-ordered men. **Violence Against Women**, 19, 848, 2013

[64] ABREU, V. **Identificação Da Vitimização Por *Stalking* No Brasil**; Monografia (Bacharel em Psicologia) – Universidade Federal De São Carlos Centro De Educação E Ciências Humana. São Carlos, p. 34. 2019.

Conclui-se por tanto que essas relações são as mais complexas e ainda afeta a vítima indiretamente, assim como os filhos, que se tornam intermediários, passando por diversas situações, as quais podem levar até a alienação parental, que de acordo com o entendimento do Supremo Tribunal Federal "consiste na interferência psicológica que leva um dos genitores, avós ou pessoas que tenham a criança ou adolescente sob guarda ou responsabilidade, a repudiar o outro genitor (pai ou mãe)."[65]

3. Análise do crime de *stalking* e o entendimento dos tribunais superiores

Ao considerar a revisão teórica apresentada anteriormente, torna-se relevante, para melhor entendimento sobre o crime de *Stalking* nas relações familiares, uma análise da jurisprudência pátria a partir da Lei nº 14.132/2021.

O primeiro caso a ser analisado, é o Agravo Regimental no recurso em *Habeas Corpus* nº 162389[66], que foi apreciado pelo Superior Tribunal de Justiça (STJ), tendo como relator o Ministro Sebastião Reis Júnior. De acordo com a Ementa, ocorreu uma sequência de atos que configuraram o crime, *in verbis*:

> CONTRAVENÇÃO PENAL DE PERTURBAÇÃO DA TRANQUILIDADE, CRIMES DE AMEAÇA E DE SUBMISSÃO DE CRIANÇA A VEXAME OU CONSTRANGIMENTO. PLEITO PELO RECONHECIMENTO DA ABOLITIO CRIMINIS COM RELAÇÃO À CONTRAVENÇÃO PENAL DE PERTUBAÇÃO DA TRANQUILIDADE. ART. 65 DO DECRETO-LEI N. 3.688/1941 REVOGADO. CONTINUIDADE NORMATIVO-TÍPICA COM RELAÇÃO AO ART. 147-A DO CÓDIGO PENAL. REITERAÇÃO DE CONDUTAS. PRECEDENTES. PLEITO DE TRANCAMENTO DA AÇÃO PENAL (INÉPCIA DA DENÚNCIA E ATIPICIDADE DOS FATOS). AMEAÇA. DELITO DE FORMA LIVRE. AMEAÇA INDIRETA. POSSIBILIDADE. PEÇA ACUSATÓRIA APTA A INAUGURAR A AÇÃO.

[65] FEDERAL, Supremo Tribunal; **STF julga inviável ação contra Lei da Alienação Parental** <<https://portal.stf.jus.br/noticias/verNoticiaDetalhe.asp?idConteudo=478866&ori=1#:~:text=A%20aliena%C3%A7%C3%A3o%20parental%20consiste%20na,genitor%20(pai%20ou%20m%C3%A3e).>>, Acessado em 08 nov. 2022, 2021

[66] STJ – AgRg no RHC: 162389 DF. Data de Julgamento: 13/09/2022, T6 – SEXTA TURMA, Data de Publicação: DJe 16/09/2022

Diante das provas apresentadas, a Corte compreendeu que houve a caracterização do crime previsto no art. 147-A do Código Penal, que seria o crime de perseguição reiterada. As ações que foram praticadas contra uma criança ocorreram entre o mês de outubro de 2018 e outubro de 2019. Tinham como principal finalidade atacar a ex-companheira do agravante, entre eles, pode-se citar: "teria efetuado cerca de cinquenta ligações para ex-companheira e, ainda, a molestado pessoalmente durante uma reunião no colégio em que o filho em comum estuda".

Ainda, conforme entendimento da Corte, o delito praticado foi caracterizado como formal, tendo em vista que o ato de ameaça apenas basta, nesses termos:

> [...] que o agente queira intimidas a vítima, e que sua ameaça tenha o potencial para fazê-lo, tratando-se, outrossim, de delito de forma livre, que pode ser praticado por meio de palavras, gestos, escritos ou qualquer outro meio simbólico, de forma direta ou indireta, explícita ou implícita e, ainda, condicional, desde que a intimidação seja apta a causa temor na vítima[67].

Portanto, a Corte considerou que ameaças realizadas, mesmo que de forma velada e por outros meios, que não sendo utilizadas palavras, podem ser caracterizadas como ameaça de forma indireta, mesmo quando a ameaça recair a terceiro que tenha ligação com a vítima.

A defesa buscou argumentar que no período de um ano, houveram apenas dois episódios que poderiam ser enquadrados como perturbação da tranquilidade da vítima, porém, não se caracterizou como continuidade normativa. Ainda, solicitaram que houvesse o trancamento da ação penal.

Por fim, a Corte considerou que o agravo regimental não merecia provimento, de modo a observar que a decisão ora agravada se revela consentânea com a jurisprudência do Superior Tribunal de Justiça, pautando-se que a conduta praticada pelo agravante se enquadrava no tipo penal do art. 147-A do Código Penal.

Mediante outra perspectiva, o julgado coincide com a análise doutrinária apresentada anteriormente, a qual foi consolidada pelo Tribunal de Justiça do Rio Grande do Sul, *Habeas Corpus* nº 70077528370, tendo como

[67] STJ – AgRg no RHC: 162389 DF. Data de Julgamento: 13/09/2022, T6 – SEXTA TURMA, Data de Publicação: DJe 16/09/2022

relator o Desembargador João Batista Marques Tovo. De acordo com a Ementa:

> HABEAS CORPUS. Violência doméstica. Prisão preventiva decretada por DUPLO descumprimento de metidas protetivas. Fundamentação suficiente no caso. Fumus comisso delicti e periculum libertatis bem evidenciados nas decisões sobre A PRISÃO. Conduta perseguidora (*stalker*). PRISÃO QUE NÃO SE revela EXCESSIVA no tempo, POR ORA, JÁ QUE EFETIVADA NO DIA 23/04/2018. Proporcionalidade que deve ser aferida concretamente, à luz do bem tutelado. CONSTRANGIMENTO ILEGAL NÃO EVIDENCIADO[68].

No caso supracitado, observa-se que o crime de *Stalking* vem inserido no contexto de violência doméstica contra uma mulher. Diante da análise teórica, pode-se afirmar que muito se assemelha o que a teoria debate, com a realidade experienciada no cenário pátrio, conforme constata-se com a jurisprudência.

Um breve resumo dos fatos narrados no *Habeas Corpus* nº 70077528370, trazem o contexto de que havia um relacionamento que perdurou aproximadamente 5 (cinco) anos e teve como resultado uma filha, que no momento da solicitação tinha apenas 2 (dois) anos de idade. A vítima narrou que nos últimos 3 (três) anos de relacionamento os conflitos com o seu parceiro eram constantes e que no dia 11 de março de 2018, sofreu agressão física e moral do companheiro. Após o acontecido, a vítima requereu medidas protetivas e afastou-se de sua residência, passando a habitar na casa de sua avó.

Com a violência doméstica e o afastamento do convívio com o companheiro, a perseguição reiterada se iniciou. Conforme formulado pela Delegada de Polícia, o representado não respeitava os limites impostos, conforme prévia a medida protetiva de urgência judicialmente deferida, que impactou na decretação da custódia cautelar. A vítima relatou também que desde o rompimento do relacionamento, o representado lhe faz ameaças e a persegue. As perseguições ocorreram no ambiente residencial da família ascendente da vítima e em locais comerciais.

[68] TJRS. Habeas Corpus nº 70077528370. Data de Julgamento: 06/06/2018. Relator Des. João Batista Marques Tovo,

Conforme entendimento do relator:

> Tenho que a situação retratada é suficiente a evidenciar a necessidade e adequação da prisão preventiva ao fim colimado, de modo que, ao menos por ora, não é viável revogá-la. Nota-se, a certidão de antecedentes policiais dá conta de que o paciente vem se envolvendo em sucessivos episódios de vias de fato, ameaças e lesão corporal, a demonstrar um perfil violento. Nesse cenário, apesar da primariedade, o fato é que ele se insere no perfil de *stalker* ou perseguidor, figura que tem chamado atenção de mais recente[69].

As atitudes desenvolvidas em desfavor da vítima, ex-companheira do representado, para a Corte se caracterizaram como *Stalking*, principalmente por descumprir em sequências as medidas protetivas deferidas à vítima. Para tanto, utilizou-se de violência física e psicológica, acrescentando a perseguição reiterada em diversos locais que frequenta. Portanto, a Corte votou no sentido de denegar a ordem da solicitação.

Para finalizar, com o intuito de consolidar as interpretações jurisprudenciais sobre o crime de *Stalking*, apresenta-se o Recurso Extraordinário com Agravo nº 1395138, sob relatoria do Ministro Gilmar Mendes, que traz em sua Ementa:

> AGRAVO REGIMENTAL NOS EMBARGOS DE DECLARAÇÃO NO RECURSO ESPECIAL. CONTRAVENÇÃO DE PERTURBAÇÃO DA TRANQUILIDADE. ART. 65 DO DECRETO LEI N. 3.688/1941. ALEGAÇÃO DE ABOLITIO CRIMINIS. PRINCÍPIO DA CONTINUIDADE NORMATIVO-TÍPICA. PRECEDENTE DO STJ. PLEITO ABSOLUTÓRIO. IMPOSSIBILIDADE. REEXAME FÁTICO-PROBATÓRIO. VERBETE N. 7 DA SÚMULA DO STJ. PROPORCIONALIDADE DO QUANTUM FIXADO PARA CADA VETOR DESABONADO. FIXAÇÃO DE REGIME MAIS GRAVOSO. POSSIBILIDADE. AGRAVO REGIMENTAL NÃO CONHECIDO[70]

[69] TJRS. Habeas Corpus nº 70077528370. Data de Julgamento: 06/06/2018. Relator Des. João Batista Marques Tovo,

[70] TJRS. Habeas Corpus nº 70077528370. Data de Julgamento: 06/06/2018. Relator Des. João Batista Marques Tovo,

De acordo com o Superior Tribunal, considerou-se que o comportamento do ora Agravante é reiterado, ação que está disposta no art. 147-A do Código Penal. O caso abordado trouxe uma perspectiva distinta das anteriores, pois em razão do princípio da continuidade normativo--típica, aplica-se a lei anterior mais benéfica (art. 65 do Decreto Lei n. 3.688/1941).

Conforme as provas colacionadas nos autos do processo em epígrafe, o representado foi condenado em primeira instância pelo crime de perturbação da tranquilidade, mas retornou a praticar atos contra a mesma vítima, com sentença confirmada em segundo grau de jurisdição (pp. 860- 874 dos autos n. 0000741-61.2015.8.24.0037), "[...] voltou a tentar contato com o adolescente ao lhe enviar três e-mails e um presente".

Por conseguinte, configurou-se então a perseguição de forma reiterada, o que se enquadra no disposto art. 147-A do Código Penal. Conforme ressaltou o Ministério Público, "o ora apelante, mesmo depois de condenado por fatos anteriores contra a mesma vítima, demonstrou 'personalidade transgressora e com sérias dificuldades de compreender a quão reprovável e acintosa é sua conduta".

Ficou comprovado que a aproximação do representado, mesmo ocorrendo por meio de correspondências, causaria à vítima alguma perturbação. Acrescenta-se ainda que diante de todo o processo anterior e de toda a situação fática gerada, não há como acolher a tese de que não agiu com o dolo específico de perturbar por acidente, pelo mero prazer de incomodar, ou seja, por motivo altamente reprovável. Portanto entendeu o relator Min. Gilmar Mendes que, para simples reexame de prova não cabe recurso extraordinário, logo negou seguimento ao recurso.

Conclusões

Trata-se de uma prática antiga que se renova constantemente, conceituada como perseguição, seja pessoas famosas, bem como pessoas do seu convívio ou até mesmo pessoas que nunca se conheceram presencialmente. A Lei nº 14.132/21 inseriu o artigo 147-A no Código Penal, tipificando então a prática de perseguição reiterada, conhecida pela palavra de origem inglesa "*Stalking*", revogando o artigo 65 da Lei das Contravenções Penais, que previa a infração penal de Perturbação à Tranquilidade.

A doutrina majoritária considera o *Stalking* crime habitual, pois traz a exigência de atos reiterados ou repetitivos para configurar sua consumação.

Entende-se, que a conduta de forma isolada de um indivíduo não é suficiente para caracterizar uma ação delitiva, mesmo que o legislador não tenha especificado um quantitativo mínimo de ações persecutórias. Torna-se necessário para caracterizar o tipo penal, uma sequência de atos ou ações que visem atingir a vítima de forma direta ou indireta.

Compreendeu-se que o delito em questão poderá ser cometido através de qualquer meio, ou seja, o indivíduo poderá participar da perseguição por meio físico/presencial, ou através de meios digitais, podendo ainda, utilizar-se dos dois meios para alcançar o crime. De forma ilustrativa, o *stalker* (agente do crime) pode enviar cartas ou mensagens de texto para o celular da vítima. Bem como, pode perseguir a vítima em ambientes que ela frequenta ou monitorar as redes sociais, com o intuito de saber para onde e com quem esteve. Desta forma, o legislador preocupou-se em abranger em um único tipo penal todas as formas de perseguição, incluindo a perseguição virtual, conhecida como "*Cyberstalking*", que é caracterizado pelo uso da tecnologia para perseguir uma pessoa.

É de suma importância salientar que se trata de um delito comum, podendo ser praticado por qualquer gênero. Em consonância as pesquisas apresentadas ao longo do desenvolvimento, concluiu-se que as mulheres são as maiores vítimas dessa forma de crime contemporâneo. Cumpre ainda destacar que a perseguição em sua maioria resulta em crimes mais gravosos, tais como o estupro, feminicídio ou homicídio. Portanto, caso fique comprovado que o criminoso se utilizou da perseguição reiterada como meio de execução do delito mais grave, este haverá de absorver o delito de perseguição, com base no princípio da subsidiariedade.

Tendo em vista a análise realizada à cerca da jurisprudência dos Tribunais brasileiros, constatou-se que o crime de *Stalking* quando inserido no contexto familiar, tem-se as mulheres e crianças como vítimas mais comuns, bem como possuíam relacionamentos próximos com o autor do crime. Constatou-se ainda que o crime de *Stalking*, geralmente ocorre posteriormente as medidas protetivas resultantes da Lei Maria da Penha, ou seja, o *stalker* ao ser afastado do convívio familiar por questão de segurança, somente após isso, passou a realizar a perseguição reiterada a ex-companheira e seus descendentes no intuito de reafirmar o compromisso.

Referências

ABREU, V. **Identificação Da Vitimização Por *Stalking* No Brasil**; Monografia (Bacharel em Psicologia) – Universidade Federal De São Carlos Centro De Educação E Ciências Humana. São Carlos, p. 34. 2019.

ACOSTA, D. F.; GOMES, V. L.; FONSECA, A. D.; GOMES, G. C.. **Violência Contra a Mulher por Parceiro Íntimo**: (In)visibilidade do Problema. Contexto Enfermagem, 24 (1), 121-7, 2015.

AGÊNCIA SENADO. **Lei que criminaliza *Stalking* é sancionada**. Publicada em: 5 abr. 2021. Disponível em: << https://www12.senado.leg.br/noticias/materias/2021/04/05/lei-que-criminaliza-*stalking*-e-sancionada>>. Acesso em: 13 set. 2022.

BASILE, K. C.; HALL, J. E.; WALTERS, M. L. Expanding resource theory and feminist informed theory to explain intimate partner violence perpetration by court-ordered men. **Violence Against Women**, 19, 848, 2013.

BRASIL, Decreto-Lei Nº 3.688, de 3 de outubro de 1941 – **Lei das Contravenções Penais**, 1941.

BRASIL, Lei nº 14.132, de 31 de março de 2021 – alteração do Código penal e revogação do artigo 65 da Lei das Contravenções Penais, 2021.

BREIDING, M. J.; BASILE, K. C.; SMITH, S. G.; BLACK, M. C.; MAHENDRA, R. Intimate Partner Violence Surveillance Uniform Definitions and Recommended Data Elements. **National Center for Injury Prevention and Control, Centers for Disease Control and Prevention,** Atlanta: Georgia, 2015.

CALDWELL, J. E.; SWAN, S. C.; WOODBROWN, V. D. Gender differences in intimate partner violence outcomes psychology of violence. **American Psychological Association**, 2(1), 42-57, 2012.

CARVALHO, C.; DESTRO, J. R.; FAUST, S. B. Dinâmica da Violência entre Casais a partir da ótica da Mulher no bairro Trindade, Florianopolis, SC. **Cogitare Enfermagem**, 15 (4), 603-8, 2010.

CASTRO, Ana Lara; SYDOW, Spencer. ***Stalking* e Cyber*stalking***: obsessão, internet, amedrontamento. Belo Horizonte: D' Plácido, 2017.

CEZARIO, A. C. F.; LOURENÇO, L. M. Violência conjugal contra o homem: Uma análise bibliométrica. Gerais**: Revista Interinstitucional de Psicologia**, 6(1), 144-156, 2013.

CHO, H.; HONG, J. S.; LOGAN, T. K. An ecological understanding of the risk factors associated with *stalking* behavior: Implications for social work practice. **Journal of Women and Social Work**, 27(4), 381-390, 2012.

COSTA, Adriano Sousa; FONTES, Eduardo; HOFFMAN, Henrique. ***Stalking*: o crime de perseguição ameaçadora**. Publicado em: 6 abr. 2021. Revista Conjur. Disponível em: << https://www.conjur.com.br/2021-abr-06/academia-policia-*stalking*-crime-perseguicao-ameacadora>>. Acesso em: 15 set. 2022.

CRESPO, Marcelo. **Algumas reflexões sobre o cyber*stalking*.** Canal Ciências Criminais. 2015. Disponível em: << https://canalcienciascriminais.jusbrasil.com.br/artigos/226885184/algumas-reflexoes-sobre-o-cyber*stalking*>>. Acesso em: 15 set. 2022.

FEDERAL, Supremo Tribunal; **STF julga inviável ação contra Lei da Alienação Parental**<<https://portal.stf.jus.br/noticias/verNoticiaDetalhe.asp?idConteudo=478866&ori=1#:~:text=A%20aliena%C3%A7%C3%A3o%20parental%20consiste%20na,genitor%20(pai%20ou%20m%C3%A3e).>>, Acessado em 08 nov. 2022, 2021.

FEITOSA JUNIOR, Alessandro. **'*Stalking*': saiba quando a perseguição na internet se torna crime.** Portal G1. Publicada em: 16 jul. 2021. Disponível em: << https://g1.globo.com/economia/tecnologia/noticia/2021/07/16/*stalking*-saiba-quando-a-perseguicao-na-internet-se-torna-crime.ghtml>>. Acesso em: 15 set. 2021.

FERREIRA, C; MATOS, M. Post-relationship *stalking*: The experience of victims with and without history of partner abuse. **J Fam Viol**, 28, 393-402. doi: 10.1007/s10896-013-9501-5, 2013.

GANEM, Pedro. **Uma primeira análise acerca do crime de *stalking*.** Publicado em: 11 ago. 2022. Disponível em: << https://canalcienciascriminais.com.br/uma-primeira-analise-acerca-do-crime-de-*stalking*/>>. Acesso em: 15 set. 2022.

GOMES, Filipa Isabel Gromicho. **O novo crime de perseguição: considerações sobre a necessidade de intervenção penal no âmbito do *stalking*.** Dissertação de Mestrado (Especialização em Ciências Jurídico-Criminais)- Faculdade de Direito da Universidade de Coimbra. Coimbra, fls. 116, 2016. Disponível em: <https://estudogeral.sib.uc.pt/bitstream/10316/41675/1/TESE%20FILIPA%20ISABEL%20GOMES%20FDUC.pdf>. Acesso em: 15 set. 2022.

GRANGEIA, H.; MATOS, M. Riscos associados ao *stalking*: Violência, persistência e reincidência. **Sociedade portuguesa de Psiquiatria e psicologia da justiça**, 5, 29-48, 2012.

JOHNSON, M. p. . Diferrenteating among types of domestic violence: Implications for Healthy marriages. **Violence against Woman**, 12 (11), 1003-1018, 2009.

LAGARDE, Marcela. El género, fragmento literal: La perspectiva de género. In: LAGARDE, Marcela. **Género y feminism. Desarollo humano y democracia**. Espanha: Ed. Horas y HORAS, 1996. p. 13-38.

LEE, M.; WEBER, M. R.; KAH, J. H. Exposure to family violence and attachment styles as predictors of dating violence perpetration among men and women: A mediational model. **Journal of Interpersonal Violence**, 29(1), 20-43, 2014.

MASSON, Cleber. **Direito Penal.** 13. ed. Rio de Janeiro: Forense; São Paulo: MÉTODO, 2019, vol. 1: parte geral (arts. 1º a 120), p. 270 e 271.

MATOS, M.; CONDE, R.; PEIXOTO, J. **Vitimação múltipla feminina ao longo da vida**: Uma revisão sistemática da literatura. Psicologia & Sociedade, 25(3), 602- 611, 2013.

MATOS, M.; GRANGEIA, H.; FERREIRA, C. ***Stalking*: Boas práticas no apoio à vítima.** Manual para profissionais. Comissão para cidadania e igualdade de gênero. Porto: Portugal, 2011.

MAZZOLA, Marcello Adriano. ***I nuovi danni***. Dott. Antonio Miliani, 2008, p. 1047.

REYNS, B. W.; ENGLEBRECHT, C. M. Informal and formal help-seeking decisions of *stalking* victims in the United States. **Criminal Justice and Behavior**, 41 (10), 1178-1194, 2015.

ROBERTS, K. A. Women's experience of violence during *stalking* by former romantic partners: Factors predictive of *stalking* violence. **Violence against women**, 11(1), 89-114, 2005.

ROYAKKERS, L. **The Dutch Approach to *Stalking* Laws**. Berkeley Journal of Criminal Law, 2000. Disponível em: << https://lawcat.berkeley.edu/record/1117144?ln=en>>. Acesso em: 15 set. 2022.

SENKANS, S; MCEWANA, T.; SKUES, J.; OGLOFF, J. Development of a relational rumination questionnaire. **Personality and Individual Differences**, 90, 27-35, 2016.

SIMÕES, Kristiam Gomes. **O novo crime de *Stalking* e algumas de suas implicações**. Ministério Público. Mato Grosso do Sul. Publicado em: 26 abr. 2021. Disponível em: <https://www.mpms.mp.br/noticias/2021/04/o-novo-crime-de-*stalking*-e-algumas-de-suas-implicacoes>. Acesso em: 15 set. 2022.

SINCLAIR, H. C. *Stalking* myth-attributions: Examining the role of individual and contextual variables on attributions in unwanted pursuit scenarios. **Sex Roles**, 66, 378-391, 2012.

STELKO-PEREIRA, A. C.; WILLIANS, L. C. A. Sobre o conceito de violência: Distinções necessárias. In L. C. A. Willians, J. M. D. Maia & K. S. A. Rios (Eds). **Aspectos Psicológicos da Violência**: pesquisa e intervenção cognitivo comportamental, (pp. 41-66). Santo André: EsEtec Editores, 2010.

VAN DER AA, Suzan. ***New Trends in the Criminalization of Stalking in the EU Member States***. In: Eur J Crim Policy Res 24, 315–333 (2018).

WORLD HEALTH ORGANIZATION [WHO]. Preventing intimate partner and sexual violence against women: **Taking action and generating evidence** (p.55). Geneva: WHO, 2010.

17. A VULNERABILIDADE DA MULHER E O CRIME DE *STALKING*: UMA ANÁLISE DAS DECISÕES INAUGURAIS NO SUPERIOR TRIBUNAL DE JUSTIÇA (STJ)

HELENA GRASSI FONTANA

Liberdade é pouco.
O que desejo ainda não tem nome.

(Clarice Lispector, *Perto do coração selvagem*).

Introdução

O discurso patriarcal estrutura as organizações sociais da civilização e isso não é de hoje. O presente artigo propõe-se fazer um recorrido sobre a vulnerabilidade da mulher em um contexto de violência de gênero como vítima do crime de *stalking* e trazer algumas impressões sobre as primeiras decisões do Superior Tribunal de Justiça (STJ) à respeito deste novo tipo penal.

As mulheres que viram amanhecer o século XX sendo qualificadas como relativamente incapazes de gerir sua pessoa e seus bens, mesmo que casadas[1], emanciparam-se política e civilmente com a promulgação da Constituição de 1988. A Constituição Cidadã buscou declarar a igualdade entre os gêneros, conquistada a duras penas e com séculos de atraso.

[1] No Brasil somente após o advento da Lei n. 4.121, de 27 de agosto de 1962, a mulher casada deixou de ser relativamente incapaz.

No direito interno, o artigo 5º da Constituição da República já se encarrega de anunciar que "todos são iguais perante a lei". Sem adentrar na discussão desta igualdade ser só e tão somente formal, parte-se da realidade que afirma que, na igualdade liberal, "todos são iguais, mas alguns são mais iguais que outros.[2]"

Mas é essa a mesma Constituição e esse mesmo artigo 5º que dizem serem garantidos a todos "a inviolabilidade do direito à vida, à liberdade, à igualdade, à segurança [...]". E justamente para buscar resguardar estes direitos é que, em 1/4/2021, passou a constar do rol de seletividade do direito penal brasileiro a proteção ao bem jurídico "liberdade", com a tipificação do crime de perseguição, também conhecido como *stalking*.

A Lei n. 14.132/2021, que acrescentou o art. 147-A ao Código Penal (Decreto-Lei n. 2.848), trouxe para o direito um fato da vida cotidiana, cujo sujeito ativo e passivo pode ser qualquer pessoa e que muito possivelmente se possa dizer, já foi experienciado por quase que qualquer pessoa de certo modo.

No presente artigo a análise será específica do contexto envolvendo a mulher vítima, ou seja, casos de *stalking* em que a vítima é uma mulher em contexto de violação de direitos por questão de gênero, enquadrando-se especificamente na causa de aumento de pena do inciso II do § 1º do art. 147-A do Código Penal.

Assim, no primeiro tópico será feito um recorrido sobre a vulnerabilidade da mulher e o direito, em uma perspectiva de gênero enquanto construção histórica, jurídica e social. E no segundo tópico uma análise sobre o novo tipo penal de perseguição e as decisões inaugurais do STJ sobre o *stalking*.

O presente estudo não tem a pretensão de exaurir o tema, muito pelo contrário, objetiva instigar o olhar para a análise da vulnerabilidade da mulher e iniciar os debates sobre o que vem a ser este novo instituto jurídico penal *stalking* e, especialmente, o que o STJ entende sobre ele nas primeiras decisões proferidas a respeito.

[2] OTERO, Paulo. *Instituições Políticas e Constitucionais*. Coimbra: Edições Almedina, 2007, p. 255.

1. A vulnerabilidade da mulher e o direito

Muito embora a evolução social da conquista de liberdade – e a defesa dela – esteja refletida na positivação pelo legislador sobre a igualdade, a inviolabilidade e a proteção da vida, sabe-se que a mera letra da lei não foi e não é capaz de fazer com que essa igualdade seja real a ponto de refletir em uma mudança social após séculos de exclusão da mulher.

A inferioridade remonta aos mais longínquos registros de civilização para perceber que a história da humanidade é dita como feita de homens, por homens e contada por eles. Assim, a humanidade resultou por ser masculina. Os homens foram sempre apresentados nos papeis de protagonistas da historiografia positivista e das grandes descobertas ocidentais, sempre tiveram o monopólio da fala, da escrita e dos discursos, da ciência e da produção do conhecimento, tomando conta dos espaços públicos.

A existência do ser mulher viveu o período das trevas da exclusão e anulação, sendo colocadas em um lugar que as determinavam e, partindo dele para chegar ao lugar que quiserem de hoje. Nas palavras de (sempre) alerta de Simone de Beauvoir:

> Dos gineceus aos conventos, dos quilombos aos haréns, das fogueiras aos manicômios, sentiu a violência da repressão, da custódia e de sua formatação a um ideal do feminino. A cultura misógina é repetidamente reforçada por argumentos retirados da religião à filosofia, da psicanálise à biologia.[3]

As mulheres vivenciaram milênios de silêncio, caladas sem saber o som de sua própria voz, sem saber que tinham voz, no confinamento da vida doméstica(da) que lhes cabiam – ou faziam-nas caber. Durante muito tempo na história a exclusão da mulher foi normal, até se chegar na sociedade atual onde a violência de gênero (parece que) foi normalizada. Olhar para uma mulher na sua individualidade – para além de apenas mais um número na estatística entre mortas e feridas – é um treinamento constante para a visão de quem quer ver além da banalização.

Gênero, no contexto deste estudo, deve ser entendido em sua dimensão não somente física do corpo, mas sociopolítica e de identidade. E portanto, a violência de gênero é aquela que considera diferenças socialmente vividas entre mulheres e homens, culturalmente fundamentadas em um sistema

[3] BEAUVOIR, Simone de. *O Segundo Sexo*. Lisboa: Quetzal Editores, 2009. p. 25.

patriarcal, que sustenta a superioridade e o controle dos corpos, das mentes e dos espíritos femininos calcados em uma ideia de superioridade e dominação masculina, bem como uma percepção falocêntrica do mundo.

O liberalismo clássico apregoava a igualdade entre todos os homens, mas não incluía a mulher. Aliás, não por outra razão que, na França, o célebre texto de 1789 foi denominado de Declaração dos Direitos do Homem e do Cidadão. No decorrer do século XX, o movimento feminista floresceu e os atos internacionais de proteção à mulher se multiplicaram.

A Declaração Universal dos Direitos do Homem, firmada no seio das Nações Unidas em 1948, teve sua denominação alterada para Declaração Universal dos Direitos Humanos. E as organizações internacionais, de cunho universal ou regional, passaram a desempenhar um relevante papel na sedimentação de uma visão cosmopolita da igualdade de gênero. No âmbito da Organização dos Estados Americanos, merecem referência:

(1) Conferência sobre Nacionalidade da Mulher, adotada em 1933;[4]
(2) Convenção Interamericana sobre a Concessão de Direitos Políticos à Mulher, adotada, em 1948;[5]
(3) Convenção Interamericana sobre a Concessão de Direitos Civis à Mulher, também adotada na IX Conferência Internacional Americana;[6]
(4) Convenção Interamericana para Prevenir, Punir e Erradicar a Violência contra a Mulher, também conhecida como Convenção de Belém do Pará, de 1994.[7]

[4] Aprovada, no Brasil, pelo Decreto Legislativo nº 111, de 24/09/1937, e promulgada pelo Decreto nº 2.411, de 23/02/1938. Disponível em: < https://www2.camara.leg.br/legin/fed/decret/1930-1939/decreto-2411-23-fevereiro-1938-345944-publicacaooriginal-1-pe.html>. Acesso em 11 mar 2023.

[5] Aprovada, no Brasil, pelo Decreto Legislativo nº 32, de 20/09/1949, e promulgada pelo Decreto nº 28.011, de 19/04/1950. Disponível em: <https://www.camara.leg.br/Internet/comissao/index/perm/cdh/Tratados_e_Convencoes/Mulher/concessao_dos_direitos_politicos_a_mulher.htm#:~:text=DECRETO%20N%C2%BA%2028.011%2C%20DE%2019,da%20IX%20Confer%C3%AAncia%20Internacional%20Americana>. Acesso em 11 mar. 2023.

[6] Aprovada, no Brasil, pelo Decreto Legislativo nº 74, de 19/12/1951, e promulgada pelo Decreto nº 31.643, de 23/10/1952. Disponível em: < https://www.planalto.gov.br/ccivil_03/Atos/decretos/1952/D31643.html>. Acesso em 11 mar 2023.

[7] Aprovada, no Brasil, pelo Decreto Legislativo nº 107, de 31/08/1995, e promulgada pelo Decreto nº 1.973, de 1º/10/1996. Disponível em: <https://www.planalto.gov.br/ccivil_03/decreto/1996/d1973.htm>. Acesso em 11 mar 2023.

No âmbito das Nações Unidas, menciona-se:

(1) Convenção sobre a Eliminação de todas as formas de Discriminação contra a Mulher, adotada em 1979;[8]
(2) Protocolo Facultativo a essa Convenção, adotado em 2001.[9]

De um histórico em que a mulher não era sujeito, mas somente "sujeita a", o reconhecimento de sua situação de vulnerabilidade e como ela interage no mundo em que vive é o início da proteção de seus direitos.

No âmbito do direito internacional das mulheres, a Recomendação Geral n. 33, de 2015, do Comitê de monitoramento da Convenção sobre a Eliminação da Discriminação contra a Mulher (CEDAW), fala sobre o contexto estrutural de vulnerabilidade da mulher, inclusive frente aos sistemas de justiça. Cita-se:

> Na prática, o Comitê observou uma série de obstáculos e restrições que impedem as mulheres de realizar seu direito de acesso à justiça, com base na igualdade, incluindo a falta de proteção jurisdicional efetiva dos Estados partes em relação a todas as dimensões do acesso à justiça. Esses obstáculos ocorrem em um contexto estrutural de discriminação e desigualdade, devido a fatores como estereótipos de gênero, leis discriminatórias, discriminação interseccional ou composta, requisitos, procedimentos e práticas em matéria probatória, e à falha em sistematicamente assegurar que os mecanismos judiciais sejam física, econômica, social e culturalmente acessíveis a todas as mulheres. Todos esses obstáculos constituem persistentes violações dos direitos humanos das mulheres.[10]

[8] Aprovada, no Brasil, pelo Decreto Legislativo nº 93, de 14/11/1983, que estabeleceu reservas aos arts. 15, § 4º e 16, § 1º, a, c, g e h, reservas estas posteriormente afastadas pelo Decreto Legislativo nº 26, de 22/06/1994. Disponível em: <https://www2.camara.leg.br/legin/fed/decleg/1980-1987/decretolegislativo-93-14-novembro-1983-360751-norma-pl.html#:~:text=EMENTA%3A%20Aprova%20o%20texto%20da,g%22%20e%20%22h%22.> Acesso em 11 mar 2023.

[9] Aprovado, no Brasil, pelo Decreto Legislativo nº 107, de 06/06/2002, e promulgado pelo Decreto nº 4.316, de 30/07/2002. Disponível em: <http://www.planalto.gov.br/ccivil_03/decreto/2002/d4316.htm> Acesso em 11 mar 2023.

[10] NAÇÕES UNIDAS. *Convenção sobre a Eliminação de Todas as Formas de Discriminação contra as Mulheres:* Recomendação Geral No 33 sobre o acesso das mulheres à justiça. [*S. l.*]:

Sob uma perspectiva vitimológica em relação ao fenômeno do *stalking*, refere-se algumas variáveis de análise sobre a vítima[11]:

1. Vulnerabilidade, assim considerada a tendência individual de se considerar mais ou menos suscetível a ser alvo hipotético do crime;
2. Medo, refere-se 1ª à reação havida pós vitimização, alternativamente, o aumento do temor generalizado causado pelo crime ou sua redução pela superação;
3. Atitudes suspeitas, trata das atitudes de autopreservação para contenção da vulnerabilidade e do medo;
4. Autoeficiência, observa a sensação de diminuição de independência e autogestão, e de aumento de desamparo e depressão;
5. Sintomática, versa sobre os efeitos dos eventos traumáticos nos âmbitos cognitivos, afetivos e comportamentais, e;
6. Percepção sobre o Poder Público, em especial a política, concentra-se no sentimento da vítima em reação ao atendimento da rota crítica institucional que, conforme seja positivo ou negativo, determinará toda sua impressão sobre os sistemas de segurança pública e justiça, bem como sua cooperação com a investigação e a persecução penal.

O termo vulnerabilidade em si já levanta um debate de alto grau. Sobre os conceitos, traz-se para análise a distinção:

> "Vulnerável" e "vulnerabilidade" são palavras corriqueiramente utilizadas para definir pessoas ou grupos de pessoas em situações de precariedade econômica, social, cultural e política. Pelo adjetivo "vulnerável", entende-se a possibilidade de ser ferido, machucado, violado. Alguém vulnerável é alguém que, por alguma circunstância, tem maior probabilidade de sofrer um dano do que outra pessoa em uma mesma situação. Já pelo substantivo

Comitê CEDAW, 8 mar. 2023. Disponível em: https://assets-compromissoeatitude-ipg.sfo2.digitaloceanspaces.com/2016/02/Recomendacao-Geral-n33-Comite-CEDAW.pdf. Acesso em: 8 mar. 2023.

[11] LURIGIO, Arthur J. *Are All Victims Alike?*"In Tobolowsky, Peggy M. Understanding Victimology: Selected Readings. Cincinnati: Anderson Publishing Co. (2000).

"vulnerabilidade", entende-se a característica de algo ou alguém que apresenta falhas ou incoerências. É sinônimo, pois, de fragilidades intrínsecas ao sujeito.[12]

Além do adjetivo "vulnerável" e do substantivo "vulnerabilidade", destaca-se o verbo "vulnerar", do latim *vulnus*, significa "ferida", ou seja, o ato de ferir, de machucar. E o verbo "vulnerar" faz pensar no que precisa mudar, contra o que se precisa lutar.[13] A respeito das distinções:

> Los términos "vulnerabilidade" y "vulnerable" se han popularizado, mientras que los términos 'vulneración' o 'vulnerar' no han seguido el mismo rumbo. Nos cuesta, por ejemplo, entender como las extructuras económicas, políticas, mercantiles [...] vulneran los derechos de las personas. Sin embargo, se oye decir que los pobres, migrantes, refugiados, desplazados, gays, lesbianas, transexuales, personas mayores [...] son colectivos vulnerables. ¿Que se quiere decir exatamente? ¿Que estas personas son objeto de vulneraciones y que por tanto hay que luchar contra las causas estructurales que se dañan? ¿O se está diciendo algo distinto?[14]

A vulnerabilidade, para além de um conceito, é uma realidade social, que de alguma forma demonstra a fragilidade e a dificuldade do sujeito em ver seus direitos assegurados. Atualmente, um dos principais documentos sobre vulnerabilidade são as "100 regras de Brasília", ou "Regras de Brasília sobre acesso à Justiça das pessoas em condição de vulnerabilidade"[15], que prevê o gênero como sendo uma condição de vulnerabilidade. Cita-se:

[12] MENDES, Soraia. *Feminicídio de Estado:* a misoginia bolsonarista e as mortes de mulheres por covid-19. 1. ed. São Paulo: Blimunda, 2021, p. 64.

[13] MENDES, Soraia. *Feminicídio de Estado:* a misoginia bolsonarista e as mortes de mulheres por covid-19. 1. ed. São Paulo: Blimunda, 2021, p. 65.

[14] MADRID, Antonio. *Vulneración y Vulnerabilidad:* El orden de las cosas. Fundación LÁlternativa. Disponível em: <https://studylib.es/doc/5728791/vulneraci%C3%B3n-y--vulnerabilidad>. Acesso em: 18 Mar. 2023.

[15] Também chamadas de "Princípios de Acesso da Cúpula Ibero-Americana" é um documento internacional composto de enunciados sem conteúdo normativo elaborados por um Grupo de Trabalho constituído no seio da Conferência Judicial Ibero-americana que contou com a participação da Associação Interamericana de Defensores Públicos (AIDEF), a Associação Iberoamericana de Ministérios Públicos (AIAMP), a Federação Ibero-americana de Ombudsman (FIO) e a União Ibero-Americana de Colégios e Agrupamentos de Advogados

2. Conceito das pessoas em situação de vulnerabilidade

> Consideram-se em condição de vulnerabilidade aquelas pessoas que, por razão da sua idade, género, estado físico ou mental, ou por circunstâncias sociais, económicas, étnicas e/ou culturais, encontram especiais dificuldades em exercitar com plenitude perante o sistema de justiça os direitos reconhecidos pelo ordenamento jurídico.
>
> Poderão constituir causas de vulnerabilidade, entre outras, as seguintes: a idade, a incapacidade, a pertença a comunidades indígenas ou a minorias, a vitimização, a migração e o deslocamento interno, a pobreza, o género e a privação de liberdade. A concreta determinação das pessoas em condição de vulnerabilidade em cada país dependerá das suas características específicas, ou inclusive do seu nível de desenvolvimento social e económico. [16]

Vale ressaltar que tais regras têm por objetivo "garantir as condições de acesso efetivo à justiça das pessoas em condição de vulnerabilidade". E nesse acesso à justiça destaca-se a atuação da Defensoria Pública[17] em prol da mulher. A Defensoria Pública possui função constitucional de assistência jurídica, promoção dos direitos humanos e defesa dos necessitados – não só econômicos. A própria Lei da Defensoria Pública prevê como sua função institucional a defesa "da mulher vítima de violência doméstica e familiar e de outros grupos sociais vulneráveis que mereçam proteção especial do Estado (LC n. 80/1994, art. 4º, XI).

(UIBA). As referidas regras foram submetidas e aprovadas perante a XIV Conferência Judicial Ibero-americana, realizada em Brasília, de 4 a 6 de março de 2008.

16 CONFERÊNCIA JUDICIAL IBERO-AMERICANA, 14, 2008, Brasília. *Regras de Brasília sobre acesso à justiça das pessoas em condição de vulnerabilidade.* Brasília, 2008. Disponível em: <https://www.anadep.org.br/wtksite/100-Regras-de-Brasilia-versao-reduzida.pdf> Acesso em 11 mar. 2023.

17 A Constituição Federal prevê em seu artigo 134 que "A Defensoria Pública é instituição permanente, essencial à função jurisdicional do Estado, incumbindo-lhe, como expressão e instrumento do regime democrático, fundamentalmente, a orientação jurídica, a promoção dos direitos humanos e a defesa, em todos os graus, judicial e extrajudicial, dos direitos individuais e coletivos, de forma integral e gratuita, aos necessitados". BRASIL. [Constituição (1988)]. *Constituição da República Federativa do Brasil.* Brasília, DF: Senado Federal, 2016. 496 p. Disponível em: <https://www.planalto.gov.br/ccivil_03/constituicao/constituicao.htm>. Acesso em: 11 mar 2023.

Assim, A Defensoria Pública exerce fundamentais papéis atuando em favor da mulher vulnerável, tanto da mulher vítima de violência na atuação como "assistência qualificada da vítima" e "amiga da comunidade de vítimas", como também na defesa na mulher enquanto ré e como custos vulnerabilis da ré[18].

Tendo em vista a vulnerabilidade da mulher e a necessária proteção de seus direitos, apresenta-se a doutrina que entende que a mulher é uma "necessitada constitucional" pois tem proteção constitucional. Destaca-se sobre o tema:

> Embora a Constituição não registre de modo literal, o constituinte elegeu alguns indivíduos e coletividades enquanto 'necessitados de tutela jurídico-estatal diferenciada', sendo, por isso, merecedores de especial proteção jurídica pelo Estado Brasileiro (Estado Executivo, Legislador, Juiz, Acusador e Defensor). Nessa esteira argumentativa, surgem os necessitados constitucionais ou jurídicos, eleitos constitucionalmente para receber especial proteção estatal. Em relação aos referidos grupos deve existir presunção de se tratar de necessitados jurídicos, em decorrência de seu específico quadro de vulnerabilidade social e hipossuficiência de recursos para enfrentar tais dificuldades, razão pela qual a Constituição lhes conferiu tratamento diferenciado. [19]

A vulnerabilidade da mulher pode ser vista sob diversas perspectivas, de maneira ainda interseccional, uma vez que pertencente muitas vezes a mais de um grupo vulnerabilizado. E por isso merece especial proteção de vida, liberdade e igualdade.[20]

[18] A primeira decisão que se tem notícia sobre a atuação da Defensoria Pública como custos vulnerabilis da mulher em um júri foi no Amapá. Disponível em: <https://selesnafes.com/2019/08/custus-vulnerabilis-defensoria-publica-do-amapa-protagoniza-caso-inedito-no-brasil/>. Acesso em 11 mar. 2023.

[19] MAIA, Maurilio Casas. A legitimidade coletiva da Defensoria Pública para a tutela de segmentos sociais vulneráveis. In: MARQUES, Cláudia Lima. GSELL, Beate. (Org.). *Novas tendências de Direito do Consumidor*: Rede Alemanha-Brasil de pesquisas em Direito do Consumidor. São Paulo: RT, 2015, p. 443.

[20] "Entendo que uma efetiva igualdade substantiva de proteção jurídica da mulher contra a violência baseada em gênero exige atuação positiva do legislador, superando qualquer concepção meramente formal de igualdade, de modo a eliminar os obstáculos, sejam físicos,

Destaca-se, aliás, que na concepção do STJ a vulnerabilidade e a hipossuficiência da mulher são inclusive presumidas quando em contexto de violência doméstica e familiar. Cita-se a jurisprudência:

> RECURSO ESPECIAL. LESÃO CORPORAL EM AMBIENTE DOMÉSTICO COMETIDO POR FILHO CONTRA MÃE. PRESUNÇÃO DE VULNERABILIDADE DA MULHER. RECONHECIMENTO DA COMPETÊNCIA DO JUIZADO DE VIOLÊNCIA DOMÉSTICA E FAMILIAR CONTRA A MULHER. INCIDÊNCIA DA LEI N. 11.340/2006. RECURSO PROVIDO.
>
> 1. "O Superior Tribunal de Justiça entende ser **presumida**, pela Lei n. 11.340/2006, a **hipossuficiência e a vulnerabilidade da mulher em contexto de violência doméstica e familiar**. É desnecessária, portanto, a demonstração específica da subjugação feminina para que seja aplicado o sistema protetivo da Lei Maria da Penha, pois a organização social brasileira ainda é fundada em um sistema hierárquico de poder baseado no gênero, situação que o referido diploma legal busca coibir" (AgRg na MPUMP n. 6/DF, relatora Ministra Nancy Andrighi, Corte Especial, julgado em 18/5/2022, DJe de 20/5/2022).
>
> 2. A violência contra a mulher provém de um aspecto cultural do agente no sentido de subjugar e inferiorizar a mulher, de modo que, ainda que a motivação do delito fosse financeira, conforme asseverado pelas instâncias de origem, não é possível afastar a ocorrência de violência doméstica praticada contra mulher.
>
> 3. Dessa forma, tendo em vista que no presente caso foram cometidos crimes, em tese, por filho contra a mãe, de rigor o reconhecimento da competência do Juizado de violência doméstica e familiar contra a mulher.

econômicos, sociais ou culturais, que impedem a sua concretização. Quando o ponto de partida é uma situação indesejável de desigualdade de fato, o fim desejado da igualdade jurídica (art. 5., caput e I, da CF), materialmente, somente é alcançado ao se conferir aos desiguais tratamento desigual na medida da sua desigualdade. Indivíduos identificados como especialmente vulneráveis em função do grupo social a que pertencem tem reconhecido pelo sistema constitucional o direito de proteção do Estado, na forma de mecanismos eficazes de dissuasão, contra violações da sua integridade pessoal." (ADC 19, relator ministro Marco Aurélio, voto da ministra Rosa Weber, j. 9-2-2012, P, DJE de 29-4-2014). BRASIL. Supremo Tribunal Federal (STF). *Proteção da mulher* [recurso eletrônico] : jurisprudência do STF e bibliografia temática / Supremo Tribunal Federal. -- Brasília : STF, Secretaria de Documentação, 2019

4. Recurso especial provido.

(STJ, REsp n. 1.913.762/GO, relator Ministro Antonio Saldanha Palheiro, Sexta Turma, julgado em 14/2/2023, DJe de 17/2/2023).

Assim, entende-se que no caso da mulher-vítima de *stalking*, há tanto uma vulnerabilização como uma vulnerabilidade. Nesse contexto, a vulnerabilidade em si não é algo que se porta, como quem veste uma roupa – embora seja estampada – mas sim se trata de um conceito baseado em algo intrínseco ao próprio ser (ser mulher) e também uma seletividade de mulheres historicamente *vulneradas* ou *vulnerabilizadas* pela estrutura patriarcal.

Destaca-se ainda que a vulnerabilidade da mulher é tema em voga nos tribunais superiores, destacando-se as decisões e orientações com perspectiva de gênero. O Conselho Nacional de Justiça (CNJ) aprovou em fevereiro de 2023 recomendação que institui o Protocolo para Julgamento com Perspectiva de Gênero[21] em todo o Judiciário. O documento fomenta a adoção da imparcialidade no julgamento de casos de violência contra mulheres evitando avaliações baseadas em estereótipos e preconceitos existentes na sociedade e promovendo postura ativa de desconstrução e superação de desigualdades históricas e de discriminação de gênero.

3. O crime de *stalking* na jurisprudência do STJ

A arquitetura protetiva internacional de proteção dos direitos humanos é capaz de refletir, ao longo de seu desenvolvimento, as diversas feições e vertentes do movimento feminista.[22] E fruto dessa internacionalização e a alteração do direito interno com uma maior proteção à mulher, reconhecidamente vulnerável.

Nessa trincheira entre a realidade e a legislação, os tribunais dizem como funcionará este direito de proteção e reparação. Assim, considerando

[21] CONSELHO NACIONAL DE JUSTIÇA – CNJ; Escola Nacional de Formação e Aperfeiçoamento de Magistrados — Enfam. PROTOCOLO PARA JULGAMENTO COM PERSPECTIVA DE GÊNERO. 2021. Disponível em: <https://www.cnj.jus.br/wp-content/uploads/2021/10/protocolo-18-10-2021-final.pdf> Acesso em 14 mar 2023.

[22] Sobre as diferentes fases do movimento feminista, ver Rosemarie Putnam Tong. *Feminist thought* – a more comprehensive introduction. Oxford: Westview Press, 1998.

a novel tipificação penal do crime de perseguição, passa-se a analisar as decisões inaugurais do STJ no julgamento envolvendo o crime de *stalking*.

3.1. O crime de *stalking*

A Lei n. 14.132/2021, que entrou em vigor em 1/4/2021, acrescentou o art. 147-A ao Código Penal (Decreto-Lei nº 2.848), para prever o crime de perseguição, também conhecido como *stalking*. Além disso, ela revogou o art. 65 da Lei das Contravenções Penais (Decreto-Lei nº 3.688/41).

O Código Penal passou a vigorar acrescido do seguinte art. 147-A:

> Perseguição
>
> Art. 147-A. Perseguir alguém, reiteradamente e por qualquer meio, ameaçando-lhe a integridade física ou psicológica, restringindo-lhe a capacidade de locomoção ou, de qualquer forma, invadindo ou perturbando sua esfera de liberdade ou privacidade.
>
> Pena – reclusão, de 6 (seis) meses a 2 (dois) anos, e multa.
>
> § 1º A pena é aumentada de metade se o crime é cometido:
>
> I – contra criança, adolescente ou idoso;
>
> II – contra mulher por razões da condição de sexo feminino, nos termos do § 2º-A do art. 121 deste Código;
>
> III – mediante concurso de 2 (duas) ou mais pessoas ou com o emprego de arma.
>
> § 2º As penas deste artigo são aplicáveis sem prejuízo das correspondentes à violência.
>
> § 3º Somente se procede mediante representação."

Assim, em uma primeira leitura conclui-se que o sujeito "persegue" a vítima, reiteradamente (exige-se habitualidade), por qualquer meio (presencialmente, pela internet, telefone, cartas, etc), praticando pelo menos uma das condutas:

(1) ameaçando a integridade física da vítima;
(2) ameaçando a integridade psicológica da vítima;
(3) restringindo a capacidade de locomoção;
(4) invadindo a esfera de liberdade da vítima;
(5) invadindo a esfera de privacidade da vítima;
(6) perturbando a esfera de liberdade da vítima;
(7) perturbando a esfera de privacidade da vítima.

A conduta do art. 147-A do CP é conhecida como *stalking* ou assédio por intrusão.

O termo vem do verno em inglês "to stalk", que significa "aproximar-se silenciosamente, atacar à espreita"[23], sendo já o *stalking* definido no dicionário também de língua inglesa como "perseguição persistente" e ainda "o crime de ilegalmente seguir ou vigiar alguém por um período de tempo".[24]

Sob a ótica da psicologia jurídica, o *stalking* é definido como:

> Uma constelação de condutas que podem ser muito diversificadas, mas envolvem sempre uma intrusão persistente e repetida por meio da qual uma pessoa procura impor à outra, mediante contatos indesejados, às vezes ameaçadores, gerando insegurança, constrangimento, e medo na vítima.[25]

Sobre o tema, mesmo antes da tipificação como crime específico, Damásio de Jesus, há mais de 13 anos, já tratava sobre o tema:

> Não é raro que alguém, por amor ou desamor, por vingança ou inveja ou por outro motivo qualquer, passe a perseguir uma pessoa com habitualidade incansável. Repetidas cartas apaixonadas, e-mails, telegramas, bilhetes, mensagens na secretária eletrônica, recados por interposta pessoa ou por meio de rádio ou jornal tornam um inferno a vida da vítima, causando-lhe, no mínimo, perturbação emocional. A isso dá-se o nome de *stalking*.
>
> *Stalking* é uma forma de violência na qual o sujeito ativo invade a esfera de privacidade da vítima, repetindo incessantemente a mesma ação por maneiras e atos variados, empregando táticas e meios diversos: ligações nos telefones celular, residencial ou comercial, mensagens amorosas, telegramas, ramalhetes de flores, presentes não solicitados, assinaturas de revistas indesejáveis, recados em faixas afixadas nas proximidades da residência da vítima, permanência na saída da escola ou do trabalho, espera de sua passagem por determinado lugar, frequência no mesmo local de lazer, em supermercados

[23] MICHAELIS DICTIONARY. Disponível em: https://michaelis.uol.com.br/palavra/QxRGP/stalk%3Cei%3E1%3C/ei%3E/. Acesso em: 7 mar. 2023.

[24] Cambridge Dictionary. Disponível em: https://dictionary.cambridge.org/pt/dicionario/ingles-portugues/*stalking*. Acesso em: 7 mar. 2023. Tradução livre.

[25] TRINDADE, Jorge. *Stalking*: a perseguição implacável. In: TRINDADE, Jorge. Manual de psicologia jurídica: para operadores do direito. 7. ed. rev., atual. e ampl. Porto Alegre: Livraria do Advogado, 2014. p. 5-4.

> etc. O *stalker*, às vezes, espalha boatos sobre a conduta profissional ou moral da vítima, divulga que é portadora de um mal grave, que foi demitida do emprego, que fugiu, que está vendendo sua residência, que perdeu dinheiro no jogo, que é procurada pela Polícia etc. Vai ganhando, com isso, poder psicológico sobre o sujeito passivo, como se fosse o controlador geral dos seus movimentos.[26]

O bem jurídico protegido é "a liberdade individual", podendo qualquer pessoa ser o sujeito ativo e passivo. Contudo, ressalta-se que a pena é aumentada de metade se a vítima for mulher por razões da condição de sexo feminino.

Trata-se de crime habitual, que só se configura com a prática reiterada da conduta, conforme exigência expressa no art. 147-A do CP ao mencionar que o crime se configura com a conduta de perseguir "reiteradamente" a vítima. E por se tratar de crime habitual, não cabe tentativa. Além disso, o crime não admite forma culposa, sendo somente punido se o sujeito agiu com dolo.

A análise jurídica da consumação perpassa-se pelos aspectos psicológicos e uma especial atenção ao "princípio da realidade".

Em uma conceituação sobre o *stalker*:

> Em alguma medida, o *stalker* humano, como na predação animal, quer ser, ao fim, reconhecido como vencedor. Vitorioso na sua estratégia. Mas, o *stalking* pode ou não terminar com predação propriamente dita, vale dizer, com emboscada, armadilha ou bote físico traiçoeiro ou frontal que atinja a integridade moral, física, sexual ou o patrimônio da vítima, mas o curso de conduta em si já é ilícito, tendo em vista que ultrapassa a esfera do desconfortável, incômodo, inconveniente e adentra no âmbito do aterrorizante, amedrontador, assustador, perturbador.[27]

O crime de *stalking* só se processa mediante representação, o que quer dizer que somente a vítima querendo representar é que haverá início a

[26] JESUS, Damásio E. de *Stalking*. Revista Jus Navigandi, ISSN 1518-4862, Teresina, ano 13, n. 1655, 12 jan. 2008. Disponível em: https://jus.com.br/artigos/10846. Acesso em: 7 mar. 2023.

[27] CASTRO, Ana Lara Camargo de; SYDOW, Spencer Toth. *Stalking e Cyberstalking*. 1. ed. Salvador: Juspodivm, 2021. 320 p. v. I. p. 35.

persecução penal. Ao que parece, segue-se a mesma lógica do crime de ameaça (art. 147, parágrafo único, do CP).

Antes da Lei nº 14.132/2021, a conduta de stalkear não era, contudo, fato atípico. Isso porque, antes da criação do crime do art. 147-A, a conduta era punida como contravenção penal pelo art. 65 do Decreto-lei 3.688/41, que tinha a seguinte redação:

> Art. 65. Molestar alguém ou perturbar-lhe a tranquilidade, por acinte ou por motivo reprovável:
>
> Pena – prisão simples, de quinze dias a dois meses, ou multa, de duzentos mil réis a dois contos de réis.

Contudo, algumas diferenças são notáveis, como o fato de que o art. 65 não falava expressamente em reiteração. Contentava-se com a conduta de molestar alguém ou perturbar-lhe a tranquilidade. Sobre a abolitio criminis e/ou a continuidade normativa, serão tratadas no próximo tópico, quando da análise das decisões do STJ.

Por fim, destaca-se que a punição do art. 147-A do CP não se aplica para fatos ocorridos antes de 01/04/2021. Vale ressaltar, contudo, que, se o agente iniciou os atos de perseguição antes da Lei n. 14.132/2021 e continua a praticá-los depois do novo diploma, responderá pelo crime do art. 147-A do CP.

3.2. Na jurisprudência do STJ

O direito, como entrelaçada teia jurídica que é, origina-se de um complexo – porém orgânico – movimento entre realidade e norma. Assim, quando do surgimento de um novo tipo penal, tem-se que, em regra, este é resultado de uma necessidade social para proteger um bem da vida. No caso do *stalking*, salvaguardar a liberdade do indivíduo.

Nesse ponto, surgindo um novo tipo penal para um fato que, em verdade, já há muito ocorria na sociedade – somente não era tipificado a este modo – há um período de adaptação da norma ao ordenamento jurídico, onde as situações fáticas serão agora também jurídicas e, por conseguinte, lidos estes fatos pelos intérpretes e operadores do direito.

Quando da promulgação e vigência de um novo tipo penal, ocorre a interpretação do fato em novas perspectivas e, para além do poder do povo – diretamente ou por seus representantes – que impulsionou a elaboração da norma, passa a ter um momento de expectativa pós-promulgação, na qual, quem "diz" que é o direito dará a sua leitura sobre ele.

Na Grécia Antiga, Aristóteles já ensinava que toda lei é geral e não pode conter em si a realidade prática em toda a sua concreção, na medida em que se encontra numa tensão necessária com relação ao concreto da ação. Com o ensinamento de Aristóteles, Gadamer[28] afirma que o intérprete não busca o significado do texto (sua essência), mas busca uma interpretação que se funda numa compreensão para o presente, ou seja, compreender não é compreender o passado (quando se produziu o texto), compreender é para o presente trazendo para o presente aquilo que é essencial do passado.

Sem adentrar no mérito sobre se esta interpretação deve ser fria, imparcial e objetiva pautada na racionalidade ou se é a hermenêutica é ao fim um processo das ciências do espírito que se vincula à história e à tradição, considerar-se-á que a interpretação da norma é prática, existencial e fenomenológica. Isso porque, para analisar o tratamento da norma pelos tribunais – e nesse caso em especial pelo STJ – parte-se da análise de casos julgados, a partir dos quais estes partem do caso concreto para trazer o que entendem por ser a norma e como aplicá-la aos fatos sociais – agora jurídicos e típicos.

O artigo 147-A do Código Penal brasileiro utiliza o nomen criminis "perseguição", sendo que as condutas nele incriminadas, por seu turno, são denominadas pela doutrina como *stalking*.

Em uma busca pela consulta de jurisprudência do STJ, colocando-se o termo específico "*stalking*" ou "perseguição art 147-A, resultam somente

[28] "Entre a hermenêutica jurídica e a dogmática jurídica existe, pois, uma relação essencial, na qual a hermenêutica detém a primazia. A ideia de uma dogmática jurídica perfeita, sob a qual se pudesse baixar qualquer sentença como um simples ato de subsunção, não tem sustentação. (...) O modelo da hermenêutica jurídica mostrou-se, pois, efetivamente fecundo. Quando se sabe autorizado a realizar a complementação do direito, dentro da função judicial e frente ao sentido original de um texto legal, o que faz o jurista é exatamente aquilo que ocorre em qualquer tipo de compreensão. (...) Assim, fica claro o sentido da aplicação que já está de antemão em toda forma de compreensão. A aplicação não é o emprego posterior de algo universal, compreendido primeiro em si mesmo, e depois aplicado a um caso concreto. É, antes, a verdadeira compreensão do próprio universal que todo texto representa para nós. A compreensão é uma forma de efeito, e se sabe a si mesma como tal efeito (GADAMER, H-G. *Verdade e método I*: traços fundamentais de uma hermenêutica filosófica. 5ª ed. Petrópolis: Vozes; São Paulo: Universidade São Francisco, 2003. p. 412.)

3 acórdãos da Corte relacionados, e mais uma decisão lançada em Informativo de Jurisprudência, sobre os quais passa-se à análise.

De pronto, salta aos olhos que a primeira decisão do STJ a utilizar o termo *stalking* foi julgada em 30/03/2017, ou seja, antes mesmo da tipificação do crime de *stalking* o termo já era utilizado, inclusive pelo STJ. Trata-se do HC n. 359.050/SC, de relatoria do Ministro Antonio Saldanha Palheiro. Cita-se:

> HABEAS CORPUS. CRIME DE AMEAÇA. VIOLÊNCIA DOMÉSTICA. **PERSEGUIÇÃO À VÍTIMA DURANTE RELACIONAMENTO AMOROSO E APÓS SEU TÉRMINO.** DOSIMETRIA DA PENA. EXASPERAÇÃO DA PENA-BASE. ARTIGO 59 DO CÓDIGO PENAL. PERSONALIDADE DO AGENTE. DESNECESSIDADE DE ELABORAÇÃO DE ESTUDO TÉCNICO. ***STALKING*. PERSEGUIÇÃO. COMPORTAMENTO OPRESSOR. SENSAÇÃO DE INTRANQUILIDADE.** AUSÊNCIA DE ILEGALIDADE OU TERATOLOGIA.
>
> 1. A dosimetria da pena é o momento em que o magistrado, dentro dos limites abstratamente previstos na lei, aplica de forma fundamentada o quantum ideal de reprimenda a ser imposta ao condenado, obedecendo a um sistema trifásico, porque "tal critério permite o completo conhecimento da operação realizada pelo juiz e a exata determinação dos elementos incorporados à dosimetria" (Exposição de Motivos da Nova Parte Geral do Código Penal, item 51).
>
> 2. **No caso concreto, o Tribunal a quo registrou que "merece acolhimento o pedido de valoração negativa da 'personalidade do agente', pois o contexto probatório releva que o comportamento do réu é desvirtuado, já que, além de ameaçar a vítima, (...) costumava persegui-la e vigiá-la reiteradamente, tanto durante o relacionamento, como após o término, deixando-a psicologicamente abalada quando percebia sua presença".**
>
> 3. A exasperação da pena-base deu-se de forma fundamentada.
>
> 4. **A personalidade do agente não encontra enquadramento em um conceito jurídico, em uma atividade de subsunção. Contrariamente, tal análise exige uma percepção sistêmica, Luhmaniana, inclinada à Psicologia, à Psiquiatria e à Antropologia, devendo ser entendida como um complexo de características individuais que ditam o comportamento do autor do delito.**

5. No entanto, a conclusão perpassa pelo sentir do magistrado, que tem contato com a prova, com o sentenciado, sendo absolutamente dispensável a realização de qualquer estudo técnico. A jurisprudência desta Corte é pacífica nesse mesmo sentido, tendo em vista que há nos autos vários outros elementos suficientes para denotar a maior ou menor periculosidade do agente. Precedentes. 6.

As condutas do paciente, **consistentes em incessante perseguição e vigília;** de busca por contatos pessoais; de direcionamento de palavras depreciativas e opressivas; de **limitação do direito de ir e vir**; de atitudes ameaçadoras e causadoras dos mais diversos constrangimentos à vítima, aptos a causarem intensa sensação de insegurança e intranquilidade, representam o que é conhecido na psicologia como ***stalking***, o que confirma a instabilidade dos traços emocionais e comportamentais do paciente, aptos a justificar a elevação da basal, inexistindo teratologia ou ilegalidade a ser reparada.

7. Habeas corpus denegado.[29] (sem grifo no orginal)

Em síntese, a defesa havia alegado que a exasperação da pena-base teria violado o art. 59 do Código Penal, uma vez que a personalidade do agente seria uma categoria que, para ser valorada negativamente, necessitaria de estudo técnico, por profissional habilitado, o que não se teria verificado na espécie.

O acórdão, que foi por unanimidade da Sexta Turma, reconheceu que a prática de *stalking*, embora ainda não estivesse tipificada como um tipo penal específico e autônomo, foi utilizada para a dosimetria da pena para a valoração negativa da "personalidade do agente" que praticou *stalking* contra a vítima. No caso concreto, o comportamento de stalkear a vítima foi visto como desvirtuado e possibilitou, no entender do STJ, o aumento da pena do crime de ameaça em violência doméstica.

No voto do relator foi destacado que o julgador deve voltar seu olhar não apenas à Ciência Jurídica, pois os critérios de avaliação da personalidade do agente não encontram enquadramento em um conceito jurídico, em uma atividade de subsunção. Mas em verdade é necessária uma análise inclinada à Psicologia, Psiquiatria e até mesmo Antropologia, sem necessitar, contudo, de uma perícia técnica.

[29] STJ, HC n. 359.050/SC, relator Ministro Antonio Saldanha Palheiro, Sexta Turma, julgado em 30/3/2017, DJe de 20/4/2017.

E já neste primeiro julgado o STJ trouxe conceitos da doutrina sobre *stalking*, destacando na decisão:

> "O *stalking* é uma forma de violência na qual o sujeito ativo invade a esfera de privacidade do sujeito passivo, repetindo incessantemente a mesma ação por maneiras e atos variados, empregando táticas e meios diversos: telefonemas em seu aparelho celular, residencial ou de ocupação, mensagens amorosas, telegramas, ramalhetes de flores, presentes não solicitados, assinaturas de revistas indesejáveis, mensagens em faixas amarradas, pregadas ou fixadas nas proximidades da residência da vítima, permanência na saída de sua escola ou trabalho, espera da sua passagem em determinado lugar, frequência constante no mesmo local de lazer, supermercados, lojas, etc". (JESUS, Damásio E. de. *Stalking.* Revista IOB de Direito Penal e Processual Penal. São Paulo, v. 10, n. 56, p. 66-70, jun-jul/2009).
>
> "Os efeitos potenciais de *stalking* atingem a saúde mental e emocional da vítima infligindo-lhe uma negação ou dúvida, ou seja, a vítima não acredita o que lhe está acontecendo. Em seguida, ao perceber a gravidade do fato, a vítima é tomada de uma frustração, culpa, vergonha, baixa autoestima, insegurança, choque e confusão, irritabilidade, medo e ansiedade, depressão, raiva, isolamento, perda de interesse em continuar desenvolvendo suas atividades corriqueiras, sentimentos suicidas, perda de confiança em sua própria percepção, sentimento violento para com o *stalker*, habilidade diminuída ao executar seu trabalho ou na escola, ou de realizar tarefas diárias. Isso tudo causa efeitos potenciais na saúde psicológica da vítima de *stalking* como distúrbios do sono, problemas sexuais e de intimidade, dificuldade de concentração, fadiga, fobias, ataques de pânico, problemas gastrointestinais, flutuações no peso, automedicação e desordem pós-traumático (sic) do stress." (VEIGA, Ademir Jesus da. O crime de perseguição insidiosa (*stalking*) e a ausência da legislação brasileira. Cascavel: Coluna do Saber, 2007). Infelizmente, as mulheres são as maiores vítimas desta nefasta conduta, urgindo a atuação enérgica do Judiciário para coibir tal prática.

O segundo julgado é um Agravo Regimental em Habeas Cospus (AgRg no HC 680738 / DF), julgado em 28/09/2021, tratando da análise da continuidade normativo-típica. Cita-se para análise:

PENAL. AGRAVO REGIMENTAL NO HABEAS CORPUS. CONTRAVENÇÃO PENAL. ABSOLVIÇÃO. IMPROPRIEDADE DA VIA ELEITA. ABOLITIO CRIMINIS NÃO EVIDENCIADO. **CONTINUIDADE NORMATIVA-TÍPICA**. AGRAVO DESPROVIDO.

1. O *habeas corpus* não se presta para a apreciação de alegações que buscam a absolvição do paciente, em virtude da necessidade de revolvimento do conjunto fático-probatório, o que é inviável na via eleita.

2. Nos moldes do reconhecido no parecer ministerial, "os fatos do caso ocorreram em junho de 2018, momento em que a aludida contravenção penal de perturbação da tranquilidade ainda não havia sido retirada da Lei das Contravenções Penais (art. 65 do Decreto-Lei n.º3.888/41) pela Lei nº. 14.132/21, que entrou em vigência apenas em 01/04/2021, quando a conduta acabou sendo reinserida no art. 147-A do Código Penal, com a seguinte dicção: "Perseguir alguém, reiteradamente e por qualquer meio, ameaçando-lhe a integridade física ou psicológica, restringindo-lhe a capacidade de locomoção ou, de qualquer forma,invadindo ou perturbando sua esfera de liberdade ou privacidade", prática agora também conhecida como ***stalking***" (e-STJ, fl. 196).

3. Incide ao caso o princípio da continuidade normativo-típica, pois, **embora a Lei n.14.342/21 tenha revogado o art. 65 do Decreto-Lei n.º 3.888/1941, a conduta que ele reprovava continua punível, pois a própria lei revogadora deslocou tal ação para o tipo penal do art. 147-A do Código Penal, não se cuidando, portanto, como já afirmado, de hipótese de abolitio criminis**. Importante destacar que tal ato teria ocorrido **pelo menos duas vezes**, não se tratando se fato isolado como defensivo pelo agravante.

4. Agravo desprovido.[30] (sem grifo no orginal)

Nesse caso, apesar de não ter havido a análise do mérito em específico – uma vez que reconhecida a necessidade de valoração da prova e esta incabível no referido *writ*– o STJ tratou de esclarecer sobre a continuidade normativo-típica envolvendo a contravenção penal da perturbação da tranquilidade (art. 65 do Decreto-Lei n.º 3.888/1941) e o crime de *stalking* (art. 147-A do Código Penal), quando os fatos tenham ocorrido em momento

[30] STJ, AgRg no HC n. 680.738/DF, relator Ministro Ribeiro Dantas, Quinta Turma, julgado em 28/9/2021, DJe de 4/10/2021.

em que a aludida contravenção penal de perturbação da tranquilidade ainda não havia sido retirada da Lei das Contravenções Penais pela Lei nº. 14.132/21 – que entrou em vigência apenas em 01/04/2021, quando a conduta acabou sendo reinserida no art. 147-A do Código Penal, mas que os atos praticados amolgam-se ao novo tipo penal, em virtude das múltiplas perturbações, não se tratando se fato isolado para ficar na conduta da contravenção por perturbação.

Assim, concluiu que incide o princípio da continuidade normativo-típica, pois, embora a Lei n.º 14.342/2021 tenha revogado o art. 65 do Decreto-Lei n.º 3.888/1941, a conduta que ele reprovava continua punível, pois a própria lei revogadora deslocou tal ação para o tipo penal do art. 147-A do Código Penal, não se cuidando, portanto, de hipótese de *abolitio criminis.*

Ainda sobre a continuidade normativo-típica é o terceiro julgamento, trazido no Informativo n.º 722, de 26/01/2022 no qual o STJ colocou o destaque: "A revogação da contravenção de perturbação da tranquilidade – art. 65 do Decreto-Lei n. 3.688/1941 – pela Lei n. 14.132/2021, não significa que tenha ocorrido *abolitio criminis* em relação a todos os fatos que estavam enquadrados na referida infração penal."

E vale a leitura das informações de inteiro teor que trazem o entendimento que, embora inaugural, vem sendo adotado pelo STJ quando da análise tanto da abolitio criminis quanto da continuidade ou não continuidade normativo-típica. Cita-se:

> De início, convém analisar a Lei n. 14.132, de 31 de março de 2021, a qual acrescentou o art. 147-A ao Código Penal, para prever o crime de perseguição, conhecido como ***stalking,*** e revogou o art. 65 da Lei das Contravenções Penais.
>
> Segundo o art. 147-A do Código Penal, constitui crime "perseguir alguém, reiteradamente e por qualquer meio, ameaçando-lhe a integridade física ou psicológica, restringindo-lhe a capacidade de locomoção ou, de qualquer forma, invadindo ou perturbando sua esfera de liberdade ou privacidade". A pena é de reclusão de 6 (seis) meses a 2 (dois) anos e multa.
>
> Como já dito, a par de criar um novo tipo penal, a Lei n. 14.132/2021 revogou expressamente o artigo 65 da Lei das Contravenções Penais, cuja redação era a seguinte: "Artigo 65 – Molestar alguém ou perturbar-lhe a tranquilidade, por acinte ou por motivo reprovável: Pena – prisão simples, de quinze dias a dois meses, ou multa".

> Com efeito, a revogação da contravenção de perturbação da tranquilidade pela Lei n. 14.132/2021, não significa que tenha ocorrido *abolitio criminis* em relação a todos os fatos que estavam enquadrados na referida infração penal.
>
> De fato, a parte final do art. 147-A do Código Penal prevê a conduta de perseguir alguém, reiteradamente, por qualquer meio e "de qualquer forma, invadindo ou perturbando sua esfera de liberdade ou privacidade", circunstância que, a toda evidência, já estava contida na ação de "molestar alguém ou perturbar-lhe a tranquilidade, por acinte ou por motivo reprovável", quando cometida de forma reiterada, porquanto a tutela da liberdade também abrange a tranquilidade.
>
> No caso, está consignado que o acusado, mesmo depois de processado e condenado em primeira instância pelo mesmo crime (art. 65 da LCP), cometido contra a mesma vítima, voltou a tentar contato ao lhe enviar três e-mails e um presente.
>
> Assim, considerando que o comportamento é reiterado – ação que, no momento atual, está contida no art. 147-A do Código Penal, em razão do princípio da continuidade normativo-típica –, de rigor, no caso, a incidência da lei anterior mais benéfica (art. 65 do Decreto Lei n. 3.688/1941).

Merece cada caso uma análise precisa, uma vez que não existe uma identidade total entre os elementos objetivos das infrações penais. Assim, nem todo indivíduo que cometeu a contravenção penal de molestamento praticou a conduta descrita como crime de perseguição. Diante disso, pelo entendimento exposto pelo STJ tem-se suas hipóteses de situações:

1) o sujeito já foi condenado ou está respondendo pela contravenção penal do art. 65 e, ao se analisar a conduta, percebe-se que ela se adequa à descrição do art. 147-A do CP. Nessa primeira hipótese não houve abolitio criminis, mas sim continuidade normativo-típica. O indivíduo continuará respondendo pela contravenção penal do art. 65.

2) o sujeito foi condenado ou está respondendo pela contravenção penal do art. 65 e, ao se analisar a conduta, percebe-se que ela não se adequa à descrição típica do art. 147-A do CP. Nesta segunda hipótese, conclui-se que houve *abolitio criminis*, acarretando a extinção da punibilidade.

O quarto e mais recente acórdão do STJ sobre *stalking* – proferido em sede de Agravo Regimental em Habeas Corpus (AgRg no Habeas Corpus nº 769685 – RJ) – tratou sobre a possibilidade de segregação cautelar em caso do crime de perseguição.

Destaca-se a ementa:

AGRAVO REGIMENTAL. HABEAS CORPUS SUBSTITUTIVO DE RECURSO PRÓPRIO. NÃO CABIMENTO. ***STALKING*. VIOLÊNCIA DOMÉSTICA E FAMILIAR CONTRA A MULHER. SEGREGAÇÃO CAUTELAR** DEVIDAMENTE FUNDAMENTADA NA GARANTIA DA ORDEM PÚBLICA. MODUS OPERANDI. INVIABILIDADE DE ANÁLISE DE POSSÍVEL PENA A SER APLICADA. CONDIÇÕES PESSOAIS FAVORÁVEIS. IRRELEVÂNCIA. MEDIDAS CAUTELARES ALTERNATIVAS. NÃO CABIMENTO. INEXISTÊNCIA DE NOVOS ARGUMENTOS APTOS A DESCONSTITUIR A DECISÃO IMPUGNADA. AGRAVO REGIMENTAL DESPROVIDO.

I – A segregação cautelar deve ser considerada exceção, já que tal medida constritiva só se justifica caso demonstrada sua real indispensabilidade para assegurar a ordem pública, a instrução criminal ou a aplicação da lei penal, ex vi do artigo 312 do Código de Processo Penal.

II – No caso, o decreto prisional encontra-se devidamente fundamentado em dados concretos extraídos dos autos, notadamente se considerada a **periculosidade do agente**, evidenciada pelo modus operandi da conduta supostamente praticada, consistente em **perseguição praticada contra a mulher por razões da condição de sexo feminino**, posto que ele, em tese, teria **realizado de forma reiterada perseguições**, investindo contra a integridade de sua ex-companheira e da filha, em comum, atentando contra a esfera de **privacidade** de ambas, tendo proferido palavras de baixo calão, humilhando a sua prole no local de trabalho, ressaltando o Magistrado primevo que "o paciente ameaçou sua filha em seu local de trabalho, havendo relatos de que ele reiteradamente a perseguia e a agredia fisicamente, bem com a sua ex-companheira", circunstâncias aptas a justificar a imposição da medida extrema para a garantia da ordem pública, mormente, como forma de **assegurar a integridade física e psíquica da vítima.**

III – A jurisprudência desta Corte se firmou no sentido de que: "Não prospera a assertiva de que a custódia cautelar é desproporcional à futura pena do paciente, pois só a conclusão da instrução criminal será capaz de revelar qual será a pena adequada e o regime ideal para o seu cumprimento, sendo inviável essa discussão nesta ação de Habeas Corpus' (HC 187.669/BA, Quinta Turma, Rel. Min. Napoleão Nunes Maia Filho, DJe 27/06/2011)"

> (RHC n. 71.563/MG, Sexta Turma, Relª. Minª. Maria Thereza de Assis Moura, DJe de 9/8/2016).
>
> IV – A presença de circunstâncias pessoais favoráveis, tais como primariedade, ocupação lícita e residência fixa, não tem o condão de garantir a revogação da prisão se há nos autos elementos hábeis a justificar a imposição da segregação cautelar, como na hipótese.
>
> Pela mesma razão, não há que se falar em possibilidade de aplicação de medidas cautelares diversas da prisão.
>
> V – É assente nesta Corte Superior que o agravo regimental deve trazer novos argumentos capazes de alterar o entendimento anteriormente firmado, sob pena de ser mantida a r. decisão vergastada pelos próprios fundamentos. Precedentes.
>
> Agravo Regimental desprovido.[31] (sem grifo no orginal)

Nesse caso, o modus operandi do crime de *stalking* foi considerado para aferir a gravidade concreta da conduta[32], tendo em vista que havia reiteração de perseguição além de também caracterizar um possível risco de reiteração delitiva e o perigo à integridade física e psíquica da vítima mulher em situação de violência doméstica. E nesse caso, foi justificada a imposição da medida extrema de prisão preventiva em detrimento das demais cautelares substitutivas.

Conceituou o modus operandi que consistiria em uma "perseguição praticada contra a mulher por razões da condição de sexo feminino, posto que ele, em tese, teria realizado de forma reiterada perseguições, investindo contra a integridade" e ainda "atentando contra a esfera de privacidade [...] tendo proferido palavras de baixo calão, humilhando a sua prole no local de trabalho". Enfatizou ainda outros julgados da Corte que, embora não tratem do *stalking* em si como matéria de mérito, narram

[31] STJ, AgRg no HC n. 769.685/RJ, relator Ministro Jesuíno Rissato (Desembargador Convocado do TJDFT), Quinta Turma, julgado em 18/10/2022, DJe de 28/10/2022.

[32] Sobre a "gravidade concreta da conduta" é a jurisprudência do STJ de que "a gravidade concreta do crime como fundamento para a decretação ou manutenção da prisão preventiva deve ser aferida, como no caso, a partir de dados colhidos da conduta delituosa praticada pelo agente, que revelem uma periculosidade acentuada a ensejar uma atuação do Estado cerceando sua liberdade para garantia da ordem pública, nos termos do art. 312 do Código de Processo Penal" (HC n. 596.566/RJ, relator Ministro Reynaldo Soares da Fonseca, Quinta Turma, DJe de 4/9/2020).

a sua ocorrência utilizando-se o termo "rotina de horror"[33] vivenciada pela mulher vítima da prática.

Ainda, o julgado afastou a tese de que não seria cabível uma segregação extrema no crime de *stalking* uma vez que haveria a possibilidade de aplicação de institutos despenalizadores considerada a pena aplicada. Isso porque, entendeu a Corte não se prestaria a via do habeas corpus para análise de desproporcionalidade da prisão em face de eventual condenação do réu porque esta análise somente poderia ser feita após a cognição exauriente sobre os fatos e as provas do processo, o que caberia ao juízo de primeiro grau analisar e definir a pena e o regime aplicados.

Conclusões

Tratar sobre vulnerabilidades é sempre um tema sensível. Entre as tantas que se apresentam no mundo real, algumas delas são selecionadas pelo mundo jurídico. A vulnerabilidade da mulher(-vítima) é uma delas, uma realidade vista e vivida diariamente por todas as mulheres que ao levantar a cada dia parecem exercer um ato de risco de coragem.

O sujeito mulher vem sendo reconhecido pelo direito – mesmo que a passos lentos e curtos – como um sujeito de direitos. Os avanços jurídicos sobre a proteção da mulher se dão em todas as áreas mas, infelizmente, a norma por si só não transforma o mundo em um lugar seguro para o ser mulher ser mulher.

O *stalking*, a perseguição, a paixão aficionada e todos estes atos e verbos sinônimos são fatos do mundo real que agora, ao serem tipificados, colocam sob a proteção do Estado o bem da vida liberdade e, em especial no caso das mulheres, a tão sonhada liberdade de ser e viver mulher.

E eficiência da norma fica condicionada à superação de outra vulnerabilidade, a do conhecimento das mulheres sobre ela. Saber que se tem um direito é o primeiro passo para que se possa lutar por ele e combater a sua opressão. A necessidade da resistência e da autonomia feminina na fase é retratada na fase inicial do processo pela necessidade de representação. E a partir daí a via sacra para ter declarada e resguardada a liberdade.

O reconhecimento da vulnerabilidade da mulher é social, o que demanda um esforço tamanho em uma sociedade patriarcal na qual reina

[33] STJ, AgRg no HC n. 694.655/DF, relatora Ministra Laurita Vaz, Sexta Turma, DJe de 16/12/2021.

o machismo estrutural. A tipificação penal do *stalking* é uma conquista, mas não um fim em si ou uma solução pronta. Para além disso, é necessário que os operadores do direito tenham olhares atentos para a aplicação da norma, cuja aplicação não se exaure e não vem pronta.

A prática do *stalking* em si já ocorria desde há muito, sendo que agora que passou do normal para o penal requer um tratamento das causas e consequências. E nesse aplicar da regra é importante estar atento para o que dizem as ciências sobre isso, a antropologia, a psicologia, a psiquiatria. E nesse momento de transição entre uma liberdade apenas formal para uma efetiva garantia material há que se observar com total atenção o movimento dos tribunais que dizem o que é ou não é a norma.

É uma provocação para se pensar no novo, em um fato que apesar de cotidiano – presente em músicas, filmes, livros – foi selecionado pelo direito penal. O resguardar do direito à liberdade da mulher é o reconhecimento de sua vulnerabilidade frente ao outro, frente ao mundo, frente às relações humanas.

Referências

BEAUVOIR, Simone de. *O Segundo Sexo*. Lisboa: Quetzal Editores, 2009.

BRASIL. [Constituição (1988)]. *Constituição da República Federativa do Brasil*. Brasília, DF: Senado Federal, 2016. 496 p. Disponível em: <https://www.planalto.gov.br/ccivil_03/constituicao/constituicao.htm>. Acesso em: 11 mar 2023.

BRASIL. *Decreto nº 2.411, de 23/02/1938*. Promulga a Convenção sobre a nacionalidade da mulher, firmada entre o Brasil e diversos países, em Montevidéu, a 26 de dezembro de 1933, por ocasião da VII Conferência Internacional Americano. Disponível em: < https://www2.camara.leg.br/legin/fed/decret/1930-1939/decreto-2411-23-fevereiro-1938-345944-publicacaooriginal-1-pe.html>. Acesso em 11 mar 2023.

_____. *Decreto nº 28.011, de 19/04/1950*. Promulga a Convenção Interamericana sôbre a Concessão dos Direitos Políticos à Mulher, firmada em Bogotá, a 2 de maio de 1948, por ocasião da IX Conferência Internacional Americana. Disponível em: <https://www.camara.leg.br/Internet/comissao/index/perm/cdh/Tratados_e_Convencoes/Mulher/concessao_dos_direitos_politicos_a_mulher.htm#:~:text=DECRETO%20N%C2%BA%2028.011%2C%20DE%2019,da%20IX%20Confer%C3%AAncia%20Internacional%20Americana>. Acesso em 11 mar. 2023.

_____. *Decreto nº 31.643, de 23/10/1952*. Promulga a Convenção Interamericana sobre a concessão dos direitos civis da mulher, assinado em Bogotá, a 2 de maio de 1948.

Disponível em: < https://www.planalto.gov.br/ccivil_03/Atos/decretos/1952/D31643.html> Acesso em 11 mar 2023.

_____. *Decreto nº 1.973, de 1º/10/1996*. Promulga a Convenção Interamericana para Prevenir, Punir e Erradicar a Violência contra a Mulher, concluída em Belém do Pará, em 9 de junho de 1994. Disponível em: < https://www.planalto.gov.br/ccivil_03/decreto/1996/d1973.htm>. Acesso em 11 mar 2023.

_____. *Decreto Legislativo nº 93, de 14/11/1983*. Promulga o decreto que estabeleceu reservas aos arts. 15, § 4º e 16, § 1º, a, c, g e h, reservas estas posteriormente afastadas pelo Decreto Legislativo nº 26, de 22/06/1994. Disponível em: < https://www2.camara.leg.br/legin/fed/decleg/1980-1987/decretolegislativo-93-14-novembro-1983-360751-norma-pl.html#:~:text=EMENTA%3A%20Aprova%20o%20texto%20da,g%22%20e%20%22h%22.> Acesso em 11 mar 2023.

_____. *Decreto nº 4.316, de 30/07/2002*. Promulga o Protocolo Facultativo à Convenção sobre a Eliminação de Todas as Formas de Discriminação contra a Mulher. Disponível em: < http://www.planalto.gov.br/ccivil_03/decreto/2002/d4316.htm> Acesso em 11 mar 2023.

BRASIL. Supremo Tribunal Federal (STF). *Proteção da mulher* [recurso eletrônico]: jurisprudência do STF e bibliografia temática / Supremo Tribunal Federal. -- Brasília: STF, Secretaria de Documentação, 2019.

Cambridge. *Cambridge Dictionary*. Disponível em: https://dictionary.cambridge.org/pt/dicionario/ingles-portugues/*stalking*. Acesso em: 7 mar. 2023.

CASTRO, Ana Lara Camargo de; SYDOW, Spencer Toth. *Stalking e Cyberstalking*. Salvador: Juspodivm, 2021.

GADAMER, H-G. *Verdade e método I*: traços fundamentais de uma hermenêutica filosófica. 5ª ed. Petrópolis: Vozes; São Paulo: Universidade São Francisco, 2003.

CONFERÊNCIA JUDICIAL IBERO-AMERICANA, 14, 2008, Brasília. *Regras de Brasília sobre acesso à justiça das pessoas em condição de vulnerabilidade*. Brasília, 2008. Disponível em: <https://www.anadep.org.br/wtksite/100-Regras-de--Brasilia-versao-reduzida.pdf> Acesso em 11 mar. 2023.

CONSELHO NACIONAL DE JUSTIÇA –CNJ; Escola Nacional de Formação e Aperfeiçoamento de Magistrados — Enfam. PROTOCOLO PARA JULGAMENTO COM PERSPECTIVA DE GÊNERO. 2021. Disponível em: <https://www.cnj.jus.br/wp-content/uploads/2021/10/protocolo-18-10-2021-final.pdf> Acesso em 14 mar 2023.

JESUS, Damásio E. de. *Stalking*. Revista Jus Navigandi, ISSN 1518-4862, Teresina, ano 13, n. 1655, 12 jan. 2008. Disponível em: https://jus.com.br/artigos/10846. Acesso em: 7 mar. 2023.

LURIGIO, Arthur J. *Are All Victims Alike?*. In Tobolowsky, Peggy M. Understanding Victimology: Selected Readings. Cincinnati: Anderson Publishing Co. (2000).

MAIA, Maurilio Casas. *A legitimidade coletiva da Defensoria Pública para a tutela de segmentos sociais vulneráveis*. In: Marques, Cláudia Lima. Gsell, Beate. (Org.). *Novas tendências de Direito do Consumidor*: Rede Alemanha-Brasil de pesquisas em Direito do Consumidor. São Paulo: RT, 2015, p. 431-459.

MADRID, Antonio. *Vulneración y Vulnerabilidad:* El orden de las cosas. Fundación LÁlternativa. Disponível em: <https://studylib.es/doc/5728791/vulneraci%C3%B3n-y-vulnerabilidad>. Acesso em: 18 Mar. 2023.

MENDES, Soraia. *Feminicídio de Estado*: a misoginia bolsonarista e as mortes de mulheres por covid-19. São Paulo: Blimunda, 2021.

NAÇÕES UNIDAS. *Convenção sobre a Eliminação de Todas as Formas de Discriminação contra as Mulheres*: Recomendação Geral No 33 sobre o acesso das mulheres à justiça. [*S. l.*]: Comitê CEDAW, 8 mar. 2023. Disponível em: https://assets-compromissoeatitude-ipg.sfo2.digitaloceanspaces.com/2016/02/Recomendacao-Geral-n33-Comite-CEDAW.pdf. Acesso em: 8 mar. 2023.

Michaelis. *Michaelis Dict*ionary. Disponível em: https://michaelis.uol.com.br/palavra/QxRGP/stalk%3Cei%3E1%3C/ei%3E/. Acesso em: 7 mar. 2023.

OTERO, Paulo. *Instituições Políticas e Constitucionais*. Coimbra: Edições Almedina, 2007, p. 255.

TRINDADE, Jorge. *Stalking: a perseguição implacável*. In: TRINDADE, Jorge. *Manual de psicologia jurídica*: para operadores do direito. 7. ed. rev., atual. e ampl. Porto Alegre: Livraria do Advogado, 2014.

Referências Jurisprudenciais

Brasil. Superior Tribunal de Justiça. HC n. 359.050/SC, relator Ministro Antonio Saldanha Palheiro, Sexta Turma, julgado em 30/3/2017, DJe de 20/4/2017.

_____. _____. AgRg no HC n. 680.738/DF, relator Ministro Ribeiro Dantas, Quinta Turma, julgado em 28/9/2021, DJe de 4/10/2021.

_____. _____. AgRg no HC n. 769.685/RJ, relator Ministro Jesuíno Rissato (Desembargador Convocado do TJDFT), Quinta Turma, julgado em 18/10/2022, DJe de 28/10/2022)

_____. _____. HC n. 596.566/RJ, relator Ministro Reynaldo Soares da Fonseca, Quinta Turma, DJe de 4/9/2020.

_____. _____. AgRg no HC n. 694.655/DF, relatora Ministra Laurita Vaz, Sexta Turma, DJe de 16/12/2021.

_____. _____. REsp n. 1.913.762/GO, relator Ministro Antonio Saldanha Palheiro, Sexta Turma, julgado em 14/2/2023, DJe de 17/2/2023.

18. *STALKING* COMO CRIME MILITAR E SUAS ESPECIFICIDADES NO ÂMBITO CASTRENSE

Denise de Melo Moreira
Thalles Teixeira Moreira Santos

Introdução

Sabe-se que a tipificação do crime de perseguição, intitulado internacionalmente como *stalking*, ocorreu recentemente no Brasil, por meio da Lei n.º 14.132, no ano de 2021.

Além dos tradicionais crimes militares próprios e impróprios, tonou-se possível a adequação do delito de *stalking* como crime castrense em virtude de sua categorização como ilícito militar por extensão, conforme bem ensina Roth[1].

Desde então, surgiu a seguinte problemática: o *stalking* como crime militar detém nuances que o distingue, em certos aspectos, do crime de

[1] ROTH, Ronald João. **Os delitos militares por extensão e a nova competência da Justiça Militar (Lei n.º 13.491/17).** Revista Direito Militar AMAJME – Associação dos Magistrados das Justiças Militares Estaduais Setembro a dezembro de 2017. p. 29. Disponível em < https://dspace.stm.jus.br/bitstream/handle/123456789/131917/OS%20DELITOS%20MILITARES%20POR%20EXTENS%C3%83O.pdf?sequence=6&isAllowed=y>. Acesso em 28/01/2023: "A novel Lei 13.491/17 que alterou a redação do art. 9º do Código Penal Militar (CPM) aumentou o rol de crimes militares e igualmente ampliou a competência da Justiça Militar trazendo uma *nova categoria* de crimes militares. Ao lado da tradicional classificação dos crimes propriamente militares (aqueles previstos exclusivamente no CPM), contemplada na CF (art. 5º, LX I, *in fine*) e no CP (art. 64, II), e dos crimes impropriamente militares (aqueles que possuem igual definição no Código Penal Comum)2, a referida Lei agora instituiu os crimes militares por extensão (aqueles previstos *exclusivamente* na legislação penal comum, isto é, no Código Penal (CP) e na legislação extravagante)".

perseguição comum? Ou seja, em outras palavras, busca-se compreender se há especificidades vinculadas ao sistema militar que necessitam ser consideradas pelo operador do direito ao se deparar com um crime de perseguição cometido na esfera castrense. E a hipótese observada é que existem singularidades no âmbito castrense brasileiro que propiciam uma persecução penal distinta dos delitos comuns.

Assim, diante dessa nova possibilidade de configuração do *stalking* como crime militar no ordenamento jurídico pátrio, justifica-se a importância de se ater a um estudo mais centrado nesse campo específico a fim de que o operador do direito possa averiguar o desdobramento desse ilícito notadamente à luz do sistema penal castrense que possui uma organização distinta das demais estruturas jurídicas.

Desta feita, este trabalho objetiva analisar as especificidades do crime de *stalking* como delito militar e, para tanto, o presente estudo detém como objetivos específicos identificar as particularidades das instituições responsáveis pela investigação, acusação e julgamento, tanto na órbita federal quanto estadual, do crime militar de perseguição. Além de verificar possíveis reflexos dos institutos da hierarquia e disciplina no *stalking*, bem como analisar o delito de perseguição tendo como vítima militar do sexo feminino e a intenção do Projeto de Lei n.º 778/2022 no sentido de impor maior sanção ao crime militar.

Outrossim, a estrutura deste trabalho foi organizada para incialmente tratar das peculiaridades da estrutura do sistema de persecução penal castrense, momento no qual serão apresentados a especificidades do arquétipo militar para a persecução penal, bem como o exame de questões polêmicas sobre a possibilidade ou não de um civil cometer crime de *stalking* militar e ser julgado pela Justiça Especializada Militar, além de verificação de outra situação controvertida referente ao órgão competente para julgar um acusado atualmente civil (ex-militar), mas que, na época da prática do crime de perseguição, ostentava a condição de militar.

Em sequência, por se tratar de crime militar, não se pode deixar de refletir sobre os princípios regentes das instituições militares, quais sejam a hierarquia e disciplina, e seus impactos no crime de perseguição.

Por conseguinte, este estudo propõe emitir destaque ao Projeto de Lei n.º 778/2022, uma vez que almeja a imposição de sanções bem mais rigorosas para os militares que cometam o crime de *stalking*, tendo em vista as singularidades existentes na vida da caserna e o compromisso atinente à boa conduta que o militar deve ter com a sociedade em razão de suas funções institucionais.

Por fim, outro ponto de relevância a ser examinado refere-se ao crime cometido contra mulheres. O Brasil é detentor de uma lamentável estatística correspondente a altos níveis de violência contra mulher, sendo o delito de perseguição enquadrado como aquele que, em regra, possui mais vítimas do sexo feminino. Destarte, encontra-se pertinente a análise da prática do crime de *stalking* em desfavor de mulheres militares que servem em organizações castrenses compostas majoritariamente por pessoas do sexo masculino.

Metodologicamente, o presente estudo detém natureza básica, uma vez que se permeia no aprimoramento teórico do conhecimento relativo ao crime militar de perseguição, não obstante determinadas ideias consignadas possam ser utilizadas, pelo operador do direito, na aplicação prática ao se deparar com eventual caso concreto de um *stalking* castrense. Ademais, configura-se como um estudo exploratório amparado no procedimento de técnica de pesquisa atinente à revisão bibliográfica, na qual respaldou-se em análises doutrinárias consignadas em livros, bem como exames de artigos, legislações e jurisprudência sobre a temática da perseguição no âmbito militar.

1. Especificidades do crime militar de perseguição

1.1. Peculiaridades da estrutura do sistema de persecução penal castrense

Em 1º de abril de 2021, por meio da Lei n.º 14.132, houve relevante modificação legislativa que tipificou como crime de perseguição, conhecido internacionalmente como *stalking*, as seguintes condutas inseridas no art. 147-A do Código Penal:

> **Perseguição**
>
> Art. 147-A. Perseguir alguém, reiteradamente e por qualquer meio, ameaçando-lhe a integridade física ou psicológica, restringindo-lhe a capacidade de locomoção ou, de qualquer forma, invadindo ou perturbando sua esfera de liberdade ou privacidade. (Incluído pela Lei nº 14.132, de 2021)
>
> Pena – reclusão, de 6 (seis) meses a 2 (dois) anos, e multa. (Incluído pela Lei nº 14.132, de 2021)

> § 1º A pena é aumentada de metade se o crime é cometido: (Incluído pela Lei nº 14.132, de 2021)
>
> I – contra criança, adolescente ou idoso; (Incluído pela Lei nº 14.132, de 2021)
>
> II – contra mulher por razões da condição de sexo feminino, nos termos do § 2º-A do art. 121 deste Código; (Incluído pela Lei nº 14.132, de 2021)
>
> III – mediante concurso de 2 (duas) ou mais pessoas ou com o emprego de arma. (Incluído pela Lei nº 14.132, de 2021)
>
> § 2º As penas deste artigo são aplicáveis sem prejuízo das correspondentes à violência. (Incluído pela Lei nº 14.132, de 2021)
>
> § 3º Somente se procede mediante representação. (Incluído pela Lei nº 14.132, de 2021)[2].

Não obstante essa tipificação do crime de *stalking* no Brasil ter ocorrido apenas em 2021, Greco[3] ensina que o estudo desse reprovável comportamento criminoso se iniciou com mais profundidade desde a década de 1990, notadamente nos Estado Unidos da América. Santos[4] esclarece que comportamentos caracterizadores de atos de perseguição foram documentados desde o século XVIII, apesar de somente no ano de 1990, na Califórnia, ter surgido a primeira lei contra a perseguição. Destaca-se ainda que, antes do Brasil enquadrar a perseguição como crime, diversos países como França, Itália, Alemanha, Holanda, Canadá e Portugal já tinham tipificado penalmente essa conduta, conforme esclarece Estefam[5].

Essa alteração legislativa no Código Penal brasileiro, viabilizada pela Lei n.º 14.132/2021, alcançou inclusive os delitos da esfera castrense, uma vez que possibilitou o enquadramento do ilícito penal referente ao *stalking* como um crime militar.

[2] BRASIL. **Decreto-Lei n.º 2.848, de 07 de dezembro de 1940 (Código Penal).** Disponível em <https://www.planalto.gov.br/ccivil_03/decreto-lei/del2848compilado.htm>. Acesso em 20/01/2023.

[3] GRECO, Rogério. **Direito Penal Estruturado** – 2º ed. Rio de Janeiro: Forense; Método, 2021, p. 237. E-book.

[4] SANTOS, Bárbara Fernandes Ritos dos. ***Stalking* Parâmetros de Tipificação e o Bem-Jurídico da Integridade Psíquica.** Coimbra: Almedina. 2017, p. 39.

[5] ESTEFAM, André. **Direito Penal: Parte Especial** – v 2. 9º ed. – São Paulo: SaraivaJur, 2022, p. 724. E-book.

Antes de propriamente passar ao exame mais técnico do delito de perseguição como crime militar no ordenamento jurídico brasileiro, destaca-se a classificação doutrinária dos atos de *stalking*, realizada por Alessia Mocoli e citada por Gerbovic, a fim de averiguar em qual caracterização o crime militar mais se enquadraria:

> São quatro as categorias de *stalking* que consideramos importante apresentar nesta obra, de acordo com a autora italiana Alessia Mocoli:
>
> i) "*Stalking* das celebridades": consiste na perseguição de pessoas famosas e/ou com algum interesse para o público, por motivos de ciúmes, inveja ou ódio, ainda que não se dispense a própria idolatria como motivo.
>
> ii) "*Stalking* emocional": esse tipo é o mais frequente e comum, que vem associado ao término de relação afetiva entre duas pessoas, sendo que uma delas não se conforma com a perda da outra.
>
> iii) "*Stalking* ocupacional": a perseguição tem início no local de trabalho e termina por invadir a vida privada da vítima. No entanto não se confunde com *mobbing*, forma de perseguição da qual trataremos mais adiante (ver capítulo 6), pois os atos persecutórios do "*stalking* ocupacional", ocorrem individualmente, tanto de forma afetiva quanto destrutiva.
>
> iv) "*Stalking* familiar": é a perseguição que acontece no âmbito de uma família.[6]

De acordo com a categorização acima e não obstante a supracitada classificação não vedar o surgimento de outras, conforme alerta Gerbovic[7], observa-se que a perseguição militar se aproxima mais do intitulado "*stalking* ocupacional", pois, como será visto, os atos de perseguição relativo ao delito militar normalmente decorrem de um vínculo com o militarismo, seja em razão da função militar exercida pelas pessoas envolvidas, seja pelo local sujeito à administração militar, onde ocorre o delito.

A configuração do *stalking* como delito militar restou possível em virtude de uma alteração legislativa ocorrida por meio da vigência da Lei n.º 13.491/2017.

Isso porque a Lei n. 13.491/2017 ampliou o rol de crimes militares que antes estavam restritos aos delitos tipificados no Código Penal Militar

[6] GERBOVIC, Luciana. ***Stalking***. São Paulo: Almedina Brasil. 2016, p. 37.

[7] Ibidem p. 38.

(CPM). Assim, a supracitada lei modificou o inciso II do art. 9º do CPM que passou a ter a seguinte redação: "Art. 9º Consideram-se crimes militares, em tempo de paz: II – os crimes previstos neste Código e os previstos na legislação penal (...): (Redação dada pela Lei nº 13.491, de 2017)" (grifo não no original).

Desta feita, as condutas penais previstas fora do Código Penal Militar, isto é, na legislação penal comum, e enquadradas em alguma das alíneas do inciso II do art. 9º do CPM[8] são consideradas crimes militares. Sendo intitulados pela doutrina de crimes militares por extensão, por equiparação ou crimes militares extravagantes:

> A Lei nº 13.491/17 alterou o art. 9º, II do Código Penal Militar, tornando exemplificativo o rol de delitos militares, os quais, anteriormente, restringiam-se aos constantes no Códex supracitado. Desse modo, consoante a nova redação legal, todo crime do ordenamento jurídico pátrio, *a priori*, pode revestir-se de natureza castrense, observada a condição de amoldar-se a uma das circunstâncias presentes nas suas alíneas. A esses delitos – não previstos na legislação militar –, porém, açambarcados pela norma de extensão retromencionada1, a doutrina denominou 'crimes militares por extensão', 'por equiparação' ou 'militares extravagantes'[9].

[8] BRASIL. **Decreto-Lei n.º 1.001, de 21 de outubro de 1969 (Código Penal Militar)** – Disponível em <https://www.planalto.gov.br/ccivil_03/decreto-lei/del1001.htm>. Acesso em 20/01/2023. "Art. 9º Consideram-se crimes militares, em tempo de paz: II – os crimes previstos neste Código e os previstos na legislação penal, quando praticados: (Redação dada pela Lei nº 13.491, de 2017) a) por militar em situação de atividade ou assemelhado, contra militar na mesma situação ou assemelhado; b) por militar em situação de atividade ou assemelhado, em lugar sujeito à administração militar, contra militar da reserva, ou reformado, ou assemelhado, ou civil; c) por militar em serviço ou atuando em razão da função, em comissão de natureza militar, ou em formatura, ainda que fora do lugar sujeito à administração militar contra militar da reserva, ou reformado, ou civil;(Redação dada pela Lei nº 9.299, de 8.8.1996) d) por militar durante o período de manobras ou exercício, contra militar da reserva, ou reformado, ou assemelhado, ou civil; e) por militar em situação de atividade, ou assemelhado, contra o patrimônio sob a administração militar, ou a ordem administrativa militar; f) revogada. (Redação dada pela Lei nº 9.299, de 8.8.1996)".

[9] GARAVINI, Lucas Dumont Ávila. **A ação penal nos crimes militares por extensão.** Universidade de Brasília – UNB – Trabalho de conclusão de curso de graduação em Direito. 2019, p. 8. Disponível em < https://bdm.unb.br/handle/10483/25151>. Acesso em 26/01/2023.

É importante ressaltar que, antes da Lei n. 14.132/2021 inserir a conduta de perseguição (*stalking*) no art. 147-A do Código Penal comum, havia a contravenção referente ao ato de perturbar a tranquilidade de pessoa, por acinte ou motivo reprovável[10]. Ocorre que, com a referida modificação legislativa ocorrida em 2021, houve a revogação explícita do mencionado dispositivo da Lei de Contravenções Penais.

Todavia, a mencionada revogação realizada pela Lei n.º 14.132/21 não ocasionou a *abolitio criminis*, mas sim a incidência do princípio da continuidade normativa-típica do ilícito penal para o interior do Código Penal, conforme já decidiu o Superior Tribunal de Justiça (STJ), no julgamento do AgRg nos EDcl no Recurso Especial n.º 1.863.977 /SC [11]. Anote-se a ementa do referido julgado, na parte que interessa:

> AGRAVO REGIMENTAL NOS EMBARGOS DE DECLARAÇÃO NO RECURSO ESPECIAL. **CONTRAVENÇÃO DE PERTURBAÇÃO DA TRANQUILIDADE. ART. 65 DO DECRETO LEI N. 3.688/1941. ALEGAÇÃO DE ABOLITIO CRIMINIS. PRINCÍPIO DA CONTINUIDADE NORMATIVO-TÍPICA.** PRECEDENTE DO STJ. PLEITO ABSOLUTÓRIO. IMPOSSIBILIDADE. REEXAME FÁTICO-PROBATÓRIO. VERBETE N. 7 DA SÚMULA DO STJ. PROPORCIONALIDADE DO QUANTUMFIXADO PARA CADA VETOR DESABONADO. FIXAÇÃO DE REGIME MAIS GRAVOSO. POSSIBILIDADE. AGRAVO REGIMENTAL NÃO CONHECIDO. **1. A revogação da contravenção de perturbação da tranquilidade – art. 65 do Decreto Lei n. 3.688/1941 – pela Lei n. 14.132/2021, não significa que tenha ocorrido *abolitio criminis* em relação a todos os fatos que estavam enquadrados na referida infração penal.** (...) 6. Agravo regimental

[10] BRASIL. **Decreto-Lei nº 3.688, de 03 de outubro de 1941 (Lei das Contravenções Penais)** – Disponível em <http://www.planalto.gov.br/ccivil_03/decreto-lei/del3688.htm>. Acesso em 20/01/2023. "Art. 65. Molestar alguem ou perturbar-lhe a tranquilidade, por acinte ou por motivo reprovavel:(Revogado pela Lei nº 14.132, de 2021) Pena – prisão simples, de quinze dias a dois meses, ou multa, de duzentos mil réis a dois contos de réis.(Revogado pela Lei nº 14.132, de 2021)".

[11] STJ – **Superior Tribunal de Justiça** – Disponível em < https://processo.stj.jus.br/processo/revista/documento/mediado/?componente=ITA&sequencial=2128637&num_registro=202000485051&data=20211217&peticao_numero=202100927495&formato=PDF>. Acesso em 29/01/2023.

desprovido. (STJ – Sexta Turma – AgRg nos EDcl no Recurso especial n.º 1.863.977 /SC – Relatora: Ministra Laurita Vaz, data de julgamento: 14/12/2021, DJe de 17/12/2021) (grifo não no original).

Ocorre que a modificação da conduta de perseguição, outrora prevista como contravenção pelo Decreto-Lei n.º 3.688/1941, para configuração de crime no art. 147-A do Código Penal ocasionou importante impacto no aumento da abrangência do rol dos delitos castrenses. Isso porque a justiça militar não processa e julga contravenções, mas apenas crimes militares, uma vez que a Constituição da República, em seus artigos 124 e 125, § 4º[12], delimita a atuação dessa justiça especializada estritamente aos crimes militares. É nesse sentido que lecionam Neves e Streifinger[13] consignando que "a lei castrense consagrou apenas a figura do crime, não havendo contravenções penais militares".

Logo, apenas com a transposição da conduta anteriormente prevista como contravenção para o rol de crimes restou possível a persecução penal nessa seara especializada castrense.

Em sintética análise da estrutura do crime de perseguição, previsto no art. 147-A do CP, observa-se que seu tipo objetivo corresponde à ação nuclear atinente à conduta de "perseguir", de forma reiterada, seja por meio de ameaça, restringindo a capacidade de locomoção ou importando invasão, ou perturbação na esfera da liberdade ou privacidade de uma pessoa. O elemento subjetivo do tipo é o dolo e os sujeitos ativos e passivos podem ser qualquer pessoa.

Ademais, verifica-se que o bem jurídico tutelado na tipificação do crime de *stalking* é a liberdade pessoal, além de proteger a integridade tanto

[12] BRASIL. **Constituição Federal, de 05 de outubro de 1998**. Disponível em <https://www.planalto.gov.br/ccivil_03/constituicao/constituicaocompilado.htm>. Acesso em 20/01/2023. "Art. 124. À Justiça Militar compete processar e julgar os crimes militares definidos em lei. Art. 125. Os Estados organizarão sua Justiça, observados os princípios estabelecidos nesta Constituição. § 4º Compete à Justiça Militar estadual processar e julgar os militares dos Estados, nos crimes militares definidos em lei e as ações judiciais contra atos disciplinares militares, ressalvada a competência do júri quando a vítima for civil, cabendo ao tribunal competente decidir sobre a perda do posto e da patente dos oficiais e da graduação das praças. (Redação dada pela Emenda Constitucional nº 45, de 2004)".

[13] NEVES, Cicero Robson Coimbra. STREIFINGER, Marcelo. **Manual de Direito Penal Militar**. 4ª ed. São Paulo: Saraiva, 2014, p. 181.

psíquica quanto física da pessoa. Bitencourt consigna que "trata-se, enfim, de um crime de gravidade maior do que pode parecer à primeira vista, porque restringe a liberdade física, espiritual e emocional da vítima"[14].

Ocorre que para o crime de perseguição ser enquadrado como crime militar não basta a existência das características supracitadas, mas deverá haver a conjugação do art. 147-A do Código Penal comum com a incidência de uma das alíneas do inciso II do art. 9º do Código Penal Militar:

> CPM – Art. 9º Consideram-se crimes militares, em tempo de paz:
>
> II – os crimes previstos neste Código e **os previstos na legislação penal**, quando praticados:
>
> a) por militar em situação de atividade ou assemelhado, contra militar na mesma situação ou assemelhado;
>
> b) por militar em situação de atividade ou assemelhado, em lugar sujeito à administração militar, contra militar da reserva, ou reformado, ou assemelhado, ou civil;
>
> c) por militar em serviço ou atuando em razão da função, em comissão de natureza militar, ou em formatura, ainda que fora do lugar sujeito à administração militar contra militar da reserva, ou reformado, ou civil;
>
> d) por militar durante o período de manobras ou exercício, contra militar da reserva, ou reformado, ou assemelhado, ou civil;
>
> e) por militar em situação de atividade, ou assemelhado, contra o patrimônio sob a administração militar, ou a ordem administrativa militar;
>
> f) revogada.

Desse modo, a título de exemplo para esclarecer melhor a aplicabilidade das alíneas supracitadas do referido artigo 9º do CPM, pode-se citar o caso de um 1º Tenente da Marinha do Brasil que, por meio de mensagens rotineiras de WhatsApp, ameaça psicologicamente um cabo da mesma Força, perturbando sua privacidade.

Outra situação trata-se de um sargento do Corpo de Bombeiros Militar de determinada unidade federativa que, aproveitando do trabalho educativo, realizado dentro do quartel pelos colegas de farda do referido sargento, com crianças da comunidade, ameaça a integridade psicológica

[14] BITENCOURT, César Roberto. **Tratado de direito penal.** 22ª ed. São Paulo: Saraiva, 2022, p. 1452. E-book.

de determinada criança, bem como também restringe sua capacidade de locomoção, perturbando, assim, a liberdade daquele infante de forma reiterada.

Ou seja, os exemplos acima adequaram-se na tipificação de crime de *stalking* militar, uma vez que as condutas de perseguição encaixaram nas hipóteses de incidências previstas no art. 147-A do CP e também enquadraram-se no disposto no inciso II do art. 9º do CPM, pois a ação do 1º tenente foi cometida por militar da ativa contra militar em mesma situação, a saber, o cabo, e a outra conduta perpetrada pelo sargento ocorreu em lugar sujeito à administração militar, isto é, o quartel, mesmo que o perseguido seja civil (criança).

Com o enquadramento da conduta de perseguição como crime castrense, a competência para o processamento e julgamento do feito será da justiça especializada militar. Desse modo, a persecução penal desse ilícito se submeterá às peculiaridades existentes na seara penal castrense. Assim, a investigação de um crime de *stalking* militar não será realizada pela polícia civil ou federal como ocorre em caso de delito comum. Essa atuação diferenciada das polícias foi definida pelo próprio texto constitucional, cujo art. 144, § 4º[15] explicitou que as funções de polícia judiciária não serão realizadas pela polícia civil para apurações de infrações penais militares.

Desta feita, serão os próprios militares que exercerão a função de polícia judiciária militar no tocante à persecução penal, na fase pré-processual, de um crime de *stalking*. Neves, citando Roth, esclarece que a polícia judiciária militar é aquela que "realiza um complexo de atividades voltadas à repressão das infrações penais militares, exercendo seu poder de polícia, como a realização de investigações, dos inquéritos policiais militares, dos autos de prisão em flagrante delito"[16].

[15] BRASIL. **Constituição Federal, de 05 de outubro de 1998**. Disponível em <https://www.planalto.gov.br/ccivil_03/constituicao/constituicaocompilado.htm>. Acesso em 20/01/2023. "Art. 144. A segurança pública, dever do Estado, direito e responsabilidade de todos, é exercida para a preservação da ordem pública e da incolumidade das pessoas e do patrimônio, através dos seguintes órgãos: (...) § 4º Às polícias civis, dirigidas por delegados de polícia de carreira, incumbem, ressalvada a competência da União, as funções de polícia judiciária e a apuração de infrações penais, exceto as militares".

[16] NEVES, Cicero Robson Coimbra. **Manual de Direito Processual Penal Militar**. 5ª ed. Salvador: Juspodivm, 2021, p. 271.

Portanto, na esfera federal, a atuação investigativa de um crime de perseguição militar será da polícia judiciária castrense, por meio da autoridade competente das Forças Armadas[17]. Essa atribuição está ligada ao cargo ou função exercida pelo militar e a autoridade de polícia judiciária militar originária poderá também delegar a sua atribuição a outro militar, desde que obedeça aos ditames do art. 7º do CPPM.

Além disso, observa-se que as atribuições do *Parquet* serão efetuadas pelo Ministério Público Militar (MPM), conforme o disposto no art. 128, I, "c", da Constituição da República e no art. 29 do Código de Processo Penal Militar[18].

Caso o MPM ofereça a denúncia pelo crime de perseguição militar, o processamento e julgamento do feito serão de competência da Justiça Militar da União, que também atuará na fase pré-processual, como nos exames de pedidos de prisão preventiva, quebras de sigilo e demais situações com reserva de atuação do Poder Judiciário. Note-se que, a depender do suposto autor do crime, o processo poderá ter trâmite na primeira instância em determinada Circunscrição Judiciária Militar (CJM) ou, originariamente, no Superior Tribunal Militar (STM), em razão de o réu ser oficial-general[19], mantendo-se o STM como órgão revisor das decisões proferidas, em primeiro grau de jurisdição, pelo juiz federal da Justiça Militar e pelos Conselhos de Justiça.

No que tange aos eventuais crimes de perseguição apurados em órbita estadual o arquétipo difere do campo federal. Verifica-se que a Constituição da República permite a criação de Justiça Militar estadual

[17] Conforme o disposto no art. 8º do Código de Processo Penal Militar: **Decreto-Lei nº 1.002, de 21 de Outubro de 1969 (Código de Processo Penal Militar)**. Disponível em: <https://www.planalto.gov.br/ccivil_03/decreto-lei/del1002.htm>. Acesso em 20/01/2023.

[18] BRASIL. **Constituição Federal, de 05 de outubro de 1998**. Disponível em <https://www.planalto.gov.br/ccivil_03/constituicao/constituicaocompilado.htm>. Acesso em 20/01/2023. BRASIL. Código de Processo Penal Militar: **Decreto-Lei nº 1.002, de 21 de Outubro de 1969 (Código de Processo Penal Militar)**. Disponível em: <https://www.planalto.gov.br/ccivil_03/decreto-lei/del1002.htm>. Acesso em 20/01/2023.

[19] BRASIL. **Lei nº 8.457, de 04 de setembro de 1992.** Disponível em: <https://www.planalto.gov.br/ccivil_03/leis/l8457.htm>. Acesso em 19/01/2023. "Art. 6º Compete ao Superior Tribunal Militar: I – processar e julgar originariamente: a) os oficiais generais das Forças Armadas, nos crimes militares definidos em lei; (Redação dada pela Lei nº 8.719, de 19.10.93)".

em cada unidade federativa se o efetivo militar for superior a vinte mil integrantes[20].

Atualmente o Brasil possui somente três Tribunais de Justiça Militar estaduais e estão situados em São Paulo, Minas Gerais e Rio Grande do Sul. Lobão esclarece que nos três referidos estados o juiz de direito do juízo militar, que ingressa na carreira por meio de concurso público específico para essa justiça especializada, exerce a competência em primeiro grau. Já nas demais unidades federativas, o Tribunal de Justiça, estadual ou distrital, é o responsável por exercer a função de órgão de segundo grau, sendo que, na primeira instância, a atividade de juiz de direito do juízo militar é atribuição de um juiz de direito da capital. Por fim, o rol de órgãos que integram a justiça militar estadual é completado pelos Conselhos de Justiça (Especial e Permanente), cuja composição é a mesma da Justiça Federal, a saber, um juiz civil togado e quatro juízes militares. Assim, no âmbito estadual, "cada Estado e o Distrito Federal constituem uma Circunscrição Judiciária Militar" [21].

Anote-se ainda que, seguindo um paralelismo com a esfera federal, a investigação de um crime de *stalking* militar de competência da justiça estadual será realizada pela polícia judiciária militar integrada pelas polícias militares e corpos de bombeiros estaduais e distrital[22].

É válido destacar que, perante a Justiça Militar da União, o civil também pode ser autor de crime militar de *stalking*. Diferentemente do que ocorre na justiça estadual, que apenas processa e julga militares denunciados por cometerem crimes militares, pois assim dispõe a CF/88, em seu art. 125, §4º: "Compete à Justiça Militar estadual processar e julgar os militares dos Estados, nos crimes militares definidos em lei" (grifo não no original).

[20] BRASIL. **Constituição Federal, de 05 de outubro de 1998**. Disponível em <https://www.planalto.gov.br/ccivil_03/constituicao/constituicaocompilado.htm>. Acesso em 20/01/2023: CF/88 – "Art. 125 – § 3º A lei estadual poderá criar, mediante proposta do Tribunal de Justiça, a Justiça Militar estadual, constituída, em primeiro grau, pelos juízes de direito e pelos Conselhos de Justiça e, em segundo grau, pelo próprio Tribunal de Justiça, ou por Tribunal de Justiça Militar nos Estados em que o efetivo militar seja superior a vinte mil integrantes. (Redação dada pela Emenda Constitucional nº 45, de 2004)".

[21] LOBÃO, Célio. **Direito Processual Penal Militar**. 2.ª ed. Rio de Janeiro: Forense, 2010, p. 129/128.

[22] NEVES, Cicero Robson Coimbra. **Manual de Direito Processual Penal Militar**. 5ª ed. Salvador: Juspodivm, 2021, p. 271.

Já a possibilidade de a Justiça Militar da União processar um civil decorre do art. 124 da Constituição da República, que prevê a competência para julgar crimes militares e não apenas "militares". Assim, tanto o militar quanto o civil respondem perante aquela justiça especializada, conforme se verifica do texto do referido art. 124 da CF/88: "À Justiça Militar compete processar e julgar os crimes militares definidos em lei. Parágrafo único. A lei disporá sobre a organização, o funcionamento e a competência da Justiça Militar". A fim de legislar sobre a possibilidade de configuração de um civil como réu em crimes militares, na órbita federal, note-se que o art. 9º do CPM, em seu inciso III, remete-se ao já transcrito inciso II do mesmo artigo, que trata dos crimes militares por extensão, isto é, dos delitos previstos na legislação penal comum inseridos fora do CPM:

> Art. 9º Consideram-se crimes militares, em tempo de paz:
>
> III – **os crimes praticados por** militar da reserva, ou reformado, ou **por civil, contra as instituições militares, considerando-se como tais** não só os compreendidos no inciso I, **como os do inciso II**, nos seguintes casos:
>
> a) contra o patrimônio sob a administração militar, ou contra a ordem administrativa militar;
>
> b) em lugar sujeito à administração militar contra militar em situação de atividade ou assemelhado, ou contra funcionário de Ministério militar ou da Justiça Militar, no exercício de função inerente ao seu cargo;
>
> c) contra militar em formatura, ou durante o período de prontidão, vigilância, observação, exploração, exercício, acampamento, acantonamento ou manobras;
>
> d) ainda que fora do lugar sujeito à administração militar, contra militar em função de natureza militar, ou no desempenho de serviço de vigilância, garantia e preservação da ordem pública, administrativa ou judiciária, quando legalmente requisitado para aquêle fim, ou em obediência a determinação legal superior" (grifo não no original).

Desse modo, pode-se exemplificar eventual crime militar de *stalking* cometido por um civil que, por ser dependente de um militar, faz um longo tratamento de saúde em um hospital das Forças Armadas e, ao frequentar o local, perpetra uma rotineira perseguição ao soldado que trabalha na guarda daquele nosocômio, ameaçando-lhe a integridade psicológica. Como visto, a conduta ilustrada enquadra-se como crime castrense, tendo em vista que a perseguição foi realizada em local sujeito à administração militar e contra militar em atividade, tudo de acordo com o disposto no art. 9º, inciso III, do CPM.

Evidencia-se, ainda, que há outra peculiaridade no processamento do crime militar de *stalking* a depender da caraterização do réu. Na Justiça Militar da União (JMU), caso o suposto autor da conduta criminosa seja um militar da ativa, a instrução processual e o julgamento serão realizados pelo Conselho de Justiça, composto por quatro juízes militares e um juiz civil togado. Sendo que o réu oficial responderá perante um Conselho Especial de Justiça e a praça perante um Conselho Permanente de Justiça. Anote-se, ainda, que se o acusado for oficial-general será processado e julgado diretamente no STM.

Ocorre que o réu civil terá um tratamento distinto, pois não se submeterá ao referido Conselho composto por militares de carreira, mas será processado e sentenciado monocraticamente por um juiz civil togado (juiz federal da Justiça Militar), tudo de acordo com a Lei de Organização Judiciária da Justiça Militar da União, a saber, Lei n.º 8.457/1992[23].

Outra especificidade advinda da supracitada lei encontra-se em seu art. 30, inciso I-B, acima transcrito. Trata-se de acusação, em mesmo processo, de civil e militar em virtude de concurso de agentes. Nesse caso, o Conselho de Justiça não atuará no processamento do crime de *stalking*, apesar da participação de militar como coautor do delito. Todavia, a competência será monocrática de um juiz togado civil (juiz federal da Justiça Militar). Por falar em coautoria, é válido mencionar que o art. 147-A, § 1º, III, do CP[24] prevê aumento de metade da pena em caso de concurso de duas ou mais pessoas.

[23] BRASIL. **Lei nº 8.457, de 04 de setembro de 1992.** Disponível em: <https://www.planalto.gov.br/ccivil_03/leis/l8457.htm>. Acesso em 19/01/2023. "Art. 27. Compete aos conselhos: I – Especial de Justiça, processar e julgar oficiais, exceto oficiais-generais, nos delitos previstos na legislação penal militar, II – Permanente de Justiça, processar e julgar militares que não sejam oficiais, nos delitos a que se refere o inciso I do caput deste artigo. (...) Art. 30. Compete ao juiz federal da Justiça Militar, monocraticamente: (Redação dada pela Lei nº 13.774, de 2018) (...) I-B – processar e julgar civis nos casos previstos nos incisos I e III do art. 9º do Decreto-Lei nº 1.001, de 21 de outubro de 1969 (Código Penal Militar), e militares, quando estes forem acusados juntamente com aqueles no mesmo processo; (Incluído pela Lei nº 13.774, de 2018)".

[24] BRASIL. **Decreto-Lei n.º 2.848, de 07 de dezembro de 1940 (Código Penal).** Disponível em <https://www.planalto.gov.br/ccivil_03/decreto-lei/del2848compilado.htm>. Acesso em

Não obstante a possibilidade de a Justiça Militar da União julgar civil em razão de eventual prática de crime de *stalking* militar, é importante destacar que a Procuradoria Geral da República (PGR) demandou perante o Supremo Tribunal Federal a Arguição de Descumprimento de Preceito Fundamental (ADPF) n.º 289[25], na qual requer que seja dada ao artigo 9º, incisos I e III, do Código Penal Militar, interpretação conforme a Constituição da República a fim de reconhecer a incompetência da Justiça Militar para julgar civis em tempo de paz e que esses delitos sejam submetidos a julgamento pela Justiça comum, federal ou estadual. Ressalte-se que essa discussão não alcança a esfera judiciária estadual, pois, se porventura um civil cometer atos de perseguição envolvendo interesses das instituições militares estaduais não responderá perante a justiça militar estadual, de acordo com o art. 125, § 4º, da CF/88, conforme já disposto neste estudo.

É relevante pontuar que a supracitada ADPF n.º 289, ainda pendente de julgamento, foi ajuizada em 2013, todavia no ano de 2018 entrou em vigência a Lei n.º 13.774 que alterou a Lei de Organização Judiciária Militar da União (Lei n.º 8.457/1992)[26] no sentido de que o réu civil será julgado monocraticamente pelo juiz federal da Justiça Militar e não mais pelo Conselho de Justiça, composto por quatro juízes militares e um juiz civil togado, conforme já destacado neste trabalho.

Desse modo, o acusado civil processado por crime de perseguição militar não mais será julgado por juízes militares componentes do Conselho de Justiça, mas apenas por um magistrado federal da Justiça

20/01/2023."Art. 147-A. Perseguir alguém, reiteradamente e por qualquer meio, ameaçando-lhe a integridade física ou psicológica, restringindo-lhe a capacidade de locomoção ou, de qualquer forma, invadindo ou perturbando sua esfera de liberdade ou privacidade. § 1º A pena é aumentada de metade se o crime é cometido: III – mediante concurso de 2 (duas) ou mais pessoas ou com o emprego de arma".

[25] STF – **Supremo Tribunal Federal** – Disponível em <https://portal.stf.jus.br/noticias/verNoticiaDetalhe.asp?idConteudo=246326>. Acesso em 03/02/2023.

[26] BRASIL. **Lei nº 8.457, de 04 de setembro de 1992.** Disponível em: <https://www.planalto.gov.br/ccivil_03/leis/l8457.htm>. Acesso em 19/01/2023. "Art. 30. Compete ao juiz federal da Justiça Militar, monocraticamente: I-B – processar e julgar civis nos casos previstos nos incisos I e III do art. 9º do Decreto-Lei nº 1.001, de 21 de outubro de 1969 (Código Penal Militar), e militares, quando estes forem acusados juntamente com aqueles no mesmo processo; (Incluído pela Lei nº 13.774, de 2018)".

Militar que corresponde a um cargo civil, com acesso por meio de concurso público e sem vinculação com as Forças Armadas. Assim, o Supremo Tribunal Federal certamente analisará essa alteração legislativa e seu impacto na decisão quanto ao exame da pertinência da manutenção ou não do processamento de acusado civil perante a Justiça Militar da União.

Outra polêmica também surge no tocante ao órgão competente para julgar o agente que no momento da prática do crime de *stalking* era militar da ativa, mas na fase processual não possui mais o *status* de militar, por não fazer mais parte das Forças Armadas. Para melhor compreensão, exemplifica-se a hipótese de um soldado do Exército, prestando o serviço militar obrigatório, perseguir rotineiramente outro colega de farda, ameaçando-lhe a integridade física durante todo o período que servia no quartel. Suponha-se que o referido agente criminoso não mais integra o Exército em virtude de ter finalizado o tempo de serviço militar inicial obrigatório, e, por isso, ostenta agora o caráter de civil. Qual seria o órgão competente para julgá-lo: o Conselho de Justiça, composto também por juízes militares ou seria a atuação monocrática do magistrado civil togado (juiz federal da Justiça Militar)?

Essa discussão entrou em voga em razão da já mencionada alteração trazida pela Lei n.º 13.774/2018 que não mais possibilitou, na Justiça Militar da União, o julgamento de civis pelo Conselho de Justiça, isso porque a competência passou a ser somente do juiz federal da Justiça Militar. Desse modo, alguns juízes federais da Justiça Militar dissolveram ou deixaram de convocar os Conselhos de Justiça para atuarem singularmente nos feitos em que o réu não detinha mais o *status* de militar.

Em contrapartida, surgiram posicionamentos contrários, como o de Cícero Robson Coimbra Neves, no sentido de se manter a competência dos Conselhos de Justiça, uma vez que no momento da conduta criminosa o agente ainda era militar e para fins de fixar a competência deve se observar o *status* do acusado no instante da prática delituosa, não importando a perda dessa qualidade posteriormente à conduta ilícita:

> Retomando a questão principal, repita-se que cabe ao escabinato processar e julgar ex-militares, desde que ostentassem a condição de militar na época do delito, mesmo diante da nova redação dos arts. 27 e 30 da Lei n.º 8.457/92.
>
> Autoriza essa conclusão o fato de a lei processual penal militar – embora por meio da Lei n.º 8.457/92, não se pode negar o cunho processual penal

militar das disposições em avaliação – adotar um critério penal para definir a competência, atrelando a condição do agente no momento do delito, ao se referir aos incisos I e III do art. 9º do CPM, ainda que se critique a menção ao inciso I, como acima exposto.

Em outros termos, o que importa para fixar a competência monocrática é o instante em que o crime é cometido, encontrando sua subsunção nos citados incisos I ou III. Sendo civil naquele instante, fixa-se a competência monocrática; sendo militar, no mesmo momento, haverá competência do escabinato.[27]

Em virtude dessa polêmica, o Procurador-Geral de Justiça Militar demandou, perante o Superior Tribunal Militar, o Incidente de Resolução de Demandas Repetitivas (IRDR) nº 7000425- 51.2019.7.00.0000 com intuito de fixar a tese no entendimento de competência dos Conselhos de Justiças para julgar os ex-militares. O STM, analisando essa demanda, concluiu pela manutenção da competência do escabinato (Conselho de Justiça) para julgar ex-militares que cometeram delitos na condição de militar na época do fato criminoso. Assim, firmou o Superior Tribunal Militar a seguinte tese: "Compete aos Conselhos Especial e Permanente de Justiça o julgamento de civis que praticaram crimes militares na condição de militares das Forças Armadas". Essa decisão transitou em julgado[28] no Supremo Tribunal Federal que chancelou o entendimento do STM, conforme a ementa a seguir transcrita:

AGRAVO REGIMENTAL NO RECURSO EXTRAORDINÁRIO COM AGRAVO. PROCESSUAL PENAL. INCIDENTE DE RESOLUÇÃO DE DEMANDAS REPETITIVAS. ALEGADA INCOMPETÊNCIA DO CONSELHO PERMANENTE DE JUSTIÇA. AUSÊNCIA DE OFENSA CONSTITUCIONAL DIRETA. DECISÃO EM HARMONIA COM A JURISPRUDÊNCIA DO SUPREMO TRIBUNAL FEDERAL. PRECEDENTES. REQUERIMENTO DE RETIRADA DO AMBIENTE

[27] NEVES, Cicero Robson Coimbra. **Manual de Direito Processual Penal Militar**. 5ª ed. Salvador: Juspodivm, 2021, p. 40.

[28] STM – **Superior Tribunal Militar** – Disponível em <https://www.stm.jus.br/informacao/agencia-de-noticias/item/11084-transita-em-julgado-o-primeiro-incidente-de-resolucao-de-demandas-repetitivas-irdr-da-justica-militar-da-uniao>. Acesso em 20/01/2023.

VIRTUAL: RESOLUÇÃO/STF N. 642/2019. AUSÊNCIA DE PREJUÍZO. INDEFERIMENTO. AGRAVO REGIMENTAL AO QUAL SE NEGA PROVIMENTO. (STF – Segunda Turma – ARE nº 1279981/DF, Relatora: Ministra Cármen Lúcia, data de julgamento: 20/10/2020, data de publicação: 04/11/2020).

Já a atuação singular do juiz de direito togado do juízo militar, na órbita estadual e em razão de possível crime de *stalking* cometido por militar, ocorrerá quando a vítima for civil, a teor do já mencionado art. 125, § 5º, da CF/88. Mantendo-se, assim, a competência do Conselho de Justiça nas situações em que o ofendido for militar.

Ainda no âmbito estadual, em caso de concurso de agentes entre civil e policial militar ou bombeiro militar, os processos deverão ser separados para que os militares respondam pelo crime de *stalking* perante o juízo militar estadual e o civil responda pelo delito de perseguição por meio de processo que tramite na justiça estadual comum, uma vez que, como dito, o mandamento constitucional condiciona apenas o julgamento de militares pelo juízo especializado castrense.

1.2. Os limites da hierarquia e disciplina e o crime de perseguição militar

Sabe-se que o militarismo é firmado sob dois princípios basilares que são a hierarquia e disciplina. São esses valorosos princípios que permitem o desenvolvimento eficiente das forças militares em suas missões tão relevantes para a proteção das fronteiras do Brasil, pelas Forças Armadas, e demais importantes atividades atribuídas tanto aos policiais militares, que garantem o policiamento ostensivo e a preservação da ordem pública nas unidades federativas, quanto aos corpos de bombeiros militares, que executam atividades de defesa civil.

Desse modo, a grandeza desses dois princípios foi destacada no próprio texto constitucional de 1988, cujos artigos 42 e 142 consignaram que as polícias militares, os corpos de bombeiros militares e as Forças Armadas são instituições organizadas com base na hierarquia e disciplina[29].

[29] BRASIL. **Constituição Federal, de 05 de outubro de 1998**. Disponível em <https://www.planalto.gov.br/ccivil_03/constituicao/constituicaocompilado.htm>. Acesso em 20/01/2023. "Art. 42 Os membros das Polícias Militares e Corpos de Bombeiros Militares, instituições

Jorge Luiz Nogueira Abreu elucida os conceitos de hierarquia e disciplina castrenses como princípios constitucionais que dão alicerces às Forças Armadas. Sendo a hierarquia correspondente à ordenação de autoridade firmada por postos e graduações. Assim, aumentam-se a autoridade e responsabilidade com o crescimento do grau hierárquico. Já a disciplina configura-se pela rigorosa observância e acatamento total das leis, regulamentos e normas que coordenam o funcionamento do sistema castrense[30].

Não obstante a supracitada distinção entre hierarquia e disciplina, ambos institutos também possuem uma relação de interdependência, uma vez que apenas se obedece quem detém poder hierárquico:

> Hierarquia e disciplina são termos correlatos. Um depende do outro, porque, do ponto de vista jurídico, só se obedece a quem tem poder hierárquico. Nesse sentido, a lição de Seabra Fagundes: 'Onde há hierarquia, com superposição de vontades, há, correlativamente, uma relação de sujeição objetiva, que se traduz na disciplina, isto é, no rigoroso acatamento pelos elementos dos graus inferiores da pirâmide hierárquica, às ordens normativas ou individuais, emanadas dos órgãos superiores. A disciplina é, assim, um corolário de toda organização hierárquica' (As Forças Armadas na Constituição, p. 23)[31].

Não obstante a relevância da exímia manutenção da hierarquia e disciplina na rotina castrense, elas não podem ser desvirtuadas com intuito de justificar perseguição e abuso de poder de superior hierárquico. Os Tribunais nacionais têm enfrentado esse problema, como se verifica da

organizadas com base na hierarquia e disciplina, são militares dos Estados, do Distrito Federal e dos Territórios. (Redação dada pela Emenda Constitucional nº 18, de 1998)". "Art. 142. As Forças Armadas, constituídas pela Marinha, pelo Exército e pela Aeronáutica, são instituições nacionais permanentes e regulares, organizadas com base na hierarquia e na disciplina, sob a autoridade suprema do Presidente da República, e destinam-se à defesa da Pátria, à garantia dos poderes constitucionais e, por iniciativa de qualquer destes, da lei e da ordem".

30 ABREU, Jorge Luiz Nogueira de. **Direito Administrativo Militar**. 1ª ed. Rio de Janeiro: Forense; São Paulo: Método, 2010, p. 129.

31 BULOS, Uadi Lammêgo. **Curso de Direito Constitucional**. 8ª ed. São Paulo: Saraiva, 2014, p. 1.451, apud FAGUNDES.

ementa do seguinte acórdão prolatado pelo Tribunal Regional Federal da 4ª Região (TRF):

> ADMINISTRATIVO. MILITAR. **PERSEGUIÇÃO** E ABUSO DE PODER. RESPONSABILIDADE CIVIL OBJETIVA. DANO MATERIAL E MORAL. OCORRÊNCIA. INDENIZAÇÃO. VALOR. CRITÉRIOS DE ARBITRAMENTO. 1. Presentes os requisitos legais, remanescem devidos os pedidos de indenização por danos materiais e morais. 2. No arbitramento do quantum indenizatório, o julgador deve se valer do bom senso e razoabilidade, atendendo às peculiaridades do caso, não podendo ser fixado montante que torne irrisória a condenação, tampouco valor vultoso que traduza enriquecimento ilícito. (TRF-4 – AC: 50009109220124047106/RS- 5000910-92.2012.404.7106, Relatora Desembargadora Federal Vivian Josete Pantaleão Caminha, data de Julgamento: 08/03/2017, Quarta Turma)[32] (grifo não no original).

Na referida ação judicial, um cabo do Exército pleiteou ressarcimento por danos materiais e morais sob o fundamento de ter sofrido perseguição pelo comandante da organização militar onde servia. Assentou-se no acórdão que o cabo "passou a sofrer perseguição do comandante de forma totalmente descabida, o que lhe ocasionou uma série de transtornos, desgostos, ansiedade e frustração, pelo que clama por reparação moral". Por sua vez, o comandante refutou os argumentos da praça utilizando como um dos fundamentos a justificativa de que o militar possui uma condição especial e *sui generis* notadamente quanto aos deveres de se submeter à obediência e hierarquia a fim de não comprometer a estrutura fundante das Forças Armadas.

O Tribunal Regional Federal da 4ª Região decidiu pelo cabimento de ressarcimento de danos materiais e morais ao cabo do Exército, uma vez que entendeu como comprovadas as perseguições realizadas por seu comandante.

Desta feita, o voto condutor do acórdão assentou que o sentimento de animosidade do comandante contra seu subordinado não poderia ser justificativa para perpetrar ações proibidas no ordenamento jurídico

[32] **Jusbrasil** – disponível em< https://www.jusbrasil.com.br/jurisprudencia/trf-4/438592803>. Acesso em 26/01/2023.

com intuito de constranger o cabo do Exército. Ressaltou que na órbita militar há o apego aos princípios da hierarquia e disciplina, além de ser exigido tratamento rígido e enérgico na formação dos militares em razão da própria finalidade constitucional das Forças Armadas.

Todavia, os direitos fundamentais fixados na Constituição da República devem ser respeitados, bem como os princípios da hierarquia e disciplina não podem justificar ações que extrapolem os limites necessários para alcançar as finalidades institucionais. Assim, o TRF da 4ª Região concluiu que restou evidente o quadro de abuso de poder e de perseguição perpetrado pelo comandante da organização.

Como visto, é muito delicado o exame da incidência ou não de condutas caracterizadoras de *stalking* no meio militar em razão do tênue limite existente entre o rigor advindo da hierarquia e disciplina e seu possível abuso ocasionador de atos de perseguição.

Desta feita, Paulo Tadeu Rodrigues Rosa salienta a importância da preservação da hierarquia e disciplina no militarismo, mas sem ocasionar ofensa aos direitos e garantias fundamentais consignados na Constituição da República, uma vez que o art. 5º da referida Carta Magna assenta normas de aplicabilidade imediata que necessitam ser asseguradas a todas as pessoas, sejam civis ou militares, a fim de se fortificar o Estado Democrático de Direito[33].

Outrossim, observa-se que qualquer forma de perseguição realizada sob a justificativa leviana de respaldo equivocado na hierarquia e disciplina deve ser rechaçada, tendo em vista que o próprio Estatuto dos Militares (Lei n.º 6.880/1980), em seu art. 31, impõe como dever militar não apenas a observância à disciplina e hierarquia, mas também a obrigação de tratar o subordinado dignamente e com urbanidade[34].

[33] ROSA, Paulo Tadeu Rodrigues. **Direito Administrativo Militar – Teoria e Prática.** 3ª ed. Rio de Janeiro: Lumen Juris, 2009. p. 37.

[34] BRASIL. **Lei n.º 6.880/1980** – Disponível em <https://www.planalto.gov.br/ccivil_03/leis/l6880.htm> Acesso em: 21/03/2023: "Art. 31. Os deveres militares emanam de um conjunto de vínculos racionais, bem como morais, que ligam o militar à Pátria e ao seu serviço, e compreendem, essencialmente: I – a dedicação e a fidelidade à Pátria, cuja honra, integridade e instituições devem ser defendidas mesmo com o sacrifício da própria vida; II – o culto aos Símbolos Nacionais; III – a probidade e a lealdade em todas as circunstâncias; IV – a disciplina e o respeito à hierarquia; V – o rigoroso cumprimento das obrigações e das ordens; e VI – a obrigação de tratar o subordinado dignamente e com urbanidade".

Destarte, tanto a hierarquia e disciplina quanto o tratamento com dignidade e urbanidade necessitam conviver harmonicamente entre si, não podendo o militar se distanciar de seus vínculos morais e utilizar de sua posição castrense para perseguir colega de farda.

1.3. Projeto de lei n.º 778/2022 e o aumento da sanção penal para o *stalking* militar

A questão da perseguição no militarismo tornou-se tão debatida na atualidade que a deputada federal Renata Abreu viabilizou o Projeto de Lei n.º 778, de 2022, no qual propôs alteração no ordenamento jurídico com intuito de incluir novos ilícitos no próprio Código Penal Militar, inclusive o crime de perseguição (*stalking*) [35].

O referido projeto de lei almeja acrescentar o art. 223-A no Decreto-Lei nº 1.001/1969, Código Penal Militar, com a seguinte redação:

> **Perseguição**
>
> Art. 223-A. Perseguir militar, reiteradamente e por qualquer meio, ameaçando-lhe a integridade física ou psicológica, restringindo-lhe a capacidade de locomoção ou, de qualquer forma, invadindo ou perturbando sua esfera de liberdade ou privacidade.
>
> Pena – reclusão, de 2 (dois) anos a 4 (quatro) anos, e multa.
>
> § 1º A pena é aumentada de um terço:
>
> I – se o crime é cometido durante o serviço;
>
> II – se a vítima é subordinada direta do autor do crime, ou
>
> III – se o autor do fato criminoso é oficial.
>
> § 2º A pena é aumentada de metade se o crime é cometido:
>
> I – contra menor de 18 (dezoito) anos;
>
> II – contra militar mulher;
>
> III – mediante concurso de 2 (duas) ou mais pessoas ou com o emprego de arma.
>
> § 3º As penas deste artigo são aplicáveis sem prejuízo das correspondentes à violência."

[35] BRASIL. **Projeto de Lei n.º 778/2022** – Site da Câmara dos Deputados – Disponível em https://www.camara.leg.br/proposicoesWeb/prop_mostrarintegra?codteor=2155609. Acesso em: 21/03/2023.

Verifica-se que Projeto de Lei n.º 778/2022 propõe um aumento significativo da sanção base para o delito militar (reclusão de dois anos a quatro anos e multa) ao ser comparado com o crime de perseguição previsto no art.147-A do Código Penal comum, cuja pena é bem menor, a saber, reclusão de seis meses a dois anos e multa.

Essa reprimenda mais severa é justificada pela deputada federal Renata Abreu em razão das peculiaridades existentes no militarismo. Destaca a autora do mencionado projeto de lei que os militares se submetem às exigências que não se aplicam aos civis, tais como a hierarquia e disciplina, bem como atuam sob juramento militar de defender a pátria com a própria vida. Assim, é imposto aos militares um comportamento digno perante a sociedade, devendo receber maior punição caso distancie de seus objetivos ao cometer ilícitos. Para tanto, destacam-se os seguintes argumentos inseridos no referido projeto de lei a fim de objetivar a sua aprovação:

> Ora, se militares são rigidamente regrados pela total observância aos princípios da hierarquia e disciplina, bem como à deontologia militar, como admitir que práticas criminosas como assédios e perseguições sejam punidas de forma branda? Se militares estão compromissados com a dignidade da pessoa humana, torna-se inadmissível uma cegueira deliberada por aqueles que tem o poder-dever de combater práticas criminosas. (...)
>
> É cristalino o compromisso e o juramento que os militares fazem ao ingressarem nas Forças, de tal sorte que, como já exposto, suas violações acarretam uma maior reprovabilidade que deve ser sancionada com um maior rigor que aqueles que não prestaram nenhum juramento e em nada se comprometeram nesse sentido. (...)
>
> Ademais, as medidas acima irão ao encontro do que se tem por espinha dorsal da legislação pátria, que é a dignidade da pessoa humana, exigindo que militares, que são responsáveis pela proteção da sociedade, sejam apenados com maior severidade quando venham a praticar as mencionadas condutas criminosas, eis que estão compromissados e firmaram juramento para combater atos reprováveis como os acima elencados.

É por essa escorreita conduta esperada de um militar que o projeto de lei propõe uma punição maior não só no que tange à pena base, mas também um acréscimo à sanção para os oficiais que atuam levianamente. Outro interessante aumento de pena decorre da situação na qual o autor do fato persegue seu subordinado direto, ou seja, identifica-se nesse ponto a maior vulnerabilidade da vítima que, por ter que respeitar a hierarquia e disciplina, está em uma posição de submissão ao eventual perseguidor, uma vez que o perseguido é inferior hierárquico do agente criminoso.

Dessa forma, o crime de *stalking* perpetrado entre os próprios colegas de farda deveria ter, segundo o projeto de lei, uma maior censura penal, tendo em vista o diagnóstico de lamentável perseguição existente dentro da caserna. Destaca o Projeto de Lei n.º 778/2022 a existência de considerável número de policiais militares, perseguidos e assediados, que cometem suicídios ou se afastam de suas atividades profissionais em razão de problemas psiquiátricos e psicológicos. Bem como militares que abandonam a carreira em virtude de não suportarem mais conviver com crueldades advindas de colegas de farda.

Ademais, observa-se que ênfase também foi dada, pelo Projeto de Lei n.º 778/2022, ao aumento de pena contra vítima mulher, tendo em vista que "A maioria das vítimas são militares mulheres, as quais pertencem aos quadros das praças, motivo pela qual justifica-se uma qualificadora que dobra a pena quando o autor do crime pertence aos quadros dos oficiais".

Com visto, as especificidades do militarismo demandam uma maior atenção ao se examinar o crime de *stalking* no âmbito castrense. Assim, o parlamento deverá analisar, com cautela, o mencionado projeto de lei para decidir pela necessidade ou não de maior reprimenda quando o ilícito for praticado no seguimento militar, tendo em vista que poderá gerar grande distinção da resposta estatal a depender de o crime de perseguição ser caracterizado como crime militar ou comum, ocasionando um maior rigor punitivo ao réu condenado pelo delito castrense.

1.4. Mulheres militares como vítimas do crime de *stalking*

Outra questão pertinente a ser pontuada trata-se de possível crime de *stalking* porventura realizado, por colegas de farda, em desfavor de mulheres militares. Verifica-se que a região latino-americana é a mais violenta do mundo, sendo que dez dos vinte países com maiores taxas de homicídio do globo terrestre são latino-americanos[36]. E, dentre essa criminalidade, destaca-se a violência contra a mulher.

[36] PIOVESAN, Flávia. **Sistema Interamericano de Direitos Humanos: impacto transformador, diálogos jurisdicionais e os desafios da reforma**. Revista de Estudos Constitucionais, Hermenêutica e Teoria do Direito (RECHTD). 2014. p. 142-154.

Sabe-se que o histórico brasileiro é detentor de reprováveis condutas misóginas. A violência contra a mulher no Brasil situa-se em níveis demasiadamente críticos. No primeiro semestre de 2022, o referido país superou o recorde de feminicídios, conforme dados publicados pelo Fórum Brasileiro de Segurança Pública que assim assentou: "699 casos foram registrados entre janeiro e junho, o que representa uma média de quatro mulheres mortas por dia" [37].

A violência contra a mulher caracteriza-se como uma violação dos direitos humanos que ocasiona reflexos políticos, econômicos, sociais, psicológicos e culturais demandando do Estado uma atuação mais central, conjuntamente com a sociedade civil, no tocante ao desenvolvimento de políticas públicas com intuito de prevenção e superação dessa violência[38].

Desta feita, o aumento de pena na criminalização da conduta de perseguição contra mulher caracterizou-se como uma das formas utilizadas pelo Estado para melhor proteger o bem jurídico quando a vítima for mulher perseguida por razões da sua condição de sexo feminino, conforme o disposto no art. 147-A, § 1º, II, do CP[39].

Interessante é a observação realizada por Santos destacando que "a perseguição não aparece na agenda social e legal até ao surgimento do

[37] Site do **Instituto Brasileiro de Direito da Família** – IBDEFAM. Disponível em <https://ibdfam.org.br/noticias/10319/Brasil+teve+recorde+de+feminic%C3%ADdios+no+primeiro+semestre+de+2022>. Acesso em 28/01/2023.

[38] CARVALHO, Erika Fernanda Marins de, LAGUARDIA, Josué e DESLANDES, Suely Ferreira. **Sistemas de Informação sobre violência contra as mulheres: uma revisão integrativa.** Revista Ciência & Saúde Coletiva [online]. v. 27, n. 04. p. 1273-1287. Disponível em <https://doi.org/10.1590/1413-81232022274.08722021>. ISSN 1678-4561. https://doi.org/10.1590/1413-81232022274.08722021. Acesso em 30/01/2023.

[39] BRASIL. **Decreto-Lei n.º 2.848, de 07 de dezembro de 1940 (Código Penal).** Disponível em <https://www.planalto.gov.br/ccivil_03/decreto-lei/del2848compilado.htm>. Acesso em 20/01/2023. "Art. 147-A. Perseguir alguém, reiteradamente e por qualquer meio, ameaçando-lhe a integridade física ou psicológica, restringindo-lhe a capacidade de locomoção ou, de qualquer forma, invadindo ou perturbando sua esfera de liberdade ou privacidade.(Incluído pela Lei nº 14.132, de 2021) Pena – reclusão, de 6 (seis) meses a 2 (dois) anos, e multa. (Incluído pela Lei nº 14.132, de 2021) § 1º A pena é aumentada de metade se o crime é cometido: II – contra mulher por razões da condição de sexo feminino, nos termos do § 2º-A do art. 121 deste Código;(Incluído pela Lei nº 14.132, de 2021)".

movimento feminista, com a visibilidade do fenómeno e o seu impacto na vida das mulheres"[40].

Corroborando esse entendimento, Bitencourt salienta que, apesar de o crime de *stalking* ser um delito que independe do sexo do agente criminoso e da vítima, a conduta mais conhecida desse ilícito é, em regra, a realizada pelo homem em desfavor da mulher[41].

Destaca-se, inclusive, que a caracterização do sexo feminino como a maior vítima de *stalking* não se limita aos métodos tradicionais físicos de perpetração desse delito, mas também alcança a perseguição virtual (*cyberstalking*) que também possui a mulher como maioria das vítimas.[42]

Interessante pesquisa foi realizada com intuito de coletar dados de ocorrência de assédio sexual em desfavor de mulheres que laboram na área de segurança pública. Nesse sentido, o Conselho Nacional do Ministério Público (CNMP) noticiou que foi realizado um estudo no qual "Das 1.897 mulheres das instituições de segurança pública e Forças Armadas ouvidas em pesquisa, 74% afirmaram que já sofreram assédio sexual; 83% não denunciaram o assédio". O referido estudo foi realizado por dois magistrados, Rodrigo Foureaux e Mariana Aquino, destacando que a atividade de segurança pública é tipicamente masculina. Todavia, não obstante as mulheres possuírem condições de exercerem os mesmos serviços realizados pelos homens, elas são prejudicadas em virtude do assédio sexual. Consignam os referidos juízes que se trata de um problema institucional e, por isso, necessita de um combate efetivo ao referido assédio nas instituições castrenses. Ademais, alertam que o assédio ocorre em todas as esferas da sociedade, mas é revertido de um contorno especial nas Forças Armadas e nas instituições de segurança pública, pois apesar de a hierarquia ser um princípio basilar presente no

[40] SANTOS, Bárbara Fernandes Ritos dos. ***Stalking*** **Parâmetros de Tipificação e o Bem-Jurídico da Integridade Psíquica.** Coimbra: Almedina. 2017, p. 39.

[41] BITENCOURT, César Roberto. **Tratado de direito penal.** 22ª ed. São Paulo: Saraiva, 2022, p. 1449. E-book.

[42] FORNASIER, Mateus de Oliveira, SPINATO Tiago Protti e RIBEIRO Fernanda Lencina – **Cyber*stalking*: perseguição, privacidade e suas consequências no ambiente de rede** – Revista do Mestrado em Direito da Universidade Católica de Brasília – RVMD – Brasília, V. 16, nº 1, Jan-Jun, 2022, p. 10.

militarismo, não pode ser utilizada como meio para realização de fatos criminosos[43].

Sobre o crime de *stalking* contra mulheres militares, o Procurador de Justiça Militar Alexandre José de Barros Leal Saraiva, trazendo as lições de Ana Lara Camargo de Castro e Spencer Sydow, salientou a peculiaridade do crime cometido dentro do sistema castrense e seu impacto na vida da vítima militar no que tange ao seu desamparo ocorrido em um ambiente no qual deveria, em tese, vigorar os valores da integridade, honra e trabalho em equipe:

> Reflexão semelhante é feita por Ana Lara Camargo de Castro e Spencer Sydow (2017, p. 113), que, após discorrerem sobre o processo de socialização dos militares e suas valências culturais, indicam o desamparo da vítima de abuso:
>
> **'Nas corporações militares o crime de *stalking*, identicamente aos crimes sexuais costuma acarretar trauma profundo, eis que a carreira militar, lato sensu, é percebida como processo de socialização primária, denominado pela sociologia como aquele de associação íntima e duradoura, como a família, onde se compartilham afetos e apoios mútuos.** A cultura militar prestigia, ao menos em tese, valores de integridade, honra, coragem, trabalho em equipe e coragem [...] **O desamparo da vítima militar é exacerbado pelas próprias características de formação de vínculos de confiança estimulada pelas corporações. A vítima militar se vê, então, dividida entre o Blue Code, o código de honra da irmandade e respeito à cadeia de comando, e os sentimentos de traição e frustração dos ideais**[44] (grifo não no original).

[43] Site do **Conselho Nacional do Ministério Público – CNMP**. Disponível em < https://www.cnmp.mp.br/portal/todas-as-noticias/13591-em-pauta-74-das-mulheres-das-instituicoes-de--seguranca-publica-e-forcas-armadas-ouvidas-em-pesquisa-ja-sofreram-assedio-sexual-mostra-debate-no-programa> Acesso em 26/01/2023.

[44] SARAIVA, Alexandre José de Barros Leal. **Cadetes mulheres nas academias de formação de oficiais das forças armadas brasileiras: estudo aproximado sobre a prevenção e a repressão ao assédio – breve panorama do projeto de lei nº 5016/2020.** Revista do Ministério Público Militar Direito e Memória: Apagar o passado é condenar o futuro Tomo I – Direito e Memória, 2021, p. 149.

É importante salientar que não se defende neste presente trabalho que no âmbito castrense a violência contra mulher encontra elevada incidência como ocorre no campo civil. Todavia, como o ambiente militar é majoritariamente masculino, é relevante se abster de uma visão superficial e substituí-la por uma análise mais profunda a fim de se averiguar se eventual conduta caracterizada como perseguição decorreria do fato de a vítima ser uma mulher militar, por ser equivocadamente considerada um "alvo" mais fácil de perseguir ao ser comparada com um ofendido militar do sexo masculino.

Como visto, é necessário ter cautela ao examinar eventuais condutas caracterizadoras de perseguição contra mulher militar dentro de uma corporação castrense a fim de identificar se os limites da hierarquia estão ou não sendo extrapolados no sentido de serem usados como uma falsa manobra justificadora de perseguição. Além de verificar se a eventual vítima se encontra acuada no ato de denunciar em razão de ser minoria, por sua condição de mulher, e em virtude de o crime de *stalking* ter sido praticado por um superior hierárquico do sexo masculino.

Conclusões

Pelo presente estudo realizado, verificou-se que o crime militar de perseguição possui diversas nuances que propiciam determinas distinções entre a persecução penal do delito de *stalking* como crime militar e a perseguição comum, singularidades estas que devem ser consideradas pelo operador do direito ao se deparar com o exame do mencionado delito castrense.

Restou evidente, pelos estudos empreendidos, a existência de um trâmite diferenciado do crime militar de perseguição tanto na esfera pré-processual, com atuação específica de uma polícia judiciária militar nas investigações, cujos integrantes são os próprios militares, quanto na etapa judicial, na qual formação do órgão julgador é completamente distinta da estrutura arquitetada para o processamento do crime de *stalking* comum.

A supracitada composição peculiar da justiça especializada castrense justifica-se no modelo do escabinato (Conselho de Justiça) para o julgamento de militares, tendo em vista que possibilita a junção dos conhecimentos jurídicos de um magistrado civil togado e a experiência da caserna de quatro juízes militares que, por serem oficiais da ativa, detêm a expertise da rotina castrense a fim de examinar o crime de perseguição naquele sistema específico.

Todavia, o processamento e julgamento do crime militar de perseguição nem sempre será de competência de um colegiado, uma vez que em situações específicas nas quais o acusado seja civil, na órbita federal, a atuação será monocrática de um juiz federal da Justiça Militar.

Ocorre que está pendente o exame da ADPF n.º 289, na qual o STF decidirá pela manutenção ou não da possibilidade da Justiça Militar da União julgar réus civis. Contudo, entende-se que seria relevante a Suprema Corte considerar em sua deliberação a reforma legislativa, promovida pela Lei n.º 13.774/2018, a fim de manter o julgamento dos civis perante a Justiça Militar da União. Isso porque esses réus não são mais sentenciados por juízes militares e sim processados e julgados por magistrado togado que ocupa um cargo civil, cujo acesso decorreu de concurso público similar aos demais certames dos juízes direito, federais e trabalhistas. Além disso, não há que se falar em qualquer vinculação dos juízes federais da Justiça Militar com as Forças Armadas. Portanto, não subsiste mais o antigo receio de os valores da hierarquia e disciplina serem equivocadamente aplicados, pelos juízes militares componentes do Conselho de Justiça, aos acusados, uma vez que a atuação processual será de competência única e exclusiva de um magistrado togado civil, assim como ocorreria caso o réu civil respondesse pela suposta conduta de *stalking* perante a justiça comum.

Conclui-se também que maior cautela deverá haver no exame do crime de *stalking* militar pelo operador do direito, uma vez que não obstante a hierarquia e disciplina configurarem princípios constitucionais basilares regentes da rotina das instituições castrenses, esses princípios não devem ser utilizados como justificativas para práticas de perseguições criminosas, principalmente contra militares subordinados. Assim, é importante se atentar ao limite existente entre o uso do rigor necessário para o bom desempenho das Forças Armadas, bombeiros e polícias militares e o abuso de poder caracterizador de condutas delituosas.

Do mesmo modo, atenção merece ser demanda ao crime militar de perseguição em desfavor de militar do sexo feminino, uma vez que a violência contra mulher, perpetrada por homens, é sistemática e estrutural no Brasil e o ambiente castrense é integrado majoritariamente por pessoas do sexo masculino. Desta feita, o aumento de pena é medida justificável em razão da ofendida ser mulher já que o segmento feminino é caracterizado como o maior alvo dos perseguidores.

Portanto, as peculiaridades existentes no âmbito marcial propiciam uma análise distinta e cautelosa do crime militar de *stalking*, tendo em vista que está inserido em um sistema abarcado por particularidades distante do cotidiano civil.

Referências

ABREU, Jorge Luiz Nogueira de. **Direito Administrativo Militar**. 1ª ed. Rio de Janeiro: Forense; São Paulo: Método, 2010.

BRASIL. **Constituição Federal, de 05 de outubro de 1998**. Disponível em <https://www.planalto.gov.br/ccivil_03/constituicao/constituicaocompilado.htm>. Acesso em 20/01/2023.

BRASIL. **Decreto-Lei n.º 2.848, de 07 de dezembro de 1940 (Código Penal).** Disponível em <https://www.planalto.gov.br/ccivil_03/decreto-lei/del2848compilado.htm>. Acesso em 20/01/2023.

BRASIL. **Decreto-Lei nº 1.002, de 21 de outubro de 1969 (Código de Processo Penal Militar)**. Disponível em: <https://www.planalto.gov.br/ccivil_03/decreto-lei/del1002.htm>. Acesso em 20/01/2023.

BRASIL. **Decreto-Lei n.º 1.001, de 21 de outubro de 1969 (Código Penal Militar)** – Disponível em <https://www.planalto.gov.br/ccivil_03/decreto-lei/del1001.htm>. Acesso em 20/01/2023.

BRASIL. **Decreto-Lei nº 3.688, de 03 de outubro de 1941 (Lei das Contravenções Penais)**–Disponível em <http://www.planalto.gov.br/ccivil_03/decreto-lei/del3688.htm>. Acesso em 20/01/2023.

BRASIL. **Lei nº 8.457, de 04 de setembro de 1992.** Disponível em: <https://www.planalto.gov.br/ccivil_03/leis/l8457.htm>. Acesso em 19/01/2023.

BRASIL. **Projeto de Lei 778/2022** – Disponível em https://www.camara.leg.br/proposicoesWeb/prop_mostrarintegra?codteor=2155609. Acesso em: 21/03/2023.

BITENCOURT, César Roberto. **Tratado de direito penal**. 22ª ed. São Paulo: Saraiva, 2022. E-book.

BULOS, Uadi Lammêgo. **Curso de Direito Constitucional**. 8ª ed. São Paulo: Saraiva, 2014.

CARVALHO, Erika Fernanda Marins de, LAGUARDIA, Josué e DESLANDES, Suely Ferreira. **Sistemas de Informação sobre violência contra as mulheres: uma revisão integrativa**. Revista Ciência & Saúde Coletiva [online]. v. 27, n. 04. p. 1273-1287. Disponível em <https://doi.org/10.1590/1413-81232022274.08722021>. ISSN 1678-4561. https://doi.org/10.1590/1413-81232022274.08722021. Acesso em 30/01/2023.

Conselho Nacional do Ministério Público – CNMP. Disponível em < https://www.cnmp.mp.br/portal/todas-as-noticias/13591-em-pauta-74-das-mulheres-das-

-instituicoes-de-seguranca-publica-e-forcas-armadas-ouvidas-em-pesquisa-ja--sofreram-assedio-sexual-mostra-debate-no-programa> Acesso em 26/01/2023.

ESTEFAM, André. **Direito Penal: Parte Especial** – v 2. 9º ed. – São Paulo: SaraivaJur, 2022. E-book.

FORNASIER, Mateus de Oliveira, SPINATO Tiago Protti e RIBEIRO Fernanda Lencina – **Cyber*stalking*: perseguição, privacidade e suas consequências no ambiente de rede** – Revista do Mestrado em Direito da Universidade Católica de Brasília – RVMD – Brasília, V. 16, nº 1, Jan-Jun, 2022.

GARAVINI, Lucas Dumont Ávila. **A ação penal nos crimes militares por extensão**. Universidade de Brasília – UNB – Trabalho de conclusão de curso de graduação em Direito. 2019, p. 8. Disponível em < https://bdm.unb.br/handle/10483/25151>. Acesso em 26/01/2023.

GRECO, Rogério. **Direito Penal Estruturado** – 2º ed. Rio de Janeiro: Forense; Método, 2021. E-book.

Instituto Brasileiro de Direito da Família – IBDEFAM. Disponível em <https://ibdfam.org.br/noticias/10319/Brasil+teve+recorde+de+feminic%C3%ADdios+no+primeiro+semestre+de+2022>. Acesso em 28/01/2023.

Jusbrasil – disponível em< https://www.jusbrasil.com.br/jurisprudencia/trf-4/438592803>. Acesso em 26/01/2023.

LOBÃO, Célio. **Direito Processual Penal Militar**. 2.ª ed. Rio de Janeiro: Forense, 2010.

NEVES, Cicero Robson Coimbra. STREIFINGER, Marcelo. **Manual de Direito Penal Militar**. 4ª ed. São Paulo: Saraiva, 2014.

NEVES, Cicero Robson Coimbra. **Manual de Direito Processual Penal Militar**. 5ª ed. Salvador: Juspodivm, 2021.

PIOVESAN, Flávia. **Sistema Interamericano de Direitos Humanos: impacto transformador, diálogos jurisdicionais e os desafios da reforma**. Revista de Estudos Constitucionais, Hermenêutica e Teoria do Direito (RECHTD). 2014.

ROSA, Paulo Tadeu Rodrigues. **Direito Administrativo Militar – Teoria e Prática.** 3ª ed. Rio de Janeiro: Lumen Juris, 2009.

SANTOS, Bárbara Fernandes Ritos dos. ***Stalking* Parâmetros de Tipificação e o Bem-Jurídico da Integridade Psíquica.** Coimbra: Almedina. 2017.

SARAIVA, Alexandre José de Barros Leal. **Cadetes mulheres nas academias de formação de oficiais das forças armadas brasileiras: estudo aproximado sobre a prevenção e a repressão ao assédio – breve panorama do projeto de lei nº 5016/2020.** Revista do Ministério Público Militar Direito e Memória: Apagar o passado é condenar o futuro Tomo I – Direito e Memória, 2021.

STJ – **Superior Tribunal de Justiça** – Disponível em < https://processo.stj.jus.br/processo/revista/documento/mediado/?componente=ITA&sequencial=212863

7&num_registro=202000485051&data=20211217&peticao_numero=202100927495&formato=PDF>. Acesso em 29/01/2023.

STF – **Supremo Tribunal Federal** – Disponível em <https://portal.stf.jus.br/noticias/verNoticiaDetalhe.asp?idConteudo=246326>. Acesso em 3/2/2023.

STM – **Superior Tribunal Militar** – Disponível em <https://www.stm.jus.br/informacao/agencia-de-noticias/item/11084-transita-em-julgado-o-primeiro--incidente-de-resolucao-de-demandas-repetitivas-irdr-da-justica-militar-da--uniao>. Acesso em 20/01/2023.

19. ANÁLISE EPISTEMOLÓGICA ÀS DIRETRIZES DO MINISTÉRIO PÚBLICO DO DISTRITO FEDERAL E TERRITÓRIOS SOBRE O CRIME DE PERSEGUIÇÃO (ART. 147-A, CP)

LUÍS ROBERTO CAVALIERI DUARTE

Introdução

A partir da entrada em vigor da lei 14.132/21, alterando o Código Penal, inserindo o artigo 147-A e tipificando o delito de perseguição, pertinentes discussões surgiram a fim de estabelecer limites acerca da incidência da norma penal, notadamente em casos de repercussão social, como nos delitos em que envolvem violência doméstica e familiar.

A infração penal, em si, não se mostra original com o acréscimo do tipo penal no Código Penal, vez que o Brasil já possuía previsão legal desse fato, previsto como crime ou contravenção penal. Contudo, voltou a ter importância científica nos casos de violência de gênero, face ao papel do direito penal na resolução desse conflito e suas formas de resolução. Por conta disso, surgiu a necessidade de se alterar o tipo legal, estabelecendo, agora, como crime, a fim de dar efetiva resposta penal e visibilidade ao problema social.

A partir, então, dessa alteração legal, instituições brasileiras atingidas resolveram se debruçar acerca da temática, com o objetivo de orientar os operadores e atores do sistema de justiça criminal, nos meandros de suas atividades laborais. Com isso, o Ministério Público do Distrito Federal e Territórios e o Ministério Público do Estado de São Paulo editaram recomendações aos promotores de justiça para observarem, no momento da persecução criminal, em razão das diversas possibilidades fáticas a consistir ou não no crime de perseguição.

A dinâmica social cria diferentes visões de vida e de senso acerca das relações intersubjetivas, inclusive com inserção de valores culturais, aptas a naturalizar determinadas condutas, inclusive a própria perseguição. Afinal, o que configura perseguição? Quais modos de agir podem ser subsumidos ao crime de perseguição? Não se há resposta pronta para essa questão, de modo a emergir o desafio de analisar justamente o infrator e a sua conduta, ao ponto de se obter a informação necessária para opinar a favor ou contrariamente ao que se imagina ser perseguição.

Nesse contexto, a dinâmica desse trabalho é abordar cientificamente as classificações do crime de perseguição, esculpido no artigo 147-A, do CP, confrontando-o ao revogado artigo 65 da lei de contravenções penais, para se ter uma dimensão da incidência do dispositivo legal. A partir disso, tecerá apontamentos favoráveis e contrários às recomendações ministeriais, a fim de inserir um contraponto, na esperança de contribuir e amadurecer o debate acadêmico, sem objetivo de menosprezar a conduta criminosa e sua respectiva vítima.

Portanto, face a quadra estabelecida, envolvendo questões polêmicas e de difíceis equações, é importante analisar os pontos e contrapontos despidos de sentimentos e paixões, mas com carga racional e fundamentada para compreender a extensão da política criminal, consoante se verificará adiante.

Evolução da tipicidade penal brasileira do crime de perseguição

Há muito se observa o comportamento humano nocivo à sociedade, cujos atos danosos são repelidos e considerados condutas inadmitidas e proibidas para o bem comum do povo. A partir do século XVIII, século das luzes, com ideais iluministas de se estabelecer garantias aos cidadãos contra o poder do Estado, axiologicamente conferiu-se o primado de que pode-se fazer tudo que a lei não proíbe, emergindo o princípio da legalidade, no sentido de se reprovar condutas desviadas por meio de lei, malgrado os comportamentos moralmente inaceitáveis.

Entre diversas atitudes humanas correspondentes a crimes, a perseguição também fora objeto de análise e reprovação, possuindo certo grau de repugnância. Perseguir, segundo o dicionário[1], significa "correr

[1] **Acessível em:** https://michaelis.uol.com.br/palavra/la3Y8/perseguir/. Acesso em 28-02-2023.

no encalço de. Correr atrás de. Causar aborrecimento. Importunar. Incomodar. Importunar com súplicas, pedidos insistentes. Atormentar. Buscar conquistas e realizações. Lutar. Procurar encontrar e/ou adquirir".

Perseguir, por si só, não corresponde uma atitude reprovável. Ao contrário, pode-se haver perseguição de um ideário positivo e benquisto, como sói ocorre com aqueles que buscam a melhoria de vida. Perseguem em suas metas e objetivos, visando o incremento laboral, por exemplo.

Contudo, noutro lado, tem-se uma perseguição negativa, apta a retirar a paz de outrem, sendo esta a atitude reprovável. Diante disso, o ordenamento jurídico brasileiro previu alguns dispositivos criminais instituindo como infração penal, punível com penas privativas de liberdade, quando a perseguição atentar a dignidade, o sossego, a tranquilidade, a liberdade, a integridade física ou psicológica, em busca da satisfação de um querer.

A partir da codificação das leis penais, o Brasil instituiu crimes visando tutelar o sossego contra a perseguição. Dessa feita, o delito de perseguição não é algo novo no país. A começar com o Código Criminal do Império de 1830 (Lei de 16 de dezembro de 1830), que assim previu:

> **Art. 191. Perseguir por motivo de religião ao que respeitar a do Estado, e não offender a moral publica.**
>
> **Penas – de prisão por um a tres mezes, além das mais, em que possa incorrer[2].**

Embora o tipo penal misto cumulativo descrito nesse dispositivo legal, pois, além de incriminar o ato ofensivo à moralidade público (tipo penal bem aberto), houve a descrição típica penal do delito de perseguição aos fiéis da religião oficial estabelecida durante o Império, importando na prisão de um a três meses, sem prejuízo de outros fatos.

Posteriormente, já na vigência da República, o Código Penal de 1890 **(Decreto n. 847, de 11 de outubro de 1890)** prescreveu, no título dos crimes contra a liberdade pessoal, o seguinte delito:

[2] **Acessível em:** http://www.planalto.gov.br/ccivil_03/leis/lim/lim-16-12-1830.htm. Acesso em 28-2-2023.

Art. 179. Perseguir alguem por motivo religioso ou politico:

Pena – de prisão cellular por um a seis mezes, além das mais em que possa incorrer[3].

Como se percebe, além da perseguição por motivo religioso e retirar a ofensa à moral pública, instituiu-se o delito de perseguição por motivo político. Durante a vigência desse dispositivo, punia-se o perseguidor com pena de prisão de um a seis meses, além de outros atos concorridos. Essa disposição legal vigeu até a entrada em vigor da Lei de Contravenções Penais, inclusive diante da Consolidação das Leis Penais, em 1932, elaborada pelo Desembargador Vicente de Piragibe[4], que nada alterou em relação ao delito instituído em 1890.

Na década de 1940, durante a primeira era de Vargas, o Brasil modificou suas leis penais, por meio do Código Penal Brasileiro (decreto-lei 2.848/40) e Lei de Contravenções Penais (Decreto-lei 3.688/41). No Código Penal originário de 1940, não houve previsão de perseguição como crime, passando a ter uma *abolitio criminis* entre 1940 a 1941. Contudo, na Lei de Contravenções Penais, instituiu-se a perseguição, como delito liliputiano, com a seguinte previsão:

Art. 65. Molestar alguem ou perturbar-lhe a tranquilidade, por acinte ou por motivo reprovavel:

Pena – prisão simples, de quinze dias a dois meses, ou multa, de duzentos mil réis a dois contos de réis.[5]

Durante muitos anos, a perseguição era tipificada nesse dispositivo contravencional penal, uma vez que molestar ou perturbar era o *modus operandi* da perseguição. Apesar de não descrever a conduta de perseguir em seu núcleo, a perseguição era aqui prevista, já que esta conduta visa molestar ou perturbar a tranquilidade. Além tirar a paz e o sossego, para

[3] **Acessível em:** https://www.planalto.gov.br/ccivil_03/decreto/1851-1899/d847.htm. Acesso em 28-02-2023.

[4] **Decreto Nº 22.213, de 14 de dezembro de 1932. Acessível em: https://www.planalto.gov.br/ccivil_03/decreto/1930-1949/d22213.htm. Acesso em 28-02-23.**

[5] **Acessível em:** http://www.planalto.gov.br/ccivil_03/decreto-lei/del3688.htm. Acesso em 28-02-2023.

a configuração da contravenção penal exigia-se o motivo reprovável ou o acinte (provocação). Portanto, a título de exemplo, a mera cobrança de uma dívida, de forma reiterada, não se subsumia a essa infração.

Por terem baixa reprovabilidade, as contravenções penais não eram corriqueiramente investigadas e processadas até final sentença, especialmente diante do interesse de o Estado dar maior enfoque aos crimes mais censurados. Por conta disso, a repreensão penal à perseguição era banalizada, a ponto de desmotivar a vítima a buscar as autoridades competentes para a devida punição do infrator.

Com o passar dos anos e, notadamente, com o advento da lei Maria da Penha, que criou mecanismos para coibir a violência doméstica e familiar contra a mulher, além de outras importantes providências, deu visibilidade aos crimes domésticos, que eram silenciados pela falta de amparo às vítimas. A partir da lei 11.340/06, vários instrumentos assistenciais e punitivistas foram implementados, com fim de erradicar a violência doméstica e familiar contra a mulher. Além disso, criou meios de recrudescer diversas condutas criminosas, como lesão corporal, homicídio (feminicídio), dano psicológico e, entre outros, o recrudescendo a infração penal de perseguição, por também configurar situação de risco[6].

Com a maior visibilidade dos crimes domésticos, a sociedade brasileira viu-se diante de uma situação reprovável, mas de baixa repercussão jurídica-penal, consistente na reprovação da perseguição contumaz de um indivíduo contra uma mulher, ligado por relação doméstica ou familiar, baseada na violência de gênero, uma vez que a contravenção penal resultava na baixa percepção social do comportamento desviado e no silenciamento das mulheres, por sentirem-se vulneráveis ou inacolhidas pelo sistema de justiça criminal.

Em que pese a banalidade jurídica da conduta, isto é, a diminuta importância dada pelo ordenamento jurídico à perseguição, o movimento feminista brasileiro, junto ao Poder Legiferante, obteve êxito na alteração legislativa, revogando o aquele dispositivo contravencional e criando, por meio da lei nº 14.132, de 31 de março de 2021[7], o artigo 147-A no

[6] Resolução Conjunta nº 05 CNJ-CNMP, Lei nº 14.149/2021 – A perseguição por parte do agente configura fator de risco para a mulher, conforme Formulário Nacional de Risco.

[7] Acessível em: https://www.planalto.gov.br/ccivil_03/_Ato2019-2022/2021/Lei/L14132.htm#art2. Acesso em 28-02-2023.

Código Penal. Esta alteração legislativa não ocasionou necessariamente a descriminalização da conduta[8], mas sim a continuidade típica-normativa da perseguição, salvo na rara hipótese de não haver reiteração da conduta[9].

Destaca-se que, apesar de forte incidência na criminalidade doméstica contra mulher, nesta não fica circunscrita[10], já que pode ocorrer entre pessoas desconhecidas, consoante se verá a seguir.

[8] Informativo 722 do STJ publicado em 27/01/2022: ***A revogação da contravenção de perturbação da tranquilidade – art. 65 do Decreto-Lei n. 3.688/1941 – pela Lei n. 14.132/2021, não significa que tenha ocorrido*** *abolitio criminis* ***em relação a todos os fatos que estavam enquadrados na referida infração penal.*** **Acessível em: https://processo.stj.jus.br/jurisprudencia/externo/informativo/?acao=pesquisarumaedicao&livre=0722.cod. Acesso em 07-03-2023.**

[9] A revogação do artigo 65 da LCP não significa, no entanto, que tenha havido *abolitio criminis* para todas as situações que estavam previstas na contravenção penal. A *abolitio criminis* não está atrelada ao simples fato de ter havido a revogação de um dispositivo penal. Faz-se necessário analisar se há ausência de continuidade do tipo de ilícito em confronto com o ordenamento jurídico-penal. Ou seja, se uma conduta estava prevista no tipo A e este é revogado, mas no mesmo momento (sem solução de continuidade) ela segue tipificada no novo tipo B, não houve *abolitio criminis*, mas continuidade normativo-típica. A *abolitio criminis* não se confunde com a continuidade normativo-típica. "Enquanto aquela exprime o desejo do legislador de não mais criminalizar determinada conduta (como aconteceu com o adultério), nessa o caráter criminoso do fato é mantido, mas apenas em outro dispositivo penal (foi o que se deu com o atentado violento ao pudor, que estava previsto no artigo 214 do Código Penal, e que foi deslocado para o artigo anterior, o qual prevê o estupro). Ocorre aqui uma simples alteração topográfica do delito" [1]. Portanto, o que deve ser analisado é se determinada conduta que era alcançada pela previsão do artigo 65 da LCP continua sendo ou não tipificada no novo artigo 147-A do CP. A resposta a tal questão depende de alguns fatores. A principal distinção entre os dois dispositivos penais é a inclusão, na nova lei, da exigência de que a conduta se dê de forma reiterada. Na contravenção penal do artigo 65 um único ato de perturbação por acinte ou motivo reprovável já poderia, em tese, configurar a contravenção. Por exemplo, ficar esperando a vítima na porta de seu trabalho, uma única vez, num contexto claro de perseguição. Casos como esse estão alcançados pela *abolitio criminis*. Contudo, não se pode desconsiderar que segmento da doutrina e jurisprudência exigiam a reiteração para a configuração da infração penal da LCP, artigo 65, apesar desta não trazer expressamente tal elemento na sua descrição típica. (Alice Bianchini e Thiago Pierobom de Ávila. A revogação do artigo 65 da LCP pela Lei 14.132 criou uma *abolitio criminis*? ConJur – Opinião. 5 de abril de 2021, 17h04. Acessível em:https://www.conjur.com.br/2021-abr-05/opiniao-revogacao-artigo-65-lcp-criou-abolitio-criminis?imprimir=1. Acesso em 07-03-2023).

[10] Ademais, o novo crime também se aplica fora do contexto de violência doméstica, como no caso do *stalking* pelo "admirador" não correspondido, que nada mais é que uma forma de assédio sexual que se insere no *continuum* de violências de gênero experimentadas

Portanto, ao longo de anos, o ordenamento jurídico brasileiro foi sendo modificado para atender os reclames sociais distintos e, no âmbito criminal, viu-se a importância de atualizar o catálogo de tipos penais para recrudescer substancialmente a conduta censurada da perseguição, cuja vigência da lei ocorreu a partir de 1º de abril de 2021, assim como já ocorria em outros países, como França, Itália, Alemanha, Holanda, Canadá, Portugal e Estados Unidos[11].

Apesar do avanço legislativo, diante de situações fática diferenciadas, o delito merece uma abordagem diferenciada, a partir da epistemologia e de uma análise conglobada entre o que prevê o dispositivo penal e como o crime ocorre, bem como um exame promovido pelo Ministério Público do Distrito Federal e Territórios, de maneira a se estabelecer a um diálogo sobre a subsunção do fato à norma. Para tanto, imperioso conhecer a extensão da norma, para, após, verificar a sua incidência e a recomendação ao órgão persecutório.

Análise doutrinária do crime de perseguição, previsto no artigo 147-a, do código penal

Para melhor compreensão da temática, importante realizar uma análise dogmática da incidência penal, a partir da classificação doutrinária do tipo legal do crime. Como asseverado acima, o crime de perseguição (no inglês, *stalking*) vem esculpido do no artigo 147-A do Código Penal, após incremento realizado pela lei 14.132/21, com a seguinte redação:

> Perseguir alguém, reiteradamente e por qualquer meio, ameaçando-lhe a integridade física ou psicológica, restringindo-lhe a capacidade de locomoção ou, de qualquer forma, invadindo ou perturbando sua esfera de liberdade ou privacidade.
>
> Pena – reclusão, de 6 (seis) meses a 2 (dois) anos, e multa.
>
> § 1º A pena é aumentada de metade se o crime é cometido:
>
> I – contra criança, adolescente ou idoso;

pelas mulheres, cujo ápice é o feminicídio. (Alice Bianchini e Thiago Pierobom de Ávila. A revogação do artigo 65 da LCP pela Lei 14.132 criou uma *abolitio criminis*? ConJur – Opinião. 5 de abril de 2021, 17h04. Acessível em:https://www.conjur.com.br/2021-abr-05/opiniao--revogacao-artigo-65-lcp-criou-abolitio-criminis?imprimir=1. Acesso em 07-03-2023).

[11] ESTEFAM, André. Direito Penal. Vol. 2. Parte Especial. Ed. Saraiva.2022. Pág. 536.

II – contra mulher por razões da condição de sexo feminino, nos termos do § 2º-A do art. 121 deste Código;

III – mediante concurso de 2 (duas) ou mais pessoas ou com o emprego de arma.

§ 2º As penas deste artigo são aplicáveis sem prejuízo das correspondentes à violência.

§ 3º Somente se procede mediante representação.

Trata-se de tipo penal que visa tutelar a liberdade individual e pessoal[12], bem como a paz, o sossego, a privacidade e a tranquilidade. Portanto, possui como objetividade jurídica a proteção da integridade física e psicológica com vista a garantir o bem-estar do indivíduo.

É delito mononuclear, pois possui apenas um verbo que anuncia a conduta criminosa, consistente em "perseguir"[13]. A conduta é realizada quando o agente, de forma contumaz, insistente ou reiteradamente, investe-se no encalço da vítima por qualquer forma ou meio. Não há um número de condutas para configurar a perseguição, embora com, no mínimo, três vezes, a doutrina[14] afirma a existência da conduta reiterada. Por isso, trata-se de um crime habitual próprio, de modo que o agente deve reiterar seu comportamento perseguidor.

Trata-se de crime de ação livre, pois o tipo penal não descreve o *modus operandi*, mencionando que o agente persegue com ameaça, por qualquer meio, a integridade física ou psicológica da vítima, ou persegue com restrição a sua locomoção ou, ainda, persegue, invade ou perturba a esfera de sua liberdade ou privacidade[15]. Repisa-se que, para a sua ocorrência, exige-se a reiteração da conduta. Por isso, se houver apenas uma perseguição, a princípio, o fato será atípico. O revogado art. 65

[12] SANCHES, Rogério. Manual de Direito Penal – Parte Especial. Volume único. Ed Juspodium. São Paulo. 2023.

[13] BITENCOURT, Cezar Roberto. Tratado de direito penal. v. 2. 22. ed., rev., ampl. e atual. São Paulo, SP: Saraiva, 2022.

[14] A **perseguição** deve ser **reiterada**, isto é, repetida insistentemente. O tipo não exige número mínimo de eventos para que a perseguição seja considerada como reiterada; não obstante, afigura-se razoável, para que não existam dúvidas acerca da subsunção do fato, que tenham ocorrido, ao menos, **três episódios distintos**. Trata-se, desse modo, de **crime habitual**. ESTEFAM, André. Direito Penal. Vol. 2. Parte Especial. Ed. Saraiva.2022. Pág. 538.

[15] CAPEZ, Fernando. Curso de direito penal. v 2. 22. ed. São Paulo, SP: Saraiva, 2022.

da Lei de Contravenções Penais não exigia a reiteração. Com isso, se importunasse uma única vez, incorria na extinta contravenção. Logo, nessa particularidade, para alguns[16], houve *abolitio criminis*.

É um crime que não admite tentativa, pois exige habitualidade. Se houver uma só conduta amedrontadora, o crime será de ameaça, tão-somente. Após três condutas reiteradas de perseguição, tem-se a consumação do crime. Cumpre, contudo, destacar que há corrente doutrinária admitindo a tentativa de perseguição[17]. Ouso em divergir, pois, caso a primeira e única conduta de perseguição causar temor na vítima, embora não se subsuma no delito do art. 147-A, do Cp, tem-se, subsidiariamente, o delito de ameaça (art.147, CP) ou constrangimento ilegal (art.146, CP). O mesmo ocorre se a primeira conduta for de restrição de liberdade ou invasão da privacidade, sem ameaça, pois, subsidiariamente, pode ocorrer sequestro ou cárcere privado (art. 148, CP) ou invasão de dispositivo informático (art. 154-A, CP).

Trata-se de crime habitual próprio ou necessariamente habitual, pois a habitualidade é um requisito para a existência do delito. Dessa forma, o *stalking* é delito habitual próprio[18], pois o tipo penal exige a reiteração da conduta, consoante se verifica na elementar descrita no art.147-A, do CP.

Quanto ao local do crime, o agente pode se valer do ambiente virtual (*cyberstalking*) ou perseguir a vítima presencialmente no local onde esta se encontrar. Assim, por exemplo, o envio de diversas mensagens ou a ida ao local de trabalho ou à porta da casa da vítima, reiteradamente, retirando a paz e amedrontando-a, tem-se, nesse breve contexto, o delito. Nesses

[16] BIANCHINI, Alice. e outro. A revogação do artigo 65 da LCP pela Lei 14.132 criou uma *abolitio criminis*? ConJur – Opinião. 5 de abril de 2021, 17h04. Acessível em:https://www.conjur.com.br/2021-abr-05/opiniao-revogacao-artigo-65-lcp-criou-abolitio-criminis?imprimir=1.

[17] ***Para André Estefam, "Embora seja de difícil configuração e comprovação, é possível que o agente dê início a uma série de atos de perseguição, sendo, contudo, surpreendido ou obstado logo no primeiro deles. Imagine, por exemplo, um paparazzo contratado para fotografar determinada personalidade, em seus momentos privados e íntimos, diariamente, durante o período de um mês de férias do ofendido. Suponha, então, que logo no primeiro ato a vítima perceba que o agente invadiu sua propriedade e a está fotografando. Acionada a Polícia, há, em tese, flagrante por tentativa de perseguição. Ainda não tinha havido reiteração, pois esta somente não se deu por circunstâncias alheias à vontade do agente, que planejava repetir o ato em dias seguidos". (ESTEFAM, André. Direito Penal. Vol. 2. Parte Especial. Ed. Saraiva.2022. Pág. 541)***

[18] Idem.

casos, o agente consegue manipular as condutas da vítima, em razão do efeito psicológico causado, fazendo com que esta faça ou deixe de fazer algo em virtude daquilo que lhe fora impingido. Nesses casos, a vítima, com medo, toma novos caminhos para o trabalho, retira-se de redes sociais, evita locais que costumava ir etc.

Trata-se de delito doloso e não há a modalidade culposa[19]-[20]. O agente deve perseguir a vítima para retirar-lhe a paz, o sossego, de modo que ameace ou restrinja a liberdade ou invada a privacidade desta.

Interessante questão ocorre quando, na dinâmica criminosa, o agente utiliza arma. Aparentemente, tem-se a perseguição majorada, nos termos do §1º, inciso III. Contudo, deve ser realizada uma análise um pouco cuidadosa desse dispositivo. Se a arma for imprópria (ex.: faca), haverá a incidência dessa majorante, pois a contravenção penal prevista no art. 19 do Dec.-lei 3.688/41 será absorvida. Contudo, se a arma for de fogo, a situação será diferente, diante da gravidade dos delitos. Se o agente perseguir a vítima valendo-se de uma arma de fogo ilegal, responderá pelo porte ilegal de arma de fogo em concurso com o delito de perseguição, em sua modalidade simples (*caput*), sob pena de *bis in idem*. Nesta hipótese, não haverá consunção, vez que o crime-meio (delito de porte ilegal de arma de fogo) é mais grave que o crime-fim, o que impede a absorção. Ademais, como o porte ilegal de arma de fogo configura crime autônomo, não poderá ser utilizado como circunstância majorante, pois vedada a dupla apenação. Para saber se o concurso é material ou formal, deve ser analisada a dinâmica do evento delituoso. Se o agente já portava a arma antes da perseguição, tem-se o concurso material dos crimes, importando na soma das penas. Contudo, se o agente adquire a arma para perseguir e a utiliza apenas para esse fim, tem-se o concurso formal próprio, com a consequência da exasperação da pena mais grave, pois há apenas um desígnio só.

Os crimes de constrangimento ilegal (art.146, CP) e de ameaça (art. 147, CP) restam absorvidos pelo delito de perseguição (art.147-A, CP), uma vez que este é mais específico (princípio da especialidade),

[19] GONÇALVES. Victor Eduardo Rios. Curso de Direito Penal – Parte Especial – Vol. 2. 7ª ed. Editora Saraiva. São Paulo. 2023.

[20] MASSON, Cleber. Direito Penal – Parte Especial – Vol. 2. 16ª Ed. Editora Gen/método. São Paulo. 2023.

porquanto a perseguição pode ocorrer mediante ameaça, mediante a restrição da locomoção ou mediante a invasão da privacidade da vítima. Se, por exemplo, o ex-marido envia diversas mensagens ameaçadoras à ex-esposa, determinando que se demita de seu trabalho, tem-se somente o *stalking*.

Nota-se que a majorante é de metade. Sendo assim, incidindo uma ou duas causas de aumento previstas no art. 147-A, CP, a pena terá uma elevação de metade. Caso haja concurso de causas de aumento, uma pode ser utilizada para majorar e a outra, se houver previsão legal, como agravante. Com isso, se um *stalker* perseguir um idoso com uma faca, esta última circunstância será causa de aumento e, a outra (idoso), será agravante (art. 61, II, h, CP).

Se durante a perseguição o agente realizar vias de fato, lesão corporal ou homicídio, haverá concurso formal impróprio dos delitos, consoante o disposto no § 2º do art. 147-A, do CP (As penas deste artigo são aplicáveis sem prejuízo das correspondentes à violência)[21].

O tipo penal não anuncia expressamente o motivo para a prática do crime, podendo haver de forma gratuita, embora não se opere comumente. De fato, o comportamento do perseguidor se atrela a um sentimento, a uma paixão. O agente atua por motivo de vingança, diante de uma frustração, como, por exemplo, o término da relação amorosa. Por isso, o *caput* do tipo legal não prevê um elemento subjetivo específico. Entretanto, se o motivo for por menosprezo à mulher, incide a causa de aumento de pena (+1/2) prevista no §1º (contra mulher por razões da condição de sexo feminino, nos termos do § 2º-A do art. 121 do Código Penal).

Trata-se de crime comum[22], uma vez que pode ser praticado por qualquer pessoa. Assim, não se exige uma qualidade especial do sujeito ativo do delito. O mesmo é em relação à vítima, pois pode ser qualquer pessoa. Contudo, os casos apresentam uma ligação anterior entre o agente ativo e passivo, como ocorre nas relações de conjugalidade, por exemplo,

[21] Enunciado 7 do Centro de Apoio Operacional das Promotorias Criminais do MPSP: ***Se a perseguição provocar danos à saúde da vítima e seu afastamento das ocupações habituais por mais de trinta dias, haverá o concurso formal impróprio entre os crimes de perseguição e lesão corporal grave, nos exatos termos do art. 147-A, §2º, CP.*** CAO – Crim. Boletim Criminal Comentado nº137, 5/2021 (semana nº 2)

[22] GONÇALVES. Victor Eduardo Rios. Curso de Direito Penal – Parte Especial – Vol. 2. 7ª ed. Editora Saraiva. São Paulo. 2023.

apontando o homem como o mais corriqueiro autor do delito. Ao não reconhecer o término da relação, o ex-marido persegue e amedronta, de forma reiterada, a sua ex-esposa, para que esta sucumba aos seus anseios, apresentando comportamento tóxico e perigoso. Por isso, o tipo penal apresenta causas de aumento no seu §1º. Se a vítima for mulher[23] em situação de violência doméstica, criança, adolescente ou idoso, haverá o aumento de metade (incisos I e II).

O crime é unissubjetivo, pois pode ser praticado por uma só pessoa. Entretanto, eventualmente pode ser praticado em concurso (concurso eventual de pessoas)[24]. Nessa situação, se duas ou mais pessoas concorrerem para a infração haverá a majoração em metade da pena, nos termos do §1º, inciso III.

Consoante se depreende do preceito secundário do tipo penal, trata-se de delito de menor potencial ofensivo, pois a pena de reclusão não ultrapassa a 2 anos, salvo na hipótese da perseguição majorada. Em regra, é de competência do Juizado Especial Criminal, com incidência da lei 9.099/95, salvo se incidir uma das causas de aumento ou se o delito envolver vítimas amparadas pela Lei Maria da Penha, de modo que atrai a competência para a Vara Criminal ou para o Juizado de Violência Doméstica e sem os institutos da lei dos Juizados Especiais Criminais.

O crime de *stalking* se procede mediante representação da vítima (art. 147-A, CP), independentemente da competência do juízo. A vítima deve manifestar acerca do seu interesse em processar o ofensor. Em regra, isso se faz por mera declaração. Importante controvérsia ocorre por conta da continuidade típica. O art. 147-A, do CP, inovou o ordenamento jurídico, uma vez que o revogado art. 65 da Lei de Contravenções Penais (importunação) não exigia essa condição de procedibilidade. Diante disso, não é possível combinar as leis, para exigir a representação, caso a denúncia pela contravenção não tenha sido oferecida. Se o ofensor perseguiu a vítima antes da Lei n. 14.132/21, incorrendo na contravenção penal de

[23] Enunciado 6 do Centro de Apoio Operacional das Promotorias Criminais do MPSP: ***A causa de aumento de pena do artigo 147-A, §1º, II, CP, abrange a violência contra mulheres trans e travestis.*** CAO – Crim. Boletim Criminal Comentado nº137, 5/2021 (semana nº 2)

[24] MASSON, Cleber. Direito Penal – Parte Especial – Vol. 2. 16ª Ed. Editora Gen/método. São Paulo. 2023.

importunação, não se exige a representação, pois aplica-se o art. 65, do Decreto-lei 3.688/41 na íntegra, nos moldes da súmula 501, do STJ[25], aplicável analogamente. Contudo, se a perseguição começar antes da Lei n. 14.132/21, mas persistir após a entrada em vigor do art. 147-A, do CP, aplica-se esta lei mais gravosa, mas que exige a representação, aplicando-se a súmula 711, do STF, como se fosse um crime continuado[26].

Trata-se de crime formal e de perigo, se a perseguição causar medo na vítima, pois não exige o resultado naturalístico nessa situação. Entretanto, é crime material e de dano, quando, para a sua consumação, exige-se a restrição da liberdade da vítima ou a invasão da privacidade.

Analisada as questões teóricas, relativas ao delito de perseguição, impõe-se ponderações acerca das recomendações estabelecidas pelo Ministério Público do Distrito Federal e Territórios, para que promotores de justiça observem a cena criminosa para delinear a incidência desta norma. Com isso, no próximo capítulo, apresentar-se-á as diretrizes e as respectivas considerações, com intuito de contribuir tecnicamente para o incremento do debate.

Análise epistemológica das diretrizes para a persecução criminal do delito de *stalking* no âmbito do ministério público do distrito federal e territórios

Nos dias 11 e 18 de junho de 2021, ocorreram oficinas para se discutir a incidência do novo art.147-A, do CP, com participação das professoras Alice Bianchini, Valéria Scarance e membros do Ministério Público do Distrito Federal e Territórios, cujas 21 diretrizes foram aprovadas por unanimidade dos participantes, como resultado dos valorosos esforços. Por óbvio, as recomendações não podem violar a independência funcional do promotor natural, mas balizam bastante a sua atuação. Dessa feita,

[25] ***Súmula 501, STJ – É cabível a aplicação retroativa da Lei n. 11.343/2006, desde que o resultado da incidência das suas disposições, na íntegra, seja mais favorável ao réu do que o advindo da aplicação da Lei n. 6.368/1976, sendo vedada a combinação de leis. Data da Publicação – DJ-e 28-10-2013.***

[26] Enunciado 2 do Centro de Apoio Operacional das Promotorias Criminais do MPSP: ***A perseguição iniciada antes da vigência do artigo 147-A CP pode ser inserida na denúncia do Ministério Público como parte da conduta causal deste crime.*** CAO – Crim. Boletim Criminal Comentado nº137, 5/2021 (semana nº 2)

cumpre-nos analisar e pontuar os principais aspectos firmados pela profícua oficina.

1) É possível a continuidade típico-normativa entre a contravenção penal de perturbação da tranquilidade (LCP, art. 65) e o crime de perseguição (CP, art. 147-A), desde que a conduta se amolde aos dois tipos penais e, em especial, tenha ocorrido a reiteração.

2) Caso haja atos de perseguição praticados antes da vigência da Lei nº 14.132/2021 e um ato praticado após a vigência da lei, é possível a configuração do novo crime de perseguição, nos termos da Súmula nº 711 do STF.

Analisando as duas primeiras diretrizes, com acerto, reconheceram a continuidade típica-normativa entre a contravenção penal do art. 65, do Decreto-lei 3.688/41 e o art. 147-A do CP, notadamente se houver reiteração da conduta. Importante destacar que, em vista do princípio da extra-atividade da lei penal, mais especificamente o da ultra-atividade da lei penal benéfica, corolário do art. 5º, incido XL, da Constituição Federal, se o agente praticou apenas a contravenção penal de importunação, cessando a habitualidade ainda na vigência da lei anterior, a lei de contravenções penais incidirá, para regular os fatos praticados durante a sua vigência[27]. Entretanto, considerando o entendimento exposto na súmula 711, do STF, aplicável analogamente, caso o agente tenha iniciado os atos de importunação, durante a vigência da lei de contravenções penais, mas continuando a perseguir na vigência da nova lei, responderá por crime único, cuja tipicidade penal encontra-se no art. 147-A, do CP.

Deve, ainda, ressaltar que, para a configuração do delito de perseguição, é importante que haja a reiteração da conduta, por se tratar de crime habitual próprio. Noutro pensar, se não houver reiteração da conduta, adotaram um posicionamento da *abolitio criminis*, pois o silêncio é eloquente nesse sentido. Ademais, uma das palestrantes, a prof. Alice

[27] Enunciado 8 do Centro de Apoio Operacional das Promotorias Criminais do MPSP: ***Perseguição reiterada cometida e encerrada antes da Lei 14.132/21, caracterizadora da contravenção penal do art. 65, se presentes os elementares do art. 147-A do CP, pode continuar sendo objeto de persecução penal. Aplica-se, na hipótese, o princípio da continuidade normativo- típica, bem como o princípio da irretroatividade maléfica da lei penal superveniente, sendo o preceito secundário do art. 65 da LCP ultrativo.*** CAO – Crim. Boletim Criminal Comentado nº137, 5/2021 (semana nº 2).

Bianchini, se manifestou nesse sentido, apresentando seu posicionamento, inclusive, no âmbito da oficina[28]. Portanto, haverá atipicidade do fato, se não incidir um delito subsidiário.

3) No caso das antigas contravenções penais de perturbação da tranquilidade (LCP, art. 65) reiteradas que tenham continuidade típico-normativa com o novo crime de perseguição (CP, art. 147-A), se, no momento da vigência da Lei nº 14.132/2021, já havia denúncia oferecida, não há necessidade de se intimar a vítima para apresentar representação, diante do ato jurídico perfeito.

4) No caso das antigas contravenções penais de perturbação da tranquilidade (LCP, art. 65) reiteradas, que tenham continuidade típico-normativa com o novo crime de perseguição (CP, art. 147-A), se, no momento da vigência da Lei nº 14.132/2021, ainda não havia denúncia oferecida, mas já havia manifestação inequívoca de vontade pela vítima para o processamento criminal, não se faz necessária a ratificação da representação.

5) O prazo decadencial da representação para o crime de perseguição (CP, art. 147-A) inicia-se a partir da ciência pela vítima do último ato de perseguição.

Essas três recomendações referem-se à condição de procedibilidade para a ação penal pública, condicionando ou não o oferecimento da denúncia à existência de representação da vítima, diante do que determina o art. 147-A, §3º, do CP.

Não se trata de condição de prosseguibilidade, de modo que as ações penais oferecidas até o advento da lei 14.132/21, não necessitam de obtenção da autorização da vítima para prosseguir. Por ser um ato jurídico-processual perfeito, não se exige a representação da vítima, em qualquer fase do curso do processo criminal.

Entretanto, situação interessante ocorre quando o agente tenha praticado apenas a contravenção penal, ou seja, os fatos anteriores à nova lei, mas o Ministério Público ainda não tenha ingressado com a ação penal. Nessa situação e considerando uma analogia ao que foi decidido para o

[28] BIANCHINI, Alice. e outro. A revogação do artigo 65 da LCP pela Lei 14.132 criou uma *abolitio criminis*? ConJur – Opinião. 5 de abril de 2021, 17h04. Acessível em:https://www.conjur.com.br/2021-abr-05/opiniao-revogacao-artigo-65-lcp-criou-abolitio-criminis?imprimir=1.

crime de estelionato, poder-se-ia cogitar na hipótese de ter que obter a representação da vítima, para denunciar o agente pela contravenção penal. Contudo, essa situação não se assemelha ao crime de *stalking*, pois estaria criando um *tertium genus*. Assim, se o agente importunou a vítima, quando ainda na vigência da lei de contravenções penais, deve se aplicar, na inteireza, o disposto no art. 65 do Decreto-lei 3.688/41, sendo, pois, desnecessária a representação da vítima. Esta, por outro lado, só se faz necessária, se o agente praticar a conduta na vigência da nova lei. Portanto, se o agente tenha praticado a contravenção penal, tão-somente, ainda que o promotor de justiça não tenha ingressado com a ação penal, não necessitará da representação, uma vez que é vedada a combinação de leis[29]. Logo, não se pode utilizar apenas o §3º do art. 147-A, do CP e combinar com o art. 65 da lei de contravenções penais. Embora posiciona-se nesse sentido, importante também apresentar e reconhecer os válidos fundamentos que determinam a obtenção da representação da contravenção penal, quando ainda não oferecida a denúncia. Nesse caso, embora a condição de procedibilidade esteja no Código Penal, trata-se de instituto processual penal, onde vigora o princípio do *tempus regit actum*, o que faz com que os promotores de justiça tenham mais cuidado para não invalidarem a ação penal, caso o julgador incline-se no sentido de ser indispensável a representação. Por isso, há recomendação nesse sentido[30].

Destaca-se que a representação da vítima para a persecução criminal do art. 147-A, CP, ocorre com a sua manifestação, não se exigindo uma forma específica. Logo, se a vítima se manifestou no sentido de querer buscar a persecução penal, válida é a sua declaração, dispensando a existência de um termo próprio. Contudo, se a ocorrência policial foi gerada a partir de outras pessoas, diversas da vítima, esta deve se manifestar, de maneira livre e inequívoca.

[29] Súmula 501, do STJ – É cabível a aplicação retroativa da Lei n. 11.343/2006, desde que o resultado da incidência das suas disposições, na íntegra, seja mais favorável ao réu do que o advindo da aplicação da Lei n. 6.368/1976, sendo vedada a combinação de leis. *Data da Publicação – DJ-e 28-10-2013.*

[30] Enunciado 9 do Centro de Apoio Operacional das Promotorias Criminais do MPSP: ***Para os processos em que houve oferecimento de denúncia pelo artigo 65 LCP não há necessidade de se intimar a vítima para oferecimento de representação. A necessidade de representação somente retroage para alcançar fatos ainda na fase de investigação.*** CAO – Crim. Boletim Criminal Comentado nº137, 5/2021 (semana nº 2).

A renúncia (retratação) da representação pode ser apresentada até o oferecimento da denúncia, mas, especialmente em audiência, quando envolver a violência de gênero contra a mulher[31].

Cumpre, entretanto, trazer um simples reparo à recomendação nº 5, uma vez que o prazo decadencial para a representação, necessariamente, não se inicia da ciência do último ato de perseguição. Em que pese, muitas vezes, a vítima ter ciência da autoria da perseguição e, nesse caso, o prazo decadencial iniciar a partir da última conduta, há também a possibilidade de existir a perseguição da vítima, sem que esta também conheça a autoria. Nessa hipótese, mesmo cessando a conduta perseguidora, o prazo decadencial de seis meses será iniciado a partir da ciência da autoria, e não do último ato de perseguição.[32]

6) Para a configuração da reiteração dos atos de perseguição (CP, art. 147-A) são necessários ao menos dois episódios[33], com conexão de frequência ou intensidade, ou uma conduta que se prolonga no tempo, como, por exemplo, uma série de ações de acompanhamento que caracterizam a perseguição.

7) A perseguição (CP, art. 147-A) é crime de ação múltipla, configurando-se mediante as condutas de seguir fisicamente (ir ao encalço), vigiar, observar insistentemente, rondar locais frequentados pela vítima, contatar ou tentar contatar reiteradamente a vítima de forma indesejada ou agressiva (pessoalmente ou por mensagem), enviar presentes ou objetos à vítima reiteradamente de forma indesejada, ameaçar reiteradamente a vítima, injuriar reiteradamente a vítima, causar transtorno reiteradamente, instalar dispositivos eletrônicos de monitoramento e prolongar no tempo a conduta de vigilância,

[31] Art. 16, da Lei 11340/06: Nas ações penais públicas condicionadas à representação da ofendida de que trata esta Lei, só será admitida a renúncia à representação perante o juiz, em audiência especialmente designada com tal finalidade, antes do recebimento da denúncia e ouvido o Ministério Público.

[32] Art. 103, do CP: Salvo disposição expressa em contrário, o ofendido decai do direito de queixa ou de representação se não o exerce dentro do prazo de 6 (seis) meses, contado do dia em que veio a saber quem é o autor do crime, ou, no caso do § 3º do art. 100 deste Código, do dia em que se esgota o prazo para oferecimento da denúncia.

[33] No mesmo sentido, Enunciado 11 do Centro de Apoio Operacional das Promotorias Criminais do MPSP: ***A "reiteração" mencionada no artigo 147-A CP pressupõe duas ou mais condutas contra vítima específica, sequenciais ou não, desde que no mesmo contexto fático.*** CAO – Crim. Boletim Criminal Comentado nº137, 5/2021 (semana nº 2).

realizar representações abusivas sobre a vítima a órgãos públicos (abuso processual), dentre outras. A reiteração pode ocorrer mediante condutas idênticas ou diversas.

8) Na hipótese de conduta única de invasão de dispositivo informático da vítima, a configuração do crime do art. 154-A do CP tem preferência sobre o crime de perseguição (CP, art. 147-A), diante da maior reprovabilidade da conduta, sem prejuízo de eventual concurso de crimes na hipótese de diversas condutas de perseguição.

9) No caso de ações isoladamente atípicas, como envio de presentes, de mensagens ou visitas à vítima, a configuração do crime de perseguição (CP, art. 147-A) deve estar associada à abusividade da conduta. Para tanto, deve-se avaliar a abusividade derivada dos sinais concretos de ausência de desejo de contato pela vítima ou o histórico relacional abusivo e, especialmente, o contexto anterior de violência psicológica, nos termos da Lei nº 11.340/2006, art. 7º, inciso II.

10) É possível a configuração do crime de perseguição (CP, art. 147-A) em meio virtual (cyberstalking), como insistentes "pedidos de amizade" em redes sociais sucessivamente negados, mensagens reiteradas indesejadas, instalação de dispositivo de vigilância em aparelhos celulares, GPS veicular e violação de dispositivos de segurança de aplicativos (v.g., e-mails ou redes sociais) para monitorar a vítima ou invadir sua privacidade, dentre outros.

11) Na hipótese de instalação de dispositivo de vigilância em aparelho celular, no veículo da vítima ou outros dispositivos de internet das coisas, um único episódio de instalação com monitoramento que se prolonga no tempo já é uma conduta de perseguição reiterada, apta a configurar o crime de perseguição (CP, art. 147-A), sem prejuízo de eventual incidência do crime do art. 154-A do CP, se for o caso.

Quanto à recomendação de número 6, ousa-se divergir, por não se haver razoavelmente o delito habitual com apenas duas condutas. Nesse particular, estar-se-á a analisar a elementar normativa do tipo legal consistente na palavra "reiteradamente". Trata-se de uma informação essencial para configuração do delito de perseguição, mas cujo significado cria essa divergência, ou seja, se bastam duas ou três condutas para a existência da habitualidade.

Remansosa doutrina, ao analisar os crimes habituais descritos na parte especial do Código Penal, assevera que, para a existência do delito habitual, necessitam, no mínimo, três condutas, *a priori*. Logo, em geral, para haver o crime de perseguição, o agente deve praticar três ou mais condutas capazes de ameaçar, restringir a liberdade ou invadir a intimidade da vítima. Portanto, o envio de uma ou duas mensagens ameaçadoras, ou ficar uma ou duas vezes na frente da casa da vítima, ou olhar o celular da vítima uma ou duas vezes, sem sua anuência, por si só, não configuram o *stalking*, podendo incidir outro crime.

Importante destacar que a conduta, necessariamente, não deve ser a mesma em, pelo menos, três oportunidades e, nesse ponto, adere-se da parte final da recomendação nº 7. Contudo, diverge-se quanto a ser apenas duas condutas existentes capazes de configurar a perseguição. Segundo do que se extrai das recomendações 6 e 7, duas condutas distintas podem configurar o crime de perseguição. Dessarte, por exemplo, o envio de solicitação de amizade no "*Instagram*" (fato atípico), seguido do envio de uma mensagem ameaçadora e posterior tentativa de ligação telefônica para ameaçar a pessoa, deixa de configurar crime de ameaça, e passa a ser perseguição. Esse exemplo apresenta duas condutas distintas de crimes de ameaças, em concurso, mas não uma perseguição. A perseguição exige um comportamento reiterado que denota a insistência no comportamento. Por isso, exige-se três ou mais comportamentos idênticos, que revelam a persistência da perturbação.

Importante destacar que não se pode fazer uma análise meramente objetiva dos fatos, pois é imprescindível a análise da subjetividade do agente, consistente no dolo de perseguir, pois, caso contrário, qualquer insistência poder-se-ia enquadrar como perseguição. Logo, se um ex-marido tentar ligar, quatro vezes, para a ex-esposa, para apenas saber o estado de saúde da filha comum, não tem o condão de configurar o crime de perseguição. Por isso, importante saber a intenção do agente.

Contudo, muito sagaz foi a percepção do grupo que compôs a oficina no MPDFT em perceber a existência de *modus operandi* capaz de se ter a permanência do delito. Nesse ponto, é possível o agente vigiar a vítima de forma permanente, como, por exemplo, a instalação de um aplicativo espião no celular ou de um GPS no veículo da vítima. Embora possa ficar olhando o relatório do programa informático, de fato, trata-se de um monitoramento constante e reiterado das atividades da vítima. Assim, excepcionalmente, com uma só conduta, tem-se a perseguição permanente e reiterada, excepcionando a exigência de três condutas distintas para se ter a reiteração. Nesse caso, não se está a realizar uma interpretação elástica do direito punitivo, mas compreender que a perseguição pode ocorrer reiterada e permanentemente.

Quanto à invasão do dispositivo informático da vítima, para monitorá-la, embora possa se amoldar apenas na perseguição, importante observar que o crime do art. 154-A, do CP[34], é mais grave que o crime do art. 147-A, do CP. portanto, não há que se falar em absorção, devendo o agente responder por dois delitos em concurso formal próprio, com a maior pena exasperada nos moldes do art. 70, primeira parte, do CP.

Contudo, quanto ao envio indesejado de presentes à vítima, por si só, não se visualiza a possibilidade de subsumir à perseguição. Embora possa ser uma conduta moralmente reprovada, para se ter a tipificação do crime do art. 147-A, do CP, deve-se lembrar da existência da ameaça, ou da restrição da liberdade, ou a invasão da privacidade. Se não ocasionar uma dessas situações abusivas, não há crime. Assim, ficar enviando dinheiro, de forma gratuita, à ex-esposa, sem causar medo ou restrições, não se amolda ao tipo penal, ainda que esta não deseje o recebimento do valor.

12) Na hipótese de o ofensor andar ao encalço da vítima em via pública, um único episódio que se prolonga no tempo (v.g., 2h) e por diversos locais já é uma conduta reiterada, apta a configurar o crime de perseguição (CP, art. 147-A).

13) Na hipótese de crime de perseguição (CP, art. 147-A) mediante uma sequência de ameaças (CP, art. 147), haverá absorção das ameaças pela perseguição.

14) Caso o crime de perseguição gere danos à saúde física ou psicológica da vítima, será possível o concurso formal com o crime de lesão corporal, conforme regra do CP (art. 147-A, § 2º).

15) Configura-se o crime de perseguição (CP, art. 147-A) mediante a conduta de o ofensor, na constância de relação íntima de afeto, solicitar reiteradamente e de forma abusiva à vítima para esta confirmar sua localização por dispositivos eletrônicos.

[34] Art. 154-A. Invadir dispositivo informático de uso alheio, conectado ou não à rede de computadores, com o fim de obter, adulterar ou destruir dados ou informações sem autorização expressa ou tácita do usuário do dispositivo ou de instalar vulnerabilidades para obter vantagem ilícita: Pena – reclusão, de 1 (um) a 4 (quatro) anos, e multa.

16) Na hipótese de uma sequência condutas de tentativas de aproximação indesejada, tentativas de contato indesejado, tentativas de seguir ao encalço, tentativas de envio de presentes indesejados, se a conduta do ofensor chega ao conhecimento da vítima e é suficiente para ameaçar a sua integridade física ou psíquica, restringir sua capacidade de locomoção, invadir ou perturbar sua esfera de liberdade ou privacidade, estas condutas já configurarão o crime de perseguição (CP, art. 147-A) na forma consumada.

No tocante à recomendação de nº 12, ousa-se divergir tecnicamente. Malgrado permanecer no encalço de alguém signifique perseguição, o fato de fazê-lo, por duas ou três horas, em uma única vez, não transforma em reiteração da conduta. Se a pessoa seguida ficar com medo, esse comportamento configura crime de ameaça (art. 147, CP). Caso contrário, fato atípico. Assim, caso o marido vá atrás da esposa, uma única vez, para saber onde ela vai, não subsome ao delito em questão. Caso o marido repita o comportamento em outras duas oportunidades, não há dúvida da perseguição.

Contudo, importante destacar um *modus operandi* possível, consistente na contratação de detetive particular para ficar no encalço da pessoa e vigiá-la para descobrir condutas inaceitáveis pelo contratante. Se a contratação desse profissional tem único objetivo de buscar eventual infidelidade do(a) parceiro(a), por exemplo, por mais que possa, eventualmente, invadir a privacidade ou restringir a liberdade, e se a intenção do agente for querer pôr fim ao relacionamento, após a descoberta da infidelidade pelo detetive, não há crime por falta dolo de perseguir para importunar. Não se trata de exercício regular de direito ou de legítima defesa (excludentes de ilicitude), mas sim de ausência de dolo de retirar a paz, o sossego, a tranquilidade (que são os bens jurídicos protegidos), por mais que invada a privacidade da pessoa perseguida. O mesmo se uma mãe contrata um detetive para procurar os filhos menores, que estejam ilegalmente sob o poder do pai. Nesse caso, além de não haver dolo, também há o exercício regular do direito da mãe, em procurar os filhos que lhes foi irregularmente subtraído.

É possível que o delito de perseguição ocorra em concurso com outros crimes, como por exemplo lesão corporal (art. 129, CP) ou dano psicológico (art. 147-B, do CP) ou homicídio (art. 121, CP), com ou sem agravantes, majorantes ou qualificadoras, a depender de cada situação. Noutro giro, não haverá concurso de crimes, se a perseguição consistir em diversas injúrias ou diversas ameaças. Nesses casos, por serem delitos-meio e menores para a consecução do delito-fim, o crime de perseguição absorverá, em razão do princípio da consunção. Assim, se uma pessoa envia, diariamente, um xingamento por meio de mensagens eletrônicas, ter-se-á a perseguição, pois as injúrias restam absorvidas.

Contudo, interessante é a possibilidade de tentativa de aproximação da vítima, por meio das redes sociais, com intuito de persegui-la. Nesse caso, se a vítima tiver a opção de excluir, bloquear ou inadmitir o pedido de amizade, tem-se o crime impossível, pois o meio é absolutamente ineficaz. No momento em que a vítima bloqueia o pedido, isso não é passível de reiteração, embora possa ser requerido em outro aplicativo. Portanto, não há crime se o agente, com intuito de perseguir, solicita amizade no *facebook* ou *instagram*, mas é recusado, ou tenta enviar mensagens pelo e-mail, *Whatsapp*, SMS ou *telegram*, já bloqueados pela pretensa vítima. Entretanto, se lograr êxito no envio de uma mensagem, após bloqueio em outros aplicativos, ter-se-á a configuração do delito. Isso ocorre, por exemplo, após a vítima bloquear todos os aplicativos, ainda assim o agente enviar um *pix* (de um real, por exemplo), fazendo inserir uma mensagem ameaçadora no corpo do documento.

Como o machismo e o patriarcado encontram-se enraizados na cultura brasileira, algumas situações passam despercebidas por muitas mulheres, mas aptas a configurar, em tese, o delito de perseguição. A título de exemplo, ligações telefônicas de maridos para suas esposas, repetidas vezes, com objetivo único controlar as atitudes da mulher, visando saber onde e com quem está, é um *modus operandi.* Essa situação reiterada restringe a liberdade de locomoção e a privacidade da outra pessoa. Para além disso, solicitam localizadores ou realizam chamadas de vídeos para poder terem a certeza que a esposa está no local previamente informado, são exemplos de perseguição. Diante da naturalização da cultura patriarcal e machista, essas ocorrências frequentemente amoldam-se ao tipo penal em comento.

Outra dinâmica comum é a reiterada "olhadinha" no celular da esposa, sem a anuência dessa, para procurar algo que inadmita. O agente que todos os dias, ou corriqueiramente, apossasse do celular do(a) companheiro(a) para ler as mensagens, por exemplo, persegue reiteradamente a vítima, invadindo a privacidade do outro. Portanto, perfeita é a subsunção do fato ao tipo penal.

17) É cabível a prisão em flagrante para crime de perseguição (CP, art. 147-A) caso haja verossimilhança na informação fornecida pela vítima de que o último ato se insere numa sequência de atos pretéritos de perseguição. É conveniente que haja a condução dos envolvidos em flagrante delito à Delegacia de Polícia, para a autoridade policial avaliar a configuração do crime. Em caso de eventual não lavratura de flagrante delito, deve-se sempre registrar ocorrência policial, com posterior comunicação ao sistema de justiça.

18) Na hipótese de diversos inquéritos policiais noticiando atos individuais de perseguição, será recomendável a reunião dos processos, para se realizar denúncia única do crime de perseguição (CP, art. 147-A).

19) Caso haja notícia no procedimento de investigação criminal de um episódio único de perseguição, antes de o Ministério Público eventualmente promover o arquivamento por atipicidade, convém contatar a vítima para confirmar se não houve a reiteração em razão de outros atos de perseguição.

20) Ainda que não haja a configuração criminal do crime de perseguição (CP, art. 147-A), se há violência psicológica em contexto de violência doméstica e familiar contra a mulher, deve-se reconhecer o direito fundamental da mulher à obtenção das medidas protetivas de urgência previstas na Lei nº 11.340/2006.

21) Na hipótese de violência doméstica e familiar contra a mulher, o fato de a vítima estar se relacionando com o ofensor ou ter reatado a relação não descaracteriza o crime de perseguição (CP, art. 147-A).

De fato, se o agente estiver cometendo um delito, é possível a prisão em flagrante nos termos do art. 301 e seguintes do Código de Processo Penal. Mesmo se tratando de crime de perseguição, que, a princípio, demanda prova da reiteração, é possível que ocorra. A observação que se faz para a autoridade policial é que busque a máxima de carga probatória para se realizar a lavratura do auto de prisão em flagrante. Em que pese a palavra da vítima ter relevância, é imperioso que tome as medidas possíveis para o enquadramento jurídico-penal. Se há outros elementos, como testemunhas ou documentos, mais fácil é a capitulação do delito como perseguição. Se houver outras ocorrências policiais, basta reuni-las, transformando em um só procedimento investigativo, a fim de melhor elucidar os fatos.

Contudo, o fato de não haver outras provas ou indícios é que gera grande desconforto para com os atores do sistema de justiça criminal. É sabido que, no âmbito da violência doméstica, a palavra da vítima recebe especial valor, a ponto de embasar a denúncia, o deferimento de medidas protetivas e até a própria condenação do agente. Mas é importante tentar buscar o máximo de coerência da na palavra da vítima, sob pena de poder acusar e condenar um agente eventualmente inocente. Por isso, todos os episódios de perseguição devem ser registrados para que possam estabelecer uma narrativa bastante contundente contra o agente. Mas, quando se tratar de primeiro registro, em não se adequando ao art. 147-A, do CP, possivelmente adequa-se ao crime de ameaça. Quando a vítima percebe que está sendo perseguida, se não sentir medo, costuma não chamar a polícia e resolver a situação no próprio local. Entretanto, sentindo-se ameaçada, pode vir a acionar as autoridades, que, pelo menos, enquadram o fato no crime de ameaça. Com isso, não tem o total desamparo do Estado.

A partir da prisão em flagrante, todas as medidas judiciais podem ser buscadas, especialmente as medidas protetivas de urgência, previstas no CPP ou na lei 11340/06, além de se obter provimentos judiciais a ensejar a descontinuidade das condutas perseguidoras, como, inclusive, o monitoramento eletrônico ou prisão preventiva do perseguidor, com vista a proteger a vítima e o processo penal. Como bem recomendado, essas medidas podem ser estabelecidas, ainda que a vítima esteja se relacionando com o agente, uma vez que, nesses casos, o ciclo da violência se perpetua, inclusive. Afinal, o contato da vítima com o agente não faz cessar o estado de perigo[35].

Assim, é indispensável pensar nas soluções para os possíveis casos de perseguição, já que muitas são as possibilidades de seu cometimento. Sobre cada situação, os operadores do direito devem se debruçar para encontrar a solução mais justa e adequada, com o objetivo de extirpar essa conduta tão nociva, notadamente quando envolve a relação parental.

[35] Enunciado 4 do Centro de Apoio Operacional das Promotorias Criminais do MPSP: ***O contato da vítima com o autor da perseguição não pode ser interpretado, necessariamente, como ausência de perigo***. CAO – Crim. Boletim Criminal Comentado nº137, 5/2021 (semana nº 2)

Conclusões

Realizadas as reflexões sobre o delito de perseguição, o que se observa é que ainda persistem algumas complexidades que somente poderão ser sanadas quando o operador do direito estiver diante do caso concreto, momento em que, com razoabilidade, poderá oferecer a melhor e justa solução. Tomando-se como regra genérica ao delito exposto, este trabalho trouxe os principais contornos do tema, para que se possa desenvolver um raciocínio lógico e fundamentado acerca da infração penal para o operador, cônscio de certo distanciamento das partes (vítima e ofensor), mas sem descurar da empatia. Não está a dizer que deve condenar ou absolver um indivíduo colocando-se no lugar do outro, mas de entender a dinâmica epistemológica do delito, para, a partir daí, apresentar uma possível solução ao caso.

Quando a perseguição ultrapassa os limites do tolerado, ninguém há de questionar a sua subsunção legal, inclusive o próprio agente, quando entende o seu comportamento. A dificuldade se opera nos casos limítrofes entre a aceitabilidade de um comportamento compreendido como natural e o rechaçamento da atitude considerada tóxica, a ponto de deixar na subjetividade de cada um o entendimento acerca da configuração ou não do delito. Como visto, pode ocorrer que, numa dinâmica fática, nem a vítima ou nem o ofensor compreenda a extensão de sua atitude, pois mascarada por algum fator exógeno, como por exemplo, a cultura local ou temporal, de modo a fazer com as posturas dos envolvidos atrapalhem o entendimento mais racional do operador.

Por certo, quando um relacionamento amoroso está desmoronado, as pessoas estão sentimentalmente envolvidas, acreditando que sua conduta não venha a configurar o delito de perseguição. Com isso, insistem em reaproximarem-se uma da outra pessoa, com intuito de reatar o relacionamento, sem perceber que isso os coloca em risco. Risco de ser vítima ou autor do delito. Nesses pontos complexos, surgem os casos difíceis que exigem muito cuidado dos profissionais que acolhem todos os envolvidos. Seja para dar novo direcionamento, seja para dar a devida resposta penal necessária.

As diretrizes emanadas pelo Ministério Público do Distrito Federal e Territórios são dignas de elogio, por enfrentar o tema e delinear as observações acerca do delito e sua perseguição. Por óbvio, ainda que eventualmente tenha certa parcialidade, pois trata-se de órgão acusador, rechaça determinadas condutas consideras atípicas. Por isso, foram poucas as divergências aqui apresentadas, na assentada acadêmica, com vista a realizar dúvidas e críticas fundamentadas e construtivas para o debate.

Importa ainda destacar que o direito penal não pode ser usado como mero símbolo, pois essa faceta mostra-se infundada, por não ser o fim desse ramo. Sua finalidade, além de inserir valores na comunidade, ao revelar os atos proibidos, também é de proteger os bens jurídicos mais caros, cujo valor social encontra-se axiologicamente estabelecido. A paz, o sossego, a tranquilidade, a liberdade, a intimidade, a privacidade, correspondem, portanto, os bens protegidos pela norma penal descrita no artigo 147-A, do CP, cuja violação importa na atitude reprovável e digna de censura.

O *stalker* necessita compreender que seu comportamento aterroriza a vítima, a ponto de se ter a necessidade de utilizar o direito penal como um dos instrumentos de contenção dessa violência. Quando, então, o comportamento é direcionado a uma pessoa extremamente próxima, como ocorre nos casos de violência doméstica e familiar contra mulher, o risco da conduta se exacerba, pois os envolvidos possuem um estopim curto para deflagrar outros comportamentos mais gravosos, podendo culminar, inclusive, com o feminicídio.

Por outro lado, a vítima também merece grande atenção para que possa entender seus atos e se livrar dos eventuais comportamentos nocivos, mas que ainda não foram percebidos. Como já dito, quando abusivo, a vítima também compreende os danos da perseguição, a ponto, inclusive, de procurar ajuda. O problema maior está no fato imperceptível, inclusive para a vítima, mas com grande carga de se desenvolver em danos ainda maiores. Nesses casos, o Estado e a comunidade devem estar atentos para direcionar a vítima e aconselhá-la, para que perceba e possa sair de eventual risco que possa ter.

Portanto, cada vez mais, o estudo jurídico interseccional acerca desse delito mostra-se salutar para compreender e entender as atitudes humanas de perseguição, a fim de promover a melhor solução ao caso concreto posto em análise. Nesse sentido, faz-se o presente trabalho, na esperança de contribuir com o cenário acadêmico e prático.

Referências

BITENCOURT, Cezar Roberto. Tratado de direito penal. v. 2. 22. ed., rev., ampl. e atual. São Paulo, SP: Saraiva, 2022.

BIANCHINI, Alice. e outro. A revogação do artigo 65 da LCP pela Lei 14.132 criou uma *abolitio criminis*? ConJur – Opinião. 5 de abril de 2021, 17h04. Acessível em:https://www.conjur.com.br/2021-abr-05/opiniao-revogacao-artigo-65-lcp-criou-abolitio-criminis?imprimir=1.

CAPEZ, Fernando. Curso de direito penal. v 2. 22. ed. São Paulo, SP: Saraiva, 2022.

ESTEFAM, André. Direito Penal. Vol. 2. Parte Especial. Ed. Saraiva.2022.

GONÇALVES. Victor Eduardo Rios. Curso de Direito Penal – Parte Especial – Vol. 2. 7ª ed. Editora Saraiva. São Paulo. 2023.

MASSON, Cleber. Direito Penal – Parte Especial – Vol. 2. 16ª Ed. Editora Gen/método. São Paulo. 2023.

SANCHES, Rogério. Manual de Direito Penal – Parte Especial. Volume único. Ed Juspodivm. São Paulo. 2023.

Sites e leis acessados:

https://michaelis.uol.com.br/palavra/la3Y8/perseguir/.

http://www.planalto.gov.br/ccivil_03/leis/lim/lim-16-12-1830.htm.

https://www.planalto.gov.br/ccivil_03/decreto/1851-1899/d847.htm.

http://www.planalto.gov.br/ccivil_03/decreto-lei/del3688.htm.

https://www.planalto.gov.br/ccivil_03/_Ato2019-2022/2021/Lei/L14132.htm#art2.

https://processo.stj.jus.br/jurisprudencia/externo/informativo/?acao=pesquisarumaedicao&livre=0722.cod.

Decreto Nº 22.213, de 14 de dezembro de 1932.

Resolução Conjunta nº 05 CNJ-CNMP, Lei nº 14.149/2021

Centro de Apoio Operacional das Promotorias Criminais do MPSP- CAO – Crim. Boletim Criminal Comentado nº137, 5/2021 (semana nº 2)

Diretivas resultantes da oficina sobre o novo crime de *Stalking* e suas repercussões. Ministério Público do Distrito Federal e Territórios. Junho de 2021. Acesso em: https://www.mpdft.mp.br/portal/images/pdf/nucleos/nucleo_genero/publicacoes/Diretivas_Oficina_Lei_14132_21.pdf

20. COMPORTAMENTO E REGULAÇÕES SOBRE *STALKING* E *CIBERSTALKING*: UMA ANÁLISE INTERPRETATIVA CULTURAL E CONTEXTUAL JURÍDICO-COMPARATIVA ENTRE TAILÂNDIA E BRASIL

Deo Campos Dutra

Eduardo F. de Oliveira Jr.

Introdução

Se imaginarmos um país com clima quente, tropical, ao Sul[1] do globo, repleto de frutas tropicais, como mangas e cocos, com alta popularidade do futebol e novelas, internacionalmente conhecido por um povo, usualmente, acolhedor e sorridente, estaríamos diante de uma *descrição ambígua*, uma aparente semelhança que, com efeito, num olhar mais rápido, conecta Brasil e Tailândia. Não raras vezes, pela aparente semelhança – com elevação das distinções ao campo do exótico – estudos estritamente dogmáticos tendem ao etnocentrismo e sociocentrismo[2], como extensões de processos coloniais e neocoloniais, no campo sociocultural[3].

[1] Adotamos a concepção do norte, colonizador e do sul, sujeito aos processos de domínio político, econômico e cultural, conforme SANTOS, BOAVENTURA DE SOUSA. **Construindo as Epistemologias do Sul: Antologia Essencial. Volume I: Para um pensamento alternativo de alternativas.** Buenos Aires: CLACSO, 2018. p. 117.

[2] SOUZA, Marcelo Lopes. Decolonising postcolonial thinking: Ethnocentrism and sociocentrism as transideological and multiscalar phenomena. **ACME: An International Journal for Critical Geographies,** 2019, 18(1): 1-24.

[3] Enrique Dussel aponta para o modelo educacional no sul, que calha ilustrativamente, com objetivo alienador em detrimento das próprias manifestações étnico-culturais, em prol

É na observação dos hábitos locais, auxiliada pela historiografia, que fulmina a aparente semelhança, permitindo identificar traços que, de fato, convergem no campo de significação, quando existentes, e interpretá-los, além de os distinguir daqueles que, embora aparentemente semelhantes, possuem significados diversos.

São raros os estudos comparados, especialmente no campo jurídico, e da antropologia jurídica, que se exige do direito comparado, aqueles que se dedicam ao contexto, igualmente periférico no globo, da Ásia e, com mais ênfase, do Sudeste Asiático com América Latina, especialmente diante da idiossincrasia do Brasil. Ao tratar da Tailândia, mais escassos ainda, talvez não pelo abismo geográfico ou sociocultural, mas, especialmente, o linguístico, de um idioma – o tailandês – não colonial[4] e tonal, composto de 44 consoantes e 16 vogais, usado exclusivamente pelo país do Sudeste Asiático, embora guarde semelhanças nos signos gráficos com outros idiomas sino-tibetanos, como o laociano e o birmanês.

Há de se destacar desde logo que o processo de influência colonial, nos comportamentos que retroalimentam a necessidade de normas regulamentadoras e nos métodos de regulamentação, legados e/ou inspirados no centro colonizador, atingem os dois contextos, se o Brasil fora formalmente colonizado por Portugal, com influência de Espanha, França e Holanda em seu território, a Tailândia, nunca fora formalmente colonizada, porém teve ao sul influências de Portugal e Inglaterra, na borda com Malásia, ao Nordeste um território dominado pela influência dos Franceses, na divisa com Laos, e a permanente presença e influência de holandeses pela Companhia das Índias Ocidentais no então reino de Siam, hoje Tailândia[5].

da cultura e hábitos dos centros coloniais. DUSSEL, Enrique. **Oito ensaios sobre cultura latino-americana e libertação.** São Paulo: Paulinas, 1997. p. 134.

[4] Walter Mignolo explica a hegemonia de uma forma de perceber o mundo fundada no Latim, Grego e nos seis idiomas imperiais e coloniais. MIGNOLO, W. D. Desobediência epistêmica: a opção descolonial e o significado de identidade em política. **Cadernos de Letras da UFF**, n. 34, p. 287–324, 2008. p. 301.

[5] Peter Jackson narra a influência histórica desses centros coloniais e aponta o processo de dominação cultural subsequente ao colonialismo formal: "During the era of high imperialism in the second half of the nineteenth century, the countries of Latin America had already won independence from Spain and Portugal. Like Siam, these countries engaged first the British – and subsequently the American – dominated world orders as politically independent but economically and culturally subordinated societies led by elites who used associations with

É por essa razão que ao analisar culturas, sociedades e sistemas jurídicos, toda cosmologia de povos distintos, tão imensamente diferentes, é preciso cautela para não tornar observações percebidas localmente, nos pontos de aferição, de um modo generalizado ou realizar proposições valorativas, ou pragmáticas, baseadas no campo da significação de uma das origens objeto de estudo, o que poderia resultar em transposições sociais e jurídicas impositivas e transplantes jurídicos descontextualizados[6].

Ao observarmos especificamente o recorte do comportamento obsessivo de perseguição, ou *stalking*[7] é possível identificar de pronto sua recorrência histórica, quer em casos notórios, como aquele que culminou no assassinato de John Lennon[8], quer no processo de romantização e banalização da perseguição, de um modo culturalmente posto, numa noção de que "quem espera sempre alcança" e outros ditos marcados pela insistência persecutória[9].

the new metropolitan powers to bolster domestic rule over ethnically diverse populations". Conforme: JACKSON, Peter. Afterword: Postcolonial Theories and Thai Semicolonial Hybridities. In: HARRISON, R.; JACKSON, p. (Eds.). **The Ambiguous Allure of the West: Traces of the Colonial in Thailand.** Hong Kong: Hong Kong University Press, 2010. pp. 57-74. p. 192.

6 Sobre o tema dos transplantes jurídicos e sua descontextualização: LEGRAND, Pierre. **The Impossibility of 'Legal Transplants'.** Maastricht Journal of European & Comparative Law, Vol. 4, pp. 111-124, 1997.

7 "Aquele que segue obsessivamente outra pessoa, vigiando suas rotinas, sendo esta perseguição insistente e podendo resultar em ataques ou agressões; perseguidor. Pessoa que pratica o ciber*stalking*, forma de violência em que uma pessoa invade completamente a privacidade de outra através da Internet ou de perseguições em redes sociais.", conforme: DICIO. *Stalker.* Disponível em: <https://www.dicio.com.br/*stalker*/>. Acesso em 29 ago. 2022.

8 Isabel Wondrak e Jens Hoffmann designam como perseguição a celebridades, "celebrity *stalkers*", os casos reiterados como o de John Lennon e do apresentador David Letterman, ao analisarem o aspecto psicológico do tema, apontando como possível motivação aos impetradores um distúrbio no qual, pelo deficit de suas personalidades buscam sugar a do alvo, como "vampiros de identidades". Conforme: WONDRAK, I.; HOFFMANN, J. A personal obsession. **Scientific American Mind**, Vol. 18, No. 2 (April/May 2007), pp. 76-81. p. 79.

9 Especialmente no campo da cultura, que reflete e alimentam os hábitos, o processo de romantização da perseguição, ou *stalking*, difundiu-se com a noção de um mérito a ser alcançada pela incessante e obsessiva perseguição, conforme aponta o estudo de Maria Lohana Siqueira: "a ideia da persistência como a chave para um retorno (na maioria das vezes positiva) da pessoa amada, tem-se o desvio do foco da atitude abusiva de quem persegue, não importando no final o meio utilizado pelo protagonista, e sim o fim positivo decorrente da

O que há de realmente novo no campo é a velocidade acelerada e a exposição com o qual a internet e as mídias sociais contribuem e criam um espaço para a ocorrência do comportamento obsessivo perseguidor e o modo como cada local visa regular e coibir tais práticas. A própria necessidade de legislações específicas giram em torno da frequência e gravidade do comportamento social em cada realidade distinta, não bastando uma imitação de enunciados normativos em pontos distantes do globo[10].

Sabemos que o Brasil optou por seguir a tendência global, tipificando especificamente a conduta da perseguição, com o advento da Lei 14.132/21, que incluiu o art. 147-A ao Código Penal. Na Tailândia, por sua vez, há um debate público que se estende há quase uma década[11] acerca da regulação específica da conduta de *stalking*, sobretudo em razão do *ciberstalking*, sendo o país que mais passa tempo conectado na internet[12], o que justifica a preocupação específica, havendo a soluções genéricas para os casos.

Diante de tal cenário preliminar, constrói-se inicialmente algumas importantes problematizações: como Brasil e Tailândia, em contextos distintos, sujeitam-se a fluxos de transplante ou influência de

insistência: a união do casal e o seu "felizes para sempre".". Conforme: SIQUEIRA, Maria Lohana H. M. S. ***Stalking*: Um estudo conceitual sobre a perseguição obsessiva e seus reflexos jurídicos no direito brasileiro.** Dissertação (mestrado). Universidade Católica de Brasília, 2021.

[10] Rodolfo Sacco, aponta o desejo de imitação de um povo que sabe de outro que encontrara uma solução para determinada ocasião, apontando que somente o desejo de imitação é insuficiente para produzir a mesma realidade, cabendo à antropologia uma análise das imitações frustradas, conforme: SACCO, R. **Antropologia jurídica:** contribuição para uma macro-história do direito. São Paulo: Martins Fontes, 2013. p. 68-70. Assim, entendemos pela indispensabilidade de métodos antropológicos quando da análise de sistemas jurídicos em diferentes culturas.

[11] Em 2013 (2556 no calendário budista), o jurista *Jompon Pitaksantayothin apontava o debate público sobre a temática da necessidade ou não de uma normatividade específica para o ciberstalking, apontando os procedimentos adotados no país. PITAKSANTAYOTHIN, Jompon. Cyberstalking on Social Networking Sites and the Criminal Offences under Thai Law.* **วารสารวิชาการ มหาวิทยาลัยหอการค้าไทย.** *ปีที่ 33 ฉบับพิเศษ 2556*, pp. 490-499.

[12] De acordo com dados da agência inglesa We Are Social, o povo tailandês gasta em mais de 9 horas por dia na internet, seguido de Filipinas e Brasil, em terceiro lugar, conforme: COCONUTS BANGKOK. **Thailand spends longest hours online in the world.** Disponível em: <https://coconuts.co/bangkok/news/thailand-spends-longest-hours-online-world/> Acesso em 29 ago. 2022.

normatividades estrangeiras na construção da legislação e medidas sobre o *stalking*? Quais são as atitudes adotadas nas duas realidades?

O estudo parte da premissa de que o direito e a norma existem enquanto existem sujeitos capazes de lhe atribuir significado e a eles se sujeitarem[13], portanto no campo simbólico, é preciso primeiro entender pela observação e notação detalhada dos hábitos que resultam em comportamentos, aos quais, ligados ao simbolismo que lhes reveste, produzem as teias de significação.

É a partir dessa noção weberiana que uma comparação é possível num escopo muito delimitado, de, primeiro, descrever o campo simbólico do tema objeto de estudo e sua significação local, para, então, interpretar aquela realidade estudada, que pelo campo material, isto é, o que se observa, e imaterial, no plano mental, ambos conexos, o que permite a interpretação do modo de existência local, desde esse campo semiótico, que não busca explicar a realidade, mas interpretá-la, uma vez que os comportamentos que conduzem à existência de uma norma e a própria norma também amarram o Homem às teias de significados que ele próprio tece[14].

Esse é o método da interpretação cultural, que nos permite uma leitura comparada, onde é necessário que o mesmo signo, possua a mesmo significado em realidades distintas, atrelado ao mesmo simbolismo no campo material e imaterial[15]. Uma comparação somente é possível quando nas duas realidades se puder verificar dois comportamentos atrelados à mesma significação, mediante sua interpretação, sem generalização ou busca propositiva.

Desde a interpretação é possível aplicar complementarmente uma comparação contextual jurídico-comparativa, uma vez que a hermenêutica

[13] Na lógica do brocardo latino "ubi societas ibi jus": "não haveria, pois, lugar para o direito, na ilha do solitário Robinson Crusoé, antes da chegada do índio Sexta-Feira.", conforme GRINOVER, Ada p. et al. **Teoria Geral do Processo.** São Paulo: Malheiro, 2010.

[14] Conforme a proposição de Weber notada por Geertz em: GEERTZ, Clifford. **A interpretação das culturas.** Rio de Janeiro: LTC, 2008. p. 4. Para uma perspectiva de Weber como comparatista, ver: WHITE, Ahmed A. **Max Weber and the uncertainties of categorical comparative law.** In: RILES, Annelise (ed). **Rethinking the Masters of Comparative Law.** Oxford: Hart Publishing. 2001. p. 40

[15] Ao exemplificativo caso das piscadelas, de Gilbert Ryle, adotado por: GEERTZ, Clifford. **A interpretação das culturas.** Rio de Janeiro: LTC, 2008. p. 5.

do campo semiótico permite delimitar essa pequena margem de semelhanças. O objetivo é, portanto, interpretativo cultural, descrevendo os hábitos locais, num primeiro momento, em busca dos pontos semióticos convergentes materiais e imateriais, socorrendo-se de uma historiografia que contextualize e possibilite a interpretação das culturas locais, seguido do comparativo das técnicas, influências e soluções jurídicas adotadas nos dois contextos, conforme as peculiaridades de ambos os povos.

Para tanto, e a partir de uma análise que centrará seus esforços nos transplantes jurídicos realizados em ambos os países, utilizaremos o processo metodológico descritivo e analítico, privilegiando pesquisas qualitativas de cunho bibliográfico[16]. Da mesma maneira, adotaremos o método da interpretação cultural, combinada, onde compatível, com o método comparativo contextual e hermenêutico-culturalista.[17]

1. Tecendo hábitos: uma descrição densa do universo comportamental dos locais

Ao observarmos países e culturas sujeitadas ao processo de colonização, ao sul do globo, a Tailândia salta aos olhos como uma aparência de singularidade absoluta na categoria. Durante o período da expansão colonial sobre a Ásia, o país resistiu a todas as investidas Europeias, mantendo-se formalmente autônomo, como uma zona neutra, cercado por colônias de países europeus[18].

Originalmente, o país do Sudeste Asiático é formado por grupos étnicos[19] descendentes do antigo reino Khmer e de Burma, também com fluxos advindos de regiões da Índia, diante do inegável legado do Sânscrito

[16] CHAMPEIL-DESPLATS, Véronique. **Méthodologies du Droit et des Sciences du Droit**. Paris: Dalloz, 2014. pp. 10-14.

[17] FRANKENBERG, Günter. **Comparative Law as Critique.** Cheltenham: Edward Elgar Publishing, 2016. pp.225-233;SAMUEL, Geoffrey. **An Introduction to Comparative Law Theory and Method.** Oxford: Hart Publishing, 2014. pp.108-118.

[18] LOOS, Tamara. **Subject Siam: family, law, and colonial modernity in Thailand.** Ithaca: Cornell University Press, 2006.

[19] Ao todo, em 2020, o país era composto de 56 grupos étnicos, coforme: YODSUWAN, Rachaya. **Research of Creative Arts Information For Extraordinary Cultural Community Area Karen Phumen Uthaithani.** Tese de Mestrado. Graduate School, Silpakorn University. 2020. p. 12. Disponível em: <http://www.sure.su.ac.th/xmlui/handle/123456789/24404>. Acesso em 30 ago. 2022.

e do Pali no idioma tailandês e nas práticas religiosas do budismo[20], além de influências da China[21].

Modernamente, o país possui quatro distintas regiões culturais maiores, com hábitos e cosmologia peculiares: ao norte, a região Lan Na (ล้านนา), composta majoritariamente pelo grupo étnico do povo Muang[22]; ao nordeste, a região Isan[23] (อีสาน), com predominância do povo Tai-Lao, nas bordas com o Laos, região cujo território fora ocupado pelos franceses na divisa com o Laos entre 1893 até 1904[24]; a região central, também chamada de Siam[25] (สยาม), onde prevalece o grupo étnico Khorat Thai, e a região sul, designada Tambralinga (ตัมบลิงกา), na península do sul, indianizada, desde povos do hoje Sri Lanka, na região de Nakhon Si Thammarat, na borda com a Malásia[26].

[20] O historiador John Frank Cady explica o processo dos fluxos iniciais no hoje território tailandês em: CADY, John Frank. **Thailand, Burma, Laos & Cambodia.** Hoboken: Prentice--Hall, 1966. p. 48.

[21] CHAN, Kwok Bun. **Chinese Identities, Ethnicity and Cosmopolitanism.** Londres: Routledge, 2005.

[22] CHAROENMUANG, Thanet. When the young cannot speak their own mother tongue: explaining a legacy of cultural domination in Lan Na. In: GRABOWSKY, Volker (Ed.). **Regions and National Integration in Thailand, 1892-1992**. Wiesbaden: Harrassowitz, 1995. p. 92.

[23] Literalmente, o termo significa direção onde o sol sai oblíquo, devendo ser traduzido como nordeste.

[24] CAMPBELL, Charlie. **If There's Going to Be a Thai Civil War, Isaan Will Be Its Front Line.** TIME. Disponível em: <https://time.com/2948172/thailand-isaan-province-identity/>. Acesso em 30 ago. 2022.

[25] O nome Siam, foi usado exclusivamente por estrangeiros para se referir ao Reino da Tailândia, especialmente ao longo do século XIX, conforme: STOWE, Judith A. **Siam Becomes Thailand: A Story of Intrigue.** Londres: Hurst, 1991. Em Khmer, uma das raízes do tailandês, a palavra significa "ladrão", uma das possíveis razões para seu não uso, até a adoção oficial do nome pelo Rei Rama IV, que escreveu o nome do país de modo ocidental como Siam, conforme: CHUTINTHARĀNON, Sunet; TUN, Than. **On Both Sides of the Tenasserim Range: History of Siamese Burmese Relations.** Banguecoque: Institute of Asian Studies/Chulalongkorn University, 1995. Modernamente o termo se refere ao povo da região central, nas alternâncias do centro de poder entre a região de Ayutthaya e Krung Thep Maha Nakhon, esta última ainda conhecida no mundo pelo apelido de Banguecoque.

[26] UHLIG, Harald. Southern Thailand. In: GRABOWSKY, Volker (Ed.). **Regions and National Integration in Thailand, 1892-1992.** Wiesbaden: Harrassowitz, 1995. p. 212-213.

Nessa configuração, especialmente ao longo do século XIX, o país passou a sofrer as influências coloniais do Ocidente, com absorção cultural, desde as bordas do norte com a então Birmânia, hoje Myanmar, sob o domínio britânico; ao nordeste, com a França, que tentara unificar o povo Tai-Lao com o Laos, sob seu domínio; e ao sul, com a Malásia, que passara desde a dominação portuguesa em Malacca ao domínio holandês e inglês[27], cujos traços podem ser encontrados na arquitetura sino-portuguesa na região sul da Tailândia, diante dos fluxos de interação, em cidades como Phuket[28], por exemplo.

As influências europeias tomam maior corpo no universo comportamental da cultura tailandesa a partir do período do Rei Mongkut, o Rama IV, que acuado entre a ameaça de domínio de forças coloniais inglesas, francesas e holandesas no território e traições da corte nacionalista e opositora à presença de estrangeiros, sofreu bloqueios territoriais da França e assinou uma série de tratados com entes internacionais desiguais[29], que forçaram uma profunda alteração no sistema jurisprudencial, legal e econômico, numa abertura ao ocidente e aos seus moldes, subjugando partes da cultura local como uma consequência do colonialismo moderno[30-31].

Ao longo do século XX e XXI, os fluxos de interação cultural com o ocidente se aceleraram, especialmente diante do processo de globalização após a segunda guerra mundial, período em que o país esteve subjugado às forças japonesas[32], além dos sucessivos golpes militares no

[27] UHLIG, Harald. Southern Thailand. In: GRABOWSKY, Volker (Ed.). **Regions and National Integration in Thailand, 1892-1992**. Wiesbaden: Harrassowitz, 1995. p. 212-213.

[28] GROSS, Max L.. **A Muslim Archipelago: Islam and Politics in Southeast Asia**. Washington D. C.: United States Department of Defense, 2007.

[29] GARRETT, Stephen A.. **Bangkok journal: a Fulbright year in Thailand.** Carbodale: Southern Illinois University Press, 1986. p. 241.

[30] Inclusive um com a coroa de Portugal, em 1859. Conforme: LOOS, Tamara. **Subject Siam: family, law, and colonial modernity in Thailand**. Ithaca: Cornell University Press, 2006. p. 43.

[31] LOOS, Tamara. **Subject Siam: family, law, and colonial modernity in Thailand**. Ithaca: Cornell University Press, 2006. p. 2.

[32] Embora notadamente romantizado e não observadas as minúcias simbólicas da cultura tailandesa, o filme Anna e o Rei (1999) e o livro Bombay Anna, de Susan Morgan relatam o período em que a inglesa Anna Leonowens fora contratada pelo Rama IV para lecionar aos seus herdeiros, incluso o sucessor do trono, o Rama V, responsável pela criação da primeira

país[33]. Resistiu, contudo, o predominante pilar do budismo theravada, tipicamente tailandês, imbuído da astrologia do hinduísmo e outras tradições de povos originários, criando uma cultura local baseada numa codificação de cores, de acordo com o dia da semana, com sua referente cor antagônica, não auspiciosa[34 35].

É do budismo e das tradições dos povos originários asiáticos que surgem, naquele contexto, tanto a noção de mérito[36], como a ideia da

universidade e a abolição da escravidão, que só ocorreu em 1915 e, diferentemente do Brasil, não era baseada em noções étnicas, mas em débitos e domínios regionais por guerras, conforme: BAKER, Chris; PHONGPAICHIT, Pasuk. **A History of Ayutthaya: Siam in the Early Modern World.** Cambridge: Cambridge University Press, 2017.

33 MURASHIMA, E. **Opposing French colonialism: Thailand and the independence movements in Indo-China in the early 1940s.** South East Asia Research, v. 13, n. 3, p. 333–383, 2005.

34 Sobre os golpes militares na Tailândia: DARLING, F. C. **American Policy in Thailand.** Western Political Quarterly, v. 15, n. 1, p. 93–110, mar. 1962; VENKATARAMANI, M. S.. **Military Coup Pattern in Postwar Thailand: Washington and the First Coup of 1947.** International Studies, vol. 29, no. 3, July 1992, pp. 253–278; BAKER, Chris. The 2014 Thai Coup and Some Roots of Authoritarianism. In: KANCHOOCHAT, Veerayooth; HEWISON, Kevin. (Eds.) **Military, Moarchy and Repression: Assessing Thailand's authoritarian turn.** Londres: Routledge, 2017.

35 DUBUS, Arnaud. **Buddhism and Politics in Thailand.** Bangkok: Institut de recherche sur l'Asie du Sud-Est contemporaine, 2018.

36 O antropólogo cultural Edoardo Siani, explica o simbolismo na codificação de cores, desde a astrologia *brâmica*, pode nos conduzir a uma interpretação incorreta dos hábitos locais e falsas equivalências, a exemplo da cor pessoal que, diferente dos países ocidentais, onde as cores são atreladas aos gêneros binários, como binômio rosa-azul, ou posições sociais, como o fora com o pigmento roxo e dourado, reservado à realeza, na Tailândia elas variam de acordo com o dia da semana. Assim, ao olharmos para a figura dos reis Rama IX e o atual Rama X, eles se apresentam em amarelo, pois ambos nasceram numa segunda-feira, dia associado ao amarelo, cuja cor antagônica é o vermelho. Um olhar rápido aos protestos de 2020 e 2021 na Tailândia, facilmente identificamos a presença do pato amarelo, bastante similar aos que precederam o impeachment da presidenta Dilma Rousseff, contudo a simbologia é diferente, enquanto no Brasil sua simbologia era com um provérbio, na Tailândia, pela cor, o pato ganhou uma associação direta à figura pessoal do Rei Rama X, do mesmo modo como elementos vermelhos, sua cor antagônica foram maciçamente usados como sátira ao sistema astrológico entranhado nas bases do sistema político. Sobre o tema: SIANI, Edoardo. **The Sovereigns of Thailand and the Skies.** The New York Times. Nov. 3, 2020. Disponível em: <https://www.nytimes.com/2020/11/03/opinion/thailand-protests-astrology.html>. Acesso em: 31 ago. 2022.

persistência como recompensadora, que de acordo como Reyes[37], permitiria a absorção do modelo meritocrata colonial inclusive na esfera pública. Muito embora a noção da busca por um bom carma – cujo significado desde as raízes do sânscrito e pali significam a distinção entre o moral e o imoral[38] – aparente ser incompatível com um desejo de perseguição obsessiva e muito mais compatível com a filosofia do ไม่เป็นไร[39], justamente das mesmas raízes do budismo e das tradições originárias vem o provérbio ฝนทั่งให้เป็นเข็ม[40], equivalendo ao provérbio "água mole em pedra dura, tanto bate até que fura", com o mesmo intento da conquista de um resultado pela insistência.

Até este ponto, o espaço comparativo possível no campo semiótico que se afere no Brasil é muito estreito. As tradições e hábitos originários, num cenário pré-colonial e sua contribuição ao campo interpretativo da realidade são quase impossíveis de se precisar diante da extinção de grupos étnicos, com o apagamento de suas identidades, podendo ou não que parte do seu campo simbológico tenha sobrevivido nas tradições.

[37] É parte da crença do budismo, especialmente o tailandês, a prática de atos, como a doação de alimentos aos monges, principalmente, ou aos espíritos e até mesmo árvores, como forma de "colecionar" um carma bom, tanto para uma proteção espiritual presente, como para as reincarnações. Essa noção de carma, contudo, não se confunde com aquela adaptada ao kardecismo, uma vez que esta última pressupõe o cristianismo, sendo monoteísta, ao passo que o budismo theravada é essencialmente não teísta, admitindo um hibridismo com o politeísmo, em convivência com divindades do hinduísmo. Para uma compreensão da cosmologia religiosa: HOLT, John. et al. **Constituting Communities: Theravada Buddhism and the Religious Cultures of South and Southeast Asia.** Albany: State University of New York Press, 2012.

[38] REYES, Danilo de la Rosa. **Revisiting Meritocracy in Asian Settings: Dimensions of Colonial Influences and Indigenous Traditions.** International Conference on "Uniqueness of 'Asian' Public Administration: Claims, Critiques and Contribution," Graduate School of Public Administration, Seoul National University, Seoul, Korea, Feb. 14-15, 2013. Disponível em: <https://ncpag.upd.edu.ph/wp-content/uploads/2014/03/REVISITING-MERITOCRACY-IN-ASIAN-SETTINGS.D.R.Reyes_.2013.pdf> Acesso em 31 ago 2022.

[39] FALK, Monica Lindberg. **Making Fields of Merit: Buddhist Female Ascetics and Gendered Orders in Thailand.** Copenhagen: NIAS Press, 2007. p. 52.

[40] Transliterado: mai bpen rai, literalmente significa "não é algo ou alguma coisa", porém com significado de "não importa" ou "deixa pra lá".

Modernamente, são mais de 200 etnias originárias e mais de 180 idiomas[41], cada qual com tradições, sistemas políticos e de crença e todo um campo simbólico absolutamente único, tanto quanto cada região cultural vista na Tailândia.

O antropólogo Pierre Clastres, em seu período de observação participante com o povo M'byá-Guarani e Tupi-Guarani, no Brasil, relata entre os aspectos culturais uma noção de persistência do povo M'byá muito mais no sentido de preservação dos próprios traços identitários diante das imposições coloniais, como resistência, do que uma ideia de insistência até o êxito, pelo contrário, entre o povo Guarani a percepção da imperfeição e da desgraça sucessiva sempre esteve presente, e a perseguição que se aduz possível não é ao outro, mas na busca de uma terra sem mal, em potência, que pressupõe uma existência, em ato, imperfeita e o reconhecimento da própria existência imperfeita, em termos muito mais filosóficos do que factíveis, que nos possa indicar alguma existência do hábito de uma perseguição obsessiva de alguém ou de algum objetivo[42], o que, em muito, pode nos induzir a cogitar, numa, quiçá, falsa equivalência, da existência de um "não se importar" pré-colonial muito similar ao da cultura budista[43].

É fato que muitos dos relatos sobre os hábitos dos povos originários da América foram, (mal) interpretados, tomando por lentes as ferramentas de interpretação da realidade Europeias[44], contudo o relato de um Jaguarê[45] que persegue o inimigo e também a caça, enquanto sol e lua alternam no céu, a despeito da idealização desde Rousseau, que deságua em Alencar, guarda lá alguns elementos desse campo de significações.

Clastres, em sua narrativa sobre o povo Aché, do Paraguai, evidencia não apenas a existência dessa noção da busca pela recompensa pela persistência como também a habilidade daquele povo em perseguir fosse a presa,

[41] Transliterado: Fohn thang hai pen khem, cujo significado é afiar a bigorna para criar a agulha, ou até criar uma agulha, com o significado de tentar ao máximo até conseguir.

[42] PAGLIARO, Heloisa. et. al. Demografia dos Povos Indígenas no Brasil: um panorama crítico. In: PAGLIARO, Heloisa. et. al. (Org.). **Demografia dos povos indígenas no Brasil.** Rio de Janeiro: Fiocruz, 2005. p. 11.

[43] CLASTRES, Pierre. **A Sociedade Contra o Estado.** Porto: Edições Afrontamento, 1979. p. 157 e 167.

[44] HOLT, John. et al. Op. cit.

[45] Mesmo Pierre Clastres reconhece a questão nos estudos antropológicos mais antigos, em sua obra A sociedade contra o Estado.

na caça, ou o inimigo, na retaliação[46]. Portanto, ressalvada as diferenças entre os diferentes grupos étnicos habitante do hoje Brasil, é plausível que a noção de perseguição preexistisse, tal qual entre o povo Aché.

Nesse espaço existe um solo próximo no qual as práticas de sobrevivência e de persistência ao êxito, preexistentes nos locais[47], permitiram uma imposição ou implante do ideário Europeu de perseguir até conquistar, não só na esfera pública, como visto em Reyes[48], como em todo campo de significação, especialmente desde o legado Grego na cultura Europeia como um todo, uma vez que Zeus, de acordo com a mitologia, adota um comportamento de perseguir o objeto de desejo até conquistar[49].

Pierre Clastres aponta no Brasil a maciça presença, na (de)formação das tradições originais, de Portugueses, Espanhóis e Franceses[50], que acabariam por legar, além da transmutação do modo de viver, do simbolismo, também da regulação dos comportamentos, com as técnicas legislativas de

[46] Conforme: ALENCAR, José de. **Ubirajara.** Porto Alegre: L&PM, 2006.

[47] Conforme: CLASTRES, Pierre. **Crônica dos Índios Guayaki: o que sabem os Achés, caçadores nômades do Paraguai.** Rio de Janeiro: Ed. 34, 1995.

[48] Nesse ponto é importante salientar que, quanto mais olhamos ao passado, menos sabemos dos hábitos, por fontes fiáveis, uma vez que os signos são interpretados conforme as ferramentas de interpretação da realidade que nos alcançam. Sabe-se desde a arqueologia biológica, nesta altura, que há conexões genéticas diretas entre os povos originários da América e os povos originários do Sudeste da China e Leste Asiático, que pode ter ocorrido por fluxos migratórios, de modo que há margem para se cogitar hábitos comuns persistentes através da tradição, sem desconsiderar a modificação através do tempo e local. Sobre o tema: ZHANG, Xiaoming et al. A Late Pleistocene human genome from Southwest China. **Current Biology.** Vol. 32, nº 14, pp. 3095-3109, jul. 2022. DOI: https://doi.org/10.1016/j.cub.2022.06.016. Acesso em: 1º set. 2022. e YU, He et al. Paleolithic to Bronze Age Siberians Reveal Connections with First Americans and across Eurasia. **Cell.** Vol. 181, Nº 6, pp. 1232-1245, Jun. 2020. DOI: https://doi.org/10.1016/j.cell.2020.04.037. Acesso em 1º set. 2022.

[49] REYES, Danilo de la Rosa. op. cit.

[50] Zeus apresenta um comportamento perseguidor obsessivo com suas futuras amantes, o que se denota desde narrativas como no mito de Perseu, onde persegue Dânae, até disfarçar-se em uma chuva de moedas de ouro para engravidá-la; No mito de Herácles, acompanha os acontecimentos com Alcmena e na oportunidade o que o marido estava na guerra, toma sua forma física, para também engravidá-la. Para uma maior análise: STEPHANIDES, Menelaos. **Teseu, Perseu e Outros Mitos.** São Paulo: Odysseus, 2016 e SENECA, Lucius Annaeus. **Troas (continued). Medea. Agamemnon. Octauia. Hercules octœus.** Manchester: Spenser Society, 1887.

Europa, remontando ao Direito Romano e Canônico, que não raras vezes legitimou a perseguição como um instrumento[51].

Se no Brasil os portugueses oficialmente desembarcaram em abril de 1500, desembarcaram na Tailândia, então Reino de Ayutthaya, em 1511, onde houve baixo êxito na conversão ao cristianismo, legando contudo, o ensino da fabricação e uso de armas e a construção de fortificações[52].

Peter Jackson[53] aponta que ao longo do século XIX, os países da América Latina, incluso o Brasil, desvincularam-se de seus colonizadores em processo de independência, filiando-se a uma dominação, pelo aspecto cultural, político e econômico, primeiro com a Inglaterra e depois com os Estados Unidos, no mesmo fluxo do colonialismo moderno que a Tailândia, o que se estendeu por todo século XX[54].

É por esse campo de culturas do Sul, sujeitadas a processos de colonização, não necessariamente formais, mas culturais, que a prática, que desde fins do século XX significamos como perseguição, ou, desde o anglófono termo, *stalking*, ganha corpo, depois uma longa caminhada de construção dos hábitos e romantização do comportamento[55].

A cultura, no que se refere ao comportamento, reflete, retrata e reproduz os hábitos e a forma de interpretar a realidade por um povo ou sociedade. Culturalmente, a perseguição obsessiva, não é novidade, desde a mitologia grega, como visto, até os romances literários,

[51] Inclusive fomentando rixas entre povos indígenas de acordo com seus interesses: CLASTRES, Pierre. **A Sociedade Contra o Estado.** Porto: Edições Afrontamento, 1979.

[52] Conforme: NASPOLINI, Samyra H. Aspectos Históricos, Políticos e Legais da Inquisição. In: WOLKMER, Antônio C. (Org.). **Fundamentos de História do Direito.** Belo Horizonte: Del Rey, 2008. p. 237-238.

[53] KITIARSA, Pattana. An Ambiguous Intimacy: Farang as Siamese Occidentalism. In: HARRISON, R.; JACKSON, p. (Eds.). **The Ambiguous Allure of the West: Traces of the Colonial in Thailand.** Hong Kong: Hong Kong University Press, 2010. pp. 57-74.

[54] JACKSON, Peter. Afterword: Postcolonial Theories and Thai Semicolonial Hybridities. In: HARRISON, R.; JACKSON, p. (Eds.). **The Ambiguous Allureof the West: Traces of the Colonial in Thailand.** Hong Kong: Hong Kong University Press, 2010. p. 192.

[55] A respeito do papel da Inglaterra no Brasil do século XIX, convém destacar sua central figura no processo de Independência do Brasil e sua influência direta para a ocorrência da Guerra do Paraguai, que modelaria a continuidade de seu domínio industrial e, também cultural, nas décadas seguintes. Sobre o tema: BETHELL, Leslie. O imperialismo britânico e a Guerra do Paraguai. **Estudos Avançados [online].** 1995, v. 9, n. 24. pp. 269-285. Disponível em: <https://doi.org/10.1590/S0103-40141995000200014>. Acesso em 1º set. 2022.

como no caso de Ubirajara, de José de Alencar, ou mesmo A Escrava Isaura, de Bernardo Guimarães[56], onde um Leôncio, obsessivo, persegue com o ânimo de conquistar, exercer domínio físico e psíquico, inclusive com um sentimento de posse que aparece recorrente na cultura do *stalking*[57].

Não raramente, através das gerações do século XX e XXI do Brasil, a cultura das radionovelas e depois das telenovelas representa um grande espaço de significação da realidade de qualquer brasileiro médio e poucas obras teledramaturgas gozaram de tamanho sucesso e presença no imaginário coletivo como "Escrava Isaura"[58].

A perseguição obsessiva é uma característica recorrente na cultura popular. Na dramaturgia nacional, por exemplo, há os vilões que perseguem, vigiam, intimidam, coletam informações em busca de exercer controle, de modo insistente, como a vilã Nazaré, da novela Senhora do Destino, em sua obsessão com a inimiga e sua filha, ou mesmo a protagonista Nice, da novela Anjo Mau, que como empregada do protagonista masculino o persegue, coleta informações, até, pela persistência persecutória, conquistá-lo. Cuida-se de um elemento comportamental culturalmente posto de modo ora recriminável, na retratação dos vilões, ora admirável nos protagonistas que perseguem que persistem até conseguir satisfazer o seu desejo.

Essa cultura expressada pela teledramaturgia, produto que o Brasil exporta, é um traço em comum, o mesmo ato, a dramaturgia televisiva, com o mesmo conectivo simbólico de expressar os hábitos locais existentes, além de os modificar, como um instrumento de profunda alteração

[56] Importante esclarecer que essas considerações não ignoram a ocorrência da prática de *stalking* como um fenômeno também psicológico, pelo contrário, entendemos que o aspecto psíquico existe é alimentado pelos hábitos e tradições, a cultura, que por sua vez existe enquanto signos (gestos, atos, palavras e tudo o que for sujeito à significação), e que uma vez perdida a conexão com uma significação, torna-se um não-ser. Portanto, entendemos como uma questão, primeiro, cultura, interpretativa da realidade, a exemplo do céus roxos, mas nunca azuis, na obra de Homero, pela inexistência de um signo, uma palavra, que diferenciasse em grego antigo, como o percebido em GLADSTONE, William. Studies on Homer and the Homeric Age. Cambridge: Cambridge University Press, 2010.

[57] GUIMARÃES, Bernardo. **A Escrava Isaura.** Porto Alegre: L&PM, 1998.

[58] Se no folclore brasileiro o Curupira persegue quem adentra a floresta para destruí-la, no folclore tailandês Pikun Thong é perseguida por um corvo vingativo.

subjetiva, é uma verdadeira obsessão na Tailândia[59], que igualmente exporta suas ละคร[60], especialmente para os países culturalmente próximos, como as Filipinas[61][62], especializando-se, na última década, em tramas LGBTQ+[63], uma vez que o budismo tailandês, pela influência do hinduísmo e tradições originárias, não tem maiores problemas com temas como homossexualidade e terceiro gênero[64], socialmente aceito, embora carente de maiores proteções legais.

[59] Na adaptação televisiva de Gilberto Braga, de 1976, para a Rede Globo, a história ganhou o mundo, inclusive na Ásia e, para além da China, onde Lucélia Santos fora a primeira atriz estrangeira a receber um prêmio pela atuação, a novela também foi exportada para a Tailândia, Singapura e Malásia. Cf. REDE GLOBO. Memória Globo – Escrava Isaura. Disponível em: <https://memoriaglobo.globo.com/entretenimento/novelas/escrava-isaura/noticia/escrava-isaura.ghtml>. Acesso em 02 set. 2022. Na Tailândia o título foi uma tradução direta da versão chinesa, "นางทาส", foneticamente "nang tard", significando senhora (nang – นาง) escrava (tard – ทาส).

[60] Esse traço pode ser observado facilmente observado uma conversa casual com uma pessoa tailandesa, conforme o também retratado pela jornalista alemã Ioana Proebst: PROEBST, Iona. Why Thai people are obsessed with soap operas. **Culture Trip**. 2017. Disponível em: <https://theculturetrip.com/asia/thailand/articles/why-thai-people-are-obsessed-with-soap-operas/>. Acesso em 2 set. 2022.

[61] Trasliterado: Lakorn. Lakorn, embora seja traduzido como drama e tenha se popularizado como sinônimo de novelas tailandesas, na realidade se refere às estórias do folclore tailandês, contadas e recontadas, ou, então, a qualquer estória baseada em casos reais, contudo, em razão da internacionalização das produções, o termo tornou-se sinônimo de telenovela.

[62] Culturalmente as tradições de Tailândia e Filipinas são muito próximas, sendo que a grande diferenciação reside majoritariamente na parte religiosa, uma vez que nas Filipinas há predominância cristã e na Tailândia o domínio religioso é Budista. Sobre o tema: LEE, Sing-Young; LEE, Jong-Hwa. Cultural Value Orientations of Selected Southeast Asian Countries. 통상정보연구. Vol. 8, nº 4, pp. 369-387, 2006. Disponível em: <https://koreascience.kr/article/JAKO200630159713109.pdf>. Acesso em 2 set. 2022. Importante apontar que, diferente da Tailândia, as Filipinas possuem regulação específica sobre o tema desde 2004: *REPÚBLICA DAS FILIPINAS. Republic Act No. 9262. Sec. 3, C. Manila: Congress of the Phillipines, 2004. Disponível em:* <https://doh.gov.ph/sites/default/files/policies_and_laws/RA09262.pdf>. *Acesso em 2 set. 2022.*

[63] E também o Brasil. Em 09 de julho de 2002, a lakorn KinnPorsche, em capítulo final, alçou o segundo lugar entre os assuntos mais comentados no Twitter Brasil, em português, conforme dados do GetDayTrends. Disponível em: <https://getdaytrends.com/pt/brazil/2022-07-09/17/>. Acesso em 2 set. 2022.

[64] O país encontrou grande sucesso nacional e internacional a partir de 2014, com a *lakorn* Love Sick, seguindo a cultura e tendência Yaoi (relacionamentos entre homens) e Yuri (entre mulheres), vinda do Japão usando como instrumento de *soft power* da cultura tailandesa, aos

Na cultura popular das lakorns, de modo muito similar nas significações, a figura da perseguição também se insere, de maneira até mais óbvia do que o visto no Brasil, sendo elemento central em tramas como หัวใจศิลา[65] (2019), ร้อยเล่ห์เสน่ห์ร้าย[66] (2015) e mesmo em lakorns mais recentes como I Told Sunset About You[67] (2020) e 2gether[68] (2020).

E se a Tailândia é o país que mais horas gasta na internet móvel, o Brasil ocupa um lugar não tão distante, sendo o terceiro no mesmo ranking[69], o que abre o espaço para perseguição, com mais afinco nas redes sociais, que estende de um campo físico ao virtual, podendo regressar ao campo físico. O analista de dados e youtuber cultural Paddy Jerkins, ao entrevistar a comunidade tailandesa na Austrália[70], encontrou, entre uma das razões do exagerado uso da internet, o hábito de acompanhar as celebridades, algo que não soa nada distante da realidade moderna brasileira e também de novelas com o mesmo tema[71].

moldes do fenômeno do K-Pop, conforme: CHAIYONG, S. Support Boy's Love and expand our soft power. **Bangkok Post.** Disponível em: <https://www.bangkokpost.com/opinion/opinion/2215467/support-boys-love-and-expand-our-soft-power>. Acesso em 2 set. 2020.

65 กะเทย (kathoey) é o termo usado para se referir às mulheres trans ou terceiro gênero. Essa noção de terceiro gênero e da homossexualidade, num estado pré-colonial, também pode ser verificada entre os povos indígenas americanos. Sobre o tema: FERNANDES, Estevão R.; ARISI, Barbara M. **Gay Indians in Brazil Untold Stories of the Colonization of Indigenous Sexualities.** Cham: Springer, 2017.

66 Transliterado: Hua Jia Sila, traduzido como "Coração de Pedra".

67 Transliterado: Roy Leh Sanae Rah, taduzido como "Centenas de encantos do mal".

68 Na trama é retratado o hábito de acompanhar e tentar imitar as publicações em redes sociais do *inimigo-a-amante,* entre outros hábitos como seguir ao longe e estar nos mesmos lugares, de modo romantizado.

69 O *stalking* é o elemento central da trama, que se desenrola em razão de uma incessante perseguição nas redes sociais e no plano físico, de modo, igualmente, romantizado, conduzindo a um "final feliz" pela recompensa na insistência.

70 COCONUTS BANGKOK. **Thailand spends longest hours online in the world**. Disponível em: <https://coconuts.co/bangkok/news/thailand-spends-longest-hours-online--world/> Acesso em 29 ago. 2022.

71 JERKINS, p. Thai Talk with Paddy. Are Thai People addicted to their Mobile Phones? Disponível em: <https://www.youtube.com/watch?v=4AXkB1fP07I>. Acesso em 2 set. 2022.

É desde o campo da cultura que se afere uma alimentação das práticas de *stalking* que extrapolam ao campo do real. É antes, uma questão cultural. Desde romances, novelas e canções, como Ronda[72], com final cruento.

No campo da cultura musical, Anitta em 2019, cantou versos como "Some que ele vem atrás, quanto mais cê some, mais saudade cê faz, some que ele vem atrás"[73], induzindo a um querer a perseguição, ao passo que, na Tailândia, o ator e cantor Bilkin, em sua canção "I ไม่ O"[74], de 2021, canta versos como "Estou sendo sutilmente ciumento, tudo que posso fazer é observar você." e "Eu só quero manter você comigo por mais tempo. Você só pode ser meu", encarnando um *stalker* típico no videoclipe da canção. Curiosamente, no Brasil, em 2020, Anitta, fora ela própria vítima de um perseguidor, que tentou invadir seu condomínio[75] e, em 2022, na Tailândia, Bilkin e sua família foram intimidados por um *stalker* que seguiu seu carro e sua rotina durante dias, vigiando sua residência[76].

Portanto, ao se analisar o campo dos hábitos, resta uma margem, mesmo estreita, no campo simbólico, onde os signos são significados com bastante proximidade nos dois contextos, tanto percebido no legado pré-colonial, como nas influências pelos mesmos centros colonizadores através dos séculos, que resvalam para a cultura da persistência, de uma perseguição, que não raro, objetiva o outro e se torna obsessiva.

Observamos desde uma notação dos traços culturais preexistentes e das influências, em especial de França, Portugal, Inglaterra e Estados Unidos, num contexto para além do colonialismo formal, que alteraram as subjetividades e acabaram por reforçar tais condutas de modo semelhante,

[72] Se na novela Celebridade, de Gilberto Braga, em 2003, a vilã Laura perseguia a protagonista e a intimidava pelas sombras, a *lakorn* Game Maya, de Phatnan Suwannakul, em 2017, segue mais explícito roteiro de uma celebridade perseguida até quase a morte.

[73] De Paulo Vanzolini, gravada por Márcia e Maria Bethânia entre outras, retrata a busca obsessiva, romantizada, até um assassinato movido por ciúmes, sem ao menos indicar a existência de um vínculo real entre as partes, mas sim a obsessão típica do *stalking*.

[74] Na música Some que ele vem atrás, parceria com Marília Mendonça. Disponível em: <https://www.youtube.com/watch?v=B9Zj3ydFh9g>. Acesso em 3 set. 2022.

[75] I ไม่ O (ไม่, transliterado, mai, significa não, sendo o título uma gíria "eu não estou okay", ou "eu não estou bem". Canção de Jiravat Tantranont. Disponível em: <https://www.youtube.com/watch?v=F6ib9_GPr9I>. Acesso em 3 de set. 2022.

[76] DUARTE, Elisa. **Fã tenta invadir a casa da cantora Anitta: "assustou a mim e a minha família".** Cláudia. Disponível em: <https://claudia.abril.com.br/famosos/fa-tenta-invadir-a-casa-da-cantora-anitta-assustou-a-mim-e-a-minha-familia/> Acesso em 3 set. de 2022.

apesar de um imenso abismo cultural em outros elementos simbólicos da cultura e identidade local.

2. Regulando o comportamento: *stalking* e *ciberstalking* entre dois mundos

Do mesmo modo como o Homem tece sua realidade no campo da cultura, através de signos aos quais atribui significado, o Direito é também um amontoado de signos sujeitos ao campo da significação. No campo dos transplantes jurídicos não seria distinto e, em idênticos termos textuais, diferente seria o simbolismo ao qual se atrela e, por seguinte, a interpretação da realidade pelos mesmos termos. Tal fenômeno nem ao menos depende de distâncias geográficas, signos cujas linhas delimitam a noção de nações, pois num mesmo território a interpretação da realidade varia drasticamente de acordo com esse campo de significação.

Se na antropologia, para os evolucionistas[77], as culturas do Sul foram largamente encaradas como exóticas, no campo da regulação local dos hábitos, houve uma gradual inserção de modelos, ideias e técnicas jurídicas para os sistemas normativos, que retroalimentam os hábitos a serem tolhidos, o que escopa no metafórico senso dos transplantes jurídicos[78], que vão além desde uma simples transposição de uma norma, inobservante do campo de significações locais, até a influência ou inspiração local.

Quando observadas as estruturações normativas num momento anterior à influência do colonialismo formal e cultural, também designado por moderno, encontramos, em solo brasileiro, um campo de tradições onde o direito, a religião, as relações sociais, políticas e econômicas são

77 NEW18. **แจ้งความแล้ว “บิวกิ้น” หวั่นความปลอดภัยของครอบครัว หลังโดนสะกดรอยตาม วอนเคารพความเป็นส่วนตัว.** Disponível em: <https://today.line.me/th/v2/article/ML0merD>. Acesso em 3 set. 2022.

78 Antropólogos como Pierre Clastres, Evans-Pritchard e Clifford Geertz apontam que a noção evolucionista no campo da etnografia e etnologia acabaram por designar certas culturas como superior ou inferior, conforme: CLASTRES, Pierre. **A Sociedade Contra o Estado**. Porto: Edições Afrontamento, 1979. p. 15-16; EVANS-PRITCHARD, E.E. **Social Anthropology.** Londres: Cohen & West, 1951, pp. 46-51; GEERTZ, Clifford. A **Interpretação das Culturas.** Rio de Janeiro: LTC, 2008. pp. 41-61.

indivisíveis. O ritualístico é simultaneamente moral, espiritual, medicinal, jurídico, *et cetera*[79].

Em solo tailandês, a noção advinda do budismo theravada[80], que imbrica o espaço normativo, embora com expressões materiais diferentes, no campo imaterial é também indivisível, coletivista, no período anterior à exposição à influência colonial.

O กฎหมายตราสามดวง[81], até mesmo pelo nome, Lei dos Três Selos, visava uma aproximação da noção – e dos pilares – do budismo, porém, advindo da era Ayutthaya, com os contatos com os centros coloniais no período, passa a ordenar de uma maneira mais acessível e próxima ao ocidente, especialmente após a era Chakri e o Rei Rama IV, após os tratados desiguais impostos ao país, inclusive por Portugal[82].

Essa influência de forçar transplantes nos modos legislativos e nos normativos fica ainda mais evidente nos dois contextos quando da análise do Código Civil Brasileiro de 1916 e o Código Civil e Comercial Tailandês, de 1925, ainda vigente, pois, em ambos houve uma aproximação dos modelos de regulação do Código Civil Alemão e Francês[83].

[79] GRAZIADEI, Michele. **Comparative Law as the Study of Transplants and Receptions.** In: REIMANN, Mathias; ZIMMERMANN, Reinhard. **The Oxford Handbook of Comparative Law.** Oxford: Oxford University Press, 2015.

[80] COLAÇO, Thais Luzia. **O Direito Guarani Pré-Colonial e as Missões Jesuíticas: A Questão da incapacidade indígena e da tutela religiosa.** Tese de Doutorado. Universidade Federal de Santa Catarina. 1998. Disponível em: <https://repositorio.ufsc.br/xmlui/bitstream/handle/123456789/77774/143754.pdf?sequence=1&isAllowed=y> Acesso em 04 set. 2022. p. 19.

[81] Onde também todas as esferas se conectam indivisivelmente, conforme os Três Selos, ou leis, do Dharma, que regram pela inconstância de todas as coisas, pela interconexão de tudo que existe e pela busca da supressão dos sofrimentos para obtenção de paz. Para uma ampla compreensão, pela análise filosófica e normativa do budismo theravada: แคไธสง, บรรพต. **Existence and Enlightenment: A study of metaphysics and ethics in Abhidhamma and Nikayas of Theravada Buddhism.** Tese de Doutorado. Universidade de Madras, 2010. Disponível em: <https://www.gotoknow.org/posts/702882>. Acesso em: 04 set. 2022.

[82] Transliterado: Kotmai Tra Sam Duang, KTSD, significando Lei dos Três Selos, que dispunha sobre aspectos civis, religiosos, morais, criminais e monárquicos.

[83] Para um estudo aprofundado sobre as influências coloniais no KTSD: LOOS, Tamara. **Subject Siam: family, law, and colonial modernity in Thailand.** Ithaca: Cornell University Press, 2006.

Por existir um hábito tecido, de perseguição a alguém, espelhado e replicado através das tradições culturais, tantas vezes romantizada, é que nasce uma interpretação de reprovação daquele comportamento, ou mesmo de definição dos limites aceitáveis. É nesse espaço que, entendemos, as piscadelas devem se diferenciar, pois devem observar o contexto que a cerca.

Quando Günter Frankenberg aponta as descontextualizações nesses transplantes, ou influências na norma de outros contextos, também indica a idealização, da aparência das normas, doutrinas para que pareçam melhor, ainda que não correspondam, ao simbolismo material e/ou imaterial daquela realidade[84], que, desde a historiografia se verifica, podem condenar soluções contextuais, ajustadas ao campo material e imaterial local, à obsolescência[85].

Nas últimas décadas, nos centros coloniais, com ênfase em Europa e Norte-América, o tema da regulação da perseguição obsessiva ganhou cada vez mais destaque, culminando em normativos e emendas jurídicas naqueles ordenamentos, no que se percebe novas "tendências"[86].

Diante de um comportamento específico, sujeito a uma interpretação social por vezes permissiva, noutras recriminativa, a necessidade de uma norma específica pode surgir tanto como uma resposta à tendência do centro colonizador, ou como uma resposta local diante da banalização e frequência com a qual tal comportamento se repete, ou ainda, pela própria necessidade de mensura de um hábito.

[84] Conforme: MARQUES, Cláudia Lima. Cem anos de Código Civil Alemão: O BGB de 1896 e o Código Civil Brasileiro de 1916. **Revista da Faculdade de Direito da UFRGS**, v. 13, pp.71-97, 1997. e LOOS, Tamara. **Subject Siam: family, law, and colonial modernity in Thailand**. Ithaca: Cornell University Press, 2006. p. 66.

[85] FRANKENBERG, Günter. **Constitutions as commodities: notes on a theory of transfer.** In: FRANKENBERG, Günter (ed.). **Order from Transfer: Comparative Constitutional Design and Legal Culture.** Cheltenham: Edward Elgar Publishing, 2013. p. 10-11.

[86] Tamara Loos narra que foi a partir dos tratados celebrados com poderes Europeus e Estadunidenses que a antiga Lei dos Três Selos da Tailândia se tornou obsoleta diante da imensa absorção de restrições e mesmo dogmas vindas do ocidente, absolutamente desconexo com o contexto local, que fulminaram sua força, conforme: LOOS, Tamara. **Subject Siam: family, law, and colonial modernity in Thailand**. Ithaca: Cornell University Press, 2006, p. 40.

Até muito recente, a solução adotada pelo Brasil era pela aplicação de normas genéricas, com grande margem hermenêutica, podendo os casos serem enquadrados como assédio, ameaça ou ainda como mera contravenção. Em tais termos genéricos, com o recorte de violência em razão de gênero, em 2020, o Brasil registou 582.591 casos de ameaça contra mulheres e 4.204 casos de assédio[87]. Em 2021, após a norma específica[88], 27.722 casos foram enquadrados como perseguição[89], com o mesmo recorte de gênero.

Na Tailândia, os caminhos são distintos, há debates acerca da necessidade de um instrumento normativo específico aos moldes da tendência, prioritariamente, dos centros coloniais, como Estados Unidos[90], porém, há maior ênfase na perseguição que se desenrola no campo cibernético, o *ciberstalking*, em razão das taxas de ocorrência, por redes sociais e e-mails ameaçadores, sendo caracterizado como assédio, de forma reiterada[91]. Em sendo englobado no assédio, os dados genéricos de todas as formas de assédio, conforme a interpretação da realidade local, não distinguindo a significação, apontam para cerca de 30 mil casos por ano, numa média de 7 casos por dia[92], também com o recorte de gênero feminino.

A textualidade genérica do Código Criminal Tailandês, de 1952, seguindo na estruturação a técnica de redação legal estadunidense prevê, não o *stalking*, mas a figura da intimidação capaz de gerar medo em relação à integridade física, à vida, liberdade ou propriedade, ou ainda a ameaça,

87 VAN DER Aa, Suzan. New Trends in the Criminalization of *Stalking* in the EU Member States. **European Journal on Criminal Policy and Research.** volume 24, pp. 315–333, 2018.

88 Dados de: FÓRUM BRASILEIRO DE SEGURANÇA PÚBLICA. Anuário Brasileiro de Segurança Pública 2021. Ano 15, 2021. Disponível em: <https://forumseguranca.org.br/wp-content/uploads/2021/10/anuario-15-completo-v7-251021.pdf> Acesso em: 4 set. 2022.

89 BRASIL. Lei Nº 14.132, DE 31 DE MARÇO DE 2021. Disponível em: <https://www.in.gov.br/en/web/dou/-/lei-n-14.132-de-31-de-marco-de-2021-311668732>. Acesso em 4 set. 2022.

90 Dados de: FÓRUM BRASILEIRO DE SEGURANÇA PÚBLICA. Anuário Brasileiro de Segurança Pública 2022. Ano 16, 2022. Disponível em: <https://forumseguranca.org.br/wp-content/uploads/2022/06/anuario-2022.pdf?v=5> Acesso em: 4 set. 2022.

91 อร่ามพงษ์, ชนิสรา; ธรรมมาพิทักษ์กุล, สุชาติ. การกำหนดความผิดและโทษอาญาฐานคุกคามเฝ้าติดตามและข่มขู่ทางอินเทอร์เน็ต. **EAU HERITAGE JOURNAL.** Vol. 4. No. 3, pp. 148-156. Sep-Dec. 2014.

92 PITAKSANTAYOTHIN, Jompon. Cyber*stalking* on Social Networking Sites and the Criminal Offences under Thai Law. วารสารวิชาการ มหาวิทยาลัยหอการค้าไทย ปีที่ 33, ฉบับพิเศษ, pp. 490-499. 2556. p. 493.

havendo uma interpretação como perseguição quando se estende no tempo, por tempo considerável[93] [94]. Quando se desenrola na internet, a legislação penal acaba combinada com o Computer Crimes Act B.E. de 2550 (2007), punindo condutas que podem acompanhar a perseguição, como a falsa impersonificação, bullying, exposição de conteúdos íntimos, ameaça, danos psicológicos, *etc*[95].

Neste ponto é importante destacar o distanciamento contextual entre os dois locais, vez que as influências e os empréstimos[96] nas técnicas legislativas originam de diferentes regiões e realidades do centro colonial. Tanto o Código Penal Tailandês, como o Computer Crimes Act, seguem a estilística e técnica Inglesa e Americana, que, conforme visto[97], são os principais "doadores" ou forças colonialistas modernas no país. Contudo, no Brasil, a técnica legislativa predominante é emprestada da realidade Italiana, desde o Regio Decreto 19 ottobre 1930, n. 1398[98] e de Portugal, desde o art. 154.º-A, do Código Penal Português[99], conforme o próprio projeto da Lei 14.132/21, que adicionou a perseguição ao

[93] ฐานเศรษฐกิจดิจิทัล. **สถิติ้หญิงไทย "โดนล่วงละเมิด" ต้องเข้ารักษา-แจ้งความ ปีละ3หมื่นคน.** Disponível em: <https://www.thansettakij.com/general-news/529847>. Acesso em: 4 set. 2022.

[94] TAILÂNDIA. **Thailand Criminal Code B.E. 2499 (1956).** Section 309 e 392. Disponível em: <https://library.siam-legal.com/thai-criminal-code/> Acesso em 4 set. 2022.

[95] PITAKSANTAYOTHIN, Jompon. Cyber*stalking* on Social Networking Sites and the Criminal Offences under Thai Law. **วารสารวิชาการ มหาวิทยาลัยหอการค้าไทย.** ปีที่ 33, ฉบับพิเศษ, pp. 490-499. 2556. p. 493.

[96] Para uma detalhada compreensão do tema: PITAKSANTAYOTHIN, Jompon. Cyber*stalking* on Social Networking Sites and the Criminal Offences under Thai Law. **วารสารวิชาการ มหาวิทยาลัยหอการค้าไทย.** ปีที่ 33, ฉบับพิเศษ, pp. 490-499. 2556 e อร่ามพงษ์, ชนิสรา; ธรรมมาพิทักษ์กุล, สุชาติ. การกำหนดความผิดและโทษอาญาฐานคุกคามเฝ้าติดตามและข่มขู่ทางอินเทอร์เน็ต. **EAU HERITAGE JOURNAL.** Vol. 4. No. 3, pp. 148-156. Sep-Dec. 2014.

[97] Aqueles empréstimos jurídicos de que fala Frankenberg e que acabam por alterar elementos locais, conforme: FRANKENBERG, Günter. **Constitutions as commodities: notes on a theory of transfer.** In: FRANKENBERG, Günter (ed.). **Order from Transfer: Comparative Constitutional Design and Legal Culture.** Cheltenham: Edward Elgar Publishing, 2013. p. 4.

[98] LOOS, Tamara. **Subject Siam: family, law, and colonial modernity in Thailand**. Ithaca: Cornell University Press, 2006.

[99] Embora o texto do art. 147-A, do Código Penal Brasileiro, que regula a perseguição, guarde alguma semelhança na simbologia imaterial com o Código Estadunidense, é mais idêntico à textualidade do "Ato persecutório", em livre tradução, do art. 612-Bis, em vigor desde 2019, do Código Penal Italiano, conforme se denota da leitura: ITÁLIA. Regio Decreto 19 ottobre

Código Penal Brasileiro, reconhece em seus motivos tal influência e tendência[100].

Outro distanciamento é que norma brasileira é mais abrangente, ao dispor, "por qualquer meio", abarcando o campo físico e cibernético, diferente da norma tailandesa, onde o *ciberstalking* carece de hermenêutica sobre a norma de crimes por meios computadorizados[101].

Ainda que uma norma possua um potencial cogente, para remodelar o campo dos signos – e os comportamentos – há um grande desafio quando a lei assume o compromisso de inverter uma simbologia marcada e definida por um processo histórico de romantização e banalização da perseguição. Essa tarefa se torna ainda mais complexa quando pretende realizar essa reversão de sentidos apoiada no mero seguimento de uma tendência do centro colonial, pelo empréstimo, transplante ou mesmo influência em novas normatividades a serem inseridas em contextos periféricos diversos.

Igualmente, apresenta-se carente o transplante ou influência normativa que vise apenas seguir uma tendência global, pelo mero fato de ser tendência, ou pela necessidade de dar uma reposta a uma pressão internacional, ou ainda, pela possibilidade de melhor mensurar[102] determinada conduta. No que se mostra mais razoável a busca por soluções contextuais de origem local.

O desafio, portanto, não é identificar algum tipo de produção normativa que possa ser acriticamente transplantada para contextos culturais diversos. É justamente o contrário. A tarefa central é estabelecer, antes de mais, um mirar reflexivo introspectivo à própria semiótica e seu contexto local, escapando de riscos de uma reação em cadeia causada pelo

1930, n. 1398. Disponivel em: <https://www.normattiva.it/uri-res/N2Ls?urn:nir:stato:regio.decreto:1930-10-19;1398> Acesso em 5 set. 2022.

[100] PORTUGAL. **Decreto-Lei n.º 48/95.** Código Penal da República Portuguesa. Art. 154.º-A. Disponível em: <https://dre.pt/dre/legislacao-consolidada/decreto-lei/1995-34437675-70033890>. Acesso em 10 set. 2022.

[101] Conforme: BRASIL. **Projeto de Lei nº 1.369, de 2019**. Disponível em: <https://legis.senado.leg.br/sdleg-getter/documento?dm=7959600&ts=1630434162865&disposition=inline>. Acesso em 10 set. 2022.

[102] A exemplo dos dados conglobados na Tailândia, onde impossível determinar a taxa de ocorrência específica da conduta de perseguição no campo físico ou virtual.

dispositivo alienígena, o que – não raro –, a exemplo da Lei dos Três Selos, podem condenar à obsolescência uma norma antes ajustada ao contexto[103].

Um comparativo, no aspecto jurídico e legislativo, parece, portanto, descabido diante da idiossincrasia e dos fluxos de influência nos dois contextos, e destes para os centros de "importação" de técnicas, normas, doutrinas, *etc.* Isso, pois, vejamos que uma réplica inspirada num campo semiótico diverso, perde a conexão do signo com seu *link* simbólico, existente pela interpretação da realidade, baseada na cultura local.

Nessa esteira, o U.S. Code[104], ao tipificar a conduta de *Stalking*, literalmente dispõe, entre outros, sobre a perseguição interestadual, diante da característica de autonomia estadual alargada, causando temor de morte ou lesão ao cavalo da pessoa perseguida, observando as características locais. Um mero transplante de tal dispositivo perderia a totalidade contextual, seu campo imaterial de significação, onde o cavalo representa uma extensão quase familiar da pessoa.

Se mediante ajuste, num contexto tailandês ou brasileiro, o termo fosse alterado para uma propriedade animal, a perda contextual seria gigantesca, pois não se trata, no contexto estadunidense, de uma mera propriedade animal, mas um ser (um signo sujeito a uma significação), revestido de um sentimento cognoscível (a significação imaterial), por um estadunidense médio, que representa um vínculo de ligação psíquico e emocional, o orgulho próprio em certas regiões[105], com peculiaridades tais que merece a nomeação específica no texto da norma.

[103] Conforme visto em LOOS, Tamara. **Subject Siam: family, law, and colonial modernity in Thailand.** Ithaca: Cornell University Press, 2006. p. 40, na esteira do debate sobre as transposições jurídicas em FRANKENBERG, Günter. **Constitutions as commodities: notes on a theory of transfer.** In: FRANKENBERG, Günter (ed.). **Order from Transfer: Comparative Constitutional Design and Legal Culture.** Cheltenham: Edward Elgar Publishing, 2013 e ainda em LEGRAND, Pierre. **The Impossibility of 'Legal Transplants'.** Maastricht Journal of European & Comparative Law, Vol. 4, pp. 111-124, 1997, este último entendendo pela impossibilidade de transplantes legais descontextualizados.

[104] ESTADOS UNIDOS DA AMÉRICA. U.S. CODE. Title 18. § 2261A – *Stalking*. Disponível em: <https://www.law.cornell.edu/uscode/text/18/2261A>. Acesso em 5 set. 2022.

[105] Isso porque há grande variação regional nos traços culturais de qualquer local objeto de estudo, não se podendo traçar considerações generalizadas, cabendo uma análise restritiva, desde a percepção, antes subjetiva, conforme o método da interpretação cultural: GEERTZ, Clifford. **A interpretação das culturas.** Rio de Janeiro: LTC, 2008.

Nestes termos um transplante jurídico, de fato, se apresenta impossível[106] por si mesmo, justamente por requerer essa identidade absoluta, ou uma intimidade tão grande entre o campo significável material e sua significação imaterial, que propicie uma preservação de todo o campo semiótico.

Não é impossível contudo, embora raramente visto no contexto do Sul, uma tradução, ressignificando e aproximando da realidade local, num processo de reatribuição do conectivo simbólico[107], o que implica num processo de valorização dos próprios traços culturais e semiologia, sem a cessão ao ideário do centro colonizador e sua percepção *exotificadora*, pelo contrário, orgulhosamente assumindo sua característica local, *sui generis*.

Essa tradução ressignificante, no contexto tailandês, para preservação da amplitude e especificidade interpretativa, vista no exemplo estadunidense, poderíamos cogitar uma norma onde a perseguição acabasse por causar ofensa ao espírito protetor da casa da pessoa perseguida[108], o que, sem dúvida, soaria exótico aos ouvidos coloniais ou colonizados, mas congruente na cosmologia tailandesa, ao passo que, no Brasil, quiçá, seria o *vira-lata* caramelo[109] da pessoa sujeitada à perseguição, ou, gracejo a parte,

[106] LEGRAND, Pierre. **The Impossibility of 'Legal Transplants'**. Maastricht Journal of European & Comparative Law, Vol. 4, pp. 111-124, 1997.

[107] Ou recontextualização, conforme: FRANKENBERG, Günter. **Constitutions as commodities: notes on a theory of transfer.** In: FRANKENBERG, Günter (ed.). **Order from Transfer: Comparative Constitutional Design and Legal Culture.** Cheltenham: Edward Elgar Publishing, 2013.

[108] É parte da cosmologia tailandesa, que as casas possuam uma pequena casa (ศาลพระภูมิ – transliterado: sam phra phun, traduzido: santuário do espírito guardião) destinada ao espírito guardião, local para oferendas e méritos, que integra a própria subjetividade do indivíduo, não sendo raros os relatos de famílias com seus "fantasmas domésticos" protetores, cuja ofensa implica infortúnios, de acordo com o sistema de crenças partilhadas naquele contexto. Para maior compreensão contextual: CHADCHAIDEE, Thanapol. **Essays on Thailand.** Banguecoque: Bangkok Book House, 2014. e CHADCHAIDEE, Thanapol. **Thai Ghost and Their Mysterious Power.** Banguecoque: Booksmango Incorporated, 2019.

[109] Aqui dito com espirituosidade aristotélica (ARISTÓTELES. **Ética a Nicômaco.** São Paulo: Abril Cultural, 1984), entre o jocoso e o rústico, visto que, especialmente no contexto atual, a figura do vira-lata caramelo, ininteligível ao olhar de fora, representa uma forma de brio e extensão cultural subjetiva equiparável.

seu violão, no caso do povo M'byá-Guarani[110], sem que nisso se verifique alguma equivalência entre os hábitos nos diferentes locais de análise.

Se por um lado, a necessidade de um normativo específico pode, inclusive, nem existir, quando em determinada sociedade a figura de uma conduta como a perseguição for irrelevante – e a nós não nos compete um juízo valorativo dos modelos de culturas dispares, apenas sua interpretação – por outro lado, a inexistência de normas podem servir como uma autorização implícita, inclusive numa esfera pública, onde, não raro[111], governos com tendências autoritárias montam vigília e perseguem cada passo de indivíduos que, por variadas razões, contrapõem-se aos interesses políticos.

Ao cabo, é possível compreender que, antes, há uma cultura da perseguição historicamente construída a ser desconstruída e ressignificada dentro dos contextos simbológicos, por iniciativas locais que visem sanar as demandas locais. É antes um problema cultural, sem, por óbvio desconsiderar os casos clínicos, onde surge a necessidade de análise psicológica e psiquiátrica, fora do escopo ora analisado, ainda que se considere o aspecto cultural e contextual como fator de ignição ou alimentação daqueles.

No atual estado da arte, a Tailândia adota soluções, respeitada a proporção e as influências diversas, um tanto próximas das anteriormente existentes no Brasil, ao passo que o Brasil segue a tendência dos

[110] Nunca é demais reiterar que cada etnia ou povo originário possui elementos culturais distintos, ainda que num mesmo território. Entre os M'byá-Guaranis, o violão é o signo dotado de uma conexão simbólica do orgulho como uma extensão da própria personalidade, conforme relatado: CAMPOS, Alzira L. de Arruda et al. Os Guarani Mbya nos Rituais Ara Pyau (Ano Novo): A festa da Erva-Mate. **Revista Humanidades e Inovação.** v.7, n.15, pp. 418-440, 2020. p. 424.

[111] Técnicas de perseguição visando a intimidação e a impressão psíquica de terror foram comuns durante o período da ditadura civil-militar brasileira, entre os anos de 1960 e 1980, bem como, de forma muito similar na Tailândia, inclusive na corrente ditadura monárquica civil-militar, desde o golpe de Estado em 2014. Ilustrativamente, o caso de Elis Regina, conforme: LUNARDI, Rafael. Elis Regina: entre o canto e a política na década de 1970. **ArtCultura,** Uberlândia, v. 16, n. 29, p. 187-202, jul-dez. 2014, p. 188 e, recentemente, na Tailândia, os manifestantes dos atos pró-democracia, entre 2020 e 2021, que foram vigiados e intimidados, conforme: PARPART, Erich. Police continue program of intimidation aimed at activists and their families. **Thai Enquirer.** Disponível em: <https://www.thaienquirer.com/37216/police-continue-program-of-intimidation-aimed-at-activists-and-their-families/> Acesso em 6 set. 2022.

centros coloniais a especificamente dispor sobre a matéria. Nesse ponto, as piscadelas, aos moldes da proposição de Geertz sobre Ryle[112], distanciaram-se no campo dos signos materiais, ainda que guardem semelhança no aspecto imaterial, onde as culturas pré-coloniais resistentes, ou ainda existentes, avizinham-se, bem como, onde as influências coloniais modificaram os hábitos e tradições de modo indelével em via de mão única.

O campo do *ciberstalking* parece se apresentar como esse ponto comum, especialmente em razão da proximidade cultural dos dois povos em dispender mais tempo que os outros na rede mundial de computadores, bem como, diante do legado patriarcal e machista, desde as tradições ocidentais coloniais, que apontam com uma necessidade de proteção maior nas relações domésticas e fundadas na noção de gênero, ainda que o próprio conceito de gênero seja distinto nos dois contextos, é inegável a condição de maior exposição do simbólico feminino, em razão dos próprios dados[113].

Ao fim, desde uma análise interpretativa das duas realidades, amparada na historiografia e nos hábitos locais, percebe-se que, em ambos locais existe uma preocupação com o crescimento da perseguição, o que resta claro, tanto no debate público pela manufatura de uma norma específica, no contexto da Tailândia, como na sua existência em lei novel no Brasil. Do ponto de vista comparativo contextual, é perceptível as influências também no campo legislativo, com técnicas emprestadas desde os centros coloniais, dos quais também os conteúdos normativos, por vezes, são transplantados, nem sempre adaptados à realidade local.

Chama a atenção a influência de Países como França, Itália, Alemanha, cujas legislações num passado não tão remoto influenciaram a esfera civil nos dois contextos. Se no Brasil a legislação sobre a perseguição seguiu

112 GEERTZ, C. op. cit. p. 5.

113 Conforme อร่ามพงษ์, ชนิสรา; ธรรมมาพิทักษ์กุล, สุชาติ. การกำหนดความผิดและโทษอาญาฐานคุกคามเฝ้าติดตามและข่มขู่ทางอินเทอร์เน็ต. **EAU HERITAGE JOURNAL**. Vol. 4. No. 3, pp. 148-156. Sep-Dec. 2014. e FÓRUM BRASILEIRO DE SEGURANÇA PÚBLICA. **Anuário Brasileiro de Segurança Pública 2021.** Ano 15, 2021. Disponível em: <https://forumseguranca.org.br/wp-content/uploads/2021/10/anuario-15-completo-v7-251021.pdf> Acesso em: 4 set. 2022; FÓRUM BRASILEIRO DE SEGURANÇA PÚBLICA. **Anuário Brasileiro de Segurança Pública 2022.** Ano 16, 2022. Disponível em: <https://forumseguranca.org.br/wp-content/uploads/2022/06/anuario-2022.pdf?v=5> Acesso em: 4 set. 2022.

um texto similar ao da legislação Italiana e Portuguesa, ainda que a realidade sociocultural seja substancialmente diferente, o que se delineia no horizonte da Tailândia é a possibilidade de seguir o modelo Britânico ou Estadunidense. Em ambos casos, essa influência parece demandar uma profunda tradução ressignificando a noção vinda de território estrangeiro antes de sua confecção, de modo a propiciar uma justa adequação, evitando o esvaziamento de sua significação ou inadequação contextual.

Conclusões

Ao se investigar especificamente os recortes do Sul, sujeitado aos processos de colonização, percebemos que, muito embora nas últimas décadas tenham emergido estudos no campo jurídico e comparativo, não raras vezes, estes se detêm muito mais em verificar um local em relação aos centros coloniais ou priorizando locais onde houve uma colonização formal. Percebemos, portanto, que, especialmente no contexto Latino-Americano, no qual se insere o Brasil, há um espaço a ser mais bem explorado no domínio cultural, eis que o direito reflete e é refletido pela cultura. Igualmente, considera uma interpretação cultural contextual, é possível perceber desde uma análise de hábitos, identidades, subjetividades e historiografia os pontos comuns onde signos passam a ter significados imateriais idênticos ou muito próximos, mesmo em realidades substancialmente diferentes, permitindo uma pequena margem comparativa. É o caso dos países em foco que, embora dotados de minúcias únicas, partilham de uma forte influência habitual e cultural, quando ao lume da perseguição e do legado normativo de impérios coloniais.

Ao tratarmos de Brasil e Tailândia o que se percebe é uma imensa seara a ser explorada, que se estende para além do fenômeno do *stalking*, com temáticas subjacentes que intersecionam ao objeto central do estudo, temas sobre os quais há pouca documentação advinda de iniciativas quer do Brasil, quer da Tailândia, ainda que inseridos o mesmo contexto do Sul, periférico.

Esta primeira investigação a respeito do fenômeno cultural do *stalking* e suas consequências no campo do direito, sobretudo na teoria da comparação jurídica tem como hipótese central a compreensão da impossibilidade da transplantação de uma normatividade alicerçada na cultura dos centros coloniais para as realidades periféricas, sem que antes exista uma tradução e ressignificação da norma com campo cultural e tradições locais, contextualizando-a à realidade local. Marcadas, cada uma ao seu modo, por culturas que em grande medida não só naturalizam bem como glamorizam a perseguição, Brasil e Tailândia são complexidades socioeconômicos culturais, simultaneamente distantes e próximas, que exigirão dos juristas um olhar cuidadoso para além do direito, num espaço que, inclusive se estende entre América Latina e Sudeste Asiático.

Se por um lado na Tailândia progride um debate em torno do tema, para uma norma específica, especialmente no campo das condutas de perseguição nas redes sociais, podemos perceber a grande influência dos modelos normativos estadunidense e britânico presente nos debates acerca da temática naquele país, cuja responsabilização civil já segue as influências normativas e a técnica legislativa vinda de Alemanha e França, o que nem de longe condiz com a realidade sociocultural tailandesa.

No caso brasileiro, o que se pode observar é o seguimento de uma tendência do centro colonial, resultando numa legislação que desde seu Projeto de Lei assume a influência externa desde países como os EUA e, fundamentalmente, mirando o texto legislativo de Itália e Portugal, com bastante semelhança, o que aponta para a necessidade, uma vez já em vigor a lei, de uma hermenêutica judicial que observe e seja capaz de interpretar as características locais, contextualizar e restabelecer os conectivos simbólicos à realidade brasileira.

Como pretendemos demonstrar, a mera transposição, na busca pela criação de uma normatividade efetiva, sem a adoção de uma cuidadosa perspectiva culturalista e crítica do direito comparado, amparada nas robustas ferramentas e conclusões que a antropologia cultural oferece, pode fazer com que toda essa importante empreitada seja frustrada pela inesgotável e silenciosa força do contexto. Quando falamos de *stalking*, é muito mais na cultura, e menos no direito, que devemos centrar nossa atenção primordial, num paulatino processo de ressignificação, com o qual o direito colabora, enquanto também parte do campo cultural significável, porém em dependência com o aspecto cultural em sentido amplo.

Referências

ALENCAR, José de. **Ubirajara**. Porto Alegre: L&PM, 2006.

BAKER, Chris. The 2014 **Thai Coup and Some Roots of Authoritarianism.** In: KANCHOOCHAT, Veerayooth; HEWISON, Kevin. (Eds.) **Military, Moarchy and Repression: Assessing Thailand's authoritarian turn.** Londres: Routledge, 2017.

BAKER, Chris; PHONGPAICHIT, Pasuk. **A History of Ayutthaya: Siam in the Early Modern World.** Cambridge: Cambridge University Press, 2017.

BETHELL, Leslie. O imperialismo britânico e a Guerra do Paraguai. **Estudos Avançados** [online]. 1995, v. 9, n. 24. pp. 269-285. Disponível em: <https://doi.org/10.1590/S0103-40141995000200014>. Acesso em 1º set. 2022.

BRASIL. **Lei Nº 14.132, DE 31 DE MARÇO DE 2021.** Disponível em: <https://www.in.gov.br/en/web/dou/-/lei-n-14.132-de-31-de-marco-de-2021-311668732>. Acesso em 4 set. 2022.

____. **Projeto de Lei nº 1.369, de 2019.** Disponível em: <https://legis.senado.leg.br/sdleg-getter/documento?dm=7959600&ts=1630434162865&disposition=inline>. Acesso em 10 set. 2022.

CADY, John Frank. **Thailand, Burma, Laos & Cambodia.** Hoboken: Prentice-Hall, 1966.

CAMPBELL, Charlie. **If There's Going to Be a Thai Civil War, Isaan Will Be Its Front Line.** TIME. Disponível em: <https://time.com/2948172/thailand-isaan--province-identity/>. Acesso em 30 ago. 2022.

CAMPOS, Alzira L. de Arruda et al. Os Guarani Mbya nos Rituais Ara Pyau (Ano Novo): A festa da Erva-Mate. **Revista Humanidades e Inovação.** v.7, n.15, pp. 418-440, 2020.

CHADCHAIDEE, Thanapol. **Essays on Thailand.** Banguecoque: Bangkok Book House, 2014.

____. **Thai Ghost and Their Mysterious Power.** Banguecoque: Booksmango Incorporated, 2019.

CHAIYONG, S. **Support Boy's Love and expand our soft power.** Bangkok Post. Disponível em: <https://www.bangkokpost.com/opinion/opinion/2215467/support-boys-love-and-expand-our-soft-power>. Acesso em 2 set. 2020.

CHAMPEIL-DESPLATS, Véronique. **Méthodologies du Droit et des Sciences du Droit**. Paris: Dalloz, 2014.

CHAN, Kwok Bun. **Chinese Identities, Ethnicity and Cosmopolitanism.** Londres: Routledge, 2005.

CHAROENMUANG, Thanet. **When the young cannot speak their own mother tongue: explaining a legacy of cultural domination in Lan Na.** In: GRABOWSKY, Volker (Ed.). **Regions and National Integration in Thailand, 1892-1992.** Wiesbaden: Harrassowitz, 1995.

CHUTINTHARĀNON, Sunet; TUN, Than. **On Both Sides of the Tenasserim Range: History of Siamese Burmese Relations.** Banguecoque: Institute of Asian Studies/Chulalongkorn University, 1995.

CLASTRES, Pierre. **A Sociedade Contra o Estado.** Porto: Edições Afrontamento, 1979.

____. **Crônica dos Índios Guayaki: o que sabem os Achés, caçadores nômades do Paraguai.** Rio de Janeiro: Ed. 34, 1995.

COCONUTS BANGKOK. **Thailand spends longest hours online in the world.** Disponível em: <https://coconuts.co/bangkok/news/thailand-spends-longest--hours-online-world/>. Acesso em 29 ago. 2022.

COLAÇO, Thais Luzia. **O Direito Guarani Pré-Colonial e as Missões Jesuíticas: A Questão da incapacidade indígena e da tutela religiosa.** Tese de Doutorado. Universidade Federal de Santa Catarina. 1998. Disponível em: <https://repositorio.ufsc.br/xmlui/bitstream/handle/123456789/77774/143754.pdf?sequence=1&isAllowed=y>. Acesso em 04 set. 2022.

DARLING, F. C. American Policy in Thailand. **Western Political Quarterly**, v. 15, n. 1, p. 93–110, mar. 1962

DUARTE, Elisa. **Fã tenta invadir a casa da cantora Anitta: "assustou a mim e a minha família".** Cláudia. Disponível em: <https://claudia.abril.com.br/famosos/fa-tenta-invadir-a-casa-da-cantora-anitta-assustou-a-mim-e-a-minha-familia/>. Acesso em 3 set. de 2022.

DUBUS, Arnaud. **Buddhism and Politics in Thailand.** Bangkok: Institut de Recherche sur l'Asie du Sud-Est Contemporaine, 2018.

DUSSEL, Enrique. **Oito ensaios sobre cultura latino-americana e libertação.** São Paulo: Paulinas, 1997.

ESTADOS UNIDOS DA AMÉRICA. **U.S. CODE.** Disponível em: <https://www.law.cornell.edu/uscode/text/18/2261A>. Acesso em 5 set. 2022.

EVANS-PRITCHARD, E.E. **Social Anthropology.** Londres: Cohen & West, 1951.

FALK, Monica Lindberg. **Making Fields of Merit: Buddhist Female Ascetics and Gendered Orders in Thailand.** Copenhagen: NIAS Press, 2007.

FERNANDES, Estevão R.; ARISI, Barbara M. **Gay Indians in Brazil Untold Stories of the Colonization of Indigenous Sexualities.** Cham: Springer, 2017.

FRANKENBERG, Günter. **Constitutions as commodities: notes on a theory of transfer.** In: FRANKENBERG, Günter (ed.). **Order from Transfer: Comparative Constitutional Design and Legal Culture.** Cheltenham: Edward Elgar Publishing, 2013.

FRANKENBERG, Günter. **Comparative Law as Critique.** Cheltenham: Edward Elgar Publishing, 2016.

FÓRUM BRASILEIRO DE SEGURANÇA PÚBLICA. **Anuário Brasileiro de Segurança Pública 2021.** Ano 15, 2021. Disponível em: <https://forumseguranca.org.br/wp-content/uploads/2021/10/anuario-15-completo-v7-251021.pdf> Acesso em: 4 set. 2022.

_____. **Anuário Brasileiro de Segurança Pública 2022.** Ano 16, 2022. Disponível em: <https://forumseguranca.org.br/wp-content/uploads/2022/06/anuario-2022.pdf?v=5>. Acesso em: 4 set. 2022.

GARRETT, Stephen A.. **Bangkok journal: a Fulbright year in Thailand.** Carbodale: Southern Illinois University Press, 1986.

GEERTZ, Clifford. **A interpretação das culturas.** Rio de Janeiro: LTC, 2008.

GLADSTONE, William. **Studies on Homer and the Homeric Age.** Cambridge: Cambridge University Press, 2010.

GRAZIADEI, Michele. **Comparative Law as the Study of Transplants and Receptions.** In: REIMANN, Mathias; ZIMMERMANN, Reinhard. **The Oxford Handbook of Comparative Law.** Oxford: Oxford University Press, 2015.

GROSS, Max L.. **A Muslim Archipelago: Islam and Politics in Southeast Asia.** Washington D. C.: United States Department of Defense, 2007.

GUIMARÃES, Bernardo. **A Escrava Isaura.** Porto Alegre: L&PM, 1998.

HOLT, John. et al. **Constituting Communities: Theravada Buddhism and the Religious Cultures of South and Southeast Asia.** Albany: State University of New York Press, 2012.

ITÁLIA. **Regio Decreto 19 ottobre 1930, n. 1398.** Disponivel em: <https://www.normattiva.it/uri-res/N2Ls?urn:nir:stato:regio.decreto:1930-10-19;1398>. Acesso em 5 set. 2022.

JACKSON, Peter. **Afterword: Postcolonial Theories and Thai Semicolonial Hybridities.** In: HARRISON, R.; JACKSON, p. (Eds.). **The Ambiguous Allure of the West: Traces of the Colonial in Thailand.** Hong Kong: Hong Kong University Press, 2010.

KITIARSA, Pattana. **An Ambiguous Intimacy: Farang as Siamese Occidentalism.** In: HARRISON, R.; JACKSON, p. (Eds.). **The Ambiguous Allure of the West: Traces of the Colonial in Thailand.** Hong Kong: Hong Kong University Press, 2010.

LEE, Sing-Young; LEE, Jong-Hwa. **Cultural Value Orientations of Selected Southeast Asian Countries.** 통상정보연구. Vol. 8, nº 4, pp. 369-387, 2006. Disponível em: <https://koreascience.kr/article/JAKO200630159713109.pdf>. Acesso em 2 set. 2022.

LEGRAND, Pierre. **The Impossibility of 'Legal Transplants'.** Maastricht Journal of European & Comparative Law, Vol. 4, pp. 111-124, 1997.

LOOS, Tamara. **Subject Siam: family, law, and colonial modernity in Thailand.** Ithaca: Cornell University Press, 2006.

LUNARDI, Rafael. **Elis Regina: entre o canto e a política na década de 1970.** ArtCultura, Uberlândia, v. 16, n. 29, p. 187-202, jul-dez. 2014.

MARQUES, Cláudia Lima. **Cem anos de Código Civil Alemão: O BGB de 1896 e o Código Civil Brasileiro de 1916.** Revista da Faculdade de Direito da UFRGS, v. 13, pp.71-97, 1997.

MIGNOLO, W. D. **Desobediência epistêmica: a opção descolonial e o significado de identidade em política.** Cadernos de Letras da UFF, n. 34, p. 287–324, 2008.

MURASHIMA, E. **Opposing French colonialism: Thailand and the independence movements in Indo-China in the early 1940s.** South East Asia Research, v. 13, n. 3, p. 333–383, 2005.

NASPOLINI, Samyra H. **Aspectos Históricos, Políticos e Legais da Inquisição.** In: WOLKMER, Antônio C. (Org.). **Fundamentos de História do Direito.** Belo Horizonte: Del Rey, 2008.

NEW18. **แจ้งความแล้ว "บิวกิ้น" หวั่นความปลอดภัยของครอบครัว หลังโดนสะกดรอยตาม วอนเคารพความเป็นส่วนตัว.** Disponível em: <https://today.line.me/th/v2/article/ML0merD>. Acesso em 3 set. 2022.

PAGLIARO, Heloisa. et. al. **Demografia dos Povos Indígenas no Brasil: um panorama crítico.** In: PAGLIARO, Heloisa. et. al. (Org.). **Demografia dos povos indígenas no Brasil.** Rio de Janeiro: Fiocruz, 2005.

PARPART, Erich. **Police continue program of intimidation aimed at activists and their families.** Thai Enquirer. Disponível em: <https://www.thaienquirer.com/37216/police-continue-program-of-intimidation-aimed-at-activists-and--their-families/>. Acesso em 6 set. 2022.

PITAKSANTAYOTHIN, Jompon. **Cyber*stalking* on Social Networking Sites and the Criminal Offences under Thai Law.** วารสารวิชาการ มหาวิทยาลัยหอการค้าไทย. ปีที่ 33, ฉบับพิเศษ, pp. 490-499. 2556

POPITAKKUL, Raksita. **มาตรการทางกฎหมายเกี่ยวกับการคุกคามทางอินเตอร์เน็ต (Cyber*stalking*).** Tese de Mestrado. Universidade de Banguecoque. 2007. Disponível em: <http://dspace.bu.ac.th/bitstream/123456789/886/1/raksita_popi.pdf>. Acesso em 4 set. 2022.

PORTUGAL. **Decreto-Lei n.º 48/95.** Código Penal da República Portuguesa. Art. 154.º-A. Disponível em: <https://dre.pt/dre/legislacao-consolidada/decreto--lei/1995-34437675-70033890>. Acesso em 10 set. 2022.

PROEBST, Iona. **Why Thai people are obsessed with soap operas.** Culture Trip. 2017. Disponível em: <https://theculturetrip.com/asia/thailand/articles/why-thai-people-are-obsessed-with-soap-operas/>. Acesso em 2 set. 2022.

REDE GLOBO. **Memória Globo – Escrava Isaura.** Disponível em: <https://memoriaglobo.globo.com/entretenimento/novelas/escrava-isaura/noticia/escrava-isaura.ghtml>.

REYES, Danilo de la Rosa. **Revisiting Meritocracy in Asian Settings: Dimensions of Colonial Influences and Indigenous Traditions.** International Conference on "Uniqueness of 'Asian' Public Administration: Claims, Critiques and Contribution," Graduate School of Public Administration, Seoul National University, Seoul, Korea, Feb. 14-15, 2013. Disponível em: <https://ncpag.upd.edu.ph/wp-content/uploads/2014/03/REVISITING-MERITOCRACY-IN-ASIAN-SETTINGS.D.R.Reyes_.2013.pdf>. Acesso em 31 ago 2022.

SACCO, R. **Antropologia jurídica: contribuição para uma macro-história do direito.** São Paulo: Martins Fontes, 2013.

SAMUEL, Geoffrey. **An Introduction to Comparative Law Theory and Method.** Oxford: Hart Publishing, 2014.

SANTOS, BOAVENTURA DE SOUSA. **Construindo as Epistemologias do Sul: Antologia Esencial. Volume I: Para um pensamento alternativo de alternativas.** Buenos Aires: CLACSO, 2018.

SENECA, Lucius Annaeus. Troas (continued). **Medea. Agamemnon. Octauia. Hercules octœus.** Manchester: Spenser Society, 1887.

SIANI, Edoardo. **The Sovereigns of Thailand and the Skies.** The New York Times. Nov. 3, 2020. Disponível em: <https://www.nytimes.com/2020/11/03/opinion/thailand-protests-astrology.html>. Acesso em: 31 ago. 2022.

SIQUEIRA, Maria Lohana H. M. S. ***Stalking*: Um estudo conceitual sobre a perseguição obsessiva e seus reflexos jurídicos no direito brasileiro.** Dissertação (mestrado). Universidade Católica de Brasília, 2021.

SOUZA, Marcelo Lopes. **Decolonising postcolonial thinking: Ethnocentrism and sociocentrism as transideological and multiscalar phenomena.** ACME: An International Journal for Critical Geographies, 2019, 18(1): 1-24.

STEPHANIDES, Menelaos. **Teseu, Perseu e Outros Mitos.** São Paulo: Odysseus, 2016.

STOWE, Judith A.. **Siam Becomes Thailand: A Story of Intrigue.** Londres: Hurst, 1991.

TAILÂNDIA. **Thailand Criminal Code B.E. 2499 (1956).** Disponível em: <https://library.siam-legal.com/thai-criminal-code/>. Acesso em 4 set. 2022.

UHLIG, Harald. **Southern Thailand.** In: GRABOWSKY, Volker (Ed.). **Regions and National Integration in Thailand, 1892-1992.** Wiesbaden: Harrassowitz, 1995.

VAN DER AA, Suzan. **New Trends in the Criminalization of *Stalking* in the EU Member States.** European Journal on Criminal Policy and Research. volume 24, pp. 315–333, 2018.

VENKATARAMANI, M. S.. **Military Coup Pattern in Postwar Thailand: Washington and the First Coup of 1947.** International Studies, vol. 29, no. 3, pp. 253–278, July 1992.

WONDRAK, I.; HOFFMANN, J. **A personal obsession. Scientific American Mind,** Vol. 18, No. 2, pp. 76-81, April/May 2007.

YODSUWAN, Rachaya. **Research of Creative Arts Information For Extraordinary Cultural Community Area Karen Phumen Uthaithani.** Tese de Mestrado. Graduate School, Silpakorn University. 2020. Disponível em: <http://www.sure.su.ac.th/xmlui/handle/123456789/24404>. Acesso em 30 ago. 2022.

แคไธสง, บรรพต. **Existence and Enlightenment: A study of metaphysics and ethics in Abhidhamma and Nikayas of Theravada Buddhism.** Tese de Doutorado. Universidade de Madras, 2010. Disponível em: <https://www.gotoknow.org/posts/702882>. Acesso em: 04 set. 2022.

ฐานเศรษฐกิจดิจิทัล. **สถิติผู้หญิงไทย “โดนล่วงละเมิด” ต้องเข้ารักษา-แจ้งความ.** ปีละ3หมื่นคน. Disponível em: <https://www.thansettakij.com/general-news/529847>. Acesso em: 4 set. 2022.

อร่ามพงษ์, ชนิสรา; ธรรมมาพิทักษ์กุล, สุชาติ. **การกำหนดความผิดและโทษอาญาฐานคุกคามเฝ้าติดตามและข่มขู่ทางอินเทอร์เน็ต.** EAU HERITAGE JOURNAL. Vol. 4. No. 3, pp. 148-156. Sep-Dec. 2014.

21. A ERA DIGITAL: CRIMES CIBERNÉTICOS, PRODUÇÃO DE PROVAS E O MARCO REGULATÓRIO DA UNIÃO EUROPEIA

Bruno Bastos de Oliveira
Rogerio Mollica
Eder de Oliveira Assis
Solange Teresinha Carvalho Pissolato

Introdução

A sociedade vem passando por grandes transformações, principalmente, com o avanço da tecnologia, o surgimento dos computadores, e, posteriormente com a internet, reverberando na amplificação das formas de comunicação, tornando-se a internet um emulador da vida social.

É notório o aumento do número de computadores e aparelhos celulares comercializados mundialmente e com isso consequentemente, a ocorrência cada vez mais frequente de crimes virtuais cometidos por esse meio tecnológico. A maior parte da população desconhece regras básicas de segurança necessárias a proteção de dispositivos contra os crimes informáticos, e tornam-se alvos fáceis.

Interessante considerar que, percentual significativo da população ainda não tem acesso efetivo à internet, contudo com o uso do celular, novos aplicativos foram desenvolvidos, facilitando a conexão e concomitantemente a criação das redes sociais (Facebook, Twitter, Instagram e WhatsApp). As mídias sociais revolucionaram a forma de agir entre as pessoas, independentemente da idade e de quem as utilizam, principalmente as que se encontram fisicamente distantes, aproveita-se da tecnologia para otimização de tempo e custos.

Apesar das facilidades e inovações trazidas pela internet, favoreceu também o cometimento de condutas ilícitas em ambientes virtuais tais como invasão de contas, fraudes, propagação de vírus, entre tantos outros ilícitos.

Com o surgimento de novas práticas ilícitas, tendo em visto uma sociedade cada vez mais informatizada, necessário se faz que o Direito Penal Brasileiro e as Legislações Especiais evoluam e se adequem às novas práticas delituosas, atualizando os tipos penais já definidos em lei, além de implementar novas regras normativas a fim de aplicar punições adequadas, e garantir a segurança e a promoção da paz social.

Para além das críticas quanto a morosidade na aprovação das leis brasileiras que definiram os critérios e as novas tipificações dos crimes cibernéticos, é relevante considerar, na pavimentação desse caminho, que o direito não se aplica em abstrato, ou seja, ele é produto da realidade social e a ela está atrelado.

Tendo como fio condutor esse raciocínio, o objetivo do presente trabalho é discorrer sobre as alterações trazidas pelo Marco Regulatório da União Europeia (EU) e os crimes cibernéticos, no que se refere a dar concretude ao conjunto probatório, ou seja, ao hercúleo desafio de tornar visível aquilo que é invisível a justiça. Objetivando assim a prevenção e coibindo tais práticas delituosas. O método de eleição é o dedutivo e a pesquisa bibliográfica subsidiada em livros, artigos científicos e o ordenamento jurídico[1] pátrio e internacional.

A abordagem do tema é relevante, pelo crescimento exponencial dos ilícitos praticados pela internet, não respeitando fronteiras físicas e virtuais. O ambiente virtual fornece ao usuário uma sensação impunidade, proporcionando liberdade e anonimato, podendo oferecer um mundo sem fronteiras implodindo os muros e barreiras de proteção, sem que deixem vestígios digitais, dificultando a identificação da autoria dos

[1] Por ordenamento jurídico entende-se o conjunto de enunciados prescritivos, os quais formam o chamado direito positivo ou direito escrito. (CARMO, Valter Moura do; MESSIAS, Ewerton Ricardo. Pós-modernidade e principiologia jurídica: O ativismo judicial e sua validade no âmbito do estado democrático de direito. **Revista Brasileira de Direito**, Passo Fundo, v. 13, n. 3, p. 189-205, set./dez. 2017. p. 195. Disponível em: https://seer.imed.edu.br/index.php/revistadedireito/article/view/2163/1404. Acesso em: 22 abr. 2023).

delitos, o que muitas vezes inviabiliza a produção de provas que configure o ilícito.

Nesse sentido a EU, antecipou-se, e dessa forma, visando regulamentar essas ações estabeleceu o Marco Regulatório no que se refere a produção de provas em ilícitos virtuais.

Concluímos que nos últimos anos têm-se alcançado resultados positivos, entretanto, necessário se faz adequações no ordenamento jurídico nacional e internacional com o intuito de prevenir e reprimir os crimes informáticos, e suas implicações na Segurança Pública Digital.

Breves considerações sobre a internet e contexto atual

O cerne para evolução da tecnologia foi à criação da internet, que possibilitou o acesso e uma hiperconectividade[2] global ditada por algoritmos[3], trazendo mudanças sistêmicas ao redor do mundo. A bem dizer, a tecnologia tem sido incorporada no cotidiano social, de forma inescapável, inevitável e acelerada, onde temos por um lado a transferência de dados, e-mail, compartilhamento de fotos, vídeos, música em tempo real, o que tornou global a disseminação da informação pela internet e redes sociais.

Longe da ingenuidade em relação ao outro lado da moeda, posto que seja difícil nomear um único problema, temos um leque aberto como várias possibilidades de catalogação, com estaque para *fake ews*, furto de dados, vício em aplicativos e influências na política e nas eleições, e um ponto de influxo para amplificação exponencial dos delitos via internet.

Nesse espaço *on-line*, o ser humano sente que é o administrador das circunstâncias, aquele que estabelece a agenda, recompensa a obediência e pune a indisciplina, que detêm a arma do banimento e da exclusão. "A impunidade no mundo virtual se dá por problemas nas legislações existentes, como a falta de previsão legal para tipificação do delito, a

[2] O termo hiperconectividade foi cunhado inicialmente para descrever o estado de disponibilidade dos indivíduos para se comunicar a qualquer momento (MAGRANI, Eduardo. **A internet das coisas**. Rio de Janeiro, FGV, 2018).

[3] Em termos mais técnicos, um algoritmo é uma sequência lógica, finita e definida de instruções que devem ser seguidas para resolver um problema ou executar uma tarefa, ou seja, uma receita que mostra passo a passo os procedimentos necessários para a resolução de uma tarefa. (MAGRANI, Eduardo. **A internet das coisas**. Rio de Janeiro, FGV, 2018).

falta de uma previsão de cooperação penal e processual entre estados soberanos".[4]

O Estado, "incapaz de responder com celeridade às demandas e contingências desveladas pela inovação incessante e acelerada, se vê desafiado a editar marcos regulatórios para tudo"[5]. Assim alguns paradigmas do nosso mundo concreto, na percepção de Sobral e Bezerra[6], "não são aplicáveis, ou o são de maneira ineficaz no caso concreto".

Para Bauman[7] liberdade e segurança apresentam-se de forma antagônica. São dois valores extremamente difíceis de conciliar: "para ter mais segurança é preciso renunciar a certa liberdade, se você quer mais liberdade tem que renunciar a segurança". Giddens[8] defende que a "humanidade pode e deve encontrar meios de tomar as rédeas do mundo em descontrole". Enquanto isso a internet potencializa-se como um imenso banco de dados gratuito e disponível, onde o voluntarismo em redes sociais deve ser visto com a devida precaução.

Ao direcionarmos nossa atenção para o tema, Paesani[9], se refere a internet como "um grande artifício que acopla um alto número de computadores em toda parte do mundo, sendo que as conexões podem ser estabelecidas de formas diversas, como por satélites e cabos".

Nesse sentido, a Lei n.º 12.965[10], popularmente conhecida como Marco Civil da Internet (MCI), apresenta o conceito de internet no Art. 5º da lei, que considera: I – internet: "o sistema constituído do conjunto

[4] SOBRAL, Carlos Eduardo Miguel; BEZERRA, Clayton da Silva. Introdução ao estudo do crime cibernético. *In*: BEZERRA, Clayton da Silva; AGNOLETTO, Giovani Celso. **Combate ao crime cibernético**. Rio de Janeiro: Mallet, 2020. p. 14.

[5] FALEIROS JUNIOR, José Luiz de Moura. Prefácio. *In*: OLIVEIRA, Bruno Bastos de. **Direito digital e desenvolvimento**: contribuições a sociedade informacional. Uberlândia: LAECC, 2021. p. 21.

[6] SOBRAL, Carlos Eduardo Miguel; BEZERRA, Clayton da Silva. Introdução ao estudo do crime cibernético. *In*: BEZERRA, Clayton da Silva; AGNOLETTO, Giovani Celso. **Combate ao crime cibernético**. Rio de Janeiro: Mallet, 2020. p. 20.

[7] BAUMAN, Zygmunt. **Vigilância líquida**: diálogos com David Lyon. Rio de Janeiro: Zahar, 2016. p. 2.

[8] GIDDENS, Anthony. **Mundo em descontrole**. Tradução de Maria Luiza X. de A. Borges. 6. ed. Rio de Janeiro: Record, 2007. p. 16.

[9] PAESANI, Liliana Minardi. **Direito e internet**: liberdade de informação, privacidade e responsabilidade civil. 7. ed. São Paulo: Atlas, 2014. p. 12.

[10] BRASIL. **Lei n.º 12.965, de 23 de abril de 2014**.

de protocolos lógicos, estruturado em escala mundial para uso público e irrestrito, com a finalidade de possibilitar a comunicação de dados entre terminais por meio de diferentes redes".

Feitas essas considerações, importante destacar como a internet foi criada. De acordo com Dias[11] a história da internet teve início em 1957, quando o presidente dos Estados Unidos (EUA), criou a Agência de Investigação de Projetos Avançados (ARPA) para obter um sistema de defesa seguro e que promovesse o desenvolvimento tecnológico do país.

Sobre o assunto, Conte e Fiorillo[12] relatam que a partir da década de 70 o sistema ARPANET foi sendo melhorado por especialistas e cientistas, destinado para uso acadêmico, posteriormente transformando-se em ARPA-INTERNET, sendo também desenvolvido o sistema MILNET pelo Departamento de Defesa dos Estados Unidos para uso do serviço militar. Já a internet, popularizou-se por volta da década de 90, após o desenvolvimento do sistema denominado *Word Wide Web*.

Contextualizando a temática no Brasil, a internet surgiu na década de 60, contudo demorou para que a população brasileira tivesse acesso a esse meio de comunicação. Portanto, no país, a internet só teve relevo a partir da década de 90, entretanto era utilizada, tão-somente para fins de pesquisas nas universidades brasileiras.[13]

O crescente número de pessoas conectadas à internet, fez com que a sociedade passasse a depender da eficiência e segurança da chamada tecnologia da informação, estando presente em todos os tipos de relações, sejam elas pessoais, profissionais, comerciais, empresariais etc.[14]

[11] DIAS, Camila Barreto Andrade. **Crimes virtuais**: As inovações jurídicas decorrentes da evolução tecnológica que atingem a produção de provas no processo penal. 2014. Disponível em: http://www.egov.ufsc.br/portal/sites/default/files/20888860.pdf. Acesso em: 10 abr. 2023.

[12] CONTE, Christiany Pegoroni; FIORILLO, Celso Antônio. **Crimes no meio ambiente digital e a sociedade da informação**. 2. ed. São Paulo: Saraiva, 2016.

[13] ASSIS, José Francisco de. Direito à privacidade no uso da internet: omissão da legislação vigente e violação ao princípio fundamental da privacidade. Âmbito Jurídico, Rio Grande, v. XVI, n. 109, fev. 2013.

[14] CRESPO, Marcelo Xavier de Freitas. **Crimes digitais**. São Paulo: Saraiva, 2011.

Nesse contexto, considerando os muitos benefícios trazidos pela internet em todos os aspectos, não se pode desprezar os impactos negativos, posto que ela também permitiu que se germinassem condutas ilícitas, que são praticadas através da crescente evolução da rede mundial de computadores. Nessa linha de raciocínio argumenta Malaquias[15] que diante dessa nova realidade globalizada "as comunidades do mundo inteiro começaram a desenvolver suas ações no denominado espaço cibernético, também conhecido como ciberespaço, sendo que, inevitavelmente, migraram para esse ambiente todo tipo de indivíduo", inclusive os criminosos do mundo virtual.

Junto com a expansão da internet surgiu um considerável crescimento de criminosos com *expertise* na linguagem da web, oportunizando o cometimento desses delitos que são conhecidos como crimes cibernéticos, na maioria das vezes praticados por especialistas da área, denominado, principalmente de *hackers*[16], que agiam principalmente nos sistemas de segurança de empresas e instituições bancárias e financeiras.

Desafiador para o Direito sobreviver em meio ao caos da turbulência inovadora, que empolga e gera novidades tecnológicas a todo o momento, instigando o consumo, prometendo conforto, inaugurando estratégias de mercado, mas, ao mesmo tempo, operando em espaços nem sempre regulados ou pouco regulados.

Crimes cibernéticos

O Direito Informático é defendido como ramo autônomo do Direito, "tendo como enfoque o Crime Cibernético e a evolução das normas penais no que tange esta modalidade delituosa, que está em franco crescimento"[17], cujos atos preparatórios ou executórios são realizados por meio do ambiente cibernético. Quanto a distinção temos: "os crimes

[15] MALAQUIAS, Roberto Antônio Darós. Crime cibernético e prova – A investigação criminal em busca da verdade. Curitiba: Juruá, 2013. p. 52.

[16] *Hackers*: Pessoa com grande conhecimento de informática, e segurança de redes, que invadem computadores sem a intenção de depredar ou roubar.

[17] SOBRAL, Carlos Eduardo Miguel; BEZERRA, Clayton da Silva. Introdução ao estudo do crime cibernético. *In*: BEZERRA, Clayton da Silva; AGNOLETTO, Giovani Celso. **Combate ao crime cibernético**. Rio de Janeiro: Mallet, 2020. p. 11.

cibernéticos próprios[18], impróprios[19] e mistos[20]," tais definições foram contempladas por Sousa.[21]

Um ponto a ser observado é de que muitos crimes cibernéticos acontecem com ações em vários países, inclusive os membros de uma quadrilha podem estar espalhados pelo mundo. Cumpre dizer que "a territorialidade desaparece em termos de rede, ou fica mais difícil de ser verificada, tornando-se também barreira de aplicação das leis", existindo um desequilíbrio entre o conhecimento dos criminosos e da polícia.[22]

Nesse sentido, em 2012 passou a vigorar a Lei n.º 12.737[23], que alterou o Código Penal (CP) trazendo a tipificação criminal das condutas que a própria lei denomina de delitos informáticos. "Com isso, condutas que até

[18] Crime próprio: diz-se do crime que tem como objetivo o ataque ao próprio sistema computacional. É exemplo da conduta, a invasão de computadores, a disseminação de vírus dentre outros (SOUSA, Stenio Santos. Contribuição crítica ao processo de investigação criminal da fraude bancária eletrônica: Ubi societas, ibi criminis? *In*: BEZERRA, Clayton da Silva; AGNOLETTO, Giovani Celso. **Combate ao crime cibernético**. Rio de Janeiro: Mallet, 2020. p. 52).

[19] Crimes impróprios, o autor esclarece que "encontram-se todos os que são praticados por meio ou com auxílio de tecnologia. Ainda que não houvesse o sistema computacional o delito continuaria evidenciado, posto que existente em formato tradicional. A tecnologia apenas facilita a conduta ilícito-típica, mas não é sua conditio *sine qua non*" (SOUSA, Stenio Santos. Contribuição crítica ao processo de investigação criminal da fraude bancária eletrônica: Ubi societas, ibi criminis? *In*: BEZERRA, Clayton da Silva; AGNOLETTO, Giovani Celso. **Combate ao crime cibernético**. Rio de Janeiro: Mallet, 2020. p. 52).

[20] Mistos: são aqueles em que não apenas se utiliza a tecnologia para comissão delitiva, mas onde esta se torna imprescindível ou ao menos torna o delito particularmente ofensivo ou lesivo. Crimes como os de pornografia infantil pela internet e as fraudes bancárias eletrônicas (SOUSA, Stenio Santos. Contribuição crítica ao processo de investigação criminal da fraude bancária eletrônica: Ubi societas, ibi criminis? *In*: BEZERRA, Clayton da Silva; AGNOLETTO, Giovani Celso. **Combate ao crime cibernético**. Rio de Janeiro: Mallet, 2020. p. 52).

[21] SOUSA, Stenio Santos. Contribuição crítica ao processo de investigação criminal da fraude bancária eletrônica: Ubi societas, ibi criminis? *In*: BEZERRA, Clayton da Silva; AGNOLETTO, Giovani Celso. **Combate ao crime cibernético**. Rio de Janeiro: Mallet, 2020. p. 52.

[22] BLATT, Erick Ferreira. Ferramentas de investigação nos crimes cibernéticos utilizado pela Polícia Federal. *In*: BEZERRA, Clayton da Silva; AGNOLETTO, Giovani Celso. **Combate ao crime cibernético**. Rio de Janeiro: Mallet, 2020. p. 20.

[23] BRASIL. **Lei n.º 12.737, de 30 de novembro de 2012.**

então eram consideradas atípicas ou ilícitos civis passaram a ser tipificadas criminalmente"[24].

Cabe esclarecer no que se refere aos ilícitos virtuais há um catálogo de nomenclaturas para descrever os sujeitos no ambiente virtual. "Neste cenário, apresentam-se várias formas de delito, quer seja, usando a internet como ferramenta ou sendo a própria finalidade do crime em si".[25]

A rede de computadores possui um vocabulário próprio, "usualmente com palavras bem definidas em inglês e os sujeitos que agem nesse meio, principalmente quanto aos crimes virtuais próprios, são denominados por nomes específicos, quais sejam *hackers, crakers, pheakers, cards e cyberterrorist*"[26].

Na concepção de Paesani[27], existe *hackers* éticos e não éticos: éticos "são aqueles que usam seu conhecimento para melhorar sistemas informáticos e corrigir falhas para evitar ataques danosos por meio da internet. Os segundos, também chamados de *crakers,* são aqueles cujas intenções são causar danos, invadindo servidores da internet".

Conforme os ensinamentos de Conte e Fiorillo[28], existem os denominados cards e *cyberterrorists*:

> Os Cards são aqueles criminosos virtuais que se apoderam de cartões de crédito, obtendo dados a partir de invasões a sistemas de compras, instalando programas de espionagem garantindo o acesso aos dados dos cartões dos usuários. Os *cyberterrorists,* por sua vez, atuam para danificar computadores e induzindo caimento de sistemas de grandes provedores, visando causado terror virtual.

[24] NOGUEIRA, Luiz Augusto Pessoa. Dos crimes cibernéticos (Lei 12.737/12). *In*: BEZERRA, Clayton da Silva; AGNOLETTO, Giovani Celso. **Combate ao crime cibernético**. Rio de Janeiro: Mallet, 2020. p. 25.

[25] BEZERRA, Clayton da Silva; AGNOLETTO, Giovani Celso. **Combate ao crime cibernético**. Rio de Janeiro: Mallet, 2020. p. 183.

[26] CONTE, Christiany Pegoroni; FIORILLO, Celso Antônio. **Crimes no meio ambiente digital e a sociedade da informação**. 2. ed. São Paulo: Saraiva, 2016. p. 192.

[27] PAESANI, Liliana Minardi. **Direito e internet**: liberdade de informação, privacidade e responsabilidade civil. 7. ed. São Paulo: Atlas, 2014. p. 22.

[28] CONTE, Christiany Pegoroni; FIORILLO, Celso Antônio. **Crimes no meio ambiente digital e a sociedade da informação**. 2. ed. São Paulo: Saraiva, 2016. p. 196.

Ademais, explana Sandro D'Amaro Nogueira[29], "o rol dos crimes cometidos por meio eletrônico é extenso", e muitos se utilizam da rede para praticar toda sorte de ilícitos, cita-se os crimes contra honra, violação de dados, divulgar informações privadas, fraudes com cartões de crédito, pornografia infantil, entre muitos outros.

Nesse contexto Conte e Fiorillo[30] sustentam que, "são diversos os crimes ocorridos por meio da internet, tais como furto de dados[31], apologismo ao racismo, homofobia, tráfico de drogas, crimes contra propriedade intelectual, lavagem de dinheiro, inserção de dados falsos em sistemas de informações[32], dentre outros".

Outro termo mencionado por Nogueira[33], diz respeito "a *deep web*[34], onde são vendidos pacotes completos de dados sigilosos de milhares de pessoas, ou ainda *malware*[35] com a função de capturar tais dados e que podem ser utilizados por pessoas sem qualquer conhecimento avançado de informática".

Convém mencionar, que doutrinariamente, não existe uma consonância sobre as conceituações e nomenclaturas utilizadas para os crimes

[29] NOGUEIRA, Sandro D'Amaro. **Crimes de informática**. Leme: BH, 2009. p. 36.

[30] CONTE, Christiany Pegoroni; FIORILLO, Celso Antônio. **Crimes no meio ambiente digital e a sociedade da informação.** 2. ed. São Paulo: Saraiva, 2016. p. 190.

[31] Dados são códigos que constituem a matéria prima da informação, ou seja, é a informação não tratada. (REISSWITZ, Flávia. **Análise de sistemas**. Tecnologia e sistemas de informação. Joinville: Clube de Autores, 2012. p. 34).

[32] Informações são dados tratados.As informações têm significado, podem ser tomadas decisões ou fazer afirmações considerando as informações. (REISSWITZ, Flávia. **Análise de sistemas**. Tecnologia e sistemas de informação. Joinville: Clube de Autores, 2012. p. 34).

[33] NOGUEIRA, Luiz Augusto Pessoa. Dos crimes cibernéticos (Lei 12.737/12). *In*: BEZERRA, Clayton da Silva; AGNOLETTO, Giovani Celso. **Combate ao crime cibernético**. Rio de Janeiro: Mallet, 2020. p. 37.

[34] Parte da Internet não indexada por motores de busca, geralmente acessível com a utilização de softwares de anonimização, como por exemplo o TOR (SOUSA, Stenio Santos. Contribuição crítica ao processo de investigação criminal da fraude bancária eletrônica: Ubi societas, ibi criminis? *In*: BEZERRA, Clayton da Silva; AGNOLETTO, Giovani Celso. **Combate ao crime cibernético**. Rio de Janeiro: Mallet, 2020. p. 54).

[35] Termos genérico para qualquer programa criado para atuar em um sistema computacional com finalidade maliciosa (SOUSA, Stenio Santos. Contribuição crítica ao processo de investigação criminal da fraude bancária eletrônica: Ubi societas, ibi criminis? *In*: BEZERRA, Clayton da Silva; AGNOLETTO, Giovani Celso. **Combate ao crime cibernético**. Rio de Janeiro: Mallet, 2020. p. 54).

cibernéticos, portanto podemos vislumbrar diferentes terminologias. "Em consequência disso, podemos caracterizá-lo como: "crimes digitais", "cibernéticos", "de computador" ou "de informática", "crimes de internet" ou "virtuais", entre outros"[36].

À vista desse universo de nomenclaturas, assevera Patrícia Santos da Silva[37]:

> [...] que não há uma nomenclatura sedimentada pelos doutrinadores acerca do conceito de crime cibernético. De uma forma ou de outra o que muda é só o nome atribuído a esses crimes, posto que devem ser observados o uso de dispositivos informáticos, a rede de transmissão de dados para delinquir, o bem jurídico lesado, e ainda deve a conduta ser típica, antijurídica e culpável.

Tendo em vista o que foi mencionado, Albuquerque (2006, p. 40) afirma que "a tentativa de conceituar os crimes cibernéticos apresentará sempre desvantagens, pois é difícil a criação de um conceito que abrangerá a definição necessária", portanto, não se pode descuidar de definir qual o tipo penal mais adequado à conduta ilícita-típica investigada.

Na visão de Augusto Rossini[38], delito informático é definido como sendo:

> [...] aquela conduta típica e ilícita, constitutiva de crime ou contravenção, dolosa ou culposa, comissiva ou omissiva, praticada por pessoa física ou jurídica, com o uso da informática, em ambiente de rede ou fora dele, e que ofenda, direta ou indiretamente, a segurança informática, que tem por elementos a integridade, a disponibilidade e a confidencialidade.

De maneira objetiva, são condutas ilícitas que se efetivam através da utilização de dispositivos informáticos que podem ou não estar conectados à rede, são delitos criminosos contra de banco de dados, equipamentos tecnológicos, entre outros.

[36] CRESPO, Marcelo Xavier de Freitas. **Crimes digitais**. São Paulo: Saraiva, 2011. p. 47.

[37] SILVA, Patrícia Santos da. **Direito e crime cibernético**: análise da competência em razão do lugar no julgamento de ações penais. Brasília: Vestnik, 2015. p. 39.

[38] ROSSINI, Augusto Eduardo de Souza. **Informática, telemática e direito penal**. São Paulo: Memória Jurídica, 2004. p. 110.

O sistema de informática é uma nova ferramenta para a prática dos crimes, como disciplina Ferreira[39]:

> O computador ou sistema de informática é um instrumento como tantos outros, armas de fogo, explosivos, utilizados por criminosos para facilitar o cometimento de um delito. Cabe ao Estado tutelar as novas modalidades e lesões aos diversos bens e interesses que surgiram com a crescente informatização das atividades individuais e coletivas desenvolvidas na sociedade. Essa informatização colocou novos instrumentos nas mãos dos criminosos e propiciou a formação de uma criminalidade específica da informática cujo alcance ainda não foi corretamente avaliado.

Está em constante ascensão à prática dos crimes virtuais, principalmente, ante a falsa sensação de impunidade, muitos entendem que a rede mundial de computadores é um ambiente desprovido de leis, normas e regulamentos. Certamente "a falta de legislação própria para os crimes cibernéticos também tem servido como estímulo ao uso do ambiente virtual pelos delinquentes"[40].

Nesse ponto cabe destacar que, a prática de crimes no ciberespaço traz para o âmbito da investigação criminal o desafio de explorar o mundo virtual em busca de vestígios do crime, o local do crime deixa de ser real e passa a virtual dando a evidência criminosa a característica volátil. "O criminoso agora é o mais rápido e com a capacidade transpor fronteiras de idiomas, culturais e geofísicas até mesmos de Países soberanos".[41]

Notas sobre os fundamentos constitucionais e os direitos fundamentais violados pelos crimes informáticos

A lei soberana do ordenamento jurídico brasileiro é a Constituição Federal (CF), passa também pela observância sinérgica de valores fundamentais balizados constitucionalmente, que protege os seres humanos contra

[39] FERREIRA, Ivette Senise. **A criminalidade informática**. Direito & internet – Aspetos jurídicos relevantes. São Paulo: EDIPRO, 2011. p. 208.

[40] BERGMANN, Pablo Barcellos. Aspectos penais do marco civil da internet. *In*: BEZERRA, Clayton da Silva; AGNOLETTO, Giovani Celso. **Combate ao crime cibernético**. Rio de Janeiro: Mallet, 2020. p. 47.

[41] BEZERRA, Clayton da Silva; AGNOLETTO, Giovani Celso. **Combate ao crime cibernético**. Rio de Janeiro: Mallet, 2020. p. 169.

abusos e violações. O texto constitucional, elencou princípios específicos, contudo, a revolução digital coloca em xeque vários princípios, dentre eles a soberania nacional.

Dentre os direitos fundamentais a CF prevê, em seu Art. 5º, inciso X "a inviolabilidade da intimidade e da vida privada, a honra e a imagem das pessoas, assegurado o direito a indenização pelo dano material ou moral decorrente de sua violação".[42]

No ordenamento infraconstitucional, o Código Civil (CC), o Código de Defesa do Consumidor (CDC) e o MCI disciplinam de forma mais específica essa proteção, e mais recentemente a Lei Geral de Proteção de Dados Pessoais (LGPD)[43].

O modo de usar toda essa tecnologia existente, na compreensão de Messias, Nunes e Costa[44], são "decorrentes dos avanços tecnológicos que proporcionaram a utilização do meio informático para o crescimento de crimes em virtude das facilidades que esse meio proporciona aos criminosos", capazes de invadir os dispositivos informáticos alheios, como a obstrução de serviços telemáticos, falsificação de cartões, espionagem, repasse de informações confidenciais, entre outras condutas que violam expressamente os direitos fundamentais previstos na CF.

Pode-se dizer que "o acesso livre a internet para todos os cidadãos torna-se um dos direitos humanos mais importantes do mosaico de direito comunicativos da pós-modernidade [...] os direitos comunicativos nem sempre são fáceis de identificar a priori"[45]. Pode-se dizer, porém, "que todos os direitos permitem alguma forma de expressão comunicativa integram o núcleo contemporâneo dos direitos comunicativos".[46]

[42] BRASIL. **Constituição da República Federativa do Brasil de 1988.**

[43] MAGRANI, Eduardo. **A internet das coisas**. Rio de Janeiro, FGV, 2018.

[44] MESSIAS, Ewerton Ricardo; NUNES, Geilson; COSTA, Larissa, Cristina Leal. Direito e tecnologia: uma perspectiva dos crimes cibernéticos na sociedade de risco. *In*: OLIVEIRA, Bruno Bastos de *et al.* (orgs). **Direito digital e desenvolvimento**: contribuições à sociedade informacional. Uberlândia: LAECC, 2021. p. 44.

[45] MAZZUOLI, Valerio de Oliveira. **Curso de direitos humanos**. 7. ed. Rio de Janeiro: Forense; São Paulo: Método, 2020. p. 366.

[46] MAZZUOLI, Valerio de Oliveira. **Curso de direitos humanos**. 7. ed. Rio de Janeiro: Forense; São Paulo: Método, 2020. p. 371.

De acordo com Nucci[47], "os direitos fundamentais são os mais absolutos, intocáveis e invioláveis direitos do homem, voltados para o bem comum mediante a vivência harmônica, solidária, regrada e disciplinada de uma sociedade democrática e pluralista".

A dignidade da pessoa humana é o escopo principal de proteção dos direitos fundamentais, tanto é que a Carta Magna brasileira estampa como um dos fundamentos da República Federativa do Brasil, *ex vi* Art. 1º, inciso III, da Constituição da República Federativa do Brasil de 1988 (CF/88)[48]. Portanto, é ponto de influxo para os demais direitos fundamentais assegurados ao ser humano e decorrem da concepção de dignidade da pessoa humana.

Sob esse fundamento, Nelson Nery Júnior e Rosa Maria de Andrade Nery[49] *in litteris*:

> A dignidade da pessoa humana é princípio central do sistema jurídico, sendo significativo vetor interpretativo, verdadeiro valor-fonte que conforma e inspira todo o ordenamento constitucional vigente em nosso país e que traduz, de modo expressivo, um dos fundamentos em que se assenta, entre nós, a ordem republicana e democrática consagrada pelo sistema de direito constitucional positivo.

As notas assim efetuadas revelam, desde logo, que "o princípio da dignidade da pessoa humana nos primórdios de sua centralidade no ordenamento jurídico promove a interpretação, relativização e promoção dos demais princípios conjecturados, propiciando aplicação processual justa, adequada"[50]. O entendimento reportado pelos doutrinadores é de que a dignidade da pessoa humana é o farol que se irradia para todo sistema jurídico brasileiro.

[47] NUCCI, Guilherme de Souza. **Princípios constitucionais penais e processuais penais.** São Paulo: Revista dos Tribunais, 2015. p. 74.

[48] BRASIL. **Constituição da República Federativa do Brasil de 1988.**

[49] NERY JÚNIOR, Nelson; NERY, Rosa Maria de Andrade. 2006. p. 118.

[50] MOLLICA, Rogério; PEREIRA, Émerson Santiago. A relativização da penhorabilidade salarial e o instituto da desconsideração da personalidade jurídica nas demandas trabalhistas em atendimento ao princípio da dignidade da pessoa humana com aplicabilidade recíproca. **Revista Direitos Fundamentais & Democracia**, v. 28, n. 1, p. 176-196, jan./abr. 2023. p. 177.

Interessante trazer à baila o direito à intimidade, e de pronto esclarecendo que o termo intimidade, por sua vez, deriva do latim *intimus* e tem sentido de interior, íntimo, oculto, do que está nas entranhas. A intimidade para José Afonso Silva[51] é:

> [...] algo a mais do que a privacidade. Ela caracteriza-se por aquele espaço, considerado pela pessoa como impenetrável, intransponível, indevassável e que, portanto, diz respeito única e exclusivamente à pessoa. Pode-se citar como exemplo as recordações pessoais, memórias e diários dentre outras coisas. Este espaço seria de tamanha importância que a pessoa não desejaria partilhar com ninguém. São os segredos, as particularidades, as expectativas, enfim, seria o que vamos chamar de "lugar sagrado" que cada pessoa possui.

Por esse prisma, o direito à intimidade é irrenunciável, intransmissível, indisponível, imprescritível e impenhorável, não sujeito a desapropriação devido a sua condição de direito fundamental.

No que se refere a privacidade, é consignado pela melhor doutrina que o direito à vida privada e a proteção da privacidade[52] é frequentemente vista como uma forma de traçar linhas de quanto à sociedade pode invadir os assuntos pessoais. Vivemos no mundo dos mecanismos de busca na

[51] SILVA, José Afonso. **Curso de direito constitucional positivo**. São Paulo: Malheiros, 2009. p. 204.

[52] O direito à privacidade é considerado como "tipificação dos direitos da personalidade, que são inerentes ao próprio homem e têm por objetivo resguardar a dignidade da pessoa humana. Surgem como uma reação à teoria estatal sobre o indivíduo e encontram guarida em documentos como a Declaração dos Direitos do Homem e do Cidadão, de 1789, a Declaração Universal dos Direitos do Homem, de 1948 (Art. 12), a 9ª Conferência Internacional Americana de 1948 (Art. 5º), a Convenção Europeia dos Direitos do Homem de 1950 (Art. 8º), a Convenção Pan-americana dos Direitos do Homem de 1959, a Conferência Nórdica sobre o Direito à Intimidade, de 1967, além de outros documentos internacionais. Vale ressaltar que a matéria é objeto tanto da Constituição Federal de 1988 quanto do Código Civil brasileiro de 2002 (Arts. 11 ao 21), o que provocou o seu tratamento mais aprofundado e amplo pela doutrina nacional". (FLORENÇO, Larissa Britto. A proteção de dados pessoais nas relações de consumo como um direito fundamental: perspectivas de um marco regulatório para o Brasil. **Revista da ESMESC**, v. 23, n. 29, p. 165-182. 2016. Disponível em: http://www.mpsp.mp.br/portal/page/portal/documentacao_e_divulgacao/doc_biblioteca/bibli_servicos_produtos/bibli_informativo/bibli_inf_2006/Rev-ESMESC_29.08.pdf. Acesso em: 10 abr. 2023;

internet, onde informações sobre qualquer coisa e *qualquer um* podem ser obtidas em menos de um segundo.

Bem assim, a CF concretiza essa providência, e declarou o direito fundamental à privacidade no inciso X do seu Art. 5º ao considerar como invioláveis a intimidade, a vida privada, a honra e a imagem de pessoas.

Portanto, a vida privada do indivíduo não pode ser arbitrariamente exposta, visto que são aspectos da vida particular do ser humano. A CF assegura o direito à privacidade como um direito fundamental de personalidade. O indivíduo que tem sua privacidade violada pode recorrer ao judiciário, o qual poderá impedir que a infração ocorra ou mesmo fazer cessar o ato contrário a norma.

Diante dessa questão da garantia ao direito à privacidade, uma indagação que não quer calar é se "as pessoas estariam dispostas a renunciar à proteção de seus dados em contrapartida aos benefícios evidentes que tal tecnologia gera em suas vidas, justificando esta troca com base numa conveniência pessoal e evidente"[53]. A intimidade, espécie de privacidade, mantém forte ligação com os direitos declarados nos incisos XI e XII do Art. 5º da CF, quais sejam, a inviolabilidade de domicílio e o sigilo de correspondências e da comunicação de dados.

Quanto ao direito à honra, refere-se ao conjunto de atributos que caracterizam a dignidade da pessoa, é um direito de se resguardar as qualidades inerentes ao indivíduo.

Como bem ensina Canotilho *et al.*[54] "conceitua-se direito à honra aquele que tem toda pessoa a ser respeitada perante si mesma e perante os outros".

Do acima exposto, não restam dúvidas de que, se refere à reputação do indivíduo diante do meio social, quando divulgadas fotos de foro íntimo, sem autorização, violamos sua honra objetiva, denegrindo sua reputação no meio em que convive.

Ao discorrer sobre o direito à imagem, infere este dispositivo sobre a proteção da imagem contra eventuais delitos, impede a captação e difusão da imagem sem consentimento, o direito a imagem é intrínseco a cada indivíduo.

[53] MAGRANI, Eduardo. **A internet das coisas**. Rio de Janeiro, FGV, 2018. p. 16.

[54] CANOTILHO, J. J. Gomes; MENDES, Gilmar Ferreira; SARLET, Igor Wolgang; STRECK, Lenio Luiz (coords.). **Comentários à Constituição do Brasil**. São Paulo: Saraiva, 2013. p. 284.

O entendimento reportado por Canotilho *et al.*[55] quanto ao direito à imagem traz a seguinte definição:

> A imagem de uma pessoa se compõe de seu traço físico, de suas feições, de sua aparência *in natura* ou representada gráfica, plástica ou fotograficamente. Nesse sentido, poder-se-ia falar em um direito a uma certa aparência e representação; ou um controle do signo físico distintivo, em todas as suas etapas, inclusive de sua captação e reprodução. Sob esse ângulo, seria mera faculdade do direito à identidade pessoal.

Feitas essas considerações é relevante que seja reconhecida a inviolabilidade da imagem da pessoa, posto que tal direito é personalíssimo, dito de outra forma, somente pode ser exercido, comercializado ou protegido pelo seu titular. Este direito está previsto no Art. 5º, incisos V e X da CF/88[56].

Com a exposição de uma imagem de foro íntimo e particular, as vítimas podem sofrer enormes prejuízos em decorrência das ações criminosas. Dessa forma, é essencial o respeito da inviolabilidade a privacidade das pessoas, pois são interesses particulares e pessoais de cada indivíduo.

Tecendo comentários sobre o direito à informação, tal providência encontra-se insculpida na CF/88, em seu Art. 5º, XIV, que "é assegurado a todos o acesso à informação e resguardado o sigilo da fonte, quando necessário ao exercício profissional".[57]

Nesse ínterim, o direito à informação, não poderá sofrer restrições, desde que respeitem os limites dos direitos da personalidade. Marcelo Alexandrino e Vicente Paulo[58] pontuam que a aludida liberdade "deve compreendida em harmonia com os demais direitos fundamentais, em especial a inviolabilidade da honra, da vida privada, a imagem e o sigilo das comunicações, sob pena de se incidir na responsabilização civil (material e moral) e penal".

[55] CANOTILHO, J. J. Gomes; MENDES, Gilmar Ferreira; SARLET, Igor Wolgang; STRECK, Lenio Luiz (coords.). **Comentários à Constituição do Brasil**. São Paulo: Saraiva, 2013. p. 283.

[56] BRASIL. **Constituição da República Federativa do Brasil de 1988**.

[57] BRASIL. **Constituição da República Federativa do Brasil de 1988**.

[58] PAULO, Vicente; ALEXANDRINO, Marcelo. **Direito constitucional**: descomplicado. 12. ed. Rio de Janeiro: Gen, 2014. p. 134.

Ponto em comum dessas disposições legais, de extrema relevância, infere-se que o direito de acesso à informação não é absoluto, assim como ocorre com todos os demais direitos. Vertido, tão somente, as informações de interesse público ou geral.

É mister esclarecer, nessa linha de pensamento que a liberdade de expressão, a esse respeito, podemos compreender que todos são livres para manifestar seus pensamentos e opiniões sobre tudo que se passa no mundo e em sua realidade. A Carta Magna em seu Art. 5º, inciso IV preconiza que "é livre a manifestação do pensamento, sendo vedado o anonimato"[59].

Pois bem, a todos é garantida a liberdade de pensamento, contudo o anonimato é vedado, como uma forma de controle para que nenhum indivíduo ultrapasse os limites do bom senso e dos próprios princípios constitucionais. Logo, é um direito previsto constitucionalmente, o qual protege a liberdade de expressão, contudo devem existir limites.

Algumas considerações sobre arcabouço legislativo pátrio

A tecnologia cresceu na sociedade de modo vertiginoso e o ordenamento jurídico existente não era mais suficiente para coibir e punir a prática dos ilícitos realizados no mundo virtual. Durante muito tempo houve grande impunidade por falta de legislação específica e, nem todos os crimes se enquadravam na legislação vigente. Portanto, somente era possível a punição dos crimes que se adequassem ao tipo penal.

Certamente não haverá grande profundidade na análise de cada lei de forma pontual, merecedoras de capítulo apartado, mas sim uma exposição, ainda que concisa, dos principais marcos regulatórios nacionais. Relevante destacar foram sancionadas algumas leis específicas, como é o caso das leis tratadas a seguir.

1. Breves considerações sobre a lei n.º 12.965/2014 – marco civil da internet

O Marco Civil dá início a uma nova era do Direito Digital, estabeleceu princípios, garantias, direitos e deveres para o uso da internet no Brasil, bem como as diretrizes necessárias para atuação do Estado, atendendo à "obrigação do Estado em disciplinar o direito comunicativo na era digital,

[59] BRASIL. **Constituição da República Federativa do Brasil de 1988.**

em especial na rede de computadores, sem o que haveria violação de direito humanos, por omissão por parte do poder público"[60].

A ausência de regulamentação quanto o uso da internet gerava muita insegurança jurídica, socorria-se até então da legislação vigente, para buscar frear e reduzir o contraponto da criminalidade e encobrir as lacunas legislativas. Por essa perspectiva, "paradigmas sociais em mudança exigem um aprimoramento da legislação penal [...] o que se justifica pela grande adesão da sociedade ao mundo digital"[61].

Em apertada síntese, a Lei em análise n.º 12.965[62] se divide em cinco capítulos: disposições preliminares, dos direitos e garantias dos usuários, da provisão de conexão e de aplicações de internet, da atuação do poder público e disposições finais. Esse dispositivo regulador consiste em uma codificação de fundamentos, princípios, objetivos, deveres e direitos dos usuários e provedores da rede de computadores no Brasil; bem como dispõe sobre as normas de caráter processual para a proteção de tais direitos e cumprimento dos deveres.

2. Lei n.º 12.737/2012 – Lei Carolina Dieckmann

O referido dispositivo conhecido como Lei Carolina Dieckmann, em virtude de a lei ter sido aprovada pouco depois de atriz de mesmo nome ter sito vítima de invasão de seu computador por terceiros não autorizados, sancionada com o objetivo de diminuir as lacunas existentes, evitando assim a impunidade dos delitos, capilariza-se com diferentes ramos do direito fazendo conexão com a informática.

A Lei n.º 12.737[63] trouxe ao ordenamento jurídico a tipificação criminal de delitos informáticos, alterando o CP brasileiro ao acrescentar os Arts. 154-A e 154-B, criando o tipo penal invasão de dispositivo informático. Extraem-se do disposto em comento que foram estatuídas as modificações nos Arts. 266 e 298, ambos do CP, para tipificar a "interrupção

[60] MAZZUOLI, Valerio de Oliveira. **Curso de direitos humanos**. 7. ed. Rio de Janeiro: Forense; São Paulo: Método, 2020. p. 372.

[61] SOBRAL, Carlos Eduardo Miguel; BEZERRA, Clayton da Silva. Introdução ao estudo do crime cibernético. *In*: BEZERRA, Clayton da Silva; AGNOLETTO, Giovani Celso. **Combate ao crime cibernético**. Rio de Janeiro: Mallet, 2020. p. 25.

[62] BRASIL. **Lei n.º 12.965, de 23 de abril de 2014.**

[63] BRASIL. **Lei n.º 12.737, de 30 de novembro de 2012.**

ou perturbação de serviço informático, telemático ou de informação de utilidade pública"[64] e a falsificação de cartões de débito e crédito, respectivamente.

Imprescindível citar a inovação jurídica trazida pela Lei n.º 12.737, a qual promoveu alteração no CP brasileiro, inserindo o delito denominando de "crimes informáticos". Segundo Auriney Brito[65], o diploma legal configurou um marco na história da legislação brasileira, visto o considerável avanço na criminalidade virtual.

Certamente, muitas são as lacunas existentes na Lei Carolina Dieckmann, ocorre que no momento de sua criação o legislador pressupunha estar "solucionando" todos os problemas quanto a matéria, entretanto isso não ocorreu e surgindo posteriormente brechas na lei.

Atentos às novas exigências da Sociedade da Informação, visando a adequada contextualização dos crimes cibernéticos e a insuficiência de regulamentação no cenário brasileiro, o que acaba por transferir ao poder judiciário a sua regulamentação através das decisões, dito de outra forma, o judiciário acaba legislando sobre os casos concretos.

3. Considerações sobre a lei geral de proteção de dados pessoais

Ainda na linha de normatização de regras, direitos e obrigações no tratamento de informações e dados sensíveis, foi publicada a Lei n.º 13.709[66], conhecida como Lei Geral de Proteção de Dados Pessoais (LGPD), descrevendo em seu Art. 1º, a quem é dirigida e o objetivo de proteção aos direitos fundamentais de liberdade, privacidade e livre desenvolvimento da personalidade.[67]

A publicação da aludida lei foi influenciada pela edição do Regulamento Geral sobre a Proteção de Dados (RGPD), do inglês *General Data Protection Regulation* (GDPR) da UE, publicado em 27 de abril de 2016, mas que somente passou a ser aplicável a partir de 25 de maio de 2018. O GDPR revogou a Diretiva 95/46/CE e estabeleceu regras de proteção das pessoas

[64] BRASIL. **Lei n.º 12.737, de 30 de novembro de 2012.**

[65] BRITO, Auriney. **Direito penal informático.** São Paulo: Saraiva, 2013.

[66] BRASIL. **Lei n.º 13.709, de 14 de agosto de 2018.**

[67] Art. 1º. Esta Lei dispõe sobre o tratamento de dados pessoais, inclusive nos meios digitais, por pessoa natural ou por pessoa jurídica de direito público ou privado, com o objetivo de proteger os direitos fundamentais de liberdade e de privacidade e o livre desenvolvimento da personalidade da pessoa natural. (BRASIL, 2018, *on-line*).

singulares no que diz respeito ao tratamento de dados pessoais e à livre circulação desses dados.[68]

Em seu Art. 2º a LGPD brasileira consigna que o tratamento e proteção de dados pessoais deve ter por fundamento o respeito aos direitos fundamentais da privacidade[69], da autodeterminação informativa[70], da inviolabilidade da intimidade, da honra e da imagem; aos direitos humanos, ao livre desenvolvimento da personalidade, à dignidade e ao exercício da cidadania pelas pessoas naturais, dentre outros.

Quanto ao alcance das disposições da LGPD, o Art. 3º é enfático no sentido de sua aplicação a qualquer operação de tratamento realizada por pessoa natural ou por pessoa jurídica de direito público ou privado, independentemente do meio[71], do país de sua sede ou do país onde estejam localizados os dados.

[68] NOGUEIRA, Fernanda Araújo Couto e Melo; FONSECA, Maurício Leopoldino da. O consentimento na lei geral de proteção de dados: autonomia privada e o consentimento livre, informado, específico e expresso. *In*: GROSSI, Bernardo Menicucci (org.). **Lei geral de proteção de dados**: Uma análise preliminar da Lei 13.709/2018 e da experiência de sua implantação no contexto empresarial. Porto Alegre: Fi, 2020. p. 20.

[69] Nogueira e Fonseca enfatizam que: "Os debates doutrinários a respeito do direito à privacidade tiveram início em 1890, quando Samuel Warren e Louis Brandeis publicaram o emblemático artigo nomeado "*The right to privacy*", na *Harvard Law Review*. Segundo Warren e Brandeis, seria preciso que a lei assegurasse às pessoas o direito de serem deixadas em paz ("*the right to be left alone*"), sendo que a sua infração configuraria uma violação ao direito da personalidade." (NOGUEIRA, Fernanda Araújo Couto e Melo; FONSECA, Maurício Leopoldino da. O consentimento na lei geral de proteção de dados: autonomia privada e o consentimento livre, informado, específico e expresso. *In*: GROSSI, Bernardo Menicucci (org.). **Lei geral de proteção de dados**: Uma análise preliminar da Lei 13.709/2018 e da experiência de sua implantação no contexto empresarial. Porto Alegre: Fi, 2020. p. 19).

[70] "o direito fundamental à autodeterminação informacional foi inicialmente reconhecido pelo Tribunal Constitucional Alemão no julgamento do caso da Lei do Censo Alemã, de 1982, e pressupõe que, mesmo sob as condições da moderna tecnologia de processamento de informações, o indivíduo exerça sua liberdade de decisão junto às ações praticadas em relação aos seus dados." (MARTINS, Leonardo (org). **Cinquenta anos de jurisprudência do Tribunal Constitucional Federal alemão**. Tradução de Beatriz Henning, Leonardo Martins, Mariana Bigelli de Carvalho, Tereza Maria de Castro e Vivianne Geraldes Ferreira. Monevidéu: Fundação Konrad Adenauer, 2005. p. 233-234).

[71] Acerca da amplitude do objeto da LGPD sustenta Rony Vainzof: "O caput do art. 3º da LGPD dispõe sobre a sua aplicação material, deixando claro que não se importa com o tipo de tecnologia empregada para a realização do tratamento, se por meio digital ou analógico,

Rony Vainzof[72] entende ser positivo a LGPD ter se baseado no GDPR da UE, passando o Brasil a ser reconhecido em um contexto mundial como detentor de uma legislação robusta e especializada, equivalente à adotada pela UE, possibilitando segurança jurídica à empresas internacionais que buscam investir no País, além da possibilidade de análise, pela Comissão Europeia, do livre fluxo de dados com o Brasil, com base em uma decisão de adequação, expressamente prevista no Art. 45 do GDPR.[73]

Entretanto, apresenta crítica à imprecisão das hipóteses de incidência da LGPD, por entender que o inciso I do Art. 3º, é amplo e genérico ao utilizar o termo "operação de tratamento", o que resulta também no "dever de cumprimento da Lei aos agentes estrangeiros, mesmo sem sede no Brasil e que de qualquer forma 'operem' dados pessoais no Brasil, o que inclui, por exemplo, a mera coleta, produção ou recepção de dados pessoais"[74].

Mencionando Rony Vainzof[75] que o GDPR da UE conta com maior precisão jurídica no tocante à incidência da mesma, ao estabelecer em seu Art. 3º, que se aplica:

> [...] (i) no contexto de atividades de um estabelecimento do agente do tratamento situado no território da EU, independentemente do tratamento ser realizado dentro ou fora da EU; (ii) quando o agente de tratamento não está situado dentro da EU, mas as atividades de tratamento estejam relacionadas com a oferta de bens ou serviços a esses titulares, ou ao controle do comportamento desses titulares, desde que esse comportamento tenha lugar na EU.

com o uso de inteligência artificial, de forma automatizada ou manualmente. (VAINZOF, Rony. **LGPD**: lei geral de proteção de dados comentada. 2. ed. São Paulo: Thomson Reuters Brasil, 2019. p. 35).

[72] VAINZOF, Rony. **LGPD**: lei geral de proteção de dados comentada. 2. ed. São Paulo: Thomson Reuters Brasil, 2019.

[73] Mencionando que Argentina e Uruguai, na América Latina, já estão chancelados para transferência e recebimento de dados pessoais com a UE (VAINZOF, Rony. **LGPD**: lei geral de proteção de dados comentada. 2. ed. São Paulo: Thomson Reuters Brasil, 2019. p. 36).

[74] VAINZOF, Rony. **LGPD**: lei geral de proteção de dados comentada. 2. ed. São Paulo: Thomson Reuters Brasil, 2019. p. 36.

[75] VAINZOF, Rony. **LGPD**: lei geral de proteção de dados comentada. 2. ed. São Paulo: Thomson Reuters Brasil, 2019. p. 37.

E que o GDPR utiliza de um critério mais especializado para definição de sua incidência, consistente no critério de um estabelecimento na UE, identificando possíveis elos entre a atividades para a qual os dados estão sendo processados e as atividades existentes em qualquer estabelecimento da organização na UE. Feita tal avaliação e constatada a mencionada ligação, a natureza da atividade a que se destinará o tratamento dos dados será decisiva para determinar se o GDPR se aplica ao processamento em questão.

Ponto de destacada importância é a imprescindibilidade de consentimento pelo titular dos dados que serão objeto de tratamento, conforme disposto nos Arts. 5º, XII e 7º da LGPD, que estabelecem que deve ser livre, informado e inequívoco (expresso) pelo qual o titular concorda com o tratamento de seus dados pessoais para uma finalidade determinada[76], inclusive, quando tratarem de dados sensíveis, o consentimento necessitar ser específico e destacado.[77]

Ainda em relação aos direitos do titular dos dados pessoais, a LGPD assegura os direitos fundamentais de liberdade, intimidade e privacidade, possibilitando aos mesmos obterem junto ao controlador, dentre outros, a confirmação da existência de tratamento, o acesso e correção de dados incompletos, inexatos ou desatualizados.

Além da anonimização, bloqueio ou eliminação de dados desnecessários, excessivos ou tratados em desconformidade com a LGPD, informação das entidades públicas e privadas com as quais o controlador realizou uso compartilhado de dados, informação sobre a possibilidade de não fornecer

[76] Nesse sentido afirmam Nogueira e Fonseca: "A rigor, ao requerer o consentimento do titular para realizar o tratamento de dados pessoais, o agente tem o dever de verificar se irá cumprir com todos os requisitos para obter um consentimento válido, pois cabe ao controlador o ônus da prova de que o consentimento foi obtido em conformidade com o disposto no art. 7º da LGPD (livre, informado, inequívoco e para finalidade determinada (NOGUEIRA, Fernanda Araújo Couto e Melo; FONSECA, Maurício Leopoldino da. O consentimento na lei geral de proteção de dados: autonomia privada e o consentimento livre, informado, específico e expresso. *In*: GROSSI, Bernardo Menicucci (org.). **Lei geral de proteção de dados**: Uma análise preliminar da Lei 13.709/2018 e da experiência de sua implantação no contexto empresarial. Porto Alegre: Fi, 2020. p. 24).

[77] No caso de tratamento de dados pessoais de crianças e adolescentes, o consentimento deverá ser expresso, específico e destacado pelos pais ou representantes legais.

consentimento e sobre as consequências da negativa e a possibilidade de revogação do consentimento.

Quanto à possibilidade de transferência internacional de dados pessoais, a LGPD (em semelhante redação à do GDPR da UE) a prevê no Art. 5º, XVI e a regulamenta, condicionando-a à observância do disposto no Art. 33, que estabelece as circunstâncias autorizadoras do compartilhamento de dados entre países ou organismos internacionais, exigindo que seja garantido adequado grau de proteção de tais dados, mediante a comprovação de cumprimento dos princípios, dos direitos do titular e do regime de proteção de dados previstos na LGPD, dentre outras.

Dentre as hipóteses legais de transferência e compartilhamento internacional de dados pessoais, destaca-se a disposta no inciso III, do Art. 33 da LGPD[78], que tem lugar "quando a transferência for necessária para a cooperação jurídica internacional entre órgãos públicos de inteligência, de investigação e de persecução, de acordo com os instrumentos de direito internacional."

Acerca da possibilidade de transferência internacional de dados para fins de cooperação em investigação ou persecução penal, Luís Fernando Prado Chaves[79], consigna que a LGPD não se aplica a atividades que tenham por finalidade única a segurança pública e investigações e repressão a infrações penais:

> Referido inciso garante que serviços de inteligência internacional, investigações e atividades de cooperação jurídica internacionais não serão inviabilizados pelas regras de restrição de transferência de dados. Some-se a essa disposição o entendimento de que a LGPD, em si, não se aplica às atividades que tenham como fim exclusivo: (i) segurança pública; (ii) defesa nacional; (iii) segurança do Estado; ou (iv) atividades de investigação e repressão de infrações penais, conforme redação do artigo 4º, III.

O referido autor concorda com a ressalva feita pelo legislador à utilização da LGPD exclusivamente para subsidiar investigação ou instrução

[78] BRASIL. **Lei n.º 13.709, de 14 de agosto de 2018.**

[79] CHAVES, Luis Fernando Prado. Da transferência internacional de dados. *In*: MALDONADO, Viviane Nóbrega; BLUM, Renato Opice (coords.). **LGPD**: lei geral de proteção de dados comentada. 2. ed. São Paulo: Thomson Reuters Brasil, 2019. p. 234.

criminal, afirmando que o GDPR da UE também possui vedação semelhante em seu Art. 2º, *d*, entendendo justificada tal limitação pelo fato de existirem normativas específicas regulando o emprego de meios de obtenção e tratamento de dados pessoais para fins investigativos ou processuais.[80] Assim, há necessidade de "um amadurecimento ainda mais profundo e gradual na eventual necessidade de alteração das legislações já em vigência que autorizam e limitam o tratamento de dados pessoais, sopesando segurança e privacidade, que devem sempre caminhar de mãos dadas"[81].

Portanto, o que se veda tanto na LGPD quanto no GDPR[82] é a coleta, tratamento e manutenção de dados pessoais com a exclusiva finalidade de obtenção de elementos probatórios para investigação ou processo criminal, devendo o agente ou autoridade interessada lançar mão das medidas legais específicas reguladas em normas penais e processuais penais.

Por derradeiro, o que se conclui é que o direito tem a função de acompanhar e organizar a sociedade, mantendo sua funcionalidade consoante, entretanto, a sociedade vem evoluindo constantemente, assim como o campo cibernético.

Produção de provas e o marco regulatório da união europeia

O aumento populacional verificado especialmente no século XX e o desenvolvimento de tecnologias voltadas ao convívio social, possibilitando uma

[80] CHAVES, Luis Fernando Prado. Da transferência internacional de dados. *In*: MALDONADO, Viviane Nóbrega; BLUM, Renato Opice (coords.). **LGPD**: lei geral de proteção de dados comentada. 2. ed. São Paulo: Thomson Reuters Brasil, 2019.

[81] CHAVES, Luis Fernando Prado. Da transferência internacional de dados. *In*: MALDONADO, Viviane Nóbrega; BLUM, Renato Opice (coords.). **LGPD**: lei geral de proteção de dados comentada. 2. ed. São Paulo: Thomson Reuters Brasil, 2019. p. 51.

[82] No mesmo sentido é a Diretiva (UE) 2022/2555 do Parlamento Europeu e do Conselho, de 14 de dezembro de 2022 (art. 2º, 7), relativa a medidas destinadas a garantir um elevado nível comum de cibersegurança na União e que cria a Rede Europeia de Organizações de Coordenação de Cibercrises (UE-CyCLONe). (UNIÃO EUROPEIA (UE). Jornal Oficial da União Europeia. Diretivas. **Diretiva (UE) 2022/2555 do Parlamento Europeu e do Conselho de 14 de dezembro de 2022**. Relativa a medidas destinadas a garantir um elevado nível comum de cibersegurança na União que altera o Regulamento (UE) n.o 910/2014 e a Diretiva (UE) 2018/1972 e revoga a Diretiva (UE) 2016/1148 (Diretiva SRI 2). Disponível em: https://eur-lex.europa.eu/legal-content/PT/TXT/PDF/?uri=CELEX:32022L2555&qid=1683468680623. Acesso em: 7 maio 2023).

maior interação, acesso à informação, serviços e bens de consumo, também acarretou no aumento considerável dos índices de criminalidade. Com a evolução e modernização da vida em sociedade, passaram a apresentar novas nuances no tocante aos bens jurídicos tutelados e o *modus operandi* dos infratores.

Desse modo, o Estado tem sido desafiado, cada vez mais, a dar uma resposta eficaz na prevenção e repressão à crescente e organizada criminalidade, enquanto dever estatal de assegurar direitos fundamentais da coletividade, em sua dimensão objetiva.[83]

Sarlet[84] arremata no sentido de que, a dimensão objetiva dos direitos fundamentais "não só legitima restrições a direitos subjetivos individuais com base no interesse comunitário prevalente, mas de certa forma, contribui para a delimitação de conteúdo e alcance dos direitos fundamentais, preservando-se o núcleo essencial dos mesmos."

Trois Neto[85] afirma que a expansão dos direitos fundamentais para além do abstencionismo estatal exige do Estado uma atuação ativa, enquanto detentor do monopólio da força, tendo a missão não apenas de respeitar os direitos fundamentais na perspectiva negativa, mas também de protegê-los (perspectiva positiva) contra ataques e ameaças de terceiros.

E a tutela penal dos direitos fundamentais na dimensão dos deveres de proteção, impõe ao Estado o dever de salvaguardar tanto os direitos da vítima imediata e direta do crime, quanto da comunidade, enquanto vítima mediata da conduta criminosa.

O que resultou na busca pelo chamado eficientismo penal, tanto na seara penal quanto processual penal, dada a relação de mútua

[83] Sarlet sustenta que os direitos fundamentais (ainda que em sua dimensão subjetiva de proibições de intervenção), "devem ter sua eficácia valorada não apenas sob um ângulo individualista, mas também sob a perspectiva da sociedade, da comunidade em seu todo, já que cuida de valores e fins que esta deve respeitar e concretizar." (SARLET, Ingo Wolfgang. **A eficácia dos direitos fundamentais**: uma teoria geral dos direitos fundamentais na perspectiva constitucional. 10. ed., rev., atual., e ampl. Porto Alegre: Livraria do Advogado, 2011. p. 145).

[84] SARLET, Ingo Wolfgang. **A eficácia dos direitos fundamentais**: uma teoria geral dos direitos fundamentais na perspectiva constitucional. 10. ed., rev., atual., e ampl. Porto Alegre: Livraria do Advogado, 2011. p. 145.

[85] TROIS NETO, Paulo Mário Canabarro. **Direito a não autoincriminação e direito ao silêncio**. Porto Alegre: Livraria do Advogado, 2011. p. 42.

complementariedade entre ambos, exigindo do Estado uma persecução criminal eficiente à tutela penal dos direitos fundamentais comunitários, afirmando Luís Afonso Heck[86]:

> O Estado de Direito somente pode ser realizado se está assegurado que os delinquentes, nos limites das leis vigentes, serão sentenciados e que uma pena justa lhes será atribuída. O princípio do Estado de Direito, a obrigação do Estado de proteger a segurança de seus cidadãos, a sua confiança na aptidão funcional das instituições estatais e o tratamento isonômico de todos os inculpados no procedimento criminal exigem, essencialmente, a efetivação do direito de punibilidade estatal. A obrigação constitucional do Estado de garantir uma jurisdição funcionalmente apta abrange, em conformidade com isso, regularmente também a obrigação de assegurar a instauração e a execução do processo penal.

A busca por uma persecução penal eficiente e pela eficaz prevenção e repressão a crimes, tem desafiado o Estado a incrementar novas técnicas e ferramentas investigativas, adequadas às características das novas figuras típicas e *modus operandi* dos criminosos.

Merecendo destaque as condutas criminosas executadas em ambientes virtuais, redes sociais e sistemas informatizados, o que, com o avanço da tecnologia de informação e popularização do acesso à internet, adquiriu dimensões incomensuráveis.

Obrigando o Estado a se aparelhar no combate aos denominados cibercrimes, com a regulação e implementação de inovadoras técnicas investigativas e probatórias, aliadas às já existentes, além de cooperação policial e judiciária, visando descortinar o novo e invisível ambiente criminoso e responsabilizar os agentes, então protegidos pelo anonimato característico de tais figuras delitivas.

Técnicas estas, potencialmente colidentes com direitos fundamentais, dentre outros, a dignidade da pessoa humana, a privacidade e da proteção de dados[87], a intimidade, a honra, a autodeterminação informacional,

[86] HECK, Luís Afonso. O tribunal constitucional federal e o desenvolvimento dos princípios constitucionais. Porto Alegre: Sergio Antonio Fabris, 1995. p. 196.

[87] "A proteção das pessoas singulares relativamente ao tratamento de dados pessoais é um direito fundamental. O artigo 8º, n.º 1, da Carta dos Direitos Fundamentais da União Europeia

desafiando o Estado a buscar uma convivência harmônica e equilibrada entre a execução de eficazes técnicas investigativas e probatórias, e tais liberdades públicas.

No contexto da UE, há tempos tem se discutido a necessidade de tratamento de dados pessoais comuns e sensíveis, obtidos por meio de técnicas investigativas e de obtenção de provas, para fins de prevenção, investigação, detecção ou repressão a infrações penais ou de execução de sanções penais, evitando a violação injustificada de direitos fundamentais do indivíduo.

Nesse sentido, Maria Elena Laro González[88] sintetiza a evolução normativa para implementação no âmbito na UE, da necessidade de tratamento de dados pessoais para fins penais e processuais penais, a fim de resguardar os direitos fundamentais do titular:

> Já há algum tempo que as políticas europeias se centram na proteção dos dados pessoais e no seu intercâmbio para efeitos de prevenção e persecução penal. Na construção do Espaço Europeu de Liberdade, Segurança e Justiça (doravante, ELSJ), fez-se uso manifesto do Programa de Haia (2005-2009) a necessidade de encontrar um equilíbrio entre a troca de informações pelas forças de segurança na luta contra a criminalidade transfronteiriça e a necessidade de salvaguardar os direitos à privacidade e proteção de dados. De igual modo, foi reafirmado no âmbito do Programa plurianual para o período 2010- 2014 – Programa de Estocolmo – onde o objetivo era melhorar a proteção de dados pessoais. Em 2017, foi realizada uma revisão intermediária

(«Carta») e o artigo 16, n.º 1, do Tratado sobre o Funcionamento da União Europeia (TFUE) estabelecem que todas as pessoas têm direito à proteção dos dados de caráter pessoal que lhes digam respeito." (UNIÃO EUROPEIA (UE). Jornal Oficial da União Europeia. Diretivas. **Diretiva (UE) 2016/680 do Parlamento Europeu e do Conselho de 27 de abril de 2016**. Relativa à proteção das pessoas singulares no que diz respeito ao tratamento de dados pessoais pelas autoridades competentes para efeitos de prevenção, investigação, deteção ou repressão de infrações penais ou execução de sanções penais, e à livre circulação desses dados, e que revoga a Decisão-Quadro 2008/977/JAI do Conselho. Disponível em: https://eur-lex.europa.eu/legal-content/PT/TXT/PDF/?uri=CELEX:32016L0680&from=HR. Acesso em: 6 maio 2023).

[88] GONZÁLEZ, Maria Elena Laro. Principio de proporcionalidad en la obtención, cesión y tratamiento de datos personales en materia penal. *In*: COLMENAREJO, María Jesús Ariza; RÍOS, Eva Isabel Sanjurjo (coords.). **Exclusiones probatórias en el entorno de la investigación y prueba electrónica**. Madrid: Reus, 2020. p. 162.

dessas diretrizes. Recentemente, a nova Agenda Estratégica 2019-2024 também incluiu a intenção de melhorar a cooperação e a troca de informações para intensificar a luta contra o terrorismo e o crime transfronteiriço. (tradução livre)

O referido Programa de Estocolmo assentou expressamente a finalidade de assegurar "uma Europa aberta e segura que sirva e proteja o cidadão" e tem sua origem na comunicação apresentada pela Comissão Europeia ao Parlamento Europeu e ao Conselho da União Europeia, intitulado "Um espaço de liberdade, segurança e justiça a serviço dos cidadãos".[89]

Ainda no ano de 2007 foi assinada e publicada a Declaração 21 do Tratado de Lisboa que alterou o Tratado da União Europeia e o Tratado que instituiu a Comunidade Europeia, dispondo expressamente sobre a proteção de dados pessoais no domínio da cooperação judiciária em matéria penal e da cooperação policial, reconhecendo que, atendendo à especificidade dos domínios em causa, poderão ser necessárias disposições específicas sobre proteção de dados pessoais e sobre a livre circulação desses dados, nos domínios da cooperação judiciária em matéria penal e da cooperação policial, com base no artigo 16º-B do Tratado sobre o Funcionamento da União Europeia.[90]

Em 27 de novembro de 2008 foi proferida a Decisão 2008/977/JAI do Conselho da União Europeia, relativa à proteção dos dados pessoais tratados no âmbito da cooperação policial e judiciária em matéria penal, tendo seu âmbito de aplicação sido limitado ao tratamento de dados pessoais transmitidos ou disponibilizados entre Estados-Membros.

Em 4 de maio de 2016 foi publicado no DOUE (L 119/89), a Diretiva (UE) 2016/680, de 27 de abril de 2016, oriunda do Parlamento Europeu e do Conselho, regulando expressamente a proteção das pessoas singulares

[89] Comunicação n. COM 2009 262 final, de 10 de junho de 2009. Segundo a referida autora, a base jurídica do direito fundamental à proteção de dados pessoais encontra-se prevista nos artigos 7º e 8º da Carta de Direitos Fundamentais da União Europeia (CDFUE) e no artigo 16, apartado 1 do Tratado de Funcionamento da UE (TFUE). (GONZÁLEZ, Maria Elena Laro. Principio de proporcionalidad en la obtención, cesión y tratamiento de datos personales en materia penal. *In*: COLMENAREJO, María Jesús Ariza; RÍOS, Eva Isabel Sanjurjo (ccords). **Exclusiones probatórias en el entorno de la investigación y prueba electrónica**. Madrid: Reus, 2020. p. 162-163).

[90] Disponível em: https://eur-lex.europa.eu/legalcontent/PT/TXT/HTML/?uri=CELEX:12007L/AFI/DCL/21&from=EN. Acesso em: 6 maio 2023.

no que diz respeito ao tratamento de dados pessoais por parte das autoridades competentes para efeitos de prevenção, investigação, detecção ou repressão de infrações penais[91] ou execução de sanções penais, e sobre a livre circulação desses dados, revogando a Decisão 2008/977/JAI do Conselho.[92]

Além da Diretiva (UE) 2016/681 do Parlamento Europeu e do Conselho, também de 27 de abril de 2016, relativa ao uso de dados do registro de nome do passageiro (PNR) para prevenção, detecção, investigação e repressão de infracções terroristas e crimes graves. Consigna a Diretiva que o tratamento de dados pessoais nas hipóteses legais, deverá abranger qualquer operação ou conjunto de operações efetuadas sobre dados pessoais ou conjuntos de dados pessoais para esses efeitos, com ou sem meios automatizados, tais como a recolha, o registo, a organização, a estruturação, a conservação, a adaptação ou alteração, a recuperação, a consulta, a utilização, a comparação ou interconexão, a limitação do tratamento, o apagamento ou a destruição.

E estabelece a estrita observância de certos requisitos, sob pena de invalidade dos dados e ilicitude da prova decorrente, tais como a necessidade e adequação da medida, a vinculação à finalidade, a não estigmatização, confidencialidade e nível de segurança, a informação de fácil acesso e compreensão ao titular dos dados, a fim de que possa exercer seus direitos, o direito de retificação de informações inexatas e de petição aos órgãos e autoridades competentes para o tratamento de dados.

Prevendo ainda, que, o consentimento do titular dos dados pessoais, quando necessários aos fins da Diretiva 2016/680, não constitui requisito ou fundamento jurídico de validade, incumbindo às autoridades competentes exigir o cumprimento da obrigação legal de fornecimento dos elementos

[91] Estabelece a Diretiva 680 em seu item preambular 13, que o conceito de infração penal deverá ser um conceito autônomo do direito da União, tal como interpretado pelo Tribunal de Justiça da União Europeia (TJUE) (UNIÃO EUROPEIA (UE). Jornal Oficial da União Europeia. Diretivas. **Diretiva (UE) 2016/680 do Parlamento Europeu e do Conselho de 27 de abril de 2016**. Disponível em: https://eur-lex.europa.eu/legal-content/PT/TXT/PDF/?uri=CELEX:32016L0680&from=HR. Acesso em: 6 maio 2023.).

[92] GONZÁLEZ, Maria Elena Laro. Princípio de proporcionalidad en la obtención, cesión y tratamiento de datos personales en materia penal. *In*: COLMENAREJO, María Jesús Ariza; RÍOS, Eva Isabel Sanjurjo (coords.). **Exclusiones probatórias en el entorno de la investigación y prueba electrónica**. Madrid: Reus, 2020. p. 163.

para obtenção de tais dados, ressalvando que os Estados-Membros poderão implementar internamente a necessidade de consentimento para tratamento de dados para fins investigatórios ou processuais penais.[93]

Portanto, verifica-se que há vários anos os países integrantes da UE vêm buscando mecanismos de combate à criminalidade transnacional, especialmente os crimes cibernéticos que desafiam novas e eficazes ferramentas de investigação para apuração da autoria delitiva e responsabilização dos agentes.

Passando o tratamento dos dados pessoais a desempenhar papel diferenciado no combate à cibercriminalidade, cujos principais elementos probatórios serão abordados a seguir.

4. Conjunto probatório

A partir da concepção globalizada de mundo e da facilitação da informação em tempo real, especialmente em ambiente virtual, surgiu um cenário completamente novo e diferente, com diferentes tipos penais, locais e formas de execução de crimes, assim como a necessidade de repensar critérios de jurisdição e competência de juízos, sob novos princípios de direito.[94]

[93] "(35) [...] O exercício das funções de prevenção, investigação, detecção ou repressão de infrações penais conferidas institucionalmente por lei às autoridades competentes permite-lhes exigir que as pessoas singulares cumpram o que lhes é solicitado. Neste caso, o consentimento do titular dos dados, na acepção do Regulamento (UE) 2016/679, não deverá constituir fundamento jurídico do tratamento de dados pessoais pelas autoridades competentes. Caso seja obrigado a cumprir uma obrigação legal, o titular dos dados não tem verdadeira liberdade de escolha, pelo que a sua reação não poderá ser considerada uma livre manifestação da sua vontade. Tal não deverá obstar a que os Estados-Membros prevejam por lei a possibilidade de o titular dos dados consentir que os seus dados pessoais sejam tratados para as finalidades previstas na presente diretiva, nomeadamente que sejam efetuados testes de ADN no âmbito de investigações penais ou controlada a sua localização por meio de etiquetas eletrônicas tendo em vista a execução de sanções penais." (UNIÃO EUROPEIA (UE). Jornal Oficial da União Europeia. Diretivas. **Diretiva (UE) 2016/680 do Parlamento Europeu e do Conselho de 27 de abril de 2016.** Relativa à proteção das pessoas singulares no que diz respeito ao tratamento de dados pessoais pelas autoridades competentes para efeitos de prevenção, investigação, deteção ou repressão de infrações penais ou execução de sanções penais, e à livre circulação desses dados, e que revoga a Decisão-Quadro 2008/977/JAI do Conselho. Disponível em: https://eur-lex.europa.eu/legal-content/PT/TXT/PDF/?uri=CELEX:32016L0680&from=HR. Acesso em: 6 maio 2023).

[94] Nesse sentido afirmam Sobral e Bezerra: "Para o combate ao cibercrime transnacional é fundamental a coleta, armazenamento, lapidação e análise das diversas condutas criminosas

O que impõe, como já mencionado, o dever estatal de executar uma persecução penal eficiente, a fim de elucidar a autoria delitiva e a materialidade fática, especialmente em crimes de reconhecida dificuldade de comprovação e identificação de seus autores, como os crimes cibernéticos.

Nesse sentido, cada vez mais o processo penal deve pautar-se em ciência e tecnologia, abandonando a visão ultrapassada de um processo fundado essencialmente em provas de natureza pessoal, como a confissão e o testemunho.

Já no início do século XXI, mais precisamente em 29 de maio de 2000, foi aprovada a Convenção Relativa ao Auxílio Judiciário Mútuo em Matéria Penal pela UE, possibilitando a atuação conjunta de autoridades e agentes de países-membros da UE na elucidação de fatos criminosos, para identificação da autoria delitiva e materialidade fática.

A convenção em questão passou a regular, dentre outros, a oitiva de testemunhas e interrogatórios por meio de videoconferência, a infiltração policial, a interceptação de telecomunicações, equipes de investigação conjuntas e a proteção de dados de caráter pessoal.

Buscando aparelhar os Estados-Membros da UE com ferramentas que auxiliem na prevenção e repressão à crimes no âmbito da União Europeia, foi instituído no ano de 2012 o Sistema Europeu de Informação sobre Registos Criminais (ECRIS-TCN), que permite um intercâmbio eficiente de informações entre os Estados-Membros sobre condenações penais na UE e países terceiros.

Vindo a ser complementado pelo Regulamento (UE) 2019/816, de 17 de abril de 2019[95], do Parlamento Europeu e do Conselho, que cria um sistema centralizado para a determinação dos Estados-Membros que

perpetradas, visto que vários são os crimes cometidos de forma conexa e acompanhada, restando nesta ferramenta a maneira mais eficiente de se buscar os elos de ligação para a captura de criminosos e quadrilhas especializadas nos cibercrimes, onde quer que eles se encontrem, no território pátrio ou estrangeiro." (SOBRAL, Carlos Eduardo Miguel; BEZERRA, Clayton da Silva. Introdução ao estudo do crime cibernético. *In*: BEZERRA, Clayton da Silva; AGNOLETTO, Giovani Celso. **Combate ao crime cibernético**. Rio de Janeiro: Mallet, 2020. p. 22).

[95] EUR-Lex. Acesso ao Direito da União Europeia. Sistema Europeu de Informação sobre Registos Criminais — informações sobre condenações de nacionais de países terceiros (ECRIS-TCN). Regulamento (UE) 2019/816. Disponível em: https://eur-lex.europa.eu/legal-content/PT/TXT/?uri=LEGISSUM:4400466. Acesso em: 6 maio 2023.

possuem informações sobre condenações de nacionais de países terceiros e de apátridas.

No ano de 2013 foi adotada proposta de Regulamento para reforma da *Eurojust*, que consiste na Agência Europeia para a Cooperação Judiciária Penal, criada no ano de 2002 para reforçar a luta contra as formas graves de criminalidade.[96]

Em 03 de abril de 2014 foi aprovada a Diretiva 2014/41/UE[97] do Parlamento Europeu e do Conselho, relativa à denominada decisão ou Ordem Europeia de Investigação (OEI) em matéria penal, tendo por objeto os delitos transnacionais ou eurocrimes que demandam medidas investigativas em Estado-Membro distinto de onde tramita a investigação ou processo penal, contemplando a figura do Estado emissor da DEI ou OEI e do Estado executor, determinando aos países integrantes que realizassem a transposição da diretiva em seus ordenamentos internos.

Acerca da relevância da OEI (DEI) para a obtenção de provas aptas à elucidação de crimes transfronteiriços, o que inclui, efetivamente, os crimes cibernéticos, afirma Etxeberria Guridi[98]:

> Se fosse necessário classificar os instrumentos normativos sobre cooperação judicial penal dentro da UE usando como critério o da expectativa despertada sobre sua aprovação, sem dúvida, aquele que aprova a Ordem Europeia de Investigação (OEI) ocuparia uma das posições privilegiadas. A Diretiva 2014/41/CE do Parlamento Europeu e do Conselho, de 3 de abril de 2014, sobre a ordem europeia de investigação em questões criminais, há muito se tem feito esperar. Depois de numerosas iniciativas e não poucas

[96] EUR-Lex. Acesso ao Direito da União Europeia. **Documento 52013PC0535**. Proposta de Regulamento do Parlamento Europeu e do Conselho que cria a Agência Europeu para a cooperação judiciária penal (Eurojust). 2013. Disponível em: https://eur-lex.europa.eu/legal-content/PT/TXT/?uri=celex:52013PC0535. Acesso em: 7 maio 2023.

[97] UNIÃO EUROPEIA (UE). Jornal Oficial da União Europeia. Directivas. **Diretiva 2014/41/UE do Parlamento Europeu e do Conselho de 3 de abril de 2014**. Relativa à decisão europeia de investigação em matéria penal. Disponível em: https://eur-lex.europa.eu/legal-content/PT/TXT/PDF/?uri=CELEX:32014L0041. Acesso em: 6 maio 2023.

[98] ETXEBERRIA GURIDI, José Francisco. La obtención de perfiles de adn mediante la orden europea de investigación (OEI): las dos caras de la misma moneda. *In*: COLMENAREJO, María Jesús Ariza; RÍOS, Eva Isabel Sanjurjo (coords.). **Exclusiones probatórias en el entorno de la investigación y prueba electrónica**. Madrid: Reus, 2020. p. 72-73.

informações básicas limitadas sobre sua aplicação, é aprovada a Diretiva indicada que tão importante papel é chamada a desenvolver, ao menos em teoria, no quadro da cooperação judiciária penal na ELSJ. (tradução livre).

A diretiva em questão é enfática no sentido de que a DEI aplica-se a todas as medidas de investigação que visam recolher elementos de prova, entretanto, consigna que as equipes de investigação conjunta e o recolhimento de provas por tais equipes demandam regulação específica quando da transposição nos ordenamentos internos.[99]

E que deverá ser precedida de expressa decisão judicial emitida pela autoridade judiciária do Estado-Membro de emissão, após análise acerca da proporcionalidade da medida, ante a possibilidade de violar direitos fundamentais do submetido[100].

Devendo a autoridade emissora primar pelas medidas menos intrusivas a direitos fundamentais do submetido, inclusive, possibilitando à autoridade de execução recorrer a outro tipo de medida de investigação que conduza ao mesmo resultado que a medida de investigação indicada na DEI, mas utilize meios que impliquem uma menor interferência em tais direitos da pessoa em causa ou mesmo recusar a execução da medida.

Sendo cabível para a execução de interceptações de telecomunicações, dados, tráfego e localização de informações, obtenção de prova relativas

[99] "A DEI estabelece um regime único para a obtenção de elementos de prova. Todavia, são necessárias regras adicionais para certos tipos de medidas de investigação que deverão ser indicadas na DEI. (UNIÃO EUROPEIA (UE). Jornal Oficial da União Europeia. Directivas. **Diretiva 2014/41/UE do Parlamento Europeu e do Conselho de 3 de abril de 2014**. Relativa à decisão europeia de investigação em matéria penal. Disponível em: https://eur-lex.europa.eu/legal-content/PT/TXT/PDF/?uri=CELEX:32014L0041. Acesso em: 6 maio 2023).

[100] Dispõe no item preambular 11: "A DEI deverá ser escolhida quando a execução de uma medida de investigação parecer proporcionada, adequada e aplicável no caso concreto. A autoridade de emissão deverá por conseguinte confirmar se os elementos de prova procurados são necessários e proporcionados para efeitos do processo, se as medidas de investigação escolhidas são necessárias e proporcionadas para a recolha dos elementos de prova em causa e se, no âmbito da emissão da DEI, outro Estado-Membro deveria participar na recolha desses elementos de prova." (UNIÃO EUROPEIA (UE). Jornal Oficial da União Europeia. Directivas. **Diretiva 2014/41/UE do Parlamento Europeu e do Conselho de 3 de abril de 2014**. Relativa à decisão europeia de investigação em matéria penal. Disponível em: https://eur-lex.europa.eu/legal-content/PT/TXT/PDF/?uri=CELEX:32014L0041. Acesso em: 6 maio 2023).

às contas de qualquer tipo em bancos ou instituições financeiras não bancárias, investigações encobertas (agentes infiltrados), inquirição de um suspeito ou arguido, por meio de videoconferência, obtenção de material genético por meio de intervenções corporais ou já constantes de bancos de dados de DNA.

E ainda, para recolhimento de elementos de prova em tempo real, de forma ininterrupta e durante um determinado período, ou mesmo, à título de medidas provisórias diversas, destinadas a impedir a destruição, transformação, deslocação, transferência ou alienação de um elemento que possa servir de prova.

A Diretiva 2014/41/UE[101] apresenta em seu art. 11º e no Anexo D, o rol de crimes que autorizam a emissão de uma decisão europeia de investigação, podendo-se mencionar o terrorismo, os tráficos de órgãos, pessoas e de drogas, a participação em organização criminosa, e, para os objetivos da presente pesquisa, a cibercriminalidade.

Visando assegurar maior eficiência às investigações e punições em crimes cibernéticos, o Conselho Europeu solicitou no ano de 2016, a criação de um sistema e-CODEX descentralizado e seguro entre as autoridades competentes dos Estados-Membros, denominado *e-Evidence Digital Exchange*, permitindo-lhes comunicar de forma rápida e eficaz no que diz respeito às cooperações eletrônicas no contexto da Ordem Europeia de Investigação (OEI) e dos vários Mútuos Instrumentos de Assistência Jurídica (MLA) na área do direito penal, tendo sido disponibilizada aos Estados-membros em abril de 2020.[102]

No ano de 2018 houve a regulamentação do sistema e-CODEX, por meio do Regulamento da UE 2018/1726, passando a denominar-se *e-Justice Communication via Online Data Exchange*, que, por sua vez, foi alterado pelo Regulamento UE 2022/850, de 30 de maio de 2022, destinado ao intercâmbio eletrônico transfronteiriço de dados no domínio para cooperação

[101] UNIÃO EUROPEIA (UE). Jornal Oficial da União Europeia. Directivas. **Diretiva 2014/41/UE do Parlamento Europeu e do Conselho de 3 de abril de 2014**. Relativa à decisão europeia de investigação em matéria penal. Disponível em: https://eur-lex.europa.eu/legal-content/PT/TXT/PDF/?uri=CELEX:32014L0041. Acesso em: 6 maio 2023.

[102] PALAMIOTI, Katerina. **Ação 21**: Plataforma informática de intercâmbio de provas eletrónicas entre autoridades judiciárias. 2017. Disponível em: https://ec.europa.eu/futurium/en/egovernment4eu/action-21-it-platform-exchange-electronic-evidence-between-judicial-authorities.html. Acesso em: 7 maio 2023.

judiciária em matéria civil e penal por meio do sistema e-CODEX, inclusive com organizações internacionais.

Ainda no ano de 2018 foram apresentadas propostas de regulamento e de diretiva para as ordens europeias de entrega ou de conservação de provas eletrônicas em matéria penal, atento à natureza transnacional da Internet, que possibilita a utilização de redes sociais, correio eletrônico, serviços de mensagens e de aplicações (*apps*), aplicável a todos os prestadores de serviços que operam na União, incluindo aqueles que não estejam estabelecidos na União.[103]

No tocante às provas em crimes cibernéticos, considerando o termo "prova" em seu sentido amplo e polissêmico, que inclui os meios e objetos de prova, o procedimento e resultado probatórios[104], verifica-se que o Estado se viu compelido a investir em métodos e ferramentas tecnológicas para obtenção e conservação de elementos de prova, em resposta à cada vez mais ameaçadora incidência dos cibercrimes, que em muitos casos são transfronteiriços.

Quanto ao conceito de prova transnacional, afirma Fábio Ramazzini Bechara[105], que "a prova transnacional é aquela cuja fonte de prova encontra-se dentro dos limites da soberania de outro Estado, e que, portanto, requer a cooperação e o auxílio deste para a obtenção do dado ou elemento probatório."

O que demanda a existência e efetiva execução de acordos de cooperação entre Estados soberanos, como o exposto anteriormente na União Europeia, consistente na decisão europeia de investigação (DEI ou OEI), além dos acordos com organizações internacionais como a Interpol, Europol, Ameripol, dentre outras.

E considerada a diversidade e amplitude de *modus operandi* das condutas criminosas cibernéticas, inúmeras medidas para obtenção de provas podem ser adotadas, tais como o acesso a páginas de internet e domínios, localização do ID do usuário e servidor DNS, obtenção da indicação do

[103] Disponível em: https://commission.europa.eu/strategy-and-policy/policies/justice-and-fundamental-rights/criminal-justice/e-evidence-cross-border-access-electronic-evidence_en Acesso em: 7 maio 2023.

[104] GIACOMOLLI. Nereu José. **O devido processo penal**: Abordagem conforme a constituição e o Pacto de São José da Costa Rica. São Paulo: Atlas, 2014. p. 159.

[105] BECHARA, Fábio Ramazzini. **Cooperação jurídica internacional em matéria penal**: eficácia da prova produzida no exterior. São Paulo: Saraiva, 2011. p. 37-38.

usuário ou pela URL completa ou identificação numérica, em se tratando de mídias ou redes sociais; quebra de dados telemáticos e apreensão de e-mails, mensagens de texto e de mídia; apreensão de todo tipo de equipamento de informática que possa ser utilizado para armazenar conteúdo criminoso (HD externo, CD, DVD, pen drives, cartões de memória, aparelho celular, etc.) e acesso ao conteúdo dos mesmos[106].

Além da captação e gravação de comunicações orais através uso de aparelhos eletrônicos; uso de dispositivos técnicos de captura de imagem, rastreamento e localização; registros dispositivos de armazenamento em massa para informações; e registros remoto em equipamentos de informática, acesso a arquivos salvos em "nuvem"[107].

A Convenção Europeia sobre o Cibercrime (Convenção de Budapeste), de 23 de novembro de 2001, elenca como medidas processuais investigativas e probatórias: a determinação ou ordem de preservação de dados armazenados em sistemas de computadores (*expedited preservation of stored computer data*), com duração de até noventa dias, que permite às autoridades pleitear posteriormente uma ordem de abertura ou revelação (*disclosure*) de tais dados, o que seria equivalente à quebra de sigilo prevista no Brasil (art. 16); ordem de preservação e parcial abertura de fluxo de dados (*expedited preservation and partial disclosure of traffic data*); ordem de fornecimento de dados às autoridades (*production order*- art. 18).

Além de busca e apreensão para acessar sistemas e dados de computadores, incluindo meios de armazenamento de dados eletrônicos (mídias e similares – art. 19); obtenção, coleta ou gravação em tempo real de

[106] Afirmando Márcio Satalino Mesquita que "pode haver casos em que a apreensão de documentos digitais deve ser feita não mediante a apreensão do dispositivo de informática (computador, etc.) nem da mídia digital (HD, etc.) em que o documento foi localizado, no momento da diligência de busca e apreensão, mas sim fazendo-se uma cópia do documento." (MESQUITA, Márcio Satalino. A busca e apreensão na investigação e prova dos crimes cibernéticos. *In*: BRASIL. Tribunal Regional Federal da 3ª Região. Escola de Magistrados. **Investigação e prova nos crimes cibernéticos**. São Paulo: EMAG, 2017. p. 205).

[107] RÍOS, Eva Isabel Sanjurjo. Proceso penal y volatilidad/mutabilidad de las fuentes de pruebas electrónicas: sobre la conveniencia y el modo de asegurarlas eficazmente. *In*: COLMENAREJO, María Jesús Ariza; RÍOS, Eva Isabel Sanjurjo (coords.). **Exclusiones probatórias en el entorno de la investigación y prueba electrónica**. Madrid: Reus, 2020. p. 209.

fluxo de dados (*real-time collectionof traffic data*- art. 20); e interceptação de dados/conteúdo (*interception of content data*) transmitidos por meio de comunicação eletrônica, em tempo real.[108-109]

Sem prejuízo do emprego de outras técnicas como o *follow the money*, que, embora tenha sua aplicabilidade mais voltada aos delitos de lavagem de dinheiro, em determinadas condutas como o estelionato cibernético por meio de emissão de boletos bancários fraudulentos, exposição de bens e produtos à venda de forma enganosa, clonagem de cartão bancário e acesso criminoso a aplicativo bancário e congêneres, subtração de criptoativos e *ransomware* (extorsão digital) em que se verifica a subtração ou transferência mediante fraude ou extorsão, de valores financeiros, pode apresentar-se como relevante meio de rastreamento do destino dos valores e identificação dos agentes.

Desse modo, a criminalidade cibernética é um dos grandes desafios do mundo globalizado e informatizado, apresentando reiteradamente novas formas de execução de condutas criminosas, cada vez mais complexas e sofisticadas, desafiando o Estado a implementar medidas proporcionais à prevenção e repressão a tais crimes, o que demanda, muitas das vezes, a cooperação entre Estados soberanos e organizações internacionais, dada a natureza transnacional de muitos dos delitos.

No âmbito do Mercosul, destaca-se a aprovação na 30ª Reunião Especializada de Ministérios Públicos do Mercosul (REMPM), realizada em 23 de setembro de 2021, em que os Procuradores-Gerais dos Estados-Membros aprovaram a Declaração de Brasília sobre cooperação internacional entre Ministérios Públicos para o combate à criminalidade cibernética e à desinformação online.

No qual, firmou-se o compromisso entre os Ministérios Públicos de encontrar soluções comuns, no âmbito penal e processual penal, inclusive em relação ao tratamento de dados pessoais, em favor de uma cooperação mais ágil no combate à criminalidade cibernética e a outros delitos cometidos por meios eletrônicos, bem como para uma

[108] CONVENÇÃO sobre o cibercrime. **Preâmbulo**. 2001. Disponível em: https://rm.coe.int/16802fa428. Acesso em: 7 maio 2023.

[109] BRAGA, Diego Campos Salgado. Métodos de investigações no âmbito cibernético. **Revista Jus Navigandi**, Teresina, ano 24, n. 5681, jan. 2019. Disponível em: https://jus.com.br/artigos/71463. Acesso em: 7 maio 2023.

eficiência na preservação, coleta e uso das evidências digitais, necessárias à resolução dos casos.[110]

Conclusões

O ponto focal do estudo está vertido em fomentar a discussão sobre os crimes cibernéticos e a legislação posta, com especial atenção para o Marco Regulatório da UE. Concluímos que nos últimos anos têm-se alcançado resultados positivos. Entretanto, adequações são necessárias no ordenamento jurídico nacional e internacional com o intuito de prevenir e reprimir os crimes informáticos e suas implicações na Segurança Pública Digital.

A presente pesquisa, ainda que de forma singela e superficial, abordou os esforços dos Estados-Membros da União Europeia para regulação e execução de medidas preventivas que assegurem a necessária proteção aos dados pessoais objeto de tratamento e ao cyberespaço, bem como a repressão aos crimes digitais afetos à jurisdição da mesma.

O mundo virtual é uma realidade que demanda ser interpretada, bem como deve a legislação ser ajustada para aplicação a esta realidade. O resultado é um mundo cada vez mais rápido, em que os meios de comunicação e informação estão inseridos no cotidiano das pessoas, possibilitando ações que antes eram inimagináveis.

Nesse diapasão, observamos a incapacidade do Estado de normativamente lidar com as transformações que vem ocorrendo, por mais que atualize e busque acompanhar a crescente evolução da sociedade moderna, o direito parece sempre estar um passo atrás. Necessário se faz acompanhar a velocidade e o alto grau de *expertise* com que os criminosos se aperfeiçoam em novas tecnologias o que incentiva os criminosos a migrarem para esta modalidade delituosa.

Portanto, somente com o implemento de ferramentas investigativas dotadas de cientificidade e tecnologia, e com efetiva cooperação entre Estados soberanos e organizações internacionais é que a cibercriminalidade poderá ser combatida de forma eficaz, assegurando a proteção que o ambiente virtual demanda aos seus usuários.

[110] BRASIL. Ministério Público Federal. **Em reunião com procuradores-gerais do Mercosul, Aras defende criação de unidades especializadas em criminalidade cibernética.** 2021. Disponível em: https://www.mpf.mp.br/pgr/noticias-pgr/em-reuniao-com-procuradores-gerais-do-mercosul-aras-defende-criacao-de-unidades-especializadas-em--criminalidade-cibernetica. Acesso em: 7 maio 2023.

Referências

ASSIS, José Francisco de. Direito à privacidade no uso da internet: omissão da legislação vigente e violação ao princípio fundamental da privacidade. Âmbito Jurídico, Rio Grande, v. XVI, n. 109, fev. 2013.

BAUMAN, Zygmunt. **Vigilância líquida**: diálogos com David Lyon. Rio de Janeiro: Zahar, 2016.

BECHARA, Fábio Ramazzini. **Cooperação jurídica internacional em matéria penal**: eficácia da prova produzida no exterior. São Paulo: Saraiva, 2011.

BERGMANN, Pablo Barcellos. Aspecto penais do marco civil da internet. *In*: BEZERRA, Clayton da Silva; AGNOLETTO, Giovani Celso. **Combate ao crime cibernético**. Rio de Janeiro: Mallet, 2020. p. 34-48.

BEZERRA, Clayton da Silva; AGNOLETTO, Giovani Celso. **Combate ao crime cibernético**. Rio de Janeiro: Mallet, 2020.

BLATT, Erick Ferreira. Ferramentas de investigação nos crimes cibernéticos utilizado pela Polícia Federal. *In*: BEZERRA, Clayton da Silva; AGNOLETTO, Giovani Celso. **Combate ao crime cibernético**. Rio de Janeiro: Mallet, 2020. p. 67-86.

BRAGA, Diego Campos Salgado. Métodos de investigações no âmbito cibernético. **Revista Jus Navigandi**, Teresina, ano 24, n. 5681, jan. 2019. Disponível em: https://jus.com.br/artigos/71463. Acesso em: 7 maio 2023.

BRASIL. **Constituição da República Federativa do Brasil de 1988**. Brasília, DF: Constituinte, 1988.

BRASIL. **Lei n.º 12.737, de 30 de novembro de 2012**. Dispõe sobre a tipificação criminal de delitos de informática; altera o Decreto-Lei n. 2.846, de 07 de dezembro de 1940 – Código Penal e dá outras providências. Brasília, DF: Congresso Nacional, 2012. Disponível em: http://www.planalto.gov.br/ccivil_03/_ato2011-2014/2012/lei/l12737.htm. Acesso em: 25 fev. 2023.

BRASIL. **Lei n.º 12.965, de 23 de abril de 2014**. Estabelece princípios, garantias, direitos e deveres para o uso da Internet no Brasil. Disponível em: http://www.planalto.gov.br/ccivil_03/_ato2011-2014/2014/lei/l12965.htm. Acesso em: 15 mar. 2023.

BRASIL. **Lei n.º 13.709, de 14 de agosto de 2018**. Lei Geral de proteção de Dados Pessoais (LGPD). Disponível em: https://www.planalto.gov.br/ccivil_03/_ato2015-2018/2018/lei/l13709.htm. Acesso em: 7 maio 2023.

BRASIL. Ministério Público Federal. **Em reunião com procuradores-gerais do Mercosul, Aras defende criação de unidades especializadas em criminalidade cibernética**. 2021. Disponível em: https://www.mpf.mp.br/pgr/noticias-pgr/em-reuniao-com-procuradores-gerais-do-mercosul-aras-defende-criacao-de-unidades-especializadas-em-criminalidade-cibernetica. Acesso em: 7 maio 2023.

BRITO, Auriney. **Direito penal informático**. São Paulo: Saraiva, 2013.

CANOTILHO, J. J. Gomes; MENDES, Gilmar Ferreira; SARLET, Igor Wolgang; STRECK, Lenio Luiz (coords.). **Comentários à Constituição do Brasil**. São Paulo: Saraiva, 2013.

CARMO, Valter Moura do; MESSIAS, Ewerton Ricardo. Pós-modernidade e principiologia jurídica: O ativismo judicial e sua validade no âmbito do estado democrático de direito. **Revista Brasileira de Direito**, Passo Fundo, v. 13, n. 3, p. 189-205, set./dez. 2017. Disponível em: https://seer.imed.edu.br/index.php/revistadedireito/article/view/2163/1404. Acesso em: 22 abr. 2023.

CHAVES, Luis Fernando Prado. Da transferência internacional de dados. *In*: MALDONADO, Viviane Nóbrega; BLUM, Renato Opice (coords.). **LGPD**: lei geral de proteção de dados comentada. 2. ed. São Paulo: Thomson Reuters Brasil, 2019.

CONTE, Christiany Pegoroni; FIORILLO, Celso Antônio. **Crimes no meio ambiente digital e a sociedade da informação**. 2. ed. São Paulo: Saraiva, 2016.

CONVENÇÃO sobre o cibercrime. **Preâmbulo**. 2001. Disponível em: https://rm.coe.int/16802fa428. Acesso em: 7 maio 2023.

CRESPO, Marcelo Xavier de Freitas. **Crimes digitais**. São Paulo: Saraiva, 2011.

DIAS, Camila Barreto Andrade. **Crimes virtuais**: As inovações jurídicas decorrentes da evolução tecnológica que atingem a produção de provas no processo penal. 2014. Disponível em: http://www.egov.ufsc.br/portal/sites/default/files/20888860.pdf. Acesso em: 10 abr. 2023.

ETXEBERRIA GURIDI, José Francisco. La obtención de perfiles de adn mediante la orden europea de investigación (OEI): las dos caras de la misma moneda. *In*: COLMENAREJO, María Jesús Ariza; RÍOS, Eva Isabel Sanjurjo (coords.). **Exclusiones probatórias en el entorno de la investigación y prueba electrónica**. Madrid: Reus, 2020.

EUR-Lex. Acesso ao Direito da União Europeia. **Documento 52013PC0535**. Proposta de Regulamento do Parlamento Europeu e do Conselho que cria a Agência Europeu para a cooperação judiciária penal (Eurojust). 2013. Disponível em: https://eur-lex.europa.eu/legal-content/PT/TXT/?uri=celex:52013PC0535. Acesso em: 7 maio 2023.

EUR-Lex. Acesso ao Direito da União Europeia. **Sistema Europeu de Informação sobre Registos Criminais — informações sobre condenações de nacionais de países terceiros (ECRIS-TCN)**. Regulamento (UE) 2019/816 que cria um sistema centralizado para a determinação dos Estados-Membros que possuem informações sobre condenações de nacionais de países não pertencentes à União Europeia e de apátridas (ECRIS-TCN). 2021. Disponível em: https://eur-lex.europa.eu/legal-content/PT/TXT/?uri=LEGISSUM:4400466. Acesso em: 6 maio 2023.

FALEIROS JUNIOR, José Luiz de Moura. Prefácio. *In*: OLIVEIRA, Bruno Bastos de. **Direito digital e desenvolvimento**: contribuições a sociedade informacional. Uberlândia: LAECC, 2021. p. 21.

FERREIRA, Ivette Senise. **A criminalidade informática**. Direito & internet – Aspetos jurídicos relevantes. São Paulo: EDIPRO, 2011.

FLORENÇO, Larissa Britto. A proteção de dados pessoais nas relações de consumo como um direito fundamental: perspectivas de um marco regulatório para o Brasil. **Revista da ESMESC**, v. 23, n. 29, p. 165-182. 2016. Disponível em: http://www.mpsp.mp.br/portal/page/portal/documentacao_e_divulgacao/doc_biblioteca/bibli_servicos_produtos/bibli_informativo/bibli_inf_2006/Rev-ESMESC_29.08.pdf. Acesso em: 10 abr. 2023.

GIACOMOLLI. Nereu José. **O devido processo penal**: Abordagem conforme a constituição e o Pacto de São José da Costa Rica. São Paulo: Atlas, 2014.

GIDDENS, Anthony. **Mundo em descontrole**. Tradução de Maria Luiza X. de A. Borges. 6. ed. Rio de Janeiro: Record, 2007.

GONZÁLEZ, Maria Elena Laro. Principio de proporcionalidad en la obtención, cesión y tratamiento de datos personales en materia penal. *In*: COLMENAREJO, María Jesús Ariza; RÍOS, Eva Isabel Sanjurjo (coords.). **Exclusiones probatórias en el entorno de la investigación y prueba electrónica**. Madrid: Reus, 2020.

GROSSI, Bernardo Menicucci. O legítimo interesse como base legal para o tratamento de dados pessoais. *In*: ______ (org.). **Lei geral de proteção de dados**: Uma análise preliminar da Lei 13.709/2018 e da experiência de sua implantação no contexto empresarial. Porto Alegre: Fi, 2020.

HECK, Luís Afonso. **O tribunal constitucional federal e o desenvolvimento dos princípios constitucionais**. Porto Alegre: Sergio Antonio Fabris, 1995.

HIRATA, Alessandro. Direito à privacidade. **Enciclopédia Jurídica da PUCSP**, São Paulo, v. 1, abr. 2017. Disponível em: https://enciclopediajuridica.pucsp.br/verbete/71/edicao-1/direito-a-privacidade. Acesso em: 27 mar. 2023.

MAGRANI, Eduardo. **A internet das coisas**. Rio de Janeiro, FGV, 2018.

MALAQUIAS, Roberto Antônio Darós. **Crime cibernético e prova – A investigação criminal em busca da verdade**. Curitiba: Juruá, 2013.

MARTINS, Leonardo (org). **Cinquenta anos de jurisprudência do Tribunal Constitucional Federal alemão**. Tradução de Beatriz Henning, Leonardo Martins, Mariana Bigelli de Carvalho, Tereza Maria de Castro e Vivianne Geraldes Ferreira. Monevidéu: Fundação Konrad Adenauer, 2005.

MAZZUOLI, Valerio de Oliveira. **Curso de direitos humanos**. 7. ed. Rio de Janeiro: Forense; São Paulo: Método, 2020.

MESQUITA, Márcio Satalino. A busca e apreensão na investigação e prova dos crimes cibernéticos. *In*: BRASIL. Tribunal Regional Federal da 3ª Região. Escola de Magistrados. **Investigação e prova nos crimes cibernéticos. Investigação e prova nos crimes cibernéticos.** São Paulo: EMAG, 2017. p. 191-212.

MESSIAS, Ewerton Ricardo; NUNES, Geilson; COSTA, Larissa, Cristina Leal. Direito e tecnologia: uma perspectiva dos crimes cibernéticos na sociedade de risco. *In*: OLIVEIRA, Bruno Bastos de *et al.* (orgs). **Direito digital e desenvolvimento**: contribuições à sociedade informacional. Uberlândia: LAECC, 2021.

MOLLICA, Rogério; PEREIRA, Émerson Santiago. A relativização da penhorabilidade salarial e o instituto da desconsideração da personalidade jurídica nas demandas trabalhistas em atendimento ao princípio da dignidade da pessoa humana com aplicabilidade recíproca. **Revista Direitos Fundamentais & Democracia**, v. 28, n. 1, p. 176-196, jan./abr. 2023.

NAVAS JÚNIOR, José. "*Stalking*". *In*: BEZERRA, Clayton da Silva; AGNOLETTO, Giovani Celso. **Combate ao crime cibernético**. Rio de Janeiro: Mallet, 2020. p. 87-94.

NOGUEIRA, Fernanda Araújo Couto e Melo; FONSECA, Maurício Leopoldino da. O consentimento na lei geral de proteção de dados: autonomia privada e o consentimento livre, informado, específico e expresso. *In*: GROSSI, Bernardo Menicucci (org.). **Lei geral de proteção de dados**: Uma análise preliminar da Lei 13.709/2018 e da experiência de sua implantação no contexto empresarial. Porto Alegre: Fi, 2020.

NOGUEIRA, Luiz Augusto Pessoa. Dos crimes cibernéticos (Lei 12.737/12). *In*: BEZERRA, Clayton da Silva; AGNOLETTO, Giovani Celso. **Combate ao crime cibernético**. Rio de Janeiro: Mallet, 2020. p. 23-33.

NOGUEIRA, Sandro D'Amaro. **Crimes de informática**. Leme: BH, 2009.

NUCCI, Guilherme de Souza. **Princípios constitucionais penais e processuais penais**. São Paulo: Revista dos Tribunais, 2015.

PAESANI, Liliana Minardi. **Direito e internet**: liberdade de informação, privacidade e responsabilidade civil. 7. ed. São Paulo: Atlas, 2014.

PALAMIOTI, Katerina. **Ação 21**: Plataforma informática de intercâmbio de provas eletrónicas entre autoridades judiciárias. 2017. Disponível em: https://ec.europa.eu/futurium/en/egovernment4eu/action-21-it-platform-exchange-electronic-evidence-between-judicial-authorities.html. Acesso em: 7 maio 2023.

PAULO, Vicente; ALEXANDRINO, Marcelo. **Direito constitucional**: descomplicado. 12. ed. Rio de Janeiro: Gen, 2014.

REISSWITZ, Flávia. **Análise de sistemas**. Tecnologia e sistemas de informação. Joinville: Clube de Autores, 2012.

RÍOS, Eva Isabel Sanjurjo. Proceso penal y volatilidad/mutabilidad de las fuentes de pruebas electrónicas: sobre la conveniencia y el modo de asegurarlas eficazmente. *In*: COLMENAREJO, María Jesús Ariza; RÍOS, Eva Isabel Sanjurjo (coords.). **Exclusiones probatórias en el entorno de la investigación y prueba electrónica**. Madrid: Reus, 2020.

ROSSINI, Augusto Eduardo de Souza. **Informática, telemática e direito penal**. São Paulo: Memória Jurídica, 2004.

SARLET, Ingo Wolfgang. **A eficácia dos direitos fundamentais**: uma teoria geral dos direitos fundamentais na perspectiva constitucional. 10. ed., rev., atual., e ampl. Porto Alegre: Livraria do Advogado, 2011.

SILVA, José Afonso. **Curso de direito constitucional positivo**. São Paulo: Malheiros, 2009.

SILVA, Patrícia Santos da. **Direito e crime cibernético**: análise da competência em razão do lugar no julgamento de ações penais. Brasília: Vestnik, 2015.

SOBRAL, Carlos Eduardo Miguel; BEZERRA, Clayton da Silva. Introdução ao estudo do crime cibernético. *In*: BEZERRA, Clayton da Silva; AGNOLETTO, Giovani Celso. **Combate ao crime cibernético**. Rio de Janeiro: Mallet, 2020. p. 11-22.

SOUSA, Stenio Santos. Contribuição crítica ao processo de investigação criminal da fraude bancária eletrônica: Ubi societas, ibi criminis? *In*: BEZERRA, Clayton da Silva; AGNOLETTO, Giovani Celso. **Combate ao crime cibernético**. Rio de Janeiro: Mallet, 2020. p. 49-66.

TROIS NETO, Paulo Mário Canabarro. **Direito a não autoincriminação e direito ao silêncio**. Porto Alegre: Livraria do Advogado, 2011.

UNIÃO EUROPEIA (UE). Jornal Oficial da União Europeia. Directivas. **Diretiva 2014/41/UE do Parlamento Europeu e do Conselho de 3 de abril de 2014**. Relativa à decisão europeia de investigação em matéria penal. Disponível em: https://eur-lex.europa.eu/legal-content/PT/TXT/PDF/?uri=CELEX:32014L0041. Acesso em: 6 maio 2023.

UNIÃO EUROPEIA (UE). Jornal Oficial da União Europeia. Diretivas. **Diretiva (UE) 2022/2555 do Parlamento Europeu e do Conselho de 14 de dezembro de 2022**. Relativa a medidas destinadas a garantir um elevado nível comum de cibersegurança na União que altera o Regulamento (UE) n.o 910/2014 e a Diretiva (UE) 2018/1972 e revoga a Diretiva (UE) 2016/1148 (Diretiva SRI 2). Disponível em: https://eur-lex.europa.eu/legal-content/PT/TXT/PDF/?uri=CELEX:32022L2555&qid=1683468680623. Acesso em: 7 maio 2023.

UNIÃO EUROPEIA (UE). Jornal Oficial da União Europeia. Diretivas. **Diretiva (UE) 2016/680 do Parlamento Europeu e do Conselho de 27 de abril de 2016.** Revoga a Decisão-Quadro 2008/977/JAI do Conselho. Disponível em: https://eur-lex.europa.eu/legal-content/PT/TXT/PDF/?uri=CELEX:32016L0680&from=HR. Acesso em: 6 maio 2023.

VAINZOF, Rony. **LGPD**: lei geral de proteção de dados comentada. 2. ed. São Paulo: Thomson Reuters Brasil, 2019.

22. *COMPLIANCE* COMO MECANISMO DE GOVERNANÇA CORPORATIVA E SEU PAPEL NO COMBATE AO *STALKING*

Oswaldo Hipólito de Almeida Júnior

Introdução

O *Stalking*, entendido como um comportamento de assédio persistente, em que uma pessoa é vítima por parte de outra, podendo existir ou ter existido entre elas uma relação prévia ou serem desconhecidos, foi, não tão, recentemente tipificado no ordenamento jurídico pátrio. A Lei nº 14.132/2021 acrescentou ao Código Penal Brasileiro, Decreto-Lei nº 2.848/1940, o artigo 147-A tipificando a conduta de Perseguição. A alteração legislativa incriminadora teve por objetivo proteger, as vítimas de perseguição reiterada por parte de agentes ativos denominados de *STALKERS,* vítimas não exclusivamente, mas principalmente, de identidade de gênero feminino. O presente estudo se propõe a analisar como o *Compliance* como mecanismo de Governança Corporativa pode auxiliar no combate ao *stalking,* em especial em contexto laboral e em contexto de relação profissional de apoio, de modo a valorizar os ativos e prevenir perdas humanas e financeiras. O tema proposto se mostra relevante considerando a publicação da Lei nº 14.132/2021 e o contexto global em que atualmente nos inserimos em que o respeito à individualidade pessoal, para além de um direito fundamental, é variável de bem estar social que deve ser computada na equação produtiva de uma sociedade plural e democrática. O objetivo geral do estudo é analisar se o *Compliance,* através de seus artefatos é capaz de produzir um ambiente em que as perseguições não ocorram, e, caso ocorram se terão o devido tratamento. Quanto aos objetivos específicos busca-se analisar os fundamentos da Governança

Corporativa e do *Compliance* bem como a função transformadora do ambiente organizacional. Para alcançar os objetivos propostos será utilizado como recurso metodológico a pesquisa bibliográfica realizada a partir da análise pormenorizada de materiais já publicados na literatura e artigos científicos divulgados no meio acadêmico. A pesquisa será caracterizada como documental por exigir análise de documentos e normativas. Será dividido em quatro partes, sendo elas, análise histórica da Governança Corporativa, estudo das características gerais e analíticas do *Compliance,* análise, definição e conceituação do *Stalking* e por fim como utilizar as normas de conformidade como mecanismo de prevenção e combate à perseguição, em especial em contexto laboral e em contexto de relação profissional de apoio com fim último de aprimoramento das entidades corporativas.

1. Governança corporativa

A Governança Corporativa – GC – é tema sensível atrelado ao cumprimento de diretrizes padronizadas em um sistema alinhado, conciso, auditável e responsável, conforme será analisado.

Conforme nos aponta o Instituto Brasileiro de Governança Corporativa – IBGC, a economia dos diferentes países se tornou marcada pela integração dos dinamismos do comercio internacional bem como pela expansão das transações no globo:

> Ao longo do século 20, a economia dos diferentes países tornou-se cada vez mais marcada pela integração aos dinamismos do comércio internacional, assim como pela expansão das transações financeiras em escala global. Neste contexto, as companhias foram objeto de sensíveis transformações, uma vez que o acentuado ritmo de crescimento de suas atividades promoveu uma readequação de sua estrutura de controle, decorrente da separação entre a propriedade e a gestão empresarial. A origem dos debates sobre Governança Corporativa remete a conflitos inerentes à propriedade dispersa e à divergência entre os interesses dos sócios, executivos e o melhor interesse da empresa.[1]

[1] Instituto Brasileiro de Governança Corporativa, 2016. **Origens da Governança Corporativa.** Disponível em: <https://www.ibgc.org.br/governanca/origens-da-governanca>. Acesso em: 09 abr. 2023.

Como reflexo da globalização da economia surge a necessidade de alinhamento e organização das instituições privadas de forma a possibilitar uma percepção clara e transparente de gestão.

Decorrente de tal necessidade surge a Governança Corporativa como conjunto de práticas com a finalidade precípua de incremento da segurança jurídica nas transações.

Destaque-se que a segurança jurídica tem caráter endógeno e exógeno, quando tratamos de GC, o segundo, claramente visualizado pela reputação que as organizações alcançam no mercado e o primeiro, endógeno, derivado a reputação interna ou auto percepção do ambiente organizacional corporativo pelos próprios colaboradores, nesse cenário, a existência de normas que clarifiquem o comportamento dos agentes humanos e lhes traga o conforto necessário à melhor alocação de seus esforços em prol da empresa será mecanismo de fomento ao crescimento empresarial.

Nesse cenário, conforme será demonstrado a seguir o *Compliance* como ferramenta de GC tem papel fundamental na proteção contra o *Stalking*.

1.1. Conceito e características

André Luiz Carvalhal Silva ao tratar da origem da Governança Corporativa aponta que:

> A vertente mais aceita indica que a Governança Corporativa surgiu para superar o "conflito de agência" clássico. Nesta situação, o proprietário (acionista) delega a um agente especializado (administrador) o poder de decisão sobre a empresa (nos termos da lei), situação em que podem surgir divergências no entendimento de cada um dos grupos daquilo que consideram ser o melhor para a empresa e que as práticas de Governança Corporativa buscam superar. Este tipo de conflito é mais comum em sociedades como os Estados Unidos e Inglaterra, onde a propriedade das companhias é mais pulverizada.[2]

Segundo Herbert Steinberg, GC "é o conjunto de práticas que tem por finalidade otimizar o desempenho de uma empresa e proteger todas

[2] SILVA, André Luiz Carvalhal. **Governança Corporativa e Sucesso Empresarial: melhores práticas para aumentar o valor da firma.** São Paulo: Saraiva, 2006, p. 75.

as partes interessadas, como os investidores, empregados e credores, facilitando assim o acesso ao seu capital"[3].

O Instituto Brasileiro de Governança Corporativa (IBGC) define Governança Corporativa como:

> ... o sistema pelo qual as empresas e demais organizações são dirigidas, monitoradas e incentivadas, envolvendo os relacionamentos entre sócios, conselho de administração, diretoria, órgãos de fiscalização e controle e demais partes interessadas. As boas práticas de governança corporativa convertem princípios básicos em recomendações objetivas, alinhando interesses com a finalidade de preservar e otimizar o valor econômico de longo prazo da organização, facilitando seu acesso a recursos e contribuindo para a qualidade da gestão da organização, sua longevidade e o bem comum.[4]

Por sua natureza e alcance de responsabilidade é considerado um tema com muitas facetas, sendo um dos impactos o aumento da eficiência econômica, com ênfase no bem-estar das partes envolvidas e garantindo a confiabilidade, criando ferramentas para a melhoria do desempenho das organizações[5].

Da lição de Herbert Steinberg podemos observar a importância do bem-estar no ambiente corporativo de modo a homenagear a importância dos elementos que o compõem o que reforça a importância de mecanismos que coíbam qualquer comportamento predatório, dentre eles o de perseguição reiterada no ambiente laboral.

Quanto à natureza da Governança Corporativa, convém apontar que suas raízes guardam razão de existência nos princípios da Transparência, Equidade, Prestação de Contas e Responsabilidade Corporativa, conforme nos aponta João Bosco Lodi:

> Governança Corporativa é o sistema que assegura aos sócios proprietários o governo estratégico da empresa e efetiva monitoração da diretoria

[3] STEINBERG, Herbert. **A dimensão humana da governança corporativa: pessoas criam as melhores e piores práticas**. 3ed. São Paulo: Gente, 2003.

[4] IBGC. **Governança Corporativa**. Disponível em: <https://www.ibgc.org.br/governanca/governanca-corporativa>. Acesso em: 09 abr. 2023

[5] Significados. **Governança Corporativa**. Disponível em: <https://www.significados.com.br/governanca-corporativa/>. Acesso em: 09 abr. 2023.

executiva. A relação entre propriedade e gestão se dá através do Conselho de Administração, Administração, Auditoria Independente e Conselho Fiscal, instrumentos fundamentais para o exercício do controle. A boa governança assegura aos sócios equidade, transparência, responsabilidade pelos resultados (*accountability*) e obediência às leis do país (*compliance*)[6].

Portanto, o nascedouro da Governança Corporativa apresenta quatro pilares interconectados, os quais o Instituto Brasileiro de Governança Corporativa – IBGC – conceitua em seu *Código das melhores práticas de Governança Corporativa, verbis (grifos no original):*

Transparência. Mais do que a "obrigação de informar", a Administração deve cultivar o "desejo de informar", sabendo que da boa comunicação interna e externa, particularmente quando espontânea, franca e rápida, resultam um clima de confiança, tanto internamente, quanto nas relações da empresa com terceiros. A comunicação não deve restringir-se ao desempenho econômico-financeiro, mas deve contemplar também os demais fatores (inclusive intangíveis) que norteiam a ação empresarial e que conduzem à criação de valor.

Equidade. Caracteriza-se pelo tratamento justo e igualitário de todos os grupos minoritários, sejam do capital ou das demais "partes interessadas" (*stakeholders*), como colaboradores, clientes, fornecedores ou credores. Atitudes ou políticas discriminatórias, sob qualquer pretexto, são totalmente inaceitáveis.

Prestação de contas (*accountability*). Os agentes da governança corporativa devem prestar contas de sua atuação a quem os elegeu e respondem integralmente por todos os atos que praticarem no exercício de seus mandatos.

Responsabilidade corporativa. Conselheiros e executivos devem zelar pela perenidade das organizações (visão de longo prazo, sustentabilidade) e, portanto, devem incorporar considerações de ordem social e ambiental na definição dos negócios e operações. Responsabilidade Corporativa é uma visão mais ampla da estratégia empresarial, contemplando todos os relacionamentos com a comunidade em que a sociedade atua. A "função social" da empresa deve incluir a criação de riquezas e de oportunidades de emprego,

[6] LODI, João Bosco. **Governança Corporativa: o Governo da Empresa e o Conselho de Administração.** Rio de Janeiro: Campus, 2000.

qualificação e diversidade da força de trabalho, estímulo ao desenvolvimento científico por intermédio de tecnologia, e melhoria da qualidade de vida por meio de ações educativas, culturais, assistenciais e de defesa do meio ambiente. Inclui-se neste princípio a contratação preferencial de recursos (trabalho e insumos) oferecidos pela própria comunidade. [7]

Dessa forma, percebe-se que a função da Governança Corporativa é em sua essência tornar o sistema a ela subordinado alinhado, conciso, auditável, equânime e responsável.

1.2. Histórico

Considerando que a gênese da Governança Corporativa está atrelada ao mercado de capitais é indiscutível que sua análise histórica se confunde com a evolução histórica do sistema financeiro global.

É por esse motivo que Rossetti e Andrade apontam como aceleradores do desenvolvimento da Governança Corporativa os seguintes pontos, *verbis*:

a) A constituição de grandes empresas em sociedades anônimas e o financiamento de seu capital em subscrições de novas ações públicas.
b) Aumento do número de empresas com IPO, abertura de capital, na bolsa de valores que antes eram entidades fechadas.
c) O aumento do número de investidores a crescente diversificação de suas carteiras de ações, causando o fracionamento da propriedade das companhias.
d) A morte dos fundadores da empresa, desencadeando processos sucessórios constantes.
e) Processos de fusão de grandes companhias, aumentando a base de acionistas ao mesmo tempo em que diminuem a participação de cada um no total do capital.[8]

[7] IBGC. **Código das melhores práticas de governança corporativa**. 3. Ed. São Paulo. 2004. Disponível em: http://www.ibgc.org.br/download/arquivos/codigo_ibgc_3_versao.pdf. Acesso em: 09 abr. 2023..

[8] ANDRADE, A.; ROSSETTI, J.P. **Governança Corporativa: fundamentos, desenvolvimento e tendências**. São Paulo: Atlas, 2012. p. 70

Como visto, a Governança Corporativa nasce da preocupação dos acionistas, bem como do mercado como um todo, na sustentabilidade dos negócios – eis que a instabilidade de uma empresa, necessariamente criaria a instabilidade das radiais a seu segmento.

Rossetti e Andrade ainda afirmam que:

> Os conflitos de agência – tanto os derivados do oportunismo de gestores face à dispersão e à ausência dos acionistas, quanto os associáveis a estruturas de propriedade acionária que ensejam a expropriação dos direitos de minoritários por ações oportunistas de majoritários – são as razões fundamentais do desenvolvimento da governança corporativa.[9]

Portanto, fica claro que é a partir do temor do mercado ante a ausência de princípios basilares que surge a diretriz (GC) a ser seguida pelas corporações.

Nesse mesmo sentido, Bianchi. M. *et al.* diz que as empresas e países tendentes ao capital aberto perceberam a necessidade de um conjunto normativo para incrementar a confiabilidade do sistema como um todo.[10]

De acordo com o Instituto Brasileiro de Governança Corporativa a primeira metade da década de 90 foi marcada por um movimento predominantemente norte americano conduzidos por acionistas que despertam para a necessidade de regras contra os abusos cometidos pelas diretorias[11].

No Brasil, a gênese da Governança Corporativa surge como uma quebra de paradigma nos modelos de gestão, conforme nos aponta o IBGC, em seu *Uma década de Governança Corporativa* de 2006, p. 33, *verbis*:

> Naquele ano de 1995, o velho modelo empresarial estava ruindo, sob o impacto de desafios para os quais as empresas não estavam preparadas. Não

[9] ANDRADE, A.; ROSSETTI, J.P. **Governança Corporativa: fundamentos, desenvolvimento e tendências**. São Paulo: Atlas, 2012. p. 89.

[10] BIANCHI, M; SILVA, C.V; GELATTI, R; ROCHA, J.M. **A evolução e o perfil da governança corporativa no Brasil: um levantamento da produção científica do ENANPAD entre 1999-2008**. Encontro Anual da ANPAD 33. 2009 set. : São Paulo. [Anais do EnANPAD]. São Paulo: ANPAD, 2009. Disponível em: http://seer.ufrgs.br/ConTexto/article/view/11329/6702 Acesso em: 09 abr. 2023.

[11] INSTITUTO BRASILEIRO DE GOVERNANÇA CORPORATIVA. **Uma década de Governança Corporativa**. São Paulo: Saint Paul Editora, Saraiva, 2006 p. 12

mais seria uma extensão do que foi no passado. A sua maturidade estava inscrita na moldura de um sistema de gestão que compartilharia o processo de avaliação e decisão empresarial. Nos dez anos seguintes, a expressão governança corporativa exerceria um domínio hegemônico.[12]

Como parte do esforço disruptivo o sistema normativo pátrio carecia de atualizações frente às necessidades que o mercado global impunha.

Nesse sentido, podemos destacar como um marco a Lei das Sociedades Anônimas nº 10.303/2001, que estabeleceu os pilares sobre os quais as empresas de capital aberto foram estabelecidas no Brasil, tendo como destaques a delimitação das competências da Assembleia Geral, do Conselho fiscal, do conselho de Administração e da Diretoria Executiva, bem como ao estabelecimento da possibilidade dos acordos de acionistas que possibilitam a indicação de um representante[13].

Em resumo, o IBGC aponta a evolução histórica da Governança Corporativa com os seguintes marcos:

1992_ **(Reino Unido)** Publicação do Relatório *Cadbury*, sendo o primeiro código de boas práticas de GC.

1994_ **(Estados Unidos da América)** A agência *Calpers* divulga a pesquisa *California public employees retirement* system na qual observou-se que mais da metade das 300 maiores companhias norte americanas possuíam manuais próprios.

1995_ **(França)** Publicação do relatório *Vienot*, marco na GC francesa.
(Brasil) Fundação do Instituto Brasileiro de Conselheiros de Administração, atual IBGC.

1996_ **(Brasil)** Realização do primeiro evento público do IBCA, no Museu de Arte Moderna, abre ciclo de debates inéditos no País sobre conselheiros de administração e Governança Corporativa.

1997_ **(Alemanha)** Criação do *Neurer Markt* da Bolsa de *Frankfurt.*
(Japão) Lançamento do relatório com recomendações sobre GC pela Federação Japonesa.
(Brasil) Aprovação da Lei nº 9.457/1997, que altera as S/A.

[12] Idem, p. 33

[13] Idem, p. 37

1998_ **(Reino Unido)** Lançado o relatório britânico *Combiner Code*.
(Japão) Estabelecido o Fórum de Governança corporativa do Japão.
(Brasil) Criação do primeiro fundo voltado para Governança Aprovação da Lei nº 9.457/1997, que altera as S/A. IBCA realiza primeiro curso para conselheiros.

1999_ **(França/OCDE)** OCDE consolida os princípios da GC através do *Principles of Corporate Governance* com as diretrizes e recomendações sobre as boas práticas de governança.
(Brasil) O IBCA modifica seu nome para Instituto Brasileiro de Governança Corporativa – IBGC. Lançado o primeiro código brasileiro sobre governança corporativa pelo IBGC. CVM lança instrução 299 sobre ofertas públicas e rodízio de auditorias.

2000_ **(EUA)** Banco Mundial e *Mckinsey* concluem que investidores estão dispostos a pagar entre 18% e 28% a mais por empresas com governança estabelecida.
(Brasil) Realizada a primeira mesa redonda da América Latina sobre Governança. Acontece o 1º Congresso Brasileiro de Governança Corporativa. CVM multa JCPennev por inobservância dos princípios de GC.

2001_ **(EUA)** Escândalo contábil da Enron.
(França/OCDE) o código produzido pela OCDE é revisado.
(Brasil) Bovespa cria o Índice de Governança Corporativa. Promulgação da Lei nº 10.303/2001 Realizada a primeira mesa redonda da América Latina sobre Governança. Acontece o 1º Congresso Brasileiro de Governança Corporativa CVM multa JCPennev por inobservância dos princípios de GC.

2002_ **(EUA)** Aprovação da Lei *Sarbanes-Oxley* em resposta aos casos *Enron, Worldcom e Tyco*. Edição de normas complementares pela *Securities and Exchange Commission* (SEC). Nova York aprova novos requisitos de governança corporativa.
(Brasil) CVM lança sua cartilha sobre governança e as instruções 358 e 361. SABESP ingressa no Novo Mercado.

2003_ **(EUA)** NASDAQ anuncia normas semelhantes à bolsa de Nova York.
(Europa) Escândalo corporativo da Parmalat.

(Inglaterra) Lançamento do *Revised Combined Code*, uma revisão do Código de Governança Britânico, criando a regra *comply or explain*, pratique ou explique.

(Brasil) CVM lança a instrução 381 sobre serviços de auditoria.

2004_ **(OCDE)** Criação do Círculo de Companhias FTSE e ISS.

(Austrália) exige divulgação de remuneração dos administradores.

(Brasil) Retomada do movimento de ofertas públicas iniciais. Natura no Novo Mercado.

2005_ **(OCDE)** lança documento contendo diretrizes de boa governança para empresas de controle estatal.

(ICGN) *International Corporate Governance Network* lança seu código de melhores práticas de Governança Corporativa: *Global Corporate Governance Principles.*

(Brasil) É realizada a oferta de ações da primeira companhia brasileira de capital amplamente disperso (Lojas Renner).

2006_ **(EUA)** mais de 130 empresas são acusadas de manipular as datas de concessão dos planos de opções de ações dos seus executivos, visando aumentar seus ganhos pessoais – *options backdating.*

(Inglaterra) 2ª revisão do *Combined Code* (UK) com a adoção do *proxy voting.*

(ICGN) lança o guia *Executive Remuneration Guidelines*, cujo foco está na estruturação de pagamento dos executivos no longo prazo e nas políticas de divulgação da remuneração.

(Brasil). Bovespa amplia regras para os níveis diferenciados de listagem. *Insider trading* ocorrido durante a tentativa pioneira de aquisição hostil da Perdigão pela Sadia.

2007_ **(ICGN)** lança guia sobre responsabilidade dos acionistas: *Statement of Principles on Institutional Shareholder Responsibilities.*

2008_ **(EUA)** Crise financeira expõe problemas de gestão de riscos e o papel dos conselhos de administração.

(Brasil) Escândalo Agrenco. IBGC lança a primeira Carta-Diretriz, se posicionando sobre o tema: Independência dos Conselheiros de Administração – Melhores Práticas e o Artigo 118 da Lei das Sociedades Anônimas.[14]

Conforme restou demonstrado a Governança Corporativa surge como medida acauteladora das instituições, relações e pessoas envolvidas em transações empresariais tornando o sistema a ela subordinado alinhado, conciso, auditável, equânime e responsável.

A seguir apresentaremos o *Compliance*, sua definição, histórico, funções, elementos essenciais e traçaremos um paralelo evolutivo com a Governança Corporativa, evidenciando sua instrumentalidade ao sistema, o que servirá de base à propositura do cenário em que evidenciaremos como o *Stalking* pode ser evitado e combatido.

2. *Compliance*

Anteriormente, vimos que a Governança Corporativa surgiu como medida preventiva das organizações pra evitar o conflito de interesses (agência) entre os detentores do capital e os tomadores de decisão, de modo a garantir a sustentabilidade do negócio, contexto em que o bem estar do capital humano é componente agregador de valor fundante à saúde da empresa, interferindo em sua produtividade, valor material e mensurável, e, em sua imagem, valor imaterial e imensurável.

Agora, observaremos como o *Compliance* pode fundamentar regras instrumentais que podem proteger os bens materiais e imateriais das corporações de modo a garantir sua perpetuação no mercado.

O termo *Compliance* origina-se do verbo inglês "*to comply*", que significa cumprir, obedecer, observar, satisfazer. É o dever de estar em conformidade com as normas em sentido amplo (leis, diretrizes éticas, regulamentos internos e externos).

Como narrado anteriormente, as atividades de *Compliance* podem ser entendidas como uma necessidade decorrente de fatos anteriores que atentaram contra a segurança jurídica das relações entabuladas entre grandes instituições globais, entre empresas locais que operavam no mercado aberto, ou ainda entre as relações interpessoais estabelecidas entre os atores envolvidos internamente, buscando, sobretudo minimizar a possibilidade de contaminação no mercado radial.

[14] Governança Corporativa. **Evolução da Governança Corporativa.** Disponível em: < https://www.ibgc.org.br /governanca/evolucaodagovernanca >. Acesso em: 09 abr. 2023.

O tema ganhou maior relevância com o advento da lei *Sarbanes-Oxley* que criou mecanismos de auditoria e segurança confiáveis nas empresas, incluindo ainda regras para a criação de comitês encarregados de supervisionar suas atividades e operações, de modo a mitigar riscos aos negócios, evitar a ocorrência de fraudes ou assegurar que haja meios de identificá-las quando ocorrem, garantindo a transparência na gestão das empresas[15].

2.1. Definição

Como dito, o termo *compliance* se origina do verbo em inglês to comply, que significa cumprir, satisfazer, realizar o que lhe foi imposto. É o dever de cumprir, de estar em conformidade e fazer cumprir os deveres impostos às atividade corporativas.

Vanessa Alessi Manzi em seu *Compliance no Brasil* define como o "ato de cumprir, de estar em conformidade e executar regulamentos internos e externos, impostos as atividades da instituição, buscando mitigar o risco atrelado a reputação e ao regulatório/legal"[16]

Já Ana Paula p. Candeloro, Maria Balbina Martins de Rizzo e Vinicius Pinho na obra C*ompliance 360º Riscos, estratégias, conflitos e vaidades no mundo corporativo* definem o termo como:

> Um conjunto de regras, padrões, procedimentos éticos e legais que, uma vez definido e implantado, será a linha mestra que orientara o comportamento da instituição no mercado em que atua, bem como as atitudes de seus funcionários; um instrumento capaz de controlar o risco de imagem e o risco legal, os chamados 'riscos de *compliance*', a que se sujeitam as instituições no curso de suas atividades.[17]

Já a OICV (Organização Internacional das Comissões de Valores), ou IOSCO na sigla em inglês, entende a área de *compliance* como a responsável por aconselhar os negócios e áreas de suporte da companhia quanto à

[15] Gitman, Lawrence. Pearson Jacques Salim, **Princípios de Administração Financeira**. 2010 12 ed. São Paulo.

[16] MANZI, Vanessa Alessi. ***Compliance* no Brasil**. São Paulo: Saint Paul Editora, 2008. p. 15.

[17] CANDELORO, ANA Paula p. ; DE RIZZO, Maria Balbina Martins; PINHO, Vinicius. **Compliance 360º. Riscos, estratégias, conflitos e vaidades no mundo corporativo**. São Paulo: Trevisan, 2012. p. 30

regulamentação local, bem como políticas e normas especificas do setor em que atua, buscando manter os mais altos padrões éticos[18].

Portanto, *compliance*, está associado aos sistemas de controle que proporcionam maior segurança ao mercado quanto aos aspectos econômico-financeiros, possibilitam uma atuação correta e adequada no meio em que atuam, protegem contra riscos de corrupção e fraudes em processos licitatórios ou demais relações com entidades governamentais, elaboram e atualizam normas internas de modo a harmonizar com a filosofia da companhia e garantir que sejam conhecidas e cumpridas por todos.

Como se percebe, o objetivo de estar *comply*, ou em conformidade, está intimamente ligado à percepção de corretude, conceito da ciência da computação teórica que diz que um algoritmo é correto em relação à determinada especificação, sendo, em nosso caso a especificação de comportamento social aceito, portanto, a proteção dos elementos humanos que compõem qualquer organização guardam estreita relação com o caminho ético e moral em determinado meio social, cenário em que o combate à perseguição pessoal supera o atendimento à política pública e deve ser tido como meio de autopreservação corporativa.

2.2. Histórico

Como apresentado anteriormente, a evolução da Governança Corporativa se confunde com a evolução do mercado global estando intimamente ligada aos reveses experimentados pelas corporações, pelos investidores ou pela economia global (a exemplo da quebra de vinte e nove e a crise fiduciária de 2008).

Nesse sentido, é forçoso perceber que sendo o *Compliance* o conjunto de normas, formas, sistemas e processos para conformar, ou seja, deixar de acordo, é forçoso também perceber que a evolução histórica do *Complianace*, seguirá a mesma linha causal.

Portanto, as atividades de *Compliance* podem ser entendidas como uma necessidade decorrente de fatos como seguem, que foram exigindo maiores atividades de controles e a necessidade de conformidade.

[18] Bloomberg. ***Reporting Compliance.*** Disponível em: <https://www.bloomberg.com/news/articles/2013-05-15/global-markets-regulator-probing-oil-price-reporting-compliance >. Acesso em: 09 abr. 2023.

Sobre o tema, a Associação Brasileira de Bancos Internacionais – ABBI, publicou documento consultivo, *Função no Compliance*, em que apresentou os seguintes marcos temporais:

1913_ Criação do Banco Central Americano (*Board of Governors of the Federal Reserve*) para implementar um sistema financeiro mais flexível, seguro e estável;

1929_ Quebra da Bolsa de New York, durante o governo liberal de Herbert Clark Hoover;

1932_ Criação da Política Intervencionista "*New Deal*", durante o governo democrata de Franklin Roosevelt, que implantou os conceitos Keynesianos, onde o Estado deve intervir na Economia, a fim de corrigir as distorções naturais do capitalismo;

1933/34_ Diversos acontecimentos importantes:
Congresso Americano vota medidas com vistas a proteger o mercado de títulos de valores mobiliários e seus investidores – *Securities Act*;
Criação da SEC – *Securities and Exchange Commission*; com exigência de registro do prospecto de emissão de títulos e valores mobiliários;

1940_ *Investment Advisers Act* (registro dos consultores de investimento) e *Investment Company Act* (registro de fundos mútuos);

1945_ Conferências de *Bretton Woods* – Criação do Fundo Monetário Internacional e do BIRD, com o objetivo básico de zelar pela estabilidade do Sistema Monetário Internacional;

1950_ *Prudential Securities* – contratação de advogados para acompanhar a legislação e monitorar atividades com valores mobiliários;

1960_ A SEC passa a insistir na contratação de *Compliance Officers*, para Criar Procedimentos Internos de Controles, Treinar Pessoas, Monitorar com o objetivo de auxiliar as áreas de negócios a ter a efetiva supervisão;

1970_ Desenvolvimento do Mercado de Opções e Metodologias de *Corporate Finance, Chinese Walls, Insider Trading*, etc;

1974_ O Mercado Financeiro Mundial apresenta-se perplexo diante do caso Watergate, que demonstrou a fragilidade de controles no Governo Americano, onde se viu o mau uso da máquina político-administrativa para servir a propósitos particulares e ilícitos;

Criação do Comitê da Basiléia para Supervisão Bancária;

1980_ A atividade de *Compliance* se expande para as demais atividades financeiras no Mercado Americano;

1988_ Foi estabelecido o Primeiro Acordo de Capital da Basiléia, estabelecendo padrões para a determinação do Capital mínimo das Instituições Financeiras;

A Convenção das Nações Unidas contra o Tráfico Ilícito de Entorpecentes e de Substâncias Psicotrópicas, Viena;

1990_ As 40 recomendações sobre lavagem de dinheiro da Financial *Action Task Force* – ou Grupo de Ação Financeira sobre Lavagem de Dinheiro (GAFI/FATF) – revisadas em 1996 e referidas como Recomendações do GAFI/FATF;

Criação do CFATF – Caribbean Financial Action Task Force;

1992_ Elaboração pela Comissão Interamericana para o Controle do Abuso de Drogas (CICAD) e aprovação pela Assembleia Geral da Organização dos Estados Americanos (OEA) do "Regulamento Modelo sobre Delitos de Lavagem Relacionados com o Tráfico Ilícito de Drogas e Outros Delitos Graves";

1995_ Importantes acontecimentos e mudança das regras prudenciais, como a fragilidade no Sistema de Controles Internos contribuiu fortemente à falência do Banco Barings, Basiléia I – Publicação de Regras Prudenciais para o Mercado Financeiro Internacional, Criação do Grupo de Egmont com o objetivo de promover a troca de informações, o recebimento e o tratamento de comunicações suspeitas relacionadas à lavagem de dinheiro provenientes de outros organismos financeiros;

1996_ Complementado o Primeiro Acordo de Capital de 1988 para inclusão do Risco de Mercado dentro do cálculo do Capital Mínimo definido em 1988 pelo Comitê de Supervisão Bancária da Basiléia;

1997_ Divulgação pelo Comitê da Basiléia dos 25 princípios para uma Supervisão Bancária Eficaz, com destaque para seu Princípio de n.º 14: "Os supervisores da atividade bancária devem certificar-se de que os bancos tenham controles internos adequados para a natureza e escala de seus negócios. Estes devem incluir arranjos claros de delegação de autoridade e responsabilidade: segregação de funções que envolvam comprometimento do banco, distribuição de seus recursos e contabilização de seus ativos e obrigações; reconciliação destes processos; salvaguarda de seus ativos; e funções apropriadas e independentes de Auditoria Interna e Externa e de *Compliance* para testar a adesão a estes controles, bem como a leis e regulamentos aplicáveis";

Criação da AGP – *Asia/Pacific Group on Money Laundering;*

1998_ Era dos Controles Internos: Comitê de Basiléia – publicação dos 13 Princípios concernentes a Supervisão pelos Administradores e Cultura / Avaliação de Controles Internos, tendo como fundamento a Ênfase na necessidade de Controles Internos efetivos e a promoção da estabilidade do Sistema Financeiro Mundial;

Regulamentação no Brasil: Publicação pelo Congresso Nacional da Lei 9613/98, que dispõe sobre crimes de lavagem ou ocultação de bens, a prevenção da utilização do Sistema Financeiro Nacional para atos ilícitos previstos na referida lei e cria o Conselho de Controle de Atividades Financeiras (COAF);

O Conselho Monetário Nacional, adotando para o Brasil os conceitos dos 13 Princípios concernentes a Supervisão pelos Administradores e Cultura / Avaliação de Controles Internos do Comitê da Basiléia, publicou a Resolução n.º 2554/98 que dispõe sobre a implantação e implementação de sistema de controles internos;

Início de estudos sobre o Basiléia II – Regras Prudenciais;

Declaração Política e o Plano de Ação contra Lavagem de Dinheiro, adotados na Sessão Especial da Assembleia Geral das Nações Unidas sobre o Problema Mundial de Drogas, Nova Iorque;

1999_ Criação do *Eastern and Southern Africa Anti-Money Laundering Group* (ESAAMLG);

2001_ Falha nos Controles Internos e Fraudes Contábeis levam a ENRON à falência;

Criação do GAFISUD – Uma organização intergovernamental, criada formalmente em 08/12/2000, com o objetivo de atuar em Prevenção à Lavagem de Dinheiro em âmbito regional, agregando países da América do Sul;

2001_ *US Patriot Act*;

2002_ Falha nos Controles Internos e Fraudes Contábeis levam à concordata da *WORLDCOM*;

Congresso Americano publica o "*Sarbanes-Oxley Act*", que determinou às empresas registradas na SEC a adoção das melhores práticas contábeis, independência da Auditoria e criação do Comitê de Auditoria;

Resolução 3056 do CMN que altera a resolução 2554 dispondo sobre a atividade de Auditoria sobre Controles Internos;

2003_ O Conselho Monetário Nacional publica:

Resolução 3198 que trata da auditoria independente e regulamenta a instituição do Comitê de Auditoria, com funções semelhantes àquelas publicadas pelo "*Sarbanes- Oxley Act*",

Carta-Circular 3098 que dispõe sobre a necessidade de registro e comunicação ao BACEN de operações em espécie de depósito, provisionamentos e saques a partir de R$100.000,00 (cem mil reais);

Comitê de Supervisão Bancária da Basiléia – Práticas recomendáveis para Gestão e Supervisão de Riscos Operacionais.

Como pudemos perceber, desde a quebra da Bolsa de Nova York (Final da Década de 20), temos sinais claros de movimentos buscando a Melhoria do Sistema de Controles Internos. Desde a década de 50, com a publicação da *Prudential Securities*, que instituiu a contratação de advogados para acompanhar a legislação e monitorar atividades com valores mobiliários, existem registros de ações de *Compliance*.[19]

Importa complementar os marcos apontados pela ABBI principalmente no que tange a realidade pátria:

[19] ABBI – Associação Brasileira de Bancos Internacionais. **Função de *Compliance***. Disponível em: <http://www.abbi.com.br/download/funcaodecompliance_09.pdf>. Acesso em: 09 abr. 2023.

1993_ promulgação da Lei nº 8.666/93 que regulamentou art. 37, inciso XXI, da Constituição Federal, institui normas para licitações e contratos da Administração Pública;[20]

1996_ Convenção interamericana de Combate à Corrupção, recepcionada pelo Decreto nº 4.410/2002;[21]

2002_ Promulgação da Lei nº 10.520/2002 que Institui, no âmbito da União, Estados, Distrito Federal e Municípios, nos termos do art. 37, inciso XXI, da Constituição Federal, modalidade de licitação denominada pregão, para aquisição de bens e serviços comuns;[22]

2003_ Convenção de Mérida, recepcionada pelo Decreto nº 5.687/ 2006, que Promulga a Convenção das Nações Unidas contra a Corrupção, adotada pela Assembléia-Geral das Nações Unidas em 31 de outubro de 2003 e assinada pelo Brasil em 9 de dezembro de 2003;[23]

2007_ Promulgação da Lei nº 11638/2007 que alterou a Lei das S/A determinando a elaboração de demonstrações financeiras de acordo com as normas internacionais de contabilidade;[24]

[20] BRASIL. **Lei nº 8.666, de 21 de junho de 1993**. Regulamenta o art. 37, inciso XXI, da Constituição Federal, institui normas para licitações e contratos da Administração Pública e dá outras providências. Diário Oficial da União, Brasília, DF, 22 jun. 1993.

[21] BRASIL. **Decreto nº 4.410/2002, de 07 de outubro de 2002**. Que promulga a Convenção Interamericana contra a Corrupção, de 29 de março de 1996, com reserva para o art. XI, parágrafo 1o, inciso "c". Diário Oficial da União, Brasília, DF, 08 out. 2002. Regulamenta o art. 37, inciso XXI, da Constituição Federal, institui normas para licitações e contratos da Administração Pública e dá outras providências. Diário Oficial da União, Brasília, DF, 22 jun. 1993.

[22] BRASIL. **Lei nº 10.520, de 17 de julho de 2002**. Institui, no âmbito da União, Estados, Distrito Federal e Municípios, nos termos do art. 37, inciso XXI, da Constituição Federal, modalidade de licitação denominada pregão, para aquisição de bens e serviços comuns, e dá outras providências. Diário Oficial da União, Brasília, DF, 18 jul. 2002.

[23] BRASIL. **Decreto nº 5.687/2006, de 31 de janeiro de 2006**. Que Promulga a Convenção das Nações Unidas contra a Corrupção, adotada pela Assembléia-Geral das Nações Unidas em 31 de outubro de 2003 e assinada pelo Brasil em 9 de dezembro de 2003. Diário Oficial da União, Brasília, DF, 1º fev. 2006.

[24] BRASIL. **Lei nº 11.638, de 28 de dezembro de 2007**. Que altera e revoga dispositivos da Lei no 6.404, de 15 de dezembro de 1976, e da Lei n 6.385, de 7 de dezembro de 1976, e estende às sociedades de grande porte disposições relativas à elaboração e divulgação de demonstrações financeiras. Diário Oficial da União, Brasília, DF, 28 dez. 2007.

2009_ Promulgação da Lei nº 11.941/2009 – Altera a legislação tributária federal relativa ao parcelamento ordinário de débitos tributários; concede remissão nos casos em que especifica; institui regime tributário de transição; Regime tributário de transição – apuração de lucro real;[25]

2011_ Promulgação da Lei nº 12.462/2011 – que Institui o Regime Diferenciado de Contratações Públicas – RDC;[26]

2013_ Promulgação da Lei nº 12.846 – que dispõe sobre a responsabilização administrativa e civil de pessoas jurídicas pela prática de atos contra a administração pública, nacional ou estrangeira, e dá outras providências;[27]

2015_ Promulgação do Decreto nº 8.420/2015 – Regulamenta a Lei nº 12.846, de 1º de agosto de 2013, que dispõe sobre a responsabilização administrativa de pessoas jurídicas pela prática de atos contra a administração pública, nacional ou estrangeira.[28]

Como visto, a regulação pátria é vasta e vivenciamos ventos de mudança na gestão para muito além do lucro, a garantia da sustentabilidade do negócio e sua imagem perante o posicionamento de mercado pode impulsionar o cuidado e autotutela necessária à preservação da empresa, seja ela entendida como corporação, seja ela entendida como conjunto de seus meios materiais e imateriais, passando pelo capital humano que deve ser preservado como ativo, *asset*, que é.

[25] BRASIL. **Lei nº 11.941, de 27 de maio de 2009.** Que altera a legislação tributária federal relativa ao parcelamento ordinário de débitos tributários; concede remissão nos casos em que especifica; institui regime tributário de transição. Diário Oficial da União, Brasília, DF, 28 maio. 2009.

[26] BRASIL. **Lei nº 12.462, de 04 de agosto de 2011.** Que Institui o Regime Diferenciado de Contratações Públicas – RDC. Diário Oficial da União, Brasília, DF, 05 ago. 2011.

[27] BRASIL. **Lei nº 12.846, de 1º de agosto de 2013.** Que dispõe sobre a responsabilização administrativa e civil de pessoas jurídicas pela prática de atos contra a administração pública, nacional ou estrangeira, e dá outras providências. Diário Oficial da União, Brasília, DF, 02 ago. 2013.

[28] BRASIL. **Decreto nº 8.420/2006, de 18 de março de 2015.** Que regulamenta a Lei nº 12.846, de 1º de agosto de 2013, que dispõe sobre a responsabilização administrativa de pessoas jurídicas pela prática de atos contra a administração pública, nacional ou estrangeira e dá outras providências. Diário Oficial da União, Brasília, DF, 19 mar. 2015.

2.3. Função

De acordo com a Febraban e ABBI (2004), a função do *compliance* é:

> Assegurar, em conjunto com as demais áreas, a adequação, o fortalecimento e o funcionamento do Sistema de Controles Internos da Instituição, procurando mitigar os riscos de acordo com a complexidade de seus negócios, bem como disseminar a cultura de controles para assegurar o cumprimento de leis e regulamentos existentes.[29]

E sua relevância se destaca pela atuação de diversas entidades internacionais como ONU (Organização das Nações Unidas), OCDE (Organização para Cooperação e Desenvolvimento Econômico), conforme explica Vanessa Alessi Manzi:

> Tem destacado a alta relevância dos riscos de *compliance* e de sua função nos bancos. A expressão risco de *compliance* é definida como risco legal, ou de sanções regulatórias, de perda financeira ou de reputação que um banco pode sofrer como resultado de falhas no cumprimento de leis, regulamentações, códigos de conduta e das boas praticas bancárias.[30]

A autora continua:

> ... para entender perda de reputação, parte-se do pressuposto que esta se baseia na síntese de como os clientes e acionistas veem a organização. Essa avaliação fundamenta-se na identidade da organização, inclusive nas informações fornecidas pela empresa sobre sua visão estratégica, assim como nas ações no decorrer do tempo; na percepção da organização por parte de pesquisadores de opinião e terceiros com credibilidade, e no desempenho, como lucratividade e responsabilidade social. O risco atrelado à reputação é, portanto, a perda em potencial na reputação, que poderia levar a publicidade negativa, perda de rendimento, litígios caros, declínio na

[29] ABBI – Associação Brasileira de Bancos Internacionais. **Função de *Compliance*.** Disponível em: <http://www.abbi.com.br/download/funcaodecompliance_09.pdf>. Acesso em: 09 abr. 2023.

[30] MANZI, Vanessa Alessi. ***Compliance* no Brasil. Consolidação e Perspectivas**. 1. Ed. São Paulo: Saint Paul Editora, 2008. P 39.

base de clientes e falência. Uma ampla avaliação desse tipo de risco é uma estimativa da atual posição da organização por seus clientes e acionistas e de sua capacidade de operar com sucesso no mercado. Risco regulatório, ou seja, de sanções regulatórias, relaciona-se a não conformidade com leis, regulações e padrões de *compliance* que englobam matérias como gerenciamento de segregação de função, conflito de interesse, adequação na venda de produtos (código do consumidor), prevenção à lavagem de dinheiro, entre outras.[31]

Portanto, podemos destacar como principais funções do *Compliance* a redução dos custos com passivos judiciais, a busca pela neutralização das sanções administrativas, o incremento da segurança jurídica nas relações comerciais com clientes, colaboradores, fornecedores e *stakeholders*, além do efetivo efeito radial de valorização dos ativos.

2.4. Elementos essenciais

Visto que a política de *Compliance* é constituída de uma série de medidas com o objetivo uníssono de garantir a integridade corporativa e incrementar seu valor de mercado através da sedimentação da segurança jurídica de suas operações, é natural que se busque a positivação dos meios, isto é, a catalogação das condutas e formas que a política de conformidade será implantada, implementada, gerida e fiscalizada.

Nesse sentido a *Compliance* Total, empresa consultora de programas de integridade aponta como sendo sete os elementos essenciais de conformidade, quais sejam:

1. Comprometimento da Alta Direção;
2. Criação de políticas, procedimentos e controles de referência para o *Compliance*;
3. Aplicação de Mecanismos de Integridade e Sistemas de *Compliance* efetivo de comunicação, treinamento e sensibilização;
4. Avaliação, monitoramento e auditoria para assegurar a efetividade dos Mecanismos de Integridade e Sistemas de *Compliance*;
5. Aplicação adequada das medidas disciplinares e ações corretivas pertinentes;

[31] Idem.

6. Adequação na delegação das responsabilidades; e
7. Melhoria contínua[32].

Ao passo que a Insper, empresa consultora em Governança Corporativa, aponta que os elementos essenciais de conformidade estão atrelados a artefatos documentais e processos, quais sejam:

1. Mapeamento de risco;
2. Planos de integridade;
3. *Due Diligence*;
4. Treinamento;
5. Canais de denúncia;
6. Investigação; e
7. Responsabilização[33].

Portanto, podemos afirmar que o mercado de uma forma geral aponta como elementos essenciais os baseados no tripé pessoas, processos e meios (sejam tecnológicos ou não).

A seguir, trataremos do *Stalking*, conceito, análise, definição e evolução normativa para na sequência adentrarmos ao *Compliance* como mecanismo de Governança Corporativa e seu papel no combate à perseguição, em especial em contexto laboral e em contexto de relação profissional de apoio com fim último de aprimoramento das entidades corporativas.

3. *Stalking*

Antes de iniciarmos o ponto em que analisaremos a perseguição insidiosa desde seu conceito e definições passando pela evolução normativa, se mostra necessário esclarecer que o comportamento persecutório sempre existiu, no entanto, conforme aponta o relatório de investigação, *Inquérito de Vitimação por Stalking*, de coordenação de Marlene Matos, o *Stalking*

[32] *Compliance* Total – **Os sete elementos.** Disponível em: <https://www.compliancetotal.com.br/compliance/os-sete-elementos>. Acesso em: 09 abr. 2023.

[33] Insper – **Mecanismos de *Compliance* reduzem risco de corrupção Os sete elementos.** Disponível em: < https://www.insper.edu.br/noticias/mecanismos-de-compliance-reduzem-risco-de-corrupcao/>. Acesso em: 09 abr. 2023.

muitas vezes confundido como ato romântico, de cuidado[34], em relação de subordinação laboral ou ambiente doméstico surge frequentemente no âmbito de uma relação afetiva, daí a pretensa nebulosidade na distinção entre o cuidado e a obsessão.

3.1. Conceito e definições

Como dito em momento anterior o legislador pátrio ao aprovar o texto normativo da Lei nº 14.132/2021, que acrescentou o Art. 147-A ao Código Penal, tipificou a conduta de perseguição, nos seguintes termos:

> Perseguição
>
> Art. 147-A. Perseguir alguém, reiteradamente e por qualquer meio, ameaçando-lhe a integridade física ou psicológica, restringindo-lhe a capacidade de locomoção ou, de qualquer forma, invadindo ou perturbando sua esfera de liberdade ou privacidade.
>
> Pena – reclusão, de 6 (seis) meses a 2 (dois) anos, e multa.
>
> § 1º A pena é aumentada de metade se o crime é cometido:
>
> I – contra criança, adolescente ou idoso;
>
> II – contra mulher por razões da condição de sexo feminino, nos termos do § 2º-A do art. 121 deste Código;
>
> III – mediante concurso de 2 (duas) ou mais pessoas ou com o emprego de arma.
>
> § 2º As penas deste artigo são aplicáveis sem prejuízo das correspondentes à violência.
>
> § 3º Somente se procede mediante representação[35].

[34] MATOS, Marlene e cols. **Inquérito de vitimação por *stalking*: Relatório de investigação.** 2011. Disponível em < https://repositorio.ismai.pt/bitstream/10400.24/201/1/HG1_Matos%2C%20M%2C%20Grangeia%2C%20H%2 C%20Ferreira%2C%20C%20%26%20Azevedo%2C%20V.%20%282011%29.%20Inqu%C3%A9rito%20de%20vitima%C3%A7%C3%A3o%20por%20*stalking*%20Relat%C3%B3rio%20de%20investiga%C3%A7%C3%A3o.%20Braga%20Grupo%20de%20Investiga%C3%A7%C3%A3o%20sobre%20o%20*Stalking*%20em%20Portugal.pdf > Acesso em: 12 abr. 2023.

[35] BRASIL. **Lei nº 14.132**, de 31 de março de 2021. Acrescenta o art. 147-A ao Decreto-Lei nº 2.848, de 7 de dezembro de 1940 (Código Penal), para prever o crime de perseguição; e revoga o art. 65 do Decreto-Lei nº 3.688, de 3 de outubro de 1941 (Lei das Contravenções Penais). Diário Oficial da União, Brasília, DF, 31 mar. 2021.

No entanto, para além da tipificação penal, *ultima ratio*, é necessário destacar que o conceito e as definições associadas à conduta *Stalker* tem, ou deveriam ter, por objetivo a prevenção e o combate a tais situações, como se pretende com a presente investigação – demonstrar o papel do *Compliance* como mecanismo de Governança Corporativa no combate ao *Stalking*, em específico no ambiente de trabalho e em contexto de relação profissional de apoio.

Nesse sentido, o domínio do conceito e de suas definições opera valor de ferramenta que auxilia na identificação da conduta e em seu efetivo tratamento, razão pela qual, a partir de agora, a energia dedicada buscará explicitar o que vem a ser a perseguição insidiosa.

Ana Lara Castro e Spencer Sydow apontam que o termo *stalking* advém da terminologia anglo saxônica não possuindo tradução literal, tendo como sentido a perseguição e importunação a alguém, "trata-se de curso de conduta importunação, caracterizado pela insistência, impertinência e habitualidade, desenvolvido por qualquer meio de contato, vigilância, perseguição ou assédio"[36].

Damásio de Jesus, por sua vez, aponta que:

> *Stalking* é uma forma de violência na qual o sujeito ativo invade a esfera de privacidade da vítima, repetindo incessantemente a mesma ação por maneiras e atos variados, empregando táticas e meios diversos: ligações nos telefones celular, residencial o comercial, mensagens amorosas, telegramas, ramalhetes de flores, presentes não solicitados, assinaturas de revistas indesejáveis, recados em faixas afixadas nas proximidades da residência da vítima, permanência na saída da escola ou do trabalho, espera da sua passagem por determinado lugar, frequência no mesmo local de lazer, em supermercados etc. (...) Com isso, vai ganhando poder psicológico sobre o sujeito passivo, como se fosse o controlador geral dos seus movimentos.[37]

Percebe-se que no conceito trazido por Damásio que a conduta do *stalking* é definida como a violência praticada pelo agente, de forma

[36] CASTRO, Ana L. C. D.; SYDOW, Spencer T. ***Stalking e Ciberstalking***. Salvador: Editora JusPodivm, 2021. p. 53.

[37] JESUS, Damásio de. ***Stalking***. Revista IOB de Direito Penal e Processual Penal. São Paulo, v. 10, n. 56, jun-jul/2009.

reiterada, com o emprego de táticas e meios diversos, com o objetivo de invadir a vida íntima da vítima, retirando-lhe a sua tranquilidade e privacidade.

O Dr. Harald Dreßing, psicanalista forense, afirma que existem diferentes definições psiquiátricas e jurídicas de perseguição, sendo comum a todas elas que o *Stalking* é um padrão de comportamento anormal em que o assediador pode espionar, perseguir, ameaçar, atacar fisicamente e, em casos raros, até matar o assediado[38].

Mário Paulo Lage de Carvalho aponta o *stalking* como uma perseguição repetida não consensual de uma pessoa, afirmando que pode ocorrer em qualquer ambiente, sendo denominado na escola comumente de *bullying*, no ambiente de trabalho de assédio moral, e, nos relacionamentos amorosos e no meio cibernético de *stalking*[39].

Marlene Matos, Helena Grangeia, Célia Ferreira e Vanessa Azevedo no manual, *Stalking:* Boas práticas no apoio à vítima, apontam que

> O *stalking* define-se como uma forma particular de violência relacional. Pode ser definido como um padrão de comportamento de assédio persistente, que se traduz em formas diversas de comunicação, contacto, vigilância, e monitorização da pessoa-alvo.[40]

Marie-France Hirigoyen complementa indicando que toda conduta abusiva que se manifeste por meio de comportamentos, palavras, atos, gestos, escritos que possam trazer dano à personalidade, à dignidade ou a integridade física ou psíquica de uma pessoa, pôr em perigo seu trabalho

[38] Dreßing H. ***Stalking Diagnostik, Risikoeinschätzung, Behandlungsgrundsätze und Begutachtung***. Nervenarzt. 2013. Disponível em < https://www.researchgate.net/publication/263345292_*Stalking*_Diagnostik _Risikoeinschatzung_Behandlungsgrundsatze_und_Begutachtung > Acesso em: 13 abr. 2023

[39] Carvalho, M. p. L. **O combate ao *stalking* em portugal: contributos para a definição de um protocolo de intervenção policial**. Tese de mestrado. Porto: Universidade do Porto. 2010 Disponível em: < https://repositori o-aberto.up.pt/bitstream/10216/26593/2/*STALKING*VersaoPB.pdf >. Acesso em: 12 abr. 2023.

[40] Matos, M., Grangeia, H., Ferreira, C., Azevedo, V. ***Stalking*: Boas práticas no apoio à vítima, manual para profissionais.** Porto. 2011. Disponível em: < http://repositorium.sdum.uminho.pt/bitstream/1822/30937/1/ *STALKING*.pdf > Acesso em 12 abr. 2023

ou degradar o ambiente de trabalho, de maneira insidiosa e repetitiva deva ser considerada *Stalking*[41].

Jorge Trindade, a seu turno, indica que o *stalking* é uma "constelação de condutas que podem ser muito diversificadas, mas envolvem sempre uma intrusão persistente e repetida por meio da qual uma pessoa procura impor à outra, mediante contatos indesejados, às vezes ameaçadores, gerando insegurança, constrangimento, e medo na vítima[42]".

Ana Lara Castro e Spencer Sydow destacam, ainda, que a conduta de *stalking* passa por influência das perspectivas sociais de gênero apresentando-se de formas diferentes ao atingir homens e mulheres:

> (...) sobretudo, grande parte dos *stalkers* são ex-parceiros íntimos, que nutrem sentimento de posse sobre o corpo da mulher. E mesmo quando rompido o relacionamento, sentem-se feridos na masculinidade, diante da simples ideia de que a ex mantenha relações com outros homens, motivo pelo qual tentam manter o controle sobre ela. Não é questão de amor, muitas vezes o *stalker* não tem qualquer predisposição para reatar o vínculo, mas, de qualquer forma, não aceita que a ex constitua nova união[43].

Referido dado é reforçado por Mario Luiz Ramidoff e Cesare Triberti que afirmam que "a maioria dos casos que envolvem o *stalking* são praticados por homens em face de mulheres"[44]

Dados coletados pelo Dr. Dreßing em 2013 apontavam que 80% dos *stalker* são homens e 20% de outro gênero, a prevalência está entre 30 e 40 anos de idade, no entanto, constam *stalker* jovens e também com idades avançadas, muitos destes atordoados por romances, músicas e filmes

[41] HIRIGOYEN, Marie-France. **Assédio moral: a violência perversa do cotidiano.** 2 ed. Rio de Janeiro: Bertrand Brasil, 2001. p. 65.

[42] TRINDADE, Jorge. ***Stalking*: a perseguição implacável**. In: TRINDADE, Jorge. **Manual de psicologia jurídica: para operadores do direito**. Porto Alegre: Livraria do Advogado, 2014. p. 239

[43] CASTRO, Ana L. C. D.; SYDOW, Spencer T. ***Stalking* e *Ciberstalking*.** Salvador: Editora JusPodivm, 2021. p. 170

[44] RAMIDOFF, Mário Luiz; TRIBERTI, Cesare. ***Stalking*: atos persecutórios obsessivos ou insidiosos.** Lei Maria Da Penha (11.340/06), Lei Antibullying (13.185/15) e Reforma Penal. Belo Horizonte (MG): Letramento, 2017.

que narram um romantismo sem limites, como afirma o psicanalista forense[45].

Nesse contexto, convém rememorar Pierre Bourdieu ao tratar da dominação masculina:

> [...] é preciso assinalar não só que as tendências à "submissão", dadas por vezes como pretexto para "culpar a vítima", são resultantes das estruturas objetivas, como também que essas estruturas só devem sua eficácia aos mecanismos que elas desencadeiam e que contribuem para sua reprodução. O poder simbólico não pode se exercer sem a colaboração dos que lhe são subordinados e que só se subordinam a ele porque o constroem como poder [...] temos que registrar e levar em conta a construção social das estruturas cognitivas que organizam os atos de construção do mundo e de seus poderes. Assim se percebe que essa construção prática, longe de ser um ato intelectual consciente, livre, deliberado de um "sujeito" isolado, é, ela própria, resultante de um poder, inscrito duradouramente no corpo dos dominados sob forma de esquemas de percepção e de disposições (a admirar, respeitar, amar etc.) que o tornam sensível a certas manifestações simbólicas do poder.[46]

Como o objetivo da presente investigação é apontar o papel do *Compliance* como mecanismo de Governança Corporativa na prevenção e combate ao *Stalking*, em especial, em contexto laboral e em contexto de relação profissional de apoio, e, considerando que, infelizmente, o ambiente corporativo, possui dominância masculina é imperioso destacar o papel do comprometimento do alto escalão na manutenção da vigilância das condutas, em especial, porque a conduta de *Stalking* não é episódica ou motivada por fato isolado, como aponta Gustavo Pereira Freitas.

Freitas afirma que em princípio, o sujeito que pratica *stalking* não conta com a reprovação imediata de terceiros que venham a ter conhecimento do fato, em muitos casos os atos de perseguição são realizados de maneiras

[45] Dreßing H. (2013). ***Stalking* Diagnostik, Risikoeinschätzung, Behandlungsgrundsätze und Begutachtung**. Nervenarzt. Disponível em < https://www.researchgate.net/publication/263345292_*Stalking*_Diagnostik_ Risikoeinschatzung_Behandlungsgrundsatze_und_Begutachtung > Acesso em: 13 abr. 2023

[46] BOURDIEU, Pierre. **A dominação masculina.** Rio de Janeiro: Bertrand Brasil. Tradução: Maria Helena Kuhner, 1998. p. 52/53

cotidianas e socialmente aceitos, contudo, o que caracteriza o *stalking* são, três elementos, a saber, obsessão, repetição e dano, material ou imaterial[47].

Quanto as formas de manifestação da perseguição insidiosa vários pesquisadores já tentaram elencar uma tipologia própria, entre os mais populares estão os estabelecidos por Paul E. Mullen, M. Purcell, R, & Stuart que distinguem com base em motivações, personalidade e traços de padrão comportamental.

Segundo os pesquisadores, os perfis de *Stalker* podem ser organizados em buscador de intimidade[i], entendido como aquele que não tem histórico de relação prévio com a vítima, mas deseja este relacionamento e acredita que ambos estejam destinados a ficarem juntos; o pretendente incompetente[ii], caracterizado por um perfil predominantemente masculino e socialmente incompetente que, apesar de estar apaixonado pela vítima, está em busca de um encontro casual, não com a "alma gêmea", como no primeiro perfil; o perseguidor rejeitado[iii] que carrega sentimentos de afeição, derivados do desejo de reconciliar-se com a vítima, e vingança, não aceitando o término do relacionamento; o perseguidor rancoroso[iv] que buscaria vingança pela rejeição sofrida ou por a vítima ter ferido seu ego de alguma forma, sua perseguição teria por objetivo intimidar para conquistar algum sentimento de poder, controle e domínio; e, o perseguidor predatório[v], que a rigor se mantém no anonimato e engaja em comportamento de vigilância e perseguição com o objetivo de atacar a vítima, sendo a agressão sexual a finalidade mais observada[48].

Stephanie Macedo afirma que a perseguição pode acontecer de forma física, por telefonemas e por mensagens em que o criminoso intimida a pessoa, em seu artigo "Perseguição física e on-line agora é crime previsto por lei federal", a autora conta um relato da jornalista Valkíria Miron, apresentadora da TV Alese, em que esta teria sido perseguida por um *stalker* e que este conseguiu ter acesso a ambientes que a jornalista frequentava

[47] FREITAS, Gustavo Pereira. **Ana Hickman Sofreu *Stalking*?** Disponível em < http://emporiododireito.com.br/ anahickmannsofreu*stalking* / > Acesso em: 10 abr. 2023.

[48] MULLEN, Paul E.; PATHÉ, Michele; PURCELL, Rosemary. ***The management of stalkers. Advances in Psychiatric Treatment***, 2001. Disponível em: < https://www.cambridge.org/core/journals/advances-in-psychiatric-treatment/artic le/management-of-*stalkers*/D7FCB8ED3A38E950FBD8E230DE8C3020 > Acesso em 15 abr. 2023.

ao longo do dia a dia e que faziam parte de sua rotina, além disso era importunada via mensagens e por ligações telefônicas. A perseguição apenas teve fim quando Valquíria procurou uma delegacia para prestar um Boletim de Ocorrência[49].

Quanto ao perfil das vítimas, o cenário apresentado reflete, em boa medida, a estatística de violência de gênero, conforme aponta Ana Letícia Andrade Brito, a maior parte das vítimas é do gênero feminino representando 75% do total e que a maioria dos agentes ativos, *stalkers*, são do sexo masculino, 79%, a autora ainda aponta que cerca de 23% das mulheres já sofreram perseguição, ao passo que 10% dos homens teriam passado pela situação e 77% dos casos totais acontecem com pessoas próximas à vítima[50].

Pathé *et al*, indica que existem vários contextos e tipos de vítima, podendo agrupá-las em vítimas de ex-parceiros[i], vítimas de conhecidos ou amigos[ii], vítimas em contexto laboral[iii], vítimas famosas[iv], falsas vítimas[v] e vítimas em contexto de relação profissional de apoio[vi][51].

Na lição dos autores, as vítimas de ex-parceiros são vítimas perseguidas por ex-parceiros (ex-marido/mulher; ex-namorado/a), em sua maioria são pessoas com identidade de gênero feminino, mas há também casos de vítimas homens ou de identidade de gênero masculino, sendo que em muitos casos a perseguição insidiosa é um prolongamento de outras violências já sofridas no contexto relacional.

Nesse contexto, Jorge Trindade observa que "devido à psicodinâmica subjacente, notadamente com muitos significados regressivos, o *stalking* associado à ruptura de um relacionamento apresenta maior gravidade e risco de lesão corporal e de homicídio conjugal, inclusive porque a relação

[49] MACÊDO, Stephanie. **Perseguição física e on-line agora é crime previsto por lei federal**. Assembleia Legislativa do Estado de Sergipe. Disponível em: < https://al.se.leg.br/perseguicao-fisica-e-on-line-agora-e-crime-previsto-por-leifederal/ >. Acesso em: 10 abr. 2023.

[50] BRITO, Ana Leticia Andrade. ***Stalking* no Brasil: uma análise dos aspectos psicológicos e jurídico-penais.** 2013. Disponível em: < http://www.repositorio.ufc.br/handle/riufc/27193 >. Acesso em: 10 abr. 2023.

[51] MULLEN, Paul E.; PATHÉ, Michele; PURCELL, Rosemary. ***The management of stalkers. Advances in Psychiatric Treatment***, 2001. Disponível em: < https://www.cambridge.org/core/journals/advances-in-psychiatric-treatment/artic le/management-of-*stalkers*/D7FCB8ED3A38E950FBD8E230DE8C3020 > Acesso em 15 abr. 2023.

preexistente entre agressor e vítima deixa-a mais vulnerável devido ao conhecimento de seus hábitos, de suas dificuldades e limitações"[52].

Já as vítimas em contexto laboral, foco de atenção da presente investigação, são perseguidas por empregadores, colegas de trabalho, clientes ou empregados subordinados, dependendo do contexto em que a vítima se encontre no seu trabalho e normalmente são perseguidas, pois o *stalker* possui desejo de manter uma relação íntima ou desejo de se vingar de alguma coisa, conforme nos aponta Pereira & Matos[53].

A consequência de tais perseguições pode causar o aumento da tensão, nervosismo, medo raiva, agressividade, confusão, desconfiança, paranoia, cansaço, fraqueza, cefaleia, náuseas, perturbação do sono, do apetite, depressão e estresse pós traumático[54], o que impõe a tomada de medidas preventivas e repressivas de modo a preservar o bem estar dos atores envolvidos na relação laboral.

Em complemento, a Associação Portuguesa de Apoio à Vítima – APAV aponta que o *Stalking* é considerado um tipo de comportamento tão assustador que pode causar pânico, gerando pensamentos como o de suicídio, perturbações e ansiedades nas vítimas, por não saber o que vai acontecer exatamente e o momento que sofrerão os ataques[55].

Como visto o *Stalking*, caracterizado pela perseguição insidiosa pode ocorrer em qualquer ambiente em que o perseguidor tenha a sensação de domínio e segurança para perpetrar sua conduta, nesse sentido, a criação de mecanismos coibidores da conduta se torna imperiosa para proteger o capital humano e o capital imaterial das organizações, a seguir, trataremos da evolução normativa do tema.

[52] TRINDADE, Jorge. ***Stalking*: a perseguição implacável**. In: TRINDADE, Jorge. **Manual de psicologia jurídica: para operadores do direito**. Porto Alegre: Livraria do Advogado, 2014. p. 210

[53] PEREIRA, F., & MATOS, M. ***Cyberstalking* entre adolescentes: Uma nova forma de assédio e perseguição?** Psicologia, Saúde e Doenças, 16(1), 57-69. 2015. Disponível em: < http://www.scielo.mec.pt/pdf/psd/v16n1/v16n1a07.pdf > . Acesso em: 11 abr. 2023.

[54] COELHO, Cláudia & GONÇALVES, Rui Abrunhosa (2007). ***Stalking*: uma outra dimensão da violência conjugal**. Revista Portuguesa de Ciência Criminal. Coimbra: Coimbra Editora, 269.

[55] APAV. Associação Portuguesa de Apoio a Vitima. Estatística APAV – **Estatísticas em foco: *stalking***. Disponível em < https://apav.pt/apav_v3/images/press/Relatorio_Anual_2021.pdf > Acesso em: 12 abr. 2023.

3.2. Evolução normativa

Conforme dito em momento anterior, o comportamento de perseguição sempre existiu e ao logo da história foi interpretado e disciplinado de diversas formas, conforme veremos a seguir.

Pode-se afirmar, sem medo de errar, que a pioneira na disciplina da perseguição insidiosa foi a Dinamarca, país europeu com área total de 43.094 km^2, tendo nos idos de 1930 tipificado uma lei específica sobre a conduta de *Stalking* entrando em vigor em 1933 na seção 265 tratando da violação de paz de uma pessoa, através de qualquer meio, devendo ser punida com multa ou 2 (dois) anos de prisão[56].

Na Dinamarca para que houvesse a sanção penal o agressor precisava antes receber uma advertência policial, que poderia ser dada somente se as condutas fossem praticadas por mais de uma vez e devia haver uma razão para que caso a advertência não tivesse sido dada o comportamento criminoso teria se prolongado[57].

Apenas na década de 1980 após a escritora norte-americana Doris M. Hall por meio do seu estudo *The Victims of Stalking* que o assunto passou a ter alguma atenção após o assassinato do cantor John Lennon, e pela tentativa de homicídio do presidente Ronald Reagan, em que o autor da tentativa era obcecado pela atriz Jodie Foster e justificou a tentativa como forma de chamar a atenção da personalidade[58].

A partir de então o termo passou a descrever a perseguição insistente a celebridades por seus fãs, em 1990, nos Estados Unidos, incialmente na Califórnia, a conduta foi criminalizada[59].

Em 1988 foi a vez da Bélgica, país europeu que faz fronteira com a Alemanha, Luxemburgo, França e a Holanda, criminalizar a conduta

[56] DANMARK. ***Straffeloven*** af 15. april 1930. Disponível em: < https://themis.dk/search > . Acesso em: 13 abr. 2023.

[57] MODENA GROUP ON *STALKING*. Università degli Studi di Modena e Reggio Emilia. ***Protecting women from the new crime of stalking: a comparison of legislative approaches within the European Union***. 2007. Disponível em: < http://*stalking*.medlegmo.unimo .it/RAPPORTO_versione > Acesso em: 13 abr. 2023.

[58] HALL Doris M. ***The Victims of Stalking***. apud: MELOY, J. R. ***The psychology of stalking***. San Diego: Elsevier Science, 1998.

[59] BRANT, Marcos Henrique Caldeira. ***Stalking Perseguição obsessiva***. Disponível em: < https://amagis.com.br/posts/artigo-*stalking*-perseguicao-obsessiva > Acesso em: 10 abr. 2023.

stalker em seu artigo 442 do Código Penal, permanecendo a tipificação como:

> Quem tiver assediado uma pessoa, enquanto sabia ou deveria saber que iria perturbar seriamente a paz dessa pessoa com seu comportamento, será punido com prisão de quinze dias a dois anos e multa de cinquenta a trezentos euros ou uma dessas penalidades (tradução livre)[60]

Em 1989 a terminologia *stalking* foi associada à perseguição que a atriz Rebecca Shaeffer sofreu por dois anos até ser assassinada por seu *stalker* em frente sua residência em 18 de julho daquele ano, no estado da Califórnia.

A repercussão daquele fato culminou na promulgação da primeira lei anti-*stalking* de que se tem notícia em território norte-americano, que inserida no Código Penal da Califórnia, pune quem, em livre tradução "(...) intencionalmente, maliciosamente, e repetidamente seguir ou deliberadamente e maliciosamente assediar outra pessoa e que faz uma ameaça plausível com a intenção de colocar nessa um medo razoável (...)[61]."

No Reino Unido a conduta de perseguição insidiosa passou a ser criminalizada a partir de 1997, quando a Lei de proteção contra assédio entrou em vigor, seu texto era bem amplo o que resultou em uma alteração no ano de 2012 quando foram acrescentados novas conduta delitivos ao *Stalking*[62].

Em 2006 foi a vez da Áustria tipificar a conduta na seção 107ª de seu Código Penal, sendo chamado de perseguição persistente. Para a legislação austríaca o eventual medo da vítima ou a intenção de causar-lhe pânico não são consideradas e não há a necessidade de reiteração da conduta, podendo o autor ser punido por um ato isolado.[63]

[60] BELGIË. ***Strafwetboek***, van 8 juni 1867. Disponível em: < http://www.ejustice.just.fgov.be/cgi/welcome.pl >. Acesso em: 13 abr. 2023.

[61] CALIFORNIA, ***Penal Code.*** Disponível em: < http://www.leginfo.ca.gov/cgibin/calawquery?codesection=pen >. Acesso em: 13 abr. 2023. "(...) willfully, maliciously, and repeatedly follows or willfully and maliciously harasses another person and who makes a credible threat with the intent to place that person in reasonable fear (...)

[62] GERBOVIC, Luciana. ***Stalking.*** – São Paulo: Editora Almedina Brasil, 2016.

[63] ÖSTERREICH. ***Strafgesetzbuch***. Disponível em: < https://www.jusline.at/107a_Beharrliche > . Acesso em: 13 abr. 2023

Em *terras brasilis*, o *stalking* apesar de sempre presente às estatísticas sobre violência doméstica e de gênero somente foi tipificado em 2021 por meio da Lei nº 14.132 de 31 de março de 2021, a qual introduziu o artigo 147-A ao Código Penal, descrevendo o novo tipo delitivo como:

> Perseguição
> Art. 147-A. Perseguir alguém, reiteradamente e por qualquer meio, ameaçando-lhe a integridade física ou psicológica, restringindo-lhe a capacidade de locomoção ou, de qualquer forma, invadindo ou perturbando sua esfera de liberdade ou privacidade.
> Pena – reclusão, de 6 (seis) meses a 2 (dois) anos, e multa.
> § 1º A pena é aumentada de metade se o crime é cometido:
> I – contra criança, adolescente ou idoso;
> II – contra mulher por razões da condição de sexo feminino, nos termos do § 2º-A do art. 121 deste Código;
> III – mediante concurso de 2 (duas) ou mais pessoas ou com o emprego de arma.
> § 2º As penas deste artigo são aplicáveis sem prejuízo das correspondentes à violência.
> § 3º Somente se procede mediante representação[64].

A necessidade da criação de uma legislação nacional sobre o tema surgiu após discussões no Congresso Nacional em que foi apurado o alarmante crescimento das taxas de violência contra a mulher, especialmente de feminicídio, tendo sido constatado, à época, que 76% foram praticados por pessoas que mantinham convivência com a vítima[65]

Referidos dados influenciaram na criação e tipificação do *stalking* com o objetivo de proteger não somente as mulheres mas sim todos tiverem ameaçada a integridade física, psicológica e violada a liberdade[66].

[64] BRASIL. **Lei nº 14.132**, de 31 de março de 2021. Acrescenta o art. 147-A ao Decreto-Lei nº 2.848, de 7 de dezembro de 1940 (Código Penal), para prever o crime de perseguição; e revoga o art. 65 do Decreto-Lei nº 3.688, de 3 de outubro de 1941 (Lei das Contravenções Penais). Diário Oficial da União, Brasília, DF, 31 mar. 2021.

[65] MENDES, Emerson Castelo Branco. Rocha Jorge Bheron. **Tudo sobre o crime de *stalking*.** NotoriumPlay: Fortaleza. E-book, 2021. pg. 13

[66] BRASIL. Agência do Senado. **Lei que criminaliza o *stalking* é sancionada.** Disponível em https://www12.senado.leg.br/noticias/materias/2021/04/05/lei-que-criminalizas-*talking*-e-sancionada. Acesso em: 10 abr. 2023.

Como pode ser observado o Brasil, em comparação com os países estrangeiros mencionados, tardou a tipificar a conduta de perseguição insidiosa e quando o fez, teve por motivação a escalada vertiginosa de casos de feminicídio que estavam ocorrendo.

Inobstante o retardo estatal, para além do papel repressivo, devemos destacar o papel da sociedade no combate às violências pessoais, seja pelo controle social, denúncias, seja pela vigilância da própria conduta, nesse sentido, a seguir trataremos do *Compliance* como mecanismo de Governança Corporativa e seu papel no combate ao *stalking*.

4. *Compliance* como mecanismo de Governança Corporativa e seu papel no combate ao *stalking*;

Conforme visto anteriormente a função precípua da Governança Corporativa é garantir a unidade gerencial de modo que isso reflita na segurança jurídica e valor da organização, de outra ponta, o *Compliance* busca, dentre outros objetivos, a redução dos custos com passivos judiciais, pela neutralização das sanções administrativas, o incremento da segurança jurídica nas relações comerciais com clientes, colaboradores, fornecedores e *stakeholders*, além do efetivo efeito radial de valorização dos ativos, através da implementação de processos que efetivem a integridade.

Foi visto ainda que as vítimas em contexto laboral ou e em contexto de relação profissional de apoio são perseguidas por empregadores, colegas de trabalho, clientes ou empregados subordinados, dependendo do contexto em que a vítima se encontre no seu trabalho.

Dessa forma, fica claro que o *Compliance* possui papel essencial na prevenção e no combate às perseguições insidiosas.

Para tanto, podemos apontar como ferramenta nesse combate a norma ISO 19600:2014, que busca a implementação de um padrão global para o Gerenciamento da Conformidade sendo baseada nos princípios da boa governança, da proporcionalidade, da transparência e da sustentabilidade, e em termos gerais, as empresas poderão adotar estar normativa como orientação independente, ou ainda combiná-la com outros padrões ou programas de gestão já existentes ou implementados pela empresa.

Como já apresentado, a ISO 19600:2014 não tem como alvo uma área de risco específica. A proposta dessa norma é fornecer uma orientação para que as empresas possam melhorar o desempenho de seus Programas de *Compliance*.

Esta proposta é baseada no modelo PDCA (*Plan – Do – Check – Act*) para a construção de uma estrutura de controle e melhoria contínua de processos, conforme nos aponta o Tribunal de Contas do Estado do Paraná:

> PLAN: Identificar as obrigações de conformidade que forem consideradas ou mapeadas como riscos, a fim de promover uma estratégia e definir as medidas para enfrentá-los.
>
> DO: Definir e implementar mecanismos de acompanhamento.
>
> CHECK: Avaliar se os controles implementados estão em conformidade com o Programa estabelecido.
>
> ACT: Baseado nos resultados obtidos, o programa deverá ser continuamente aperfeiçoado, e os casos de Não-Conformidade devem ser gerenciados.[67]

Ocorre, todavia que a implementação de toda e qualquer política empresarial ou governamental que influencie de maneira direta ou indireta no comportamento dos atores, ainda que seja para o atendimento de norma impositiva, deverá ser conduzida necessariamente com o comprometimento do alto escalão.

5. Do comprometimento do alto escalão

Como dito para que o *Compliance* consiga realizar sua função na prevenção e no combate ao *Stalking* é necessário que todo o extrato vertical esteja devidamente alinhado, nessa esteira, tal alinhamento deverá ser proposto pelos postos hierarquicamente mais elevados da instituição, "arrastar pelo exemplo".

Joana Filipa Antunes Matela em sua tese *A influência da ética nas organizações: A mediação do clima ético nas relações de liderança com os resultados atitudinais dos colaboradores*, ao citar Kotter[68] diz que a definição do papel dos gestores tem sofrido alterações e acredita-se que estes são responsáveis por um sistema complexo.

[67] Tribunal de Contas do Estado do Paraná – TCEPR – **Ciclo PDCA**. Disponível em: < http://www1.tce.pr.gov.br/conteudo/ciclo-pdca/235505/area/46>. Acesso em: 20 ago. 2018.

[68] Kotter, J. (1982). **The General Managers**.*The Free Press* ***apud*** Matela, Joana Filipa Antunes. *A influência da ética nas organizações: A mediação do clima ético nas relações de liderança com os resultados atitudinais dos colaboradores. ISCTE BUSSINESS SCHOOL*. 2016

A referida complexidade é proporcional à complexidade das relações e relacionamentos dos indivíduos que compõem a estrutura, desde aspectos funcionais a pessoais, transpassando o comportamento.

Matela continua afirmando que os executivos são chamados a identificar problemas e soluções em ambientes em que a ligação resultados/comportamentos não é esclarecedora; a balancear decisões de curto e longo prazo e motivar toda uma força de trabalho.

Reflexo necessário de tal interação é a produtividade interna e externa, eis que o impacto das vicissitudes refletirá no balanço patrimonial da organização.

A autora continua citando Hambrick[69] dizendo que as equipes de gestão são bombardeadas com informações ambíguas e mal estruturadas suscetíveis a diversas interpretações.

É nesse ponto em que o comprometimento do alto escalão alinhado a uma política de intolerância, ou de tolerância zero, a qualquer comportamento persecutório, ainda que inicial, pode afetar positivamente a comunidade corporativa e fomentar uma cultura de auto vigilância e proteção aos atores envolvidos.

Matela ao citar Finkelstein e Hambrick[70] apresenta quatro vantagens ao estudar os grupos da gestão de topo. Em primeiro lugar, as organizações possuem múltiplos objetivos que frequentemente entram em conflito, pois a equipe de gestão de topo é o resultado de uma combinação de indivíduos.

Sendo essa característica o maior fundamento para a codificação legítima de uma política de *Compliance.*

Continua afirmando que em segundo lugar o processo de tomada de decisão estratégica normalmente enfatiza a relevância das sequências, passos e processos que envolvem interação da equipe de gestão de topo, a fim de chegarem a um ponto de convergência.

Sem a referida convergência os esforços das equipes envolvidas poderá ser desaproveitado o que, via de consequência, acarretará na malversação dos recursos organizacionais.

[69] Hambrick D. & Abrahamson, E. (1995) **Assessing Managerial discretion across industries**: A Multi-method Approach. *Academy of Management Journal*; 38:1427-1441 ***apud*** Matela, Joana Filipa Antunes. Idem

[70] Finkelstein S, & Hambrick, D. (1996). **Strategic Leadership: Top Executives and Their Effects on Organizations.** *West Publishing Company* ***apud*** Matela, Joana Filipa Antunes. Idem

Prossegue dizendo que, em terceiro lugar, ao acreditar que a gestão de topo pode afetar os resultados da organização, a capacidade de previsão da mesma é relevada.

Por fim, Matela cita Finkelstein & Hambrick[71] considerando que as interações entre os gestores de topo produzem resultados com interesse, por exemplo, a integração e processo de decisão bem como a distribuição do poder dentro da organização.

Importa destacar que essa interação vertical previne, inclusive, que conflitos de poder localizado gerem instabilidade interna na organização, além de emanar uma mensagem direta a todos os componentes da esfera corporativa, qual seja, o dever de mútua proteção contra perseguições insidiosas.

A Douta conclui afirmando do necessário comprometimento dos escalões superiores na implementação dos normativos comportamentais nas organizações, sendo este o fator chave para o sucesso e do efeito transformador, baseado especialmente no exemplo.

Como cediço, *"as palavras convencem, enquanto o exemplo arrasta"*.

5.1. Do alinhamento em todos os níveis de governança

Conforme apontado a transformação do ambiente organizacional passa pelo alinhamento organizacional e pela participação de todos os níveis dentro da entidade, tanto pra conseguir legitimidade como para trazer a necessária participação de todos os elementos envolvidos.

Em especial, pelo exemplo que deve ser imposto pelos líderes das organizações que devem para muito além do comportamento probo, manter o relacionamento com seus colaboradores em estreita harmonia, de modo a extrair o melhor possível em qualquer atividade.

Dito isto, somado a participação à constante prática dos valores elencados nos códigos de conduta da entidade a transformação do ambiente se torna orgânica e cíclica, eis que a prática diária se transformará em comportamento e posteriormente em hábito.

[71] Finkelstein S, & Hambrick, D. (1996). **Strategic Leadership: Top Executives and Their Effects on Organizations.** *West Publishing Company* ***apud*** Matela, Joana Filipa Antunes. ***A influência da ética nas organizações: A mediação do clima ético nas relações de liderança com os resultados atitudinais dos colaboradores.*** *ISCTE BUSSINESS SCHOOL*. 2016

5.2. Dos artefatos

Como dito em momento anterior, a positivação dos meios de integridade é materializada em artefatos que consubstanciam a política e as diretrizes gerais que instrumentalizam a orientação e diretrizes que direcionam a organização.

Nesse contexto podemos apresentar como artefatos essenciais ao Compliance o programa de integridade[i], o código de ética[i] e o código de conduta[iii].

Programa de integridade é um programa de *compliance* específico para prevenção, detecção e remediação dos atos lesivos previstos na lei 12.846/2013, que tem como foco, além da ocorrência de suborno, também fraudes nos processos de licitações e execução de contratos com o setor público.[72]

Referido programa não só pode como deve traçar princípios de mútua proteção, além de elencar canais de comunicação organizacional corporativa de modo a possibilitar a todo e qualquer ator no processo possa ser ouvido qual a integridade estiver sob risco.

O programa de integridade deve ser estruturado, aplicado e atualizado de acordo com as características e riscos atuais das atividades de cada pessoa jurídica, a qual por sua vez deve garantir o constante aprimoramento e adaptação do referido programa, visando garantir sua efetividade" (Art. 41, p. único do Dec 8.420/16[73]).

Código de Ética é um acordo que estabelece os direitos e deveres de uma empresa, instituição, categoria profissional, ONG e etc, a partir da sua missão, cultura e posicionamento social, e que deve ser seguido pelos funcionários no exercício de suas funções profissionais[74].

No Código de Ética deverão estar expressos os princípios pelos quais as corporações serão conhecidas de maneira endógena e exógena a seu lugar

[72] CGU – **Programa de Integridade, Diretrizes para empresas privadas.** Disponível em: < https://www.cgu.gov.br/Publicacoes/etica-e-integridade/arquivos/programa-de-integridade-diretrizes-para-empresas-privadas.pdf>. Acesso em: 28 ago. 2018

[73] BRASIL. **Decreto nº 8.420/2006**, de 18 de março de 2015. Que regulamenta a Lei nº 12.846, de 1º de agosto de 2013, que dispõe sobre a responsabilização administrativa de pessoas jurídicas pela prática de atos contra a administração pública, nacional ou estrangeira e dá outras providências. Diário Oficial da União, Brasília, DF, 19 mar. 2015.

[74] Código de Ética – **Código de ética**. Disponível em: < http://codigo-de-etica.info/>. Acesso em: 09 abr. 2023.

no mercado, o presente artefato possui a característica de fundamentar os valores que a organização divulgará e defenderá frente ao controle social. Nessa oportunidade deverão ser defendidos a liberdade e individualidade de cada ator, de modo a iniciar o escudo de proteção contra o *Stalking*.

Código de Conduta é um documento que reúne todas as regras a serem seguidas pelos membros de uma organização. É importante para estabelecer padrões de comportamento e formas de agir, de acordo com a missão, os valores e os objetivos da organização.[75]

Notória a semelhança entre o código de ética e o de conduta, contudo a leitura mais atenta demonstra que a diferença consiste na ação humana do agente, se o código de ética regula os valores éticos a serem observados o código de conduta regula o comportamento e as relações estabelecidas.

5.3. Da função de prevenção e combate ao *stalking* corporativo;

5.3.1. Da prevenção

A prevenção ao comportamento persecutório insidioso em ambiente corporativo passa por uma série de medidas, iniciando com a orientação, capacitação, monitoramento e vigilância constante do comportamento do bem-estar dos envolvidos.

Ao menor sinal de que um colaborador passou a adotar um comportamento diferente do que habitualmente lhe era observado a gestão a ele associada deverá buscar observar o que motivou referida mudança, seja ela causada pelo ambiente corporativo ou não.

A tarefa de acolhimento inicial ao ativo humano de uma organização demostra, por parte da organização, a necessária valorização que aquele tão importante elemento tem ao todo, o que valoriza a vida humana, e, em última análise agrega valor à empresa.

Ao empresário, corpo diretivo ou executivo, cumpre o papel de vigilância constante, tanto pela valorização da vida, como, em última análise – ainda que tal pensamento não devesse ser tão pragmático – à taxa de produtividade dos colaboradores.

Podemos traçar um paralelo entre a prevenção ao *Stalking* e a prevenção à corrupção, em específico quanto aos controles sutis *(soft controls)*

[75] Legal Ethics *Compliance* – **Código de conduta ética no trabalho: entenda 5 dicas para fazê-lo**. Disponível em: < https://www.lecnews.com.br/blog/codigo-de-conduta-etica-no-trabalho-entenda-5-dicas-para-faze-lo/ >. Acesso em: 09 abr. 2023.

quanto controles duros *(hard controls)*[76], em que os primeiros passam pela motivação – lealdade, integridade, tom da alta administração, inspiração e valores dos servidores, ao passo que os controles duros tratam da apuração e punição dos responsáveis por desvios.

Como visto o tema de prevenção aponta como a forma mais eficiente de tratar e evitar o comportamento *Stalking*, sendo ela exercida através de programas de integridade que além de efeito dissuasório tem efeito inspirador, o que confirma a função do *Compliance* como mecanismo de prevenção e combate à perseguição insidiosa.

5.3.2. Do combate

Se de um lado a prevenção aponta como a forma mais eficiente de preservar o bem estar dos atores envolvidos na relação corporativa o combate é a via eleita a *posteriori* o dano, incorrendo em persecução dos envolvidos e eventual punição dos responsáveis.

Sobre o tema o Tribunal Regional do Trabalho da 18ª Região decidiu:

> ASSÉDIO MORAL. *STALKING*. No assédio moral, na modalidade *stalking*, o assediador (*stalker*), dentre outras condutas, invade a privacidade da vítima de forma reiterada, causa danos à integridade psicológica e emocional do sujeito passivo, lesa a sua reputação, altera do seu modo de vida e causa restrição à sua liberdade de locomoção. No caso em tela, demonstrado que o *stalker*, vigiava os passos, controlava os horários e tirava fotos da reclamante quando acompanhada de outros homens, para dizer que estava traindo seu marido, faz jus à indenização por danos morais em razão do assédio moral sofrido, sendo o empregador responsável de forma objetiva, consoante art. 932, III do CC/02. (TRT18, ROT - 0010055-78.2019.5.18.0014, Rel. SILENE APARECIDA COELHO, OJC de Análise de Recurso, 19/03/2020)[77].

Como observado no julgado acima a empresa foi responsabilizada pela perseguição insidiosa perpetrada por colaborador associado a seu quadro de trabalho, o que poderia ter sido evitado caso a organização fizesse uso de medidas preventivas, e, caso, ainda assim ocorrência viesse a cabo,

[76] BRASIL. Tribunal de Contas da União. **Referencial de combate à fraude e a corrupção.** Brasília, DF, TCU, 2017, p. 32, 88, 90.

[77] Tribunal Regional do trabalho da 18ª Região, **ROT - 0010055-78.2019.5.18.0014**, Rel. SILENE APARECIDA COELHO, OJC de Análise de Recurso, 19/03/2020

poderia a entidade ter manejado medidas de apuração interna de modo a mitigar sua responsabilidade.

Nesse sentido, a implantação de um programa de Compliance observando as diretrizes da ISO 19600:2014 e a positivação dos artefatos inerentes são vetores de proteção à vida e ao bem estar dos ativos humanos componentes do ambiente organizacional da empresa, razão pela qual pode-se afirmar o papel de destaque do *Compliance* como mecanismo de Governança Corporativa no combate ao *Stalking*.

Conclusões

Após as considerações traçadas ao longo do trabalho resta indubitável o papel do *Compliance* como mecanismo de Governança Corporativa e seu papel no combate ao *Stalking*, considerando sua instrumentalidade e materialidade atinente à integridade organizacional.

Conforme restou demonstrado, a Governança Corporativa surgiu como medida acauteladora das instituições, relações e pessoas envolvidas em transações empresariais tornando o sistema a ela subordinado alinhado, conciso, auditável, equânime e responsável.

Ao analisarmos o conceito e as definições do *Stalking*, em específico em contexto laboral e em contexto de relação profissional de apoio, visualizamos o perfil das potenciais vítimas e dos potenciais perpetradores e como podemos criar mecanismos para prevenir e combater referida conduta.

Para tanto, podemos apontar como ferramenta nesse combate a norma ISO 19600:2014, que busca a implementação de um padrão global para o gerenciamento da conformidade sendo baseada nos princípios da boa governança, da proporcionalidade, da transparência e da sustentabilidade, e em termos gerais, as empresas poderão adotar estar normativa como orientação independente, ou ainda combiná-la com outros padrões ou programas de gestão já existentes ou implementados pela empresa

É nesse ponto em que o comprometimento do alto escalão alinhado a uma política de intolerância, ou de tolerância zero, a qualquer comportamento persecutório, ainda que inicial, pode afetar positivamente a comunidade corporativa e fomentar uma cultura de auto vigilância e proteção aos atores envolvidos.

Dessa forma, resta claro a importância do Compliance no combate ao *stalking*.

Referências

ABBI – Associação Brasileira de Bancos Internacionais. **Função de *Compliance*.** Disponível em: <http://www.abbi.com.br/download/funcaodecompliance_09. pdf>. Acesso em: 09 abr. 2023.

ALENCAR, Caíque. **Estado de SP registra em média 31 ocorrências de *stalking* por dia**. Veja. Disponível em: < https://veja.abril.com.br/ blog/maquiavel/estado--desp-registra-em-media-31-ocorrencias-de-*stalking*-por-dia/ >. Acesso em: 10 abr. 2023.

AMIKY, Luciana Gerbovic. ***Stalking***. Dissertação de Mestrado. PUC-SP, 2014. Disponível em: < https://tede2.pucsp.br/bitstream/handle/6555/1/Luciana %20Gerbovic%20Amiky.pdf >. Acesso em: 10 abr. 2023.

ANDRADE, A.; ROSSETTI, J.P. **Governança Corporativa: fundamentos, desenvolvimento e tendências**. São Paulo: Atlas, 2012. p. 70 e 89.

APAV. Associação Portuguesa de Apoio a Vítima. **Estatística APAV- Estatísticas em foco: *stalking***. https://apav.pt/apav_v3/images/press/Relatorio_Anual_2021.pdf Acesso em: 12 abr. 2023.

ATKINS, Victoria. ***Government gives police new powers to protect victms of stalking***. Disponível em : https://www.gov.uk/government/news/gover nment-givespolice--new-powers-to-protect-victims-of-*stalking* . Acesso em: 13 abr. 2023.

BELGIË. **Strafwetboek**, van 8 juni 1867. Disponível em: http://www.ejustice.just. fgov.be/cgi/welcome.pl. Acesso em: 13 abr. 2023.

BIANCHI, M; SILVA, C.V; GELATTI, R; ROCHA, J.M. **A evolução e o perfil da governança corporativa no Brasil: um levantamento da produção científica do ENANPAD entre 1999-2008.** Encontro Anual da ANPAD (33. 2009 set. : São Paulo). [Anais do EnANPAD]. São Paulo: ANPAD, 2009. Disponível em: http:// seer.ufrgs.br/ConTexto/article/view/11329/6702 Acesso em: 09 abr. 2023.

Bloomberg. **Reporting *Compliance*.** Disponível em: <https://www.bloomberg. com/news/articles/2013-05-15/global-markets-regulator-probing-oil-price--reporting-compliance>. Acesso em: 09 abr. 2023.

BOURDIEU, Pierre. **A dominação masculina**. Rio de Janeiro: Bertrand Brasil. Tradução: Maria Helena Kuhner, 1998.

BRANT, Marcos Henrique Caldeira. ***Stalking* Perseguição obsessiva**. Disponível em: <https://amagis.com.br/posts/artigo-*stalking*-perseguicao-obsessiva> Acesso em: 10 abr. 2023.

BRASIL. Agência do Senado. **Lei que criminaliza o *stalking* é sancionada**. Disponível em https://www12.senado.leg.br/noticias/materias/2021/04/05/ lei-que-criminaliza*stalking*-e-sancionada. Acesso em: 10 abr. 2023.

BRASIL. **Decreto nº 4.410/2002, de 07 de outubro de 2002.** Que promulga a Convenção Interamericana contra a Corrupção, de 29 de março de 1996, com reserva para o art. XI, parágrafo 1o, inciso “c”. Diário Oficial da União, Brasília, DF, 08 out. 2002.

BRASIL. **Decreto nº 5.687/2006, de 31 de janeiro de 2006.** Que Promulga a Convenção das Nações Unidas contra a Corrupção, adotada pela Assembléia-Geral das Nações Unidas em 31 de outubro de 2003 e assinada pelo Brasil em 9 de dezembro de 2003. Diário Oficial da União, Brasília, DF, 1º fev. 2006.

BRASIL. **Decreto nº 8.420/2006, de 18 de março de 2015.** Que regulamenta a Lei nº 12.846, de 1º de agosto de 2013, que dispõe sobre a responsabilização administrativa de pessoas jurídicas pela prática de atos contra a administração pública, nacional ou estrangeira e dá outras providências. Diário Oficial da União, Brasília, DF, 19 mar. 2015.

BRASIL. **Decreto-Lei nº 2.848, de 7 de dezembro de 1940.** Código Penal. Diário Oficial da União, Rio de Janeiro, DF, 31 dez. 1940.

BRASIL. **Lei nº 10.520, de 17 de julho de 2002.** Institui, no âmbito da União, Estados, Distrito Federal e Municípios, nos termos do art. 37, inciso XXI, da Constituição Federal, modalidade de licitação denominada pregão, para aquisição de bens e serviços comuns, e dá outras providências. Diário Oficial da União, Brasília, DF, 18 jul. 2002.

BRASIL. **Lei nº 11.638, de 28 de dezembro de 2007.** Que altera e revoga dispositivos da Lei no 6.404, de 15 de dezembro de 1976, e da Lei n 6.385, de 7 de dezembro de 1976, e estende às sociedades de grande porte disposições relativas à elaboração e divulgação de demonstrações financeiras. Diário Oficial da União, Brasília, DF, 28 dez. 2007.

BRASIL. **Lei nº 11.941, de 27 de maio de 2009.** Que altera a legislação tributária federal relativa ao parcelamento ordinário de débitos tributários; concede remissão nos casos em que especifica; institui regime tributário de transição. Diário Oficial da União, Brasília, DF, 28 maio. 2009.

BRASIL. **Lei nº 12.462, de 04 de agosto de 2011**. Que Institui o Regime Diferenciado de Contratações Públicas – RDC. Diário Oficial da União, Brasília, DF, 05 ago. 2011.

BRASIL. **Lei nº 12.846, de 1º de agosto de 2013.** Que dispõe sobre a responsabilização administrativa e civil de pessoas jurídicas pela prática de atos contra a administração pública, nacional ou estrangeira, e dá outras providências. Diário Oficial da União, Brasília, DF, 02 ago. 2013.

BRASIL. **Lei nº 14.132, de 31 de março de 2021**. Acrescenta o art. 147-A ao Decreto-Lei nº 2.848, de 7 de dezembro de 1940 (Código Penal), para prever o crime de perseguição; e revoga o art. 65 do Decreto-Lei nº 3.688, de 3 de outubro de 1941 (Lei das Contravenções Penais). Diário Oficial da União, Brasília, DF, 31 mar. 2021.

BRASIL. **Lei nº 8.666, de 21 de junho de 1993**. Regulamenta o art. 37, inciso XXI, da Constituição Federal, institui normas para licitações e contratos da Administração Pública e dá outras providências. Diário Oficial da União, Brasília, DF, 22 jun. 1993.

BRASIL. Tribunal de Contas da União. **Referencial de combate à fraude e a corrupção.** Brasília, DF, TCU, 2017, p. 32, 88, 90.

BRITO, Ana Leticia Andrade. ***Stalking* no Brasil: uma análise dos aspectos psicológicos e jurídico-penais.** 2013. Disponível em: < http://www.repositorio.ufc.br/handle/riufc/27193 >. Acesso em: 10 abr. 2023.

BRITTO, Claudia. FONTANHIA, Gabriela. **O novo crime de Perseguição – *Stalking*.** Migalhas. Disponível em: <https://www.migalhas.com.br/depeso/343381/o-novocrime-de-perseguicao--*stalking*> . Acesso em: 10 abr. 2023.

CALIFORNIA, **Penal Code**. Disponível em: < http://www.leginfo.ca.gov/cgibin/calawquery?codesection=pen >. Acesso em: 13 abr. 2023. "(...) willfully, maliciously, and repeatedly follows or willfully and maliciously harasses another person and who makes a credible threat with the intent to place that person in reasonable fear (...)

CANDELORO, ANA Paula p. ; DE RIZZO, Maria Balbina Martins; PINHO, Vinicius. ***Compliance* 360º. Riscos, estratégias, conflitos e vaidades no mundo corporativo.** São Paulo: Trevisan, 2012. p. 30

Carvalho, M. p. L. **O combate ao *stalking* em portugal: contributos para a definição de um protocolo de intervenção policial.** Tese de mestrado. Porto: Universidade do Porto. 2010 Disponível em: < https://repositorio-aberto.up.pt/bitstream/10216/26593/2/*STALKING*VersaoPB.pdf >. Acesso em: 12 abr. 2023.

CASTRO, Ana L. C. D.; SYDOW, Spencer T. ***Stalking* e *Ciberstalking*.** Salvador: Editora JusPodivm, 2021.

CGU – **Programa de Integridade, Diretrizes para empresas privadas.** Disponível em: < https://www.cgu.gov.br/Publicacoes/etica-e-integridade/arquivos/programa-de-integridade-diretrizes-para-empresas-privadas.pdf>. Acesso em: 09 abr. 2023.

Código de Ética – **Código de ética**. Disponível em: < http://codigo-de-etica.info/>. Acesso em: 09 abr. 2023.

COELHO, Cláudia & GONÇALVES, Rui Abrunhosa (2007). ***Stalking*: uma outra dimensão da violência conjugal.** Revista Portuguesa de Ciência Criminal. Coimbra: Coimbra Editora, 269-302.

Compliance Total – **Os sete elementos**. Disponível em: <https://www.compliance-total.com.br/compliance/os-sete-elementos>. Acesso em: 09 abr. 2023.

COSTA, Adriano Sousa. FONTES, Eduardo. HOFFMANN, Henrique. ***Stalking*: o crime de perseguição ameaçadora.** Disponível em < https://www.conjur .com.br/2021-abr06/academia-policia-*stalking*-crimeperseguicao-ameacadora > Acesso em: 10 abr. 2023.

CRESPO, Marcelo. **Algumas reflexões sobre o *cyberstalking*.** Disponível em: <http://canalcienciascriminais.com.br/artigo/algumas-reflexoes-sobre-o-cyber*stalking*> Acesso em: 11 abr. 2023.

CUNHA, Rogério Sanches. **Lei 14.132/21: Insere no Código Penal o art. 147-A para tipificar o crime de perseguição.** Disponível em: < https://meusitejuridico.editorajuspodivm.com.br/2021/04/01/lei-14-13221-insere-no-codigopenal-o--art-147-para-tipificar-o-crime-de-perseguicao/>. Acesso em: 10 abr. 2023.

DANMARK. **Straffeloven** af 15. april 1930. Disponível em: https://themis.dk/search. Acesso em: 13 abr. 2023.

DEUTSCHLAND. **Strafgesetzbuch**. Disponível em: http://dejure.org/gesetze/StGB/238.html. Acesso em: 13 abr. 2023.

DORIGON, Alessandro. ***Stalking* e sua tipificação penal**. Jus Brasil. IN: https://jus.com.br/artigos/88639/*stalking*-e-sua-tipificacao-penal. Acesso em: 13 abr. 2023.

Dreßing H. (2013). ***Stalking* Diagnostik, Risikoeinschätzung, Behandlungsgrundsätze und Begutachtung. Nervenarzt.** ·Disponível em <https://www.researchgate.net/publication/263345292_*Stalking*_Diagnostik_Risikoeinschatzung_Behandlungsgrundsatze_und_Begutachtung> Acesso em: 13 abr. 2023

Finkelstein S, & Hambrick, D. (1996). ***Strategic Leadership: Top Executives and Their Effects on Organizations. West Publishing Company*** apud Matela, Joana Filipa Antunes. **A influência da ética nas organizações: A mediação do clima ético nas relações de liderança com os resultados atitudinais dos colaboradores.** ISCTE BUSSINESS SCHOOL. 2016

FIORELLI, José Osmir. Fiorelli Maria Rosa. Madalhas Junior. Marcos Julio Olivé. **Assédio Moral – Uma visão Multidisciplinar**. 2º edição. São Paulo. Editora: Atlas, 2015.

FREITAS, Gustavo Pereira. **Ana Hickman Sofreu *Stalking*?** Disponível em < http://emporiododireito.com.br/anahickmannsofreu*stalking*/ > Acesso em: 10 abr. 2023.

GECOMPANY – **Conheça o modelo de Governança Corporativa da Petrobras.** Disponível em: < http://www.gecompany.com.br/educacional/relatorios-empresariais/conheca-o-modelo-de-governanca-corporativa-da-petrobras/ >. Acesso em: 09 abr. 2023.

GERBOVIC, Luciana**. *Stalking*.** – São Paulo: Editora Almedina Brasil, 2016.

Gitman, Lawrence. Pearson Jacques Salim, **Princípios de Administração Financeira.** 2010 12 ed. São Paulo.

GRECO, Rogério. **Novo crime: Perseguição – art. 147-A do Código Penal, 01 abril 2021.** Disponível em: <https://www.rogeriogreco.com.br/post/nova-lei-de--persegui%C3%A7%C3%A3o>. Acesso em: 10 abr. 2023.

Gregorie, T.M. (2001). ***Cyberstalking: Dangers on Information SuperHighway, Nacional Center for Victims of Crime.***

HALL Doris M. ***The Victims of Stalking***. spud MELOY, J. R. ***The psychology of stalking***. San Diego: Elsevier Science, 1998.

Hambrick D. & Abrahamson, E. (1995) **Assessing Managerial discretion across industries: A Multi-method Approach. Academy of Management Journal**; 38:1427-1441 apud Matela, Joana Filipa Antunes. Idem

HIRIGOYEN, Marie-France. **Assédio moral: a violência perversa do cotidiano.** 2 ed. Rio de Janeiro: Bertrand Brasil, 2001. p. 65.

IBGC. 2016. **Origens da Governança Corporativa.** Disponível em: <https://www.ibgc.org.br/governanca/origens-da-governanca>. Acesso em: 09 abr. 2023.

IBGC. **Uma década de Governança Corporativa**. São Paulo: Saint Paul Editora, Saraiva, 2006 p. 12, 33 e 37.

IBGC. **Código das melhores práticas de governança corporativa**. 3. Ed. São Paulo. 2004. Disponível em: http://www.ibgc.org.br/download/arquivos/codigo_ibgc_3_versao.pdf. Acesso em: 09 abr. 2023.

IBGC. **Governança Corporativa**. Disponível em: <https://www.ibgc.org.br/governanca/governanca-corporativa>. Acesso em: 09 abr. 2023.

IBGC. Governança Corporativa. **Evolução da Governança Corporativa.** Disponível em: < https://www.ibgc.org.br/governanca/evolucaodagovernanca >. Acesso em: 09 abr. 2023.

Insper – **Mecanismos de *Compliance* reduzem risco de corrupção**. Disponível em: < https://www.insper.edu.br/noticias/mecanismos-de-compliance-reduzem-risco-de-corrupcao/ >. Acesso em: 09 abr. 2023.

JESUS, Damásio de. ***Stalking.*** Revista IOB de Direito Penal e Processual Penal. São Paulo, v. 10, n. 56, jun-jul/2009.

Kotter, J. (1982). **The General Managers. The Free Press apud Matela, Joana Filipa Antunes. A influência da ética nas organizações: A mediação do clima ético nas relações de liderança com os resultados atitudinais dos colaboradores**. ISCTE BUSSINESS SCHOOL. 2016

Legal Ethics *Compliance* – **Código de conduta ética no trabalho: entenda 5 dicas para fazê-lo**. Disponível em: < https://www.lecnews.com.br/blog/codigo-de-conduta-etica-no-trabalho-entenda-5-dicas-para-faze-lo/ >. Acesso em: 09 abr. 2023.

LODI, João Bosco. **Governança Corporativa: o Governo da Empresa e o Conselho de Administração**. Rio de Janeiro: Campus, 2000.

LUZ, Nuno Miguel Lima da. **Tipificação do crime de *stalking* no Código Penal português**. Introdução ao problema. Análise e proposta de lei criminalizadora. 2012. Dissertação (Mestrado forense). Portugal, 2012. Disponível em <https://repositorio.ucp.pt/bitstream/10400.14/8952/1/TESE.pdf> Acesso em: 12 abr. 2023.

MACÊDO, Stephanie. **Perseguição física e on-line agora é crime previsto por lei federal.** Assembleia Legislativa do Estado de Sergipe. Disponível em: < https://al.se.leg.br/perseguicao-fisica-e-on-line-agora-e-crime-previsto-por-leifederal/ >. Acesso em: 10 abr. 2023.

MANZI, Vanessa Alessi. ***Compliance* no Brasil. Consolidação e Perspectivas**. 1. Ed. São Paulo: Saint Paul Editora, 2008. p. 39.

MANZI, Vanessa Alessi. ***Compliance* no Brasil**. São Paulo: Saint Paul Editora, 2008. p. 15.

MATOS M., GRANGEIA H., FERREIRA C., AZEVEDO V., **"Vitimação por *stalking*: Preditores do medo"**, Análise Psicológica (2012), XXX (1-2), p. 162

Matos, M., Grangeia, H., Ferreira, C., Azevedo, V. ***Stalking*: Boas práticas no apoio à vítima, manual para profissionais**. Porto. 2011. Disponível em: < http://repositorium.sdum.uminho.pt/bitstream/1822/30937/1/*STALKING*.pdf > Acesso em 12 abr. 2023

MATOS, Marlene e cols. **Inquérito de vitimação por *stalking*: Relatório de investigação.** 2011. Disponível em < https://repositorio.ismai.pt/bitstream/10400.24/201/1/HG1_Matos%2C%20M%2C%20Grangeia%2C%20H%2C%20Ferreira%2C%20C%20%26%20Azevedo%2C%20V.%20%282011%29.%20Inqu%C3%A9rito%20de%20vitima%C3%A7%C3%A3o%20por%20*stalking*%20Relat%C3%B3rio%20de%20investiga%C3%A7%C3%A3o.%20Braga%20Grupo%20de%20Investiga%C3%A7%C3%A3o%20sobre%20o%20*Stalking*%20em%20Portugal.pdf > Acesso em: 12 abr. 2023.

MATOS, Marlene; GRANGEIA, Helena; FERREIRA, Célia; AZEVEDO, Vanessa. ***Stalking*: Boas práticas no apoio à vítima – Manual para profissionais.** Lisboa: Comissão para a Cidadania e Igualdade de Género, 2010.

MAZZOLA, Marcelo Adriano. **I nuovi Danni**. Padova: Dott. Antonio Milani, 2008. Disponível em https://www.ilfattoquotidiano.it/blog/mmazzola/ Acesso em: 13 abr. 2023.

MELOY, J. Reid; MOHANDIE, Kris; GREEN, Mila. ***A Forensic Investigation of Those Who Stalk Celebrities***. In: MELOY, J.R.; SHERIDAN, L.; HOFFMANN, J. ***Stalking, Threatening, and Attacking Public***. New York: Oxford University Press, 2008.

MENDES, Emerson Castelo Branco. Rocha Jorge Bheron. **Tudo sobre o crime de *stalking*.** NotoriumPlay: Fortaleza. E-book, 2021. pg. 13

MODENA GROUP ON STALKING. Università degli Studi di Modena e Reggio Emilia. ***Protecting women from the new crime of stalking: a comparison of legislative approaches within the European Union***. [Modena]: University of Modena and Reggio Emilia, 2007. Disponível em: < http://*stalking*.medlegmo.unimo.it/RAPPORTO_versione > Acesso em: 13 abr. 2023.

MULLEN, Paul E.; PATHÉ, Michele; PURCELL, Rosemary. ***The management of stalkers. Advances in Psychiatric Treatment***, 2001. Disponível em: < https://www.cambridge.org/core/journals/advances-in-psychiatric-treatment/artic le/management-of-*stalkers*/D7FCB8ED3A38E950FBD8E230DE8C3020 > Acesso em 15 abr. 2023.

NEDERLAND. ***Wetboek van Strafrecht***. Disponível em: http://www.wetboekonline.nl/site/home.html. Acesso em: 13 abr. 2023.

ÖSTERREICH. ***Strafgesetzbuch***. Disponível em: < https://www.jusline.at/107a_Beharrliche >. Acesso em: 13 abr. 2023

PEREIRA, F., & MATOS, M. ***Cyberstalking* entre adolescentes: Uma nova forma de assédio e perseguição?** Psicologia, Saúde e Doenças, 16(1), 57-69. 2015. Disponível em: < http://www.scielo.mec.pt/pdf/psd/v16n1/v16n1a07.pdf >. Acesso em: 11 abr. 2023.

RAMIDOFF, Mário Luiz; TRIBERTI, Cesare. ***Stalking*: atos persecutórios obsessivos ou insidiosos. Lei Maria Da Penha (11.340/06), Lei Antibullying (13.185/15) e Reforma Penal.** Belo Horizonte (MG): Letramento, 2017.

SHERIDAN, L. p., BLAAUW, E., & DAVIES, G. M. ***Stalking*: knowns and unknowns. Trauma, Violence, & Abuse**, 4, 148-162, 2003 Disponível em: https://doi.org/10.1177/1524838002250766. Acesso em: 13 abr. 2023.

Significados. **Governança Corporativa**. Disponível em: < https://www.significados.com.br/governanca-corporativa/ >. Acesso em: 09 abr. 2023.

SILVA, Ana Beatriz Barbosa. **Bullying: mentes perigosas nas escolas**. São Paulo: Globo, 2015. p. 29

SILVA, André Luiz Carvalhal. **Governança Corporativa e Sucesso Empresarial: melhores práticas para aumentar o valor da firma.** São Paulo: Saraiva, 2006, p. 75.

STEINBERG, Herbert. **A dimensão humana da governança corporativa: pessoas criam as melhores e piores práticas**. 3ed. São Paulo: Gente, 2003.

TCEPR – **Ciclo PDCA**. Disponível em: < http://www1.tce.pr.gov.br/conteudo/ciclo-pdca/235505/area/46>. Acesso em: 09 abr. 2023.

Tribunal Regional do trabalho da 18ª Região, **ROT – 0010055-78.2019.5.18.0014**, Rel. SILENE APARECIDA COELHO, OJC de Análise de Recurso, 19/03/2020

TRINDADE, Jorge. ***Stalking*: a perseguição implacável**. In: TRINDADE, Jorge. **Manual de psicologia jurídica: para operadores do direito**. Porto Alegre: Livraria do Advogado, 2014. p. 239

VEIGA, Ademir Jesus da. **O crime de perseguição insidiosa (*stalking*) e a ausência da legislação brasileira**. Cascavel: Coluna do Saber, 2007.

23. *EVERY BREATH YOU TAKE*: DA INSISTÊNCIA À OBSESSÃO

Michael Procopio Ribeiro Alves Avelar
Juliana Chevônica Alves de Lima

Introdução

Este artigo trata do crime de perseguição, ou *stalking*, disposto no art. 147-A, do Código Penal, como forma de tutela penal da vida privada. Considera-se, na análise do alcance da vedação de condutas, a paradoxal relação com a restrição à liberdade geral dos cidadãos por meio da incriminação de condutas indesejadas. Toda vez que o legislador incrimina determinada conduta, a título de proteção de bens jurídicos relevantes para a sociedade, deve haver um custo de legitimação: o ônus da restrição da esfera de liberdade que resulta da criação ou aumento do âmbito de abrangência de uma infração penal deve se justificar por meio de um considerável benefício social advindo daquela incriminação.

Esse balanceamento ou, de forma mais técnica, esse juízo de razoabilidade se torna peculiarmente interessante na hipótese de perseguição, pois o bem jurídico a ser tutelado com a incriminação reside justamente na liberdade da vítima, ainda que, de forma mais específica, busque-se também a proteção de sua privacidade. A pessoa perseguida insistentemente por outra pode deixar de frequentar determinados lugares, ficar reclusa em sua residência ou mesmo abandonar atividades, como prática de exercícios físicos em academia, dado o temor ou o desconforto causado pelo *stalker*. Assim, limita-se a liberdade geral, pela criação do tipo penal, para proteger a liberdade específica da vítima perseguida.

Como em toda intervenção penal, uma abrangência desarrazoada da incriminação em muito limita as liberdades públicas. É preciso fixar as balizas de abrangência do que configura o crime de perseguição. Como exemplo, pode-se questionar até que ponto uma mulher pode tentar conquistar um rapaz por quem se apaixonou, um fã pode tentar uma foto com o seu ídolo ou alguém pode monitorar os movimentos e ações do político eleito. Essa equação deve ser dada com uma previsível delimitação da conduta incriminada, buscando limitar a *potentia puniendi* do Estado ao estritamente necessário ao convívio social e à garantia dos direitos fundamentais.

Deve-se partir de uma concepção de Direito Penal voltado à concretização da dignidade da pessoa humana, fundamento da República Federativa do Brasil, e de tutela dos bens jurídicos mais relevantes. Para tanto, a incriminação deve servir ao propósito de coibir condutas não suficientemente prevenidas e reprimidas por outros meios. Ademais, é fundamental que se analise o objeto de incriminação em consideração à sociedade a que o tipo penal se dirige, inclusive levando em conta os seus membros que são mais vulneráveis aos ataques à liberdade e privacidade por meio de perseguição.

O trabalho considera, sem limitar a sua análise a esse aspecto, a epidemia de violência doméstica e familiar contra a mulher como importante vetor de disseminação da prática conhecida como *stalking*, o que potencializa os efeitos danosos e torna mais complexa a discussão sobre a esfera do típico e a do penalmente irrelevante. Verifica-se, ainda, que o nível de tolerância à exposição e à limitação da privacidade pode variar, o que se conecta com o tema dos que exercem funções públicas e a incidência de maior escrutínio público sobre a sua vida – tanto no público quanto, em certa medida, no privado.

O estudo do Direito Penal visa a represar o poder de punir do Estado, e não a eliminá-lo, o que seria o objeto do utópico abolicionismo. Como mal necessário, esse ramo do ordenamento jurídico deve ser instrumento de proteção de bens jurídicos, razão pela qual as barreiras à punição são necessárias. Não se pode, por outro lado, tornar a proteção deficiente e o Estado ineficiente na proteção dos interesses jurídicos de valor central para a sociedade a que serve. O limitado objetivo deste trabalho é discutir os limites da incriminação, em revisão bibliográfica e interpretação do ainda recente tipo penal, considerando todos os fatores envolvidos, de modo a contribuir para o debate e a aplicação das normas jurídicas, com os olhos voltados à segurança e à previsibilidade, tão caras ao desenvolvimento social.

1. *Every breath you take*: a obsessão como fonte de perseguição

O título deste artigo não foi escolhido ao acaso. Considerada por muitos uma canção romântica, não é difícil observar que *Every breath you take,* hit de 1983, que segue sendo um clássico da banda The Police, traz uma narrativa que ultrapassa os limites do aceitável e, se bem analisada, vai de uma declaração de amor, embalada por uma canção das mais românticas, à fixação obsessiva e assustadora, ou, como atualmente prevê o Código Penal brasileiro, ao comportamento ilícito, criminoso.

O eu lírico, em uma leitura desatenta, parece passar uma mensagem de amor profundo e resiliente, daqueles que desafiam o mundo nos moldes de Romeu e Julieta, com o fim trágico que já parece uma advertência do bardo sobre o paradoxo entre amor e obsessão doentia. No entanto, em uma análise mais detida, ele está nos contando, no decorrer da letra, uma história de perseguição do ponto de vista obnubilado de quem se vê como um herói em busca do amor, mas, no fim das contas, é simplesmente alguém que persegue, que molesta incansavelmente a sua vítima.

O próprio compositor da canção, Sting, confessou tê-la escrito em um delicado momento de sua vida pessoal. Embora inicial e intencionalmente a letra pareça romântica e sedutora, ele mesmo deixa entender que há uma compulsão nas entrelinhas, que chega a um ponto de obsessão, em que se mostra a sua verdadeira essência, bastante ameaçadora. A reforçar essa mensagem, Andy Summers, membro da banda, afirmou claramente que a letra nos fala sobre perseguição[1].

Ainda segundo Sting, seu pensamento se voltava ao personagem Grande Irmão, o líder populista, conhecido como *Big Brother,* da obra de George Orwell. Ele atrela a letra às noções de supervisão e controle amplos da vida social, em que uma pessoa vigia a outra a cada passo que ela dá, a cada vez que ela respira, a cada palavra que ela profere. A mesma vigilância feita pelo Grande Irmão, no clássico da literatura, está presente na canção, em que o grau de obsessão, se tomadas as expressões líricas em seu sentido literal, deveria causar desconforto em que a escuta.

A partir da comparação feita pelo compositor, cumpre lembrar que, em sua distopia, Orwell nos aterroriza com a imagem de uma sociedade autoritária, em que as notícias, o idioma e até mesmo a história são manipuladas

[1] Trecho de entrevista disponível em <https://www.youtube.com/watch?v=7KYaWSOCoNQ>. Acesso em 13/03/2023.

para os objetivos dos governantes. O Estado totalitário controla a vida de cada um dos seus cidadãos, com uma vigilância constante e praticamente incontornável. A população civil é monitorada por câmeras espalhadas por todos os lugares, inclusive dentro de suas residências, gerando uma sensação de vigilância constante e destruindo as fronteiras da vida privada[2].

Esse enredo de uma das mais brilhantes obras já escritas serve de constantes reflexões sobre autoritarismo e liberdades públicas, mas também fornece, como citado por Sting, um exemplo do que representa a obsessão passional e a sensação de ser observado todo o tempo, dentro da própria residência, por meio de câmeras instaladas nas paredes dos edifícios. A percepção de vigilância e o decorrente temor de um membro da sociedade descrita por Orwell e de uma vítima de *stalking* se aproximam e demonstram a nocividade de se retirar do indivíduo o controle sobre a sua privacidade.

Essa observação constante, esse acompanhamento da vida alheia sem permissão, que invade a esfera de privacidade, demonstra a caracterização dessa conduta perniciosa a que se denomina de *stalking*. Trata-se de um comportamento que viola a liberdade pessoal da vítima. Esse controle que se busca da vida da pessoa amada, ou por vezes odiada, atualmente é potencializado pela tecnologia e pelo uso das redes sociais, que fornecem instrumentos para constante vigilância e observação. Assim, a conduta, que possui gravidade evidente, pode se tornar ainda mais violadora da privacidade da vítima por meio dos recursos tecnológicos.

A letra da música também demonstra a dificuldade de se compreender quando há uma persistência e insistência amorosa e aquilo que adentra o campo do patológico e, de maneira muitas vezes coincidente, do que é tido como típico. Existirá o que é claramente delitivo e, em outro extremo, o que nitidamente se mostra irrelevante ao sistema de justiça criminal. Entre esses pontos, haverá uma zona tênue, em que alguém pode enxergar uma insistência romântica e bela e, para outrem, será possível detectar um delito horrendo, com perturbação da paz de espírito de quem é objeto daquele desejo. É importante que se estabeleçam parâmetros de aplicação do tipo penal, dando previsibilidade, a não surpreender

[2] ORWELL, George. **1984**. Tradução Alexandre Hubner, Heloísa Jahn. Posfácios Erich Fromm, Bem Pimlott, Thomas Pynchon. São Paulo: Companhia das letras, 2009, *passim*.

pessoas com o direito punitivo e a servir de coerção preventiva para novas condutas.

Assim, é imprescindível que se defina o que é a perseguição em sentido criminoso ou, em outras palavras, quais os limites de abrangência da incriminação. A perseguição pode ser compreendida em termos leigos, psicológicos ou sociológicos, mas, para fins de persecução penal e eventual aplicação de pena, a compreensão do tipo penal, a conceituação dos seus elementos e a fixação de parâmetros de interpretação são necessários para a segurança jurídica e para que se respeite o princípio da legalidade. Sem lei, não pode haver crime. No entanto, como disse Welzel, não é a analogia incriminadora, mas a elaboração de leis penais indeterminadas[3].

Não se defendem aqui os moldes do pensamento positivista clássico em que o juiz não passa de *la bouche de la loi,* ou seja, que não haja espaço algum para interpretação pelo aplicador das leis penais[4]. Deve-se, na verdade, reconhecer que a interpretação é inerente à atividade de aplicação da lei, ao se extrair a norma do texto[5]. O legislador, portanto, não fornece a norma, mas o texto da lei, da qual se deverá extrair as normas de condutas. Pode-se concluir, com Maximiliano, que não há que se falar nem mesmo que *in claris cessat interpretatio,* haja vista que até a conclusão da clareza da lei somente pode advir de uma atividade interpretativa[6].

Roxin, ainda que tratando de outro tema da dogmática penal, defende a obtenção de um conceito determinado e fixo como diretriz interpretativa. Essa premissa se mostra imprescindível em se tratando de uma norma incriminadora, como a do delito de perseguição que se analisa. No entanto, ainda que o conceito seja determinado, o jurista alemão busca, na definição desse conceito, elementos individuais indeterminados, possibilitando a solução de casos individuais por meio de um procedimento dedutivo, em um raciocínio de subsunção. Adverte, quanto ao modo de raciocinar, que

[3] WELZEL, Hans. Derecho penal alemán. Parte general. Santiago: Editorial Jurídica de Chile, 2014, p. 47.

[4] MONTESQUIEU, Charles de Secondat, Baron de. **O espírito das leis**. Tradução Cristina Murachco. São Paulo: Martins Fontes.

[5] GUASTINI, Riccardo. **Interpretar e argumentar**. 2 reimp. Belo Horizonte: Editora D'Plácido, 2021, p. 16-17.

[6] MAXIMILIANO, Carlos. **Hermenêutica e interpretação do direito.** 20 ed. Rio de Janeiro: Forense, 2011, p. 27-32. HUNGRIA, Nélson. **Comentários ao Código Penal**, vol. 1, Tomo 1º. Arts. 1º ao 10. Rio de Janeiro: Forense, 1955, p. 51.

não se deve lançar mão de um conceito rígido e fixo e que tente limitar o juiz a uma função eminentemente subsuntiva, sem possibilidade de interpretação e consideração dos elementos do caso específico levado a seu julgamento. Essa tentativa, que ele atrela ao Iluminismo, considera ter sido superado pelo pensamento penalista contemporâneo[7].

O que se deve buscar, nessa linha de raciocínio, é limitar a interpretação do tipo penal, contendo o poder de punir do Estado ao que a lei prevê como proibido, em interpretação estrita e que atenda ao comando da taxatividade. Não basta lei formal e prévia como garantia jurídica e política do cidadão frente ao poder estatal, é preciso que haja delimitação tão bem exposta quanto possível do que se veda para que se prestigie a liberdade geral do cidadão. Em uma busca de um ordenamento tão garantista quanto possível, a lei é a barreira ao arbítrio.

Concomitantemente, é inevitável que haja, na taxatividade do tipo penal, o uso de conceitos indeterminados na criminalização da perseguição, conduta que não possui uma definição tão fechada. Como ato de ficar no encalço de uma pessoa sem o seu consentimento, segui-la constantemente ou molestá-la de forma persistente, a definição desse comportamento em si exige certa margem de apreciação pelo juiz, como se nota da própria redação do tipo penal vigente no Brasil. Chega-se à mesma conclusão se realizada uma incursão nas leis de vários países que aprovaram uma lei incriminadora desse comportamento. A dificuldade de definição do que se incrimina é evidente[8].

Dito isso, é importante fixar o bem jurídico afetado pela perseguição, seu conteúdo e os seus limites, para se compreender o que se busca tutelar quando se proíbe a prática. O bem jurídico tutelado serve como norte interpretativo, ao se ter em conta a finalidade de sua proteção como legitimação da incriminação. Deve-se, então, compreender o conteúdo jurídico da liberdade individual, as disposições normativas sobre a sua garantia e as suas limitações. A partir desse conceito, pode-se compreender a faceta da

[7] ROXIN, Claus. **Autoría y dominio del hecho en derecho penal**. Traducción de la novena edicción alemana por Joaquín Cuello Contrertas y José Luis Serrano Gonzálvez de Murillo. Madrid: Marcial Pons, 2016, p. 126-127.

[8] MARTINELLI, João Paulo Orsini; BEM, Leonardo Schmitt de. **Direito Penal lições fundamentais**: parte especial. Crimes contra a pessoa. 4 ed. Belo Horizonte: D'Plácido, 2022, p. 788-791.

privacidade e da intimidade, como premissas para se deliminar a conduta indesejada de perseguição, considerando o que se busca proteger com as normas vigentes sobre o tema.

2. *Every move you make*: a liberdade como direito

O objeto jurídico do crime de perseguição é a liberdade da pessoa humana. E, quando se fala em liberdade e as implicações de sua violação, torna-se inevitável perpassar por temas que lhe são correlatos. De início, o termo liberdade invoca as ideias de dignidade, privacidade e intimidade. Tangencia o tema dos direitos humanos, dos direitos fundamentais e dos direitos de personalidade, o que torna necessárias algumas considerações prévias.

A dignidade da pessoa humana, fundamento da República e princípio reitor do Direito, envolve, em seu conteúdo jurídico de complexa delimitação, diversas facetas, as quais devem ser consideradas na interpretação jurídica. É esse princípio que busca garantir um feixe de direitos mínimos para que o indivíduo possa participar da vida em comunidade, inclusive influenciando as decisões dos seus governantes. O ser humano, tomado como núcleo da sociedade, deve ter tratamento digno, ou seja, que respeite as suas necessidades básicas do ponto de vista biológico, social e intelectual. Apesar de o conceito de dignidade humana não ser uno e inequívoco, partir-se-á da ideia de que apresenta três conteúdos essenciais: valor intrínseco, autonomia e valor social ou comunitário da pessoa humana[9].

Do seu valor intrínseco extraem-se a inviolabilidade da dignidade e a origem de uma série de direitos fundamentais. Dentre eles, destaca-se o direito à integridade moral ou psíquica, que alcança o direito à privacidade e à intimidade[10]. Cuida-se do chamado *direito de estar só*, de se isolar dos demais, à medida em que se deseja e pelo período que se decide[11]. É a possibilidade de se restringir da vida em comunidade uma parte da

[9] BARROSO, Luis Roberto. **A dignidade da pessoa humana no direito constitucional contemporâneo**: natureza jurídica, conteúdos mínimos e critérios de aplicação. Disponível em: <https://luisrobertobarroso.com.br/wp-content/uploads/2016/06/Dignidade_texto-base_11dez2010.pdf>, p. 21 Acesso em 13 de mar. de 2023.

[10] *Ibidem*, p. 23.

[11] GUERRA, Luiz Felipe Lustosa. **Direito à Privacidade nos Bancos de Dados Genéticos**: Experiência Brasileira com Banco de Dados Genéticos de Suspeitos e Condenados Criminais in Revista Jurídica SINTESE RDF Nº 118, Fev-Mar/2020, PARTE GERAL – DOUTRINA.

existência das relações sociais e da exposição pública, de decidir o que permanece encoberto, restrito à esfera doméstica. Essa restrição pode significar tanto que essa esfera da vida não ficará acessível por ninguém ou mesmo que o acesso se limita a alguns.

A autonomia, por sua vez, é uma ideia, destacada em tratados internacionais e pelo constitucionalismo doméstico, que baliza toda a noção de liberdade como direito individual de autodeterminação, sem a ocorrência de ingerências indesejadas[12]. É a possibilidade de tomar decisões por si só, sem sujeição à vontade alheia, dirigindo a sua vida ao seu próprio alvedrio. O que não transcende os interesses e direitos do indivíduo maior e capaz deve estar sujeito apenas às leis, e não aos desejos alheios.

Essa liberdade é reconhecida como direito inerente à condição humana e foi devidamente reconhecida pelo artigo 7, do Decreto n. 678/1992, que promulgou a Convenção Americana sobre Direitos Humanos, de 22 de novembro de 1969. Vê-se que "7.1. Toda pessoa tem direito à liberdade e à segurança pessoais". Em sentido amplo, a liberdade significa, para o particular, poder fazer tudo o que não lhe for proibido por lei. A noção de segurança, nessa linha de entendimento, funda-se na evitação de perturbação da liberdade além do razoável.

Quando se pensa no valor social da dignidade, está-se tomando em consideração o indivíduo em relação aos que lhe cercam: "*o que está em questão não são escolhas individuais, mas as responsabilidades e deveres a elas associados*"[13]. Considerando-se a esse sentido relacional, esse valor comunitário se presta a restringir a liberdade, a estabelecer-lhe limites. A liberdade de um encontra os seus limites nos direitos do outro, no que transcende a sua esfera de disponibilidade e tem o potencial de afetar os legítimos interesses alheios.

Dado o valor atribuído a esse direito, de liberdade, ele foi igualmente positivado no texto da Constituição da República de 1988, no *caput* do art. 5º, o qual prevê "Todos são iguais perante a lei, sem distinção de qualquer natureza, garantindo-se aos brasileiros e aos estrangeiros residentes no País

[12] BARROSO, Luis Roberto. **A dignidade da pessoa humana no direito constitucional contemporâneo**: natureza jurídica, conteúdos mínimos e critérios de aplicação. Disponível em: <https://luisrobertobarroso.com.br/wp-content/uploads/2016/06/Dignidade_texto-base_11dez2010.pdf>, p. 21 Acesso em 13/03/2023, p. 24

[13] *Ibidem, p.* 27

a inviolabilidade do direito à vida, à liberdade, à igualdade, à segurança e à propriedade...". Com essa caracterização como direito fundamental, nota-se o entrelaçamento de liberdade e intimidade, em razão do teor do inciso X do mesmo artigo: "são invioláveis a intimidade, a vida privada, a honra e a imagem das pessoas, assegurado o direito a indenização pelo dano material ou moral decorrente de sua violação". A liberdade abrange o direito à intimidade, que consiste, como dito, em uma esfera de decisão individual: o que pertence à vida pública e o que se reserva à vida privada.

Além de sua positivação no rol dos direitos humanos e como direito fundamental na Constituição da República, a dignidade também consiste no cerne dos direitos de personalidade. Embora o Código Civil não os tenha expressamente enumerado, são os direitos que têm por objeto os valores essenciais da pessoa, oponíveis *erga omnes*, e que lhe conferem a possibilidade de defesa jurídica e em juízo, em um aspecto psicofísico em sentido amplo. São tidos como imprescritíveis, irrenunciáveis[14], absolutos, indisponíveis, extrapatrimoniais, inatos e perpétuos.

Como facetas da liberdade, a privacidade e a intimidade são protegidas pelo ordenamento jurídico. Há controvérsia, entretanto, sobre o conteúdo de cada uma dessas esferas da vida privada. Alguns autores não as distinguem[15]. Há quem afirme, todavia, que o direito à intimidade integraria o direito à privacidade, este mais amplo[16]. Essa diferenciação auxilia a definir a gradação entre vida pública e vida privada. Seria a ideia dos círculos concêntricos, em que a intimidade seria o círculo central, menor, contido inteiramente no da privacidade, de maior amplitude.

Assim, a privacidade teria por objeto os comportamentos e acontecimentos relativos aos relacionamentos pessoais em geral, às relações comerciais e profissionais e que o sujeito não quer que venham a público[17]. A intimidade diria respeito a um círculo ainda mais íntimo das relações do sujeito. De forma mais clara, a intimidade seria "a esfera secreta da vida

[14] A irrenunciabilidade não significa que a pessoa não possa, por exemplo, revelar fatos sobre sua intimidade. O que significa é que não abriu mão de seus direitos. Pode, assim, retomá-los a qualquer tempo.

[15] DOTTI, René Ariel. **Proteção da vida privada e liberdade de informação**: possibilidades e limites. São Paulo: Revista dos Tribunais, 1980.

[16] cadê a fonte? Vozes da nossa cabeça? Rs

[17] MENDES, Gilmar Ferreira; BRANCO, Paulo Gustavo Gonet. **Curso de Direito Constitucional.** 7.ed. São Paulo: Saraiva: 2012, p. 318.

do indivíduo, na qual este tem o poder de evitar os demais"[18]. É o direito a estar só no seu nível mais profundo, de excluir até mesmo familiares e amigos. É a delimitação, já mencionada acima, que exclui o acesso de qualquer pessoa, é o que o indivíduo reserva para si mesmo.

Além desses conceitos, a vida privada é uma expressão utilizada no texto constitucional, de conteúdo não definido. De início, já se observa integrar a liberdade do sujeito, relacionando-se à faceta de sua existência relacionada à sua própria pessoa, à sua família e aos que lhe são próximos. Para José Afonso da Silva, a proteção constitucional, a irradiar sobre os demais ramos do direito, prestar-se-ia a proteger as pessoas de dois atentados particulares: a) o segredo da vida privada e b) a liberdade da vida privada[19].

Em breve síntese, a liberdade está protegida como um dos direitos humanos, aqueles a que toda pessoa faz jus, desde o nascimento, apenas em decorrência de sua natureza humana, isto é, de forma inata. No plano constitucional, tutela-se a liberdade como direito fundamental, com menção expressa à proteção da vida privada. No plano interprivado, em que se regulam as relações privadas do indivíduo, disciplinando-se as relações patrimoniais, contratuais e familiares, reveste-se da ideia de direitos da personalidade. Busca-se a proteção da liberdade e, como seu elemento, da privacidade e da intimidade, valores ligados a aspirações demasiadamente humanas. Conquanto a própria formação da sociedade pressuponha a sua limitação, deve-se impor barreiras ao Estado e aos outros indivíduos para que um feixe de liberdade permaneça incólume.

Lado outro, toda incriminação afeta a liberdade de todos os componentes da sociedade, que devem se abster da conduta prevista em norma incriminadora, em razão da ameaça de pena. Obviamente, a sociedade opta por limitar a liberdade de cada um para evitar comportamentos muito nocivos, como estupros e homicídios. Nesses casos, há uma necessidade premente de se evitar essa espécie de conduta no seio social. Quanto à perseguição, também fica clara a decisão política, já feita, de criminalizá-la no território nacional, ainda que se possa discutir, do ponto de vista de outras ciências sociais, se era a melhor via. A questão jurídica é até que

[18] SILVA, José Afonso da. **Curso de Direito Constitucional Positivo.** 26.ed. São Paulo: Malheiros, 2006. p. 207.

[19] *Ibidem, p.* 208.

ponto se incrimina o comportamento chamado de perseguição e quando ele, ainda que censurável por outro prisma, não interessa ao direito penal.

3. *Every step you take*: entre a intimidade e a vida pública

A privacidade, consoante as considerações já feitas, é um bem de interesse premente na vida social, caracterizando-se como um direito fundamental e, em uma perspectiva civilista, de uma faceta dos direitos da personalidade. Cada vez mais cara ao ser humano, a privacidade é um bem precioso, cuja relevância e necessidade de proteção motivaram, por exemplo, a promulgação da Lei Geral de Proteção de Dados. Ressalte-se que essa proteção mencionada está na esfera cível. E, por muito tempo, a violação à privacidade contava, de fato, apenas com a compensação pelos danos morais sofridos, pautados no abuso de direito pela insistência mesmo com recusa, e na responsabilização subjetiva e a eventual concessão de tutela inibitória. No entanto, a tutela apenas na esfera cível restringia sobremaneira a busca de soluções pelos mais vulneráveis e hipossuficientes do ponto de vista econômico. A tomada de medidas judiciais na esfera cível não está ao alcance de todos, por mais que se dissemine a ideia de amplo acesso à justiça.

Considerando a ineficácia da tutela exclusivamente cível e a disseminação da prática de quebra sistemática da privacidade alheia e do assédio contumaz, o legislador houve por bem criar, por meio da Lei n. 14.132/2021, um novo crime no Código Penal, denominado de perseguição. A privacidade passou a ter um instrumento amplo de tutela também na área criminal. O tipo penal criado por essa lei, inserido no Código por meio do artigo 147-A, busca punir a prática da perseguição, muito conhecida pelo termo inglês *stalking*, e que representa a violação sistemática da privacidade de alguém, limitando a sua liberdade pessoal.

O primeiro ponto de análise do alcance da incriminação deve ser a abrangência da privacidade e aquela voltada à vida pública. Aqui, pode-se recorrer aos exemplos do eleitor que busca o seu mandatário eleito em vários locais para levar as suas reivindicações, com alguma insistência, e de forma reiterada, e do fã que busca insistentemente encontrar um cantor, por quem tem demasiado apreço, por vários locais, hotéis e restaurantes, buscando uma foto com ele ou um autógrafo no novo álbum. Nessa gradação, pode-se ir a exemplos extremos, como o da pessoa que fantasiou um relacionamento com outra e a persegue por todos os lugares, crente de que é correspondido às escondidas e o do fã que mata a celebridade por quem é obcecado[20].

A partir da dicotomia da vida pública e da vida privada em Arendt[21], pode-se dizer que o ser humano transita diariamente no mundo público e no mundo privado, selecionando o que expõe e o que não expõe, quando convive e quando se recolhe e a faceta de sua vida que quer como pública e aquela que quer como privada. Todavia, há de se sopesar as situações em que a exposição da vida da pessoa ao público decorre de uma atividade profissional, como no caso de *influencers*. Eles querem e desejam a maior exposição possível de suas *personas*.

É igualmente o caso dos artistas, que possuem maior parte de sua vida exposta na mídia como decorrência do interesse do grande público sobre os seus passos, o que, em grande medida, os beneficia, dando-lhes projeção, fama e notoriedade. Obviamente, isso não lhes tolhe, na maior parte das vezes, uma esfera de privacidade e, em um círculo concêntrico mais reduzido, da intimidade. Ninguém tem o direito de escalar o muro de suas casas para descobrir o que se passa em seus quintais.

Outra categoria que possui certa limitação, inclusive em maior grau, é a dos que exercem funções públicas. O exercício de função pública atrai a necessidade de obediência aos princípios constitucionais e infraconstitucionais explícitos e implícitos, o que inclui o dever de transparência em relação a diversos aspectos. A sua vida privada, como o nome do cônjuge, quem são os seus filhos e de onde provém a sua renda, torna-se de interesse da sociedade, em razão da supervisão, inerente à democracia, que se espera seja feita dos seus representantes, seja por meio dos próprios cidadãos ou, indiretamente, por meio da imprensa.

Assim, os mandatários políticos, por representarem a população por determinado período, devem estar sob sua constante vigilância, uma vez que interessam à sociedade os seus encontros, jantares e reuniões com empresários, por exemplo. Não basta a transparência nos gastos públicos,

[20] Foi exatamente uma situação dessas, ocorrida em 1989, que levou vários estados estadunidenses à criminalização do *stalking*. A atriz Rebbeca Schaeffer foi morta por um fã que a perseguiu por três anos e a matou por ciúme ao vê-la contracenando com outro ator. Contudo, a perseguição reiterada de artistas é minoria das condutas dessa espécie.

[21] ARENDT, Hannah. **A condição humana**. Tradução de Roberto Raposo, revisão técnica e apresentação de Adriana Correia. 13 ed. rev. Rio de Janeiro: Forense Universitária, 2018, p. 64-87.

pois é justamente o acompanhamento de seus passos que pode evidenciar desvios de finalidade, moralidade e conduta. Deve-se ressaltar, claro, que mesmo essas autoridades possuem certa proteção de sua privacidade, podendo atribuir sigilo a alguns de seus atos, a depender da função que exercem.

De qualquer sorte, quanto maior o poder público exercido por determinada autoridade, maior deve ser a sua tolerância quanto ao escrutínio público. Pode-se discutir, nesse ponto, até mesmo o uso de redes sociais por chefes de governo, se os seus perfis em determinadas redes sociais podem ser considerados de interesse público, ao discutirem temas objeto de amplo debate social. Isso possibilita que se questione, até mesmo, a legitimidade de bloqueio de usuários quanto a conteúdo ou discussões de um tema iniciadas ou não por essas figuras públicas. As suas funções podem, assim, limitar essas decisões sobre a publicidade de certos aspectos socioeconômicos, tornando parte de sua vida exposta ao público como decorrência de uma atividade profissional.

Dito isso, pode-se concluir que, ressalvadas peculiaridades relacionadas às atividades exercidas, a privacidade tornou-se, como dito, um interesse muito importante para a sociedade e, assim, atraiu maior proteção legislativa. É indispensável, de todo modo, que se analise o sujeito passivo para se fixar os limites entre o punível e o atípico, considerando que cada indivíduo possui uma restrição da vida privada a depender do papel social que ocupa. Essa maior ou menor limitação à privacidade deve orientar o exame de tipicidade, permitindo que os valores sociais permeiem a aplicação das normas penais, que existem enquanto emanadas de determinada sociedade e para servirem aos seus interesses.

4. *Oh, can't you see/You belong to me*: o fator da violência de gênero

Apesar de qualquer um poder ser vítima de perseguição, o *stalking* é principalmente um crime de gênero, pois as pesquisas demonstram que o número de vítimas mulheres é exponencialmente maior. As razões residem na própria estrutura da sociedade, em sua formação, com tratamento indevido, como se fossem cidadãs de segunda categoria. Uma sociedade formada sobre fundamentos de supremacia do gênero masculino tornou-se mais propícia à dominação sobre a mulher, gerando uma cultura de expectativa de submissão e subserviência que alguns insistem em manter hodiernamente.

Em razão disso, o crime de perseguição pode ser ainda mais nocivo quando se pensa em mulheres em situação de violência doméstica. São vítimas mais vulneráveis a essa prática, com reiterada perseguição e intimidação como obsessão ou não aceitação do término do relacionamento, o que afeta a sua saúde mental e, por muitas vezes, representa um passo inicial para delitos mais graves. Como dito, deve-se deixar claro que o *stalking* não se restringe ao contexto de violência doméstica, mas comumente dele faz parte.

A violência doméstica é uma das maiores violações de direitos humanos e costuma ser subnotificada. Ainda assim, os seus números são assustadores, fruto de uma diferenciação jurídica dos gêneros sem um adequado motivo de *discrímen*[22]. Há sim diferenças entre o sexo masculino e o feminino, como a força bruta em um teste de aptidão física ou a necessidade de regras específicas para o período da gravidez. O que se destaca aqui é o tratamento diferenciado em âmbitos da vida social que não o justificam, como a disponibilidade do patrimônio, a possibilidade de escolha da carreira profissional e até mesmo de exercício do direito de voto. Diferenciações odiosas, limitando o direito da mulher por anos a fio, tornou a conjuntura mais propícia à violência de gênero.

Em uma sociedade forjada na dominação de um gênero por outro, somente a educação pode eliminar essa difusão de violência de gênero, mas isso leva tempo. Muitas vezes a violência é a covarde arma dos que não possuem razão, mas acreditam tê-la, formados por uma mentalidade de superioridade, exemplificada pelo chamado *pátrio poder* no âmbito familiar, ou mesmo imbuídos do sentimento de não aceitação do que se perdeu, encharcado pela sensação de injustiça e sede de vingança. A lei penal, ainda que bem-vinda para tutelar a mulher, nunca deve ser vista como panaceia, a resolver os problemas sociais. É preciso que as estruturas se alterem, que a educação liberte. A incriminação é o último recurso, o instrumento de controle quando todos os demais falham e, por isso, um mal necessário.

Pode-se supor que o avanço social será inevitável, mas não é o que se nota. O próprio cenário da pandemia de Covid-19, em 2020, levou a um aumento tanto do desemprego entre mulheres quanto da ação do

[22] MELLO, Celso Antônio Bandeira de. **O conteúdo jurídico do princípio da igualdade.** 3. ed., atual. 19. São Paulo: Malheiros: 2010.

teletrabalho por pessoas desse gênero. Essa mudança nas relações laborais, somada às restrições impostas pelo isolamento social, fez com que elas permanecessem mais tempo em suas residências, assim como os seus companheiros e familiares. Com a tensão das relações familiares mais próximas e frequentes, observou-se uma exponencial alta do número de casos registrados de violência doméstica. Esse fenômeno foi mundial, de acordo com ONU Mulheres, e houve registros de crescentes pedidos de ajuda em diversos países[23].

O comprometimento de avanços sociais relacionados à diminuição da violência de gênero – uma vez que está relacionada à condição de subordinação da mulher na sociedade – resultou até mesmo em um apelo do Secretário-Geral da ONU para que todos os governos buscassem a prevenção e a reparação da violência contra as mulheres como uma parte fundamental das respostas nacionais à pandemia de Covid-19, com especial prioridade em relação às demais medidas.

Em declaração interagencial das Nações Unidas, houve destaque de seis áreas críticas para ação: i) disponibilização de fundos, com urgência, para organizações de direitos das mulheres e reconhecimento de seu papel como a primeira linha de resposta; ii) apoio aos serviços sociais e de saúde para que continuassem a cuidar de sobreviventes de violência doméstica e se mantivessem disponíveis; iii) garantia que os serviços fossem considerados essenciais, "com recursos disponibilizados especialmente para aquelas com maior probabilidade de serem deixadas para trás"; iv) alta prioridade nas respostas da polícia e da justiça; v) implementação de medidas preventivas; vi) "não priorizar a coleta de dados sobre violência em detrimento da segurança, privacidade e confidencialidade de mulheres ou meninas".[24].

[23] "Eu pedi o fim da violência em todos os lugares. Mas a violência não se limita ao campo de batalha. Para muitas mulheres e meninas, a maior ameaça paira sobre elas onde elas devem se sentir mais seguras: em casa." – António Guterres, Secretário-Geral da ONU. Un Women. **Violência contra as mulheres e meninas é pandemia invisível, afirma diretora executiva da ONU Mulheres.** Disponível em: <http://www.onumulheres.org.br/noticias/violencia-contra-as-mulheres-e-meninas-e-pandemia-invisivel-afirma-diretora-executiva--da-onu-mulheres/> Acesso em 13 de mar. de 2023.

[24] Un Women. **The shadow pandemic: violence against women and girls and COVID-19.** Disponível em https://www.unwomen.org/sites/default/files/Headquarters/

O Fórum Brasileiro de Segurança Pública – FBSP, apontou que, no ano de 2020, a redução da renda familiar teve maior impacto sobre as mulheres que foram vítimas de violência, uma vez que isso dificultou o rompimento de relações abusivas ou violentas. Mais que isso, a permanência ao lado dos agressores impediu que muitas mulheres procurassem ajuda, o que aumentou a subnotificação de casos. Isso levou o FBSP a publicar três notas técnicas entre abril e junho daquele ano. De acordo com elas, houve queda nos registros policiais de ameaça, estupro, estupro de vulnerável e lesão corporal dolosa, mas aumentaram os relacionados a feminicídios e homicídios de mulheres.

O Anuário Brasileiro de Segurança Pública, baseado em informações fornecidas pelas secretarias de segurança pública estaduais, pelas polícias (civil, militar e federal) e outras fontes, reúne dados acerca do mapa da violência no país. Isso se presta a fomentar estudos e avaliação das políticas públicas existentes, além de promover a transparência, ao possibilitar a análise de informações sobre o período de doze meses sobre violência e criminalidade. A publicação, entretanto, não reflete os dados do ano em que é publicada, mas se refere a números pretéritos.

De acordo com o 15º Anuário (2020)[25], em relação à pesquisa anterior, houve diminuição dos números absolutos de 9,6% nos casos de lesão corporal dolosa, 16,7% no crime de ameaça, 22,8% e 22,2% nos casos de estupro (total)[26]. Esses números refletem a média, mas as variações entre as unidades da federação são gritantes. Os números variam de acordo com o tipo de crime e não houve necessariamente uma redução global nos registros. Em relação à ameaça, por exemplo, o Pará teve aumento de 73%, enquanto o Rio de Janeiro teve diminuição 34,7%. Quanto a estupros, o Amapá teve redução de 45,2% e 46%, enquanto o Rio Grande do Norte indicou variação positiva de 5,9%. e 37,8%[27]. A lesão corporal dolosa teve suas mais marcantes diferenças entre Roraima, com 32,1% e Acre, com –38,6%. Homicídios dolosos de mulheres tiveram seus recordes entre

Attachments/Sections/Library/Publications/2020/Issue-brief-COVID-19-and-ending-violence-against-women-and-girls-Infographic-en.pdf> Acesso em 15 de mar. de 2023.

[25] Fórum Brasileiro de Segurança Pública. **Anuário brasileiro de segurança pública 2020.** Disponível em <https://forumseguranca.org.br/wp-content/uploads/2021/02/anuario-2020-final-100221.pdf> Acesso em 15. de mar. de 2023.

[26] Os números se referem ao 2º semestre de 2019 e 1º semestre de 2020.

[27] Respectivamente, estupro e estupro de vulnerável.

Rondônia, com 325%, e Roraima, que apresentou queda de 66,7%. Quanto a feminicídios, o Acre apresentou crescimento de 166,7%, enquanto o Amapá, um decréscimo de 100%.

É importante mencionar que esses dados não estão atrelados ao IDH e não apontam que os Estados citados são recordistas em ocorrências totais, mas em número de registros. O Estado campeão em número de mortes de mulheres foi São Paulo; já em ameaças, o primeiro lugar ficou com Minas Gerais. Nesse caso, deve-se relevar que ambos têm a primeira e a segunda colocação em número de habitantes. Além disso, o IDH dos Estados pode interferir na comunicação dos delitos, afetando as cifras ocultas. De qualquer forma, a redução dos registros não aponta necessariamente uma redução dos casos. O Rio Grande do Norte concentra o maior risco relativo. O número real, com exceção dos casos envolvendo morte, na verdade, é inestimável. O mais gritante é que 89,9% das mulheres foram mortas por companheiros ou ex-companheiros.

Segundo o 15º Anuário, elaborado em 2021[28], 2020 foi o ano com o maior número de feminicídios no país desde que a pesquisa começou a ser publicada, isto é, 2016. Ele consolida as informações comparativas entre 2019 e 2020. É nele, então, que podem ser observadas as variações mais detalhadas, mas novamente vez se pode ver que não há correlação direta com o IDH. A publicação indica, a título exemplificativo, que o Rio Grande do Sul registrou o maior número de tentativas de feminicídio e ameaças do Brasil, mas foi o Mato Grosso que deteve a maior proporção de feminicídios consumados. Em relação aos demais crimes, as curvas mostram um declínio generalizado em abril de 2020 e que acompanham o abrandamento e agravamento da pandemia, tendo em vista que os números sobem em setembro de 2020 e voltam a cair em dezembro do mesmo ano. 9 em cada 10 vítimas de feminicídio morreram pelas mãos de pessoas conhecidas: 81,5% por companheiros e ex-companheiros e 8,3% por parentes. Quando se trata de homicídio doloso praticado contra mulheres praticado sem contexto de violência doméstica e familiar, há uma dominância de agentes desconhecidos das vítimas.

[28] Fórum Brasileiro de Segurança Pública. **Anuário brasileiro de segurança pública 2021.** Disponível em <https://forumseguranca.org.br/wp-content/uploads/2021/10/anuario-15--completo-v7-251021.pdf> Acesso em 15 de mar. de 2023.

O Anuário Brasileiro de Segurança Pública de 2022[29], que consolida as informações sobre o ano de 2021, não aponta sucesso da repressão da violência contra a mulher. A queda do número de feminicídios foi de 1,7%, com a maior taxa para o Estado de Roraima. Em relação ao número de vítimas, a maior variação entre 2020 e 2021 entre as capitais ficou com Belém/PA. A maior parte das vítimas foi morta por companheiros e ex-companheiros, na porcentagem de 81,7%, e por parentes, correspondendo a 14,4% do total. Os números corroboram que nenhum lugar é mais perigoso para uma mulher que seu círculo íntimo de convivência.

A novidade é que o Anuário 2022 trouxe os primeiros números oficiais a respeito do *stalking*, como era de se esperar. Houve 27.722 registros de *stalking* contra mulheres, e esse número não reflete o ano todo, uma vez que a Lei n. 14.132/2021 é de 31 de março de 2021. E não é só isso: em alguns Estados, o cômputo começou depois dessa data. Não há informações sobre os registros cujas vítimas foram homens, o que pode indicar que não se trata de parcela expressiva, subnotificada ou que são menos suscetíveis a ele[30].

Até aqui parece ficar evidente que há perigos para as mulheres em todo o país e que a violência contra a mulher parece ser não endêmica, mas superendêmica. Independe de classe social, nível de instrução, socioeconômico e cultural, atingindo as mulheres de forma cruel e generalizada. Não obstante, é possível um recorte racial: as mulheres negras representam o maior número de vítimas, confirmando um cenário esperado, o da hipervulnerabilidade de quem enfrenta a violência de gênero e o racismo de uma só vez.

Pode-se questionar, então, qual a relação do *stalking* com outros crimes praticados contra a mulher. De início, a perseguição parece ser o passo inicial de muitos feminicídios praticados por ex-companheiros. Nos EUA, por exemplo, há pesquisa que indica que 76% das vítimas de feminicídios foram perseguidas por seus parceiros e 54% reportaram *stalking* antes de serem mortas[31]. No Brasil, isso não deve ser muito diferente. É comum

[29] Fórum Brasileiro de Segurança Pública. **Anuário brasileiro de segurança pública 2022.** Disponível em <https://forumseguranca.org.br/wp-content/uploads/2022/06/anuario-2022.pdf?v=15> Acesso em 15 de mar. de 2023.

[30] Talvez haja subnotificações, mas não há estudos sobre isso.

[31] National Center for Victims of Crime. Disponível em <https://victimsofcrime.org/our-programs/past-programs/*stalking*-resource-center/*stalking*-information>. Acesso em 15 de mar. de 2023.

que vítimas de feminicídio – ou mesmo de lesão corporal dolosa – tenham registrado Boletins de Ocorrência antes da morte, em especial quando vítimas de ex-companheiros. Inclusive, várias vezes as medidas protetivas são deferidas, mas não bastam a proteger a mulher da violência.

Sentimentos de posse e de dominação são comuns na violência doméstica e familiar contra a mulher e, dado o caráter endêmico desse comportamento perverso, pode-se concluir que estão enraizados na sociedade brasileira. Após anos de dominação masculina e de desigualdade de direitos, há uma disseminação de práticas de dominação do homem contra a mulher, o que se reflete nos números alarmantes de violência física e moral. Em muitas vezes, esses casos resultam em feminicídio.

Apesar de o projeto de lei que culminou na Lei n. 14.132/2021 ser de 2019[32], houve outras incursões legislativas que não foram bem-sucedidas previamente. O projeto que resultou na efetiva inclusão do crime de perseguição no Código Penal brasileiro foi proposto pela Senadora Leila Barros (PDT-DF) e teve a relatoria da Deputada Shéridan (PSDB-RR), que apresentou o substitutivo e a redação final. Acertadamente, foi inserida a majorante de metade da pena se o delito for perpetrado contra a mulher por razões da condição do sexo feminino. Para definição do que seriam tais condições, faz referência ao parágrafo 2º-A do artigo 121 do Código, que traz como razões daquela condição a violência doméstica e familiar e o menosprezo ou discriminação à condição de mulher.

A violência doméstica e familiar contra a mulher é definida pela Lei n. 11.340/2006, em seu artigo 5º, como qualquer ação ou omissão baseada no gênero que lhe cause morte, lesão, sofrimento físico, sexual ou psicológico e dano moral ou patrimonial, além de consignar expressamente que configura violação aos direitos humanos. Delimita-se, ainda, essa violência como aquela praticada (i) no âmbito da unidade doméstica, compreendida como o espaço de convívio permanente de pessoas, com ou sem vínculo familiar, inclusive as esporadicamente agregadas; (ii) no âmbito da família, compreendida como a comunidade formada por indivíduos que são ou se consideram aparentados, unidos por laços naturais, por afinidade ou por vontade expressa; ou (iii) em qualquer relação íntima de afeto, na qual o agressor conviva ou tenha convivido com a ofendida, independentemente de coabitação.

[32] PL n. 1.369/2019, emendado e apensado a outros 11 PL apresentados entre 2009 e 2019.

Para fins de configuração de relação íntima de afeto, o parágrafo único deixa claro que a orientação sexual é irrelevante. Isso leva, inclusive, a um questionamento sobre o gênero e o sexo da vítima. Ao mencionar mulher e sexo feminino, o legislador brasileiro, que evita o termo gênero tanto quanto pode, parece ter se referido apenas à pessoa nascida do sexo feminino, considerando-se que a norma aumenta o poder de punir do Estado e que, por isso, deve ter interpretação estrita.

Entretanto, além da necessidade de taxatividade nas normas penais que incriminam condutas, há que se considerar que a violência doméstica e familiar contra a mulher representa, por si só, uma violação de direitos humanos[33]. É necessário que se proteja a parcela mais vulnerável a esse tipo de violência e, tendo em vista a homotransfobia, a mulher trans também tem sido considerada como pessoa tutelada por essas normas específicas na interpretação do Judiciário.

Assim, pela maior vulnerabilidade da mulher no contexto de violência doméstica e familiar, o tipo penal deve receber uma interpretação que considere esse aspecto sociopolítico, buscando tutelar de forma adequada essa parcela da população que vem sendo vítima de odiosa violência em razão de uma qualidade inata. Para isso, é preciso que se potencialize a faceta ofensiva dos direitos humanos, que exigem a proteção estatal, sob pena de violação de direitos e garantias daqueles que mais necessitam da tutela penal. O Direito Penal, como mal necessário, mostra a sua utilidade maior nessa seara: proteger aqueles que se deparam com uma sociedade que ainda não aprendeu, na extensão adequada, a respeitar a existência da mulher e o seu direito a ter direitos[34].

5. *I'll be watching you*: o componente tecnológico

Ainda que a importância dada à privacidade tenha tido por muito tempo a exclusiva proteção de natureza cível, a crescente exposição pelas redes sociais, a internet, e a possibilidade de invasão da privacidade e a turbação

[33] A Convenção Interamericana para Prevenir e Erradicar a Violência Contra a Mulher (Convenção de Belém do Pará, 1994) foi promulgada pelo Decreto n. 1.973, de 1º de agosto de 1996. Vê-se que foi longo o caminho entre os primeiros passos e a resposta legislativa de 20006.

[34] ARENDT, Hannah. **A condição humana**. Tradução de Roberto Raposo, revisão técnica e apresentação de Adriana Correia. 13 ed. rev. Rio de Janeiro: Forense Universitária, 2018, p. 64-87.

desenfreada culminaram na necessidade de tutela penal. Desde o reconhecimento do *direito de estar só* até os dias atuais com a crescente exposição e até mesmo invasão da vida privada por meio de mecanismos eletrônicos, esse direito possui relevância crescente na sociedade, e busca preservar, inclusive, a saúde de cada indivíduo, notadamente em âmbito mental.

Crimes virtuais têm como característica o uso de Tecnologia da Informação e Comunicação – TIC. Significa, portanto, que não requerem a presença física do sujeito ativo do crime. O avanço tecnológico, com seus reflexos nos dispositivos informáticos e nas ferramentas de comunicação, contribuiu sobremaneira para o cometimento de *stalking*, com as mesmas intenções: controle e poder sobre o alvo, com importunação frequente e reiterada, com vistas a intimidá-lo.

A prática conhecida como *cyberstalking* integra o universo dos crimes virtuais impróprios, pois se trata de uma criminalidade que existe independentemente do meio digital e que encontrou nele uma nova forma de se perpetrar. Difere, assim, dos delitos informáticos próprios, que surgem com a criação da rede mundial de computadores e somente existem por causa da tecnologia, como o crime de invasão de dispositivo informático[35]. A tecnologia, portanto, é apenas um novo meio de se praticar a perseguição, mas pode torná-la muito mais abrangente e nociva.

No dito *cyberstalking*, as vítimas podem ser tanto conhecidas quanto desconhecidas, uma vez que a ampla exposição dos dados das pessoas na internet e nas redes sociais favorecem a exposição a potenciais criminosos e a condutas intrusivas. A engenhosidade social, por alguns denominada de engenharia social, possibilita que os dados sejam fornecidos pela própria vítima, convencida por algum estratagema. Além disso, é possível a instalação de aplicativos de rastreamento e monitoramento de equipamentos eletrônicos, que denunciam a localização da vítima e a expõe a um maior risco de sofrer violência e intimidação físicas.

Reiteradas tentativas de contato, com o envio de mensagens escritas, são favorecidas pela internet. Atualmente é possível enviá-las até com o uso

[35] BARRETO, Alessandro Gonçalves; KUFA, Karina; SILVA, Marcelo Mesquita. **Cibercrimes e seus reflexos no direito brasileiro.** 2 ed. São Paulo: Editora Juspodivm, 2021, p. 48-54. SYDOW, Spencer Toth. **Direito Penal Informático.** 3 ed. rev. e atual. Salvador: Editora JusPo-divm, 2022, p. 165. O último autor adota a denominação de delitos informáticos e atribui a classificação de próprios e impróprios a Ivete Senise Ferreira.

de *pix*, por meio de mensagem inserida na transferência financeira direta, o que demonstra a que ponto pode chegar o nível de importunação e intimidação. Se a presença física pode sofrer limitações, o comportamento virtual desconhece barreiras. Os muros garantem certa privacidade, mas a rede mundial de computadores e a crescente difusão da *internet das coisas*, em que até eletrodomésticos passam a se conectar à rede, tornaram muito mais fácil a perseguição até mesmo dentro da residência da vítima.

O detalhe principal em relação ao *stalking* é que o *cyberstalker* não somente pode perseguir sua vítima, mas se passar por ela quando se apodera de seus dados, contas de e-mail e em redes sociais. Há uma personificação da vítima pelo criminoso, o que permite a ele cometer um sem-número de condutas, a fim de que entendam que a vítima é quem as praticou. Dependendo da sofisticação, pode demorar a ser percebida pelo alvo. O criminoso pode incitar outros a persegui-la, como divulgação de contato em páginas de conteúdo relacionado a encontros sexuais, por exemplo. Outro aspecto a ser considerado é que o sujeito ativo possivelmente conta com o anonimato, o que dificulta sua identificação.

Ainda que os tipos penais sejam elaborados sem muita atenção à criminalidade digital ou virtual, a maior dificuldade não parece ser de enquadramento típico. Perseguir reflete a ideia inicial de andar no encalço, mas, do ponto de vista de compreensão da incriminação, pode-se extrair a concepção de assédio persistente, o que pode ocorrer tanto no mundo real quanto no virtual. Basta imaginar a pessoa que cria vários perfis falsos em redes sociais e persegue a mulher de quem se divorciou, uma profissional que utiliza as redes para divulgar o seu trabalho e para recreação.

O maior desafio não reside na tipificação do comportamento de assédio no meio digital, mas no combate e na comprovação. De início, as autoridades e agentes públicos não possuem treinamento para compreensão dos meandros tecnológicos e na forma de identificação de agentes que se valem do aparente anonimato das redes para cometimento de delitos. Além disso, a própria mentalidade de crime como conduta que envolve o dito *mundo real* impede muitas vezes um maior esforço voltado à criminalidade informática.

A prova também representa um novo desafio, dada a utilização de navegadores desenvolvidos para proteção dos dados e anonimato do usuário, como o Tor Browser, e de outros mecanismos a dificultar a localização e identificação da fonte dos comportamentos indevidos. Por outro lado, a tecnologia também pode, por rastreamento do IP e geolocalização do aparelho celular, auxiliar a comprovar a habitualidade, a perseguição física ou os registros eletrônicos de mensagens e postagens com conteúdo de assédio.

O aparelhamento devido dos órgãos públicos com atribuição de persecução penal e o efetivo treinamento são essenciais para a efetiva tutela das vítimas de perseguição. A colaboração da sociedade civil, especialmente dos responsáveis por redes sociais e plataformas eletrônicas em geral, tem uma influência maior no efetivo combate a esses crimes do que naqueles praticados fora do meio digital. A responsabilidade de todos na criação de uma rede de computadores como ambiente seguro e de respeito aos direitos dos usuários fica evidente quando se tem em conta a transnacionalidade de muitas companhias que hospedam correios eletrônicos e redes sociais. O poder estatal se torna, em certa medida, menos efetivo e a pressão social por respeito às regras de conduta ganha um peso maior, lembrando a todos que o interesse por segurança e respeito mútuo é da própria comunidade.

6. *I look around, but it's you I can't replace:* uma tipologia de perseguidores

A atuação do perseguidor ou *stalker* pode variar muito, desde a pessoa que frequenta habitualmente o estabelecimento em que sua antiga namorada trabalha, passando por aquele que segue a sua cantora favorita pelas ruas e tenta acesso a ela em locais privados, até aquele que ameaça a vítima com mensagens, recados por meio de amigos e exibição de armas de fogo ao passar em frente à sua moradia. Condutas muito diversas, portanto, podem configurar essa prática e, desde o advento da Lei n. 14.132/2021, ensejar a responsabilização penal.

A classificação dos *stalkers* pode ser útil para melhor compreensão do fenômeno e para posterior delimitação da esfera de incriminação. Em uma proposta de tipologia de perseguidores, haveria cinco espécies diferentes, consistindo no que foi rejeitado; no que busca a intimidade; no inapropriado ou inapto socialmente; no rancoroso e no predador[36]. Essa compreensão dos diferentes sujeitos que se envolvem com a prática

[36] TEIXEIRA, Lúcia Prudêncio. **O crime de *stalking*.** Dissertação de Mestrado em Direito Criminal. Faculdade do Porto, 2017, p. 14–16.

do assédio persistente pode auxiliar a persecução penal e, o que é mais importante, a prevenção desses delitos.

De início, pode-se falar no *stalker rejeitado*, oriundo de uma ruptura de relacionamento. Suas vítimas principais são ex-parceiros, mas podem se estender a pessoas do círculo de amizades ou de colegas de trabalho. Eles têm uma percepção distorcida da realidade, e entendem que o relacionamento ainda existe. Têm sentimentos de posse sobre a vítima e apresentam riscos de violência, persistência, reincidência e dano. Por essas características, as vítimas mais frequentes são mulheres, em razão das raízes de estrutura social de negação de direitos e de sentimento de dominação por parte dos indivíduos do gênero masculino. Obviamente, é possível que a vítima seja um homem, perseguido tanto por uma mulher quanto por outro homem, após o fim de um relacionamento.

Em segundo lugar, menciona-se o *stalker* em busca de intimidade, aquele sem relação prévia com a vítima. Esse indivíduo tem ideias fantasiosas em relação a desconhecidos ou pessoas com quem tiveram algo casual, desejando um relacionamento íntimo por crerem sentir amor e terem o sentimento correspondido. Por causa de sua percepção equivocada da situação, que pode chegar a ser delirante e decorrente de transtornos mentais, não apresentam grande risco de violência, embora exista um risco de persistência e de reincidência, dada a fixação no alvo. Qualquer contato da vítima, mesmo que de rejeição, pode reforçar o seu desejo de contato.

Em terceiro lugar, cita-se o *stalker* inapropriado. Não está inserido na sociedade e a solidão o faz se aproximar de pessoa por quem sente atração sexual ou com quem deseja manter relação de amizade, ainda que ela não queira qualquer contato. Em regra, não há risco elevado de violência, mas pode haver raiva, que atua como critério de legitimação de sua conduta. Entende-se que este tipo tem limitações cognitivas e pode apresentar risco de reincidência por não compreenderem o desinteresse da vítima. É bastante provável que se trate de um agente inimputável, demandando a imposição de medida de segurança e, se o risco for iminente, a cautelar de internação para resguardar a segurança da vítima.

A quarta espécie seria o rancoroso, que se mostra revoltado e se sente humilhado. Dada a motivação por vingança, pode perseguir qualquer tipo de vítima que entenda merecer a intimidação. Não há indícios que apontem para comportamento violento, mas há agravamento da persistência, uma vez que comumente tem deteriorado estado mental. Pode ser inclusive um fã que se sentiu maltratado pelo ídolo e passa a persegui-lo de forma obsessiva, ultrapassando os limites do aceitável.

Por fim, pode-se falar no *stalker* predador, o mais perigoso entre todos porque é o que mais se aproxima da agressão sexual. Busca com afinco quaisquer informações sobre a vítima, quer controlá-la e isso estende a perseguição. Apresentam elevado risco de violência em todos os aspectos, inclusive a violência doméstica e familiar contra a mulher. Suas vítimas sofrem maiores danos, sejam físicos ou psicológicos, necessitando maior tutela estatal. Os agentes, por sua vez, são os que podem ensejar mais frequentemente a necessidade de medidas cautelares, desde as alternativas, como monitoração eletrônica, até mesmo a prisão preventiva.

7. *I dream at night, I can only see your face*: a busca de limites à incriminação

Claramente, uma vigilância constante, comparável à distopia orwelliana, configura violação de importante liberdade pública e perseguição, atualmente incriminada. Por outro lado, a mera insistência educada, de uma colega de trabalho que convida por várias vezes um rapaz, objeto de sua paixão, a ir ao cinema ou lhe leva flores repetidamente, não configura conduta delitiva, mas mero cortejar. E o exemplo propositalmente foi de uma mulher convidando um homem a sair, em razão do fator já analisado da violência doméstica e familiar contra esse gênero, o que demanda uma interpretação conforme esse aspecto e a tutela jurídica específica.

Quando se pensa em perseguição, deve-se ter em mente, portanto, gênero, formação da sociedade, cultura e as odiosas cifras de violência doméstica e familiar contra a mulher. Deve-se analisar, ainda, se a pessoa em tese perseguida exerce atividade que a coloca sob os holofotes da vida pública, como um artista ou uma parlamentar. Além disso, o aspecto tecnológico e a possibilidade de se manter no encalço de alguém de forma mais aprofundada devem ser levados em conta.

O que se observa é que, como os neokantistas afirmavam, pode-se afirmar que o tipo penal é *norma de cultura* e, como tal, deve ser interpretado como a sociedade é, inclusive com a violência doméstica e familiar contra a mulher enraizada em sua estrutura, contaminando o seu âmago[37].

[37] MEZGER, Edmund. **Derecho Penal. Libro de Estudio**. Parte General. Santiago: Ediciones Olejnik, 2019, p. 122-124. BRANDÃO, Claudio. **Teoria jurídica do crime**. 6. ed. Belo Horizonte, São Paulo: D'Plácido, 2020, p. 47-50.

Caso se busque uma perspectiva mais contemporânea, pode-se recorrer ao funcionalismo teleológico de Claus Roxin para relembrar que o Direito Penal deve ser percorrido por valores advindos da *política criminal* e, neste ponto, que a legislação brasileira exprime a necessidade de especial proteção da mulher nesses casos, como se nota desde o advento da Lei n. 11.340/2006[38].

É necessário, portanto, fixar os limites da incriminação, diferenciando o que é criminoso do penalmente irrelevante. O artigo 147-A do Código Penal, traz, em seu preceito primário, a seguinte previsão: "Perseguir alguém, reiteradamente e por qualquer meio, ameaçando-lhe a integridade física ou psicológica, restringindo-lhe a capacidade de locomoção ou, de qualquer forma, invadindo ou perturbando sua esfera de liberdade ou privacidade." O seu conteúdo, como se nota, é bastante amplo, razão pela qual é de rigor uma delimitação do conteúdo do injusto penal.

De início, nota-se que o único núcleo do tipo se traduz no verbo *perseguir*, o que significa ficar no encalço da pessoa, importunar de forma contínua. O tipo penal traz, ainda, o elemento *reiteradamente*, o que demonstra que o crime é habitual, não se configurando com uma única conduta inoportuna, nem mesmo a título de tentativa. Como se interpreta tradicionalmente, o delito tradicional somente se configura com a reiteração de atos, não se admitindo punir pela modalidade tentada. Isso decorre da própria natureza do tipo penal, pois, ou se apresentou um comportamento habitual por parte do sujeito ativo e há tipicidade, ou não houve reiteração e a conduta não se amolda ao tipo penal. Não há como se retirar, de um ato isolado, a presunção de que haveria uma reiteração, que foi estancada com a intervenção sobre aquela conduta singular.

A conduta incriminada é o que se pode denominar como *assédio persistente*[39], é a prática de não deixar a vítima em paz, quebrando as invisíveis barreiras que protegem a vida íntima da vida pública. É a desconsideração das fronteiras que a pessoa fixou como da esfera de sua privacidade ou,

[38] ROXIN, Claus. **Autoría y dominio del hecho en derecho penal**. Traducción de la novena edicción alemana por Joaquín Cuello Contrertas y José Luis Serrano Gonzálvez de Murillo. Madrid: Marcial Pons, 2016.

[39] TEIXEIRA, Lúcia Prudêncio. **O crime de *stalking***. Dissertação de Mestrado em Direito Criminal. Faculdade do Porto, 2017, p. 5.

até mesmo, de sua intimidade, negando-lhe *o direito de estar só*, de evitar a presença de quem não lhe apraz ou de interferências em aspectos de sua vida sem o seu consentimento. É efetivamente uma conduta de assediar a vítima por diversas vezes, de habitualmente molestá-la por se mostrar onipresente em sua rotina ou de atemorizá-la reiteradamente. Inclui aproximação, mensagens de conteúdo amoroso, vandalismo e até mesmo envio de "presentes" (objetos simbólicos ou pouco usuais).

A perseguição, apesar de necessitar da reiteração, pode se dar por qualquer meio, físico ou virtual, pela via do contato telefônico, pela busca de se tentar enviar mensagens o tempo todo por meio de amigos e colegas de trabalho da vítima. O legislador se rendeu à criatividade da vida real e, em certa medida, andou bem. Por mais que se tentasse, seria bastante árdua e possivelmente inexitosa a tarefa de enumerar todas as formas pelas quais se pode buscar ficar no encalço de alguém, sufocando-a psicologicamente com uma presença constante. A onipresença, por exemplo, é uma marca da perseguição.

Ganha-se em abrangência, perde-se em taxatividade. Qualquer modo de perseguição torna o molde de comportamento muito amplo. O tipo, entretanto, traz como formas de se perseguir alguém. Elencam-se a ameaça da integridade física ou psicológica, a restrição da liberdade de locomoção, a invasão ou a perturbação, de qualquer forma, na esfera de liberdade ou privacidade. Esses modos de se praticar a conduta prevista por meio do verbo nuclear restringe a sua amplitude.

Ameaça da integridade física ou psicológica parece se confundir com a promessa de mal injusto e grave que caracteriza o delito do artigo 147 do Código Penal. Não há se confundir, entretanto, o delito de perseguição e o de ameaça. Naquele, a promessa de mal grave, do ponto de vista de violação da integridade física ou psíquica da vítima, é apenas um meio de, com a reiteração, atentar-se contra a liberdade pessoal de alguém. A ameaça, por si só, é configuradora do delito homônimo, constituindo uma promessa de mal, condicional ou não, para aterrorizar a vítima.

Na perseguição, a ameaça é o delito de passagem, a forma que o sujeito ativo seleciona para se tonar presente na vida privada da vítima, mesmo não sendo bem-vindo. É o modo de se tornar a sua sombra, de não deixar a pessoa em paz quando ela não deseja ser incomodada. Para isso, a reiteração é o principal pressuposto, deixando a conduta de configurar apenas um delito, subsidiário, para configurar o mais grave, a perseguição.

Em sendo apenas um delito de passagem, um meio para se atingir o fim do *stalking*, o tipo da ameaça será absorvido, no conflito aparente de normas, pelo previsto no artigo 147-A do Código.

Restrição da liberdade de locomoção é uma forma mais gravosa do que a da ameaça de integridade física ou psicológica, pois a vítima é acuada e deixa de poder frequentar os lugares que lhe apetecem. O seu direito de ir e vir é restrito, mas não a tal ponto de estar confinada com impossibilidade física ou psicológica de sair de determinado lugar. Se a vítima está mantida em um cômodo, sem poder sair por estar trancafiada ou vigiada por um agente armado, a conduta, ressalvo especial fim de agir, é caracterizadora do delito de sequestro ou cárcere privado.

Ressalvado o delito mais grave de restrição da liberdade, esse modo de se perseguir se refere à presença constante ou ameaçadora em determinados lugares, tornando a vítima propensa a não mais frequentar esses lugares ou mesmo a pouco sair de casa. Imagine-se um ex-namorado que passa a ir à academia em que a vítima é cliente, sempre modificando o seu horário para coincidir com o dela. Quando ela troca de estabelecimento, ele descobre e a acompanha. A sua liberdade de deambular por onde mora se torna inequivocadamente limitada, de forma ilícita.

O calcanhar de Aquiles do tipo penal reside no último modo pelo qual se pode dar a perseguição para que o crime fique configurado, qual seja, a invasão ou a perturbação, de qualquer forma, na esfera de liberdade ou privacidade. Invadir é adentrar sem autorização, é apoderar-se de algo que não lhe pertence, é tomar conta de algo abusivamente. Perturbar é abalar, causar desequilíbrio, alterar. As condutas se voltam à esfera da liberdade ou privacidade, como já seria ínsito ao tipo da perseguição, podendo o agente fazê-lo de *qualquer forma*.

Perturbar ou invadir a esfera de privacidade são condutas que, ainda que compreendidas no contexto do *assédio persistente* ou da *perseguição reiterada*, compreendem uma miríade de condutas. Especialmente quando se pensa no verbo *perturbar*, nossa esfera de privacidade é molestada quando o vizinho passa pela fachada de sua residência e consegue olhar dentro dela, por uma janela entreaberta, ainda que sem esforço para isso. Perturba-se a privacidade alheia quando se buscam todas as informações possíveis da pessoa nas redes sociais, ainda que por meio de postagem de amigos, adicionando-os por meio do próprio perfil ou por meio de uma conta aberta com dados falsos.

Nessa modalidade, a interpretação do tipo como *norma de cultura* ou por meio de uma filtragem dos *valores de política criminal*, como se prefira, é absolutamente necessário. Além da limitação da intervenção penal, é preciso que se compreenda o contexto, o papel social exercido pela vítima, o nível de escrutínio público que ela deve suportar e a existência ou não de violência de gênero, o que é diferente, claro, de se tomar o gênero, por si só, como referência de interpretação. No modo mais amplo e menos definido de se praticar o assédio constante, as balizas devem vir desses fatores mencionados, sem se pretender retirar do julgador uma esfera de subjetividade, necessária para compreender as peculiaridades do caso, a pessoa que praticou a conduta e o indivíduo que foi atingido por ela. Essa esfera de subjetivismo, desde que orientada por parâmetros técnicos e fundamentada com base neles, é essencial para uma aplicação não mecânica do direito, demonstrando, para além dos fatores morais e de responsabilidade pessoal pela decisão, a necessidade da apreciação humana sobre a infração penal.

Demais disso, da análise do tipo penal se verifica que é *crime de perigo*, configurando-se com a exposição do bem jurídico a risco. Não se exige para a configuração do crime a lesão, mas já se criminaliza a conduta que cria um perigo ao bem jurídico tutelado, antecipando-se à efetiva violência ou morte da vítima. A conduta da perseguição é aquela que incomoda, molesta a vítima, retira-lhe a paz de espírito, tornando-a alvo constante de intromissões em sua vida privada. Considerando o bem jurídico como a liberdade pessoal, em suas várias facetas acima delineadas, não é necessário que haja efetiva violação dessa liberdade, bastando que ela fique ameaçada.

Não é necessário, ainda, que se demonstre o risco ao bem jurídico tutelado pela norma incriminadora. Essa exposição a perigo é presumida pelo legislador quando se está diante das condutas enumeradas em seu preceito primário. Por isso, deve-se classificá-lo como *crime de perigo abstrato*, não havendo que se falar em demonstração de que o bem jurídico foi efetivamente ameaçado pela vítima. A perseguição ou o assédio persistente já configura o delito em qualquer das formas descritas no dispositivo, em razão da habitualidade ali exigida, apta a criar a presunção, consoante a opção legislativa, de risco ao bem jurídico, ensejando a tutela penal e a ameaça de pena.

Não se pode confundir, porém, o crime de *stalking* com o disposto no art. 147-B, do Código Penal. Apesar de a Lei n. 11.340/2006, em seu art. 7º, inciso II, contemplar a violência psicológica contra a mulher[40], inexistia, até a Lei n. 14.188/2021, um tipo penal correspondente. Havia apenas a descrição do que se entendia caracterizar essa espécie de violência na Lei n. 11.340/2006, conhecida como Lei Maria da Penha. O seu artigo 7º, inciso II, após alteração promovida pela Lei n. 13.772/2018, já definia violência psicológica como "qualquer conduta que lhe cause dano emocional e diminuição da autoestima ou que lhe prejudique e perturbe o pleno desenvolvimento ou que vise degradar ou controlar suas ações, comportamentos, crenças e decisões, mediante ameaça, constrangimento, humilhação, manipulação, isolamento, vigilância constante, perseguição contumaz, insulto, chantagem, violação de sua intimidade, ridicularização, exploração e limitação do direito de ir e vir ou qualquer outro meio que lhe cause prejuízo à saúde psicológica e à autodeterminação". Esse dispositivo se voltava à proteção da mulher contra a violência doméstica e familiar, possibilitando a imposição judicial de medidas protetivas contra o agressor.

O pedido de medidas protetivas com base em violência psicológica muitas vezes não era aceito. De início, havia a sua difícil comprovação, pela própria natureza dessa violência doméstica ou familiar. Ademais, a ausência de incriminação específica dessa conduta tornava mais difícil visualizar uma conduta nociva que deveria ser repelida por meio de proteção estatal, com deferimento de medidas especialmente destinadas à preservação da incolumidade físico-psíquica da vítima.

Então, o art. 147-B passou a criminalizar essa conduta. O seu tipo penal traz como conduta incriminada a consistente em "causar dano emocional à mulher que a prejudique e perturbe seu pleno desenvolvimento ou que vise a degradar ou a controlar suas ações, comportamentos, crenças e decisões, mediante ameaça, constrangimento, humilhação, manipulação,

[40] "Art. 7º São formas de violência doméstica e familiar contra a mulher, entre outras: (...) II – a violência psicológica, entendida como qualquer conduta que lhe cause dano emocional e diminuição da autoestima ou que lhe prejudique e perturbe o pleno desenvolvimento ou que vise degradar ou controlar suas ações, comportamentos, crenças e decisões, mediante ameaça, constrangimento, humilhação, manipulação, isolamento, vigilância constante, perseguição contumaz, insulto, chantagem, violação de sua intimidade, ridicularização, exploração e limitação do direito de ir e vir ou qualquer outro meio que lhe cause prejuízo à saúde psicológica e à autodeterminação;"

isolamento, chantagem, ridicularização, limitação do direito de ir e vir ou qualquer outro meio que cause prejuízo à sua saúde psicológica e autodeterminação." No delito de violência psicológica, não é necessário haver reiteração, e sim a ocorrência de dano emocional. O foco não é a liberdade e a privacidade, mas a autodeterminação e a saúde psicológica da mulher.

Neste delito de violência psicológica, o sujeito passivo deve ser a mulher. O sujeito ativo pode ser qualquer pessoa, inclusive outra mulher. O homem é tutelado neste aspecto pelo crime de lesão corporal, previsto no artigo 129 do Código Penal, que exige, entretanto, laudo médico a demonstrar o resultado naturalístico sobre a sua saúde mental. O crime do artigo 147-B, por sua vez, não exige esse laudo, demonstrando o resultado naturalístico, configurando-se com o dano emocional. É o caso do indivíduo que menospreza continuamente a mulher, minando as suas forças por meio de constante manipulação, afastando-a da família e a tornando cada vez mais reclusa em sua residência. Assim como a perseguição, pode ser um passo – e habitualmente é – de uma violência mais grave, como o cárcere privado e a lesão corporal por condição do sexo feminino.

Pode-se questionar, então, as diferentes características desses delitos. Pode-se apontar, inicialmente, que a violência psicológica se mostra mais característica de relação existente entre o agente e a vítima, enquanto a perseguição ocorre quando o agente não possui uma relação próxima, seja por ela ter sido rompida, seja porque é desejada, mas nunca ocorreu. Normalmente, persegue-se quem se deseja alcançar, enquanto se menospreza ou manipula aquela pessoa do círculo de convivência, como forma de dominação ou de sadismo, por exemplo.

Essencialmente, portanto, o concurso de ambos os delitos não parece ser frequente, pelas características e formas de atuação do agente em cada um deles. É possível, entretanto, que ocorra, como um ex-namorado que chantageie a vítima continuamente e, além disso, a assedie persistentemente. Essa pluralidade de delitos, no entanto, deve ser excepcional, e não uma regra, como sói acontecer em todos os crimes. A resposta penal para cada conduta é selecionada pelo legislador de forma específica, de modo que a responsabilização por mais de um tipo penal se reserva para uma conduta ou uma pluralidade de comportamentos que configurem mais de uma infração penal, ao atingir mais de um bem jurídico.

8. *I feel so cold and I long for your embrace*: a resposta penal

Teóricos divergem sobre a finalidade da pena. Desde a base kantiana do imperativo categórico[41] e da premissa hegeliana da pena como negação da negação[42], a concepção retributiva se traduz no castigo pelo mal praticado, tendo como legado a proporção entre crime e castigo. Lado outro, as teorias preventivas se fortaleceram e tornaram-se majoritárias, justificando a sanção penal imposta na ideia de prevenir novos delitos, seja em uma perspectiva geral, mostrando à sociedade a vigência das normas ou coagindo-a com o exemplo; seja em uma concepção especialmente voltada ao criminoso, neutralizando-o com a pena ou ressocializando para que não torne a violar a lei.

Zaffaroni, que nesse credo se declara agnóstico, questiona a efetividade dessas finalidades apregoadas e visualiza na imposição e execução das penas as funções declaradas, como as mencionadas acima, e as latentes, aquelas que, mesmo que não se admita, são uma motivação para a penalização. Essas funções encobertas seriam, por exemplo, o controle sobre a massa dos desempregados quanto à rigidez no tratamento dos delitos patrimoniais[43].

Vista essa crítica, a punição do *stalking* não parece, de início, servir a interesses escusos do Estado, por não se tratar de uma conduta que interessa precipuamente às autoridades. Não se pode, entretanto, confiar na autocontenção dos poderes ou na inexistência do arbítrio. O poder sempre deve ser contido. Basta imaginar que, em havendo um indivíduo indesejado por qualquer motivo na comunidade em que vive, se utilize de um desentendimento amoroso para tornar uma insistência tolerável em um comportamento delitivo, hábil a retirá-lo do convívio social e ameaçá-lo com a cela.

A pena, lado outro, pode ser um instrumento de coação e uma forma drástica de se fazer cessar um assédio persistente praticado contra uma mulher, amedrontada, que vem sofrendo ameaças veladas e constantes do

[41] KANT, Immanuel. **Fundamentação da metafísica dos costumes.** São Paulo: Almedina Brasil, 2010, *passim.*

[42] HEGEL, Georg Wilhelm Friedrich. **Princípios da Filosofia do Direito**. Tradução de Orlando Vitorino. 1. ed. São Paulo: Martins Fontes, 1997, p. 231-241.

[43] ZAFFARONI, Eugenio Raúl; Batista, Nilo; ALAGIA, Alejandro; SLOKAR, Alejandro. **Direito Penal Brasileiro**, volume I, 4ª. ed. Rio de Janeiro: Revan, 2011, 3ª reimp., 2017, p. 74-99.

seu ex-marido e que, por isso, não consegue prosseguir nos seus estudos de temor de voltar à universidade em que ambos são alunos. A sanção penal, que consiste na pena de reclusão, de 6 (seis) meses a 2 (dois) anos, além da multa, dificilmente levará à privação da liberdade, de modo que o legislador não parece ter optado tanto pela ideia de neutralização, mas sim pela de ressocialização do perseguidor ou de coerção voltada para a sociedade como um todo.

Caso a conduta envolva violência ou grave ameaça, não cabe acordo de não persecução penal, nos termos do que prevê o artigo 28-A, *caput*, do Código de Processo Penal, assim como impossibilita-se a substituição da pena privativa de liberdade por pena restritiva de direitos ou por multa. Pode-se pensar, todavia, em perseguição sem o emprego de *vis absoluta* ou de *vis relativa*, o que possibilitaria os benefícios pelo *quantum* de pena abstratamente cominada.

Prevê-se, no parágrafo segundo, que as penas previstas para o crime de perseguição devem ser aplicadas sem prejuízo da pena correspondente à violência. A contravenção penal de vias de fato, por sua menor gravidade, deve ser tida como infração absorvida pelo delito do artigo 147-A. Por outro lado, em havendo lesão corporal, que foi prevista como crime no ordenamento jurídico, as penas devem ser aplicadas pelo sistema do cúmulo material, independentemente da modalidade de concurso, formal ou material. Caso o juiz considere que os resultados delitivos foram praticados por meio da mesma conduta, deve aplicar, nos moldes do concurso formal impróprio, o cúmulo das penas.

O parágrafo terceiro trata da ação penal, exigindo representação. A ação penal, portanto, deverá ser proposta pelo Ministério Público, mas o legislador deu importância à decisão da vítima sobre a persecução penal. Agiu bem, ao compreender que a vítima deve possuir influência sobre a decisão estatal de punir a perseguição, dada a própria natureza subjetiva de se sentir ou não amedrontada ou inibida com a busca reiterada e contínua de alguém.

Analisado aqui fora da ordem, o parágrafo primeiro do dispositivo prevê modalidades majoradas, caso o delito seja praticado contra criança, adolescente ou idoso; contra mulher por razões da condição de sexo feminino, nos termos do § 2º-A do art. 121 deste Código; mediante concurso de 2 (duas) ou mais pessoas ou com o emprego de arma. O aumento será de metade na terceira fase da dosimetria, aumento razoável e que tem como fundamento a maior vulnerabilidade da vítima, elemento efetivamente importante na configuração e punição do delito em estudo.

A prática do crime contra a mulher por condições do sexo feminino pode envolver tanto a violência doméstica e familiar, definida e delimitada pela Lei n. 11.340/2006, quanto o menosprezo ou discriminação contra a mulher. É o que determina o artigo 121, §2º-A, do Código Penal, a que faz referência o dispositivo que traz a majorante da perseguição. Por isso, essa modalidade é bastante abrangente, de modo que não se limita à violência doméstica e familiar, mas se volta a qualquer menosprezo ou discriminação contra a mulher. Envolve, assim, a misoginia, a busca de limitação de direitos das mulheres, a não aceitação de uma chefe do gênero feminino e assim por diante.

O concurso de duas ou mais pessoas possui maior potencial lesivo pela pluralidade de indivíduos. O mero fato de se reunirem e conjugarem esforços para assediar a vítima de forma persistente tornam a conduta mais lesiva ao bem jurídico. Não é necessário que todos os agentes sejam imputáveis para a incidência da majorante, assim como é prescindível que se identifiquem cada um deles. Comprovado o concurso, seja por coautoria ou participação, deve ser aplicado o aumento de pena na terceira fase da dosimetria.

O emprego de arma torna a ameaça inerente a algumas modalidades de perseguição muito mais incisiva, além de expor a vítima a um risco muito maior quanto à sua incolumidade. O legislador utilizou o termo genérico, de modo que a majorante deve ser aplicada em se tratando de arma branca, arma de fogo e até mesmo arma imprópria, como um pedaço de madeira ou uma garrafa quebrada. O simulacro, entretanto, não é apto a fazer incidir a majorante, por não se tratar de arma, instrumento que incute maior potencial lesivo no comportamento típico do que aquele praticado com as próprias mãos.

Conclusões

A perseguição é um grave atentado à liberdade, especialmente em sua faceta da vida privada. A sua incriminação, por sua vez, não pode se tornar um novo atentado ao mesmo bem jurídico, em razão de um conteúdo incerto e que crie insegurança jurídica. O poder de punir do Estado deve servir à sociedade, e não, como um Leviatã, tornar-se um fim em si mesmo, buscando garantir a própria vigência de suas normas.

O conteúdo da incriminação deve levar em conta o maior escrutínio público de quem se dedica aos assuntos da vida pública, os agentes eleitos, de modo a equilibrar o interesse da sociedade em supervisionar a sua função e a esfera da privacidade que se lhes deve preservar. A exposição de quem vive da fama, claramente, também enseja uma tutela adequada, de modo que a busca incessante de uma foto por quem admira esse sujeito possui contornos muito diferentes quando essa mesma insistência se volta a um anônimo.

A conformação da conduta criminosa também deve ter em conta o gênero, mas aqui como elemento de maior proteção. O raciocínio é o inverso daqueles expostos ao público, deve-se considerar a estrutura social que propiciou a negativa de direitos por décadas às mulheres e, assim, propiciou um cenário de estatísticas alarmantes de violência familiar e doméstica contra essa parcela da sociedade. Por isso, uma conduta que pode ser atípica contra um homem nem sempre o será quando se tratar de uma mulher. Não se nega, claramente, a igualdade, mas se busca preservar o seu conteúdo jurídico, diferenciando quando há fator de diferenciação. Nesse ponto, o quadro atual de violência de gênero justifica que se tutele a mulher de maneira mais incisiva, o que deve nortear a aplicação das normas penais.

Quanto à tecnologia, as redes sociais se destacam como forma de se obter informações outrora privadas sobre a vida alheia, como localização e círculo social. Com isso, também surgiu uma nova forma de se perseguir alguém. Perfis falsos criados para entrar em contato com vítima, comentários insistentes em postagens e busca de pessoas do seu meio para conseguir alguma nova via de contato exemplificam comportamentos que podem configurar a chamada ciberperseguição. O intérprete ou aplicador das normas penais também precisa considerar esse aspecto mais sensível dos meios digitais, especialmente porque permitem acesso a um aspecto da vida social que antes era protegido pelos muros das casas. A tecnologia destruiu fronteiras e, com isso, nos tornou mais vulneráveis.

Os perseguidores variam em sua tipologia, abrangendo diversas motivações, como rancor ou não aceitação de um rompimento amoroso e atuam de forma diferente, seja pela insistência de contato, seja pela vigilância constante, por exemplo. A prevenção criminal, portanto, deve levar em conta esses aspectos, por serem diversos os motivos, as formas de atuação e as personalidades. A partir dessa consideração, é um desafio a construção do tipo penal da perseguição, dada a necessidade de abrangência adequada, de um lado, e de taxatividade da norma penal incriminadora, de outro.

No Brasil, a Lei n. 14.132, de 31 de março de 2021, trouxe um tipo penal com questionável delimitação da conduta incriminada, como deve ocorrer com uma lei penal incriminadora. Previu a conduta de perseguir, exigiu habitualidade e previu que a conduta pode ocorrer por qualquer meio. Trouxe, entretanto, formas de praticar esse assédio persistente, enumerando a ameaça à integridade física ou psicológica e a restrição da capacidade de locomoção, comportamentos claramente lesivos e merecedores de tutela penal. No entanto, a última forma enumerada, consistente na perturbação da esfera de liberdade ou privacidade, traz a lacuna de taxatividade, tornando menos previsível e delimitável o que é efetivamente relevante para o direito penal.

Com uma pena não muito rígida, o legislador procurou punir de forma mais rígida a perseguição praticada com violência doméstica ou familiar contra a mulher e com menosprezo ou discriminação contra pessoas desse gênero, contra pessoas mais vulneráveis, consistentes em criança, adolescente ou idoso; em caso de concurso de duas ou mais pessoas e mediante emprego de qualquer arma, seja ela própria ou imprópria, branca ou de fogo. Houve uma seleção de circunstâncias efetivamente mais reprováveis do ponto de vista da tutela dos bens jurídicos mais relevantes da sociedade, apesar de não se ter previsto o delito informático como modalidade mais gravosa, como deveria ter ocorrido.

A punição do crime de perseguição simboliza singularmente o paradoxo do direito penal e os direitos fundamentais. Enquanto as liberdades públicas surgem, em uma primeira dimensão, como barreira aos poderes estatais em relação aos indivíduos, evitando a sua subjugação, os direitos que foram reconhecidos ao longo da história, como inatos ou humanos, passaram a exigir uma prestação específica do Estado como recurso necessário à sua proteção, a intervenção penal. Assim, os direitos humanos exigem uma contenção ao poder de punir, evitando-se a intervenção excessiva na vida dos indivíduos, mas, ao mesmo tempo, requerem uma proteção penal aos bens jurídicos mais relevantes para a sociedade.

Neste contexto, devem-se buscar parâmetros técnicos de definição do que é penalmente relevante e daquilo que, ainda que indesejado, passa ao largo da responsabilização criminal. A inibição de condutas socialmente indesejáveis e a tutela das vítimas contra violação de seus direitos fundamentais exigem uma atuação efetiva, com uma persecução penal célere e sanções que representem efetiva coerção. No entanto, sabe-se que o Estado Democrático de Direito exige uma delimitação e previsibilidade do que se punirá, ainda que ao preço de não conseguir punir toda conduta que a sociedade considere nociva. Ao menos, não por meio do direito penal. Por fim, é preciso ter em mente que esse ramo do direito atua na deficiência de todos os outros sistemas sociais de prevenção de condutas nocivas, o que deve sempre nos lembrar que a perseguição deve ser combatida por todos os outros meios. Quando falharem, a criminalização, ao menos, deve estar lá, como última resposta em favor da vítima.

Referências

ARENDT, Hannah. **A condição humana.** Tradução de Roberto Raposo, revisão técnica e apresentação de Adriana Correia. 13 ed. rev. Rio de Janeiro: Forense Universitária, 2018.

ÁVILA, Humberto. **Teoria dos princípios**: da definição à aplicação dos princípios jurídicos. 15 ed. rev., atual. e ampl. São Paulo: Malheiros Editores, 2014.

BARRETO, Alessandro Gonçalves; KUFA, Karina; SILVA, Marcelo Mesquita. **Cibercrimes e seus reflexos no direito brasileiro.** 2 ed. São Paulo: Editora Juspodivm, 2021.

BARROSO, Luis Roberto. **A dignidade da pessoa humana no direito constitucional contemporâneo**: natureza jurídica, conteúdos mínimos e critérios de aplicação. Disponível em: <https://luisrobertobarroso.com.br/wp-content/uploads/2016/06/Dignidade_texto-base_11dez2010.pdf>. Acesso em 13/03/2023.

BONAVIDES, Paulo. **Curso de direito constitucional.** 26 ed. atual. São Paulo: Malheiros Editores, 2011.

BRANDÃO, Claudio. **Teoria jurídica do crime**. 6. ed. Belo Horizonte, São Paulo: D'Plácido, 2020.

DOTTI, René Ariel. **Proteção da vida privada e liberdade de informação**: possibilidades e limites. São Paulo: Revista dos Tribunais, 1980.

FERRAJOLI, Luigi. **Diritto e ragione.** Teoria del garantismo penale. 11 ed. Bari: Editori Laterza, 2018.

Fórum Brasileiro de Segurança Pública. **Anuário brasileiro de segurança pública 2021.** Disponível em <https://forumseguranca.org.br/wp-content/uploads/2021/10/anuario-15-completo-v7-251021.pdf> Acesso em 15 de mar. de 2023.

Fórum Brasileiro de Segurança Pública. **Anuário brasileiro de segurança pública 2022.** Disponível em <https://forumseguranca.org.br/wp-content/uploads/2022/06/anuario-2022.pdf?v=15> Acesso em 15 de mar. de 2023.

GUASTINI, Riccardo. **Interpretar e argumentar**. 2 reimp. Belo Horizonte: Editora D'Plácido, 2021.

GUERRA, Luiz Felipe Lustosa. **Direito à Privacidade nos Bancos de Dados Genéticos**: Experiência Brasileira com Banco de Dados Genéticos de Suspeitos e Condenados Criminais in Revista Jurídica SINTESE RDF Nº 118, Fev-Mar/2020, PARTE GERAL - DOUTRINA.

HEGEL, Georg Wilhelm Friedrich. **Princípios da Filosofia do Direito**. Tradução de Orlando Vitorino. 1. ed. São Paulo: Martins Fontes, 1997.

KANT, Immanuel. **Fundamentação da metafísica dos costumes**. São Paulo: Almedina, 2010.

MARTINELLI, João Paulo Orsini; BEM, Leonardo Schmitt de. **Direito Penal lições fundamentais**: parte especial. Crimes contra a pessoa. 4 ed. Belo Horizonte: D'Plácido, 2022.

MELLO. Celso Antônio Bandeira de. **O conteúdo jurídico do princípio da igualdade**. 3 ed. atual. São Paulo: Malheiros, 2010.

MENDES, Gilmar Ferreira; BRANCO, Paulo Gustavo Gonet. **Curso de Direito Constitucional.** 7.ed. São Paulo: Saraiva: 2012.

MEZGER, Edmund. **Derecho Penal. Libro de Estudio**. Parte General. Santiago: Ediciones Olejnik, 2019.

National Center for Victims of Crime. Disponível em <https://victimsofcrime.org/our-programs/past-programs/*stalking*-resource-center/*stalking*-information>. Acesso em 15 de mar. de 2023.

ORWELL, George. **1984**. Tradução Alexandre Hubner, Heloísa Jahn. Posfácios Erich Fromm, Bem Pimlott, Thomas Pynchon. São Paulo: Companhia das letras, 2009.

ROXIN, Claus. **Autoría y dominio del hecho en derecho penal**. Traducción de la novena edición alemana por Joaquín Cuello Contrertas y José Luis Serrano Gonzálvez de Murillo. Madrid: Marcial Pons, 2016.

SILVA, José Afonso da. **Curso de Direito Constitucional Positivo.** 26.ed. São Paulo: Malheiros, 2006.

SYDOW, Spencer Toth. **Direito Penal Informático.** 3 ed. rev. e atual. Salvador: Editora JusPo-divm, 2022.

TEIXEIRA, Lúcia Prudêncio. **O crime de *stalking***. Dissertação de Mestrado em Direito Criminal. Faculdade do Porto, 2017

VÍDEOS DE APOIO. **Every breath you take explained Sting.** YouTube, 27 de setembro de 2020. Disponível em <https://www.youtube.com/watch?v=7KYaWSOCoNQ>. Acesso em 12/03/2023.

WELZEL, Hans. **Derecho penal alemán**. Parte general. Santiago: Editorial Jurídica de Chile, 2014.

ZAFFARONI, Eugenio Raúl; Batista, Nilo; ALAGIA, Alejandro; SLOKAR, Alejandro. **Direito Penal Brasileiro**, volume I, 4ª. ed. Rio de Janeiro: Revan, 2011, 3ª reimp., 2017.